LES GRANDS LIVRES
DU ZODIAQUE

Collection dirigée par Joanne Esner

LE GRAND LIVRE DU SCORPION

ISBN : 2-7107-0697-0
Dépôt légal : 4e trimestre 2002

DOROTHÉE KOECHLIN DE BIZEMONT
née sous le signe du Scorpion

Le Grand Livre du Scorpion

avec la participation technique de
ROBERT MALZAC

TCHOU
6, rue du Mail, 75002 - PARIS

Cet ouvrage comporte des tableaux vous permettant de saisir immédiatement :

Dans chaque Grand Livre du Zodiaque, *les parties « Comment interpréter les Planètes dans les Signes » et « Comment interpréter les Signes dans les Maisons » ont été écrites par les auteurs suivants :*
Bélier, Arnold Waldstein ; Taureau, Jean-Pierre Nicola ; Gémeaux, Paul Colombet ; Cancer, Sara Sand ; Lion, Jean-Pierre Vezien ; Vierge, Béatrice Guénin ; Balance, Henri Latou ; Scorpion, Marguerite de Bizemont ; Sagittaire, Solange Dessagne et Jacques Halbronn ; Capricorne, Joëlle de Gravelaine ; Verseau, Denise Perret-Lagrange ; Poissons, Annie Lachèroy.

SOMMAIRE

Comment passer de votre heure solaire de naissance à l'heure universelle de Greenwich

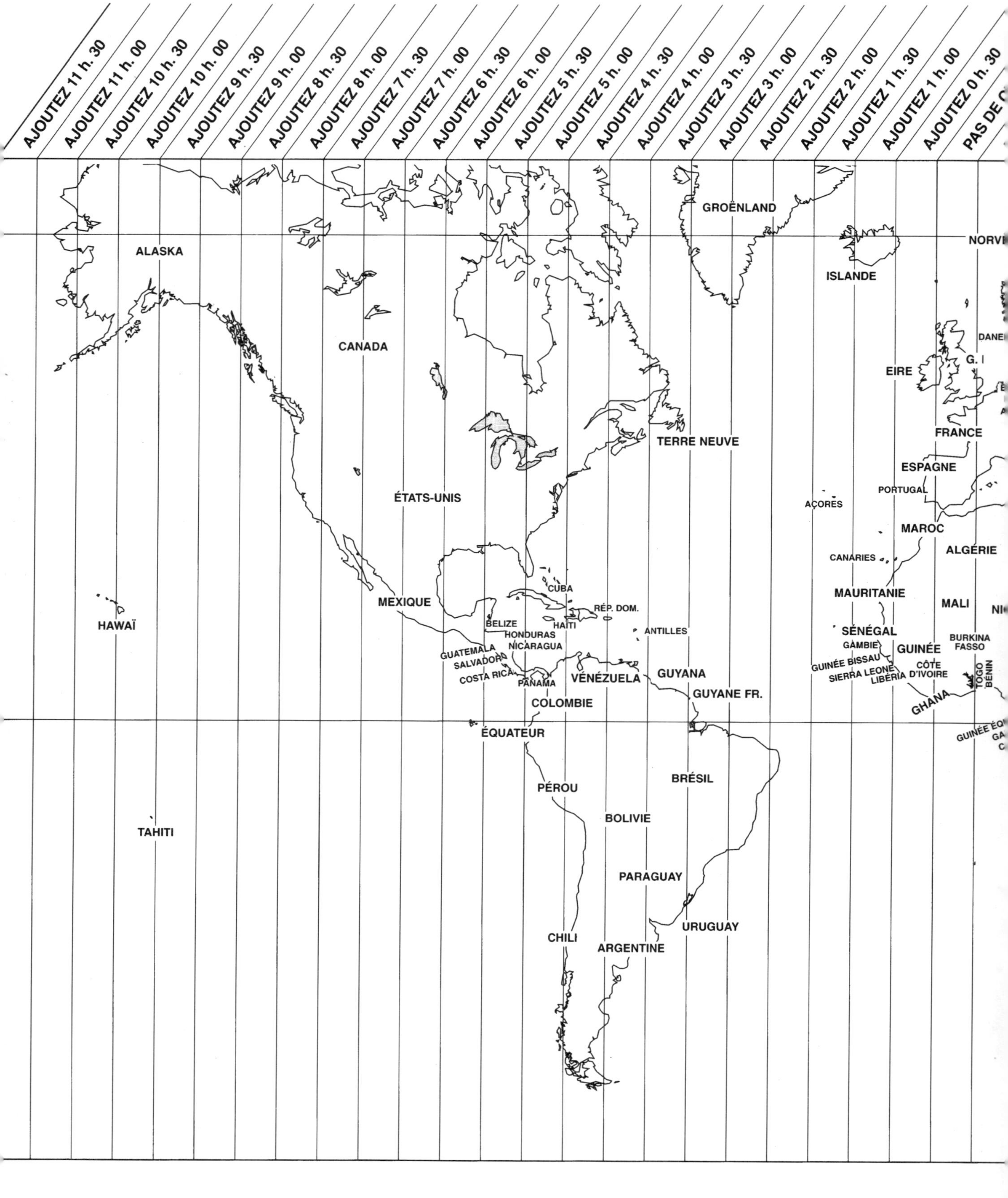

Comment passer de votre heure solaire de naissance à l'heure universelle de Greenwich

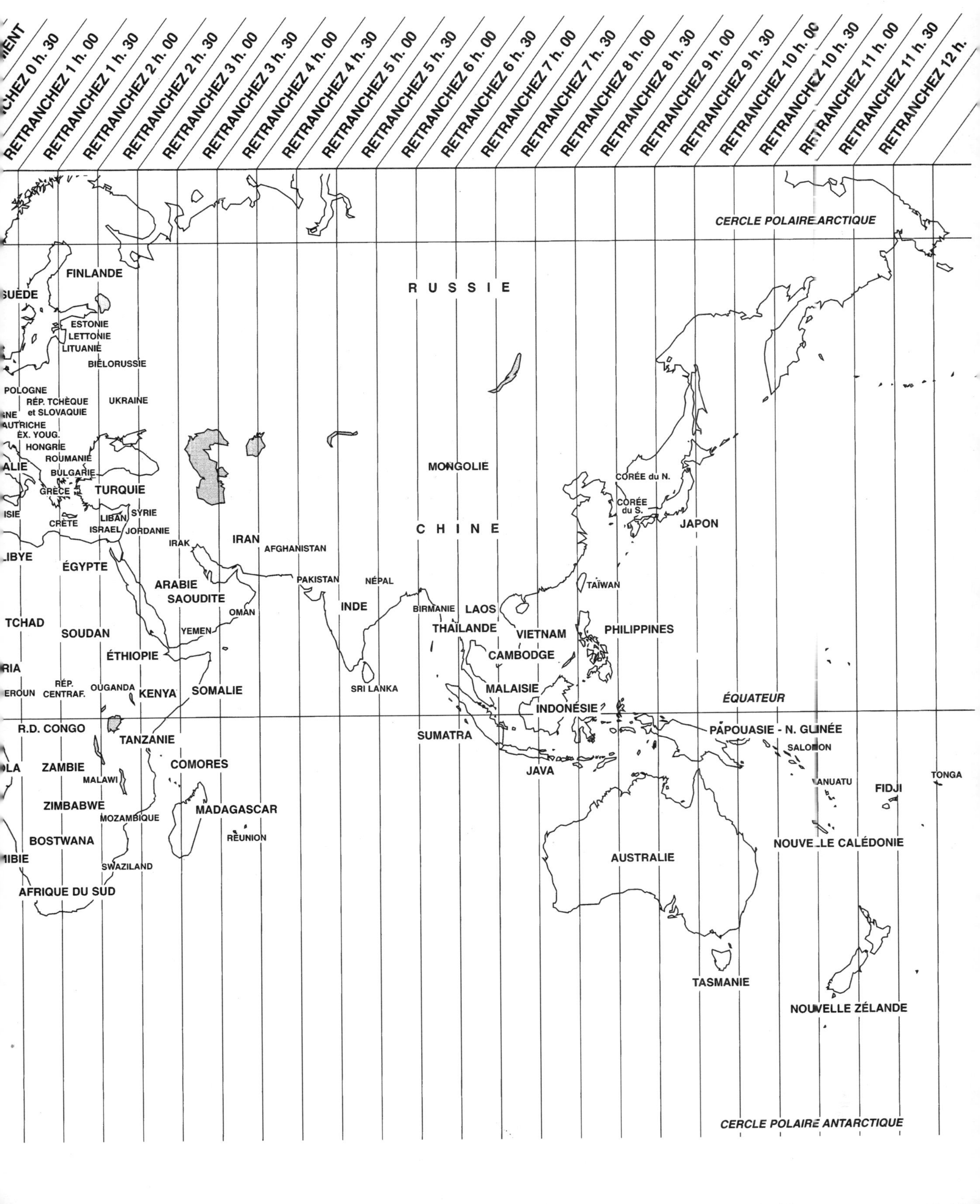

Introduction

Pendant des années, j'ai vécu tranquille, ignorant que j'étais Scorpion et « dormant sur mes deux pinces » en toute innocence.

Puis un jour, j'ai fait la connaissance de Marika. Elle m'a regardée venir de très loin et m'a dit : « Vous, vous êtes Scorpion ! »

Effet totalement manqué : je ne savais absolument pas quelle était ma bête totem du Zodiaque. En plus de ça, j'étais nulle en maths et il m'a fallu un gros effort mental pour me rappeler que j'étais née entre le 21 octobre et le 22 novembre. « Moi aussi, dit Marika, je suis du Scorpion ! »

En la regardant éclater de rire et d'un rire tout à fait bon enfant, je pensais que son venin ne devait pas être bien toxique.

Néanmoins, au fil des jours, cette révélation commençait à m'inquiéter. Je comptais mes quatre paires de pattes articulées et je ne me sentais plus bien du tout dans ma carapace — qui ne m'avait pas gênée jusque-là.

Quand la Nature vous a disgracié, on cherche logiquement à savoir si d'autres malheureux ont la même tare. Et on est très soulagé d'apprendre qu'on n'est pas tout seul à être cul-de-jatte, bossu ou manchot... D'où l'utilité publique et reconnue des associations.

Je me suis dit : « Voilà, je vais fonder une "Entraide des pauvres scorpions" (E.P.S.), pour leur remonter le moral. » Et c'est comme ça que je me suis mise à l'astrologie.

D'ailleurs, certaines de mes amies, comme Noor-Zadé ou Brigitte, avaient déjà eu un peu cette idée : le jour de leur anniversaire, en octobre-novembre, elles font une scorpionnade monstre, en invitant toutes ces pauvres bêtes du Bon Dieu à une grande fête de famille.

Le résultat, qui devrait, d'après les mauvaises langues, tourner au sabbat de sorcières, c'est, tout au contraire, une vraie fête comme on n'en voit plus : chaleureuse, vivante, animée, car on ne dira jamais assez combien les Scorpionnes sont généreuses et ont le sens de l'amitié.

Mais Scorpions et Scorpionnes, où les trouve-t-on ?

J'ai donc, avec le sérieux qui nous caractérise, entrepris une vaste enquête sous les pierres sèches de mes relations. Et là, j'ai appris, ô surprise, que la majorité de mes amis appartiennent à ce signe maudit — et que ceux qui n'en sont pas sont « quelque chose Ascendant Scorpion » !

Eh bien, vous savez, ça m'a considérablement soulagée... Parce que, croyez-moi si vous voulez, je n'ai encore trouvé, parmi eux, aucun assassin, aucun bourreau nazi et aucune vipère lubrique [1]... En approfondissant mon enquête — les Scorpions aiment aller au fond des choses ! —, j'ai commencé par étudier mes amies Scorpionnes ; eh bien, dans l'ensemble, je ne les renie pas : ce sont des filles loyales et courageuses. Je regrette d'être obligée de bousculer quelques vieux préjugés, mais je n'ai pas encore rencontré de Scorpionne noire, de vampiresse, d'espionne fatale (d'ailleurs, Mata-Hari, tenez-vous-le pour dit, était... Lion !).

1. Que cette pauvre bête, non nuisible et fort utile, me pardonne !

La quasi-majorité des Scorpionnes que je connais sont, à ma surprise d'ailleurs, de bonnes mères de famille, et même souvent de bonnes épouses. J'ai constaté aussi qu'elles sont très consciencieuses dans leur métier. A ce fait qui défie les préjugés classiques, il y a plusieurs explications possibles, dont je reparlerai plus loin.

Quant aux hommes Scorpions, le panorama était varié : il y avait des gens pacifiques et optimistes dont j'étais sidérée d'apprendre qu'ils relevaient de notre « noire » tribu (d'ailleurs, eux-mêmes avaient souvent le sentiment d'une injustice et d'un malentendu). En revanche, d'autres, plus rares, m'ont semblé avoir des problèmes affectifs et sexuels certains. J'en ai conclu — et je maintiens ma conclusion, après des années d'astrologie — que le signe est beaucoup mieux vécu par les femmes que par les hommes. C'est d'ailleurs un signe d'eau et féminin.

Nous sommes tous un peu Scorpion. Dans chaque thème individuel il y a toujours forcément l'une des douze Maisons marquée par le Scorpion. Cela veut dire que chacun de nous a une part plus ou moins large de ce signe dans sa personnalité.

Il faut savoir — et c'est le b a ba de l'astrologie — qu'on n'est pas toujours typique de son signe solaire : vous pouvez être beaucoup plus fortement marqué par le signe Ascendant si celui-ci est occupé de façon importante. Votre signe lunaire peut aussi dominer votre thème, ou un autre signe s'il contient un amas planétaire. Donc, parmi les Scorpions « officiels » qui me lisent, un certain nombre sont probablement des Scorpions très atténués. Par contre, un innocent Vierge, qui n'a l'air de rien, ou un gentil Verseau, peut être, en fait, un vrai Scorpion.

Quant au Scorpion Ascendant Scorpion, l'une de mes consœurs astrologue le désigne comme « l'assassin, le pervers intégral » ; or, je le cherche encore cet assassin. Les quelques Scorpions-Scorpions que j'ai rencontrés ne méritent pas un jugement aussi dur.

Et beaucoup d'entre nous sont des aigles : chères consœurs Scorpionnes, chers confrères Scorpions, puisque j'ai entrepris de vous défendre et de vous consoler, laissez-moi vous dire encore quelque chose de très réconfortant ; le symbole du huitième signe n'est pas seulement la bête que vous savez... C'est encore le serpent et l'aigle, et cela depuis la plus ancienne Tradition.

Si le premier bénéficie d'une réputation un peu douteuse depuis Eve, il n'en va pas de même pour l'aigle, animal glorieux, chargé d'histoire, honoré par la Bible et les prophètes, choisi comme emblème impérial, et même protégé... Bref, un animal des plus nobles, dont nous aurons l'occasion de reparler.

N'hésitez pas à vous placer sous son haut patronage. Portez vos pinces très haut sans complexe.

Dites bien autour de vous que le Scorpion n'est pas la seule bête dangereuse du Zodiaque. Le Lion, vous avez vu, un peu, ses griffes ? Et ses dents ? Et les flèches du Sagittaire, patron des chasseurs, vous vous imaginez peut-être qu'elles sont en caoutchouc ? Quant au Bélier et au Capricorne, je préfère éviter leurs pénibles coups de cornes agressifs. Enfin, les Poissons, réputés tendres, sont parfaitement capables d'être venimeux.

Ah, j'oubliais le crabe, mon compère à pinces. Essayez donc de glisser le doigt dans celles-ci, vous m'en direz des nouvelles...

Scorpions de tous les pays, unissez-vous !

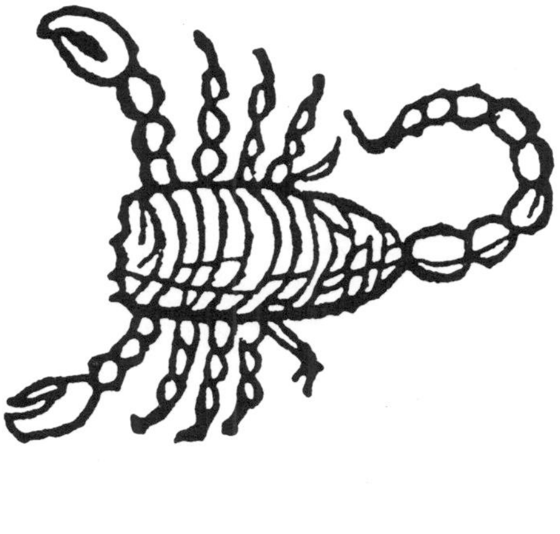

De quel côté penche votre personnalité Scorpion ?

Les deux listes d'adjectifs ci-dessous décrivent les aspects positifs et négatifs de la personnalité Scorpion. Vous lisez chaque mot et, le plus honnêtement possible, vous évaluez si ce mot vous concerne ou non. Chaque fois que votre réponse est : « Oui ce mot me concerne », vous cochez la case correspondante dans la colonne 1 (maintenant).

Totalisez ensuite le nombre de croix de la colonne de gauche et inscrivez ce nombre dans la case Total ; faites de même pour la colonne de droite. Si votre total de gauche est supérieur de 8 points, ou plus, à votre total de droite, vous êtes actuellement dominé(e) par les excès et les contradictions de votre signe. Si votre total de droite est supérieur à votre total de gauche de 8 points, ou plus, vous réalisez pleinement le potentiel du Scorpion. Refaites cette exploration dans un an, puis dans deux ans ; chaque fois que vous pourrez honnêtement supprimer une croix dans la colonne de gauche et ajouter une croix dans la colonne de droite, vous avancerez sur la voie de votre heureux accomplissement personnel.

	maintenant	dans 1 an	dans 2 ans		maintenant	dans 1 an	dans 2 ans
JALOUX				ARDENT			
RANCUNIER				PASSIONNÉ			
OBSTINÉ				PERSÉVÉRANT			
MÉFIANT				RÉSOLU			
SECRET				SUBTIL			
EXTRÉMISTE				IMAGINATIF			
CRUEL				CAPABLE DE REPARTIR DE ZÉRO			
RÉVOLTÉ				FASCINANT			
VIOLENT				PLEIN DE MYSTÈRE			
ENTIER DANS SES CHOIX				ANALYTIQUE			
CAUSTIQUE				INTUITIF			
DESTRUCTEUR				PLEIN DE FLAIR			
SADIQUE				COMBATIF			
HYPERÉMOTIF				DOMINATEUR			
ARROGANT				DOUÉ D'UNE GRANDE PUISSANCE DE TRAVAIL			
TYRANNIQUE				CURIEUX DES MYSTÈRES			
BRUTAL				MYSTIQUE			
CASSANT				CAPABLE DE JUGER JUSTE			
OBSÉDÉ				FLEGMATIQUE			
ANGOISSÉ				ÉROTIQUE			
DÉMONIAQUE				FÉCOND, CRÉATIF			
AGRESSIF				PUISSANT			
POSSESSIF				PLEIN DE SANG-FROID			
MANIAQUE				PROTECTEUR			
MORBIDE				DOUÉ			
Total				**Total**			

Chapitre Premier

Symbolique et Mythologie du Signe

Les Anges déchus montent à l'assaut du ciel, *d'Eugène Delacroix. L'être du Scorpion est tenté, par nature, de « déchoir » pour se dépasser, faire éclater l'ordre établi.*

La Symbolique du Signe

Le Scorpion symbolise ce que nous détestons tous, ce scandale inadmissible : *la mort*. D'où ce mouvement d'effroi, de recul, qu'inspire le signe.

Mais « ce qui est en haut est comme ce qui est en bas », dit la Table d'émeraude. C'est-à-dire : toutes les choses de la vie sont inscrites là-haut, dans les étoiles. Et comme la mort fait partie de la vie, elle est inscrite aussi dans le Zodiaque, les planètes et les saisons.

La mort est aujourd'hui le sujet le plus indécent qui soit. Et cela ne se fait pas d'en parler, c'est une chose honteuse. Et, pour l'oublier, on relègue les agonisants au fond de mouroirs baptisés « hôpitaux » ou « maisons de retraite », où il se passe, sous le couvert de la « Science » et de l'« Administration », des choses atroces, totalement inhumaines.

Aujourd'hui, la plupart des gens que vous connaissez, trop occupés à consommer, se moquent pas mal de la mort et de l'au-delà. Ils ont donc peu de chances de comprendre le symbolisme du Scorpion.

Le scorpion, animal utile ou nuisible ?

Et d'abord, qu'est-ce qu'un scorpion ?

Au nord de la Loire, on ne connaît pas. Il faut descendre jusqu'à Valence, la limite de l'olivier, pour en trouver. Mais dans tout le Midi méditerranéen, le scorpion est un animal très répandu. Celui qui vit dans le Sud de la France, le petit scorpion d'Europe, brun-jaune, ne dépasse guère 3 centimètres de long, et sa piqûre n'est pas dangereuse — moins que celle d'une guêpe —, en tout cas infiniment moins que la morsure de la vipère, qui est mortelle.

Le scorpion d'Afrique, le grand souvignargue, tirant sur le gris-noir, est plus mauvais : sa piqûre peut causer des accidents graves, avec une vive douleur, une énorme enflure...

Enfin, il existe sous les Tropiques (et particulièrement en Indonésie) de terribles scorpions dont la piqûre fait mourir dans d'atroces douleurs (mais, dans ce pays, les araignées, les serpents, les insectes en général, sont tous plus venimeux que chez nous !). Nombreuses sont les espèces de scorpions, et on n'est pas sûr, actuellement encore, de les connaître toutes !

Au XIXe siècle, on avait divisé les animaux en deux catégories bien distinctes : les utiles et les nuisibles. En toute bonne conscience, ce qui a permis de massacrer avec ferveur un grand nombre d'espèces superbes, maintenant disparues pour toujours.

Aujourd'hui, certains se rendent compte que tout animal a sa place dans l'écosystème, et son utilité dans la nature (ne pas confondre utilité et rentabilité financière !). Le scorpion est probablement un animal très utile : il assure le service des poubelles et le recyclage des déchets... Il se nourrit de vers, de larves, de cadavres de tout petits animaux. Sans lui, il y aurait probablement un pullulement d'insectes gênants. Attention, il n'est

Le scorpion est un animal d'une résistance fantastique, d'une vitalité à toute épreuve, qui se suicidera plutôt que de se laisser prendre à un piège.

pas lui-même un insecte, mais un « arachnide », cousin des araignées, autres « mal-aimées ».

Jadis, on préparait un médicament appelé *huile de scorpion*. La recette est la même que celle de l'huile de vipère (voir le *Guide de l'anticonsommateur* [1]). Le scorpion, mort dans l'huile qui s'imprègne de son venin, communique à celle-ci des pouvoirs curatifs (paralysie, maladies des voies génito-urinaires, et aussi contrepoison en cas de piqûre par un scorpion vivant). Je n'ai pas essayé, mais on aurait bien tort de mépriser la sagesse médicale des Anciens, qui appliquaient le principe homéopathique. « Soigner le mal par le mal ».

Le scorpion, même pour les chercheurs d'aujourd'hui, reste un mystère. On ne comprend pas le secret de son extraordinaire résistance aux microbes : il n'est jamais malade. L'exceptionnelle teneur en cuivre de son sang n'explique pas tout : il doit contenir aussi d'autres éléments protecteurs, qui renforcent les défenses de la bête. On sait aussi qu'il consomme très peu d'oxygène, ce qui le rend moins vulnérable (par exemple, à la radioactivité).

Des expériences ont été menées au laboratoire du Muséum d'Histoire naturelle sur des centaines de pauvres scorpions auxquels on a fait subir toutes sortes de tortures pour voir ce qu'ils avaient dans le ventre : on a bouché sept poumons sur huit à ces pauvres bestioles. Eh bien, elles survivaient en économisant leurs mouvements, ne respiraient presque plus, économisaient leur oxygène, mais survivaient très longtemps. On les a affamées : certains scorpions ont tenu le coup sans manger jusqu'à trois ans et trois mois ! On les a mis au réfrigérateur, ces animaux des pays chauds : ils en ressortent indemnes, sans la

1. Éditions Seghers, page 46, ou au Livre de Poche, page 64.

moindre bronchite... On les a irradiés aux rayons : il leur faut cinquante à cent fois la dose fatale à un rat pour en mourir. On a essayé de les noyer : ils résistent plusieurs jours, même dans l'alcool...

Un animal qui s'accroche à ce point à la vie, je trouve cela émouvant, même s'il n'était pas très sympathique *a priori*. Le courage mérite d'être respecté. Je n'écraserai plus jamais de scorpions (d'ailleurs, dans le Midi, ils sont si peu venimeux que cela n'en vaut pas la peine).

Et, malgré toutes ces expériences « sadiques », la vie privée des scorpions reste mal connue. On sait qu'ils mangent en imprégnant leur proie de salive, puis en la broyant avec leurs pinces, enfin ils en sucent le jus. On sait que les femelles de certaines espèces pondent des œufs, tandis que d'autres nourrissent les petits avec une tétine, dans une poche intérieure. Mais on n'a pas encore tiré au clair l'histoire du scorpion qui se pique lui-même pour mourir. Suicide ? Affolement provoquant une erreur de tir ? On n'en sait rien.

Une conclusion s'impose : le scorpion est un animal extraordinaire, d'une résistance fantastique, d'une vitalité à toute épreuve. Le courage, voilà la caractéristique première de l'animal, et toutes ses qualités sympathiques, ou terrifiantes, se retrouvent assez bien dans le caractère des natifs du signe.

Mais aussi, comme dit un astrologue de la Renaissance : « Il est plus nuisible en qualité de signe céleste qu'en qualité d'animal sur la Terre » (cité par L. Aurigemma, *le Signe zodiacal du Scorpion,* p. 90).

La mort à l'automne

Pourquoi avoir choisi le scorpion pour « gouverner » la période qui s'étend du 21 octobre au 21 novembre (à un ou deux jours près suivant les années) ? Nul ne sait plus, l'association animal-saison remonte à la nuit des temps. Géniale synthèse d'intuitions caractérologiques et d'observations des phénomènes climatiques et zoologiques...

Novembre, c'est la mort apparente de toute végétation : les jours raccourcissent, les nuits s'allongent et deviennent interminables, c'est « *Nacht und Nebel* », nuit et brouillard, et Dieu sait que cette saison peut être pénible sous nos latitudes. Le froid et l'humidité vous pénètrent jusqu'aux os, les enfants commencent à tousser. Les premières gelées flétrissent les dernières roses.

Les occupations de novembre n'ont rien de gai : la fête des morts, la culture des chrysanthèmes, et la chasse, œuvre de mort, quoi qu'on dise (et il y aurait beaucoup à dire là-dessus, Orion, associé au Scorpion, étant présenté comme chasseur type).

Dans le calendrier agricole de jadis, dès fin octobre on préparait les provisions pour l'hiver : châtaignes, salaisons, confits, charcuteries. On s'embarquait pour trois mois dans un voyage à travers le noir hiver et, parfois, la soudure avec le printemps ne se faisait qu'au prix d'un long jeûne forcé.

Mais la mort de l'automne n'est qu'apparente : il suffit d'attendre patiemment le printemps. Il se prépare déjà au fond de la terre, sous la couche de feuilles décomposées et dans le secret des graines. Toutes les religions anciennes parlent longuement de ce *cycle Vie-Mort-Vie*, auquel personne n'échappe.

Le Scorpion est donc un signe clé qui ouvre un nouveau monde. Il symbolise la mort « celle du corps qui rompt brutalement les attaches de l'entité humaine (...) d'avec le plan de la matière dense... La dissolution de l'état de conscience qui attache cette dernière au monde illusoire, sensoriel-personnel, dissolution qui peut s'effectuer aussi bien par le détachement initiatique. Le seuil que garde le Scorpion est celui de la mort, mais c'est aussi celui qui sépare la conscience *phénoménale* de la conscience *nouménale*, c'est-à-dire la conscience du manifesté, de ce qui paraît, de la conscience de l'intelligible pur ». Si je cite ce long passage de Marcelle Sénard (*le Zodiaque*, p. 262), c'est qu'il rend justice au Scorpion, qui n'est pas seulement le signe de la haine et du désespoir, mais aussi celui de l'Espoir absolu. Espoir qui l'aide à survivre au-delà des pires épreuves, et des pires malheurs. Le Scorpion reçoit la « Foi », c'est-à-dire la confiance dans son avenir à très long terme. Mais s'il refuse le chemin qui lui est proposé, il tombe au fond du noir Tartare (il faut lire la description de l'Enfer dans un classique : Thérèse d'Avila, par exemple).

Le Scorpion, aigle et serpent

Dans toute la mythologie, le scorpion est associé à l'aigle et au serpent. Cerbère, l'affreux chien à trois têtes qui garde le seuil des Enfers, est le fils de la vipère Echidna.

Dans le Zodiaque égyptien, la constellation du Scorpion est figurée par une sirène autour de laquelle est enroulée un serpent. Et dans la mythologie égyptienne, le serpent Uatchet, selon Marcelle Sénard, est « à la fois l'emblème de l'Éternité et de l'œil de Râ, ou vision parfaite du créateur ».

L'aigle représente la face mystique, profondément passionnée et courageuse du Scorpion.

Dans le Zodiaque d'Esné, le Scorpion est précédé d'un serpent à double tête, et d'un serpent ailé...

La signification *chtonienne*, c'est-à-dire « infernale » du serpent est associée à celle du scorpion, au point que le serpent est perçu comme un autre visage du scorpion.

Quant à l'aigle (ou au vautour), il est aussi associé à cette idée de décomposition, de mort qui permet une renaissance. Les grands rapaces sont plus ou moins charognards : si certains préfèrent la viande fraîche, ils ne dédaignent pas les cadavres, et certains se nourrissent exclusivement de charognes. Ils sont donc l'image de la pourriture, de la mort qui se transforme en énergie vitale.

Dans la plupart des mythologies antiques, vautours et aigles sont associés à la mort : le vautour comme symbole de celle-ci, et l'aigle comme symbole de résurrection. Alors que

Le serpent représente la face obscure, maléfique et destructrice de ce signe.

le serpent rampe à terre, — aspect bas et « vicieux » du scorpion —, l'aigle plane dans les cieux, aspect glorieux du scorpion qui a sublimé ses forces de mort.

Le Scorpion souffre profondément d'un « déséquilibre de potentiel » entre les forces d'en bas et les forces d'en haut, entre les pulsions de mort et les pulsions de vie, entre Thanatos et Eros. Entre ces deux pôles, il oscille sans arrêt, déchargeant son énergie alternativement dans un sens ou dans l'autre. Les psychanalystes ont insisté sur cette dialectique entre la pulsion « créatrice » et la pulsion « destructrice », qui existe d'ailleurs chez tout être humain, mais particulièrement chez le Scorpion. Subissant cette alternative, sans pouvoir toujours la contrôler, le natif l'impose à son entourage. Si le Scorpion harmonique détruit ce qui est caduc pour reconstruire plus solide et plus haut, le Scorpion dissonant ne peut pas s'empêcher de détruire —, y compris ce qui lui est le plus cher. D'où cette accusation de « perfidie » si souvent portée contre lui.

Miniature persane représentant l'« enfer musulman »: on voit comme le serpent et le scorpion sont intimement liés au feu, à la souffrance, à la mort.

En tant qu'individu, il est toujours sur la corde raide, toujours menacé par une réalité souterraine inconsciente et puissante qui fermente au fond de lui, et qui peut entrer en éruption comme un volcan... sans prévenir !

A la fois aigle et serpent, luttant pour s'arracher aux bas-fonds reptiliens, pour s'envoler à la façon de l'aigle, le Scorpion est épisodiquement submergé par une vague de passions instinctives ; il est la première victime de ces forces obscures et impérieuses que l'ordre public et la conscience collective réprouvent.

C'est ainsi que le Scorpion, surtout le Scorpion-Vierge, essaie de masquer ces éruptions intestines, parce qu'elles contredisent les normes admises du « bien » et du « mal » de la société dans laquelle il vit. Voilà pourquoi on lui reproche d'être « faux-jeton » : porteur de telles forces instinctuelles, en particulier sexuelles, il a le choix douloureux entre libérer cette violence — avec tout ce qu'elle entraîne de tragédie et de marginalité — et la réprimer pour se conformer au système. S'il s'engage dans cette voie de l'autorépression, c'est le Scorpion-Vierge inhibé dont l'être profond n'est pas en accord avec l'être social. Le reproche de « duplicité » ou de « perfidie » adressé aux pays arabes, ou bien aux Juifs dans un contexte antisémite, vient de cette ambivalence tragique, accentuée par le fait que ces peuples sont « sous le signe du Scorpion ». Mais en réalité, c'est toute la condition humaine d'être tiraillée entre l'aigle et le serpent.

Le Scorpion porte en lui les valeurs douloureuses de la mort, il vit en permanence en état de crise. Mais cette crise ouvre la voie à la connaissance de l'Absolu. La souffrance et la mort, c'est-à-dire le détachement du plan sensoriel, libèrent l'être vivant. Combien de gens disent être plus libres, plus heureux à quarante ans qu'à vingt, parce que la vie les a douloureusement obligés à se dépouiller de fausses valeurs qui les encombraient et les entravaient dans leur élan vital.

La crise du Scorpion débouche sur une prise de conscience plus grande, et aussi sur des pouvoirs spirituels plus étendus. Elle est comparable à l'« histolyse », c'est-à-dire la destruction naturelle des tissus se produisant spontanément chez les êtres vivants qui jeûnent.

On l'observe, par exemple, chez les animaux hibernants : les cellules malsaines sont détruites, dévorées par les saines, et l'animal, après cette période d'autodestruction interne, ressort régénéré et guéri (c'est pourquoi les animaux sauvages jeûnent aussi quand ils sont malades).

Ainsi le Scorpion, familier de la souffrance et de la mort, est-il porté vers des préoccupations métaphysiques. Il peut voir très loin, comme l'aigle. Firmicus (au IVe siècle), écrivait : « Tous ceux qui naissent lorsque se lève la constellation du Scorpion seront, si les étoiles sont propices, des prophètes, des prêtres, des ministres du culte, des guides d'une religion. Ils sauront expliquer tous les arts divins par de savantes interprétations. »

Cette tradition de prophétisme et de mysticisme, qui remonte à la plus haute Antiquité, se dégrade au Moyen Age : on relèvera alors les potentialités négatives de cette familiarité avec l'Invisible. Le Scorpion devient alors le signe des sorciers, magiciens, jeteurs de sorts, des « sectateurs de Mahom », de ceux qui ont vendu leur âme au Diable. On pense à Gœthe (Ascendant Scorpion), interprète d'un *Faust* qui ressemble comme un frère à notre signe, Faust qui mène des négociations serrées avec le Diable, au risque de se perdre. Mahomet, Luther furent Scorpion.

Ce signe a toujours été ressenti comme puissamment passionnel : il dégage un intense sentiment d'insécurité. Il est fait pour briser l'ordre public, pour rompre l'ordre établi des choses qu'il détruit en vue d'une re-création.

Ressenti comme une « valeur de fracture », il brise la trompeuse sécurité dans laquelle s'endormait le bourgeois satisfait. Le Scorpion oblige les autres à se renouveler, c'est un *ferment de progrès,* le levain acide dans la pâte. Sans lui, nous mourrions d'enlisement dans le traintrain ankylosant du quotidien... Le Scorpion est l'*Homme révolté*, le révolutionnaire qui se sacrifie à une cause pour le progrès de l'Humanité, progrès qu'il voit de loin, de son regard d'aigle perçant et visionnaire. Malheureusement, son prophétisme n'est pas toujours reçu positivement par les gens à courte vue. Lui-même est ressenti surtout comme une valeur de destruction — et rares sont ceux qui devinent que la destruction prélude à une renaissance. Et puis aussi, au cœur du caractère « chtonien » de notre animal, se trouvent les forces sexuelles de la libido. D'où la fascination qu'exerce le Scorpion sur son entourage, partagé entre la crainte et une attirance irrésistible.

L'eau lourde du Scorpion

N'avez-vous pas été étonné d'apprendre que le Scorpion était un signe d'Eau ? Car enfin, l'animal bien connu vit, de notoriété publique, sur la terre ferme...

Pourtant, bien qu'il fréquente les pays chauds, il n'aime guère se mettre au soleil, qui le déshydraterait. Il recherche les endroits humides, les trous, les failles, les fissures, les creux sous les pierres, et s'y cache tout au long du jour pour n'en sortir que la nuit tombée. J'ai même trouvé un petit scorpion jaune dans mon lavabo à Venise : je suppose qu'il habitait dans les canalisations du vieux palais où je logeais.

Pour justifier cette étiquette « signe d'Eau », qui peut paraître étrange *a priori*, il y a encore bien d'autres arguments.

La paléontologie, par exemple, donne peut-être raison à la Tradition astrologique : les premiers scorpions connus, les « protoscorpions » de l'ère primaire, étaient probablement des animaux aquatiques ; il y a de cela quatre cent cinquante millions d'années. Ces scorpions fossiles, les géologues les ont reconnus tout de suite, tellement ils ressemblaient à ceux d'aujourd'hui : les ancêtres, *Proscorpius*, retrouvés près de New York, et *Palaéophonus*, en Ecosse, ne différaient des actuels scorpions que par de minces détails (le nombre des segments de l'abdomen, par exemple). Le vrai scorpion, *Euscorpius*, est apparu au Carbonifère, à peu près trois cent cinquante millions d'années avant notre ère, et n'a pas changé depuis, ce qui est absolument extraordinaire dans l'évolution des êtres vivants. Comme si le Créateur l'avait réussi pratiquement du premier coup !

Voyageur du fond des âges, immuable et méconnu, le Scorpion est *symbole d'éternité.* Il a piégé le Temps dans ses eaux noires, il en a fait son allié, et celui-ci travaille pour lui. Le Scorpion vit dans la permanence du Temps : il porte en lui le passé toujours vivant, et « voit » l'avenir dans lequel il vit déjà par ses projets. Pour lui, le Temps s'étire sans solution de continuité, sans se découper en tranches... Le passé n'est jamais « simple », et le futur est toujours « antérieur ».

D'où cette sensibilité particulière des signes d'Eau, si mal comprise par les gens du Feu et de l'Air, un peu mieux, peut-être, par les gens de la Terre (et encore !). Les gens d'Eau ont une perception particulière de l'Espace-Temps, qui pour eux est un fleuve permanent, non compartimenté, et dans lequel ils peuvent flotter aussi bien vers l'amont que vers l'aval. Ils ont ainsi une perception ultra-fine du milieu ambiant, ils sont extraordinairement intuitifs et fins psychologues, doués de pouvoirs médiumniques et supra-normaux. Porteurs de rêves aussi vastes que le Cosmos, ils abritent leur très riche monde intérieur sous une carapace dure (Cancer et Scorpion), ou sous des écailles plus ou moins osseusses (Poissons). Les signes d'Eau sont plus réceptifs qu'actifs, mais, cependant le Scorpion, sous la gouverne de Mars, planète de Feu, est le plus actif des trois signes (ce qui n'enlève rien à sa réceptivité).

L'introversion est générale chez les signes d'Eau : ils sont secrets. Si vous n'êtes pas capable de le deviner, notre animal se referme hermétiquement sur son eau intérieure. Scorpion secret, qui se tait sur ses motivations profondes, qui n'avoue pas ses amours, qui protège son territoire de toute investigation.

Immergé dans un milieu hostile ou pollué (alcool, sable irradié par une explosion nucléaire, etc.) le scorpion animal s'isole complètement, et vit en circuit fermé sur lui-même, en attendant des jours meilleurs.

Il résiste pendant des jours et des mois. Il a la patience de l'Eau primordiale la patience de l'Eau-Mère féconde, il compte sur l'Eternité. Etonnant animal, qui se moque de notre hostilité et de notre indifférence, et qui survit envers et contre tout...

Le marais du Scorpion

L'eau du Scorpion est fixe, c'est-à-dire stagnante : elle ne coule pas, donc elle pourrit. Mais il se passe quelque chose sous cette pourriture, un travail de transformation de la matière qui s'intègre dans les chaînes écologiques. La vasière fétide cache un monde de vie grouillante et souterraine.

L'eau du Scorpion est perçue comme immobile, eau pourrie qui tue la vie en elle, qui fermente et décompose, qui dissout...

L'eau du Scorpion est « maléfique », elle détruit ce qui doit être détruit, pour permettre la renaissance d'une nouvelle vie. On pense à l'eau-de-vie, issue de la fermentation, eau qui guérit ou tue, selon l'usage qu'on en fait.

Cette *eau des marais, eau noire*, « eau lourde, dit Gaston Bachelard, plus profonde, plus morte, plus ensommeillée que toutes les eaux dormantes, que toutes les eaux mortes, que toutes les eaux profondes que l'on trouve dans la nature», cette eau symbolise l'inconscient. L'eau du Scorpion, ce sont les forces instinctives qui sont à la racine de l'être, forces cachées et mal connues, dont seuls les rêves permettent de deviner la présence.

Le *cycle zodiacal de l'Eau* commence par l'Eau-Mère primordiale et féconde du Cancer. Au stade du Scorpion, cette Eau-Mère doit traverser un seuil douloureux, une porte étroite, une épreuve purificatrice : la mort. Enfin, au stade des Poissons, l'eau purifiée peut jouer son rôle cosmique dans l'immensité des océans, où elle symbolise le don gratuit de la charité universelle.

A l'heure actuelle, la plupart des astrologues attribuent l'eau des rivières au Cancer, celle des marais au Scorpion, et celle des océans aux Poissons. Mais il n'en a pas toujours été ainsi, et les attributions des différentes « eaux » ont varié suivant les traditions astrologiques.

Dans la mythologie grecque, l'entrée des Enfers était située dans les marais d'Achérusie, en Épire. Les Anciens percevaient les Enfers comme une zone de marécages situés au-delà de l'océan, un pays sans lumière, noir et marécageux, le pays des Ombres, les « infernaux paluds », comme disait Villon, le royaume de Pluton. Cinq fleuves allaient se perdre dans ces marécages souterrains du pays des morts : l'Achéron, fleuve de la Douleur, le Cocyte, fleuve des Lamentations, le Phlégéton, le Styx, et le Léthé, fleuve de l'Oubli...

Ainsi, peu à peu, au cours des siècles, s'est précisée l'attribution au Scorpion de l'eau des marais.

En revanche, dans la tradition arabe, l'eau du Scorpion est celle de la mer, et ce sont les Poissons qui héritent des eaux stagnantes. Abraham Ibn Esra, écrivain juif de Cor-

Le royaume du Scorpion est un royaume souterrain où la lumière solaire ne descend jamais, comme en témoigne la peinture de Magritte, natif du signe.

doue, qui vivait au XIIe siècle, attribue « à l'escorpion toutes iaues qui courent et les iaues de la mer ; et [aux] poissons... toutes iaues puant » (traduction de 1273). Ainsi, dans la tradition qu'il rapporte, l'eau du Scorpion est mobile, et c'est, dit L. Aurigemma, une « manière d'expression de la féminité féconde du signe ». La profonde négativisation du signe que les siècles du Moyen Age opéreront fera virer la nature de « son eau vers des significations de corruption et de putréfaction [1] ».

L'eau du Scorpion sera aussi perçue comme *Eau de Feu*, puisque Mars, maître du signe, est une planète ignée. En relation avec les volcans (autre entrée des Enfers), elle est aussi analogue à la lave brûlante qui coule du cratère et dévaste tout sur son passage (il existe d'ailleurs des « lacs de lave », dont le fameux Erta Alé exploré par Tazieff !).

Les auteurs ont insisté sur les mystères terrifiants de cette eau très spéciale, *eau-venin* qui s'accumule dans la bête, et dont elle doit se décharger par un acte d'agression. Eau qui évoque le sang, la sueur, les urines, la liqueur séminale, eau empoisonnée par les déchets... En tout cas, eau non potable !

Le secret de la Lumière Noire

Le Scorpion est un signe nocturne, en accord avec les mœurs de l'animal, qui se cache dans la journée, et sort à la tombée de la nuit pour chasser et vivre sa vie.

1. Luigi Aurigemma, *le Signe zodiacal du Scorpion,* éd. Mouton, page 51.

Les natifs du Scorpion s'extériorisent difficilement, détestent le bluff et la poudre jetée aux yeux, le tapage. Pour eux, pudeur et efficacité veulent que l'on agisse discrètement sous le couvert des pierres sèches, mettant les gens devant le fait accompli !

Si le Scorpion a le goût du pouvoir, il a aussi l'intelligence de ne pas s'en vanter. En quoi il est complètement différent du Lion, dont la vanité le heurte profondément. Le proverbe préféré du Scorpion pourrait être « à bon vin point d'enseigne », ou encore « pour vivre heureux, vivons caché » (encore qu'il ne soit pas très doué pour le bonheur). Quant au Scorpion maléfique, on peut dire de lui : « Satan passe dans les ténèbres... »

Toute la symbolique du signe tourne autour de ce caractère « ténébreux ». Le royaume de Pluton est un royaume souterrain, où la lumière solaire ne descend jamais. Le mois du Scorpion voit les nuits s'allonger indéfiniment au détriment des jours. Et l'eau noire des marais scorpioniques ne laisse pas pénétrer les rayons du Soleil, qui la purifieraient !

Le Scorpion gouverne donc tout ce qui est caché : forces souterraines de l'inconscient, et en particulier sexuelles, forces du Mal qui poussent l'homme à détruire. Il symbolise nos « entrailles », et les « entrailles » de la Terre : volcans et souterrains, mystères de l'Inconnu.

Le Scorpion dissonant et malfaisant est tellement assimilé au Mal absolu que les adjectifs « sombre », « noir », « obscur » reviennent comme un leitmotiv sous la plume de la plupart des auteurs... De la mienne aussi, je n'insisterai donc pas davantage.

La chose essentielle à retenir, c'est que le Scorpion règne sur l'Envers du jour, l'Envers des choses visibles, la face cachée de la Terre. La Scorpion a le *secret de la Lumière Noire.*

La « fixité » tragique du Scorpion

Les quatre signes fixes — Taureau, Lion, Scorpion et Verseau — sont les piliers qui soutiennent le monde. Ils symbolisent la permanence, la stabilité, sans lesquelles aucune réalisation terrestre n'est possible. On les a très souvent associés aux quatre Evangélistes : le Taureau à Luc, le Lion à Marc, le Verseau à Matthieu ; il reste donc le Scorpion à Jean, symbolisé par l'aigle (qui représente les valeurs positives du Scorpion).

Les signes fixes sont des valeurs d'énergie et d'autorité. Le Scorpion fixe impose sa loi autour de lui, il lutte en vue d'une construction, d'une création, d'une œuvre. Mais son originalité par rapport aux signes fixes, c'est qu'il doit détruire avant de reconstruire (voir le symbolisme de Pluton).

La fixité du signe donne au Scorpion un grand réalisme : les pinces sur la terre. Il est en prise directe avec la réalité, il a un sens aigu des possibilités, des obstacles à balayer.

Ce qu'il saisit entre ses pinces, il ne le lâche jamais. Comme les autres « fixes », il s'engage tout entier dans la réalisation de ses projets. Il ne fait rien à moitié. Il investit la totalité de ses forces mentales, affectives et physiques, dans son entreprise, et il luttera jusqu'au dernier souffle pour réussir. Il n'est pas facile de le faire renoncer. Comme le Taureau, le Lion et le Verseau, il tient bon, avec un acharnement qui force l'admiration. Ce qui le rend redoutable, c'est justement cette exceptionnelle charge énergétique qu'il porte en lui. Il ne fait rien à moitié, et met en toutes choses un sérieux de plomb... La peur qu'il suscite vient justement de cette violence martienne, de ce tonus renforcé par la fixité du signe. Si les trois autres signes fixes manquent de souplesse, le Scorpion trompe par sa flexibilité apparente : son réalisme l'oblige souvent à changer de méthode et de technique pour mieux atteindre l'objectif. Il s'adapte à la conjoncture — mais cet ajournement n'est pas pour autant un renoncement.

Les quatre signes fixes portent donc en eux une grande puissance énergétique : ils aiment ou détestent en bloc, passionnément, à la folie... Ils suivent leurs puissantes motivations affectives et deviennent violents si l'on dresse des obstacles devant eux. Le dialogue est difficile, voire impossible, avec ces caractères entiers, intransigeants. Le signe du Scorpion symbolise la profonde anxiété de l'Homme devant ces énergies naturelles mystérieuses et puissantes, ce monde des instincts primitifs qui risquent de le submerger en tant que conscience.

Le Scorpion est certainement le plus violent des quatre signes fixes, parce qu'il porte en lui une insoutenable tension interne : que l'eau soit « fixe » est tellement contraire à sa nature « courante », qu'elle ne peut que pourrir, fermenter, se décomposer. Elle libère

Le Scorpion est un signe fixe, en prise directe avec la réalité, qui s'engage tout entier dans la réalisation de ses projets.

ainsi les puissances de mort contenues au fond de toutes choses, et oblige le Scorpion à passer par une désintégration de lui-même — désintégration qu'il risque bien entendu d'infliger à autrui. Le Scorpion va donc beaucoup plus loin, beaucoup plus haut ou beaucoup plus bas que les autres signes fixes : il est appelé à traverser la matière décomposée pour atteindre l'Invisible. Si l'opération réussit, l'aigle domine et assume la matière. Si elle échoue, le serpent s'enlise dans cette matière même qui, privée de l'Esprit de vie, devient le royaume de Satan.

C'est pourquoi, depuis l'Antiquité, le Scorpion est associé à une condition « puissante et tragique » : il se voit attribuer des dons religieux et prophétiques, des aptitudes mystiques et extra-sensorielles tout à fait insolites... et terriblement dangereuses.

La féminité virile du Scorpion

La « féminité » du Scorpion est attestée depuis l'Antiquité. Au deuxième siècle de notre ère, Claude Ptolémée, reprenant une tradition très ancienne, affirme formellement que le « Scorpion est un signe féminin » — ce qui va avec sa caractéristique de signe d'Eau. La Femme est Eau, c'est-à-dire réceptivité, rêve, intuition, et, surtout, fertilité et fécondité.

L'enfant qui se forme dans le sein de sa mère est plongé dans l'eau du liquide amniotique, et la vie sur Terre est née de l'eau.

La Femme détient donc le pouvoir de donner la vie à l'enfant, mais aussi la mort. Et cela correspond bien au symbolisme du Scorpion, porteur de vie et de mort à la fois.

Le Scorpion porte en lui un malaise, une contradiction difficile à résoudre : ce signe féminin est gouverné par une planète hypervirile, le symbole même de l'agressivité masculine : Mars (Pluton et Uranus, récemment découverts, et attribués au Scorpion, ne font qu'insister sur les valeurs masculines, métalliques et ignées).

Le feu de Mars, les flammes infernales de Pluton, la foudre d'Uranus, tout cela dans un signe d'Eau, c'est une centrale nucléaire sur le point d'exploser...

Le caractère double, féminin-masculin, du Scorpion, toujours perçu par son entourage, ainsi que son attirance instinctive pour toute forme de sexualité, sont responsables de la réputation de duplicité qui lui est faite.

Ainsi le Scorpion abrite-t-il au cœur de lui-même deux sources d'énergie intenses, complémentaires et contradictoires. Car Vénus se défend. Elle règne sur le troisième décan du Scorpion, et sur le signe lui-même, symbole de sexe, symbole à la fois des forces viriles et des forces féminines qui donnent à l'homme un pouvoir créateur.

Ce caractère double, féminin-masculin, toujours perçu par l'entourage des Scorpions, est responsable de l'accusation de « duplicité » qui lui est faite (étymologiquement, duplicité veut dire double).

Les auteurs antiques étaient parfaitement conscients de l'ambivalence du signe et, dans leur esprit (aussi misogyne que leur époque), la duplicité du Scorpion est associée à sa féminité.

Hippolyte de Rome [1], au IIIe siècle de notre ère, dit que le Scorpion est un hypocrite, qui a un visage « virginal », c'est-à-dire l'air innocent d'une jeune fille, masquant un caractère « sournois, malfaisant, trompeur, porté à l'adultère, incapable d'amitié ».

Manilius [2], au premier siècle de notre ère, écrit : « Le Scorpion, sous le nom d'ami, sème les malheurs. » Cette accusation d'hypocrisie, de traîtrise, sera développée au Moyen Age, puisqu'à cette époque on établira une corrélation entre le Scorpion et Israël, en attribuant le signe à Judas. Pour beaucoup de théologiens médiévaux, Scorpion = Judas = le Diable. Malheureusement, on voit aussi apparaître dans les sermons l'association Femme-Luxure-Diable-Scorpion...

La femme aux yeux bandés, sur la cathédrale de Strasbourg, c'est la pauvre synagogue, mise également sous le patronage du Scorpion. Le huitième signe sera attribué à la Dialectique, représentée dans la peinture italienne du Quattrocento par une femme tenant dans sa main gauche un petit scorpion.

Il m'a toujours semblé, comme je l'expliquerai au début du chapitre sur la « caractérologie », que le signe était plus facile à vivre par les femmes : elles intègrent mieux les

1. Luigi Aurigemma, *op. cit.*, pages 30 et 38.
2. Luigi Aurigemma, *op. cit.*, pages 30 et 38.

valeurs de Mars dans un tempérament féminin, que les hommes ; ces derniers assument très difficilement leurs puissances féminines. C'est ce qu'exprime aussi le langage courant qui dit : « une forte femme », ou « une femme virile », sans nuance péjorative, tandis que l'expression : « un homme féminin » ou « un homme efféminé » est perçue négativement. Nos frères du Scorpion ont beaucoup plus de mal que nous-mêmes à trouver leur équilibre affectif.

Le huitième signe et la Maison VIII

Chaque signe correspondant à une Maison sur la carte du Ciel, le Bélier correspond à la Maison I, et le Scorpion à la Maison VIII. Celle-ci retient les caractéristiques pricipales du signe : mort et sexe. Dans un thème, on consulte la Maison VIII pour tout ce qui concerne la mort du natif, ou la mort de son entourage (conjoint, enfants, parents... et héritages). La Maison VIII donne aussi une idée de la vitalité du sujet, et de sa sexualité.

Le chiffre 8 serait celui de l'équilibre cosmique. Le graphisme du chiffre arabe suggère le passage entre deux mondes — celui d'en bas et celui d'en haut — et la mort, figurée par l'étranglement au centre, est le passage étroit entre ces deux mondes.

L'emblème du Scorpion

C'est d'abord une jolie image de la bête : ♏ stylisée, avec ses pinces, son abdomen à segments, et son dard caudal.

La Vierge a presque le même hiéroglyphe, dérivé de la lettre M, mais avec le dard retourné vers l'intérieur (voir au chapitre sur les Ascendants, le Scorpion-Vierge).

Selon Marcelle Sénard, la « lettre M symbolise l'Eau de l'Abîme primordial », d'où est née toute vie. En hébreu, la lettre M (Mem), signifie « La Mère », principe féminin par excellence. En accord avec ce symbolisme, la Vierge et le Scorpion sont des signes féminins, d'Eau, et négatifs (c'est-à-dire réceptifs).

Le dard du Scorpion, représenté comme une flèche, suggère « le développement de l'être dans l'espace indéfini » : c'est bien le portrait de notre animal zodiacal, assoiffé d'absolu, jamais satisfait, toujours en quête d'un Ailleurs qui n'est pas de ce monde. Ce dard fléché est l'image de l'énergie fondamentale qui pousse le Scorpion à aller toujours plus loin, toujours plus haut — toujours plus bas, parfois. Le Soleil en Scorpion, c'est un billet de voyage pour l'Au-delà... et aucun risque, aucun danger ne l'arrêtera.

Mais le dard est aussi une arme redoutable, porteuse de blessure, de souffrance et de mort. Comme le dit Marcelle Sénard, « le M fléché exprime le retour à l'état primordial par la souffrance et la mort. » Tout le symbolisme du Scorpion est là : la libération passe par la mort (et par la souffrance qui est, à des degrés divers, une mort psychique ou physique partielle). Tout être, pour s'accomplir, doit affronter sa propre mort, passage étroit au-delà duquel il retrouve la vraie Vie. Comme le dit encore Marcelle Sénard : « La Vierge, signe de Terre, de réceptivité à l'Esprit, correspondant à l'Incarnation, et le Scorpion, signe d'Eau, à la Rédemption, qui passe par la crucifixion de l'être incarné [1]. »

Notez aussi la similitude entre le dard du Scorpion et la flèche attachée au symbole de Mars : même idée d'ambition, de conquête, d'énergie.

Le territoire du Scorpion

Pays. Le Scorpion règne sur les pays arabes, les pays musulmans (qui ne sont pas tous arabes) et sur Israël. De façon générale, sur le Moyen-Orient.

Dans la Tradition, les pays gouvernés par le Scorpion ont énormément varié d'un auteur à l'autre (chacun, bien sûr, attribuant de préférence la bête à l'ennemi !).

Les listes données par les différents astrologues ne s'accordent pas entre elles, et il faut avouer que, dans ce domaine, la carte du Scorpion manque de précision. Seuls Israël et les pays arabes font l'unanimité. Les mouvements révolutionnaires, et les pays qui en naissent, semblent être sous l'influence de Pluton — donc du Scorpion.

1. Marcelle Sénard, *le Zodiaque,* éd. Traditionnelles, page 175.

Saint François d'Assise, par Zurbaran, natif du signe : le Scorpion est aussi le signe de l'Espoir Absolu qui aide à surmonter les pires épreuves.

Métaux. Mars, la planète rouge, est celle du *fer.* Les Scorpions ont de toute évidence les qualités et les défauts de ce métal : dureté, souplesse alliée à la résistance, grandes possibilités de transformation, adaptation à de multiples tâches... Suivant la Tradition chinoise, ne laissez jamais un aliment dans un récipient en fer : il se corrompt beaucoup plus vite que dans une céramique. On retrouve là le pouvoir de corruption, de décomposition, attribué au signe.

Le Scorpion correspond à l'Age de fer, le dernier des quatre âges de l'Humanité, suivant l'astrologie ancienne (après l'Age d'or, l'Age d'argent, l'Age d'airain). Cette tradition est reprise par l'Apocalypse et tout un courant mystique plus récent, qui voit dans l'Age de fer l'image de la « Fin des Temps », où Satan et les esprits mauvais sortiront des Enfers pour se répandre sur la Terre.

Outre ce métal, le Scorpion a des affinités avec les « radio-éléments » (radio-actifs) 89 à 104 : l'*uranium 92*, le *thorium*, le *plutonium*, par exemple... Dans ces noms d'éléments récemment découverts, il n'y a pas de « hasard », mais une série d'intuitions individuelles ou collectives...

Pierres. Depuis très longtemps, on avait établi des correspondances entre les signes et les pierres. Luigi Aurigemma raconte que le « lapidaire du roi Alphonse X de Castille », au XIIe siècle, avait attribué une pierre à chacun des trente-six décans du Zodiaque, ainsi qu'aux trois cent soixante degrés. Cela fait donc trente-trois pierres pour le Scorpion, et trois pour ses trois décans : *corraline, topaze,* et peut-être *grenat*.

Dans la Tradition arabe, c'était la *sardoine* et l'*améthyste*. Enfin, d'autres traditions attribuent au signe le *rubis* en priorité, d'abord parce qu'il est rouge — symbole du sang, du feu de Mars, et du cœur —, ensuite parce qu'il passait pour protéger et guérir des venins.

Couleurs. L'unanimité s'est faite sur le *rouge* et le *noir*, lumière et ombre s'affrontant dans le Scorpion.

Le rouge, symbole de révolution, convient très bien à notre « Scorpion révolté », ardent et contestataire, et traduit bien le feu interne qui le dévore à longueur de vie. Couleur de feu, de passion, et de sang... Rouge et noir forment un contraste violent, qui répond bien à l'âme tourmentée du Scorpion (mais je parle ici du Scorpion type pur, et surtout au masculin ; les Scorpions atténués se complaisent dans d'autres harmonies).

La *rouille* et le *roux* sont associés négativement au rouge. Couleur des feuilles d'automne qui vont mourir, couleur du fer qui s'oxyde, c'est aussi, dans la Tradition biblique, la couleur des traîtres : Esaü, par exemple, était roux, et la tradition veut que Judas l'ait été aussi... comme les frères pirates Aroudj et Khaïr-Eddin, dits Barberousse, et réputés fils « d'un rénégat sicilien ». L'empereur Frédéric Ier, Barberousse, autre génial pirate couronné, était roux lui aussi...

Plantes. Le *cyprès*, plante des cimetières, consacré à Pluton chez les Anciens, se rattache par là au Scorpion. Son feuillage noir et sa longévité en font un insigne de deuil éternel, mais il a d'importantes vertus médicinales. Ses indications principales sont justement les maladies du Scorpion : hémorroïdes, varices, troubles ovariens, métrorragies, ménaupause, énurésie, irritabilité, troubles de la voix...

La *menthe* naquit, selon la légende antique, d'une aventure de Pluton, grand coureur de jupons comme bien des hommes Scorpions. Le dieu des Enfers s'était épris d'une nymphe de Cocythe. Perséphone, femme de Pluton, folle de jalousie, la piétina furieusement, et Pluton, navré, ne put que la changer en pied de menthe ! Celle-ci a de remarquables vertus médicinales, en particulier antiseptiques, antispasmodiques, stimulantes des systèmes nerveux et digestif...

Pluton changea aussi une autre nymphe, Leucé, en *peuplier*, qu'il planta dans les Champs Elysées. Hercule s'en fit une couronne lors de sa descente aux Enfers : le peuplier est symbole de sublimation des mauvais instincts, de spiritualisation. Ses feuilles, colorées différemment à l'endroit et à l'envers, symbolisent aussi l'équilibre difficile entre les pulsions de vie et les pulsions de mort. Le peuplier est aussi un arbre qui aime l'eau, les marais... et Corot, peintre natif du Scorpion, l'a souvent représenté.

Enfin, d'autres plantes sont traditionnellement conseillées aux Scorpions : la *mercuriale*, l'*achillée mille-feuilles*, et la *pivoine*. La première ne s'emploie que fraîche, car elle perd ses propriétés en séchant ; la pivoine est cultivée comme plante ornementale, mais, peu commercialisée en herboristerie, c'est donc pratiquement l'achillée qui est la plus intéressante. D'autant plus qu'elle pousse partout.

Autres plantes aromatiques qui ont une affinité avec le Scorpion : le *piment*, le *seringa*, l'*œillet* et l'*origan*, qui seraient pour lui aphrodisiaques, ou du moins stimulants.

Lieux. Le Scorpion, ainsi que son maître Pluton, gouverne tout ce qui est sombre, souterrain, secret, et qui a un rapport avec la mort : marais, étangs, lacs salés, volcans, régions volcaniques, puits, grottes, souterrains, carrières, mines, cimetières, gîtes fossilifères.

Orion symbolise la brute primitive, la vraie bête fauve, l'être purement instinctif qu'est le Scorpion-Serpent, n'ayant, pour seule loi, que ses désirs.

La Mythologie du Signe

Le signe du Scorpion apparaît dans l'astrologie grecque comme lié au mythe d'Orion. Voici toute son histoire.

Les malheurs d'Orion

Un jour, Zeus-Jupiter, en voyage sur la Terre, demande l'hospitalité à un vieux paysan appelé Hyrieus, qui le reçoit de son mieux en lui sacrifiant son unique bœuf. Tout en servant son hôte, il lui raconte ses problèmes : il est veuf, il n'a jamais eu d'enfant, et il a promis à sa femme, avant la mort de celle-ci, de ne jamais se remarier. Jupiter, touché, décide de lui faire plaisir : il lui fait enterrer la peau du bœuf pendant neuf mois. Au bout de ce délai, naît un enfant : Hyrieus l'appelle Orion et entreprend de l'élever.

Mais ce genre d'enfant, en l'absence d'une femme pour adoucir un peu cette matière brute, ne peut être qu'assez sauvage : il symbolise la brute primitive, la vraie bête fauve, qui vit de chasse et de rapines, un être purement instinctif — comme le Scorpion. Comme lui venu des entrailles de la Terre, Orion est rusé, méfiant, indépendant, ne connaissant pour loi que ses désirs.

Invité chez un ami, il attaque sa femme, la belle Mérope. Le mari, furieux, bien entendu, décide de se venger : il fait boire Orion et, lorsque celui-ci est complètement ivre, lui crève les yeux. Voilà Orion aveugle, tâtonnant dans l'obscurité en cherchant son chemin... On retrouve les ténèbres du Scorpion, accoutumé aux voyages dans la nuit, et aussi le besoin d'expiation, si souvent ressenti par les natifs du signe.

Un rebouteux conseille au pauvre Orion de tourner son visage vers le Soleil levant, dont la lumière est curative. Et voilà que la déesse Aurore l'aperçoit, en tombe folle amoureuse et lui rend la vue.

Le Scorpion a une très bonne mémoire, il n'oublie aucune injure. Aussi, à peine Orion a-t-il recouvré la vue qu'il n'a de cesse de retrouver le mari de Mérope pour se venger.

Chemin faisant, il fait la rencontre de sa vie : Diane-Artémis, déesse de la chasse. Il en tombe amoureux et, incapable de contrôler ses pulsions irrésistibles, recommence la même bêtise : il la viole presque en lui déchirant son voile. Le malheureux ne sait pas à qui il a affaire : Artémis, fière et puissante personne, se fâche, et pour se débarrasser de son agresseur, frappe le sol d'une colline, qui s'entrouvre ; il en émerge un animal de mort : le scorpion. La bête poursuit Orion, le pique, et notre chasseur en meurt.

Mais le Scorpion détruit en vue d'une reconstruction, et lui-même meurt pour revivre. Artémis regrette son acte de vengeance et demande à Jupiter-Zeus d'installer Orion parmi les étoiles, pour poursuivre ses chasses : c'est ainsi qu'Orion est devenu une constellation. Comme le Scorpion, réfugié dans les étoiles après son œuvre punitive.

On ne sait pas très bien comment l'animal scorpion a été mis en relation avec la constellation, et avec l'automne. C'est l'une de ces intuitions collectives populaires remontant à la nuit des temps, et qui est tellement juste qu'elle a traversé les siècles jusqu'à nous, en gardant toute sa valeur. Scorpion-automne, y auriez-vous pensé ?

Le mythe d'Orion traduit poétiquement une forte réaction de l'inconscient collectif en face de l'animal : peur de la douleur, peur de la mort qu'il peut apporter, effet de surprise de son attaque (car on ne le voit pas venir, il sort des « entrailles » de la Terre, c'est-à-dire du dessous des pierres).

Le culte du Scorpion dans l'Égypte ancienne

Tous les cultes du Scorpion, égyptiens et aussi babyloniens, sont liés au monde « chtonien », c'est-à-dire du domaine de la mort. Ces cultes sont souvent associés à celui du Taureau (signe de vie), et aussi à l'idée du Mal.

En Egypte ancienne, le dieu Scorpion était primitivement une déesse (notre signe a toujours été perçu comme féminin). Elle s'appelait Serqet, ou Selkit, et elle était fille de Râ, le dieu Soleil.

Cette déesse protégeait les morts, et gouvernait leurs dents et leurs entrailles (équivalentes, pour l'Egypte, à ce que nous appelons le « cœur », habité par l'âme). Son nom signifiait : « circuit magique de la Vie ».

Mais un autre mythe est plus proche encore de celui du Scorpion zodiacal : c'est celui d'Osiris. Voici l'histoire résumée : Seth, juge des morts, est jaloux de son frère Osiris, qui règne sur l'Egypte. Il le tue, enferme son cadavre dans un coffre, qui flotte à la dérive sur le Nil. Isis, femme d'Osiris, tendrement éprise, après bien des aventures récupère le cadavre de son mari. Seth, furieux, découpe le cadavre en petits morceaux qu'il disperse aux quatre vents. Alors Isis part à la recherche des morceaux, qu'elle retrouve tous (sauf le membre viril !). Elle refait le puzzle, rassemble le tout, et l'embaume à la façon égyptienne traditionnelle. Elle veille ensuite la momie avec de longues lamentations... Et quelques incantations magiques.

Mais l'amour est tout-puissant : Osiris ressuscite. C'est lui, désormais, qui régnera sur le royaume des morts, et on l'assimile à Hadès-Pluton dont il est l'équivalent plus souriant et plus civilisé. Pour terminer l'histoire, le fils d'Osiris et d'Isis, Horus, le dieu Faucon (pensez à l'aigle du Scorpion), récupérera le trône de son père, régnera sur l'Egypte, et chassera l'affreux Seth. Plutarque raconte qu'aux environs des mois d'octobre et novembre, correspondant au signe du Scorpion, avait lieu une grande fête en l'honneur d'Osiris, pour commémorer sa résurrection.

Tout ce mythe, mort-renaissance, devient assez clair si on l'interprète à la lumière de l'astrologie. Une chose intéressante : Isis peut être assimilée au signe de la Vierge ; elle symbolise fidélité, dévouement, persévérance... Elle est douée de pouvoirs guérisseurs (le signe de la Vierge, comme celui du Scorpion, porte ses natifs vers la médecine). La liaison entre Vierge et Scorpion est bien indiquée dans le mythe, qui dégage un plus grand optimisme que celui de Pluton au Nord de la Méditerranée. Les Egyptiens, gens mystiques, moins pragmatiques que les Grecs, beaucoup plus tournés vers l'au-delà, mettent l'accent sur la résurrection, d'une façon presque chrétienne.

Le Scorpion dans la mythologie assyro-babylonienne

Dans le grand poème épique de Gilgamesh, le héros part en quête de la vie éternelle car il veut rejoindre son ami emporté par la mort. Il rencontre, dit Marcelle Sénard, des « hommes-Scorpions qui gardent les portes des monts Mashu, les "portes du lever et du coucher du Soleil", celles du Taureau-Scorpion, qui conduisent aux eaux de la mort et à l'île des Champs-Elysées où coule la source de vie et de la purification — et où se trouve la demeure d'Ut-Napishti, l'ancêtre de Gilgamesh, l'immortel qui connaît le secret de la vie et de la mort. Les hommes-Scorpions, après avoir prévenu Gilgamesh des épreuves qui l'attendaient, lui ouvrent les portes du chemin du Soleil, et lui indiquent la voie qui, avant d'aboutir à la lumière, traverse des solitudes désertiques et des ténèbres profondes [1] ». Mais les hommes-Scorpions referment les portes derrière Gilgamesh, empêchant à jamais son retour.

1. Marcelle Sénard, *le Zodiaque*, éd. Traditionnelles, page 280.

Pour de nombreux textes anciens, le Scorpion est le symbole de la révolte d'Israël. Ses qualités positives sont aussi celles du peuple juif : résistance, foi, énergie invincibles. Ici, Jérusalem.

Le Scorpion et le peuple juif

Pourquoi de nombreux tableaux religieux, des fresques, des dessins, des sculptures du Moyen Age et de la Renaissance représentent-ils le Scorpion comme emblème du peuple juif ? (On voit la silhouette noire de l'animal sur les boucliers, les armes, les oriflammes, les vêtements des personnages représentés comme juifs. C'est même la présence du Scorpion qui permet de les identifier comme tels.)

Dans la Bible, de nombreux passages traitent de « scorpions » ceux qui ont trahi l'Alliance puis, plus tard, ont refusé le Christ. Le Scorpion est donc, dans de très nombreux textes, le symbole de la révolte d'Israël, « peuple à la nuque raide ». Les qualités positives du Scorpion sont aussi celles du peuple juif : résistance invincible, foi indéracinable, énergie, et surtout cette faculté de renaître après chaque déportation, chaque pogrom, chaque tentative d'extermination. Les correspondances entre la Bible et le Zodiaque pourraient fournir une bibliothèque entière : les douze tribus d'Israël correspondent aux douze signes du Zodiaque, le Tabernacle inclut les quatre éléments (Terre, Feu, Air, Eau), etc.

Une question qui a beaucoup agité les érudits depuis vingt siècles est la question de l'*étendard de Judas.* La Genèse (chapitre XLIX, verset 10), dit : « Le Sceptre ne s'éloignera pas de Judas, Ni le bâton souverain d'entre ses pieds, Jusqu'à ce que vienne le Schilo... » Or Schilo, c'est un autre nom d'Antarès, le cœur du Scorpion. Le mot peut se lire aussi « Schuleh », ou « Schéol », et là, nous nous y retrouvons : le Schéol, c'est le séjour des morts. Mot très mystérieux, parce qu'on le retrouve ailleurs, sous une autre forme : le lieu-dit « Silo » où l'Eternel apparaissait à Samuel ; la piscine de Siloé, ou Jésus guérit un aveugle (et dont les eaux étaient médicinales)... C'est en référence à ce verset de la Genèse que les artistes médiévaux ont dessiné un Scorpion sur les étendards juifs.

Mais on ne sait toujours pas à quelle tribu on doit attribuer le Scorpion : à celle de Judas, à cause du texte ci-dessus ? Ou à Dan, dont il est dit : « Dan sera un serpent sur le chemin, une vipère sur le sentier, mordant le talon du cheval [le Sagittaire ?]. »

Ne jamais oublier que serpent égale scorpion, c'est-à-dire l'ensemble des traits les moins sympathiques du signe, tandis que l'aigle en représente les aspects spirituels et sublimés.

Dans la mythologie gréco-romaine, Pluton, maître du Scorpion, est le « juge suprême » devant lequel chaque être humain comparaît après sa mort.

Le Symbolisme plutonien

Les avatars du Scorpion à travers l'Histoire

Dans l'Antiquité, la maîtrise du Scorpion était attribuée à Mars (ou Arès). On avait alors une perception essentiellement « martienne » du signe, mettant en évidence la force brute, la violence, l'agressivité sexuelle, l'aptitude pour le métier militaire, bref, un certain « machisme »... Mais on attribuait aussi au Scorpion, sous l'influence de Mars, les qualités traditionnelles du « guerrier » : courage, audace, générosité, ruse (celle-ci suivant les canons moraux de l'époque, était considérée comme très bonne).

Plus tard, dans la Tradition judéo-musulmane tous ces aspects positifs et négatifs de Mars seront conservés. D'ailleurs, Mahomet étant lui-même Scorpion, toute la tendresse du Coran va au guerrier, le combattant d'Allah dans la Guerre Sainte !

A cette époque, la typologie du Scorpion reste encore relativement proche de celle du Bélier, n'en différant que par la ruse et la duplicité qu'on lui attribue (ainsi que par les choses du sexe).

C'est au Moyen Age que le Scorpion devient la sale bête noire : le signe étant attribué au peuple juif, son symbolisme devient de plus en plus négatif, à cause de l'intoxication antisémite de l'Occident. Il se produit un glissement de sens dans l'interprétation : l'accent est mis sur la « perfidie » du Scorpion, devenu l'emblème de Judas, le traître (ainsi que l'atteste l'iconographie religieuse médiévale). Les qualités « martiennes » du signe sont perdues de vue, et l'on s'éloigne beaucoup du symbolisme originel de Mars.

« Le visage du Scorpion flatte. Mais sa queue pique. Armé de fraude, il fait du mal subitement. Adulateur insinuant dans son visage, il feint l'amitié. S'il s'approche, il est un ennemi perfide. » (D'après Alexandre Neckam, *De natura rerum*, écrit au XIIe siècle, et cité par Luigi Aurigemma.)

La découverte d'Uranus par Herschell (un Scorpion) en 1781, modifiera plus tard le visage du huitième signe. La nouvelle planète, exaltée en Scorpion, lui apporte l'espace, la révolution, l'amitié, la générosité sociale, les aptitudes scientifiques, bref, un ensemble de qualités positives et négatives qui modifient la typologie martienne traditionnelle.

Enfin, Pluton, découverte en 1930, deviendra le premier maître du Scorpion, reléguant Mars en deuxième position. Les astrologues ont pas mal tâtonné, hésité, discuté... Certains voulaient nommer Pluton gouverneur du Bélier. Il semble qu'aujourd'hui tout le monde, ou presque, soit d'accord : Pluton est parfaitement à sa place dans le Scorpion.

Cette fois, l'accent est mis sur les puissances occultes, les ténèbres, la bipolarité destruction-reconstruction, mort-vie. On est donc aujourd'hui assez loin du Mars d'origine, qui était sans mystères, ou presque, et quelque peu simpliste. D'ailleurs, le personnage du « guerrier » qu'il représentait est très dévalué dans notre civilisation.

Pluton, dieu du royaume des Ombres

Pluton a été découvert le 21 janvier 1930 par Lowell et son équipe, à l'observatoire de Flagstaff, en Arizona (États-Unis). C'est la dernière planète importante de notre systeme solaire, et la plus lointaine (actuellement connue). Bien entendu, elle est tout à fait invisible à l'œil nu. Elle n'est jamais qu'à 5 920 millions de kilomètres du Soleil, autour duquel elle tourne en deux cent quarante-huit ans. Pluton a des dimensions modestes : ses 5 800 kilomètres de diamètre en font une petite chose, finalement, comparée aux autres grandes planètes ; elle est bien moins grosse que notre Terre...

Pourquoi a-t-on appelé « Pluton » cette dernière-née du système solaire ? Les astronomes de l'observatoire firent un référendum pour lui trouver un nom. Et celui qui fut choisi — par hasard ! — fut « Pluto », nom du chien de Mickey Mouse !

Or, Pluton est justement le nom du dieu des Enfers, dont tout le symbolisme s'adapte extraordinairement à la planète en question.

Les prêtres astrologues de Babylonie et d'Egypte connaissaient peut-être l'existence astronomique de Pluton. Des textes anciens le laisseraient supposer. Mais cette connaissance n'était pas divulguée.

Dans la mythologie gréco-romaine, *Pluton règne donc sur les Enfers.* Il est le « Juge suprême » devant lequel comparaît après sa mort chaque être humain, pour être envoyé soit dans les Champs-Elysées (s'il a été bon), soit dans le noir Tartare (s'il a été mauvais).

Le royaume de Pluton est un monde souterrain, privé de la lumière du Soleil, un monde d'Ombres, dont très peu de mortels sont revenus. Ainsi coïncident de façon étonnante la mythologie et l'astronomie moderne : Pluton est une planète lointaine, c'est-à-dire éloignée du Soleil ; elle est inaccessible, et enveloppée de mystère. On ne sait rien d'elle, sinon que sa température serait voisine du zéro absolu, ce qui interdit toute forme de vie à notre connaissance.

Dans l'Antiquité, Pluton était ambivalent : maléfique-bénéfique, création-destruction, souffrance-bonheur : de lui dépendaient à la fois la mort et la vie. Avec ses ministres, Thanatos (la mort), et Hypnos (le sommeil), il régnait sur l'au-delà. Mais aussi, dieu de la fécondité agricole, il était invoqué comme tel par les paysans, qui le représentaient avec une corne d'abondance dans une main et des outils agricoles dans l'autre. D'où son nom latin de *Pluto,* du grec *Ploutos,* la richesse. (Mais le nom grec de Pluton est Hadès). Tandis que Jupiter, son frère, régnait sur le monde visible, lui, Pluton, régnait sur l'invisible, comme le gardien des trésors cachés. Aussi, la richesse de Pluton est-elle une richesse spirituelle, dégagée de la matière (qui s'oppose, sur le cercle du Zodiaque, à la richesse concrète du Taureau).

Pluton en Scorpion donne la clé du signe : l'acquisition de richesses spirituelles à travers la mort, réelle et symbolique ; une prise de conscience obtenue à la suite d'une crise violente et douloureuse, qui ouvre les yeux sur les réalités essentielles. L'être voit enfin tout dans la lumière absolue, il comprend tout, il a enfin la Science « du bien et du mal ». Mais pour en arriver là, il a dû traverser une nuit obscure, un désert, vivre une saison en enfer où il s'est dépouillé de ses attaches avec la matière. Ainsi, les plutoniens sont-ils marqués par des épreuves, des tournants dramatiques, des ruines tragiques, dont ils émergent plus conscients, plus forts, plus solides que jamais.

Le *symbole de Pluton* est un cercle qui représente la matière ; au-dessus de lui, une barre représente la ligne d'horizon, et, au-dessus encore, le V de la victoire, ou encore les deux doigts en V qui conjurent le mauvais sort.

Le vrai rôle de Pluton est de spiritualiser la matière, de l'attirer vers l'En-Haut. Mais un Pluton vicié ou maléfique, dans un thème, produit l'effet contraire : il sépare la matière de l'esprit, et laisse celle-ci tomber dans le *schéol,* où l'être devient la proie de passions infernales et violentes.

Pluton est le symbole de toutes les pulsions instinctives en général, et sexuelles en particulier, qui donnent à l'homme sa force et sa puissance créatrice. *Pluton symbolise l'inconscient,* tout ce qui, en nous, est instinctif et secret.

Le mythe antique de Pluton raconte l'histoire de son mariage : le dieu des Enfers tombe amoureux de Proserpine (Perséphone), fille de la déesse des moissons. Alors que la jeune fille cueille des fleurs dans une prairie, Pluton surgit de la Terre entrouverte, s'empare de Proserpine, et l'entraîne vers les Enfers.

Pluton, le dieu des Enfers, tombe amoureux de Proserpine, fille de la déesse des moissons. Alors que la jeune fille cueille des fleurs dans une prairie, Pluton surgit, s'empare de Proserpine et l'entraîne vers les Enfers (bronze d'après Girardon).

Déméter, déesse des moissons, cherche sa fille partout. Elle remue ciel et terre, en oubliant de regarder les Enfers, et finit par découvrir l'auteur du méfait. On négocie : finalement, Proserpine restera six mois sous la Terre avec Pluton et six mois au Soleil avec sa maman...

Proserpine, qui représente la végétation, la nature, la vie, ne peut exister sans Pluton, la mort. Les six mois de belle saison sont préparés par six mois de mort apparente où la végétation, enfouie sous la Terre, se prépare dans le secret à reverdir.

Pluton représente les pulsions irrésistibles du sexe. Mais il n'est pas la mort absolue, complètement stérilisante... puisqu'il laisse Proserpine remonter au Soleil la moitié de l'année ! Le symbolisme de Proserpine est celui du Taureau : l'éclosion de la vie printanière, tandis que celui de Pluton, analogue au Scorpion, est la mort automnale.

L'histoire ne raconte pas si l'union de Proserpine et de Pluton fut heureuse. Un homme Scorpion marié à une femme Taureau, voilà une combinaison qui ne marche jamais bien fort...

L'axe Proserpine-Pluton, Taureau-Scorpion, est l'axe de la « condition solaire », la nôtre. Toute la symbolique de Pluton tient dans cette insoutenable tension entre deux pôles opposés, entre l'en-haut et l'en-bas, entre la force génératrice et la force destructrice, *entre les pulsions de vie* (Eros) *et les pulsions de mort* (Thanatos).

Pluton s'identifie bien au signe du Scorpion qui, à la fois aigle et serpent, doit finalement choisir l'une ou l'autre.

Disposant de puissantes forces de création, qu'il ne connaît pas lui-même, le plutonien peut les mettre au service du meilleur ou du pire : comme le type Scorpion, il ira beaucoup plus loin que les autres dans la création et la conquête spirituelle... ou beaucoup plus bas dans la déchéance.

Pluton l'invisible règne sur notre Temps

Dans la mythologie gréco-latine, Pluton des Enfers portait un casque en peau de chien qui le rendait invisible. Notre *Pluton astrologique règne symboliquement sur la décomposition, la fermentation, la désintégration de la matière.* Il règne par exemple sur le pétrole, mystérieuse roche liquide née dans les entrailles de la Terre de la décomposition des forêts géologiques. Il règne aussi, bien entendu, sur le nucléaire.

Hadès [1] fait remarquer que la découverte de Pluton a coïncidé avec les premiers travaux sur la fission nucléaire, suivis de la bombe atomique sur Hiroshima et Nagasaki. Les forces libérées par la désintégration de la matière relèvent tout à fait du symbolisme plutonien — et scorpionique.

Conformément au symbolisme de la planète, les premières expériences atomiques, à Los Alamos et dans les déserts du Nevada, furent menées *secrètement* : personne n'était au courant des projets qui se tramaient. Même les milliers de techniciens et d'ingénieurs qui y travaillaient ne reçurent qu'une information fragmentaire : Pluton agit dans l'ombre !

La première attaque atomique sur le Japon, en août 1945, avait été préparée secrètement : l'équipage qui transportait la bombe n'avait pas idée du genre de mort qu'elle allait semer. Les malheureux habitants d'Hiroshima n'ont absolument pas vu venir l'apocalypse qui leur tombait du ciel... Mais le thème de la ville ce jour-là était des plus sombres : les deux luminaires conjoints à des maléfiques, le Soleil à Pluton (!) et la Lune à Saturne. Le Milieu-du-Ciel de ce thème insolite est occupé par une conjonction explosive : Uranus-Mars. La conjonction Soleil-Pluton est en Lion : l'éclat du Soleil démultiplie la puissance de Pluton [2]. Enfin, Pluton est sur le 9e degré du Lion : « Un chêne brisé par le vent [le souffle de l'explosion] ; au-dessous, le squelette d'une bête morte. » La Lune, sur le 16e degré du Cancer, est encore plus frappante : « Un éclair éblouissant. » (Voir le chapitre sur les degrés du Scorpion).

Toujours suivant le symbolisme de Pluton, mystère et invisibilité, les survivants d'Hiroshima ont dû affronter la mort lente, l'irradiation rongeant secrètement leur corps pour se déclarer brusquement, des années après l'explosion.

D'ailleurs, l'actuel débat sur le nucléaire est lui aussi marqué par le secret plutonien : les consommateurs sont-ils informés officiellement ? Non. Les techniciens d'E.D.F. eux-mêmes savent-ils ce qu'ils manipulent ? Non. De l'aveu même d'un certain nombre d'autorités scientifiques, personne ne maîtrise vraiment le nucléaire.

Il semblerait aussi que les phénomènes de *pollution* soient en relation avec Pluton : le Taureau, symbole de nature, subirait les effets destructeurs de Pluton, maître du signe opposé, lorsqu'il est en mauvais aspect avec lui (par exemple, Pluton en Lion, en quadrature avec le Taureau). La pollution est le fruit amer des conceptions matérialistes du XIXe siècle, d'un refus de l'Esprit, qui a conduit au mépris de la matière — et celle-ci souffre mille morts sous le règne de l'Homme prétentieux et brutal : c'est tout à fait le symbolisme de Pluton maléfique. La matière, séparée du souffle divin, tombe au pouvoir du Prince de ce monde, Satan (symbolisé par Pluton maléfique), qui ne rêve que de la détruire !

Le sexe, dont Pluton tient les clés, peut être, suivant le symbolisme de notre planète, la meilleure et la pire des choses.

1. Voir le très intéressant livre d'Hadès : *Pluton ou les Grands Mystères,* éd. Bussière.
2. Hadès, *Soleil et Lune Noire,* page 28, éd. Bussière.

Pluton symbolise la décomposition, la fermentation, la désintégration de la matière. Il règne aussi sur les puissances atomiques et la pollution, ainsi que sur l'or noir. Ici, raffinerie de pétrole en Ile-de-France.

La découverte de Pluton a coïncidé avec une révolution sexuelle, où l'on s'est libéré des inhibitions du siècle précédent. On a même fait remarquer que le trait de Pluton en Vierge, signe de stérilité, correspondait au développement de la contraception, et à la législation de l'avortement dans de nombreux pays.

Le natif « plutonien », marqué par un Pluton fort (conjoint à un luminaire ou dans une Maison angulaire, ou très aspecté), est doué d'une très grande séduction. Que Pluton soit bien ou mal aspecté, il bénéficie toujours d'une grande puissance sexuelle. Pluton symbolise non seulement le pouvoir de donner la vie physiquement, mais encore la vie spirituelle. Le plutonien utilise ces forces au service d'une création, et nombreux sont les artistes et intellectuels marqués par la planète. Mais il utilise aussi son pouvoir de « posséder » spirituellement autrui. S'il est doté d'un Pluton bénéfique, il provoquera dans sa sphère d'influence une nouvelle prise de conscience, aidant les autres à naître à une nouvelle vie. Si ce Pluton est maléfique, il risque de devenir un vampire spirituel, comme on en rencontre tant, fondateurs de sectes ou de partis, séducteurs qui attirent à eux les êtres mal fixés, pour les assujettir à leur service, aspirer leur substance vitale, leurs forces, et leur argent...

Les mauvais aspects entre Mars, Vénus et Pluton donnent des pervers sexuels, des sadiques, des assassins. Sade et Goya, qui avaient Pluton en Scorpion, étaient hantés par le viol, la torture, la mort... Sade est passé à l'acte tandis que Goya, plus heureux, a pu sublimer ses passions dans la peinture.

Le développement de la criminalité sexuelle, la montée inquiétante du nombre des viols seraient liés au transit de Pluton en Balance : Pluton déséquilibre le signe vénusien de la Balance, en faisant pencher ses plateaux vers le sombre Saturne (exalté dans ce signe). Saturne, symbole de la fin de toutes choses, et donc de la mort, est en mauvaise position près de Pluton dont il aggrave la dureté (sous de mauvais aspects). D'ailleurs, dans l'antique mythologie, Pluton, prince des Enfers, était fils de Saturne, le Temps, sinistre anthropophage qui mangeait ses enfants (suivant une tradition familiale remontant à Uranus, son père). Quelle famille de scorpions...

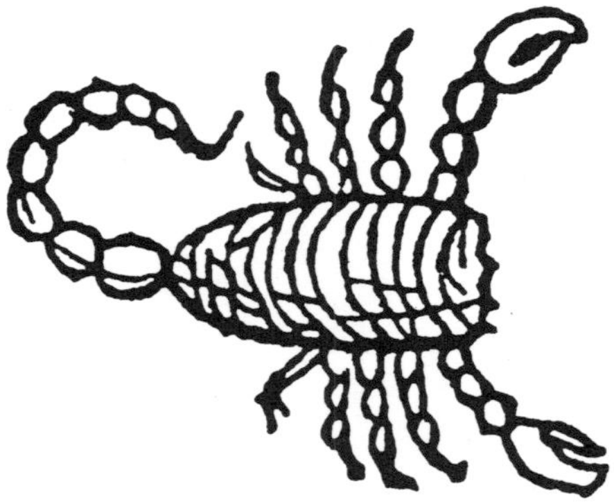

Chapitre II

Caractérologie générale du Signe

Une familiarité intime avec la vie et la mort, une intuition extra-lucide des réalités secrètes cachées derrière les apparences, tels sont les dons redoutables de la femme Scorpion.

Le Scorpion et l'Amour

Impossible de traiter ce sujet en « unisexe » : femmes et hommes Scorpions sont tellement différents en amour que je ne peux qu'en parler séparément !

Le mystère de la femme Scorpion

Pourquoi les Scorpionnes sont-elles massacrées dans la plupart des manuels d'astrologie?

Pour la décrire, cette Scorpionne, les bons auteurs d'astrologie sont embarrassés. On sent que le sujet les met mal à l'aise : ils ne prennent leur stylo que du bout des doigts, les genoux tremblants et des frissons dans le dos, comme si on les obligeait à entrer dans la cave de la sorcière...

En fait, je n'ai encore jamais lu chez les auteurs français de description à laquelle je me sente correspondre. La femme-Scorpion donnée comme type dans tous les manuels est... la Carmen de Bizet. C'est la célèbre cigarière qui déclare à son amant : « Si je t'aime, prends garde à toi ! » Cette jeune personne belliqueuse était-elle Scorpionne ? On n'en sait rien, pour l'excellente raison qu'elle n'a jamais existé ! C'est un personnage fictif, sorti tout droit de l'imagination de Georges Bizet, qui était, lui, un homme Scorpion ! Il a donc projeté sur Carmen son idée de la femme et ses fantasmes amoureux. Il a créé une « sorcière type », maléfique, comme la voient les hommes, et particulièrement les hommes Scorpions, qui prêtent aux femmes leur propre comportement devant l'amour.

Les livres d'astrologie sont donc souvent écrits par des hommes. Ils ont beau être très savants, ils n'en sont pas moins des hommes, à qui la féminité fait *très* peur.

Cette attitude masculine n'est pas sans raisons : *les femmes Scorpionnes sont des super-sorcières*. En tant que femmes, elles ont déjà un pouvoir exorbitant, celui de donner la vie. Si elles sont Scorpionnes, ce pouvoir physique se double d'autres pouvoirs occultes et spirituels inquiétants.

Certains théologiens actuels pensent que Lucifer se révolta, non pas seulement contre Dieu, mais contre sa toute dernière trouvaille, la femme.

Lucifer avait déjà une attitude très « homme Scorpion » devant l'amour... L'histoire se termina comme le raconte noir sur blanc l'Apocalypse : Lucifer Porte-Lumière dégringolant aux Enfers où il est devenu Satan. Depuis lors, son ennemie intime est, bien entendu la Femme ; il est le patron incontesté de tous les « misocrates » et « phallogynes » de la Terre, ainsi que de tous les mauvais hommes Scorpions.

Pour en revenir à la Scorpionne, personne n'est donc plus féminine qu'elle, personne n'est plus sorcière, personne n'a plus de pouvoirs occultes. Une familiarité intime avec la vie et la mort, une intuition extra-lucide des réalités secrètes cachées derrière les apparences, tels sont les dons redoutables qu'elle a trouvés dans son berceau.

Pas plus que les autres, la Scorpionne n'est épargnée par la souffrance et par la mort, mais peut-être en devine-t-elle mieux que les autres la signification cachée. Cela explique qu'elle soit victime de l'incompréhension générale.

S'il est tout à fait vrai que, pour un homme Scorpion, l'amour est une guerre, une conquête, une rivalité avec la femme aimée, il n'est pas vrai du tout que ce soit là la psychologie de la Scorpionne. J'expliquerai plus loin pourquoi, à mon avis, les uns et les autres sont très différents dans leur comportement amoureux.

Une bête vulnérable et obsédée de perfection

Etant non seulement femme, mais encore astrologue et surtout Scorpionne, je me sens donc capable de vous expliquer un peu « la bête » en question. Un peu seulement... Vous la décrire tout à fait, vous démonter ses rouages pièce par pièce en les étalant sur la table est impossible. Ce serait trahir notre corporation : nous avons besoin de mystère pour exister, comme les plantes qui préparent leurs fleurs dans le plus grand secret à l'intérieur des bourgeons.

Les Scorpionnes que je connais (et j'en connais beaucoup) me paraissent toujours extraordinairement consciencieuses, obsédées de perfection dans tout ce qui leur tient à cœur, et d'abord dans leurs amours.

Cette rage de perfection, cette grande angoisse de bien faire sont vraiment les caractéristiques essentielles de mes consœurs. Elles se donnent un mal de chien pour que tout soit parfait, toujours et partout. Vivre avec une telle exigence d'absolu n'est pas facile. En contrepartie, elles n'ont guère de tolérance pour l'à-peu-près et la légèreté des autres signes.

D'où le comportement étonnant des Scorpionnes en face des hommes : elles sont capables de papillonner, d'épingler conquête sur conquête sur leur tableau de chasse... Et puis, du jour au lendemain, de se transformer en épouses ultra-dévouées et super-fidèles si elles ont trouvé vraiment l'homme de leur vie. En fait, la Scorpionne, que l'angoisse rend active et dynamique, n'en est pas moins un signe d'Eau fixe. Cela lui donne une grande persévérance dans la poursuite de ses objectifs amoureux, une ténacité tout à fait remarquable en face de l'usure du temps.

Ce qui les rend redoutables, ces perfectionnistes acharnées, c'est qu'elles sont capables de s'imposer les plus durs sacrifices pour atteindre le but qu'elles se sont fixé : elles sont implacablement efficaces... mais, à quel prix.

On parle aussi beaucoup de leur courage. Elles n'ont pas peur d'affronter de grands dangers, la pauvreté, l'opposition de leurs proches, la maladie et la mort pour défendre l'homme aimé. Je crois que le courage, très largement dévolu déjà aux hommes Scorpions, l'est encore plus aux femmes du signe.

Celles-ci ont beaucoup de combativité, mais leur entourage comprend mal la façon dont elles l'utilisent. A l'image du chat, qui ne dort jamais que d'un œil, elles sont toujours sur le qui-vive : « Je dors, mais mon cœur veille. » Une Scorpionne se sent toujours très vulnérable : elle vit dans un *sentiment d'insécurité permanent*, trop consciente des forces négatives qui guettent tout amour pour le détruire.

Rien n'échappe à son « œil en laser » : elle est comme cette petite héroïne de Christine de Rivoyre, qui disait : « Je vois tout, j'entends tout, et le reste, je le devine ! »

Aussi flaire-t-elle le danger de loin, avant tout le monde. Si elle attaque alors, c'est pour se défendre. Mais les gens n'y comprennent rien. Ils disent : « Comme elle est agressive, pourquoi s'énerve-t-elle, qu'est-ce qu'elle va chercher là ? » Pour se rendre compte, quelque temps après, qu'elle avait bien vu venir le danger.

C'est une *spécialiste de la défense anticipée* — la plus efficace de toutes. Mais une Scorpionne qui ne se sent pas agressée n'attaque jamais.

Enfin, on parle beaucoup du sadomasochisme de mes consœurs. Moi, j'ai l'impression qu'elles sont plutôt masochistes que sadiques. Les forces de destruction qu'elles portent se retournent très facilement contre elles-mêmes. Cela fait donc souvent un type de caractère peu dangereux pour la société, mais sujet aux accès de dépression.

Voilà qui nous amène au « Scorpion-Vierge » qui est, avec les Poissons, le Taureau et le Cancer, le signe le plus masochiste de tout le Zodiaque.

Rognez les pinces d'une Scorpionne, il vous reste une Vierge

Je me suis longtemps demandé pourquoi la réalité des gens ressemblait si peu à la théorie. Pourquoi tant de femmes bonnes, généreuses et estimées, que j'ai eu l'occasion de rencontrer, pourquoi étaient-elles censées être de répugnantes bêtes noires parce que nées entre le 22 octobre et le 22 novembre ?

Un jour, je suis tombée sur une explication d'André Barbault qui m'a paru tout à fait géniale. Le Scorpion, dit-il, lorsqu'il est inhibé, se ramène au type Vierge. Le symbole est presque le même, regardez : ♍ et ♏ . Mais le ♏ du Scorpion sort agressivement son dard vers le monde extérieur, tandis que le ♍ de la Vierge se retourne sur lui-même.

D'après André Barbault, si famille, travail et patrie empêchent le pauvre Scorpion de s'exprimer librement, il perd ses qualités et ses défauts typiques : son flair extra-lucide, son audace, son énergie révolutionnaire, ses obsessions sexuelles...

Le Scorpion bloqué devient Vierge : pacifique, conformiste, raisonnable, scrupuleux.

Or, il me semble que toutes les contraintes familiales et sociales ont pesé beaucoup plus lourd encore sur les femmes que sur les hommes, et, *a fortiori*, sur les Scorpionnes !

Rares, rarisssimes sont les femmes de ma génération qui ont bénéficié d'une éducation suffisamment libérale pour leur permettre de s'épanouir suivant leur nature.

Les pinces paralysées et le venin neutralisé (bien avant Pasteur), que faisait-on de plus inhibé qu'une Française du XIXe siècle ?

Quant à la liberté sexuelle, que notre société a toujours accordée généreusement aux hommes, seuls les Scorpions pouvaient en profiter largement. Pour nous autres, pas question : « *Kinder, Küche, und Kirche* » (enfants, cuisine, religion), on n'en sortait que sous la réprobation quasi générale. Hormis les rosières, les cuisinières et les révérendes mères, point de salut pour nous, Scorpionnes. Que la plupart de celles que l'on rencontre soient devenues Vierges, ce n'est pas étonnant : c'est plus confortable pour la société, et peut-être pour elles !

La Vierge ne milite pas au M.L.F., elle ne remet pas en question les structures de la société. Elle mitonne sa petite pelote au jour le jour, telle la fourmi de la fable. Son énergie s'applique à un champ d'action bien délimité, où elle poursuit ses objectifs amoureux avec — c'est tout ce qui lui reste du Scorpion ! — une ténacité absolue. Il n'est plus question, quand on est Vierge, de brandir le tison de l'autodétermination.

Toujours plus ou moins masochiste, la Vierge provoque inconsciemment le sadisme de l'être aimé, au point que la *relation amoureuse sadomasochiste* est tout à fait caractéristique du Scorpion-Vierge (aussi bien homme que femme et dans les deux sens de la relation). Si l'homme Scorpion éprouve une jouissance profonde à faire souffrir la femme aimée, il semble que le (ou la) Scorpion-Vierge en éprouve une sorte de sentiment de justice, comme si cette souffrance lui apportait une expiation libératrice... Il s'établit finalement un attachement pervers de la victime au bourreau, dont le Scorpion-Vierge aura le plus grand mal à se détacher.

Pourquoi Scorpions et Scorpionnes sont-ils différents en Amour ?

Les différences de caractère sont assez accusées, en amour, entre la femme et l'homme du huitième signe.

Tous les auteurs insistent sur la sombre violence du Scorpion, sur sa rage de destruction, sur sa perversité sexuelle...

Ça me laisse un peu rêveuse quand je pense à mes consœurs du signe. Oui, je connais des hommes qui, par moments, ressemblent à ce noir portrait. Mais des femmes ?

Les abominables belles-mères et les épouvantables garces sont-elles plus souvent Scorpionnes ? Quand j'explore mes souvenirs, le venin et les coups de pinces dont j'ai eu à souffrir venaient plutôt de femmes Bélier, Taureau, ou Capricorne (jalousie et cornes pointues).

Je ne connais pas de noire Scorpionne, et j'aimerais tout de même que l'on m'en présente une, une fois.

Donc, dans ce signe, *les hommes sont beaucoup plus violents que les femmes.* A cela, une explication évidente, à laquelle on aurait pu penser plus tôt : les femmes étant faites, par nature, pour donner et protéger la vie, il semble que, chez elles, les forces de vie l'emportent largement sur les forces de mort.

Il est bien connu des tribunaux et des assureurs que la violence, publique et privée, est une triste spécialité masculine (à de rares exceptions près). J'ajoute immédiatement qu'elle n'est pas réservée aux seuls Scorpions !

Le viol, la guerre, le meurtre et la chasse sont des jeux d'hommes. Les femmes, elles, se battent plutôt pour une amélioration de leur qualité de vie et pour assurer celle de leurs enfants.

Il est donc logique que le Scorpion soit moins violent au féminin qu'au masculin.

A chaque signe correspond symboliquement une partie du corps. Pour le Scorpion, ce sont les organes génitaux, et chacun sait qu'ils sont différents selon les sexes. D'où cette évidence : le signe n'est pas du tout vécu de la même façon par les hommes et par les femmes. Je ne comprends pas pourquoi aucun traité d'astrologie ne signale cette différence fondamentale... un peu sexiste, mais le fait est là ! *« Tota mulier in utero »,* disaient les Latins (la femme tout entière est dans son utérus).

Notez aussi que le symbole de Mars, exalté en Scorpion, qui signifie guerre et agressivité, est aussi le symbole de l'énergie masculine. L'énergie féminine prend une forme différente, moins voyante, et plus efficace.

L'homme Scorpion et l'Amour

L'homme Scorpion vit sa sexualité sur un mode agressif, tandis que la femme du même signe la vit beaucoup plus pacifiquement, peut-être grâce à une affinité profonde avec l'élément Eau du signe.

Notre Scorpion est un samouraï : *il ne distingue pas l'amour de la guerre !* Il part tout armé à la conquête de sa belle. Il prend toujours la femme aimée pour un adversaire. Il n'imagine pas une seconde de se présenter sans armes devant elle... et se méprend ainsi sur la nature même de l'amour, qui est confiance et dialogue. Rien n'est plus loin de ces notions qu'un Scorpion amoureux.

Il compte sur son magnétisme sexuel, lequel est en effet irrésistible, pour « réduire à merci » la belle, pour conquérir l'objet de son désir violent. Pour lui, *le sexe est pouvoir et domination.* Il compte sur son savoir-faire physique, et sur son flair érotique infaillible qui sent le défaut de la cuirasse de l'« adversaire ». Le Scorpion sait toujours instinctivement quoi faire, il a une très sûre tactique amoureuse. C'est un grand stratège... et un très grand amant !

Mais il passe régulièrement à côté d'une vérité qui se retournera un jour contre lui : les femmes ont aussi besoin de tendresse, d'abandon, de confiance. Elles se lassent d'une trop grande agressivité sexuelle ; celle-ci ne va pas sans un certain mépris de la femme « chosifiée » par le désir et la volonté de puissance de l'homme Scorpion.

La cuirasse blindée de notre chevalier l'empêtre terriblement... Comme il n'est pas naïf et voit beaucoup plus loin que la plupart de ses confrères, il sent très bien que l'amour l'obligerait à se remettre en cause profondément, à se livrer à l'être aimé. Mais il veut prendre, il ne veut pas être pris ; il veut prendre, il ne veut pas se donner. Il a terriblement peur de donner sa tendresse. Il aurait l'impression de s'appauvrir...

Mais, le malheureux, ne sait-il pas que « bienheureux les pauvres » ? C'est-à-dire que la « pauvreté en esprit », qui s'appelle aussi confiance et simplicité, est la condition *sine qua non* du bonheur ? Il aurait l'impression de se perdre, mais seul celui qui a le courage de tout risquer a des chances d'en être récompensé au centuple. Or, en amour, il faut savoir perdre pour gagner. Vérités élémentaires que méconnaît notre Scorpion de choc, trahi par sa trop exigeante sexualité. Dans tous les autres domaines, il se donne à fond et sait assumer un maximum de risques. En amour, non, il blinde farouchement son cœur.

Ainsi sa relation amoureuse avec une femme est-elle une continuelle épreuve de force. Chantages, menaces, violence, tout lui est bon. Les gentillesses, les larmes, les douceurs, les soumissions ne servent à rien avec lui, emmuré dans son orgueil. Votre complaisance et votre dévouement ne servent qu'à renforcer son sadisme, jusqu'au jour où il vous anéantira complètement. Il essaiera tant qu'il peut de vous réduire à l'état de meuble, et ne vous estimera que si vous lui opposez de la résistance. Il n'est vivable que si vous lui tenez constamment la dragée haute. Vos instants de faiblesse ne l'attendrissent pas du tout : il en profite pour reprendre l'avantage. Puisqu'on est à la guerre, voyons ! ne faites pas appel à son « cœur ». C'est justement cela qu'il vous refuse.

Il sera tendre avec ses enfants, ses animaux, ses amis... et jamais, surtout jamais avec la femme aimée !

Dans les *Mémoires* de Josette Clotis, qui fut la maîtresse de Malraux, on sent très bien la tendresse de cette femme se heurter continuellement à la dureté métallique de ce Scorpion : tout pour le sexe, rien pour le cœur (qu'il a mis ailleurs). Autre Scorpion : Abellio. Dans *Les Yeux d'Ézéchiel sont ouverts,* on peut lire cette réflexion : « On ne s'attache

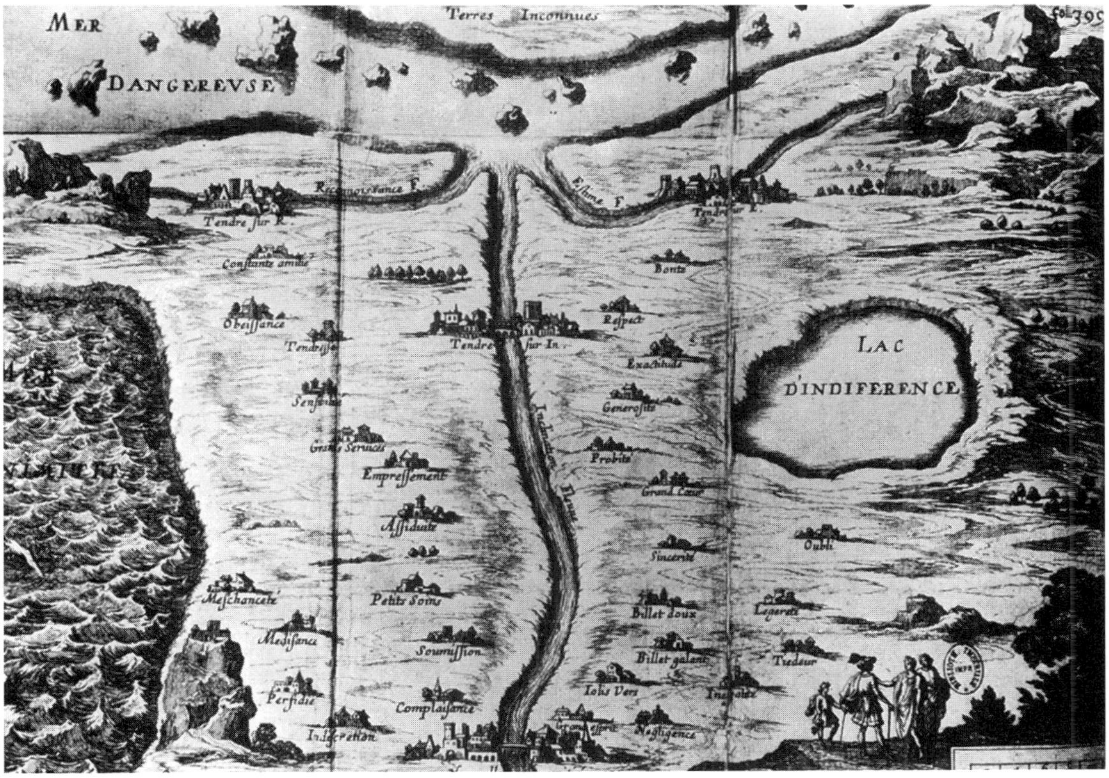

Madeleine de Scudéry, native du Scorpion, a inventé la carte du Tendre : « Sincérité, Grand Cœur, Probité, Générosité, Respect, Exactitude et Bonté sont tout contre Tendre »...

qu'aux gens que l'on est incapable de faire souffrir. » Comment mieux exprimer le point de vue de l'homme Scorpion ?

Très peu de femmes sont capables de s'adapter à cette guérilla intime. Quelle fatigue, mes amies, et quelle tristesse, que d'être obligées de se méfier continuellement de son homme, d'être dures avec lui sous peine de ne pas être aimées... Peut-être est-ce vrai de toute relation humaine : « Oignez vilain, il vous poindra, poignez vilain, il vous oindra », dit un ancien proverbe. Mais on a toujours l'espoir, ou l'illusion, en amour, d'échapper à ce dilemme, de pouvoir aimer « sur la Terre comme au Ciel ». Ce qui est vrai en général pour tout le monde l'est particulièrement pour les Scorpions. La règle d'acier est : en amour pas de cadeau.

Heureusement, tous les hommes ne sont pas Scorpions, et tous les Scorpions ne sont pas aussi durs !

La carte du Tendre a été inventée par une Scorpionne

Les rives sauvages de l'Amour séparent deux pays différents : la carte du Tendre ne montre pas la même topographie chez l'un et chez l'autre. D'un côté, les arides déserts peuplés de farouches cavaliers mongols, de l'autre, les jardins enchantés du Palais d'été...

Pour la Scorpionne, l'amour est gai, triste, c'est peut-être la Longue Marche, mais ce n'est pas le défi de la cigarière, ni le sac de Rome par les Barbares... Comme le dit Madeleine de Scudéry, Scorpionne elle-même, dans *la Carte du Tendre :* « Vous voyez Sincérité, Grand Cœur, Probité, Générosité, Respect, Exactitude, et Bonté qui est tout contre Tendre... »

S'il fallait qualifier le comportement amoureux des femmes du Scorpion, je dirais qu'il est « mystique » (ce n'est d'ailleurs pas un hasard si beaucoup de grands mystiques ont Vénus en Scorpion).

Elles cherchent toujours à se donner complètement, et jusqu'aux limites du possible. Dans leurs amours passionnées, elles mettent cette exigence d'absolu qui est le fond même de leur nature. Evidemment, c'est parfois lourd pour l'homme aimé d'être pris pour le Bon Dieu !

A la différence des hommes Scorpions, elles sont chaleureuses et donnent totalement leur cœur : elles aiment ou détestent en bloc, avec les tripes.

Mais elles sont perpétuellement assoiffées de tendresse. Elles en donnent un maximum, et en veulent autant. Je pense que c'est pour cela que Vénus est « en exil » dans le Scorpion : il est très difficile d'être heureux quand on en demande tant. La plupart de mes sœurs, à la fois profondément généreuses et profondément exigeantes, bousculent l'être aimé pour l'obliger à progresser vers une perfection idéale : elles ne supportent pas de le voir s'enliser et s'encroûter ! Elles voudraient monter avec lui au septième ciel, sur la montagne du Carmel, d'où l'on voit la Terre entière dans une lumière irréelle et mystique...

Mais le malheur des Scorpionnes c'est que les gens n'ont pas envie de progresser, ils préfèrent leur petit train-train médiocre et étriqué. L'Amour absolu les dérange bien trop.

Les femmes Scorpionnes vivent donc avec un sentiment permanent que l'amour n'est pas de ce monde — et c'est pourtant la seule chose qui les intéresse vraiment !

Lorsque la déception les porte à la rupture, elles préfèrent trancher net un amour plutôt que de le voir mourir interminablement.

De toutes les femmes que je connais, ce sont celles qui sont le plus souvent déchirées entre cœur et raison, entre un être aimé à la folie et ce qu'elles croient leur devoir (elles tiennent beaucoup à leur code des valeurs morales).

Les Scorpionnes aiment l'Amour par-dessus tout

Pluton, maître du huitième signe, est censé accorder un magnétisme sexuel absolument irrésistible, comme une sorte d'aura dorée, qui subjuguerait nos victimes ! Mais je crains que celles-ci ne soient très consentantes.

C'est un fait : toutes les Scorpionnes que je connais ont un vif succès auprès des hommes. Je ne dis pas que ce sont des aventurières, des garces, je veux dire simplement que toutes apprécient la compagnie masculine : elles aiment parler, rire, travailler avec les hommes, et savent aussi établir avec eux des rapports d'amitié très sincères et très féconds sur le plan intellectuel et artistique.

On a beaucoup parlé du « complexe de la mante religieuse » chez les femmes du Scorpion. Elles cherchent à « mettre la main sur l'homme, afin de le dépouiller de ses prérogatives masculines, et de le réduire à leur merci... Il en est qui l'abaissent, l'amoindrissent, l'avilissent, le détruisent plus sûrement par la douceur que par la violence. [Elles ont]... un charme féminin narcissique infini, dont elles usent pour ravir les cœurs des hommes dans un but cruellement sadique. »

André Barbault, à qui j'emprunte ces lignes, reconnaît tout de même très honnêtement qu'il n'a pas souvent rencontré de ces démons femelles... Dans cette description, on retrouve surtout un vieux fantasme masculin : *la peur de la sorcière castratrice.* Et aussi la peur masculine de se livrer entièrement à l'amour, c'est-à-dire la peur de se livrer à Dieu (dont je parlais plus haut). Le citoyen moyen, consommateur et embourgeoisé, encoconné dans son égoïsme étroit, a une peur bleue de tout ce qui pourrait le tirer de là...

On ne peut pas comprendre la psychologie des femmes du Scorpion si on oublie cet arrière-plan mystique toujours présent : pour elles, l'amour est une expérience religieuse. Cette vision des choses, qui donne à l'amour une dimension spirituelle, explique que les femmes du signe s'y engagent avec un si grand sérieux.

Elles aiment passionnément, mais rarement. Très sélectives dans leur choix, très exigeantes, elles détestent la facilité et les amours bon marché. Elles, qui plaisent à tout le monde, tombent rarement amoureuses. Mais lorsqu'elles s'engagent, c'est totalement, et elles sont alors d'une fidélité et d'un dévouement absolus.

Mes consœurs vous diront toutes que la guerre des sexes est la plus grande ânerie du siècle. Nous, Scorpionnes, avons d'autres méthodes, plus efficaces, et moins pessimistes. Et puis, sans les hommes, on s'ennuierait sûrement à périr.

Les Scorpionnes se mettent toujours en frais pour séduire. Elles ne capitulent pas devant la vieillesse, et font jusqu'à la fin de leur vie un effort de coquetterie et d'élégance, car le symbolisme du Scorpion est « lumière et chaleur jusqu'aux portes de la mort », le Soleil étant une grande torche qui éclaire les noirs abîmes du royaume de Pluton.

On a beaucoup parlé du complexe de la « mante religieuse » chez les femmes du Scorpion...

Cette *féminité durable* s'explique aussi par le courage et la combativité du signe : plus on avance en âge, plus la beauté demande d'efforts et de lutte. Elle devient alors une victoire quotidienne sur les puissances de mort et de décomposition.

Les êtres qui vieillissent sont ceux qui se cristallisent sur leurs positions. La Scorpionne, toujours assoiffée de nouveauté, de progrès, de perfection (sous l'influence d'Uranus), aborde la vieillesse dans un état d'esprit jeune et curieux de tout. Vous avez l'âge de votre enthousiasme... De plus, Pluton, qui est « mort et renaissance », lui permet de refaire sa vie lorsqu'elle a été ravagée par un désastre, et cela très tard, même aux portes de la mort...

Je m'étonne toujours, en bonne Scorpionne que je suis (avec Vénus dans le signe), de voir des femmes renoncer à l'amour, quel que soit leur âge. Pour moi, c'est renoncer à la vie tout court. Comment peut-on vivre sans amour ? Et comment ose-t-on appeler cela vivre ?

Je ne peux pas m'imaginer que je serai un jour tellement décrépite — ou tellement amère — que les hommes ne m'intéresseront plus. L'amour reste pour moi la chose la plus importante du monde, quelle que soit d'ailleurs la forme qu'il puisse prendre. Je n'arrive pas à croire qu'il existe des femmes pour lesquelles l'amour n'est pas la priorité des priorités. Pourtant, j'en rencontre souvent, mais je les comprends de moins en moins.

A quoi reconnaître une Scorpionne, de l'extérieur ? J'en connais des blondes, des brunes, des rousses, elles n'ont pas de type physique particulier. Mais elles sont trop coquettes pour se laisser aller.

Moi, je les reconnais à leur enthousiasme, à leur vivacité, leur allant, le courant de sympathie qu'elles savent établir. Elles dégagent beaucoup d'énergie : cela se sent. Les astrologues disent qu'elles ont l'œil de l'aigle, aigu et perçant, qui vous déshabille le cœur d'un seul regard. Ce n'est pas faux, mais la vivacité de ce regard s'accompagne aussi de chaleur humaine, et d'humour, ce qui change tout. (Quant à moi, je fais très attention de ne pas regarder effrontément les gens sous le nez, parce que je n'ai pas envie qu'on me prenne pour un rapace — même protégé !)

J'ai quelquefois rencontré des Scorpionnes laides, mais la passion qu'elles mettaient à vivre et à aimer leur donnait un charme qui remplaçait largement la beauté.

Scorpions et Scorpionnes sont-ils de grands jaloux ?

La jalousie est vraiment *le* défaut satanique. Pourquoi Lucifer s'est-il révolté contre son Créateur ? Mais parce qu'il était *jaloux* ! Jaloux de la femme et des pouvoirs magiques que Dieu avait donnés à cette créature préférée !

Les Scorpions sont-ils jaloux ? Les pauvres bêtes sont censées avoir tous les défauts : on leur prête donc celui-là aussi. Mais il faut d'abord nous entendre sur ce que l'on appelle « jalousie ».

Car il y a une jalousie « normale » — qui est une inquiétude lorsqu'on sent l'être aimé s'éloigner, un chagrin lorsqu'il vous trompe, et un sentiment de colère contre celui ou celle qui l'a détourné de vous.

A mon avis, il n'y a pas d'amour que la jalousie épargne et, même dans la Bible, l'Eternel dit : « Je suis un Dieu jaloux. » Mais, à côté de cette jalousie « normale », il y a une jalousie obsessionnelle et diabolique, une jalousie qui prend ombrage de tout, et prétexte de tout pour se torturer et torturer l'être aimé.

Ces jaloux pathologiques ne supportent pas que l'être aimé ait droit à l'existence. L'angoisse de frustration devient insoutenable chez eux et débouche sur la haine, la destruction et la mort.

De cette jalousie, hommes et femmes Scorpions sont capables — puisqu'ils sont capables de tout, du pire comme du meilleur !

Mais disons tout de suite qu'ils ne sont pas les seuls, et que les grands jaloux du Zodiaque sont plutôt les signes de Terre, signes de possessivité. Le premier prix revient au Taureau, suivi d'une courte corne par la Vierge et le Capricorne. Ceux-là battent tous les records, et n'ont pas assez de dynamisme affectif pour s'extraire de leur jalousie morbide, dans laquelle ils marinent des années durant.

Le Scorpion, qui allie les contraires, est à la fois un signe de possessivité et un signe de dépouillement. A la différence des signes de Terre, ses extraordinaires ressources d'énergie lui donnent la force de sortir de sa jalousie. Son intelligence aiguë lui fait toujours comprendre que celle-ci est un combat d'arrière-garde... Mystique, épris d'absolu, il est capable de se dépasser lui-même, de se dépouiller de tout ce qui l'entravait, et de rompre les amarres de sa jalousie en brûlant le vaisseau de ses amours ! Capable des plus durs renoncements, il sort de sa jalousie par une rupture brutale, ou un sacrifice total. Après quoi, l'être aimé est, pour lui, définitivement mort.

Le Scorpion au masculin, toujours très profondément affecté par une infidélité, n'oublie jamais : il a le plus grand mal à pardonner. Et pourtant, c'est un être généreux. Il peut trouver en lui-même la force de pardonner, mais cet effort lui est surhumain.

Dans bien des cas, il cherchera à se venger et ça sera sanglant : son sadisme et sa rage de destruction ne s'arrêteront que lorsqu'il aura réduit son rival (et la femme aimée) à un petit tas de cendres biodégradable...

Parfois, le sadisme fait place au masochisme. On a alors un Scorpion trompé qui en « redemande » avec une sombre jouissance. L'humiliation agit comme une drogue amère qui stimule son désir. Les gens « normaux » n'y comprennent plus rien...

Chez le Scorpion jaloux, le mot clé est bien *humiliation*. Le Scorpion trompé n'est pas blessé dans son amour, mais dans son amour-propre, ce qui est beaucoup plus grave. Il est blessé dans la haute opinion qu'il avait de lui-même en tant qu'amant. Comme il prend tout au sérieux, voire au tragique, il a l'impression qu'on s'est moqué de lui, et ce crime de « lèse-Scorpion » lui paraît impardonnable.

En fait, comme le Lion, il est jaloux de sa puissance, de son pouvoir, qu'il refuse de partager avec quiconque, à plus forte raison avec la femme aimée et avec un rival.

Et la Scorpionne ? Deux cas seulement peuvent se présenter : soit nous possédons tranquillement l'être aimé ; soit, à la suite d'une crise qui ne nous a pas échappé, « il » commence à nous tromper. Dans ce cas, nous avons une réaction énergique : nous accordons au coupable un très court délai de grâce, puis, si le monsieur s'obstine dans sa tromperie, c'est la rupture, dont nous prenons, bien sûr, l'initiative. Dans ce dernier cas, le monsieur s'acquiert à jamais le mépris de sa scorpionnidée.

En général, si l'une de mes consœurs se sépare d'un homme, c'est qu'elle l'a bien voulu. Les Scorpionnes prennent l'initiative des ruptures — avec courage et décision (et il en faut, parfois, quand on est un signe d'Eau sentimental).

J'ai connu des malheureuses Vierges et Taureaux qui « barbotaient » des années dans un marécage de jalousie. Trop passives, pas assez dynamiques, manquant de courage, elles n'arrivaient pas à s'en sortir.

Cela arrive rarement chez les vraies Scorpionnes [1], que l'énergie pousse toujours à aller plus loin (c'est à cela que sert la planète Mars dans le signe). « Si ton œil te scandalise, arrache-le » est tout à fait une maxime de Scorpion.

La jalousie chez une femme naît d'un sentiment profond de frustration et d'impuissance, d'un manque de confiance en soi et dans ses moyens de séduction. Mais nous autres, Scorpionnes, nous avons des moyens, et nous le savons très bien. Et, d'abord, notre troisième œil, qui nous permet de flairer très vite ce qu'on veut nous cacher. Ce n'est donc pas si facile que ça de nous tromper, même si nous faisons semblant d'être dupes devant le monde.

La jalousie est un combat d'arrière-garde. Mieux vaut prévenir les crises, et les Scorpionnes, extrêmement actives et réalistes, ne sont pas du tout du genre à se croiser les bras en pleurnichant « Maman ! », pendant que la situation se dégrade lentement.

Avec elles, on ne s'ennuie jamais : elles ont un art d'enquiquiner leur bonhomme, de le pousser, de le tirer, de l'asticoter, de lui faire du cinéma, qui évite à coup sûr la monotonie (ennemie numéro un des couples !). Le monsieur n'a vraiment pas le temps de s'embêter. Et si, par hasard, il divorçait de son bourreau préféré, il n'aurait qu'une idée : en retrouver une autre, exactement pareille ! A moins de regretter à vie la première...

Je ne serais pas équitable vis-à-vis des hommes Scorpions en laissant penser qu'ils sont seuls à être capables de noire vengeance. Certaines Scorpionnes aussi peuvent être terribles.

Les femmes sont sans pitié pour l'homme qui les a blessées et trahies, et la femme Scorpion ne fait pas exception. Les signes de Terre et les signes fixes sont trop peu souples pour pardonner facilement (sauf, peut-être le Verseau). Mais Lion, Taureau, Vierge, Capricorne et Scorpion, c'est vraiment la mule du Pape [2].

Les femmes sont davantage portées aux vengeances violentes lorsqu'elles vivent dans des sociétés primitives où elles sont déconsidérées et écrasées. Encore aujourd'hui, les matrones méditerranéennes de certains pays, que je ne nommerai pas, manient adroitement le poison. Est-ce le Scorpion, ou est-ce la contrepartie d'une tragique situation d'esclavage faite à la femme ? Les esclaves n'ont plus alors d'autres moyens pour se défendre que la crainte occulte qu'elles inspirent aux hommes.

C'est tout un cycle tragique : oppression, vengeance, crainte.

1. Mais une Scorpionne très inhibée se comportera comme l'une de ces pauvres Vierges !
2. Qui garda sept ans son coup de pied vengeur...

Got, natif du signe, était bien placé pour décrire l'attitude dominatrice (sinon passablement « macho ») du Scorpion en amour. (Extrait du « Baron Noir » par Got et Pétillon, le Matin, *éd.).*

Le Scorpion pervers

Pourquoi faire simple, alors qu'on peut faire compliqué ? Telle est, en amour, la maxime préférée du Scorpion. Cela peut être positif : l'inventivité permanente empêche l'amour de s'enliser dans la monotonie. Mais chez le Scorpion dissonant, et masculin, l'inventivité peut devenir incroyablement perverse.

Donc, plus notre animal fait compliqué, plus il est content : cela tient à sa nature interne, tissée de contradictions : être à la fois un signe d'Eau *féminin*, et gouverné par Mars, *masculin,* c'est terriblement inconfortable. Etre d'Eau et fixe, voilà encore une autre contradiction difficile à vivre.

Si la femme du Scorpion réussit souvent à intégrer ces valeurs viriles dans sa féminité, l'homme Scorpion réussit beaucoup moins bien l'opération contraire.

Le Scorpion dissonant, au masculin, est souvent un obsédé, ou un pervers. S'il n'a pu surmonter son angoisse profonde, il tente de s'en délivrer par une course effrénée au plaisir, espérant noyer ses pulsions de mort dans d'intenses passions amoureuses. Mais celles-ci ne font que creuser sa faim d'absolu et son angoisse existentielle ; c'est comme un trou sans fond qu'il ne réussit jamais à remplir, le vrai tonneau des Danaïdes !

Oscillant entre les pulsions de mort et les pulsions de vie, le Scorpion dissonant, incapable d'intégrer les premières dans une vie constructive, et incapable de choisir entre les deux, les associe donc, et le résultat peut être aussi étrange que terrifiant...

Le Scorpion dissonant a besoin de mort pour s'exciter sexuellement, ce qui l'amène à des perversions peu appétissantes : ainsi la nécrophilie. Le représentant le plus célèbre de cette macabre corporation est François Bertrand, dit « le sergent Bertrand », Scorpion Ascendant Scorpion de son état astral. Ou alors on trouve le sadisme assassin de l'impuissant qui a besoin de torturer sa victime pour arriver à jouir. Exemples fameux : Fritz Haarmann, dit « le boucher de Hanovre », Scorpion Ascendant Taureau, Joseph Vacher, dit « Vacher l'éventreur », Scorpion Ascendant Vierge...

Le Scorpion dissonant a besoin de mort et de souffrance pour exister, celle des autres, et la sienne aussi. Il s'embête dans une atmosphère de paix et de sérénité ; il fera l'impossible pour semer le grain de sable qui fera dérailler la machine. Tout ce qui est drame le stimule, aussi sème-t-il exprès la catastrophe et la mort autour de lui, histoire de se sentir vivre !

En amour, c'est le virtuose de l'amour-haine, ambivalence de sentiments très humains — mais consciente et organisée chez lui. Dans la guerre des sexes, la plus idiote de toutes, il a ses galons de généralissime !

Je n'ai pas rencontré personnellement d'éventreur ou de nécrophile, mais beaucoup de sadiques au petit pied. Une très jolie phrase d'Homère me revient en mémoire : « Je crains les Grecs, même quand ils arrivent les bras chargés de cadeaux » (*Timeo*

Danaos...). Elle pourrait s'appliquer parfaitement au mauvais Scorpion masculin. Il est incapable de vous offrir un bouquet de fleurs sans glisser une aiguille dedans. Incapable de vous faire un plaisir ou un cadeau sans cracher en même temps le venin qui détruira votre joie. Un mot dur, visant perfidement le point sensible, et vous voilà démoralisée pour la journée. Il le voit, et ça l'amuse follement ! Le spectacle de votre douleur, physique ou morale, le fait intensément jouir ; elle le stimule. Et plus vous pleurez, plus il est content. Il a le génie de vous proposer des services qu'il vous fait ensuite payer au centuple en embêtements. Que vous existiez, et soyez heureuse, est pour lui intolérable : vous lui échappez par votre bonheur même. Il fera tout pour le détruire, afin de vous mettre en son pouvoir. J'ai connu des Scorpions de ce genre ; il n'y a rien d'autre à faire que s'enfuir. Les rendre jaloux n'est pas la bonne solution ; ou bien ils ont la jalousie sadique, et sont alors capables de tuer, comme je l'ai dit plus haut, ou bien alors, puisqu'ils ont besoin de souffrir pour se rendre intéressants à leurs propres yeux, ils se complairont dans une jalousie de voyeur, supplice exquis qu'ils entretiennent avec rage. Certains sont masochistes, comme ce pauvre Masoch (Saturne en Scorpion), qui avait besoin de Vénus fouettant et cravachant. D'autres trouvent dans les sex-shops tout ce qui leur permet de satisfaire leurs instincts sadiques vis-à-vis de leurs partenaires.

Certains ne conçoivent l'amour que couronné par leur propre mort, et se tuent avec leur maîtresse pour fixer cet amour dans l'éternité, tels Marie Vetsera (Lune et Ascendant en Scorpion) et l'archiduc Rodolphe (Mars en Scorpion en Maison VII), ou encore Heinrich von Kleist, qui proposa à sa fiancée de se tuer avec lui (Saturne en Scorpion opposé à la Lune en Taureau). Toutes noces de sang où la pauvre Vénus est étranglée par la violence de Mars et les maléfices de Pluton !

De cet univers de drogués du sexe, tout humour est banni : ces Scorpions pervers mettent un sérieux terrifiant à assouvir leur fringale de jouissance triste...

Les Scorpions et l'homosexualité

Enfin, certains astrologues affirment que l'on trouve un nombre élevé d'homosexuels parmi les natifs du Scorpion.

Dans la Tradition babylonienne, en effet, des textes anciens affirment que l'« amour d'un homme pour un homme est le lieu de la constellation du Scorpion [1] ».

Plus tard, dans les textes gréco-latins, cette attribution devient très rare. En effet, les Grecs et les Latins, contrairement aux Babyloniens, étaient assez tolérants en cette matière.

Au Moyen Age, on voit reparaître le reproche d'homosexualité fait au Scorpion : c'est, qu'à cette époque, la culture chrétienne « diabolise » le signe, en l'identifiant au peuple juif. Les tendances répressives judéo-chrétiennes contre le monde instinctuel utilisent le Scorpion comme repoussoir, ou comme « bouc émissaire ». Ainsi, puisqu'il est noir, autant le charger de tous les péchés d'Israël... et de ceux de la chrétienté, et particulièrement des déviations sexuelles. On lui met donc pêle-mêle sur le dos, l'adultère, la prostitution, le meurtre, l'usure, la sodomie, etc.

Il est certain que cette prédominance de Mars dans un signe féminin peut engendrer des tirages. Mais les Scorpions sont-ils plus souvent homosexuels que les Gémeaux (éternels adolescents à aiguillage hésitant) ou les Cancers (éternels enfants de leur mère), ou enfin les Balance (Vénus maîtresse d'un signe masculin) ? On demande des statistiques sûres...

1. Luigi Aurigemma, *le Signe zodiacal du Scorpion,* éd. Mouton, page 72.

Jean Giraudoux, Scorpion, dont la longue et merveilleuse amitié avec Louis Jouvet (Ascendant Scorpion) valut à ses contemporains quelques pièces enchanteresses: Electre, Amphitryon 38, la Guerre de Troie n'aura pas lieu...

Le Scorpion et l'Amitié

Le Scorpion est le meilleur des amis... et le pire des ennemis ! Uranus, symbole d'amitié et de fraternité, est exalté dans le huitième signe, et, si le Scorpion réussit difficilement sa vie amoureuse, il a, en revanche, le génie de l'amitié.

Précieuse amitié des bons Scorpions

J'ai déjà dit plusieurs fois en quelle estime je tenais mes amies Scorpionnes, combien elles étaient loyales et fidèles — mes amis Scorpions ne le sont pas moins !

Si certains Scorpions sont avenants, d'autres, plus sombres, découragent au premier abord le contact par leur extrême réserve et la rareté de leur sourire... Ils se méfient. Mais, avec le temps, ils s'apprivoisent. On bénéficie alors de leur esprit, souvent caustique, de leurs opinions, non-conformistes et intéressantes, de leur culture parfois encyclopédique (la curiosité du Scorpion est universelle !).

Lorsque le contact est établi, les amitiés sont durables : parce que le Temps a peu de prise sur lui, le Scorpion est un ami fidèle et sûr. Il ne s'en va pas répéter vos secrets à des tiers, il ne raconte pas n'importe quoi sur vous dans votre dos pour briller dans les salons, il ne médit pas de vous.

Il est souvent de très bon conseil : son extrême perspicacité, sa prescience de l'avenir débrouillent en quelques mots les inextricables problèmes dans lesquels vous vous étiez noyé ! Comptez sur son esprit critique pour percer au jour les motivations des gens qui vous entourent. Si des flatteurs essayent de vous vendre leur camelote en vous jetant de la poudre aux yeux, ça ne prend pas avec lui.

C'est un ami parfaitement « réglementaire » : un oui est un oui, un non est un non. Le Scorpion a le courage de faire ce qu'il dit, et de ne pas mentir.

J'ai parmi mes amies quelques « filles de l'air » qui disent : « Je serai là mardi à 14 h 30, sans faute, tu peux compter sur moi ! » Et on sait parfaitement que ce n'est qu'une clause de style... On ne les attend même pas ! Ce ne sont jamais des Scorpionnes celles-là sont scrupuleusement fidèles à tout rendez-vous, tout engagement, et à toute parole donnée. Les Scorpions, et plus encore les Scorpions-Vierges font l'impossible pour accorder leurs actes à leurs paroles. Ce ne sont pas des gens légers, ils apportent au contraire à tout ce qu'ils font un très grand sérieux.

Sous l'influence de Pluton, le Scorpion a, en général, un sens aigu de la justice qui s'allie à la générosité sociale d'Uranus. Si vous êtes victime d'une injustice, l'ami Scorpion vous apportera courageusement son appui pour vous défendre. Il n'est pas du tout homme à tourner le dos si vous êtes au fond du trou. Bien au contraire, il vous tendra amicalement ses pinces, et vous tirera de là. Quand bien même tous les autres vous feraient l'œil de verre parce que vous êtes fauché ou chômeur, le Scorpion, lui, vous restera fidèle. Il vous sera même plus fidèle dans la peine que dans le bonheur.

Il se moque pas mal du qu'en-dira-t-on. Non seulement il n'a pas peur de braver l'opinion publique pour venir en aide à un copain malheureux, mais encore il trouve un secret plaisir à ne pas faire comme tout le monde !

Bien entendu, ce dévouement généreux et désintéressé ne fonctionne que dans le circuit « amitié ». En amour, c'est une autre paire de pinces parce que l'homme Scorpion bloque son cœur (voir « le Scorpion et l'Amour »).

Il n'est pas non plus l'ami de tout le monde : du peu, mais du bon. Ce n'est pas un homme à se répandre dans les salons en faisant le joli cœur et des sourires à tout le monde. Les quelques élus de son choix sont d'abord passés au peigne fin d'une critique serrée... et beaucoup n'y survivent pas !

Ensuite, une fois que notre discriminateur a donné son amitié, elle est solide et durable.

Il préfère les petits groupes d'initiés, les sectes où l'on partage une doctrine ésotérique qui vous met à part (c'est-à-dire bien au-dessus !) du reste du monde. Il aime les camaraderies engagées, les fraternités d'armes, les partisans, les résistants, les maquis et les guérilleros...

Le Scorpion joue assez bien l'agent secret, l'intermédiaire à haut risque. Parfois, il mène si brillamment un double jeu follement dangereux que certains s'y trompent et le prennent pour un traître. C'est mal le connaître : en réalité, il s'est donné totalement à une cause et prend tous les risques pour la servir, sans attendre aucunement l'approbation et l'estime de ses semblables.

Aigle ou serpent, le Scorpion suscite la crainte. Et cela ne lui déplaît pas ! Il apparaît aux autres comme le détenteur de pouvoirs occultes, il tient les clés de mondes invisibles. Il les partage avec quelques amis initiés comme lui, souvent Scorpion, Cancer ou Poissons (cas du général de Gaulle avec Malraux : Scorpion ; Pompidou : Cancer, Chaban-Delmas : Poissons).

Les autres sont des admirateurs, intimidés et admiratifs, ou alors d'implacables ennemis. Il ne laisse personne indifférent : quand un Scorpion passe, les gens sont pour ou contre, violemment. Il suscite des haines farouches et des passions à vie...

Naturellement, ce portrait se nuance beaucoup suivant les variétés de Scorpions. Mais il est certain que le plutonien dégage un très grand magnétisme : il est porteur de *mana* [1], que perçoit toujours son entourage, lequel ressent fortement cette charge énergétique redoutable.

Lucide, il cultive ces puissances de peur pour mieux asseoir son influence (les hommes Scorpion surtout, à condition aussi de n'être pas trop Scorpion-Vierge !). Dosant savamment (et intuitivement) son mépris et sa douceur, sa violence percutante et ses silences, il a toujours l'air d'en savoir long... Parce que le savoir est un outil du pouvoir !

Redoutable inimitié des mauvais Scorpions

Il arrive souvent que les relations amicales avec un Scorpion se teintent de sadomasochisme. Le Scorpion agresse, taquine, bouscule un pauvre copain dévoué qui se laisse faire, impuissant et résigné. Les mauvais Scorpions utilisent les dispositions masochistes de certains (parfois, d'autres Scorpions teintés de Vierge) : ils leur empruntent de l'argent, les parasitent, les font travailler pour eux, sans jamais les rembourser ou les remercier de quelque façon... Il les utilisent, tout en les abreuvant de sarcasmes, et en les prenant de si haut que la victime se sentirait coupable à l'idée de protester !

Il n'est pas facile d'être l'ami d'un mauvais Scorpion. Trop exigeant, il ne peut qu'être déçu, et sa déception amère, son intolérance devant les faiblesses humaines l'amènent à des revirements soudains : l'ami d'hier devient l'homme à abattre. L'amitié peut se muer en haine inexorable.

Comme le Scorpion est virulent, ses propos sans pitié, trempés dans le vitriol, ne plaisent pas à tout le monde. Ainsi blesse-t-il les gens, se créant de féroces ennemis — dont il n'a cure. Il lui lui arrive aussi d'aller un peu trop loin avec ses propres amis — qui finissent, parfois, par le lui rendre. S'il estime qu'on a empiété sur son territoire, qu'on l'a lésé, humilié, déçu... il ne pardonne pas, et se jure d'avoir la peau de l'ennemi. Il l'aura, bien sûr, et se vengera jusqu'aux limites du possible, jusque sur le cadavre de l'adversaire.

Sous l'influence de Pluton — et de Mars — le Scorpion a tendance à se faire justice lui-même. Les trois planètes maîtresses de son signe, Pluton, Mars et Uranus le poussent aux

1. Puissance surnaturelle et impersonnelle ; principe d'action.

revirements brutaux, aux cassures brusques, aux volte-face dramatiques... Et à aller jusqu'au bout de ses impulsions de vengeance.

La haine enferme ainsi le mauvais Scorpion dans une prison intérieure qui n'est autre que l'Enfer anticipé. Huis-clos totalement sans issue, qui ne débouche sur aucune lueur d'espérance (si bien décrit par Sartre, Ascendant Scorpion). Seul le pardon des injures en aurait ouvert la porte.

Bientôt, cette atmosphère de haine confinée corrode l'âme du Scorpion, qui glisse vers les perversions, la destruction d'autrui, puis de soi, tel Goebbels...

Ainsi est le Scorpion noir, celui qui n'a pas su ou pu faire un choix entre le Ciel et l'Enfer. D'autres, cependant, apprennent à pardonner et mettent de l'eau dans leur venin. Ils deviennent alors de merveilleux amis, aimés (suivant le symbolisme du Soleil dans le signe) jusqu'à la mort ! Rayonnants de bonté et de générosité, ils deviennent un pôle d'attraction positif et tonique. Ils exercent une paternité-maternité bienfaisante sur un cercle d'amis, une sorte de « gouroucratie » à laquelle viennent se réchauffer tous les éclopés de l'existence et les enfants perdus du quartier...

Les affinités amicales du Zodiaque

Chez un Scorpion il y a toujours un noyau d'ombre secrète qu'il faut deviner et une agressivité extérieure (sauf dans le cas du Scorpion-Vierge) qu'il faut dépasser pour établir avec lui de vraies relations humaines.

Si vous êtes vous-même du Scorpion ou d'un signe d'Eau, Poissons et Cancer, aucun problème : vous devinez très bien ce qui se cache derrière le silence et l'agressivité de l'animal. Vous établissez avec lui un dialogue silencieux, ou presque, qui ne passe pas par les mots de tout le monde. Vous êtes spontanément sur la même longueur d'onde.

Par contre, si vous êtes Lion, le Scorpion vous agacera prodigieusement avec ses mystères et sa réserve (sauf si c'est un Scorpion-Balance, qui a le Lion sur la Maison de l'amitié). Le Lion et le Scorpion sont souvent en concurrence sur les mêmes objectifs, avec une sensibilité différente. Les signes de Feu, qui s'extériorisent facilement, comprennent très mal les ténèbres océaniques des signes d'Eau. Je pense aux Béliers, braves et bien intentionnés, qui prennent pour argent comptant tout ce qu'on leur dit et ce qui leur tombe sous le sens : ils ne comprennent rien, mais rien, aux complications mentales du Scorpion. « Pourquoi vas-tu chercher ainsi midi à quatorze heures », me demandent mes sœurs Béliers. C'est que le temps n'a pas la même valeur pour les signes de Feu, tout entiers immergés dans l'instant présent, et pour les signes d'Eau, qui vivent dans la mémoire du passé et le pressentiment de l'avenir. Les signes de Feu trouvent le Scorpion compliqué et celui-ci les juge simplistes... Il faut de tout pour faire un monde ! Cependant, avec cet aventurier de Sagittaire, l'entente peut être très bonne : le Sagittaire, intuitif et optimiste, a des points communs avec le Scorpion.

Quant aux signes d'Air, signes d'intelligence, ils établissent souvent d'excellentes relations avec notre Scorpion.

Les Gémeaux par exemple, gens pas très simples puisqu'ils sont doubles et ne cessent de jouer à cache-cache avec eux-mêmes, sont capables d'échanges intellectuels très riches avec le Scorpion, encore que celui-ci soit agacé par leur légèreté pirouettante (tandis que les Gémeaux s'énervent du sérieux assez lourd de notre animal).

La Balance, sociable et pacifique, peu agressive, aménage prudemment la bête à pinces intéressée par son goût des idées et de la philosophie, son sens de la justice.

Quant au Verseau, il a tant d'affinités intellectuelles avec le Scorpion que l'amitié entre eux peut être magnifique : c'est Uranus plus Uranus.

Les signes de Terre s'entendent très bien avec notre aigle-serpent. Lents, réfléchis, sérieux, leur solidité ne déçoit pas le Scorpion. Celui-ci les stimule et les bouscule : ils reconnaissent qu'ils en ont besoin. Le Taureau, signe de vie, est fasciné par le Scorpion, signe de mort, qui, lui, étant opposé sur la roue du Zodiaque, n'est donc pas sans points communs avec lui. En particulier, la fidélité et l'engagement total.

La Vierge est l'autre face du Scorpion, puisque le Scorpion inhibé se comporte comme elle. Aussi se comprennent-ils tous les deux assez bien, et leur collaboration dans le travail peut être assez fructueuse. Epris de perfection tous les deux, ils savent qu'ils peuvent compter l'un sur l'autre. La discipline de la Vierge rassure, mais agace le Scorpion, et provoque parfois son sadisme. La Vierge trop raisonnable est à la fois éblouie et terrifiée par la rage de vivre du Scorpion. Entre lui et ces deux signes de Terre, Vierge et Taureau, s'établit parfois une relation sadomasochiste plus ou moins forte, qui les attache les uns aux autres (mais le Scorpion-Vierge est du côté des masochistes).

Enfin, le Capricorne partage avec le Scorpion un dynamisme intellectuel qui peut rendre leurs échanges très intéressants. Sous la maîtrise de Mars, ils s'entendent sur des activités communes. Saturne (le Temps), qui préside au Capricorne, s'accorde assez bien avec Pluton et Uranus du Scorpion.

Le Scorpion-Vierge, dépourvu de pinces et de dard (ceux-ci étant réservés à l'usage interne !) s'entend avec la plupart des gens du Zodiaque, étant donné son absence d'agressivité extérieure et sa sentimentalité. Naturellement, dans les affinités amicales, jouent les Ascendants et les signes dominants : le Scorpion-Lion, par exemple, aura évidemment une plus grande facilité d'entente avec les Béliers et les Sagittaires. Le Scorpion-Balance et le Scorpion-Gémeaux, infiniment adaptables, sont également capables de se faire des amis dans tous les coins du Zodiaque....

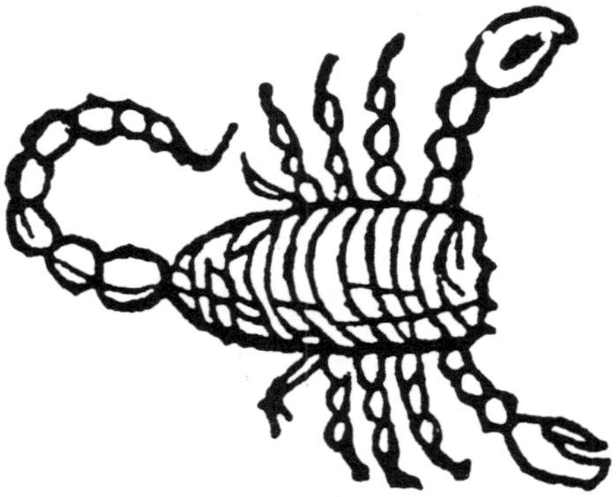

Après avoir joué longtemps et avec succès dans le registre comique, Roberto Benigni a obtenu un triomphe à Cannes en réalisant La vie est belle, *film d'un coloris nettement plus sombre, sans renoncer totalement à l'humour.*

Barbara Hendricks : une apôtre de l'aide humanitaire, une voix d'ange, une intelligence hors du commun : ces trois caractéristiques en ont fait l'enfant chérie du monde.

Le Scorpion et son Education

Pour le comprendre, il faut revenir au symbolisme du signe : le Scorpion naît dans ces journées sombres de novembre où le froid, le gel et la pluie tuent les dernières fleurs. Novembre, c'est la Toussaint, la fête des morts... Mais ceux-ci revivent ailleurs, tandis que fleurs et feuilles en décomposition sur le sol se transforment en humus fertile. De cet humus naîtront plus tard les jeunes pousses du printemps. Le Scorpion, qui porte en lui la mort, porte aussi la vie. D'où son intérêt passionné pour les choses du sexe — et pour ses propres enfants, qui lui sont une manière de survivre. Pluton est mort *et* résurrection, il est le symbole d'une vie après la vie.

Du côté des parents Scorpions

Ainsi, beaucoup de bons Scorpions sont des pères de famille dévoués à leurs enfants, présents à leur éducation (chose rare par les temps qui courent !). Ils reportent sur leur progéniture toutes leurs espérances déçues — ce qui, parfois, est lourd à porter pour l'enfant ! Ils s'intéressent vivement à leurs études, prennent le temps de discuter avec eux, de leur transmettre leurs idées et leurs connaissances, ils sont prêts à de gros sacrifices pour leur assurer l'instruction qu'ils jugent convenable.

Dans les divorces, bien des hommes Scorpions se battent avec acharnement pour conserver la garde juridique de leurs enfants, certainement pour embêter leur ex-femme (toute vengeance étant bonne à prendre pour un Scorpion !), mais aussi certainement par passion paternelle profonde. A mon avis, les hommes Scorpions sont bien meilleurs pères qu'époux, car la tendresse qu'ils refusent à leur femme, ils la dispensent volontiers à leurs enfants.

Quant aux Scorpionnes, toutes celles que je connais sont des mères extrêmement consciencieuses. Elles ne lésinent devant aucun sacrifice, aucun travail pour élever leurs enfants et, plus elles sont Scorpions-Vierges, plus elles sont dévouées. Dévouement qui, dans certains cas, est pesant pour les enfants, un peu trop maternés à mon avis. Mais enfin, elles prennent toujours très au sérieux leur fonction maternelle.

Si vous avez un enfant Scorpion

Si vous êtes vous-même Scorpion, vous retrouverez avec amusement — ou agacement — dans cet enfant vos passions secrètes, vos pulsions violentes, vos exigences d'absolu... Et vous le comprendrez.

Si vous êtes d'un autre signe, un signe qui lui est étranger, ou peu compatible avec lui, attention, ce sera très dur. N'essayez pas d'imposer à cet enfant instinctif et intuitif votre propre échelle de valeurs. Dites-vous qu'il est « Eau », et qu'il est normal qu'il soit différent de vous qui êtes « Feu » ou « Air ». Ne le braquez pas, essayez de comprendre ses motivations, beaucoup plus fines que vous ne le pensez. Ne dites pas qu'il a des « caprices », non, il a son idée à lui sur la vie, et pas forcément plus mauvaise que la vôtre !

Rien ne sert de le barricader derrière un réseau barbelé d'interdictions. Le Scorpion aime ou n'aime pas, physiquement. N'essayez pas de lui interdire quelque chose, sans lui expliquer pourquoi, car il est très intelligent ; vous pouvez faire appel à son esprit critique, à son sens aigu de la justice.

Essayez de lui faire confiance pour un maximum de choses, il les fera parfaitement s'il est motivé.

Si vous étouffez cette force vive, ce riche tempérament, vous produirez un Scorpion-Vierge masochiste qui ne saura pas se défendre dans l'existence. Ne vous choquez pas de l'intérêt très vif que l'enfant du Scorpion manifeste pour les choses du sexe : et pourquoi pas ? Pourquoi un enfant n'aurait-il pas le droit d'être informé, sous prétexte qu'il est un enfant ?

Ne le censurez pas bêtement, expliquez-lui au maximum tout ce qu'il peut comprendre, mais ne dressez jamais devant lui tous ces tabous idiots du XIXe siècle. Un de mes amis, le père Finet, disait : « Parlez franchement à vos enfants des problèmes sexuels, sinon Satan passe par les ténèbres. » Satan, ce sont les angoisses atroces qui dévorent en secret les enfants mal informés, qui se torturent des nuits durant avec des craintes folles parce qu'on ne leur a pas dit simplement les choses telles qu'elles étaient. Les tabous répressifs et le silence pudibond sont particulièrement mal venus avec un petit Scorpion. Vous devez satisfaire sa curiosité, sinon elle deviendra morbide. N'allez pas vous choquez s'il se masturbe comme tous les enfants. Ne dramatisez rien, ne prenez pas au tragique les expériences qu'il fait avec les autres... N'intervenez que s'il mêle agressivité et violence à ses expériences sexuelles. Laissez-le tranquille dans sa vie privée. Je pense que c'est la répression qui fait les mauvais Scorpions, le sadisme des parents qui les pervertit. Et les parents les mieux intentionnés peuvent être sadiques.

L'enfant marqué par le Scorpion se pose précocement des questions sur la mort. Vers 5 ou 6 ans, il vous demandera : « Qu'est-ce qu'il y a après la mort ? » N'ayez pas la cruauté de lui répondre : « Rien ». Qu'en savez-vous ? Laissez une porte ouverte sur l'espérance, on n'a pas le droit de tuer l'espérance d'un enfant, même lorsqu'on est athée soi-même. Mieux vaut dire à l'enfant que vous ne savez pas, qu'il faut chercher. Cela, au moins, est positif, et l'enfant, plus perspicace que vous n'imaginez, appréciera votre honnêteté intellectuelle.

Bien entendu, pour les parents qui ont une foi, ce problème n'en est pas un.

Ménagez la sensibilité de l'enfant. S'il manifeste en général une froide curiosité devant la mort des humains adultes, il risque d'être terriblement perturbé par la mort d'un animal favori. Et même lorsque la mort d'un humain l'atteint profondément, il ne le manifestera pas, car c'est un enfant pudique et secret.

Je crois qu'avec un petit Scorpion, comme avec tous les enfants, il vaut mieux parler carrément et franchement de la mort plutôt que de la considérer comme un sujet honteux et tabou. La confiance et la tendresse apaisent les angoisses de l'enfant et permettent de parler de tout, ou presque. L'enfant, d'ailleurs, a beaucoup moins peur de mourir que vous.

Les enfants Scorpions ont, en général, de graves problèmes d'extériorisation. Lorsque les parents sont d'un signe de Feu ou d'Air extraverti, ils s'agacent devant le silence de l'enfant. Il faut le deviner, mais lorsqu'on n'est pas un peu Scorpion soi-même, c'est assez difficile. Faites-vous aider, faites établir son thème. Soyez attentifs à ce que dessine l'enfant, à ses pôles d'intérêt. L'enfant Scorpion est extrêmement créatif, et dessine souvent de façon remarquable. Enfin, dites-vous qu'un petit Scorpion a plus besoin de confiance et d'encouragement que de répression. La répression favorise les forces de la mort qui pervertiront l'enfant. Pourtant, si celui-ci essaie de vous avoir au chantage, ne marchez pas, défendez votre morceau, et votre territoire de parent ; il le comprendra et cela le rassurera.

Tout ce qui peut rassurer l'enfant du Scorpion est bon, car il devra toute sa vie lutter contre l'angoisse... mais cela s'apprend.

Sophie Marceau : une petite boum l'a rendue célèbre, mais elle garde son mystère et sc sensualité secrète de femme Scorpion.

Demi Moore, enfant du Nouveau-Mexique, ignore les barrières : elle a gardé de son enfance un sens entêté de la liberté. Perfectionniste, luttant contre toute forme d'hypocrisie, elle mène de front ses vies de mère de famille et d'actrice sulfureuse. Tout en réconciliant ces deux images, elle s'est hissée parmi les actrices les plus attendues sur les écrans.

Le Scorpion et son Travail

Dans le domaine du travail, une distinction est à faire entre le Scorpion-Vierge et le Scorpion « grand teint »...

Le Scorpion-Vierge : le bonheur dans l'esclavage

Comme je l'ai expliqué précédemment, le Scorpion « coincé » se comporte comme la Vierge — et dans le travail plus encore qu'ailleurs ! Ce Scorpion virginisé réprime son agressivité, et devient un modèle de discipline, de précision, de méthode, de dévouement... Il applique son énergie à un champ d'action étroit, clos, délimité par des contraintes telles que l'autorité de ses patrons ou la nécessité de gagner sa vie. Le Scorpion-Vierge fignole indéfiniment les détails de son travail : il s'y noie souvent, un tout petit arbre lui cache la grande forêt ! Il est d'une conscience professionnelle absolue et pointilleuse.

Etouffant en lui l'impulsivité et la révolte de son signe, il s'oblige à être impeccablement propre, ponctuel, sobre, bref, l'employé modèle... Son souci de rangement confine à la maniaquerie. Chez une femme, cela donne une parfaite maîtresse de maison, qui se tue à la tâche, faisant elle-même les vêtements de ses enfants, repassant les chemises de son mari jusqu'à minuit, traquant le moindre grain de poussière jusque derrière les radiateurs où personne ne le voit... Bref, elle ne prend pas le temps de vivre et finit par s'écrouler dans la dépression nerveuse classique des ménagères surmenées.

Le Scorpion-Vierge applique son esprit critique à son travail, il est d'une impitoyable exigence vis-à-vis de lui-même. L'angoisse d'avoir oublié un papier, un objet, un détail, le tient éveillé la nuit, l'oblige parfois même à se relever pour s'assurer que tout est dans l'ordre.

Il accepte des tâches ingrates et mal rémunérées, il reste tard le soir pour faire des heures supplémentaires peu ou pas payées... Exigence de perfection absolue vécue dans le détail quotidien. Grande est l'endurance de notre Scorpion-Vierge, qui se fait hautement apprécier : c'est quelqu'un sur qui l'on sait pouvoir compter.

Mais il voit souvent les choses par le petit bout de la lorgnette : il ne survole pas son travail. Il a besoin d'être guidé, arraché à sa lenteur, à sa passion du détail, il a besoin d'apprendre à faire un choix entre l'essentiel et l'accessoire.

Le Scorpion virginisé, par un secret besoin d'expiation intime, s'impose « les travaux forcés à perpétuité »... Il est pour lui-même le plus tyrannique des patrons.

Le Scorpion vraiment Scorpion est un volcan explosif

Pourtant, un jour, le Scorpion, le vrai, peut se réveiller et exploser. Le volcan couvert de prairies se transforme en lac de laves et crache une nuée ardente qui brûle tout sur son passage... Le cataclysme, quelquefois, survient à l'adolescence, plus souvent au tournant de la quarantaine, parfois seulement tard dans la vie (et dans certains cas, pas du tout : la Vierge ayant fini par étouffer complètement le Scorpion).

Mais si le Scorpion explose, il casse tout. Personne ne comprend pourquoi cet employé modèle et irréprochable a claqué la porte, subitement, sans préavis, après une explication orageuse à laquelle ne s'attendaient pas le moins du monde patrons et collègues sidérés.

S'ils s'intéressent à l'astrologie, on peut leur dire que c'est l'influence de Pluton : une rage subite de tout détruire et de tout casser pour aller refaire mieux ailleurs. Cette révolte n'est pas seulement négative : dans bien des cas, elle stimule notre Scorpion-Volcan, et lui permet effectivement de progresser. En fait, il adore les orages, il lui en faut de temps en temps, sinon il est malheureux. Le train-train quotidien, délice de la Vierge bourgeoise, le rend très malheureux et claustrophobe. Le métro-boulot-dodo n'est pas son genre. Il aime la lutte et le risque : ce sont ses drogues.

Le vrai Scorpion, le Scorpion harmonique, est un puissant créateur solitaire. Il suit son idée, son inspiration impérative, et ne supporte pas qu'on vienne le déranger. Il n'a pas besoin de supérieur pour venir le contrôler et le stimuler : il organise très bien tout seul son travail. Il va jusqu'au bout avec une persévérance remarquable, parce qu'il est capable de s'imposer à lui-même une très dure discipline — s'il est motivé. Lorsque vous avez un Scorpion sous vos ordres, expliquez-lui clairement ce que vous attendez de lui, et puis faites-lui largement confiance : vous ne le regretterez pas !

Le Scorpion est un jeune loup aux dents longues, combatif, ambitieux. Très compétent et très travailleur s'il est intéressé par ce qu'il fait, et si c'est un métier qui correspond au symbolisme du signe : chercher, découvrir, conquérir...

Vous pouvez lui confier de lourdes responsabilités : il tiendra fermement en main ses subordonnés. Il a la « main de fer », peut-être un peu lourde, mais la situation est sous contrôle, vous pouvez être tranquille de ce côté-là.

Cependant, notre Scorpion n'a pas un caractère facile-facile : il conteste, proteste, revendique, critique et intrigue dans l'ombre. S'il vous est totalement dévoué, tout va bien. Sinon... c'est lui qui prendra un jour votre place.

Le Scorpion très scorpionnant et très dissonant n'a pas son pareil pour semer la zizanie, qu'il exploite ensuite à son profit. Il suscite des grèves, des mouvements de revendication (dont il ne prend pas toujours ouvertement la tête, parce qu'il préfère agir en sous-main !). Uranus, qui l'inspire, est un symbole de révolution. Tout vrai Scorpion — et moi aussi — est persuadé que la révolution est indispensable à un moment ou à un autre : ce qui est pourri doit être changé, et si d'aucuns ne veulent rien changer parce qu'ils y trouvent leur intérêt, il faut forcer le coup de balai. Le Scorpion croit au progrès humain et social, tout en étant lucide et pessimiste, c'est pourquoi il s'engage souvent dans un parti, où il milite généreusement.

Certains Scorpions noirs sont vraiment inemployables dans une entreprise : en proie à leurs tourments intérieurs, ils dégagent autour d'eux un malaise qui perturbe tout l'entourage. Critiquant tout et férocement, râlant systématiquement pour la volupté de râler, ils n'en font qu'à leur tête, se brouillant avec tout le monde. Ils sont même parfois malhonnêtes, tant ils s'estiment au-dessus des lois.

Nageant comme un poisson dans les eaux bourbeuses, les périodes de crises, les révolutions, les guerres, les grèves, le Scorpion profite toujours des conjonctures qui semblent désastreuses aux autres. Quand la pagaille et la confusion règnent partout, lui, notre pêcheur en eau trouble, notre roi du système D, s'organise tranquillement. Il ne s'affole pas, il n'a peur de rien, il est en pleine forme, il navigue superbement dans le drame. Il pose des jalons secrets pour son avenir, et il émerge de l'ombre dès que les convulsions politico-sociales se sont calmées...

Quels sont les métiers préférés du Scorpion

Dans quelles professions trouve-t-on notre animal ?

Le Scorpion martien affectionne tout ce qui tranche, coupe, agresse, brûle, tout ce qui a rapport avec le fer et le feu. Donc, il sera : militaire, chirurgien, il travaillera dans la métallurgie, les mines, l'industrie lourde, les abattoirs... Il écrira dans des journaux satiriques, d'extrême-gauche, des articles perspicaces et impitoyables.

Le Scorpion plutonien aime le mystère, les souterrains, les bas-fonds, tout ce qui est caché, inconnu, tout ce qu'il faut découvrir. Il est fasciné par la mort, le sexe, et l'Invisible... Il sera donc explorateur, spéléologue, océanographe, chercheur, agent secret, détective, policier, juge, avocat, psychiatre (dans l'anti-psychiatrie de préférence), criminologue, sexologue, biologiste, radiesthésiste, sourcier, astrologue.

Le Scorpion uranien a un faible pour toutes les techniques de pointe, les jeunes sciences d'avant-garde, les théories et idéologies nouvelles. Il est fasciné par l'espace, domaine d'Uranus : chercheur, astronaute, inventeur, créateur de nouvelles techniques. Il s'engage dans les luttes sociales et politiques qui lui offrent une occasion de se battre : syndicaliste, militant, mercenaire, partisan, intermédiaire secret, trafiquant d'armes ou de drogue, pirate.

Le Scorpion a souvent un destin haché, en plusieurs épisodes très différents. Il a des vies successives, où l'influence de Pluton, destruction-reconstruction, le fait progresser à travers des crises douloureuses. Le Scorpion « refait sa vie » plusieurs fois (voir la présentation des personnalités du signe). Le chômage ou la ruine ne sont pas aussi désastreux pour lui que pour d'autres, parce qu'il renaît de ses cendres après chaque désastre.

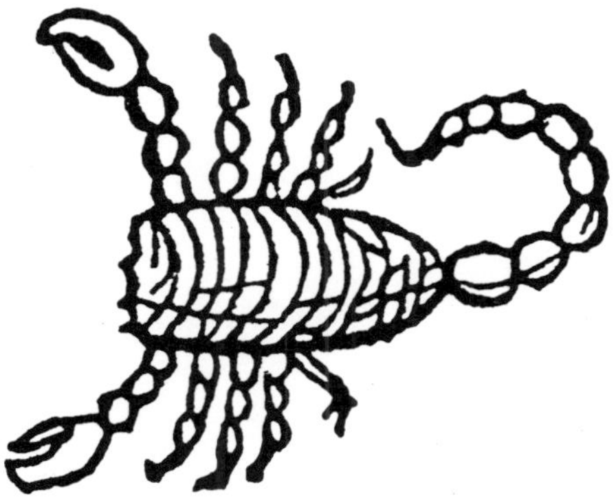

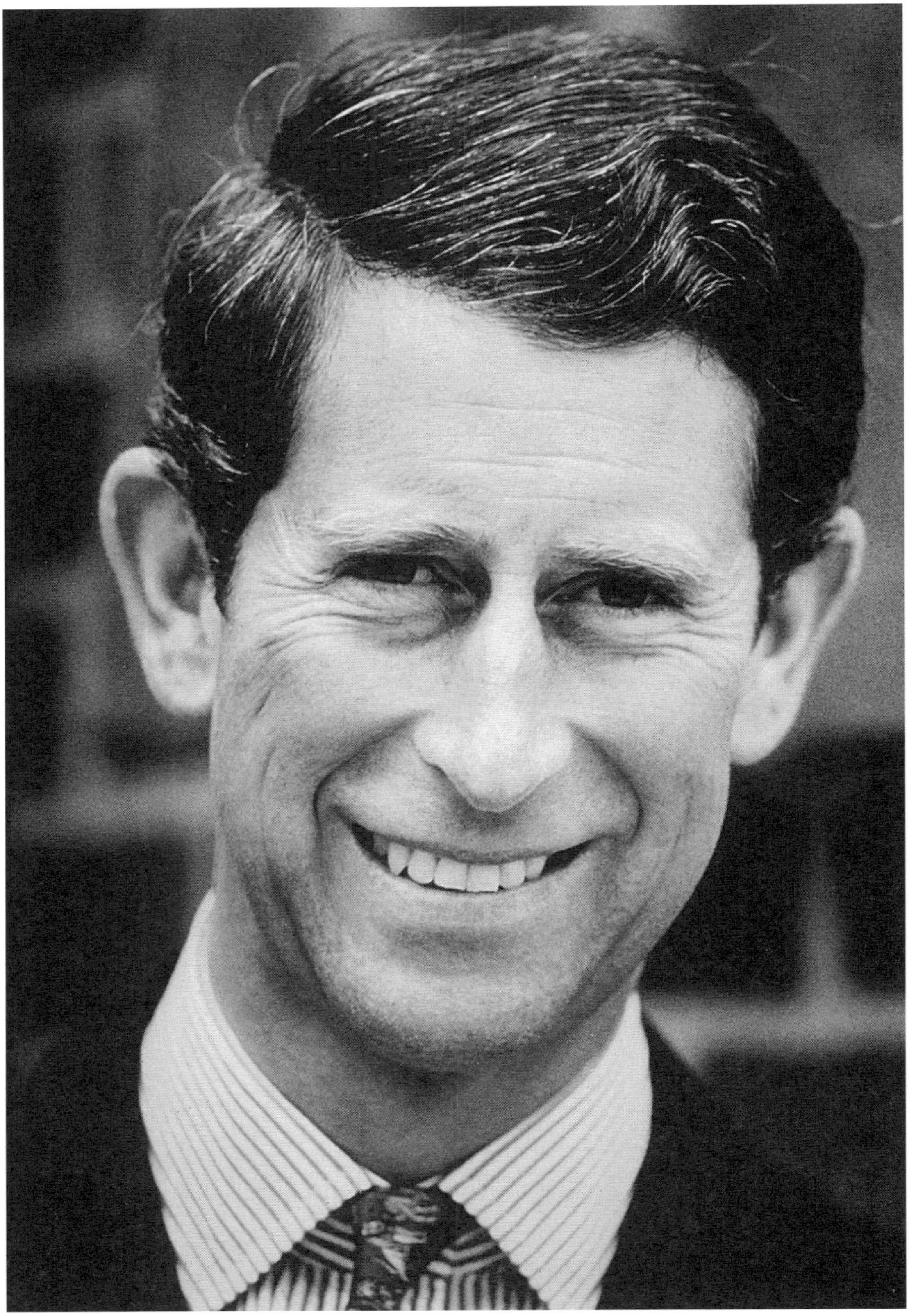

Charles d'Angleterre : un prince anti-conformiste et écologique, qui a secoué des siècles de royauté anglaise.

Le Scorpion et l'Argent

André Barbault fait remarquer que le Taureau, signe de possessivité, correspond en psychanalyse au « stade oral », celui où l'on emmagasine, l'on stocke, l'on accumule.

Et que le Scorpion, signe de dépouillement, correspond au « stade anal », celui où l'on rejette, l'on expulse...

Au « stade oral-Taureau », on amasse pour le plaisir profond d'amasser. Le Taureau capitalise... En revanche, au « stade anal-Scorpion », on se débarrasse, on ne veut pas être entravé par une possession. Le Taureau se lie, s'attache aux biens matériels et spirituels, tandis que tout l'effort du Scorpion vise à s'en détacher pour aller plus loin.

Le Scorpion est donc assez souvent follement dépensier. N'écoutant que son cœur, il donne sa dernière chemise, son porte-monnaie, ses derniers sous... Inversement s'il évolue vers le Scorpion-Vierge, il devient sordidement avare. Toutes les nuances existent entre ces deux pôles : parfois, le natif est insouciant dans certains domaines, radin dans d'autres. Cela change avec les périodes de la vie, les gens, les circonstances...

La plupart des Scorpions se moquent de l'argent. Ils font ce qu'ils ont envie de faire, et n'ont pas l'intention de s'ennuyer à gagner leur vie... Beaucoup d'entre eux refusent de s'intégrer à la société et vivent complètement en marginaux. Leur famille leur reproche de ne pas faire bouillir la marmite : mais c'est que la course à la consommation ne les intéresse pas. Ils s'intéressent plus au pouvoir qu'à l'avoir. Je connais beaucoup de fonctionnaires, d'artistes, d'intellectuels Scorpions, qui, sans être marginaux, « vivotent ». Eux ne le perçoivent pas ainsi. Ils se plaignent, parfois, du manque d'argent, mais au fond cela leur est égal. Ils ont fait un choix : ils préfèrent une situation qui les passionne : tant pis si elle ne leur rapporte rien.

L'argent, en lui-même n'intéresse pas le Scorpion ; mais le pouvoir qu'il représente le fascine. Si le natif peut s'assurer le pouvoir par d'autres moyens, l'argent passe au second plan. Comme il n'est pas fondamentalement intéressé, il passe à côté des bonnes affaires — ou n'y pense même pas... (sauf s'il y a beaucoup de Taureau dans son ciel : Picasso).

Dans les relations du Scorpion avec l'argent, il y a tout un aspect ludique. Certaines variétés de Scorpions hantent la Bourse et les casinos, mais, ce qui les amuse, c'est le risque, l'aventure. Dès qu'ils ont gagné trois sous, ils les rejouent aussitôt. Ce n'est pas un hasard si Dostoïevski, Scorpion, a décrit « le Joueur », un personnage qui lui ressemble comme un frère... Le risque est la vraie drogue du Scorpion. Il aime jouer avec le feu, l'argent lui brûle les doigts. Et s'il se lance — à corps perdu, comme toujours — dans les spéculations, il peut se ruiner intégralement ou, au contraire, édifier une fabuleuse fortune. Il ne la garde pas, suivant le symbolisme de Pluton : perte et regain. Je pense à Ferdinand de Lesseps, qui a perdu à Panama l'argent gagné à Suez. La passion dévorante du jeu peut amener le Scorpion à la malhonnêteté, au chantage, au meurtre. C'est ainsi qu'un certain nombre d'escrocs sont Scorpions, mais c'est le *happening*, le jeu du risque et du hasard, l'ivresse de la conquête, qui les intéresse (Stavisky).

En revanche, le Scorpion-Vierge est bien différent. Perdant son agressivité et son audace typiques, il gagne, en contrepartie, un solide attachement à l'argent, comme tous les signes de Terre généralement assez près de leurs sous. Harpagon devait être Scorpion-Vierge ascendant Taureau...

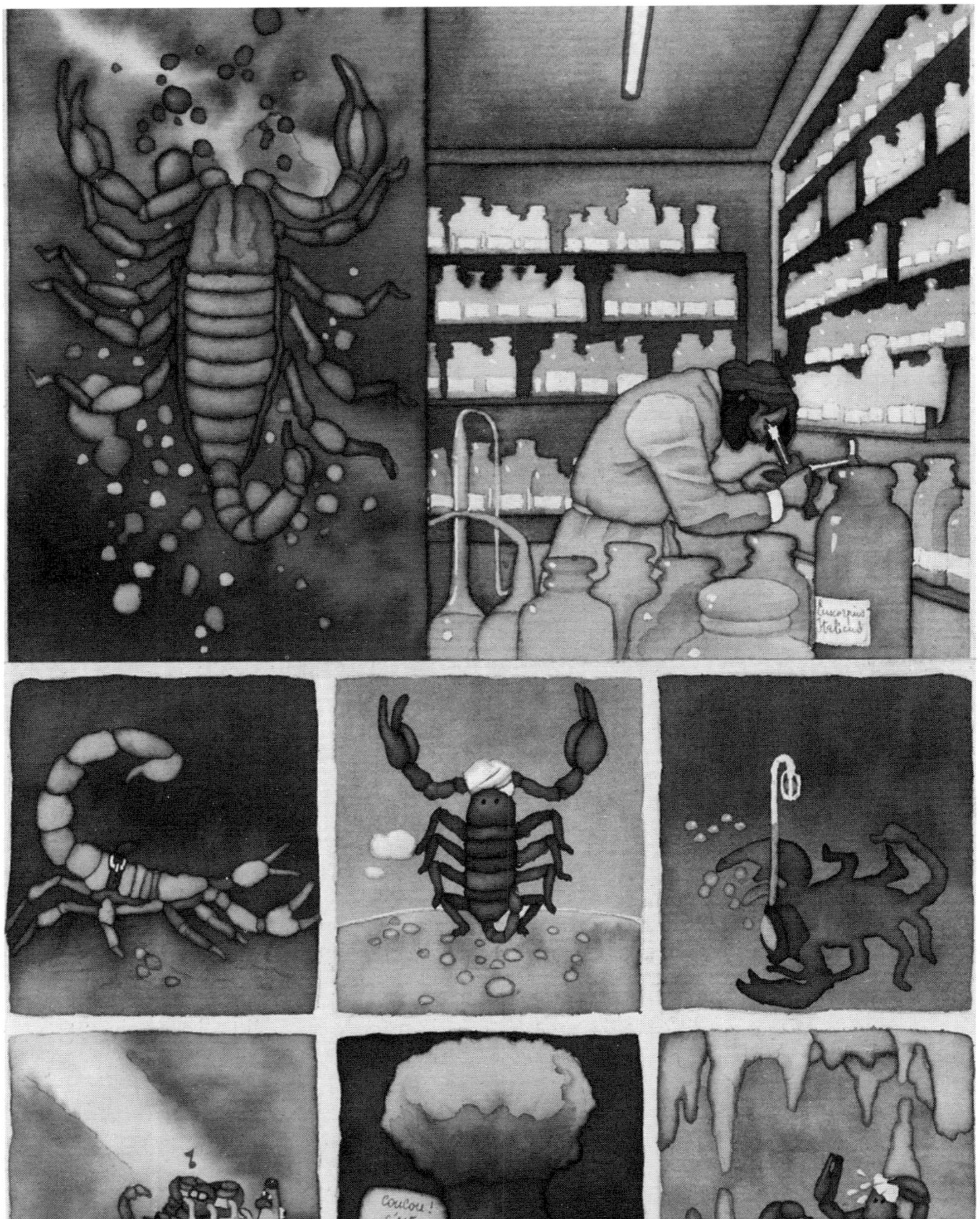

Des expériences font ressortir l'extraordinaire constitution des scorpions : sept poumons sur huit bouchés, ils économisent leur oxygène ; ils survivent trois ans et trois mois sans manger ; ils sortent d'un long séjour au réfrigérateur sans la moindre bronchite ; ils résistent plusieurs jours immergés dans l'alcool. Irradiés aux rayons, il leur faut cinquante à cent fois la dose fatale à un rat pour en mourir... (Dessin de Cabannes pour le numéro 87 de *Okapi*.)

Le Scorpion et sa Santé

Depuis l'Antiquité, le Scorpion a toujours été lié à la pathologie des voies génito-urinaires. Le monde souterrain, avec ses énergies naturelles mal connues et très puissantes, a toujours été symbolisé par ce signe. Quoi de plus souterrain, et de plus redoutable que les forces sexuelles...

Comme le Scorpion est opposé au Taureau, son signe complémentaire, les maladies taurines (cou, gorge, larynx) se retrouvent parfois associées à la pathologie du Scorpion. Mention est faite aussi des troubles affectant le nez : il est lié aux fonctions sexuelles.

André Barbault conseille une grande prudence dans toute interprétation pathologique d'un thème : il pense que l'astrologie médicale, à bien des égards, se cherche encore : on n'a pas encore suffisamment de données statistiques pour établir des corrélations sûres. Certains astrologues, et médecins astrologues, font des diagnostics étonnamment précis et justes mais c'est souvent un don particulier, une intuition personnelle qui peut difficilement être transmise.

Le Scorpion et sa maladie

Le Scorpion, comme la Vierge, et plus encore s'il est Scorpion-Vierge, et surtout s'il est Ascendant Vierge est passionné de médecine. Beaucoup de grands médecins et chirurgiens sont Scorpions, tel Xavier Bichat.

En tant que praticien, il est doué d'une rare pénétration et d'une intuition très vive il a même parfois, des dons de guérisseur. La mort, qui lui est familière, lui donne cette passion pour la recherche, pour ce qui est caché et le goût de sonder les mystères de la vie.

En tant que malade, le Scorpion est la « bête noire » des médecins classiques. Le Scorpion estime qu'il est propriétaire de son corps, et le premier intéressé par ce qu'on lui fait subir. Il exige d'être informé et discutaille. C'est un patient impatient...

Comme il a raison, notre Scorpion. Il sait combien la passivité et le manque d'esprit critique du malade moyen devant sa maladie finissent par abêtir le médecin lui-même. Comme il a raison, le Scorpion, de vouloir se prendre en charge, de chercher à comprendre sa maladie pour mieux l'assumer !

Un médecin ne devrait rien cacher à son patient Scorpion, qui a besoin qu'on lui dise honnêtement la vérité. Le Scorpion n'est pas être à préférer les mensonges.

Il a de si grandes ressources de courage qu'il est capable de se battre avec énergie et efficacité contre la mort, mieux qu'aucun autre signe du Zodiaque. C'est d'ailleurs tout le symbolisme du signe : de fantastiques potentialités énergétiques. L'annonce d'une maladie grave aura sur lui un effet stimulant : dès qu'il faut se battre, il est heureux, notre samouraï ! C'est quand tout va bien qu'il est déprimé : dès qu'il y a un combat à mener, le voilà qui se réveille et retrouve ses forces. A moins qu'il ne soit très dissonant : il préfère parfois devancer la mort par le suicide.

Je me rappellerai toujours cette réflexion d'un Scorpion : « Entre les deux guerres mondiales, quand je vivais dans le luxe et l'abondance, j'avais dépression nerveuse sur dépression nerveuse. J'étais la proie d'incontrôlables angoisses qui me ravageaient. Vint la guerre : en tant que juif, on m'a envoyé en camp de concentration. Le croiriez-vous ? Ma dépression a cessé ! Grâce à quoi j'ai tenu le coup, et j'en suis sorti ! » Toujours notre oiseau des tempêtes, jamais si heureux qu'en plein ouragan !

L'aspect physique du Scorpion

Il évoque tantôt l'aigle, tantôt le serpent. Serpent par une certaine souplesse, une démarche de félin...

En principe, le Scorpion n'est pas très grand, il est plutôt petit et noir, mais s'il est très influencé par l'élément Air, il pourra être grand. Il frappe par sa voix, souvent basse, voix un peu âpre qui vient du tréfonds de son être, et qui envoûte ses auditeurs — personne ne sait pourquoi, parce qu'elle n'est pas spécialement plus belle que d'autres. Pluton très fort dans un thème prête souvent une voix chaude et séduisante aux natifs. Il y a également l'influence du Taureau, à ne jamais oublier puisqu'il est sur le même axe vital (le Taureau régit la voix, le chant, l'expression vocale).

L'aigle, c'est surtout le regard intense du Scorpion, si intense que, même lorsqu'il est bleu, il paraît noir ! Toute cette énergie concentrée dans le regard attire et fascine les proies de notre rapace ! Il regarde à travers vous, comme s'il stripteasait vos pensées, comme s'il voyait votre corps éthérique...

Contrairement au lunaire, qui a un visage rond, ou au saturnien, qui a un visage allongé, le Scorpion a un visage anguleux, tourmenté, à arêtes coupantes, à creux et à bosses accusés. Un visage creusé de l'intérieur, souvent très irrégulier. On a dit qu'il ne savait pas sourire, qu'il ne savait que grimacer, ce qui n'est pas très gentil. Mais il est certain que ce sourire est tendu, ou plein de sous-entendus. Même chez une actrice au très beau visage régulier, comme Grace Kelly, on remarque dans l'intensité du regard quelque chose de métallique : son sourire est précis comme un laser.

Enfin, certains prêtent au Scorpion un nez en bec d'aigle, rapace oblige !

Du point de vue médical, le Scorpion est donc traditionnellement un *signe d'Eau froid et humide* : toute hydrothérapie lui convient. Il se porte mieux au bord de la mer, au bord d'un étang ou d'un marais. Il a besoin de la présence de l'eau pour se sentir en forme, et supporte mal la sécheresse.

C'est un *signe féminin et fécond :* c'est-à-dire fertile.

C'est un *signe nocturne :* la nuit est favorable à ses activités.

Un *signe muet* : le Scorpion pur se tait volontiers, et peut, si le Soleil et Mercure dans le signe sont mal aspectés, souffrir de trouble d'élocution.

Enfin, un *signe fixe* : tempérament résistant, il est cependant sujet aux maladies chroniques, mais il tombe rarement malade ; s'il est atteint, il met longtemps à récupérer sa santé.

C'est un tempérament *nerveux*, c'est-à-dire assez tendu, et plutôt *émotif-actif-secondaire.*

Le Scorpion se soigne infiniment mieux par *les médecines douces* (aromathérapie, phytothérapie, homéopathie, acupuncture, relaxation, musicothérapie, et surtout hydrothérapie), qui font appel à son intuition et à son intelligence spécifiques.

Chapitre III

L'entente du Scorpion avec les autres Signes

Nehru : fils d'un riche avocat indien, il fit ses études en Angleterre. Emprisonné plusieurs fois par les Anglais pour ses appels à la « désobéissance civile », il prônait le nationalisme de Gandhi sans en reprendre le mysticisme religieux. Il s'est toujours affirmé comme le leader du monde neutraliste.

Comment vous accordez-vous avec les autres Signes

Il est possible d'explorer vos affinités et vos incompatibilités d'humeur avec les autres en partant des caractéristiques de votre signe solaire.

Ce signe exerce en effet une action particulièrement puissante sur vos goûts et sur vos buts dans la vie.

Dans le tableau qui suit, vous découvrirez sous la forme de plusieurs mots clés la manière dont chaque signe zodiacal perçoit les onze autres signes, en termes d'accord, de conflit ou d'indifférence.

Votre personnalité est certes plus vaste que votre seul signe solaire, c'est pourquoi, pour en explorer un autre aspect, vous pouvez utiliser le même tableau mais en partant cette fois de votre signe Ascendant.

Votre Ascendant influence en effet directement votre comportement social spontané.

Si cette deuxième exploration recoupe la première, vous possédez une personnalité dont les affinités et les antipathies sont nettement tranchées; si, en revanche, les deux résultats sont différents, votre capacité de contacts constructifs est très large.

Votre signe solaire	Perçoit les autres signes comme ci-dessous					
	BÉLIER	TAUREAU	GÉMEAUX	CANCER	LION	VIERGE
BELIER		Routinier Possessif Lent	Vif, rapide Intelligent Stimulant	Trop sensible Susceptible Nostalgique Rêveur	Organisateur Puissant Juste Créatif	Critique Pointilleuse Timorée Inquiète
TAUREAU	Impulsif Brusque Egoïste Imprudent		Inconstant Dilettante Bavard Trompeur	Maternel Économe Aimant le foyer	Autoritaire Théâtral Dépensier Dogmatique	Pratique Méthodique Serviable Perspicace
GÉMEAUX	Audacieux Entraînant Libre Décidé	Lourd Entêté Avide Rigide		Craintif Paresseux Peu ambitieux Désordonné	Chaleureux Large d'esprit Solide Plein d'autorité	Anxieuse Maniaque Trop attachée aux détails
CANCER	Agressif Indiscret Précipité Avide de nouveau	Fidèle Aimant Patient Solide	Nerveux Trop cérébral Insouciant Sceptique		Tumultueux Arriviste Snob Écrasant	Efficiente Réservée Concrète Honnête
LION	Enthousiaste Entreprenant Efficace Rapide	Fruste Obstiné Matérialiste Jaloux	Adaptable Talentueux Charmeur Habile	Capricieux Rancunier Faible Plaintif		Petite Étroite Craintive Critique
VIERGE	Aventureux Imprévoyant Irréfléchi	Doué pour gagner de l'argent Concret Travailleur	Joueur Insouciant Comédien Théoricien	Aimant l'intimité Délicat Prudent	Mégalomane Surmené Prétentieux Dépensier	
BALANCE	Ardent Actif Novateur Remuant	Grossier Instinctif Utilitaire Exclusif	Cultivé Brillant Diplomate Sociable	Replié sur soi Casanier Timide Paresseux	Rayonnant Esthète Courtois Loyal	Trop réservée Critique Timide Égoïste
SCORPION	Imprudent Versatile Précipité Hâbleur	Pratique Stable Affectueux Digne de confiance	Superficiel Dispersé Bavard Comédien	Fécond Compréhensif Tenace Profond	Despotique Orgueilleux Théâtral Conformiste	Précise Perspicace Ponctuelle Pratique
SAGITTAIRE	Énergique Disponible Dynamique Animateur	Limité Terre à terre Enraciné Intéressé	Juvénile Curieux Communicatif Mobile	Fantasque Casanier Désordonné Morose	Optimiste Organisateur Ambitieux Loyal	Manquant d'envergure Anxieuse Refroidissante
CAPRICORNE	Impulsif Fiévreux Révolutionnaire Changeant	Réalisateur Persévérant Gai, fidèle Sincère	Léger Distrait Bavard Superficiel	Pratique Aisé dans ses contacts Maternel Prudent	Théâtral Dépensier Fixé dans ses idées Autoritaire	Disciplinée Méthodique Rationnelle Pratique
VERSEAU	Inventif Progressiste Persuasif Militant	Matérialiste Rétrograde Épais Fatigant	Tolérant Intelligent Curieux de nouveauté Sociable	Passéiste Vulnérable Replié sur soi Infantile	Rayonnant Large d'esprit Maître de soi Efficace	Restrictive Froide Matérialiste Limitée
POISSONS	Agressif Violent Précipité Égoïste	Sécurisant Sensuel Calme Affectueux	Agité Verbeux Trompeur	Compréhensif Profond Idéaliste Maternel	Hautain Agressif Tumultueux Égoïste	Précise Serviable Pratique Consciencieuse

Perçoit les autres signes comme ci-dessous

.LANCE	SCORPION	SAGITTAIRE	CAPRICORNE	VERSEAU	POISSONS	Votre signe Ascendant
uilibrée ffinée nciliante duisante	Secret Vindicatif Obstiné Destructeur	Jovial, sincère Large d'esprit Philosophe Sportif	Décourageant Froid Mesquin Rigide	Indécis Ouvert, amical Progressive Sincère	Impressionnable Fuyant Sentimental	**BÉLIER**
aliste vole cillante olente	Fascinant Fécond Instinctif Persévérant	Trop optimiste Risque-tout Joueur Tendu	Solide Ambitieux Patient Doué d'humour	Utopiste Excentrique Révolté Brusque	Hospitalier Généreux Compatissant Intuitif	**TAUREAU**
ine de charme uitable ondaine fectueuse	Critique Tortueux Jaloux Brutal	Optimiste Large d'esprit Sportif Explorateur	Pessimiste Mesquin Rigoriste Rancunier	Fraternel Libre Intensif Humain	Romanesque Vague, secret Indécis Abandonné	**GÉMEAUX**
angeante gère perficielle op ouverte	Profond Mystique Perspicace Tenace	Aventureux Exagéré Imprudent Peu délicat	Intériorisé Responsable Maître de soi Intègre	Imprévisible Inconstant Intellectuel Trop vaste	Bon, sensible Détaché Mystique Inspiré	**CANCER**
ffinée ciable gante uilibrée	Envieux Arrogant Extrêmiste Violent	Large, vital Entreprenant Compétent Clairvoyant	Isolé, froid Trop ambitieux Rigide Concentré	Humanitaire Complaisant Loyal Idéaliste Inventif	Impressionnable Dissimulé Morbide Faible	**LION**
vole aliste persée écise	Énergique Bénéfique Scrupuleux Passionné	Trop extériorisé Aventureux Joueur Trop habile	Économe Persévérant Voyant loin	Idéaliste Révolté Tendu	Ayant le sens du sacrifice Intuitif Bénéfique	**VIERGE**
	Tyrannique Brutal Instinctif Entier	Riche Talentueux Organisé Large d'esprit Enthousiaste	Décourageant Solitaire Calculateur Froid	Altruiste Fidèle Amical Intelligent	Replié sur soi Timide Secret, mou Négligent	**BALANCE**
p délicate aliste ériorisée solue		Extériorisé Changeant Trop optimiste Diffus	Ambitieux Résolu Solide Perspicace	Excentrique Irréaliste Théorique Trop confiant	Mystique Inspiré Compréhensif Persuasif	**SCORPION**
ciable résentative vée nt du ement	Destructeur Révolté Secret Dangereux		Casanier Routinier Pessimiste Rancunier	Humain Libre, inventif Disponible Sincère	Empétré dans son émotivité Confus, passif Fuyant	**SAGITTAIRE**
is persévérance iteuse timentale perficielle	Tenace Volontaire Fidèle Perspicace	Superficiel Aventureux Joueur Peu rigoureux		Rebelle Trop tendu Utopiste Imprévisible	Compatissant Hospitalier Intuitif Bon	**CAPRICORNE**
ciable e, vivante aliste lomate	Caustique Antisocial Jaloux Méfiant	Ouvert, sincère Mondialiste Explorateur Indépendant	Trop centré sur soi, froid Calculateur Pessimiste		Trop émotif Désordonné Fluctuant Flou	**VERSEAU**
tériorisée ondaine vole ertaine	Mystique Passionné Profond Énergique	Trop extériorisé Excessif Turbulent	Solide, calme Prévoyant Concret Supérieur	Excentrique Brusque Révolté Prométhéen		**POISSONS**

Alain Delon : comme tous les Scorpions créateurs, il va jusqu'au bout de ses rôles et remet sans cesse en question son image comme sa vie.

Les Astromariages de l'Homme Scorpion

Certains signes en attirent irrésistiblement d'autres, l'avez-vous remarqué ? Combien de Vierges épousent des Sagittaires, et de Scorpions des Cancers ?

Les lignes qui suivent ne décrivent que la rencontre d'un type pur de Scorpion avec un autre type du Zodiaque. La plupart d'entre nous sommes des types mélangés, où l'Ascendant, la position de la Lune, celle de Vénus, de Mars, etc., comptent autant que celle du Soleil (lequel décide du signe officiel).

Si donc vous voyez, par exemple, que Scorpions et Lions ne s'entendent guère, et que vous connaissez pourtant un couple heureux, c'est que l'un des deux est un « faux » : un faux Scorpion ou un Lion apprivoisé... Dans un thème, il faut regarder non seulement les signes solaire et ascendant, mais aussi le signe sur la Maison VII, ainsi que les planètes qui l'occupent. Cette Maison est significatrice du mariage. Si vous avez des projets, l'étude qui suit ne suffit pas, parce qu'elle ne donne que des indications très générales. Il faut consulter un astrologue-conseil qui comparera les deux thèmes...

Homme Scorpion et femme Bélier

Cela ne peut marcher qu'avec beaucoup de « si » :

Si le Feu du Bélier est calmé par un peu d'Eau, Bélier-Poissons, par exemple.

Ou bien si le Scorpion a un édulcorant dans son venin : Scorpion-Vierge, Scorpion-Balance, ou n'importe quel Ascendant qui s'accorde avec le Bélier, ou, parfois, même Ascendant.

Ou encore si la dame Bélier réussit brillamment, professionnellement ou socialement : le Scorpion respecte alors la réussite.

Si, enfin, ayant fait chacun de leur côté pas mal de bêtises, ils se rencontrent tard dans la vie, comme André Malraux et Louise de Vilmorin.

Qu'ont-ils de commun, cette biquette et ce grand méchant loup ? La planète Mars. Mais, chez le Bélier, c'est un Mars printanier éclairé par le Soleil, un Mars de jour fleur au fusil... Tandis que chez le Scorpion, c'est un Mars de nuit, assombri par les Enfers de Pluton, c'est la guerre d'extermination !

La chevrette, avec son clin d'œil à étincelles, allume facilement le Scorpion, qu'elle amuse par ses cabrioles.

Fonçant droit devant elle, toutes cornes dehors, elle ne se laisse pas si volontiers que ça marcher sur ses sabots. Elle donnera du poil à retordre au Scorpion ; si c'est un bon Scorpion, il n'essaiera pas de l'attacher au piquet de son pré. Si c'est un mauvais Scorpion, il se fâchera : la bergerie se transformera en tragédie... et le petit mouton deviendra enragé !

Homme Scorpion et femme Taureau

Aïe ! Je ne comprends vraiment pas pourquoi ils se marient, ces deux-là, puisque ça ne marche jamais! Ou si la pauvre Taureau tient le coup, c'est au prix d'une vie affective complètement sacrifiée. Qu'ils s'attirent, c'est dans l'ordre des choses : le Scorpion, signe de mort s'accroche de toutes ses pinces au Taureau, signe de vie... Mais, le plus souvent, ne réussit qu'à le détruire. Dans le sens homme Scorpion-femme Taureau, c'est le désastre (dans l'autre sens, c'est meilleur, voir femme Scorpion-homme Taureau).

Sous la pression agressive du Scorpion, la femme Taureau retourne ses cornes contre elle-même, et risque la dépression nerveuse. Même si le Scorpion ne réussit pas à percer sa ligne de défense, la pauvre Taureau vit perpétuellement en état de siège. Rien de plus frustrant que ce qui-vive quotidien. Vénusienne, artiste, sentimentale, elle est trop vulnérable devant le Scorpion : le sérieux passionné qu'elle met en toutes choses l'emprisonne entre les redoutables pinces de la Bête, où elle se meurt lentement d'empoisonnement. Ses dispositions masochistes aiguisent le sadisme du Scorpion, lequel s'ennuie à périr avec elle : il n'y a rien à faire !

Homme Scorpion et femme Gémeaux

Rien n'amuse tant ces lutins de Gémeaux que de jouer avec le feu. Voyez cette petite vif-argent, qui taquine le Scorpion, virevolte devant lui avec son tablier rouge, et lui pique des banderilles plein la carapace. Il a beau allonger les pinces, il n'arrive jamais à la saisir complètement : il n'agrippe qu'une « Gémelle » à la fois !

L'autre lui file entre les pinces, comme un vrai courant d'air. Coucou ! C'est moi ! Et la voilà qui réapparaît là où il ne l'attendait pas. Elle rit, ne prend rien au tragique. Fine mouche, elle contourne la forteresse qu'est le Scorpion et s'adapte à lui avec inventivité.

Pourtant, si le Scorpion est mauvais, c'est elle qui souffrira le plus : l'agressivité et l'esprit critique de ce redoutable imprécateur peuvent lui faire beaucoup de mal. Si le Scorpion a l'impression qu'elle se moque de lui, ou le trompe, il sera terrible.

Par contre, un Scorpion Ascendant Vierge, moins agressif, peut être un élément de stabilité et de sécurité pour une femme Gémeaux. Possible, encore, un Scorpion-Sagittaire (comme le général de Gaulle dont l'épouse était Gémeaux).

Homme Scorpion et femme Cancer

A la première bulle, ils se jetteront dans les pinces l'un de l'autre. Ils se parlent en crustacé, c'est merveilleux !

La femme Cancer, romantique et passionnée, est fascinée par le Scorpion. Elle se soumet à lui totalement, ce qui est rare chez elle. Si c'est un Scorpion bon prince, un Scorpion-Vierge, ça peut aller. Sinon, la pauvre écrevisse est bien mal protégée par sa carapace : le Scorpion la pique au défaut de la cuirasse (il sait toujours où !) et le venin, se répandant dans la chair tendre, la paralyse complètement. Passive, sans défense, comme si elle avait été touchée par une flèche au curare, elle ne peut qu'exciter le sadisme de ce requin des mers. Complètement transformée en *crabmeat* surgelé, elle se laisse consommer jusqu'à la dernière patte. Elle n'a pas les moyens de se faire respecter par ce forban, sauf si elle a beaucoup d'énergie martienne dans son thème — beaucoup de Feu, beaucoup d'Air aussi, sur lequel le Scorpion a peu de prise.

Sinon, sa carapace rose portera toute la vie d'ineffaçables cicatrices. Exemple : le shah d'Iran et Soraya.

Homme Scorpion et femme Lion

Celle-là, par contre, a griffes et dents : elle ne se laissera pas dévorer comme sa pauvre consœur du Cancer ! La Lionne sait se faire respecter.

Conquérants et combatifs tous les deux, ils défendent chacun leur territoire en s'efforçant d'empiéter au maximum sur celui de l'autre. La Lionne se fait un personnage d'« épouse admirable » qui impressionne l'entourage et son mari par ricochet... Mais elle vit dans la secrète terreur de le voir lui échapper : elle ne réussit jamais à le manipuler complètement, comme les autres hommes. Il est trop intuitif et trop secret ! Elle en sera pour ses frais de jalousie.

Le couple peut être très solide, chacun des deux ayant une haute idée de ses responsabilités familiales.

Homme Scorpion et femme Vierge

La Vierge, enfermée dans sa boîte à bonbons de petite fille sage, est fascinée par cet anarchiste. Rien ne séduit tant les bourgeoises que les beaux révolutionnaires...

Si elle se laisse enlever, elle perdra bien plus encore que sa précieuse virginité. Son conformisme bourgeois, son dévouement, sa fidélité, sa jalousie, ennuient à crever le Scorpion.

Elle veut de la tendresse, des mots doux, des attentions : elle ne les aura pas. Le Scorpion n'en a que faire : la fleur bleue, ce n'est pas son rayon. Elle pleure : il ricane. Elle sanglote : il tape dessus. Plus elle est soumise, plus il la tyrannise.

Un jour, peut-être, la Vierge se révoltera, divorcera pour avoir le droit d'être enfin traitée comme un être humain — et le poursuivra toute sa vie de vengeance !

Cette histoire est aussi celle de la femme Scorpion-Vierge, mariée à un Scorpion dur. Et même entre deux Scorpions virginisés, le côté un peu vieille fille de la Vierge a toujours le don de réveiller l'agressivité de l'aigle-serpent (même chez un Scorpion doux !) La formule homme Scorpion-femme Vierge n'est viable qu'avec une fausse Vierge. Qu'elle soit n'importe quoi d'autre, ça irait mieux !

Homme Scorpion et femme Balance

La combinaison est possible si la Balance, signe d'Air, ne se laisse pas coincer par le Scorpion (sinon, l'Air et l'Eau se mettent à l'orage !). Elle l'excite beaucoup par sa valsehésitation entre le oui et le non qui, pour bien des hommes, est l'image de l'éternel féminin. Il s'imagine pouvoir la dominer facilement.

Elle cède, apparemment : « Oui, oui, bien sûr », dit-elle. Et dès qu'il a les pinces tournées, elle n'en fait plus qu'à sa tête. Puis la fine mouche apaise la vanité de son maître et seigneur en lui donnant toutes les marques extérieures de considération auxquelles il estime avoir droit. Elle le flatte, et se garde bien de le provoquer. Le Scorpion est souvent assez fier de sa Balance, dont l'élégante désinvolture plaît aux autres hommes.

Elle partage avec lui le goût des idées, le sens de la justice, un certain attrait pour la philosophie, la religion et les arts. Si notre Scorpion n'est pas trop agressif, l'association est bonne. Mais attention, s'il commence à être venimeux, la Balance encaissera un temps sans rien dire. Puis, un beau matin, pffft ! Cette fille de l'Air partira sur son tapis volant, et le Scorpion pourra toujours courir pour la rattraper !

Homme Scorpion et femme Scorpion

Bonne association si la Scorpionne n'est pas une Scorpionne inhibée. Une vraie Scorpionne a suffisamment d'autorité pour se défendre des pinces envahissantes de son jumeau zodiacal. L'entente physique peut être extraordinaire, et l'entente intellectuelle aussi. Pourtant, la Scorpionne est toujours un peu frustrée du côté cœur : elle a besoin de tendresse, que le Scorpion ne sait pas, ou ne veut pas donner. Le couple est d'autant plus solide qu'il est très attaché à ses enfants. Cela, dans le cas de bons Scorpions.

Dans le cas de Scorpions pervers, c'est un vrai nœud de vipères. C'est à qui torturera, blessera, empoisonnera son conjoint, et ils finissent par se droguer mutuellement avec leur fiel quotidien. Aucun des deux ne peut se séparer de l'autre, étant à la fois victime et bourreau. Leurs relations sadomasochistes, fondées sur la perversion de la souffrance, établissent entre eux des liens si forts que la rupture ne peut qu'être dramatique. Aucun des deux n'oubliera jamais, ils s'entredéchireront dans d'interminables procès ou des vengeances inexpiables que le temps n'amortira pas...

Homme Scorpion et femme Sagittaire

Ce n'est pas un couple très fréquent, mais, lorsqu'il existe, il peut être bon. La belle Sagittaire, grande chasseresse d'hommes devant l'Eternel, aime l'aventure et l'amour... Tout comme le Scorpion. Une ambition commune, une idéologie peuvent les rapprocher. Elle sait le faire courir, galoper, cavaler ! Et il marche, de toutes ses petites pattes, séduit par l'optimisme et l'audace de cette fière cavalière. Le Scorpion aura très vite compris qu'il n'est pas question d'essayer de la domestiquer : la cavale indomptable et rebelle s'enfuirait au grand galop ! Sa gaieté, son entrain, son dynamisme aident efficacement le Scorpion à sortir de ses marasmes chroniques.

Homme Scorpion et femme Capricorne

Ils sont faits l'un pour l'autre. Possessive et tenace, la femme Capricorne est, dans son genre, aussi compliquée que le Scorpion (il n'y a qu'à voir cet invraisemblable attelage de poils et d'écailles qu'elle trimballe avec elle !).

A l'homme Scorpion, il faut exactement ce type de femme : combative, dure, pas trop sentimentale, assez intellectuelle. Egocentrique et résistante, elle ne se laissera pas du tout entamer.

Il ne s'attache qu'à celles qui lui résistent. L'Eau noire du Scorpion se heurtera violemment à la falaise glacée du Capricorne ; celle-ci ne s'écroulera pas pour autant ! Les humeurs capricantes de la dame tiendront la dragée haute au Scorpion. Ils ont des affinités martiennes, et le même sentiment du Temps permanent. La perspicacité du Capricorne jointe à l'intuition du Scorpion, leur grande énergie commune, en feront une équipe solide et opérationnelle.

Homme Scorpion et femme Verseau

Eau plus Air : facile à vivre, la femme Verseau a le génie de l'adaptation ; si le Scorpion est bon prince, ils s'entendront très bien dans beaucoup de domaines. Une vie sociale riche de contacts intellectuels et artistiques, des voyages, une large ouverture d'esprit aux idées de pointe. La Verseau est « dans le vent » et sa légèreté aérienne, sa fantaisie, émoussent l'agressivité du Scorpion. Elle a aussi le génie de l'amitié, puisqu'elle est sous la maîtrise d'Uranus, exalté également en Scorpion. Elle n'a pas de grandes exigences passionnelles, et c'est ça qui lui sauve la vie !

Elle laissera au Scorpion l'illusion qu'il est le grand patron, et tout ira bien. S'il devient odieux, elle s'envolera ailleurs, puisque Uranus symbolise l'Espace... Elle ne se laissera pas masochiser comme les Vierges, les Cancers ou les Taureaux !

Homme Scorpion et femme Poissons

Comme ces mystérieux monstres marins des grands fonds, ils se reconnaissent de très loin grâce à leur signaux phosphorescents : bip, bip, bip... Ils n'ont besoin ni de paroles, ni de gestes, ni de rien, pour être immédiatement sur la même longueur d'onde. Et, cette fois, c'est le naufrage du grand coureur des mers... La petite sirène déverse tant d'Eau sur son venin qu'elle le neutralise complètement. Elle est si fluide, si insaisissable, qu'il ne peut la briser. Elle l'entoure de ses rêves humides, s'insinue au fond de ses entrailles pourtant blindées, le submerge dans un océan de sentimentalité.

Le Scorpion, vaincu, deviné dans ses moindres replis, capitule devant la sirène, qui l'entraîne au fond de ses grottes sous-marines. C'est bien la seule femme du Zodiaque à réussir ce joli coup !

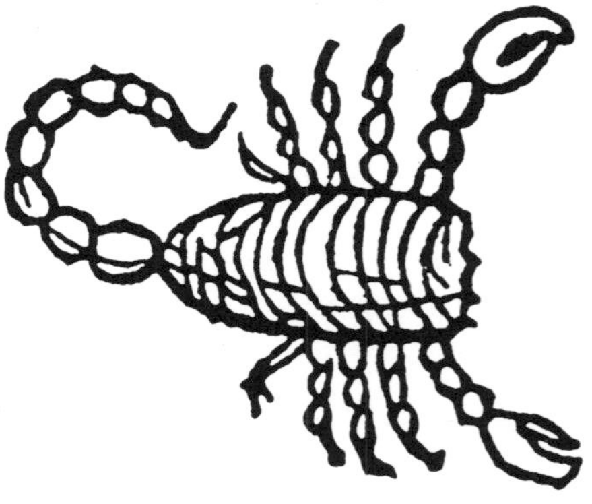

André Malraux, Scorpion, avec l'une des femmes de sa vie : Louise de Vilmorin, fascinante native du Bélier.

Julia Roberts : une vraie star, comme celles que l'on fabriquait dans les années 60 : un talent de damnée, un physique de divine, une touche de caprice, la coqueluche des producteurs.

Les Astromariages de la Femme Scorpion

Femme Scorpion et homme Bélier

Exquis et séduisant, ce Bélier, mais il fait rarement l'affaire de la Scorpionne (sauf si leurs Ascendants sont complémentaires).

Il ne la rassure pas, parce qu'il ne la comprend pas : tout en impulsivité, extraverti, actif et sans complications, il est à mille bonds de soupçonner le monde secret de sa partenaire. Les motivations de celle-ci lui échappent complètement. Il ne respecte pas son intuition et s'il essaie de faire acte d'autorité, il la braque. Il vit dans l'instant présent, tout entier immergé dans l'immédiat — tandis qu'elle vit à la fois dans les projets d'avenir lointains, et dans la conscience permanente du passé. Il n'y a pas de langage profond entre eux, entre le Feu du Bélier et l'Eau du Scorpion. Ils peuvent s'entendre en amitié, dans le feu de l'action. Mais pas en amour, et à long terme, à moins que le Bélier n'ait beaucoup d'Eau dans son Feu.

Femme Scorpion et homme Taureau

Alors que la formule inverse est un vrai désastre, celle-là peut être excellente : les pulsions de mort sont beaucoup moins violentes chez la femme Scorpion que chez l'homme du même signe. Aussi l'homme Taureau peut-il très bien s'accommoder d'une Scorpionne, qui le stimule par son incessant besoin de progrès. Il peut lui offrir toute la tendresse qu'elle désire. Il la rassure avec sa bonne odeur de bête chaude, solide et fidèle. Il sent bon le foin fraîchement coupé et la marguerite. Là, cette éternelle angoissée trouve enfin son port d'attache ! Le Taureau, vénusien et artiste, sensible et pacifique, ne joue pas les machos, ce qui est bien agréable...

Femme Scorpion et homme Gémeaux

D'aucunes se plaignent vivement des Gémeaux : insaisissables, légers, farceurs, brillants voire malhonnêtes, misogynes, homosexuels...

Avec la Scorpionne, ils ne pourront plus jouer à cache-cache. Inutile de faire les malins avec elle : elle les voit venir ! Elle en coince un dans chaque pince et le tour est joué.

La complexité des Gémeaux affole peut-être bien des gens, mais sûrement pas une Scorpionne, qui en a vu d'autres... Et qui, de toute façon, devine tout. Elle s'agacera de l'irrégularité de l'homme Gémeaux, génie de l'improvisation, roi du système D, qui retourne sa veste et change d'humeur comme le vent. Il passera par des hauts et des bas, oscillant sans cesse entre l'amour fou et le ras-le-bol hurlant.

Si elle tient bon, elle le stabilisera ; c'est elle le « signe fixe » ! Ce serait plus facile si elle était Scorpion-Vierge et lui Gémeaux-Cancer, par exemple.

L'humour, l'intelligence, la gaieté des Gémeaux l'aideront à ne pas s'enliser dans le tragique quotidien, tentation permanente du signe.

Ils ne vieilliront pas : l'éternelle jeunesse des Gémeaux stimule la Scorpionne dans la lutte sans merci qu'elle mène toujours contre la vieillesse et la décrépitude. Le couple sera meilleur encore au fil des années.

Femme Scorpion et homme Cancer

Mille et une nuits ne leur suffiront pas pour se raconter leur vie, leurs émotions et leurs rêves. A mille mètres en dessous du niveau des océans, ils sont seuls au monde dans l'obscurité des grands fonds. Ils pénètrent au cœur des canyons sous-marins dont les parois tapissées de gorgones abritent d'insondables mystères. De temps en temps, ils frôlent les tentacules d'une gigantesque pieuvre, dernière survivante des grands monstres du paléozoïque... Dans les forêts de coraux géants, la Scorpionne se fraye un chemin, tenant le Cancer par une pince, à deux pas derrière (il n'est pas aussi audacieux qu'elle !). Ils débouchent sur d'immenses savanes sous-marines, les fameux herbiers de posidonies qui s'étendent à perte de vue sous l'océan Indien...

Dans le silence des abîmes océaniques, le moindre battement de cœur s'entend à des kilomètres, et aucun sentiment de l'un n'échappe à la perception de l'autre. Même séparés par des continents, ils ressentent la même chose, à la même minute, et le disent avec les mêmes mots. Ils se possèdent réciproquement à un degré rarement atteint. Jalousement possessifs tous les deux, ils s'enferment dans leur univers de passion et de tendresse. Mais... peu à peu, la Scorpionne trouvera que ce huis-clos sent le renfermé. Elle a besoin d'air, de mouvement, d'espaces illimités.

Le Cancer, douillettement installé, niché dans cette intimité étouffante, est très content comme ça. Il n'a aucune envie d'ouvrir les fenêtres.

La Scorpionne, un matin, en aura assez de le pousser, de le tirer, de le secouer, de toujours être celle qui paye de sa personne, qui prend tous les risques et toutes les initiatives. Le Cancer, lui, se contente de recevoir. C'est un ventre parfois avide ou lourd à remuer. Il ne lève pas le petit doigt pour bouger. Réactionnaire, attaché au passé, il ne comprend pas l'intuition prophétique du Scorpion. Finalement, excédée, elle l'abandonnera à son coin de rocher, auquel il est obstinément fixé, et partira vers le grand large. Il la regrettera toute sa vie... et recommencera les mêmes bêtises avec la suivante.

Femme Scorpion et homme Lion

Ça pourrait marcher si le Lion est Ascendant Poissons ou Cancer. Sinon, le Lion pur et la Scorpionne type n'ont aucune chance de se comprendre et de s'entendre durablement.

Le Lion aura beau dérouler un tapis d'or devant elle, elle s'en moque ! Elle a percé au jour ses manœuvres... et le lui fait savoir. Il est bien étonné, le roi des savanes, de tomber sur une femme qui ne le trouve pas superbe. Impardonnable crime de lèse-Lion ! Il voit bien que c'est une sorcière, et il en a très peur. Il se doute bien qu'elle va l'encager dans un zoo. Et si jamais ils se mariaient, ce serait la situation sans espoir du missile irrésistible s'attaquant à un mur infranchissable. Avis aux Scorpionnes : décommandez le safari !

Femme Scorpion et homme Vierge

La Scorpionne ne supporte pas les limites. Si vous lui mettez sous les pinces un panneau « Interdit d'entrer » elle n'aura plus qu'une idée, c'est de pousser la porte pour voir ce qu'il y a derrière. Le monsieur Vierge, affolé, refusera, lui, de s'y hasarder. Bien entendu, je parle d'une Scorpionne de type pur, et pas d'une Scorpionne-Vierge, dont le comportement virginal est étudié ailleurs.

Ces deux-là sortent du même moule, et d'ailleurs, sympathisent immédiatement. Ils appliquent le même sérieux à toutes leurs entreprises, la même persévérance, le même impitoyable esprit critique, et le même réalisme. Mais le dard du ♍ Vierge, replié sur le troisième jambage, symbolise son inhibition, tandis que celui du ♏ Scorpion, symbolise son agressivité, projetée à l'extérieur. L'homme Vierge applique son énergie à un territoire délimité, et n'en sort pas. La Scorpionne, elle, ne supporte pas les limites : sa curiosité intellectuelle la pousse toujours à aller plus loin. Au contraire, les scrupules du monsieur Vierge le contraignent à rester dans sa cage... Madame Scorpion s'exaspérera de sa lenteur, de son perfectionnisme, de sa maniaquerie, qui lui donnent, à elle, l'envie de tout faire valser.

La combinaison peut être valable si le monsieur est une fausse Vierge, ou si la Scorpionne est mâtinée de Sagittaire ou de Gémeaux. Autre condition essentielle : que le monsieur soit beaucoup plus âgé que la dame, puisque les signes de Terre se réveillent surtout après quarante ans... Avant, ce sera une merveilleuse et profitable amitié.

Femme Scorpion et homme Balance

C'est une association qui a l'« Air » de marcher... L'homme Balance, diplomate et pacifique, s'accommode assez bien d'une Scorpionne, surtout si elle est Ascendant Bélier. Fin et intelligent, il comprend assez bien ses problèmes et ses sentiments secrets. Il sait aussi qu'il peut lui faire confiance, qu'il peut s'appuyer sur cette force solide des signes fixes.

Tous les deux, ils ont beaucoup de points communs : curiosité intellectuelle, exigence de justice, goût du paradoxe, et des idées philosophiques et religieuses, amour des gens et des enfants...

Elle appréciera ses talents d'éducateur, son habileté en matière de bricolage, son goût pour la beauté, sa bonté pacifiante. Elle lui rendra un fier service : le tirer de ses hésitations de perfectionniste pour l'obliger à prendre une décision (à moins qu'elle ne la prenne elle-même pour lui, à son grand soulagement !).

Femme Scorpion et homme Scorpion

Voir page 81.

Femme Scorpion et homme Sagittaire

Chevalier errant, mais qui aime son confort. Aventurier, mais bourgeois. Risque-tout, mais pratique. Révolutionnaire, mais snob. Infidèle, mais fidèle ! Mi-bête, mi-homme : il n'y a pas plus « double » que le Sagittaire.

Notre Scorpionne est assez intelligente pour comprendre ce signe dont la complexité répond à la sienne. Comme lui, elle a horreur d'être enfermée dans un espace limité, comme lui, elle déteste les contraintes, comme lui, elle veut galoper droit devant elle sans frein ni frontières... Bien qu'elle adore le risque et l'aventure, elle n'en est pas moins un signe d'Eau fixe : à ce cheval volant elle offre un port d'attache stable, où il reviendra après chaque voyage.

Le récif dangereux, c'est la jalousie : qu'elle n'essaie pas, notre Scorpionne passionnée et possessive, de coincer ce centaure cavaleur, qu'elle lui laisse généreusement sa sacro-sainte liberté... Qu'elle se contente de sa fidélité en gros (sans faire le détail !). C'est très difficile pour un signe fixe de s'habituer au happening permanent des Sagittaires (surtout si l'on est une Scorpionne-Vierge !). Mais un *modus vivendi* est possible, parce que le Sagittaire aime la fantaisie et la rage de vivre du Scorpion, qui a un urgent besoin de son optimisme et de sa générosité !

Femme Scorpion et homme Capricorne

Le Capricorne est le bloc de granit qui résiste à toutes les érosions. C'est un pic, un cap, un promontoire... Pour grimper là-dessus, il faut un certain souffle, d'autant qu'on n'en est pas récompensé par la moindre petite fleur ! Le Capricorne est austère comme le Hoggar et froid comme le pôle Nord. La Scorpionne, qui est capable de tout, est aussi capable d'hiverner là-haut si elle en a envie. Elle y trouvera certainement un abri sûr, une fidélité, une solidité sur laquelle elle peut compter. Le Capricorne donne son cœur une fois, et ne le reprend pas. Mais il est d'une jalousie dévorante, d'autant plus atroce que notre Scorpionne plaît, bien entendu, à tous les hommes. Epouser un Capricorne, c'est s'enfermer dans un couvent. Certaines le supportent, car cet homme, doué pour le pouvoir, la politique, l'amitié et l'humour noir, est en amour un grand maladroit. Très froid, égoïste comme le sont souvent les signes de Terre, il risque de blesser la Scorpionne avec ses arêtes coupantes de falaise glacée. Cela engendrera des éclats : Mars contre Mars ! A condition d'établir entre eux une solide amitié sur des bases de respect mutuel, ils pourraient s'entendre. Le Capricorne s'adoucit avec l'âge, et s'il naît sous des Ascendants un peu plus gracieux : Capricorne-Balance avec Scorpion-Bélier, ou Capricorne-Poissons avec Scorpion-Vierge...

Femme Scorpion et homme Verseau

Je n'ai jamais rencontré de mariage durable et bon avec cette combinaison (sauf Scorpionne-Lionne avec Verseau-Cancer, ou encore Scorpionne-Balance avec Verseau-Poissons).

Avec Uranus en commun, ils sympathisent d'abord, et s'entendent sur des projets révolutionnaires et généreux, des voyages au bout du monde, des aventures, des inventions de génie... Mais pourquoi diable veulent-ils sortir de cette passionnante amitié ?

La vie commune sera désastreuse. D'abord parce que les deux signes fixes de nature différente se heurtent entre eux. Le Verseau va jusqu'au bout de son idée, la Scorpionne aussi, bien sûr, et ce sera la guerre inexpiable, parce qu'ils collectionnent à eux deux toutes les planètes « dures », dites aussi « maléfiques » : Uranus, symbole de révolution, Pluton, symbole de destruction, Mars, symbole d'agressivité, et Saturne symbole de dureté et de mort.

Le Verseau peut être gentil et serviable avec les copains. Mais avec la femme aimée, il ne sait pas être tendre. Trop cérébral, il n'est absolument pas doué pour l'amour. Il ne comprend rien à une femme très instinctive et très féminine comme la Scorpionne (sauf s'il a un peu d'élément d'Eau dans son ciel). Brutal et autoritaire, il essaie de lui imposer les décisions qu'elle ne « sent » pas ; aussi ne peut-elle ni les accepter, ni lui faire confiance, puisqu'elle ne se sent pas profondément comprise.

De façon générale, le comportement du Verseau type pur est très frustrant pour une femme : il sacrifie toujours son foyer aux copains, son amour à ses engagements politiques, ses enfants à sa rage d'indépendance... Il ne s'améliore guère avec l'âge, et garde jusque dans la vieillesse une immaturité affective (qui, chez les meilleurs, est aussi une grande jeunesse d'esprit). Le Verseau est rarement fait pour cette invention complètement rétro qu'est le mariage. Si l'on pouvait en inventer une autre forme, moins bourgeoise, il aurait peut-être ses chances.

Femme Scorpion et homme Poissons

Marécages et eau courante, Eau fixe et Eau mutable, deux signes féminins, deux signes d'hiver, deux rêveurs secrets, ils forment ensemble le plus bel équipage du Zodiaque. Ils ont la clé des mondes invisibles, ils habitent la face cachée de la Terre, l'envers des nuages et des océans.

En fait, ils ne sont pas si gentils que ça tous les deux : le Poissons est un chouya requin, et la Scorpionne peut empoisonner à mort ses agresseurs... Mais le Poissons désarme à son profit l'agressivité de la Scorpionne. Elle, se sentant comprise, devinée au-delà des apparences, accroche au vestiaire sa panoplie de chasseuse de scalps : pinces et venin, cuirasse blindée... Elle se jette à corps perdu dans l'océan de tendresse que lui apporte le Poissons — tout ce qu'elle attendait. Ils se comprennent si bien qu'ils n'ont aucun besoin de parler, et savent même s'entendre à des kilomètres de distance. Nageoire dans la pince, ils feront le tour du monde, portés par les courants océaniques, jusqu'à ce que quelque courant les ramène dans leur palais d'hiver, au fond de la mer des Sargasses...

Florence Arthaud : cette belle aventurière s'est accomplie dans le close-combat avec les océans, en pure scorpionne amoureuse du jeu.

Jean Seberg, lancée par Jean-Luc Godard dans A bout de souffle, *est ici la pathétique héroïne du film de Romain Gary* les Oiseaux vont mourir au Pérou : *finesse, profondeur et sensualité se dégageaient de cette intéressante personnalité dont la mort tragique souligne le destin d'une native du Scorpion.*

Comment trouver votre Ascendant

Je vous suppose assez averti des notions de base de l'astrologie pour ne pas confondre votre Ascendant horoscopique avec vos ascendants juridiques : l'Ascendant qui nous intéresse, vous le savez, n'a rien à voir avec vos chers parents, grands-parents et arrière-grands-parents. Il n'est cependant pas mauvais de rappeler brièvement quelques définitions avant d'entrer dans le vif du sujet.

Vous qui avez acheté ce livre parce qu'il vous concernait, votre anniversaire se situe forcément entre le 21 octobre et le 22 novembre, période annuellement durant laquelle le Soleil occupe le secteur zodiacal appelé Scorpion. Vous savez donc que vous êtes natif du Scorpion, ou encore que le Scorpion est votre signe solaire. Le jour où vous êtes né, quand le Soleil s'est levé, le signe du Scorpion qu'il occupait se levait donc en même temps. Puis, ce Soleil en Scorpion est monté dans le ciel estival, et un peu plus tard dans la matinée, le signe du Sagittaire s'est levé à son tour. Ce furent ensuite, au cours de la journée, les levers successifs du Capricorne, du Verseau, des Poissons, et *tutti quanti*. C'est ainsi qu'en une période de vingt-quatre heures, du fait de la rotation de la Terre, les douze signes du Zodiaque se lèvent tour à tour. Moyennant la connaissance de votre heure et de votre lieu de naissance, il est possible de déterminer lequel des douze se levait à l'instant précis de votre venue au monde : vous connaîtrez alors votre signe Ascendant. Les pages techniques de ce livre vous fourniront tous les moyens de trouver vous-même si vous êtes Scorpion Ascendant Bélier, Scorpion Ascendant Verseau ou Scorpion-autre chose encore.

Pour trouver tout de suite votre Ascendant vous avez besoin de connaître votre heure de naissance

Pour connaître votre heure de naissance, vous interrogez vos parents, ou bien, dans de nombreux pays, vous pouvez également l'obtenir auprès de votre mairie, en demandant un extrait d'acte de naissance.

Toutefois, l'heure que vos parents ou la mairie vous indiquent est une heure officielle qui ne coïncide pas forcément avec l'heure solaire.

Souvenez-vous qu'à la campagne certaines personnes ne désirent pas vivre à l'heure officielle et préfèrent suivre l'heure du soleil.

De même, un enfant né à 14 heures officiellement serait, en fait, né à midi solaire.

Pour que vous puissiez facilement transformer votre heure officielle de naissance en heure solaire, nous avons établi un tableau par pays.

Vous recherchez, dans les pages suivantes, le tableau concernant votre pays de naissance et vous lisez ce que vous avez à faire.

Si le tableau vous demande « Retranchez 1 heure », cela veut dire que vous devez retrancher une heure de votre heure de naissance officielle pour trouver l'heure solaire.

Si le tableau vous demande « Ajoutez 0 h 30 », c'est l'inverse.

Si enfin le tableau indique « Aucun changement », c'est que l'heure officielle est la même que l'heure solaire.

Pourquoi est-il nécessaire que vous trouviez l'heure solaire de votre naissance ?

Tout simplement parce que, si vous utilisez directement votre heure officielle de naissance, vous trouveriez un Ascendant inexact chaque fois que cette heure aurait une avance ou un retard notable sur l'heure du Soleil.

Si vous avez bien noté votre heure de naissance, vous pouvez passer maintenant à la page 98 où vous lirez comment trouver votre Ascendant sans aucun calcul.

AFRIQUE

AFARS et ISSAS (Djibouti)
Depuis 1900 aucun changement
AFRIQUE DU SUD (Ouest)
Province du Cap occidentale
De 1900 à 1902 retranchez 0 h 15
De 1903 à 1941 retranchez 0 h 45
En 1942 et 1943 retranchez 1 h 45
Depuis 1944 retranchez 0 h 45
AFRIQUE DU SUD (Est)
Orange, Transvaal, Natal, Province du Cap orientale
De 1900 à 1902 ajoutez 0 h 25 (1)
De 1903 à 1941 aucun changement
En 1942 et 1943 retranchez 1 h
Depuis 1944 aucun changement
ALGÉRIE
De 1900 à 1910 aucun changement
De 1911 à 1939 ajoutez 0 h 10
De 1940 à 1945 retranchez 0 h 50
De 1946 à 1955 ajoutez 0 h 10
De 1956 à 1962 retranchez 0 h 50
De 1963 à 1976 ajoutez 0 h 10
En 1977 et 1978 retranchez 0 h 50
En 1979 jusqu'au 25 octobre retranchez 0 h 50 après ajoutez 0 h 10
En 1980 jusqu'au 29 octobre retranchez 0 h 50, après ajoutez 0 h 10
Depuis 1981 retranchez 0 h 50
ANGOLA OCCIDENTAL
Depuis 1900 aucun changement
ANGOLA ORIENTAL
Depuis 1900 ajoutez 0 h 20
BÉNIN (DAHOMEY)
De 1900 à 1933 aucun changement
Depuis 1934 retranchez 0 h 50
BOTSWANA
De 1900 à 1942 retranchez 0 h 20
En 1943 retranchez 1 h 20
Depuis 1944 retranchez 0 h 20
BURKINA FASO (Hte-Volta)
Depuis 1910 aucun changement
BURUNDI
Depuis 1900 aucun changement
CAMEROUN
De 1900 à 1911 aucun changement
Depuis 1912 retranchez 0 h 10
CENTRAFRICAINE (RÉP.)
–De 1900 à 1911 aucun changement
Depuis 1912 ajoutez 0 h 20
COMORES (ILES)
Depuis 1900 aucun changement
CONGO
Depuis 1900 aucun changement
CÔTE-D'IVOIRE
De 1900 à 1911 aucun changement
Depuis 1912 retranchez 0 h 20
ÉGYPTE
Depuis 1900 aucun changement
ÉTHIOPIE (sauf Érythrée)
De 1900 à 1935 aucun changement
Depuis 1936 retranchez 0 h 25
ÉRYTHRÉE
De 1900 à 1930 aucun changement
Depuis 1931 retranchez 0 h 20
GABON
De 1900 à 1911 aucun changement
Depuis 1912 retranchez 0 h 15
GAMBIE
De 1900 à 1963 aucun changement
Depuis 1964 retranchez 1 h
GHANA
Depuis 1900 aucun changement
GUINÉE
De 1900 à 1911 aucun changement
De 1912 à 1933 retranchez 0 h 45
De 1934 à 1959 ajoutez 0 h 15
Depuis 1960 retranchez 0 h 45
GUINÉE-BISSAU
De 1900 à 1974 aucun changement
Depuis 1975 retranchez 1 h
GUINÉE-ÉQUATORIALE
De 1900 à 1911 aucun changement
De 1912 à 1963 ajoutez 0 h 40
Depuis 1964 retranchez 0 h 20
KENYA
De 1900 à 1927 aucun changement
En 1928 et 1929 retranchez 0 h 30
De 1930 à 1939 aucun changement
De 1940 à 1959 retranchez 0 h 15
Depuis 1960 retranchez 0 h 30
LESOTHO
Depuis 1900 aucun changement
LIBERIA
Depuis 1919 aucun changement
LIBYE Cyrénaïque
De 1900 à 1919 aucun changement
De 1920 à 1958 ajoutez 0 h 30
Depuis 1959 retranchez 0 h 30
LIBYE Tripolitaine - Syrte
De 1900 à 1958 aucun changement
Depuis 1959 retranchez 1 h
MADAGASCAR
Depuis 1900 aucun changement
MALAWI
Depuis 1900 ajoutez 0 h 15
MALI ORIENTAL (Tombouctou - Gao)
De 1900 à 1911 aucun changement
De 1912 à 1933 retranchez 0 h 10
De 1934 à 1959 ajoutez 0 h 50
Depuis 1960 retranchez 0 h 10
MALI OCCIDENTAL (Bamako)
De 1900 à 1911 aucun changement
De 1912 à 1933 retranchez 0 h 30
De 1934 à 1959 ajoutez 0 h 30
Depuis 1960 retranchez 0 h 30
MAROC
De 1900 à 1912 aucun changement
Du 24 au 25 octobre 1913 aucun changement
Du 26 octobre au 22 novembre 1913 retranchez 0 h 30
De 1914 à 1938 retranchez 0 h 30
Du 24 octobre au 18 novembre 1939 retranchez 1 h 30
Du 19 au 23 novembre 1939 retranchez 0 h 30
De 1940 à 1944 retranchez 1 h 30
Du 23 octobre au 17 novembre 1945 retranchez 1 h 30
Du 18 au 22 novembre 1945 retranchez 0 h 30
De 1946 à 1949 retranchez 0 h 30
Du 23 au 28 octobre 1950 retranchez 1 h 30
Du 29 octobre au 22 novembre 1950 retranchez 0 h 30
Depuis 1951 retranchez 0 h 30
MAURICE (ILE)
Depuis 1900 aucun changement
MAURITANIE
De 1900 à 1911 aucun changement
De 1912 à 1933 retranchez 0 h 55
De 1934 à 1959 aucun changement
Depuis 1960 retranchez 0 h 55
MOZAMBIQUE
De 1900 à 1902 retranchez 0 h 15
Depuis 1903 ajoutez 0 h 25
NAMIBIE (Ex-Sud-Ouest africain)
Depuis 1910 retranchez 1 h
NIGER OCCIDENTAL (Niamey)
De 1900 à 1911 aucun changement
De 1912 à 1933 ajoutez 1 h 10
De 1934 à 1959 ajoutez 0 h 10
Depuis 1960 retranchez 0 h 50
NIGER CENTRAL (Tamoua, Nkoni, Ingall, Maradi)
De 1900 à 1911 aucun changement
De 1912 à 1959 ajoutez 0 h 25
Depuis 1960 retranchez 0 h 35
NIGER ORIENTAL (Agadez, Bilma, Zinder, Nguigmi)
De 1900 à 1911 aucun changement
Depuis 1912 retranchez 0 h 20
NIGERIA
De 1900 à 1919 aucun changement
Depuis 1920 retranchez 0 h 30 (1)
OUGANDA
De 1900 à 1919 aucun changement
De 1920 à 1927 retranchez 0 h 20
En 1928 et 1929 retranchez 0 h 50
De 1930 à 1947 retranchez 0 h 20
De 1948 à 1963 retranchez 0 h 35
Depuis 1964 retranchez 0 h 50
RÉUNION (ILE de la)
De 1900 à 1910 aucun changement
Depuis 1911 retranchez 0 h 20
Ex-RHODÉSIE (ZIMBABWÉ)
Depuis 1900 aucun changement
RWANDA
Depuis 1900 aucun changement
SÉNÉGAL
De 1900 à 1940 aucun changement
Depuis 1941 retranchez 1 h
SIERRA LEONE
De 1900 à 1912 aucun changement
De 1913 à 1963 ajoutez 0 h 15
Depuis 1964 retranchez 0 h 45
SOMALIE (ex-française et italienne)
Depuis 1900 aucun changement
SOMALIE (ex-anglaise)
De 1900 à 1965 ajoutez 0 h 30
Depuis 1966 aucun changement
SOUDAN
Depuis 1900 aucun changement
SWAZILAND
Depuis 1900 aucun changement
TANZANIE (Tanganyika)
De 1900 à 1930 aucun changement
De 1931 à 1947 retranchez 0 h 30
De 1948 à 1960 retranchez 0 h 15
Depuis 1964 retranchez 0 h 30
TANZANIE (Zanzibar)
De 1900 à 1930 aucun changement
De 1931 à 1939 ajoutez 0 h 10
Depuis 1940 retranchez 0 h 20
TCHAD
De 1900 à 1911 aucun changement
Depuis 1912 ajoutez 0 h 10
TOGO
Depuis 1900 aucun changement
TUNISIE
De 1900 à 1910 ajoutez 0 h 30
De 1911 à 1938 retranchez 0 h 20
Du 24 octobre au 18 novembre 1939 retranchez 1 h 20
Du 19 au 22 novembre 1939 retranchez 0 h 20
En 1940 retranchez 1 h 20
En 1941 retranchez 0 h 20
Du 24 octobre au 1er novembre 1942 retranchez 1 h 20
Du 2 au 22 novembre 1942 retranchez 0 h 20
Depuis 1943 retranchez 0 h 20
Ex-ZAÏRE Province de Kinshasa (Léopoldville) et Mbandaka (Coquillatville) : Rép. Démocratique du Congo
De 1900 à 1919 aucun changement
De 1920 à 1934 retranchez 1 h
Depuis 1935 aucun changement
Ex-ZAÏRE Prov. orient. Kasaï et Katanga (Rép. Dém. Congo)
De 1900 à 1919 ajoutez 0 h 45 (1)
Depuis 1920 retranchez 0 h 15
ZAMBIE
Depuis 1900 aucun changement

AMÉRIQUE DU NORD

ALASKA* (Région de Wrangel)
Depuis 1900 retranchez 1 h
ALASKA* (Région de Juneau)
Depuis 1900 retranchez 0 h 15
ALASKA* (Central et Occidental)
Depuis 1900 aucun changement
CANADA*
Alberta retranchez 0 h 40
Colombie aucun changement
Manitoba retranchez 0 h 30
N. Brunswick retranchez 0 h 30
N.F. Labrador retranchez 0 h 40
N. Écosse aucun changement
Ontario Est retranchez 0 h 20
Ontario Ouest retranchez 1 h
Québec Ouest de Port Cartier ajoutez 0 h 15
Québec Port Cartier et Est retranchez 0 h 20
Saskatchewan aucun changement
ÉTATS-UNIS*
Alabama ajoutez 0 h 15
Arizona retranchez 0 h 25
Arkansas retranchez 0 h 10
Californie aucun changement
Caroline du Nord retranchez 0 h 20
Caroline du Sud retranchez 0 h 25
Colorado aucun changement
Connecticut ajoutez 0 h 10
Dakota Nord (Est) retranchez 0 h 40
Dakota Nord (Ouest) aucun changement
Dakota Sud (Est) retranchez 0 h 35
Dakota Sud (Ouest) ajoutez 0 h 10
Delaware aucun changement
District Féd aucun changement
Floride retranchez 0 h 30
sauf Panama, Pensacola ajoutez 0 h 20
Georgie retranchez 0 h 35
Idaho (Est) retranchez 0 h 30
Idaho (Ouest) ajoutez 0 h 15
Illinois aucun changement
Indiana ajoutez 0 h 15
Iowa retranchez 0 h 15
Kansas retranchez 0 h 30
sauf Dodge City et Ouest ajoutez 0 h 20
Kentucky Centre et Est retranchez 0 h 40
Kentucky Ouest ajoutez 0 h 10
Louisiane aucun changement
Maine ajoutez 0 h 20
Maryland retranchez 0 h 10
Massachusetts ajoutez 0 h 15
Michigan retranchez 0 h 45
Minnesota retranchez 0 h 15
Mississippi aucun changement
Missouri retranchez 0 h 10
Montana retranchez 0 h 20
Nebraska Est retranchez 0 h 30
Nebraska Ouest ajoutez 0 h 10
Nevada ajoutez 0 h 15

(1) Sauf Natal aucun changement

(1) Sauf région du lac Tchad aucun changement

N. Hampshire ajoutez 0 h 15
N. Jersey aucun changement
New York aucun changement
N. Mexique aucun changement
Ohio retranchez 0 h 30
Oklahoma retranchez 0 h 30
Oregon aucun changement
Pennsylvanie retranchez 0 h 15
Rhode Island aucun changement
Tennessee Est retranchez 0 h 35
Tennessee Ouest et Centre ajoutez 0 h 10
Texas Est retranchez 0 h 25
Texas Ouest retranchez 0 h 45
Utah Est retranchez 0 h 20
Utah Ouest ajoutez 0 h 30
Vermont aucun changement
Virginie retranchez 0 h 15
Virginie Occid. retranchez 0 h 25
Washington (DC) aucun changement
Washington (État) aucun changement
Wisconsin aucun changement
Wyoming retranchez 0 h 10
Hawaï retranchez 0 h 20

TERRE-NEUVE (ILE)
Retranchez 0 h 15

AMÉRIQUE CENTRALE

BAHAMAS (ILES)
Depuis 1900 aucun changement
COSTA RICA*
De 1900 à 1920 aucun changement
Depuis 1921 ajoutez 0 h 25
CUBA*
De 1900 à 1924 ajoutez 0 h 15
Depuis 1925 retranchez 0 h 15
RÉPUBLIQUE DOMINICAINE*
De 1900 à 1932 aucun changement
Depuis 1933 ajoutez 0 h 20
GUADELOUPE
Depuis 1900 aucun changement
GUATEMALA*
Depuis 1900 aucun changement
HAÏTI*
Depuis 1900 aucun changement
HONDURAS*
Depuis 1900 aucun changement
Ex-HONDURAS BRITANNIQUE (BELIZE)*
Depuis 1900 aucun changement
JAMAÏQUE
Depuis 1900 aucun changement
MARTINIQUE
Depuis 1900 aucun changement
MEXIQUE ORIENTAL
États de Yucatan, Campeche, Chiapas, Oaxaca, Tabasco, Tamaulipas, Veracruz
De 1900 à 1911 aucun changement
De 1912 à 1921 ajoutez 0 h 15
De 1922 à 1931 ajoutez 0 h 50
Depuis 1932 retranchez 0 h 10
MEXIQUE OCCIDENTAL
Etats de Californie Nord et Sud
De 1900 à 1911 aucun changement
De 1912 à 1921 retranchez 1 h 05
De 1922 à 1931 retranchez 0 h 30
Depuis 1932 :
Californie Nord ajoutez 0 h 20
Californie Sud retranchez 0 h 30
MEXIQUE CENTRAL
Tous les autres États
De 1900 à 1911 aucun changement
De 1912 à 1921 retranchez 0 h 25
De 1922 à 1931 ajoutez 0 h 10
Depuis 1932 retranchez 0 h 50
NICAGUARA*
De 1900 à 1933 aucun changement
Depuis 1934 ajoutez 0 h 20
PANAMA*
De 1900 à 1907 aucun changement
Depuis 1908 retranchez 0 h 20
PETITES ANTILLES (ILES)
Depuis 1900 aucun changement
PORTO RICO
Depuis 1900 retranchez 0 h 25
SALVADOR*
Depuis 1900 aucun changement

AMÉRIQUE DU SUD

ARGENTINE* (Est)
Région de Santa Fé, Cordoba, Buenos Aires, Bahia Blanca
De 1900 à 1919 ajoutez 0 h 10
Depuis 1920 aucun changement
ARGENTINE* (Ouest)
Régions de Tucuman, Mendoza et de Patagonie
De 1900 à 1919 retranchez 0 h 20
Depuis 1920 retranchez 0 h 40
BOLIVIE
De 1900 à 1931 ajoutez 0 h 10
Depuis 1932 retranchez 0 h 25
BRÉSIL* (sauf Acre)
Depuis 1900 aucun changement
BRÉSIL* (Acre)
De 1900 à 1913 aucun changement
Depuis 1914 ajoutez 0 h 20
CHILI*
De 1900 à 1909 aucun changement
De 1910 à 1931 ajoutez 0 h 15
Du 24 au 31 août 1932 ajoutez 0 h 15
Du 1er au 24 septembre 1932 retranchez 0 h 45
Depuis 1933 retranchez 0 h 45
COLOMBIE
Depuis 1900 aucun changement
ÉQUATEUR
Depuis 1900 aucun changement
GUYANA
Depuis 1900 aucun changement
GUYANE FRANÇAISE
De 1900 à 1910 aucun changement
Depuis 1911 ajoutez 0 h 30
PARAGUAY
De 1900 à 1931 retranchez 0 h 15
Depuis 1932 ajoutez 0 h 10
PÉROU
Depuis 1900 aucun changement
SURINAM
Depuis 1900 aucun changement
URUGUAY*
De 1900 à 1919 ajoutez 0 h 15
Depuis 1920 retranchez 0 h 15
VENEZUELA
De 1910 à 1964 aucun changement
Depuis 1965 retranchez 0 h 30

MOYEN-ORIENT

ARABIE SAOUDITE (1)
Ouest retranchez 0 h 20
Est (Dont Er Riad) retranchez 0 h 50
ÉMIRATS ARABES (1)
Retranchez 0 h 20
IRAK
Aucun changement
ISRAËL
Ajoutez 0 h 20
JORDANIE
Ajoutez 0 h 25
KOWEÏT
Aucun changement
LIBAN*
Ajoutez 0 h 20
SYRIE*
Ajoutez 0 h 30
YÉMEN NORD et SUD
Aucun changement

ASIE

AFGHANISTAN
Aucun changement
BIRMANIE
Aucun changement
CEYLAN
Aucun changement
CHINE
Pour Pékin et toute la côte Est aucun changement
Pour le reste de la Chine se reporter à l'heure locale sans aucun changement
CORÉE (1)
Retranchez 0 h 30
CAMBODGE
Aucun changement
INDE
Assam ajoutez 0 h 40
Côte et partie Orientale aucun changement
Côte et partie Occidentale retranchez 0 h 30
INDONÉSIE
Sumatra retranchez 0 h 15
Java, Bali, Sumatra ajoutez 0 h 20
Bornéo retranchez 0 h 25
Célèbes, Timor, Florès aucun changement
Irian (N.-Guinée) aucun changement
Moluques retranchez 0 h 25
JAPON
Kiousiou retranchez 0 h 10
Sikok, Hondo Ouest de Tokyo aucun changement
Hondo Nord de Tokyo et Yeso ajoutez 0 h 30
LAOS
Aucun changement
MALAYSIA (FÉD.)
Péninsule malaise
De 1910 à 1981 retranchez 0 h 30
Depuis 1982 retranchez 1 h
Sabah, Sarawak
De 1910 à 1981 aucun changement
Depuis 1982 retranchez 0 h 30
MANDCHOURIE
De 1900 à 1904 aucun changement
De 1905 à 1927 retranchez 0 h 30
De 1928 à 1931 aucun changement
PAKISTAN ORIENTAL
Aucun changement
PAKISTAN OCCIDENTAL (1)
Retranchez 0 h 30
PHILIPPINES (ILES)
Aucun changement
THAÏLANDE
De 1900 à 1919 aucun changement
Depuis 1920 retranchez 0 h 15
VIÊT-NAM
Aucun changement
Sauf Viêt-nam du Sud de 1956 à 1975 retranchez 0 h 50
TAÏWAN (Formose)
Aucun changement
Ex-U.R.S.S. SIBÉRIE CEI
Kazakhstan Oriental, Kirghizistan Tadjikistan région de Omsk
De 1900 à 1930 retranchez 2 h
De 1931 à 1963 aucun changement
Depuis 1964 retranchez 1 h
Altaï, régions de Tomsk, Novossibirsk, Krasnoïarsk
De 1900 à 1930 retranchez 1 h
De 1931 à 1963 aucun changement
Depuis 1964 retranchez 1 h
Régions lac Baïkal, Irkoutsk
De 1900 à 1963 aucun changememe
Depuis 1964 retranchez 1 h
Région de Tchita-Mogotcha
De 1900 à 1930 ajoutez 1 h
De 1931 à 1963 aucun changement
Depuis 1964 retranchez 1 h
Régions de Vladivostok, Komsomolsk, Okhotsk
De 1900 à 1963 aucun changement
Depuis 1964 retranchez 1 h
Régions de Magadan, Kamtchatka
De 1900 à 1930 ajoutez 1 h
De 1931 à 1963 aucun changement
De 1964 à 1987 retranchez 1 h
Depuis 1988 jusqu'au dernier samedi d'octobre retranchez 2 h, à partir du dernier dimanche d'octobre retranchez 1 h

OCEANIE

AUSTRALIE*
Provinces de Canberra, Victoria, N.-Galles-du-Sud, Papouasie (N.-Guinée), Queensland, Tasmanie aucun changement
Territoire du Nord et Australie méridionale retranchez 0 h 30
Australie occidentale aucun changement
NOUVELLE-ZÉLANDE*
Aucun changement
TOUTES ILES DE L'OCÉANIE
Pratiquement aucun changement

EUROPE

ALBANIE
De 1900 à 1914 aucun changement
De 1915 à 1939 ajoutez 0 h 20
En 1940 et 1941 retranchez 0 h 40
Du 24 octobre au 1er novembre 1943 retranchez 0 h 40
Du 2 au 23 novembre 1943 ajoutez 0 h 20
Depuis 1944 ajoutez 0 h 20
ALLEMAGNE DE L'EST (ex-RDA)
De 1900 à 1939 retranchez 0 h 10
En 1940 et 1941 retranchez 1 h 10
Du 24 octobre au 1er novembre 1942 retranchez 1 h 10
Du 2 au 23 novembre 1942 retranchez 0 h 10
En 1943 et 1944 retranchez 0 h 10
Depuis 1945 retranchez 0 h 10
ALLEMAGNE DE L'OUEST (Ex-RFA)
De 1900 à 1939 retranchez 0 h 20
En 1940 et 1941 retranchez 1 h 20
Du 24 octobre au 1er novembre 1942 retranchez 1 h 20
Du 2 au 23 novembre 1942 retranchez 0 h 20
En 1943 et 1944 retranchez 0 h 20
Depuis 1945 retranchez 0 h 20
ANGLETERRE (sauf Cornouailles)
De 1900 à 1919 aucun changement
Du 23 au 24 octobre 1920 retranchez 1 h
Du 25 octobre au 22 novembre 1920 aucun changement
De 1921 à 1939 aucun changement
De 1940 à 1944 retranchez 1 h

* Pour les pays suivis du * voir le tableau spécial de l'heure d'été page 97 et l'appliquer en fonction de vos informations personnelles
(1) Ainsi que de 1920 à 1935 pour le Kasaï

En 1945 et 1946 aucun changement
Du 24 octobre au 1er novembre 1947 retranchez 1 h
Du 2 au 23 novembre 1947 aucun changement
Du 23 au 30 octobre 1948 retranchez 1 h
Du 31 octobre au 22 novembre 1948 aucun changement
Du 23 au 29 octobre 1949 retranchez 1 h
Du 30 octobre au 22 novembre 1949 aucun changement
En 1950 et 1951 aucun changement
Du 23 au 25 octobre 1952 retranchez 1 h
Du 26 octobre au 22 novembre 1952 aucun changement
De 1953 à 1960 aucun changement
Du 23 au 28 octobre 1961 retranchez 1 h
Du 29 octobre au 23 novembre 1961 aucun changement
Du 23 au 27 octobre 1962 retranchez 1 h
Du 28 octobre au 22 novembre 1962 aucun changement
Du 24 au 26 octobre 1983 retranchez 1 h
Du 27 octobre au 23 novembre 1963 aucun changement
Du 23 au 24 octobre 1964 retranchez 1 h
Du 25 octobre au 22 novembre 1964 aucun changement
Le 23 octobre 1965 retranchez 1 h
Du 24 octobre au 22 novembre 1965 aucun changement
En 1966 aucun changement
Du 24 au 28 octobre 1967 retranchez 1 h
Du 29 octobre au 23 novembre 1967 aucun changement
Du 23 au 26 octobre 1968 retranchez 2 h
Du 27 octobre au 22 novembre 1968 retranchez 1 h
En 1969 et 1970 retranchez 1 h
Du 24 au 31 octobre 1971 retranchez 1 h
Du 1er au 22 novembre 1971 aucun changement
Du 23 au 28 octobre 1972 retranchez 1 h
Du 29 octobre au 22 novembre 1972 aucun changement
Du 23 au 27 octobre 1973 retranchez 1 h
Du 28 octobre au 22 novembre 1973 aucun changement
Du 23 au 26 octobre 1974 retranchez 1 h
Du 27 octobre au 22 novembre 1974 aucun changement
Du 24 au 25 octobre 1975 retranchez 1 h
Du 26 octobre au 22 novembre 1975 aucun changement
Le 23 octobre 1976 retranchez 1 h
Du 24 octobre au 22 novembre 1976 aucun changement
En 1977 et 1978 aucun changement
Depuis 1979 jusqu'au dernier samedi d'octobre retranchez 1 h ; à partir du dernier dimanche d'octobre aucun changement

CORNOUAILLES, ÉCOSSE, GALLES
De 1900 à 1919 retranchez 0 h 15
Du 23 au 24 octobre 1920 retranchez 1 h 15 (1)
Du 25 octobre au 22 novembre 1920 retranchez 0 h 15
De 1921 à 1939 retranchez 0 h 15
De 1940 à 1944 retranchez 1 h 15
En 1945 et 1946 retranchez 0 h 15
Du 24 octobre au 1er novembre 1947 retranchez 1 h 15
Du 2 au 23 novembre 1947 retranchez 0 h 15
Du 23 au 30 octobre 1948 retranchez 1 h 15
Du 31 octobre au 22 novembre 1948 retranchez 0 h 15
Du 23 au 29 octobre 1949 retranchez 1 h 15
Du 30 octobre au 22 novembre 1949 retranchez 0 h 15
En 1950 et 1951 retranchez 0 h 15
Du 23 au 25 octobre 1952 retranchez 1 h 15
Du 26 au 22 novembre 1952 retranchez 0 h 15
De 1953 à 1960 retranchez 0 h 15
Du 23 au 28 octobre 1961 retranchez 1 h 15
Du 29 octobre au 23 novembre 1961 retranchez 0 h 15
Du 23 au 27 octobre 1962 retranchez 1 h 15
Du 28 octobre au 22 novembre 1962 retranchez 0 h 15
Du 24 au 26 octobre 1963 retranchez 1 h 15
Du 27 octobre au 23 novembre 1963 retranchez 0 h 15
Les 23 et 24 octobre 1964 retranchez 1 h 15
Du 25 octobre au 22 novembre 1964 retranchez 0 h 15
Le 23 octobre 1965 retranchez 1 h 15
Du 24 octobre au 22 novembre 1965 retranchez 0 h 15
En 1966 retranchez 0 h 15
Du 24 au 28 octobre 1967 retranchez 1 h 15
Du 29 octobre au 23 novembre 1967 retranchez 0 h 15
Du 23 au 26 octobre 1968 retranchez 1 h 15
Du 27 octobre au 22 novembre 1968 retranchez 0 h 15
En 1969 et 1970 retranchez 1 h 15
Du 24 au 31 octobre 1971 retranchez 1 h 15
Du 1er au 22 novembre 1971 retranchez 0 h 15
Du 23 au 28 octobre 1972 retranchez 1 h 15
Du 29 octobre au 22 novembre 1972 retranchez 0 h 15
Du 23 au 27 octobre 1973 retranchez 1 h 15
Du 28 octobre au 22 novembre 1973 retranchez 0 h 15
Du 23 au 26 octobre 1974 retranchez 1 h 15
Du 27 octobre au 22 novembre 1974 retranchez 0 h 15

(1) Sauf Galles retranchez 0 h 15

Du 24 au 25 octobre 1975 retranchez 1 h 15
Du 26 octobre au 22 novembre 1975 retranchez 0 h 15
Le 23 octobre 1976 retranchez 1 h 15
Du 24 octobre au 22 novembre 1976 retranchez 0 h 15
En 1977 et 1978 retranchez 0 h 15
Depuis 1979, jusqu'au dernier samedi d'octobre retranchez 1 h 15
A partir du dernier dimanche d'octobre retranchez 0 h 15

AUTRICHE
De 1900 à 1939 aucun changement
En 1940 et 1941 retranchez 1 h
Du 24 octobre au 1er novembre retranchez 1 h
Du 2 au 23 novembre 1942 aucun changement
Depuis 1943 aucun changement

BELGIQUE
De 1900 à 1919 ajoutez 0 h 20
Le 23 octobre 1920 retranchez 0 h 40
Du 24 octobre au 22 novembre 1920 ajoutez 0 h 20
Du 23 au 25 octobre 1921 retranchez 0 h 40
Du 26 octobre au 22 novembre 1921 ajoutez 0 h 20
De 1922 à 1938 ajoutez 0 h 20
Du 24 octobre au 17 novembre 1939 retranchez 0 h 40
Du 18 au 23 novembre 1939 ajoutez 0 h 20
En 1940 et 1941 retranchez 1 h 40
Du 24 octobre au 1er novembre 1942 retranchez 1 h 40
Du 2 au 23 novembre 1942 retranchez 0 h 40
De 1943 à 1978 retranchez 0 h 40

BULGARIE
De 1900 à 1944 retranchez 0 h 20
Du 23 octobre au 17 novembre 1945 retranchez 1 h 20
Du 18 au 22 novembre 1945 retranchez 0 h 20
Depuis 1946 retranchez 0 h 20

CHYPRE
De 1900 à 1920 aucun changement
Du 23 octobre au 14 novembre 1921 aucun changement
Du 15 au 22 novembre 1921 ajoutez 0 h 15
Depuis 1922 ajoutez 0 h 15

DANEMARK
De 1900 à 1939 retranchez 0 h 15
En 1940 et 1941 retranchez 1 h 15
Du 24 octobre au 1er novembre 1942 retranchez 1 h 15
Du 2 au 23 novembre 1942 retranchez 0 h 15
Depuis 1943 retranchez 0 h 15

ESPAGNE (F) Franquistes. (R) Républicains.
Aragon, Baléares. Catalogne, Murcie, Navarre. Valence
De 1900 à 1937 aucun changement
En 1938 (R) retranchez 1 h
En 1938 (F) aucun changement
Depuis 1940 retranchez 1 h
Andalousie, Pays Basque, Leon, Castilles, Galice, Estrémadure
De 1900 à 1937 retranchez 0 h 20
En 1938 (R) retranchez 1 h 20
En 1938 (F) retranchez 0 h 20
En 1939 retranchez 0 h 20
Depuis 1940 retranchez 1 h 20

ESTONIE
De 1900 à 1920 aucun changement
De 1921 à 1963 retranchez 0 h 20
Depuis 1964 retranchez 1 h 20

FINLANDE
De 1900 à 1920 aucun changement
Depuis 1921 retranchez 0 h 20

FRANCE
Aquitaine, Bretagne, Centre, Ile-de-France, Midi-Pyrénées, Nord, Normandie, Limousin, Pays-de-Loire, Poitou-Charentes, Picardie
De 1900 à 1910 retranchez 0 h 10
De 1911 à 1919 aucun changement
Le 23 octobre 1920 retranchez 1 h
Du 24 octobre au 22 novembre 1920 aucun changement
Du 23 au 25 octobre 1921 retranchez 1 h
Du 26 octobre au 22 novembre 1921 aucun changement
De 1922 à 1938 aucun changement
Du 24 octobre au 18 novembre 1939 retranchez 1 h
Du 19 au 23 novembre 1939 aucun changement
(ZNO*) en 1940 et 1941 retranchez 1 h
(ZO*) en 1940 et 1941 retranchez 2 h
Du 24 octobre au 1er novembre retranchez 2 h
Du 2 au 23 novembre 1942 retranchez 1 h
Depuis 1943 retranchez 1 h
Alsace, Auvergne, Bourgogne, Champagne-Ardennes, Franche-Comté, Languedoc-Roussillon, Lorraine Rhône-Alpes, Provence-Côte-d'Azur, Corse, Principauté de Monaco
De 1900 à 1910 ajoutez 0 h 10
De 1911 à 1919 ajoutez 0 h 20
Le 23 octobre 1920 retranchez 0 h 40
Du 24 octobre au 22 novembre 1920 ajoutez 0 h 20
Du 23 au 25 octobre 1921 retranchez 0 h 40
Du 26 octobre au 22 novembre 1921 ajoutez 0 h 20
De 1922 à 1938 ajoutez 0 h 20
Du 24 octobre au 18 novembre 1939 retranchez 0 h 40
Du 19 au 23 novembre 1939 ajoutez 0 h 20
(ZNO*) en 1940 et 1941 retranchez 0 h 40
(ZO*) en 1940 et 1941 retranchez 1 h 40
Du 24 octobre au 1er novembre 1942 retranchez 1 h 40
Du 2 au 23 novembre 1942 retranchez 0 h 40
Depuis 1943 retranchez 0 h 40

GRÈCE
De 1900 à 1915 aucun changement
De 1916 à 1941 retranchez 0 h 30
Du 24 octobre au 1er novembre 1942 retranchez 0 h 30
Du 2 au 23 novembre 1942 ajoutez 0 h 30
En 1943 ajoutez 0 h 30
De 1944 à 1951 retranchez 0 h 30
Du 23 octobre au 1er novembre 1952 retranchez 1 h 30
Du 2 au 22 novembre 1952 retranchez 0 h 30
Depuis 1953 retranchez 0 h 30

GROENLAND
Depuis 1900 aucun changement

HOLLANDE
De 1900 à 1939 aucun changement
En 1940 et 1941 retranchez 1 h 40
Du 24 octobre au 1er novembre 1942 retranchez 1 h 40
Du 2 au 23 novembre 1942 retranchez 0 h 40
Depuis 1943 retranchez 0 h 40

HONGRIE
De 1900 à 1940 ajoutez 0 h 15
En 1941 retranchez 0 h 45
Du 24 octobre au 1er novembre 1942 retranchez 0 h 45
Du 2 au 23 novembre 1942 ajoutez 0 h 15
En 1943 et 1944 ajoutez 0 h 15
Du 23 octobre au 2 novembre 1945 retranchez 0 h 45
Du 3 au 22 novembre 1945 ajoutez 0 h 15
Depuis 1946 ajoutez 0 h 15

IRLANDE (EIRE)
De 1900 à 1915 aucun changement
De 1916 à 1919 retranchez 0 h 30
Les 23 et 24 octobre 1920 retranchez 1 h 30
Du 25 octobre au 22 novembre 1920 retranchez 0 h 30
De 1921 à 1939 retranchez 0 h 30
De 1940 à 1944 retranchez 1 h 30
En 1945 et 1946 retranchez 0 h 30
Du 24 octobre au 1er novembre 1947 retranchez 1 h 30
Du 2 au 23 novembre 1947 retranchez 0 h 30
Du 23 au 30 octobre 1948 retranchez 1 h 30
Du 31 octobre au 22 novembre 1948 retranchez 0 h 30
Du 23 au 29 octobre 1949 retranchez 1 h 30
Du 30 octobre au 22 novembre 1949 retranchez 0 h 30
En 1950 et 1951 retranchez 0 h 30
Du 23 au 25 octobre 1952 retranchez 1 h 30
Du 26 octobre au 22 novembre 1952 retranchez 0 h 30
De 1953 à 1960 retranchez 0 h 30
Du 23 au 28 octobre 1961 retranchez 1 h 30
Du 29 octobre au 23 novembre 1961 retranchez 0 h 30
Du 23 au 27 octobre 1962 retranchez 1 h 30
Du 28 octobre au 22 novembre 1962 retranchez 0 h 30
Du 24 au 26 octobre 1963 retranchez 1 h 30
Du 27 octobre au 23 novembre 1963 retranchez 0 h 30
Du 23 au 24 octobre 1964 retranchez 1 h 30
Du 25 octobre au 22 novembre 1964 retranchez 0 h 30
Le 23 octobre 1965 retranchez 1 h 30
Du 24 octobre au 22 novembre 1965 retranchez 0 h 30
En 1966 retranchez 0 h 30
Du 24 au 28 octobre 1967 retranchez 1 h 30
Du 29 octobre au 23 novembre 1967 retranchez 0 h 30
Du 23 au 26 octobre 1968 retranchez 2 h 30
Du 27 octobre au 22 novembre 1968 retranchez 1 h 30
Depuis 1969 retranchez 1 h 30

IRLANDE DU NORD
De 1900 à 1915 aucun changement
De 1916 à 1919 retranchez 0 h 25
A partir de 1920 comme Galles

ISLANDE
De 1900 à 1907 aucun changement
De 1908 à 1916 retranchez 0 h 25
Du 23 au 25 octobre 1917 retranchez 1 h 25
Du 26 octobre au 22 novembre 1917 retranchez 0 h 25
Du 24 octobre au 15 novembre 1918 retranchez 1 h 25
Du 16 au 23 novembre 1918 retranchez 0 h 25
Du 24 octobre au 15 novembre 1919 retranchez 0 h 25
Du 16 au 23 novembre 1919 retranchez 0 h 25
De 1920 à 1944 retranchez 0 h 25
Du 23 au 27 octobre 1945 retranchez 1 h 25
Du 28 octobre au 22 novembre 1945 retranchez 0 h 25
Du 24 au 26 octobre 1946 retranchez 1 h 25
Du 27 octobre au 22 novembre 1946 retranchez 0 h 25
Du 24 au 25 octobre 1947 retranchez 1 h 25
Du 26 octobre au 23 novembre 1947 retranchez 0 h 25
Le 23 octobre 1948 retranchez 1 h 25
Du 24 octobre au 22 novembre 1948 retranchez 0 h 25
Du 23 au 29 octobre 1949 retranchez 1 h 25
Du 30 octobre au 22 novembre 1949 retranchez 0 h 25
En 1950 retranchez 0 h 25
Du 23 au 27 octobre 1951 retranchez 1 h 25
Du 28 octobre au 23 novembre 1951 retranchez 0 h 25
Du 23 au 25 octobre 1952 retranchez 1 h 25
Du 26 octobre au 22 novembre 1952 retranchez 0 h 25
Du 23 au 25 octobre 1953 retranchez 1 h 25
Du 26 octobre au 22 novembre 1953 retranchez 0 h 25

* (ZNO) = zone non occupée
* (ZO) = zone occupée

TRANSFORMATION DE VOTRE HEURE OFFICIELLE DE NAISSANCE EN HEURE SOLAIRE DE NAISSANCE

En 1954 et 1955 retranchez 0 h 25
Du 23 au 27 octobre 1956 retranchez 1 h 25
Du 28 octobre au 22 novembre 1956 retranchez 0 h 25
Du 23 au 26 octobre 1957 retranchez 1 h 25
Du 27 octobre au 22 novembre 1957 retranchez 0 h 25
Du 22 au 25 octobre 1958 retranchez 1 h 25
Du 26 octobre au 22 novembre 1958 retranchez 0 h 25
Le 24 octobre 1959 retranchez 1 h 25
Du 25 octobre au 23 novembre 1959 retranchez 0 h 25
En 1960 et 1961 retranchez 0 h 25
Du 23 au 27 octobre 1962 retranchez 1 h 25
Du 28 octobre au 22 novembre 1962 retranchez 0 h 25
Du 24 au 26 octobre 1963 retranchez 1 h 25
Du 27 octobre au 23 novembre 1963 retranchez 0 h 25
Du 23 au 24 octobre 1964 retranchez 1 h 25
Du 25 octobre au 22 novembre 1964 retranchez 0 h 25
Le 23 octobre 1965 retranchez 1 h 25
Du 24 octobre au 22 novembre 1965 retranchez 0 h 25
En 1966 retranchez 0 h 25
Depuis 1967 retranchez 1 h 25

ITALIE
Émilie, Ligurie, Lombardie, Piémont, Toscane, Sardaigne
De 1900 à 1939 retranchez 0 h 20
En 1940 et 1941 retranchez 1 h 20
Du 24 octobre au 1er novembre 1942 retranchez 1 h 20
Du 2 au 23 novembre 1942 retranchez 0 h 20
Depuis 1943 retranchez 0 h 20
Abruzzes, Calabre, Campanie, Latium, Marches, Ombrie, Pouilles, San Marino, Sicile, Vénétie
De 1900 à 1939 aucun changement
En 1940 et 1941 retranchez 1 h
Du 24 octobre au 1er novembre 1942 retranchez 1 h
Du 2 au 23 novembre 1942 aucun changement
Depuis 1943 aucun changement

LETTONIE
De 1900 à 1917 retranchez 0 h 25
De 1918 à 1925 aucun changement
De 1926 à 1963 retranchez 0 h 25
Depuis 1964 retranchez 1 h 25

LITUANIE
De 1900 à 1918 aucun changement
En 1919 ajoutez 0 h 30
De 1920 à 1939 ajoutez 0 h 30
De 1940 à 1963 retranchez 0 h 30
Depuis 1964 retranchez 1 h 30

LUXEMBOURG
De 1900 à 1903 aucun changement
De 1904 à 1918 retranchez 0 h 35
En 1919 et 1920 ajoutez 0 h 25
Du 23 au 25 octobre 1921 retranchez 0 h 25
Du 26 octobre au 22 novembre 1921 ajoutez 0 h 25
De 1922 à 1938 ajoutez 0 h 25
Du 24 octobre au 18 novembre 1939 retranchez 0 h 35
Du 19 au 23 novembre 1939 ajoutez 0 h 25
En 1940 et 1941 retranchez 1 h 35
Du 24 octobre au 1er novembre 1942 retranchez 1 h 35
Du 2 au 23 novembre 1942 retranchez 0 h 35
Depuis 1943 retranchez 0 h 35

MALTE
De 1900 à 1979 voir SICILE

NORVÈGE
De 1900 à 1939 retranchez 0 h 20
En 1940 et 1941 retranchez 1 h 20
Du 24 octobre au 1er novembre 1942 retranchez 1 h 20
Du 2 au 23 novembre 1942 retranchez 0 h 20

POLOGNE
De 1900 à 1919
Pour les territoires sous contrôle allemand voir Allemagne de l'Est.
Pour les territoires sous contrôle autrichien voir Autriche.
Pour les territoires sous contrôle russe voir U.R.S.S.
En 1920 et 1921 retranchez 0 h 45
De 1922 à 1939 ajoutez 0 h 15
En 1940 et 1941 retranchez 0 h 45
Du 24 octobre au 1er novembre 1942 retranchez 0 h 45
Du 2 au 23 novembre 1942 ajoutez 0 h 15
En 1943 et 1944 ajoutez 0 h 15
Du 23 octobre au 17 novembre 1945 retranchez 0 h 45
Du 18 au 22 novembre 1945 ajoutez 0 h 15
Depuis 1946 ajoutez 0 h 15

PORTUGAL
De 1900 à 1911 aucun changement
De 1912 à 1915 retranchez 0 h 30
Du 23 au 31 octobre 1916 retranchez 1 h 30
Du 1er au 22 novembre 1916 retranchez 0 h 30
De 1917 à 1938 retranchez 0 h 30
Du 24 octobre au 18 novembre 1939 retranchez 1 h 30
Du 19 au 23 novembre 1939 retranchez 0 h 30
En 1940 et 1941 retranchez 0 h 30
Le 24 octobre 1942 retranchez 1 h 30
Du 25 octobre au 22 novembre 1942 retranchez 0 h 30
Du 24 au 30 octobre 1943 retranchez 1 h 30
Du 31 octobre au 23 novembre 1943 retranchez 0 h 30
Du 23 au 28 octobre 1944 retranchez 1 h 30
Du 29 octobre au 22 novembre 1944 retranchez 0 h 30
Du 23 au 27 octobre 1945 retranchez 1 h 30
Du 28 octobre au 22 novembre 1945 retranchez 0 h 30
De 1946 à 1965 retranchez 0 h 30
De 1966 à 1975 retranchez 1 h 30
De 1976 à 1992 retranchez 0 h 30
Depuis 1993 retranchez 1 h 30

ROUMANIE
De 1900 à 1930 aucun changement
Depuis 1931 retranchez 0 h 15

SUÈDE
Depuis 1900 ajoutez 0 h 10

SUISSE
Depuis 1900 retranchez 0 h 25

Ex-TCHÉCOSLOVAQUIE
De 1900 à 1939 ajoutez 0 h 10
En 1940 et 1941 retranchez 0 h 50
Du 24 octobre au 1er novembre 1942 retranchez 0 h 50
Du 2 au 23 novembre 1942 ajoutez 0 h 10
En 1943 et 1944 ajoutez 0 h 10
Du 23 octobre au 17 novembre 1945 retranchez 0 h 50
Du 18 au 22 novembre 1945 ajoutez 0 h 10
Depuis 1946 ajoutez 0 h 10

TURQUIE Occidentale
De 1900 à 1919 aucun changement
Du 23 au 25 octobre 1920 retranchez 1 h
Du 26 octobre au 22 novembre 1920 aucun changement
De 1921 à 1969 aucun changement
De 1970 à 1974 retranchez 1 h
Du 24 au 26 octobre 1975 retranchez 1 h
Du 27 octobre au 22 novembre 1975 aucun changement
Du 23 au 31 octobre 1976 retranchez 1 h
Du 1er au 22 novembre 1976 aucun changement
Depuis 1977 aucun changement

TURQUIE Orientale
De 1900 à 1919 ajoutez 0 h 40
Du 23 au 25 octobre 1920 retranchez 0 h 20
Du 26 octobre au 22 novembre 1920 ajoutez 0 h 40
De 1921 à 1969 ajoutez 0 h 40
De 1970 à 1974 retranchez 0 h 20
Du 24 au 26 octobre 1975 retranchez 0 h 20
Du 27 octobre au 22 novembre 1975 ajoutez 0 h 40
Du 23 au 31 octobre 1976 retranchez 0 h 20
Du 1er au 22 novembre 1976 ajoutez 0 h 40
Depuis 1977 ajoutez 0 h 40

Ex- U.R.S.S. CEI
Biélorussie, Carélie, Crimée, Moldavie, Ukraine, régions de Leningrad, Moscou, Orel
De 1900 à 1929 aucun changement
En 1930 retranchez 1 h
De 1931 à 1963 aucun changement
De 1964 à 1987 retranchez 1 h (1)
Depuis 1988 jusqu'au dernier samedi d'octobre retranchez 2 h
A partir du dernier dimanche d'octobre retranchez 1 h (2)
Arménie, Azerbaïdjan, Géorgie, régions du Caucase et de la Volga centrale et méridionale et de Kirov
De 1900 à 1929 ajoutez 1 h (1)
En 1930 aucun changement
De 1931 à 1963 aucun changement
Puis voir ci-dessus (1)
Versants occidental et oriental de l'Oural, Kazakhstan occidental, Turkménistan, Ouzbékistan
De 1900 à 1929 ajoutez 2 h
En 1930 ajoutez 1 h
De 1931 à 1963 aucun changement
Puis voir ci-dessus (1)

Ex-YOUGOSLAVIE
De 1900 à 1940 ajoutez 0 h 15
En 1941 retranchez 0 h 45
Du 24 octobre au 1er novembre 1942 ajoutez 0 h 15
Du 2 au 23 novembre 1942 ajoutez 0 h 15
Depuis 1943 ajoutez 0 h 15

(1) Sauf Géorgie aucun changement

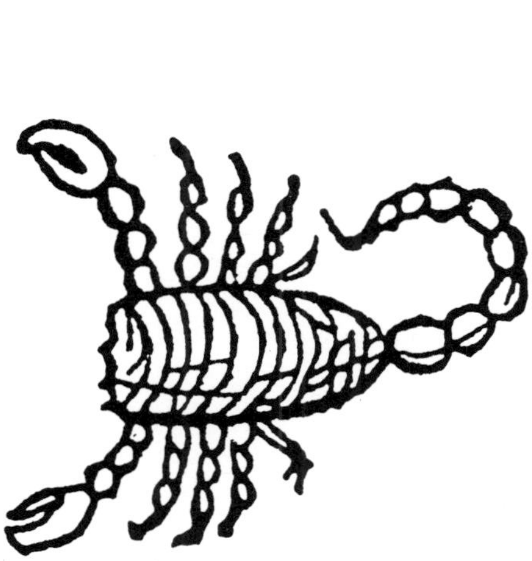

Claude Lelouch : un réalisateur très fécond : sa carrière ne commence vraiment qu'avec Un homme et une femme, *et se poursuit avec des chefs-d'œuvre tels que* Toute une vie, L'Amour, la vie, la mort, A nous deux, Une belle histoire, Tout ça pour ça. *Il eut, le premier, l'idée de faire tourner Bernard Tapie, avec Ophélie Winter.*

TABLEAU SPECIAL DE L'HEURE D'ÉTÉ POUR CERTAINS PAYS

Pour les pays marqués d'un*, nous savons qu'ils pratiquent l'heure d'été mais les dates précises de début et de fin de période ne nous sont pas connues, ainsi que les années.

Le tableau suivant vous indique comme passer directement d'une heure officielle d'été à l heure solaire de naissance correspondante.

Vous devez utiliser ce tableau spécial si vous ête certain(e) que votre naissance a eu lieu pendant la période officielle d'application de l'heure d'été *pour l'année de votre naissance.*

Par exemple, pour les États-Unis, cette période va du dernier dimanche d'avril à 2 heures du matin jusqu'au dernier dimanche d'octobre à 2 heures du matin.

TRANSFORMATION DE VOTRE HEURE OFFICIELLE DE NAISSANCE EN HEURE SOLAIRE DE NAISSANCE

AMÉRIQUE DU NORD

ALASKA
Région de Wrangel retranchez 2 h
Région de Juneau retranchez 1 h 15
Alaska central retranchez 1 h
Alaska occid. retranchez 1 h

CANADA sauf Alberta, Nouv.-Brunswick, Nouvelle-Écosse
Colombie retranchez 1 h
Manitoba retranchez 1 h 30
NF. Labrador retranchez 1 h 40
Ontario Est retranchez 1 h 20
Ontario Ouest retranchez 2 h
Québec Est retranchez 1 h 20
Québec Ouest retranchez 0 h 45
Saskatchewan retranchez 1 h

ÉTATS-UNIS
Alabama retranchez 0 h 45
Arizona pas d'heure d'été
Arkansas retranchez 1 h 10
Californie retranchez 1 h
Caroline Nord retranchez 1 h 20
Caroline Sud retranchez 1 h 25
Colorado retranchez 1 h
Connecticut retranchez 0 h 50
Dakota Nord (Est) retranchez 1 h 40
Dakota Nord (Ouest) retranchez 1 h
Dakota Sud (Est) retranchez 1 h 35
Dakota Sud (Ouest) retranchez 0 h 50
Delaware retranchez 1 h
District Fédéral retranchez 1 h
Floride retranchez 1 h 30
S.F. Panama Pensacola retranchez 0 h 40
Georgie retranchez 1 h 35
Idaho Est retranchez 1 h 30
Idaho Ouest retranchez 0 h 45
Illinois retranchez 1 h
Indiana retranchez 0 h 45
Iowa retranchez 0 h 45
Kansas retranchez 1 h 30
S.F. Dodge City et Ouest retranchez 0 h 40
Kentucky Centre et Est retranchez 1 h 40
Kentucky Ouest retranchez 0 h 50
Louisiane retranchez 1 h
Maine retranchez 0 h 40
Maryland retranchez 1 h 10
Massachusetts retranchez 0 h 45
Michigan retranchez 1 h 45
Minnesota retranchez 1 h 15
Mississippi retranchez 1 h
Missouri retranchez 1 h 10
Montana retranchez 1 h 20
Nebraska Est retranchez 1 h 30
Nebraska Ouest retranchez 0 h 50
Nevada retranchez 0 h 45
N. Hampshire retranchez 0 h 45
N. Jersey retranchez 1 h
New York retranchez 1 h
N. Mexique retranchez 1 h
Ohio retranchez 1 h 30
Oklahoma retranchez 1 h 30
Oregon retranchez 1 h
Pennsylvanie retranchez 1 h 15
Rhode Island retranchez 1 h
Tennessee Est retranchez 1 h 35
Tennessee Ouest retranchez 0 h 50
Texas Est retranchez 1 h 25
Texas Ouest retranchez 1 h 45
Utah Est retranchez 1 h 20
Utah Ouest retranchez 0 h 30
Vermont retranchez 1 h
Virginie Occidentale retranchez 1 h 25
Washington (D.C.) retranchez 1 h
Washington (État) retranchez 1 h
Wisconsin retranchez 1 h
Wyoming retranchez 1 h 10
Hawaï pas d'heure d'été.

AMÉRIQUE CENTRALE

BAHAMAS (Iles) retranchez 1 h
COSTA RICA retranchez 0 h 35
CUBA retranchez 1 h 15
RÉP DOMINICAINE retranchez 0 h 40
GUATEMALA retranchez 1 h
HAÏTI retranchez 1 h
HONDURAS retranchez 1 h
Ex-HONDURAS britannique (BELIZE) retranchez 1 h
NICARAGUA retranchez 0 h 40
PANAMA retranchez 1 h 20
SALVADOR retranchez 1 h

AMÉRIQUE DU SUD

ARGENTINE (après 1920)
Est retranchez 1 h
Ouest retranchez 1 h 40
BRÉSIL Sauf Accre
retranchez 1 h
BRÉSIL Accre
retranchez 0 h 40
PARAGUAY retranchez 0 h 50
PÉROU retranchez 1 h
URUGUAY (après 1920) retranchez 1 h 15

MOYEN-ORIENT

IRAK retranchez 1 h
ISRAËL retranchez 0 h 40
JORDANIE retranchez 0 h 35
LIBAN retranchez 0 h 40
SYRIE retranchez 0 h 30

ASIE

CHINE retranchez 1 h
Ex-URSS CEI retranchez 1 h

OCÉANIE

AUSTRALIE
Territoires du Nord et
Australie méridionale retranchez 1 h 30
Reste de l'Australie retranchez 1 h
NOUVELLE-ZÉLANDE
Retranchez 1 h

Comment découvrir votre Ascendant sans aucun calcul

Votre Ascendant est le signe zodiacal qui se levait à l'horizon Est au moment de votre naissance.

Il dépend étroitement de votre heure et de votre lieu de naissance, éléments dont nous avons déjà tenu compte dans la transformation de votre heure officielle en heure solaire de naissance.

Sans effectuer de calcul, vous pouvez dès maintenant découvrir votre signe Ascendant dans la Table des Ascendants qui vous concerne.

Pour savoir quelle Table consulter, il vous suffit de regarder à la page suivante le numéro de la Table correspondant à votre pays de naissance.

Vous consultez alors votre Table, en recherchant la colonne de votre jour de naissance, puis la ligne de votre heure solaire de naissance qui vous donne votre signe Ascendant.

Si ce signe est le dernier d'une série, vous pouvez considérer que vous êtes également influencé(e) par le signe d'après.

Exemple :

	Scorpion	
	Scorpion	
	Scorpion	
Ligne de votre heure..................	**Scorpion**......	vous êtes **Scorpion** mais
	Sagittaire	vous êtes également **Sagittaire**
	Sagittaire	

En effet, en raison de la rotation de la Terre sur elle-même en 24 heures, chaque signe zodiacal se lève à son tour à l'horizon Est d'un lieu terrestre déterminé.

Ainsi dans l'ordre des signes, lorsque le **Scorpion** a fini de se lever, c'est au tour du **Sagittaire** d'apparaître, si bien que le début du **Sagittaire** se lève quelques minutes après la fin du **Scorpion** : voilà qui explique l'influence de ces deux signes Ascendants sur une personne.

Le signe Ascendant exerce une influence prépondérante sur votre tempérament, sur votre morphologie et votre comportement.

Étant l'élément le plus individualisé de votre configuration astrologique natale, votre Ascendant caractérise votre mode d'adaptation au monde extérieur aussi bien sur les plans biologique, social que professionnel.

L'analyse concernant votre signe Ascendant s'applique donc essentiellement à votre façon d'être avec les autres et, par conséquent, à la manière dont les autres vous perçoivent.

Si vous ne connaissez votre heure de naissance que de façon approximative, par exemple, « dans la matinée », « en fin d'après-midi », vous pouvez vous reporter aux descriptions et juger, à la lecture de leur analyse, du signe qui correspond le mieux à votre comportement spontané.

Vous pouvez contrôler le résultat avec un de vos proches.

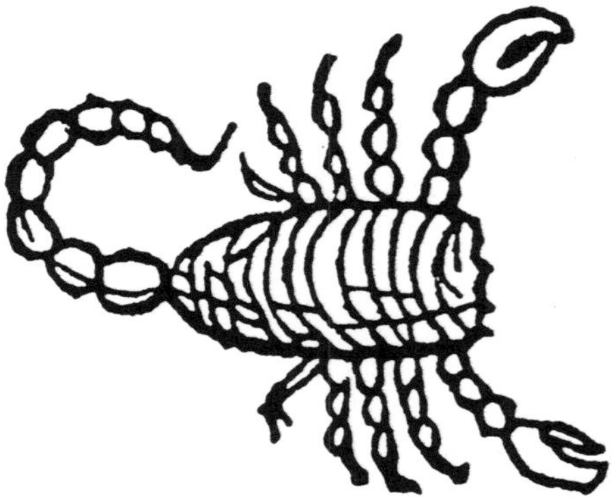

Numéro de la Table des Ascendants à consulter pour chaque pays

PAYS	TABLE N° 1	2	3	4	5	6
AFRIQUE						
AFFARS ET ISSAS	1					
AFRIQUE DU SUD		2				
ALGÉRIE			3			
SAHARA ALGÉRIEN		2				
ANGOLA	1					
BENIN (DAHOMEY)	1					
BOTSWANA		2				
CAMEROUN	1					
CAP VERT (ÎLES)	1					
CENTRAFRIQUE Rép.	1					
COMORES (ÎLES)	1					
CONGO	1					
CÔTE D'IVOIRE	1					
ÉGYPTE		2				
ÉTHIOPIE	1					
GABON	1					
GAMBIE	1					
GHANA	1					
GUINÉE	1					
GUINÉE BISSAU	1					
GUINÉE ÉQUAT.	1					
HAUTE VOLTA	1					
KENYA	1					
LESOTHO		2				
LIBÉRIA	1					
LIBYE		2				
MADAGASCAR		2				
MALAWI	1					
MAROC NORD			3			
MAURICE (ÎLE)		2				
MAURITANIE		2				
MOZAMBIQUE NORD	1					
MOZAMBIQUE SUD		2				
NIGER	1					
NIGÉRIA	1					
OUGANDA	1					
RÉUNION (ÎLE)		2				
RHODÉSIE		2				
RWANDA	1					
SAOTOME (ÎLE)	1					
SÉNÉGAL	1					
SEYCHELLES (ÎLES)	1					
SIERRA LÉONE	1					
SOMALIE	1					
SOUDAN	1					
SUD-OUEST AFRICAIN		2				
SWAZILAND		2				
TANGER			3			
TANZANIE	1					
TCHAD	1					
TOGO	1					
TUNISIE NORD			3			
TUNISIE SUD		2				
ZAÏRE	1					
ZAMBIE	1					
AMÉRIQUE DU NORD						
CANADA						
ALBERTA SUD					5	
ALBERTA NORD						6
BRITISH COLUMBIA SUD					5	
BRITISH COLUMBIA NORD						6
MANITOBA SUD					5	
MANITOBA NORD						6
NEW BRUNSWICK				4		
NEW F. LABRADOR						6
NOUVELLE ÉCOSSE				4		
ONTARIO SUD				4		

PAYS	TABLE N° 1	2	3	4	5	6
ONTARIO NORD					5	
QUÉBEC SUD				4		
QUÉBEC NORD					5	
SASKATCHEWAN SUD					5	
SASKATCHEWAN NORD						6
TERRIT. NORD-OUEST						6
St PIERRE ET MIQUELON				4		
ETATS-UNIS						
ALABAMA			3			
ALASKA						6
ARIZONA			3			
ARKANSAS			3			
CALIFORNIE			3			
CAROLINE NORD			3			
CAROLINE SUD			3			
COLORADO			3			
CONNECTICUT				4		
DAKOTA NORD				4		
DAKOTA SUD				4		
DELAWARE			3			
FLORIDE		2				
GÉORGIE			3			
IDAHO				4		
ILLINOIS			3			
INDIANA			3			
IOWA			3			
KANSAS			3			
KENTUCKY			3			
LOUISIANE		2				
MAINE				4		
MARYLAND			3			
MASSACHUSETTS				4		
MICHIGAN				4		
MINNESOTA				4		
MISSISSIPI			3			
MISSOURI			3			
MONTANA				4		
NEBRASKA			3			
NEVADA			3			
NEW HAMPSHIRE				4		
NEW JERSEY			3			
NEW YORK				4		
NOUVEAU MEXIQUE			3			
OHIO			3			
OKLAHOMA			3			
ORÉGON				4		
PENNSYLVANIE			3			
RHODE-ISLAND			3			
TENNESSEE			3			
TEXAS		2				
UTAH			3			
VERMONT				4		
VIRGINIE			3			
VIRGINIE OCCID.			3			
WASHINGTON			3			
WASHINGTON ÉTAT				4		
WISCONSIN				4		
WYOMING				4		
HAWAÏ		2				
BERMUDES DES (ÎLE)			3			
TERRE NEUVE (ÎLE)				4		
AMERIQUE CENTRALE						
BAHAMAS (ÎLES)		2				
BARBADE (ÎLES)	1					
COSTA-RICA	1					

PAYS	TABLE N° 1	2	3	4	5	6
CUBA		2				
CURAÇAO	1					
DOMINICAINE Rép.		2				
GUADELOUPE		2				
GUATÉMALA	1					
HAÏTI		2				
HONDURAS	1					
HONDURAS BOIT.		2				
JAMAÏQUE		2				
MARTINIQUE	1					
MEXIQUE		2				
NICARAGUA	1					
PANAMA	1					
PETITES ANTILLES (ÎLES)	1					
PORTO-RICO		2				
SAN SALVADOR	1					
AMÉRIQUE DU SUD						
ARGENTINE NORD		2				
ARGENTINE CENTRE			3			
ARGENTINE SUD				4		
BOLIVIE NORD	1					
BOLIVIE SUD		2				
BRÉSIL NORD	1					
BRÉSIL SUD soit :						
MINAS GERAIS		2				
SAO PAULO-RIO		2				
CHILI NORD		2				
CHILI CENTRE			3			
CHILI SUD				4		
COLOMBIE	1					
ÉQUATEUR	1					
GUYANA	1					
GUYANE FRANÇAISE	1					
PARAGUAY		2				
PÉROU	1					
SURINAM	1					
URUGUAY			3			
VÉNÉZUELA	1					
ASIE						
AFGHANISTAN			3			
BIRMANIE		2				
BHOUTAN		2				
CACHEMIRE			3			
CAMBODGE	1					
CEYLAN (SRILANKA)	1					
CHINE DU NORD			3			
(SINKIANG, LIAO MING,						
HOPEH, CHANSI, CHENSI						
MANDCHOURIE, KANSOU						
KIANG-SOU, NAN CHAN)						
CHINE CENTRALE		2				
(YANG TSE KIANG)						
CHINE DU SUD		2				
CORÉE DU NORD			3			
CORÉE DU SUD			3			
INDE SUD	1					
INDE CENTRE		2				
INDE NORD		2				
INDONÉSIE	1					
JAPON			3			
JAPON (YESO)				4		
LAOS		2				
MALAYSIA (FÉD.)						
MONGOLIE EXT.				4		
NÉPAL		2				

PAYS	TABLE N° 1	2	3	4	5	6
PAKISTAN OR. OCC.		2				
PHILIPPINES (ÎLES)	1					
THAÏLANDE	1					
U.R.S.S.						
KAZAKHSTAN				4		
KIRGHIZISTAN			3			
OUZBEKISTAN			3			
SIBÉRIE SUD					5	
(OMSK, NOVOSSIBIRSK						
IRKOUTSK)						
RESTE SIBÉRIE						6
TADJIKISTAN			3			
TURKMENISTAN			3			
VLADIVOSTOK (PROV.)				4		
VIETNAM (NORD)		2				
VIETNAM (SUD)	1					

EUROPE

PAYS	1	2	3	4	5	6
ALBANIE			3			
NORD ÉCOSSE						6
ALLEMAGNE DE L'EST					5	
ALLEMAGNE OUEST						
NORD-CENTRE					5	
BAVIÈRE-BADE				4		
ANGLETERRE					5	
AUTRICHE				4		
BELGIQUE					5	
BULGARIE				4		
CHYPRE (ÎLE)			3			
DANEMARK						6
ESPAGNE NORD				4		
ESPAGNE CENTRE			3			
ESPAGNE SUD			3			
BALÉARES (ÎLES)			3			
ESTONIE						6
FINLANDE						6
FRANCE				4		
GRÈCE			3			
GROËNLAND						6
HOLLALNDE					5	
HONGRIE				4		
IRLANDE (EIRE)					5	
IRLANDE DU NORD					5	
ISLANDE						6
ITALIE NORD CENTRE				4		
ITALIE SUD			3			
SARDAIGNE-SICILE			3			
LETTONIE						6
LITHUANIE						6
LUXEMBOURG					5	
MALTE			3			
NORVÈGE						6
POLOGNE					5	
PORTUGAL			3			
ROUMANIE				4		
SUÈDE						6
SUISSE				4		
TCHÉCOSLOVAQUIE					5	
TURQUIE			3			
U.R.S.S.						
AZERBAÏDJAN				4		
ARMÉNIE				4		
BIELORUSSIE					5	
GÉORGIE				4		
UKRAINE				4		
U.R.S.S. NORD LIGNE						
SMOLENSK-MOSCOU-						
KAZAN						6
U.R.S.S.-SUD					5	
YOUGOSLAVIE				4		

MOYEN ORIENT

PAYS	1	2	3	4	5	6
ARABIE SAOUDITE		2				
ÉMIRATS ARABES		2				
IRAK			3			
IRAN NORD			3			
IRAN SUD		2				
ISRAËL		2				
JORDANIE		2				
KOWEIT		2				
LIBAN			3			
SAMOA		2				
SYRIE			3			
YEMEN NORD	1					
YEMEN SUD	1					

OCEANIE

PAYS	1	2	3	4	5	6
AUSTRALIE						
AUSTRALIE MÉRIDIONALE			3			
AUSTRALIE OCCIDENTALE		2				
NOUVELLES–GALLES DU SUD			3			
QUEEN'S LAND		2				
SAUF PÉNINSULE D'YORK	1					
TERRIT. DU NORD (NORD)	1					
TERRIT. DU NORD (SUD)		2				
VICTORIA			3			
TASMANIE				4		

PAYS	1	2	3	4	5	6
NOUVELLE–CALÉDONIE		2				
NOUVELLE–GUINÉE	1					
NOUVELLE–ZÉLANDE						
NORD ÎLE FUMANTE			3			
SUD ÎLE DE JADE				4		

AUTRES ÎLES

PAYS	1	2	3	4	5	6
CAROLINES	1					
CHATHAM				4		
CHESTERFIELD		2				
ELLICE	1					
FIDJI	1					
GILBERT	1					
HÉBRIDES	1					
KERMADEC			3			
LOYAUTÉ		2				
MARIANNES	1					
MARQUISES	1					
MARSHALL	1					
MIDWAY		2				
SALOMON	1					
SAOA	1					
SOCIÉTÉ	1					
TONGA		2				
TOUAMOTOU	1					
TUBUAÏ		2				

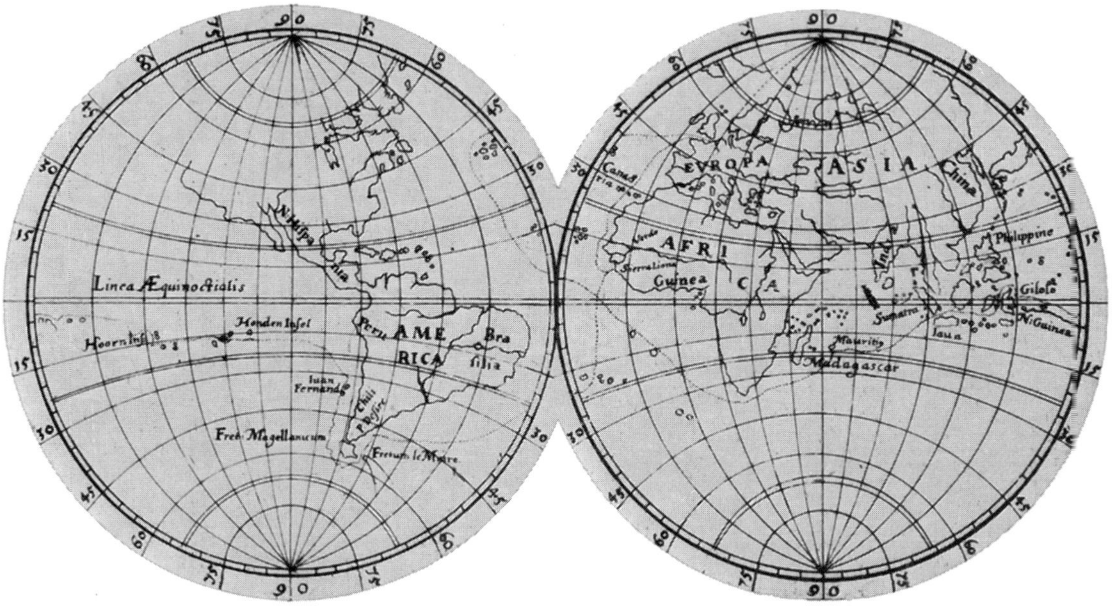

Comment découvrir votre Ascendant si vous êtes né(e) dans l'hémisphère Sud

Par rapport au Zodiaque, l'horizon Est dans l'hémisphère Sud n'est pas le même que dans l'hémisphère Nord.

Pour tenir compte de ce fait, vous ajoutez simplement 12 heures à votre heure solaire de naissance.

Si le total est supérieur à 24 heures, vous retranchez 24 heures : par exemple 20 h 30 + 12 h = 32 h 30 — 24 h = 8 h 30.

En prenant la nouvelle heure obtenue, 8 h 30 dans notre exemple, vous recherchez votre signe Ascendant exactement comme pour une naissance dans l'hémisphère Nord.

Vous obtenez le nom d'un signe zodiacal.

Celui-ci n'est pas encore votre Ascendant.

En effet, vous savez que les saisons australes sont inversées par rapport aux saisons boréales; l'été en Australie correspond à l'hiver en Europe.

De même, le signe du Bélier de l'hémisphère Nord, c'est-à-dire le début du printemps, correspond au signe de la Balance qui marque le début du printemps dans l'hémisphère Sud.

C'est donc le signe zodiacal opposé au signe que vous avez trouvé précédemment qui est votre signe Ascendant final, et le tableau ci-dessous vous permet de trouver immédiatement ce signe.

Votre signe Ascendant lu dans la Table ▼	Votre signe Ascendant final ▼
Bélier	**Balance**
Taureau	**Scorpion**
Gémeaux	**Sagittaire**
Cancer	**Capricorne**
Lion	**Verseau**
Vierge	**Poissons**
Balance	**Bélier**
Scorpion	**Taureau**
Sagittaire	**Gémeaux**
Capricorne	**Cancer**
Verseau	**Lion**
Poissons	**Vierge**

DECOUVREZ VOTRE ASCENDANT SANS AUCUN CALCUL : TABLE N° 1

VOTRE HEURE DE NAISSANCE	23 OCTOBRE	24 OCTOBRE	25 OCTOBRE	26 OCTOBRE	27 OCTOBRE	28 OCTOBRE	29 OCTOBRE	30 OCTOBRE
0 h 00	LION	LION	LION	LION	LION	LION	LION	LION
0 h 30	LION	LION	LION	LION	LION	LION	LION	LION
1 h 00	LION	LION	LION	LION	LION	LION	LION	LION
1 h 30	LION	LION	LION	LION	LION	LION	LION	VIERGE
2 h 00	VIERGE	VIERGE	VIERGE	VIERGE	VIERGE	VIERGE	VIERGE	VIERGE
2 h 30	VIERGE	VIERGE	VIERGE	VIERGE	VIERGE	VIERGE	VIERGE	VIERGE
3 h 00	VIERGE	VIERGE	VIERGE	VIERGE	VIERGE	VIERGE	VIERGE	VIERGE
3 h 30	VIERGE	VIERGE	VIERGE	VIERGE	VIERGE	VIERGE	BALANCE	BALANCE
4 h 00	BALANCE	BALANCE	BALANCE	BALANCE	BALANCE	BALANCE	BALANCE	BALANCE
4 h 30	BALANCE	BALANCE	BALANCE	BALANCE	BALANCE	BALANCE	BALANCE	BALANCE
5 h 00	BALANCE	BALANCE	BALANCE	BALANCE	BALANCE	BALANCE	BALANCE	BALANCE
5 h 30	BALANCE	BALANCE	BALANCE	BALANCE	BALANCE	BALANCE	SCORPION	SCORPION
6 h 00	SCORPION	SCORPION	SCORPION	SCORPION	SCORPION	SCORPION	SCORPION	SCORPION
6 h 30	SCORPION	SCORPION	SCORPION	SCORPION	SCORPION	SCORPION	SCORPION	SCORPION
7 h 00	SCORPION	SCORPION	SCORPION	SCORPION	SCORPION	SCORPION	SCORPION	SCORPION
7 h 30	SCORPION	SCORPION	SCORPION	SCORPION	SCORPION	SCORPION	SAGITTAIRE	SAGITTAIRE
8 h 00	SAGITTAIRE	SAGITTAIRE	SAGITTAIRE	SAGITTAIRE	SAGITTAIRE	SAGITTAIRE	SAGITTAIRE	SAGITTAIRE
8 h 30	SAGITTAIRE	SAGITTAIRE	SAGITTAIRE	SAGITTAIRE	SAGITTAIRE	SAGITTAIRE	SAGITTAIRE	SAGITTAIRE
9 h 00	SAGITTAIRE	SAGITTAIRE	SAGITTAIRE	SAGITTAIRE	SAGITTAIRE	SAGITTAIRE	SAGITTAIRE	SAGITTAIRE
9 h 30	SAGITTAIRE	SAGITTAIRE	SAGITTAIRE	SAGITTAIRE	SAGITTAIRE	SAGITTAIRE	SAGITTAIRE	SAGITTAIRE
10 h 00	SAGITTAIRE	SAGITTAIRE	CAPRICORNE	CAPRICORNE	CAPRICORNE	CAPRICORNE	CAPRICORNE	CAPRICORNE
10 h 30	CAPRICORNE	CAPRICORNE	CAPRICORNE	CAPRICORNE	CAPRICORNE	CAPRICORNE	CAPRICORNE	CAPRICORNE
11 h 00	CAPRICORNE	CAPRICORNE	CAPRICORNE	CAPRICORNE	CAPRICORNE	CAPRICORNE	CAPRICORNE	CAPRICORNE
11 h 30	CAPRICORNE	CAPRICORNE	CAPRICORNE	CAPRICORNE	CAPRICORNE	CAPRICORNE	CAPRICORNE	CAPRICORNE
MIDI	CAPRICORNE	CAPRICORNE	CAPRICORNE	VERSEAU	VERSEAU	VERSEAU	VERSEAU	VERSEAU
12 h 30	VERSEAU	VERSEAU	VERSEAU	VERSEAU	VERSEAU	VERSEAU	VERSEAU	VERSEAU
13 h 00	VERSEAU	VERSEAU	VERSEAU	VERSEAU	VERSEAU	VERSEAU	VERSEAU	VERSEAU
13 h 30	VERSEAU	VERSEAU	VERSEAU	VERSEAU	VERSEAU	VERSEAU	VERSEAU	VERSEAU
14 h 00	VERSEAU	VERSEAU	POISSONS	POISSONS	POISSONS	POISSONS	POISSONS	POISSONS
14 h 30	POISSONS	POISSONS	POISSONS	POISSONS	POISSONS	POISSONS	POISSONS	POISSONS
15 h 00	POISSONS	POISSONS	POISSONS	POISSONS	POISSONS	POISSONS	POISSONS	POISSONS
15 h 30	POISSONS	POISSONS	POISSONS	POISSONS	POISSONS	POISSONS	BELIER	BELIER
16 h 00	BELIER	BELIER	BELIER	BELIER	BELIER	BELIER	BELIER	BELIER
16 h 30	BELIER	BELIER	BELIER	BELIER	BELIER	BELIER	BELIER	BELIER
17 h 00	BELIER	BELIER	BELIER	BELIER	BELIER	BELIER	BELIER	BELIER
17 h 30	BELIER	BELIER	BELIER	TAUREAU	TAUREAU	TAUREAU	TAUREAU	TAUREAU
18 h 00	TAUREAU	TAUREAU	TAUREAU	TAUREAU	TAUREAU	TAUREAU	TAUREAU	TAUREAU
18 h 30	TAUREAU	TAUREAU	TAUREAU	TAUREAU	TAUREAU	TAUREAU	TAUREAU	TAUREAU
19 h 00	TAUREAU	TAUREAU	TAUREAU	TAUREAU	TAUREAU	TAUREAU	TAUREAU	TAUREAU
19 h 30	TAUREAU	GEMEAUX	GEMEAUX	GEMEAUX	GEMEAUX	GEMEAUX	GEMEAUX	GEMEAUX
20 h 00	GEMEAUX	GEMEAUX	GEMEAUX	GEMEAUX	GEMEAUX	GEMEAUX	GEMEAUX	GEMEAUX
20 h 30	GEMEAUX	GEMEAUX	GEMEAUX	GEMEAUX	GEMEAUX	GEMEAUX	GEMEAUX	GEMEAUX
21 h 00	GEMEAUX	GEMEAUX	GEMEAUX	GEMEAUX	GEMEAUX	GEMEAUX	GEMEAUX	GEMEAUX
21 h 30	GEMEAUX	GEMEAUX	GEMEAUX	CANCER	CANCER	CANCER	CANCER	CANCER
22 h 00	CANCER	CANCER	CANCER	CANCER	CANCER	CANCER	CANCER	CANCER
22 h 30	CANCER	CANCER	CANCER	CANCER	CANCER	CANCER	CANCER	CANCER
23 h 00	CANCER	CANCER	CANCER	CANCER	CANCER	CANCER	CANCER	CANCER
23 h 30	CANCER	CANCER	CANCER	CANCER	CANCER	CANCER	LION	LION

DECOUVREZ VOTRE ASCENDANT SANS AUCUN CALCUL : TABLE N° 1

VOTRE HEURE DE NAISSANCE	31 OCTOBRE	1 NOVEMBRE	2 NOVEMBRE	3 NOVEMBRE	4 NOVEMBRE	5 NOVEMBRE	6 NOVEMBRE	7 NOVEMBRE
0 h 00	LION	LION	LION	LION	LION	LION	LION	LION
0 h 30	LION	LION	LION	LION	LION	LION	LION	LION
1 h 00	LION	LION	LION	LION	LION	LION	VIERGE	VIERGE
1 h 30	VIERGE	VIERGE	VIERGE	VIERGE	VIERGE	VIERGE	VIERGE	VIERGE
2 h 00	VIERGE	VIERGE	VIERGE	VIERGE	VIERGE	VIERGE	VIERGE	VIERGE
2 h 30	VIERGE	VIERGE	VIERGE	VIERGE	VIERGE	VIERGE	VIERGE	VIERGE
3 h 00	VIERGE	VIERGE	VIERGE	VIERGE	VIERGE	VIERGE	BALANCE	BALANCE
3 h 30	BALANCE	BALANCE	BALANCE	BALANCE	BALANCE	BALANCE	BALANCE	BALANCE
4 h 00	BALANCE	BALANCE	BALANCE	BALANCE	BALANCE	BALANCE	BALANCE	BALANCE
4 h 30	BALANCE	BALANCE	BALANCE	BALANCE	BALANCE	BALANCE	BALANCE	BALANCE
5 h 00	BALANCE	BALANCE	BALANCE	BALANCE	BALANCE	SCORPION	SCORPION	SCORPION
5 h 30	SCORPION	SCORPION	SCORPION	SCORPION	SCORPION	SCORPION	SCORPION	SCORPION
6 h 00	SCORPION	SCORPION	SCORPION	SCORPION	SCORPION	SCORPION	SCORPION	SCORPION
6 h 30	SCORPION	SCORPION	SCORPION	SCORPION	SCORPION	SCORPION	SCORPION	SCORPION
7 h 00	SCORPION	SCORPION	SCORPION	SCORPION	SCORPION	SCORPION	SAGITTAIRE	SAGITTAIRE
7 h 30	SAGITTAIRE	SAGITTAIRE	SAGITTAIRE	SAGITTAIRE	SAGITTAIRE	SAGITTAIRE	SAGITTAIRE	SAGITTAIRE
8 h 00	SAGITTAIRE	SAGITTAIRE	SAGITTAIRE	SAGITTAIRE	SAGITTAIRE	SAGITTAIRE	SAGITTAIRE	SAGITTAIRE
8 h 30	SAGITTAIRE	SAGITTAIRE	SAGITTAIRE	SAGITTAIRE	SAGITTAIRE	SAGITTAIRE	SAGITTAIRE	SAGITTAIRE
9 h 00	SAGITTAIRE	SAGITTAIRE	SAGITTAIRE	SAGITTAIRE	SAGITTAIRE	SAGITTAIRE	SAGITTAIRE	SAGITTAIRE
9 h 30	SAGITTAIRE	CAPRICORNE	CAPRICORNE	CAPRICORNE	CAPRICORNE	CAPRICORNE	CAPRICORNE	CAPRICORNE
10 h 00	CAPRICORNE	CAPRICORNE	CAPRICORNE	CAPRICORNE	CAPRICORNE	CAPRICORNE	CAPRICORNE	CAPRICORNE
10 h 30	CAPRICORNE	CAPRICORNE	CAPRICORNE	CAPRICORNE	CAPRICORNE	CAPRICORNE	CAPRICORNE	CAPRICORNE
11 h 00	CAPRICORNE	CAPRICORNE	CAPRICORNE	CAPRICORNE	CAPRICORNE	CAPRICORNE	CAPRICORNE	CAPRICORNE
11 h 30	CAPRICORNE	CAPRICORNE	CAPRICORNE	VERSEAU	VERSEAU	VERSEAU	VERSEAU	VERSEAU
MIDI	VERSEAU	VERSEAU	VERSEAU	VERSEAU	VERSEAU	VERSEAU	VERSEAU	VERSEAU
12 h 30	VERSEAU	VERSEAU	VERSEAU	VERSEAU	VERSEAU	VERSEAU	VERSEAU	VERSEAU
13 h 00	VERSEAU	VERSEAU	VERSEAU	VERSEAU	VERSEAU	VERSEAU	VERSEAU	VERSEAU
13 h 30	VERSEAU	POISSONS	POISSONS	POISSONS	POISSONS	POISSONS	POISSONS	POISSONS
14 h 00	POISSONS	POISSONS	POISSONS	POISSONS	POISSONS	POISSONS	POISSONS	POISSONS
14 h 30	POISSONS	POISSONS	POISSONS	POISSONS	POISSONS	POISSONS	POISSONS	POISSONS
15 h 00	POISSONS	POISSONS	POISSONS	POISSONS	POISSONS	POISSONS	BELIER	BELIER
15 h 30	BELIER	BELIER	BELIER	BELIER	BELIER	BELIER	BELIER	BELIER
16 h 00	BELIER	BELIER	BELIER	BELIER	BELIER	BELIER	BELIER	BELIER
16 h 30	BELIER	BELIER	BELIER	BELIER	BELIER	BELIER	BELIER	BELIER
17 h 00	BELIER	BELIER	TAUREAU	TAUREAU	TAUREAU	TAUREAU	TAUREAU	TAUREAU
17 h 30	TAUREAU	TAUREAU	TAUREAU	TAUREAU	TAUREAU	TAUREAU	TAUREAU	TAUREAU
18 h 00	TAUREAU	TAUREAU	TAUREAU	TAUREAU	TAUREAU	TAUREAU	TAUREAU	TAUREAU
18 h 30	TAUREAU	TAUREAU	TAUREAU	TAUREAU	TAUREAU	TAUREAU	TAUREAU	TAUREAU
19 h 00	TAUREAU	GEMEAUX	GEMEAUX	GEMEAUX	GEMEAUX	GEMEAUX	GEMEAUX	GEMEAUX
19 h 30	GEMEAUX	GEMEAUX	GEMEAUX	GEMEAUX	GEMEAUX	GEMEAUX	GEMEAUX	GEMEAUX
20 h 00	GEMEAUX	GEMEAUX	GEMEAUX	GEMEAUX	GEMEAUX	GEMEAUX	GEMEAUX	GEMEAUX
20 h 30	GEMEAUX	GEMEAUX	GEMEAUX	GEMEAUX	GEMEAUX	GEMEAUX	GEMEAUX	GEMEAUX
21 h 00	GEMEAUX	GEMEAUX	CANCER	CANCER	CANCER	CANCER	CANCER	CANCER
21 h 30	CANCER	CANCER	CANCER	CANCER	CANCER	CANCER	CANCER	CANCER
22 h 00	CANCER	CANCER	CANCER	CANCER	CANCER	CANCER	CANCER	CANCER
22 h 30	CANCER	CANCER	CANCER	CANCER	CANCER	CANCER	CANCER	CANCER
23 h 00	CANCER	CANCER	CANCER	CANCER	CANCER	LION	LION	LION
23 h 30	LION	LION	LION	LION	LION	LION	LION	LION

DECOUVREZ VOTRE ASCENDANT SANS AUCUN CALCUL : TABLE N⁰ 1

VOTRE HEURE DE NAISSANCE	8 NOVEMBRE	9 NOVEMBRE	10 NOVEMBRE	11 NOVEMBRE	12 NOVEMBRE	13 NOVEMBRE	14 NOVEMBRE	15 NOVEMBRE
0 h 00	LION	LION	LION	LION	LION	LION	LION	LION
0 h 30	LION	LION	LION	LION	LION	LION	VIERGE	VIERGE
1 h 00	VIERGE	VIERGE	VIERGE	VIERGE	VIERGE	VIERGE	VIERGE	VIERGE
1 h 30	VIERGE	VIERGE	VIERGE	VIERGE	VIERGE	VIERGE	VIERGE	VIERGE
2 h 00	VIERGE	VIERGE	VIERGE	VIERGE	VIERGE	VIERGE	VIERGE	VIERGE
2 h 30	VIERGE	VIERGE	VIERGE	VIERGE	VIERGE	BALANCE	BALANCE	BALANCE
3 h 00	BALANCE	BALANCE	BALANCE	BALANCE	BALANCE	BALANCE	BALANCE	BALANCE
3 h 30	BALANCE	BALANCE	BALANCE	BALANCE	BALANCE	BALANCE	BALANCE	BALANCE
4 h 00	BALANCE	BALANCE	BALANCE	BALANCE	BALANCE	BALANCE	BALANCE	BALANCE
4 h 30	BALANCE	BALANCE	BALANCE	BALANCE	BALANCE	SCORPION	SCORPION	SCORPION
5 h 00	SCORPION	SCORPION	SCORPION	SCORPION	SCORPION	SCORPION	SCORPION	SCORPION
5 h 30	SCORPION	SCORPION	SCORPION	SCORPION	SCORPION	SCORPION	SCORPION	SCORPION
6 h 00	SCORPION	SCORPION	SCORPION	SCORPION	SCORPION	SCORPION	SCORPION	SCORPION
6 h 30	SCORPION	SCORPION	SCORPION	SCORPION	SCORPION	SAGITTAIRE	SAGITTAIRE	SAGITTAIRE
7 h 00	SAGITTAIRE	SAGITTAIRE	SAGITTAIRE	SAGITTAIRE	SAGITTAIRE	SAGITTAIRE	SAGITTAIRE	SAGITTAIRE
7 h 30	SAGITTAIRE	SAGITTAIRE	SAGITTAIRE	SAGITTAIRE	SAGITTAIRE	SAGITTAIRE	SAGITTAIRE	SAGITTAIRE
8 h 00	SAGITTAIRE	SAGITTAIRE	SAGITTAIRE	SAGITTAIRE	SAGITTAIRE	SAGITTAIRE	SAGITTAIRE	SAGITTAIRE
8 h 30	SAGITTAIRE	SAGITTAIRE	SAGITTAIRE	SAGITTAIRE	SAGITTAIRE	SAGITTAIRE	SAGITTAIRE	SAGITTAIRE
9 h 00	SAGITTAIRE	CAPRICORNE	CAPRICORNE	CAPRICORNE	CAPRICORNE	CAPRICORNE	CAPRICORNE	CAPRICORNE
9 h 30	CAPRICORNE	CAPRICORNE	CAPRICORNE	CAPRICORNE	CAPRICORNE	CAPRICORNE	CAPRICORNE	CAPRICORNE
10 h 00	CAPRICORNE	CAPRICORNE	CAPRICORNE	CAPRICORNE	CAPRICORNE	CAPRICORNE	CAPRICORNE	CAPRICORNE
10 h 30	CAPRICORNE	CAPRICORNE	CAPRICORNE	CAPRICORNE	CAPRICORNE	CAPRICORNE	CAPRICORNE	CAPRICORNE
11 h 00	CAPRICORNE	CAPRICORNE	VERSEAU	VERSEAU	VERSEAU	VERSEAU	VERSEAU	VERSEAU
11 h 30	VERSEAU	VERSEAU	VERSEAU	VERSEAU	VERSEAU	VERSEAU	VERSEAU	VERSEAU
MIDI	VERSEAU	VERSEAU	VERSEAU	VERSEAU	VERSEAU	VERSEAU	VERSEAU	VERSEAU
12 h 30	VERSEAU	VERSEAU	VERSEAU	VERSEAU	VERSEAU	VERSEAU	VERSEAU	VERSEAU
13 h 00	VERSEAU	POISSONS	POISSONS	POISSONS	POISSONS	POISSONS	POISSONS	POISSONS
13 h 30	POISSONS	POISSONS	POISSONS	POISSONS	POISSONS	POISSONS	POISSONS	POISSONS
14 h 00	POISSONS	POISSONS	POISSONS	POISSONS	POISSONS	POISSONS	POISSONS	POISSONS
14 h 30	POISSONS	POISSONS	POISSONS	POISSONS	POISSONS	BELIER	BELIER	BELIER
15 h 00	BELIER	BELIER	BELIER	BELIER	BELIER	BELIER	BELIER	BELIER
15 h 30	BELIER	BELIER	BELIER	BELIER	BELIER	BELIER	BELIER	BELIER
16 h 00	BELIER	BELIER	BELIER	BELIER	BELIER	BELIER	BELIER	BELIER
16 h 30	BELIER	BELIER	TAUREAU	TAUREAU	TAUREAU	TAUREAU	TAUREAU	TAUREAU
17 h 00	TAUREAU	TAUREAU	TAUREAU	TAUREAU	TAUREAU	TAUREAU	TAUREAU	TAUREAU
17 h 30	TAUREAU	TAUREAU	TAUREAU	TAUREAU	TAUREAU	TAUREAU	TAUREAU	TAUREAU
18 h 00	TAUREAU	TAUREAU	TAUREAU	TAUREAU	TAUREAU	TAUREAU	TAUREAU	TAUREAU
18 h 30	GEMEAUX	GEMEAUX	GEMEAUX	GEMEAUX	GEMEAUX	GEMEAUX	GEMEAUX	GEMEAUX
19 h 00	GEMEAUX	GEMEAUX	GEMEAUX	GEMEAUX	GEMEAUX	GEMEAUX	GEMEAUX	GEMEAUX
19 h 30	GEMEAUX	GEMEAUX	GEMEAUX	GEMEAUX	GEMEAUX	GEMEAUX	GEMEAUX	GEMEAUX
20 h 00	GEMEAUX	GEMEAUX	GEMEAUX	GEMEAUX	GEMEAUX	GEMEAUX	GEMEAUX	GEMEAUX
20 h 30	GEMEAUX	GEMEAUX	CANCER	CANCER	CANCER	CANCER	CANCER	CANCER
21 h 00	CANCER	CANCER	CANCER	CANCER	CANCER	CANCER	CANCER	CANCER
21 h 30	CANCER	CANCER	CANCER	CANCER	CANCER	CANCER	CANCER	CANCER
22 h 00	CANCER	CANCER	CANCER	CANCER	CANCER	CANCER	CANCER	CANCER
22 h 30	CANCER	CANCER	CANCER	CANCER	CANCER	LION	LION	LION
23 h 00	LION	LION	LION	LION	LION	LION	LION	LION
23 h 30	LION	LION	LION	LION	LION	LION	LION	LION

DECOUVREZ VOTRE ASCENDANT SANS AUCUN CALCUL : TABLE N° 1

VOTRE HEURE DE NAISSANCE	16 NOVEMBRE	17 NOVEMBRE	18 NOVEMBRE	19 NOVEMBRE	20 NOVEMBRE	21 NOVEMBRE	22 NOVEMBRE	23 NOVEMBRE
0 h 00	LION	LION	LION	LION	LION	VIERGE	VIERGE	VIERGE
0 h 30	VIERGE	VIERGE	VIERGE	VIERGE	VIERGE	VIERGE	VIERGE	VIERGE
1 h 00	VIERGE	VIERGE	VIERGE	VIERGE	VIERGE	VIERGE	VIERGE	VIERGE
1 h 30	VIERGE	VIERGE	VIERGE	VIERGE	VIERGE	VIERGE	VIERGE	VIERGE
2 h 00	VIERGE	VIERGE	VIERGE	VIERGE	VIERGE	BALANCE	BALANCE	BALANCE
2 h 30	BALANCE	BALANCE	BALANCE	BALANCE	BALANCE	BALANCE	BALANCE	BALANCE
3 h 00	BALANCE	BALANCE	BALANCE	BALANCE	BALANCE	BALANCE	BALANCE	BALANCE
3 h 30	BALANCE	BALANCE	BALANCE	BALANCE	BALANCE	BALANCE	BALANCE	BALANCE
4 h 00	BALANCE	BALANCE	BALANCE	BALANCE	SCORPION	SCORPION	SCORPION	SCORPION
4 h 30	SCORPION	SCORPION	SCORPION	SCORPION	SCORPION	SCORPION	SCORPION	SCORPION
5 h 00	SCORPION	SCORPION	SCORPION	SCORPION	SCORPION	SCORPION	SCORPION	SCORPION
5 h 30	SCORPION	SCORPION	SCORPION	SCORPION	SCORPION	SCORPION	SCORPION	SCORPION
6 h 00	SCORPION	SCORPION	SCORPION	SCORPION	SCORPION	SAGITTAIRE	SAGITTAIRE	SAGITTAIRE
6 h 30	SAGITTAIRE	SAGITTAIRE	SAGITTAIRE	SAGITTAIRE	SAGITTAIRE	SAGITTAIRE	SAGITTAIRE	SAGITTAIRE
7 h 00	SAGITTAIRE	SAGITTAIRE	SAGITTAIRE	SAGITTAIRE	SAGITTAIRE	SAGITTAIRE	SAGITTAIRE	SAGITTAIRE
7 h 30	SAGITTAIRE	SAGITTAIRE	SAGITTAIRE	SAGITTAIRE	SAGITTAIRE	SAGITTAIRE	SAGITTAIRE	SAGITTAIRE
8 h 00	SAGITTAIRE	SAGITTAIRE	SAGITTAIRE	SAGITTAIRE	SAGITTAIRE	SAGITTAIRE	SAGITTAIRE	CAPRICORNE
8 h 30	CAPRICORNE	CAPRICORNE	CAPRICORNE	CAPRICORNE	CAPRICORNE	CAPRICORNE	CAPRICORNE	CAPRICORNE
9 h 00	CAPRICORNE	CAPRICORNE	CAPRICORNE	CAPRICORNE	CAPRICORNE	CAPRICORNE	CAPRICORNE	CAPRICORNE
9 h 30	CAPRICORNE	CAPRICORNE	CAPRICORNE	CAPRICORNE	CAPRICORNE	CAPRICORNE	CAPRICORNE	CAPRICORNE
10 h 00	CAPRICORNE	CAPRICORNE	CAPRICORNE	CAPRICORNE	CAPRICORNE	CAPRICORNE	CAPRICORNE	CAPRICORNE
10 h 30	CAPRICORNE	CAPRICORNE	VERSEAU	VERSEAU	VERSEAU	VERSEAU	VERSEAU	VERSEAU
11 h 00	VERSEAU	VERSEAU	VERSEAU	VERSEAU	VERSEAU	VERSEAU	VERSEAU	VERSEAU
11 h 30	VERSEAU	VERSEAU	VERSEAU	VERSEAU	VERSEAU	VERSEAU	VERSEAU	VERSEAU
MIDI	VERSEAU	VERSEAU	VERSEAU	VERSEAU	VERSEAU	VERSEAU	VERSEAU	VERSEAU
12 h 30	VERSEAU	POISSONS	POISSONS	POISSONS	POISSONS	POISSONS	POISSONS	POISSONS
13 h 00	POISSONS	POISSONS	POISSONS	POISSONS	POISSONS	POISSONS	POISSONS	POISSONS
13 h 30	POISSONS	POISSONS	POISSONS	POISSONS	POISSONS	POISSONS	POISSONS	POISSONS
14 h 00	POISSONS	POISSONS	POISSONS	POISSONS	POISSONS	BELIER	BELIER	BELIER
14 h 30	BELIER	BELIER	BELIER	BELIER	BELIER	BELIER	BELIER	BELIER
15 h 00	BELIER	BELIER	BELIER	BELIER	BELIER	BELIER	BELIER	BELIER
15 h 30	BELIER	BELIER	BELIER	BELIER	BELIER	BELIER	BELIER	BELIER
16 h 00	BELIER	TAUREAU	TAUREAU	TAUREAU	TAUREAU	TAUREAU	TAUREAU	TAUREAU
16 h 30	TAUREAU	TAUREAU	TAUREAU	TAUREAU	TAUREAU	TAUREAU	TAUREAU	TAUREAU
17 h 00	TAUREAU	TAUREAU	TAUREAU	TAUREAU	TAUREAU	TAUREAU	TAUREAU	TAUREAU
17 h 30	TAUREAU	TAUREAU	TAUREAU	TAUREAU	TAUREAU	TAUREAU	TAUREAU	GEMEAUX
18 h 00	GEMEAUX	GEMEAUX	GEMEAUX	GEMEAUX	GEMEAUX	GEMEAUX	GEMEAUX	GEMEAUX
18 h 30	GEMEAUX	GEMEAUX	GEMEAUX	GEMEAUX	GEMEAUX	GEMEAUX	GEMEAUX	GEMEAUX
19 h 00	GEMEAUX	GEMEAUX	GEMEAUX	GEMEAUX	GEMEAUX	GEMEAUX	GEMEAUX	GEMEAUX
19 h 30	GEMEAUX	GEMEAUX	GEMEAUX	GEMEAUX	GEMEAUX	GEMEAUX	GEMEAUX	GEMEAUX
20 h 00	GEMEAUX	GEMEAUX	CANCER	CANCER	CANCER	CANCER	CANCER	CANCER
20 h 30	CANCER	CANCER	CANCER	CANCER	CANCER	CANCER	CANCER	CANCER
21 h 00	CANCER	CANCER	CANCER	CANCER	CANCER	CANCER	CANCER	CANCER
21 h 30	CANCER	CANCER	CANCER	CANCER	CANCER	CANCER	CANCER	CANCER
22 h 00	CANCER	CANCER	CANCER	CANCER	CANCER	LION	LION	LION
22 h 30	LION	LION	LION	LION	LION	LION	LION	LION
23 h 00	LION	LION	LION	LION	LION	LION	LION	LION
23 h 30	LION	LION	LION	LION	LION	LION	LION	LION

DECOUVREZ VOTRE ASCENDANT SANS AUCUN CALCUL : TABLE N° 2

VOTRE HEURE DE NAISSANCE	23 OCTOBRE	24 OCTOBRE	25 OCTOBRE	26 OCTOBRE	27 OCTOBRE	28 OCTOBRE	29 OCTOBRE	30 OCTOBRE
0 h 00	LION	LION	LION	LION	LION	LION	LION	LION
0 h 30	LION	LION	LION	LION	LION	LION	LION	LION
1 h 00	LION	LION	LION	LION	LION	LION	LION	LION
1 h 30	LION	LION	VIERGE	VIERGE	VIERGE	VIERGE	VIERGE	VIERGE
2 h 00	VIERGE	VIERGE	VIERGE	VIERGE	VIERGE	VIERGE	VIERGE	VIERGE
2 h 30	VIERGE	VIERGE	VIERGE	VIERGE	VIERGE	VIERGE	VIERGE	VIERGE
3 h 00	VIERGE	VIERGE	VIERGE	VIERGE	VIERGE	VIERGE	VIERGE	VIERGE
3 h 30	VIERGE	VIERGE	VIERGE	VIERGE	VIERGE	VIERGE	BALANCE	BALANCE
4 h 00	BALANCE	BALANCE	BALANCE	BALANCE	BALANCE	BALANCE	BALANCE	BALANCE
4 h 30	BALANCE	BALANCE	BALANCE	BALANCE	BALANCE	BALANCE	BALANCE	BALANCE
5 h 00	BALANCE	BALANCE	BALANCE	BALANCE	BALANCE	BALANCE	BALANCE	BALANCE
5 h 30	BALANCE	BALANCE	BALANCE	BALANCE	BALANCE	BALANCE	BALANCE	BALANCE
6 h 00	BALANCE	BALANCE	BALANCE	SCORPION	SCORPION	SCORPION	SCORPION	SCORPION
6 h 30	SCORPION	SCORPION	SCORPION	SCORPION	SCORPION	SCORPION	SCORPION	SCORPION
7 h 00	SCORPION	SCORPION	SCORPION	SCORPION	SCORPION	SCORPION	SCORPION	SCORPION
7 h 30	SCORPION	SCORPION	SCORPION	SCORPION	SCORPION	SCORPION	SCORPION	SCORPION
8 h 00	SCORPION	SCORPION	SCORPION	SCORPION	SCORPION	SCORPION	SCORPION	SCORPION
8 h 30	SCORPION	SAGITTAIRE	SAGITTAIRE	SAGITTAIRE	SAGITTAIRE	SAGITTAIRE	SAGITTAIRE	SAGITTAIRE
9 h 00	SAGITTAIRE	SAGITTAIRE	SAGITTAIRE	SAGITTAIRE	SAGITTAIRE	SAGITTAIRE	SAGITTAIRE	SAGITTAIRE
9 h 30	SAGITTAIRE	SAGITTAIRE	SAGITTAIRE	SAGITTAIRE	SAGITTAIRE	SAGITTAIRE	SAGITTAIRE	SAGITTAIRE
10 h 00	SAGITTAIRE	SAGITTAIRE	SAGITTAIRE	SAGITTAIRE	SAGITTAIRE	SAGITTAIRE	SAGITTAIRE	SAGITTAIRE
10 h 30	SAGITTAIRE	SAGITTAIRE	SAGITTAIRE	SAGITTAIRE	SAGITTAIRE	CAPRICORNE	CAPRICORNE	CAPRICORNE
11 h 00	CAPRICORNE	CAPRICORNE	CAPRICORNE	CAPRICORNE	CAPRICORNE	CAPRICORNE	CAPRICORNE	CAPRICORNE
11 h 30	CAPRICORNE	CAPRICORNE	CAPRICORNE	CAPRICORNE	CAPRICORNE	CAPRICORNE	CAPRICORNE	CAPRICORNE
MIDI	CAPRICORNE	CAPRICORNE	CAPRICORNE	CAPRICORNE	CAPRICORNE	CAPRICORNE	CAPRICORNE	CAPRICORNE
12 h 30	CAPRICORNE	CAPRICORNE	CAPRICORNE	CAPRICORNE	CAPRICORNE	VERSEAU	VERSEAU	VERSEAU
13 h 00	VERSEAU	VERSEAU	VERSEAU	VERSEAU	VERSEAU	VERSEAU	VERSEAU	VERSEAU
13 h 30	VERSEAU	VERSEAU	VERSEAU	VERSEAU	VERSEAU	VERSEAU	VERSEAU	VERSEAU
14 h 00	VERSEAU	VERSEAU	VERSEAU	VERSEAU	VERSEAU	VERSEAU	VERSEAU	POISSONS
14 h 30	POISSONS	POISSONS	POISSONS	POISSONS	POISSONS	POISSONS	POISSONS	POISSONS
15 h 00	POISSONS	POISSONS	POISSONS	POISSONS	POISSONS	POISSONS	POISSONS	POISSONS
15 h 30	POISSONS	POISSONS	POISSONS	POISSONS	POISSONS	POISSONS	BELIER	BELIER
16 h 00	BELIER	BELIER	BELIER	BELIER	BELIER	BELIER	BELIER	BELIER
16 h 30	BELIER	BELIER	BELIER	BELIER	BELIER	BELIER	BELIER	BELIER
17 h 00	BELIER	BELIER	BELIER	BELIER	BELIER	TAUREAU	TAUREAU	TAUREAU
17 h 30	TAUREAU	TAUREAU	TAUREAU	TAUREAU	TAUREAU	TAUREAU	TAUREAU	TAUREAU
18 h 00	TAUREAU	TAUREAU	TAUREAU	TAUREAU	TAUREAU	TAUREAU	TAUREAU	TAUREAU
18 h 30	TAUREAU	TAUREAU	TAUREAU	TAUREAU	TAUREAU	TAUREAU	TAUREAU	TAUREAU
19 h 00	GEMEAUX	GEMEAUX	GEMEAUX	GEMEAUX	GEMEAUX	GEMEAUX	GEMEAUX	GEMEAUX
19 h 30	GEMEAUX	GEMEAUX	GEMEAUX	GEMEAUX	GEMEAUX	GEMEAUX	GEMEAUX	GEMEAUX
20 h 00	GEMEAUX	GEMEAUX	GEMEAUX	GEMEAUX	GEMEAUX	GEMEAUX	GEMEAUX	GEMEAUX
20 h 30	GEMEAUX	GEMEAUX	GEMEAUX	GEMEAUX	GEMEAUX	GEMEAUX	GEMEAUX	CANCER
21 h 00	CANCER	CANCER	CANCER	CANCER	CANCER	CANCER	CANCER	CANCER
21 h 30	CANCER	CANCER	CANCER	CANCER	CANCER	CANCER	CANCER	CANCER
22 h 00	CANCER	CANCER	CANCER	CANCER	CANCER	CANCER	CANCER	CANCER
22 h 30	CANCER	CANCER	CANCER	CANCER	CANCER	CANCER	CANCER	CANCER
23 h 00	CANCER	CANCER	CANCER	CANCER	LION	LION	LION	LION
23 h 30	LION	LION	LION	LION	LION	LION	LION	LION

DECOUVREZ VOTRE ASCENDANT SANS AUCUN CALCUL : TABLE N⁰ 2

VOTRE HEURE DE NAISSANCE	31 OCTOBRE	1 NOVEMBRE	2 NOVEMBRE	3 NOVEMBRE	4 NOVEMBRE	5 NOVEMBRE	6 NOVEMBRE	7 NOVEMBRE
0 h 00	LION	LION	LION	LION	LION	LION	LION	LION
0 h 30	LION	LION	LION	LION	LION	LION	LION	LION
1 h 00	VIERGE	VIERGE	VIERGE	VIERGE	VIERGE	VIERGE	VIERGE	VIERGE
1 h 30	VIERGE	VIERGE	VIERGE	VIERGE	VIERGE	VIERGE	VIERGE	VIERGE
2 h 00	VIERGE	VIERGE	VIERGE	VIERGE	VIERGE	VIERGE	VIERGE	VIERGE
2 h 30	VIERGE	VIERGE	VIERGE	VIERGE	VIERGE	VIERGE	VIERGE	VIERGE
3 h 00	VIERGE	VIERGE	VIERGE	VIERGE	VIERGE	BALANCE	BALANCE	BALANCE
3 h 30	BALANCE	BALANCE	BALANCE	BALANCE	BALANCE	BALANCE	BALANCE	BALANCE
4 h 00	BALANCE	BALANCE	BALANCE	BALANCE	BALANCE	BALANCE	BALANCE	BALANCE
4 h 30	BALANCE	BALANCE	BALANCE	BALANCE	BALANCE	BALANCE	BALANCE	BALANCE
5 h 00	BALANCE	BALANCE	BALANCE	BALANCE	BALANCE	BALANCE	BALANCE	BALANCE
5 h 30	BALANCE	BALANCE	SCORPION	SCORPION	SCORPION	SCORPION	SCORPION	SCORPION
6 h 00	SCORPION	SCORPION	SCORPION	SCORPION	SCORPION	SCORPION	SCORPION	SCORPION
6 h 30	SCORPION	SCORPION	SCORPION	SCORPION	SCORPION	SCORPION	SCORPION	SCORPION
7 h 00	SCORPION	SCORPION	SCORPION	SCORPION	SCORPION	SCORPION	SCORPION	SCORPION
7 h 30	SCORPION	SCORPION	SCORPION	SCORPION	SCORPION	SCORPION	SCORPION	SAGITTAIRE
8 h 00	SAGITTAIRE	SAGITTAIRE	SAGITTAIRE	SAGITTAIRE	SAGITTAIRE	SAGITTAIRE	SAGITTAIRE	SAGITTAIRE
8 h 30	SAGITTAIRE	SAGITTAIRE	SAGITTAIRE	SAGITTAIRE	SAGITTAIRE	SAGITTAIRE	SAGITTAIRE	SAGITTAIRE
9 h 00	SAGITTAIRE	SAGITTAIRE	SAGITTAIRE	SAGITTAIRE	SAGITTAIRE	SAGITTAIRE	SAGITTAIRE	SAGITTAIRE
9 h 30	SAGITTAIRE	SAGITTAIRE	SAGITTAIRE	SAGITTAIRE	SAGITTAIRE	SAGITTAIRE	SAGITTAIRE	SAGITTAIRE
10 h 00	SAGITTAIRE	SAGITTAIRE	SAGITTAIRE	SAGITTAIRE	CAPRICORNE	CAPRICORNE	CAPRICORNE	CAPRICORNE
10 h 30	CAPRICORNE	CAPRICORNE	CAPRICORNE	CAPRICORNE	CAPRICORNE	CAPRICORNE	CAPRICORNE	CAPRICORNE
11 h 00	CAPRICORNE	CAPRICORNE	CAPRICORNE	CAPRICORNE	CAPRICORNE	CAPRICORNE	CAPRICORNE	CAPRICORNE
11 h 30	CAPRICORNE	CAPRICORNE	CAPRICORNE	CAPRICORNE	CAPRICORNE	CAPRICORNE	CAPRICORNE	CAPRICORNE
MIDI	CAPRICORNE	CAPRICORNE	CAPRICORNE	CAPRICORNE	VERSEAU	VERSEAU	VERSEAU	VERSEAU
12 h 30	VERSEAU	VERSEAU	VERSEAU	VERSEAU	VERSEAU	VERSEAU	VERSEAU	VERSEAU
13 h 00	VERSEAU	VERSEAU	VERSEAU	VERSEAU	VERSEAU	VERSEAU	VERSEAU	VERSEAU
13 h 30	VERSEAU	VERSEAU	VERSEAU	VERSEAU	VERSEAU	VERSEAU	VERSEAU	POISSONS
14 h 00	POISSONS	POISSONS	POISSONS	POISSONS	POISSONS	POISSONS	POISSONS	POISSONS
14 h 30	POISSONS	POISSONS	POISSONS	POISSONS	POISSONS	POISSONS	POISSONS	POISSONS
15 h 00	POISSONS	POISSONS	POISSONS	POISSONS	POISSONS	BELIER	BELIER	BELIER
15 h 30	BELIER	BELIER	BELIER	BELIER	BELIER	BELIER	BELIER	BELIER
16 h 00	BELIER	BELIER	BELIER	BELIER	BELIER	BELIER	BELIER	BELIER
16 h 30	BELIER	BELIER	BELIER	BELIER	BELIER	TAUREAU	TAUREAU	TAUREAU
17 h 00	TAUREAU	TAUREAU	TAUREAU	TAUREAU	TAUREAU	TAUREAU	TAUREAU	TAUREAU
17 h 30	TAUREAU	TAUREAU	TAUREAU	TAUREAU	TAUREAU	TAUREAU	TAUREAU	TAUREAU
18 h 00	TAUREAU	TAUREAU	TAUREAU	TAUREAU	TAUREAU	TAUREAU	TAUREAU	GEMEAUX
18 h 30	GEMEAUX	GEMEAUX	GEMEAUX	GEMEAUX	GEMEAUX	GEMEAUX	GEMEAUX	GEMEAUX
19 h 00	GEMEAUX	GEMEAUX	GEMEAUX	GEMEAUX	GEMEAUX	GEMEAUX	GEMEAUX	GEMEAUX
19 h 30	GEMEAUX	GEMEAUX	GEMEAUX	GEMEAUX	GEMEAUX	GEMEAUX	GEMEAUX	GEMEAUX
20 h 00	GEMEAUX	GEMEAUX	GEMEAUX	GEMEAUX	GEMEAUX	GEMEAUX	GEMEAUX	CANCER
20 h 30	CANCER	CANCER	CANCER	CANCER	CANCER	CANCER	CANCER	CANCER
21 h 00	CANCER	CANCER	CANCER	CANCER	CANCER	CANCER	CANCER	CANCER
21 h 30	CANCER	CANCER	CANCER	CANCER	CANCER	CANCER	CANCER	CANCER
22 h 00	CANCER	CANCER	CANCER	CANCER	CANCER	CANCER	CANCER	CANCER
22 h 30	CANCER	CANCER	CANCER	CANCER	LION	LION	LION	LION
23 h 00	LION	LION	LION	LION	LION	LION	LION	LION
23 h 30	LION	LION	LION	LION	LION	LION	LION	LION

DECOUVREZ VOTRE ASCENDANT SANS AUCUN CALCUL : TABLE N⁰ 2

VOTRE HEURE DE NAISSANCE	8 NOVEMBRE	9 NOVEMBRE	10 NOVEMBRE	11 NOVEMBRE	12 NOVEMBRE	13 NOVEMBRE	14 NOVEMBRE	15 NOVEMBRE
0 h 00	LION	LION	LION	LION	LION	LION	LION	LION
0 h 30	LION	VIERGE	VIERGE	VIERGE	VIERGE	VIERGE	VIERGE	VIERGE
1 h 00	VIERGE	VIERGE	VIERGE	VIERGE	VIERGE	VIERGE	VIERGE	VIERGE
1 h 30	VIERGE	VIERGE	VIERGE	VIERGE	VIERGE	VIERGE	VIERGE	VIERGE
2 h 00	VIERGE	VIERGE	VIERGE	VIERGE	VIERGE	VIERGE	VIERGE	VIERGE
2 h 30	VIERGE	VIERGE	VIERGE	VIERGE	VIERGE	BALANCE	BALANCE	BALANCE
3 h 00	BALANCE	BALANCE	BALANCE	BALANCE	BALANCE	BALANCE	BALANCE	BALANCE
3 h 30	BALANCE	BALANCE	BALANCE	BALANCE	BALANCE	BALANCE	BALANCE	BALANCE
4 h 00	BALANCE	BALANCE	BALANCE	BALANCE	BALANCE	BALANCE	BALANCE	BALANCE
4 h 30	BALANCE	BALANCE	BALANCE	BALANCE	BALANCE	BALANCE	BALANCE	BALANCE
5 h 00	BALANCE	BALANCE	SCORPION	SCORPION	SCORPION	SCORPION	SCORPION	SCORPION
5 h 30	SCORPION	SCORPION	SCORPION	SCORPION	SCORPION	SCORPION	SCORPION	SCORPION
6 h 00	SCORPION	SCORPION	SCORPION	SCORPION	SCORPION	SCORPION	SCORPION	SCORPION
6 h 30	SCORPION	SCORPION	SCORPION	SCORPION	SCORPION	SCORPION	SCORPION	SCORPION
7 h 00	SCORPION	SCORPION	SCORPION	SCORPION	SCORPION	SCORPION	SCORPION	SAGITTAIRE
7 h 30	SAGITTAIRE	SAGITTAIRE	SAGITTAIRE	SAGITTAIRE	SAGITTAIRE	SAGITTAIRE	SAGITTAIRE	SAGITTAIRE
8 h 00	SAGITTAIRE	SAGITTAIRE	SAGITTAIRE	SAGITTAIRE	SAGITTAIRE	SAGITTAIRE	SAGITTAIRE	SAGITTAIRE
8 h 30	SAGITTAIRE	SAGITTAIRE	SAGITTAIRE	SAGITTAIRE	SAGITTAIRE	SAGITTAIRE	SAGITTAIRE	SAGITTAIRE
9 h 00	SAGITTAIRE	SAGITTAIRE	SAGITTAIRE	SAGITTAIRE	SAGITTAIRE	SAGITTAIRE	SAGITTAIRE	SAGITTAIRE
9 h 30	SAGITTAIRE	SAGITTAIRE	SAGITTAIRE	SAGITTAIRE	CAPRICORNE	CAPRICORNE	CAPRICORNE	CAPRICORNE
10 h 00	CAPRICORNE	CAPRICORNE	CAPRICORNE	CAPRICORNE	CAPRICORNE	CAPRICORNE	CAPRICORNE	CAPRICORNE
10 h 30	CAPRICORNE	CAPRICORNE	CAPRICORNE	CAPRICORNE	CAPRICORNE	CAPRICORNE	CAPRICORNE	CAPRICORNE
11 h 00	CAPRICORNE	CAPRICORNE	CAPRICORNE	CAPRICORNE	CAPRICORNE	CAPRICORNE	CAPRICORNE	CAPRICORNE
11 h 30	CAPRICORNE	CAPRICORNE	CAPRICORNE	CAPRICORNE	VERSEAU	VERSEAU	VERSEAU	VERSEAU
MIDI	VERSEAU	VERSEAU	VERSEAU	VERSEAU	VERSEAU	VERSEAU	VERSEAU	VERSEAU
12 h 30	VERSEAU	VERSEAU	VERSEAU	VERSEAU	VERSEAU	VERSEAU	VERSEAU	VERSEAU
13 h 00	VERSEAU	VERSEAU	VERSEAU	VERSEAU	VERSEAU	VERSEAU	POISSONS	POISSONS
13 h 30	POISSONS	POISSONS	POISSONS	POISSONS	POISSONS	POISSONS	POISSONS	POISSONS
14 h 00	POISSONS	POISSONS	POISSONS	POISSONS	POISSONS	POISSONS	POISSONS	POISSONS
14 h 30	POISSONS	POISSONS	POISSONS	POISSONS	POISSONS	BELIER	BELIER	BELIER
15 h 00	BELIER	BELIER	BELIER	BELIER	BELIER	BELIER	BELIER	BELIER
15 h 30	BELIER	BELIER	BELIER	BELIER	BELIER	BELIER	BELIER	BELIER
16 h 00	BELIER	BELIER	BELIER	BELIER	TAUREAU	TAUREAU	TAUREAU	TAUREAU
16 h 30	TAUREAU	TAUREAU	TAUREAU	TAUREAU	TAUREAU	TAUREAU	TAUREAU	TAUREAU
17 h 00	TAUREAU	TAUREAU	TAUREAU	TAUREAU	TAUREAU	TAUREAU	TAUREAU	TAUREAU
17 h 30	TAUREAU	TAUREAU	TAUREAU	TAUREAU	TAUREAU	TAUREAU	TAUREAU	GEMEAUX
18 h 00	GEMEAUX	GEMEAUX	GEMEAUX	GEMEAUX	GEMEAUX	GEMEAUX	GEMEAUX	GEMEAUX
18 h 30	GEMEAUX	GEMEAUX	GEMEAUX	GEMEAUX	GEMEAUX	GEMEAUX	GEMEAUX	GEMEAUX
19 h 00	GEMEAUX	GEMEAUX	GEMEAUX	GEMEAUX	GEMEAUX	GEMEAUX	GEMEAUX	GEMEAUX
19 h 30	GEMEAUX	GEMEAUX	GEMEAUX	GEMEAUX	GEMEAUX	GEMEAUX	CANCER	CANCER
20 h 00	CANCER	CANCER	CANCER	CANCER	CANCER	CANCER	CANCER	CANCER
20 h 30	CANCER	CANCER	CANCER	CANCER	CANCER	CANCER	CANCER	CANCER
21 h 00	CANCER	CANCER	CANCER	CANCER	CANCER	CANCER	CANCER	CANCER
21 h 30	CANCER	CANCER	CANCER	CANCER	CANCER	CANCER	CANCER	CANCER
22 h 00	CANCER	CANCER	CANCER	LION	LION	LION	LION	LION
22 h 30	LION	LION	LION	LION	LION	LION	LION	LION
23 h 00	LION	LION	LION	LION	LION	LION	LION	LION
23 h 30	LION	LION	LION	LION	LION	LION	LION	LION

DECOUVREZ VOTRE ASCENDANT SANS AUCUN CALCUL : TABLE N° 2

VOTRE HEURE DE NAISSANCE	16 NOVEMBRE	17 NOVEMBRE	18 NOVEMBRE	19 NOVEMBRE	20 NOVEMBRE	21 NOVEMBRE	22 NOVEMBRE	23 NOVEMBRE
0 h 00	VIERGE	VIERGE	VIERGE	VIERGE	VIERGE	VIERGE	VIERGE	VIERGE
0 h 30	VIERGE	VIERGE	VIERGE	VIERGE	VIERGE	VIERGE	VIERGE	VIERGE
1 h 00	VIERGE	VIERGE	VIERGE	VIERGE	VIERGE	VIERGE	VIERGE	VIERGE
1 h 30	VIERGE	VIERGE	VIERGE	VIERGE	VIERGE	VIERGE	VIERGE	VIERGE
2 h 00	VIERGE	VIERGE	VIERGE	VIERGE	VIERGE	BALANCE	BALANCE	BALANCE
2 h 30	BALANCE	BALANCE	BALANCE	BALANCE	BALANCE	BALANCE	BALANCE	BALANCE
3 h 00	BALANCE	BALANCE	BALANCE	BALANCE	BALANCE	BALANCE	BALANCE	BALANCE
3 h 30	BALANCE	BALANCE	BALANCE	BALANCE	BALANCE	BALANCE	BALANCE	BALANCE
4 h 00	BALANCE	BALANCE	BALANCE	BALANCE	BALANCE	BALANCE	BALANCE	BALANCE
4 h 30	BALANCE	BALANCE	SCORPION	SCORPION	SCORPION	SCORPION	SCORPION	SCORPION
5 h 00	SCORPION	SCORPION	SCORPION	SCORPION	SCORPION	SCORPION	SCORPION	SCORPION
5 h 30	SCORPION	SCORPION	SCORPION	SCORPION	SCORPION	SCORPION	SCORPION	SCORPION
6 h 00	SCORPION	SCORPION	SCORPION	SCORPION	SCORPION	SCORPION	SCORPION	SCORPION
6 h 30	SCORPION	SCORPION	SCORPION	SCORPION	SCORPION	SCORPION	SAGITTAIRE	SAGITTAIRE
7 h 00	SAGITTAIRE	SAGITTAIRE	SAGITTAIRE	SAGITTAIRE	SAGITTAIRE	SAGITTAIRE	SAGITTAIRE	SAGITTAIRE
7 h 30	SAGITTAIRE	SAGITTAIRE	SAGITTAIRE	SAGITTAIRE	SAGITTAIRE	SAGITTAIRE	SAGITTAIRE	SAGITTAIRE
8 h 00	SAGITTAIRE	SAGITTAIRE	SAGITTAIRE	SAGITTAIRE	SAGITTAIRE	SAGITTAIRE	SAGITTAIRE	SAGITTAIRE
8 h 30	SAGITTAIRE	SAGITTAIRE	SAGITTAIRE	SAGITTAIRE	SAGITTAIRE	SAGITTAIRE	SAGITTAIRE	SAGITTAIRE
9 h 00	SAGITTAIRE	SAGITTAIRE	SAGITTAIRE	SAGITTAIRE	CAPRICORNE	CAPRICORNE	CAPRICORNE	CAPRICORNE
9 h 30	CAPRICORNE	CAPRICORNE	CAPRICORNE	CAPRICORNE	CAPRICORNE	CAPRICORNE	CAPRICORNE	CAPRICORNE
10 h 00	CAPRICORNE	CAPRICORNE	CAPRICORNE	CAPRICORNE	CAPRICORNE	CAPRICORNE	CAPRICORNE	CAPRICORNE
10 h 30	CAPRICORNE	CAPRICORNE	CAPRICORNE	CAPRICORNE	CAPRICORNE	CAPRICORNE	CAPRICORNE	CAPRICORNE
11 h 00	CAPRICORNE	CAPRICORNE	CAPRICORNE	VERSEAU	VERSEAU	VERSEAU	VERSEAU	VERSEAU
11 h 30	VERSEAU	VERSEAU	VERSEAU	VERSEAU	VERSEAU	VERSEAU	VERSEAU	VERSEAU
MIDI	VERSEAU	VERSEAU	VERSEAU	VERSEAU	VERSEAU	VERSEAU	VERSEAU	VERSEAU
12 h 30	VERSEAU	VERSEAU	VERSEAU	VERSEAU	VERSEAU	VERSEAU	POISSONS	POISSONS
13 h 00	POISSONS	POISSONS	POISSONS	POISSONS	POISSONS	POISSONS	POISSONS	POISSONS
13 h 30	POISSONS	POISSONS	POISSONS	POISSONS	POISSONS	POISSONS	POISSONS	POISSONS
14 h 00	POISSONS	POISSONS	POISSONS	POISSONS	POISSONS	BELIER	BELIER	BELIER
14 h 30	BELIER	BELIER	BELIER	BELIER	BELIER	BELIER	BELIER	BELIER
15 h 00	BELIER	BELIER	BELIER	BELIER	BELIER	BELIER	BELIER	BELIER
15 h 30	BELIER	BELIER	BELIER	BELIER	TAUREAU	TAUREAU	TAUREAU	TAUREAU
16 h 00	TAUREAU	TAUREAU	TAUREAU	TAUREAU	TAUREAU	TAUREAU	TAUREAU	TAUREAU
16 h 30	TAUREAU	TAUREAU	TAUREAU	TAUREAU	TAUREAU	TAUREAU	TAUREAU	TAUREAU
17 h 00	TAUREAU	TAUREAU	TAUREAU	TAUREAU	TAUREAU	TAUREAU	GEMEAUX	GEMEAUX
17 h 30	GEMEAUX	GEMEAUX	GEMEAUX	GEMEAUX	GEMEAUX	GEMEAUX	GEMEAUX	GEMEAUX
18 h 00	GEMEAUX	GEMEAUX	GEMEAUX	GEMEAUX	GEMEAUX	GEMEAUX	GEMEAUX	GEMEAUX
18 h 30	GEMEAUX	GEMEAUX	GEMEAUX	GEMEAUX	GEMEAUX	GEMEAUX	GEMEAUX	GEMEAUX
19 h 00	GEMEAUX	GEMEAUX	GEMEAUX	GEMEAUX	GEMEAUX	GEMEAUX	CANCER	CANCER
19 h 30	CANCER	CANCER	CANCER	CANCER	CANCER	CANCER	CANCER	CANCER
20 h 00	CANCER	CANCER	CANCER	CANCER	CANCER	CANCER	CANCER	CANCER
20 h 30	CANCER	CANCER	CANCER	CANCER	CANCER	CANCER	CANCER	CANCER
21 h 00	CANCER	CANCER	CANCER	CANCER	CANCER	CANCER	CANCER	CANCER
21 h 30	CANCER	CANCER	CANCER	LION	LION	LION	LION	LION
22 h 00	LION	LION	LION	LION	LION	LION	LION	LION
22 h 30	LION	LION	LION	LION	LION	LION	LION	LION
23 h 00	LION	LION	LION	LION	LION	LION	LION	LION
23 h 30	LION	LION	LION	LION	LION	LION	LION	LION

VOTRE HEURE DE NAISSANCE	23 OCTOBRE	24 OCTOBRE	25 OCTOBRE	26 OCTOBRE	27 OCTOBRE	28 OCTOBRE	29 OCTOBRE	30 OCTOBRE
0 h 00	LION	LION	LION	LION	LION	LION	LION	LION
0 h 30	LION	LION	LION	LION	LION	LION	LION	LION
1 h 00	LION	LION	LION	LION	LION	LION	VIERGE	VIERGE
1 h 30	VIERGE	VIERGE	VIERGE	VIERGE	VIERGE	VIERGE	VIERGE	VIERGE
2 h 00	VIERGE	VIERGE	VIERGE	VIERGE	VIERGE	VIERGE	VIERGE	VIERGE
2 h 30	VIERGE	VIERGE	VIERGE	VIERGE	VIERGE	VIERGE	VIERGE	VIERGE
3 h 00	VIERGE	VIERGE	VIERGE	VIERGE	VIERGE	VIERGE	VIERGE	VIERGE
3 h 30	VIERGE	VIERGE	VIERGE	VIERGE	VIERGE	VIERGE	BALANCE	BALANCE
4 h 00	BALANCE	BALANCE	BALANCE	BALANCE	BALANCE	BALANCE	BALANCE	BALANCE
4 h 30	BALANCE	BALANCE	BALANCE	BALANCE	BALANCE	BALANCE	BALANCE	BALANCE
5 h 00	BALANCE	BALANCE	BALANCE	BALANCE	BALANCE	BALANCE	BALANCE	BALANCE
5 h 30	BALANCE	BALANCE	BALANCE	BALANCE	BALANCE	BALANCE	BALANCE	BALANCE
6 h 00	BALANCE	BALANCE	BALANCE	BALANCE	BALANCE	SCORPION	SCORPION	SCORPION
6 h 30	SCORPION	SCORPION	SCORPION	SCORPION	SCORPION	SCORPION	SCORPION	SCORPION
7 h 00	SCORPION	SCORPION	SCORPION	SCORPION	SCORPION	SCORPION	SCORPION	SCORPION
7 h 30	SCORPION	SCORPION	SCORPION	SCORPION	SCORPION	SCORPION	SCORPION	SCORPION
8 h 00	SCORPION	SCORPION	SCORPION	SCORPION	SCORPION	SCORPION	SCORPION	SCORPION
8 h 30	SCORPION	SCORPION	SCORPION	SCORPION	SCORPION	SCORPION	SAGITTAIRE	SAGITTAIRE
9 h 00	SAGITTAIRE	SAGITTAIRE	SAGITTAIRE	SAGITTAIRE	SAGITTAIRE	SAGITTAIRE	SAGITTAIRE	SAGITTAIRE
9 h 30	SAGITTAIRE	SAGITTAIRE	SAGITTAIRE	SAGITTAIRE	SAGITTAIRE	SAGITTAIRE	SAGITTAIRE	SAGITTAIRE
10 h 00	SAGITTAIRE	SAGITTAIRE	SAGITTAIRE	SAGITTAIRE	SAGITTAIRE	SAGITTAIRE	SAGITTAIRE	SAGITTAIRE
10 h 30	SAGITTAIRE	SAGITTAIRE	SAGITTAIRE	SAGITTAIRE	SAGITTAIRE	SAGITTAIRE	SAGITTAIRE	SAGITTAIRE
11 h 00	SAGITTAIRE	SAGITTAIRE	SAGITTAIRE	SAGITTAIRE	CAPRICORNE	CAPRICORNE	CAPRICORNE	CAPRICORNE
11 h 30	CAPRICORNE	CAPRICORNE	CAPRICORNE	CAPRICORNE	CAPRICORNE	CAPRICORNE	CAPRICORNE	CAPRICORNE
MIDI	CAPRICORNE	CAPRICORNE	CAPRICORNE	CAPRICORNE	CAPRICORNE	CAPRICORNE	CAPRICORNE	CAPRICORNE
12 h 30	CAPRICORNE	CAPRICORNE	CAPRICORNE	CAPRICORNE	CAPRICORNE	CAPRICORNE	CAPRICORNE	CAPRICORNE
13 h 00	CAPRICORNE	CAPRICORNE	CAPRICORNE	VERSEAU	VERSEAU	VERSEAU	VERSEAU	VERSEAU
13 h 30	VERSEAU	VERSEAU	VERSEAU	VERSEAU	VERSEAU	VERSEAU	VERSEAU	VERSEAU
14 h 00	VERSEAU	VERSEAU	VERSEAU	VERSEAU	VERSEAU	VERSEAU	VERSEAU	VERSEAU
14 h 30	VERSEAU	VERSEAU	VERSEAU	POISSONS	POISSONS	POISSONS	POISSONS	POISSONS
15 h 00	POISSONS	POISSONS	POISSONS	POISSONS	POISSONS	POISSONS	POISSONS	POISSONS
15 h 30	POISSONS	POISSONS	POISSONS	POISSONS	POISSONS	POISSONS	BELIER	BELIER
16 h 00	BELIER	BELIER	BELIER	BELIER	BELIER	BELIER	BELIER	BELIER
16 h 30	BELIER	BELIER	BELIER	BELIER	BELIER	BELIER	BELIER	BELIER
17 h 00	BELIER	BELIER	BELIER	TAUREAU	TAUREAU	TAUREAU	TAUREAU	TAUREAU
17 h 30	TAUREAU	TAUREAU	TAUREAU	TAUREAU	TAUREAU	TAUREAU	TAUREAU	TAUREAU
18 h 00	TAUREAU	TAUREAU	TAUREAU	TAUREAU	TAUREAU	TAUREAU	TAUREAU	TAUREAU
18 h 30	TAUREAU	TAUREAU	GEMEAUX	GEMEAUX	GEMEAUX	GEMEAUX	GEMEAUX	GEMEAUX
19 h 00	GEMEAUX	GEMEAUX	GEMEAUX	GEMEAUX	GEMEAUX	GEMEAUX	GEMEAUX	GEMEAUX
19 h 30	GEMEAUX	GEMEAUX	GEMEAUX	GEMEAUX	GEMEAUX	GEMEAUX	GEMEAUX	GEMEAUX
20 h 00	GEMEAUX	GEMEAUX	GEMEAUX	GEMEAUX	GEMEAUX	GEMEAUX	GEMEAUX	GEMEAUX
20 h 30	GEMEAUX	CANCER	CANCER	CANCER	CANCER	CANCER	CANCER	CANCER
21 h 00	CANCER	CANCER	CANCER	CANCER	CANCER	CANCER	CANCER	CANCER
21 h 30	CANCER	CANCER	CANCER	CANCER	CANCER	CANCER	CANCER	CANCER
22 h 00	CANCER	CANCER	CANCER	CANCER	CANCER	CANCER	CANCER	CANCER
22 h 30	CANCER	CANCER	CANCER	CANCER	CANCER	CANCER	LION	LION
23 h 00	LION	LION	LION	LION	LION	LION	LION	LION
23 h 30	LION	LION	LION	LION	LION	LION	LION	LION

DECOUVREZ VOTRE ASCENDANT SANS AUCUN CALCUL : TABLE N° 3

VOTRE HEURE DE NAISSANCE	31 OCTOBRE	1 NOVEMBRE	2 NOVEMBRE	3 NOVEMBRE	4 NOVEMBRE	5 NOVEMBRE	6 NOVEMBRE	7 NOVEMBRE
0 h 00	LION	LION	LION	LION	LION	LION	LION	LION
0 h 30	LION	LION	LION	LION	LION	LION	VIERGE	VIERGE
1 h 00	VIERGE	VIERGE	VIERGE	VIERGE	VIERGE	VIERGE	VIERGE	VIERGE
1 h 30	VIERGE	VIERGE	VIERGE	VIERGE	VIERGE	VIERGE	VIERGE	VIERGE
2 h 00	VIERGE	VIERGE	VIERGE	VIERGE	VIERGE	VIERGE	VIERGE	VIERGE
2 h 30	VIERGE	VIERGE	VIERGE	VIERGE	VIERGE	VIERGE	VIERGE	VIERGE
3 h 00	VIERGE	VIERGE	VIERGE	VIERGE	VIERGE	BALANCE	BALANCE	BALANCE
3 h 30	BALANCE	BALANCE	BALANCE	BALANCE	BALANCE	BALANCE	BALANCE	BALANCE
4 h 00	BALANCE	BALANCE	BALANCE	BALANCE	BALANCE	BALANCE	BALANCE	BALANCE
4 h 30	BALANCE	BALANCE	BALANCE	BALANCE	BALANCE	BALANCE	BALANCE	BALANCE
5 h 00	BALANCE	BALANCE	BALANCE	BALANCE	BALANCE	BALANCE	BALANCE	BALANCE
5 h 30	BALANCE	BALANCE	BALANCE	BALANCE	BALANCE	SCORPION	SCORPION	SCORPION
6 h 00	SCORPION	SCORPION	SCORPION	SCORPION	SCORPION	SCORPION	SCORPION	SCORPION
6 h 30	SCORPION	SCORPION	SCORPION	SCORPION	SCORPION	SCORPION	SCORPION	SCORPION
7 h 00	SCORPION	SCORPION	SCORPION	SCORPION	SCORPION	SCORPION	SCORPION	SCORPION
7 h 30	SCORPION	SCORPION	SCORPION	SCORPION	SCORPION	SCORPION	SCORPION	SCORPION
8 h 00	SCORPION	SCORPION	SCORPION	SCORPION	SCORPION	SAGITTAIRE	SAGITTAIRE	SAGITTAIRE
8 h 30	SAGITTAIRE	SAGITTAIRE	SAGITTAIRE	SAGITTAIRE	SAGITTAIRE	SAGITTAIRE	SAGITTAIRE	SAGITTAIRE
9 h 00	SAGITTAIRE	SAGITTAIRE	SAGITTAIRE	SAGITTAIRE	SAGITTAIRE	SAGITTAIRE	SAGITTAIRE	SAGITTAIRE
9 h 30	SAGITTAIRE	SAGITTAIRE	SAGITTAIRE	SAGITTAIRE	SAGITTAIRE	SAGITTAIRE	SAGITTAIRE	SAGITTAIRE
10 h 00	SAGITTAIRE	SAGITTAIRE	SAGITTAIRE	SAGITTAIRE	SAGITTAIRE	SAGITTAIRE	SAGITTAIRE	SAGITTAIRE
10 h 30	SAGITTAIRE	SAGITTAIRE	SAGITTAIRE	CAPRICORNE	CAPRICORNE	CAPRICORNE	CAPRICORNE	CAPRICORNE
11 h 00	CAPRICORNE	CAPRICORNE	CAPRICORNE	CAPRICORNE	CAPRICORNE	CAPRICORNE	CAPRICORNE	CAPRICORNE
11 h 30	CAPRICORNE	CAPRICORNE	CAPRICORNE	CAPRICORNE	CAPRICORNE	CAPRICORNE	CAPRICORNE	CAPRICORNE
MIDI	CAPRICORNE	CAPRICORNE	CAPRICORNE	CAPRICORNE	CAPRICORNE	CAPRICORNE	CAPRICORNE	CAPRICORNE
12 h 30	CAPRICORNE	CAPRICORNE	VERSEAU	VERSEAU	VERSEAU	VERSEAU	VERSEAU	VERSEAU
13 h 00	VERSEAU	VERSEAU	VERSEAU	VERSEAU	VERSEAU	VERSEAU	VERSEAU	VERSEAU
13 h 30	VERSEAU	VERSEAU	VERSEAU	VERSEAU	VERSEAU	VERSEAU	VERSEAU	VERSEAU
14 h 00	VERSEAU	VERSEAU	POISSONS	POISSONS	POISSONS	POISSONS	POISSONS	POISSONS
14 h 30	POISSONS	POISSONS	POISSONS	POISSONS	POISSONS	POISSONS	POISSONS	POISSONS
15 h 00	POISSONS	POISSONS	POISSONS	POISSONS	POISSONS	BELIER	BELIER	BELIER
15 h 30	BELIER	BELIER	BELIER	BELIER	BELIER	BELIER	BELIER	BELIER
16 h 00	BELIER	BELIER	BELIER	BELIER	BELIER	BELIER	BELIER	BELIER
16 h 30	BELIER	BELIER	TAUREAU	TAUREAU	TAUREAU	TAUREAU	TAUREAU	TAUREAU
17 h 00	TAUREAU	TAUREAU	TAUREAU	TAUREAU	TAUREAU	TAUREAU	TAUREAU	TAUREAU
17 h 30	TAUREAU	TAUREAU	TAUREAU	TAUREAU	TAUREAU	TAUREAU	TAUREAU	TAUREAU
18 h 00	TAUREAU	TAUREAU	GEMEAUX	GEMEAUX	GEMEAUX	GEMEAUX	GEMEAUX	GEMEAUX
18 h 30	GEMEAUX	GEMEAUX	GEMEAUX	GEMEAUX	GEMEAUX	GEMEAUX	GEMEAUX	GEMEAUX
19 h 00	GEMEAUX	GEMEAUX	GEMEAUX	GEMEAUX	GEMEAUX	GEMEAUX	GEMEAUX	GEMEAUX
19 h 30	GEMEAUX	GEMEAUX	GEMEAUX	GEMEAUX	GEMEAUX	GEMEAUX	GEMEAUX	GEMEAUX
20 h 00	GEMEAUX	CANCER	CANCER	CANCER	CANCER	CANCER	CANCER	CANCER
20 h 30	CANCER	CANCER	CANCER	CANCER	CANCER	CANCER	CANCER	CANCER
21 h 00	CANCER	CANCER	CANCER	CANCER	CANCER	CANCER	CANCER	CANCER
21 h 30	CANCER	CANCER	CANCER	CANCER	CANCER	CANCER	CANCER	CANCER
22 h 00	CANCER	CANCER	CANCER	CANCER	CANCER	CANCER	LION	LION
22 h 30	LION	LION	LION	LION	LION	LION	LION	LION
23 h 00	LION	LION	LION	LION	LION	LION	LION	LION
23 h 30	LION	LION	LION	LION	LION	LION	LION	LION

DECOUVREZ VOTRE ASCENDANT SANS AUCUN CALCUL : TABLE N° 3

VOTRE HEURE DE NAISSANCE	8 NOVEMBRE	9 NOVEMBRE	10 NOVEMBRE	11 NOVEMBRE	12 NOVEMBRE	13 NOVEMBRE	14 NOVEMBRE	15 NOVEMBRE
0 h 00	LION	LION	LION	LION	LION	VIERGE	VIERGE	VIERGE
0 h 30	VIERGE	VIERGE	VIERGE	VIERGE	VIERGE	VIERGE	VIERGE	VIERGE
1 h 00	VIERGE	VIERGE	VIERGE	VIERGE	VIERGE	VIERGE	VIERGE	VIERGE
1 h 30	VIERGE	VIERGE	VIERGE	VIERGE	VIERGE	VIERGE	VIERGE	VIERGE
2 h 00	VIERGE	VIERGE	VIERGE	VIERGE	VIERGE	VIERGE	VIERGE	VIERGE
2 h 30	VIERGE	VIERGE	VIERGE	VIERGE	VIERGE	BALANCE	BALANCE	BALANCE
3 h 00	BALANCE	BALANCE	BALANCE	BALANCE	BALANCE	BALANCE	BALANCE	BALANCE
3 h 30	BALANCE	BALANCE	BALANCE	BALANCE	BALANCE	BALANCE	BALANCE	BALANCE
4 h 00	BALANCE	BALANCE	BALANCE	BALANCE	BALANCE	BALANCE	BALANCE	BALANCE
4 h 30	BALANCE	BALANCE	BALANCE	BALANCE	BALANCE	BALANCE	BALANCE	BALANCE
5 h 00	BALANCE	BALANCE	BALANCE	BALANCE	BALANCE	SCORPION	SCORPION	SCORPION
5 h 30	SCORPION	SCORPION	SCORPION	SCORPION	SCORPION	SCORPION	SCORPION	SCORPION
6 h 00	SCORPION	SCORPION	SCORPION	SCORPION	SCORPION	SCORPION	SCORPION	SCORPION
6 h 30	SCORPION	SCORPION	SCORPION	SCORPION	SCORPION	SCORPION	SCORPION	SCORPION
7 h 00	SCORPION	SCORPION	SCORPION	SCORPION	SCORPION	SCORPION	SCORPION	SCORPION
7 h 30	SCORPION	SCORPION	SCORPION	SCORPION	SAGITTAIRE	SAGITTAIRE	SAGITTAIRE	SAGITTAIRE
8 h 00	SAGITTAIRE	SAGITTAIRE	SAGITTAIRE	SAGITTAIRE	SAGITTAIRE	SAGITTAIRE	SAGITTAIRE	SAGITTAIRE
8 h 30	SAGITTAIRE	SAGITTAIRE	SAGITTAIRE	SAGITTAIRE	SAGITTAIRE	SAGITTAIRE	SAGITTAIRE	SAGITTAIRE
9 h 00	SAGITTAIRE	SAGITTAIRE	SAGITTAIRE	SAGITTAIRE	SAGITTAIRE	SAGITTAIRE	SAGITTAIRE	SAGITTAIRE
9 h 30	SAGITTAIRE	SAGITTAIRE	SAGITTAIRE	SAGITTAIRE	SAGITTAIRE	SAGITTAIRE	SAGITTAIRE	SAGITTAIRE
10 h 00	SAGITTAIRE	SAGITTAIRE	CAPRICORNE	CAPRICORNE	CAPRICORNE	CAPRICORNE	CAPRICORNE	CAPRICORNE
10 h 30	CAPRICORNE	CAPRICORNE	CAPRICORNE	CAPRICORNE	CAPRICORNE	CAPRICORNE	CAPRICORNE	CAPRICORNE
11 h 00	CAPRICORNE	CAPRICORNE	CAPRICORNE	CAPRICORNE	CAPRICORNE	CAPRICORNE	CAPRICORNE	CAPRICORNE
11 h 30	CAPRICORNE	CAPRICORNE	CAPRICORNE	CAPRICORNE	CAPRICORNE	CAPRICORNE	CAPRICORNE	CAPRICORNE
MIDI	CAPRICORNE	VERSEAU	VERSEAU	VERSEAU	VERSEAU	VERSEAU	VERSEAU	VERSEAU
12 h 30	VERSEAU	VERSEAU	VERSEAU	VERSEAU	VERSEAU	VERSEAU	VERSEAU	VERSEAU
13 h 00	VERSEAU	VERSEAU	VERSEAU	VERSEAU	VERSEAU	VERSEAU	VERSEAU	VERSEAU
13 h 30	VERSEAU	POISSONS	POISSONS	POISSONS	POISSONS	POISSONS	POISSONS	POISSONS
14 h 00	POISSONS	POISSONS	POISSONS	POISSONS	POISSONS	POISSONS	POISSONS	POISSONS
14 h 30	POISSONS	POISSONS	POISSONS	POISSONS	POISSONS	BELIER	BELIER	BELIER
15 h 00	BELIER	BELIER	BELIER	BELIER	BELIER	BELIER	BELIER	BELIER
15 h 30	BELIER	BELIER	BELIER	BELIER	BELIER	BELIER	BELIER	BELIER
16 h 00	BELIER	TAUREAU	TAUREAU	TAUREAU	TAUREAU	TAUREAU	TAUREAU	TAUREAU
16 h 30	TAUREAU	TAUREAU	TAUREAU	TAUREAU	TAUREAU	TAUREAU	TAUREAU	TAUREAU
17 h 00	TAUREAU	TAUREAU	TAUREAU	TAUREAU	TAUREAU	TAUREAU	TAUREAU	TAUREAU
17 h 30	TAUREAU	GEMEAUX	GEMEAUX	GEMEAUX	GEMEAUX	GEMEAUX	GEMEAUX	GEMEAUX
18 h 00	GEMEAUX	GEMEAUX	GEMEAUX	GEMEAUX	GEMEAUX	GEMEAUX	GEMEAUX	GEMEAUX
18 h 30	GEMEAUX	GEMEAUX	GEMEAUX	GEMEAUX	GEMEAUX	GEMEAUX	GEMEAUX	GEMEAUX
19 h 00	GEMEAUX	GEMEAUX	GEMEAUX	GEMEAUX	GEMEAUX	GEMEAUX	GEMEAUX	GEMEAUX
19 h 30	CANCER	CANCER	CANCER	CANCER	CANCER	CANCER	CANCER	CANCER
20 h 00	CANCER	CANCER	CANCER	CANCER	CANCER	CANCER	CANCER	CANCER
20 h 30	CANCER	CANCER	CANCER	CANCER	CANCER	CANCER	CANCER	CANCER
21 h 00	CANCER	CANCER	CANCER	CANCER	CANCER	CANCER	CANCER	CANCER
21 h 30	CANCER	CANCER	CANCER	CANCER	CANCER	CANCER	LION	LION
22 h 00	LION	LION	LION	LION	LION	LION	LION	LION
22 h 30	LION	LION	LION	LION	LION	LION	LION	LION
23 h 00	LION	LION	LION	LION	LION	LION	LION	LION
23 h 30	LION	LION	LION	LION	LION	LION	LION	LION

DECOUVREZ VOTRE ASCENDANT SANS AUCUN CALCUL : TABLE N° 3

VOTRE HEURE DE NAISSANCE	16 NOVEMBRE	17 NOVEMBRE	18 NOVEMBRE	19 NOVEMBRE	20 NOVEMBRE	21 NOVEMBRE	22 NOVEMBRE	23 NOVEMBRE
0 h 00	VIERGE	VIERGE	VIERGE	VIERGE	VIERGE	VIERGE	VIERGE	VIERGE
0 h 30	VIERGE	VIERGE	VIERGE	VIERGE	VIERGE	VIERGE	VIERGE	VIERGE
1 h 00	VIERGE	VIERGE	VIERGE	VIERGE	VIERGE	VIERGE	VIERGE	VIERGE
1 h 30	VIERGE	VIERGE	VIERGE	VIERGE	VIERGE	VIERGE	VIERGE	VIERGE
2 h 00	VIERGE	VIERGE	VIERGE	VIERGE	VIERGE	BALANCE	BALANCE	BALANCE
2 h 30	BALANCE	BALANCE	BALANCE	BALANCE	BALANCE	BALANCE	BALANCE	BALANCE
3 h 00	BALANCE	BALANCE	BALANCE	BALANCE	BALANCE	BALANCE	BALANCE	BALANCE
3 h 30	BALANCE	BALANCE	BALANCE	BALANCE	BALANCE	BALANCE	BALANCE	BALANCE
4 h 00	BALANCE	BALANCE	BALANCE	BALANCE	BALANCE	BALANCE	BALANCE	BALANCE
4 h 30	BALANCE	BALANCE	BALANCE	BALANCE	SCORPION	SCORPION	SCORPION	SCORPION
5 h 00	SCORPION	SCORPION	SCORPION	SCORPION	SCORPION	SCORPION	SCORPION	SCORPION
5 h 30	SCORPION	SCORPION	SCORPION	SCORPION	SCORPION	SCORPION	SCORPION	SCORPION
6 h 00	SCORPION	SCORPION	SCORPION	SCORPION	SCORPION	SCORPION	SCORPION	SCORPION
6 h 30	SCORPION	SCORPION	SCORPION	SCORPION	SCORPION	SCORPION	SCORPION	SCORPION
7 h 00	SCORPION	SCORPION	SCORPION	SCORPION	SAGITTAIRE	SAGITTAIRE	SAGITTAIRE	SAGITTAIRE
7 h 30	SAGITTAIRE	SAGITTAIRE	SAGITTAIRE	SAGITTAIRE	SAGITTAIRE	SAGITTAIRE	SAGITTAIRE	SAGITTAIRE
8 h 00	SAGITTAIRE	SAGITTAIRE	SAGITTAIRE	SAGITTAIRE	SAGITTAIRE	SAGITTAIRE	SAGITTAIRE	SAGITTAIRE
8 h 30	SAGITTAIRE	SAGITTAIRE	SAGITTAIRE	SAGITTAIRE	SAGITTAIRE	SAGITTAIRE	SAGITTAIRE	SAGITTAIRE
9 h 00	SAGITTAIRE	SAGITTAIRE	SAGITTAIRE	SAGITTAIRE	SAGITTAIRE	SAGITTAIRE	SAGITTAIRE	SAGITTAIRE
9 h 30	SAGITTAIRE	SAGITTAIRE	CAPRICORNE	CAPRICORNE	CAPRICORNE	CAPRICORNE	CAPRICORNE	CAPRICORNE
10 h 00	CAPRICORNE	CAPRICORNE	CAPRICORNE	CAPRICORNE	CAPRICORNE	CAPRICORNE	CAPRICORNE	CAPRICORNE
10 h 30	CAPRICORNE	CAPRICORNE	CAPRICORNE	CAPRICORNE	CAPRICORNE	CAPRICORNE	CAPRICORNE	CAPRICORNE
11 h 00	CAPRICORNE	CAPRICORNE	CAPRICORNE	CAPRICORNE	CAPRICORNE	CAPRICORNE	CAPRICORNE	CAPRICORNE
11 h 30	CAPRICORNE	VERSEAU	VERSEAU	VERSEAU	VERSEAU	VERSEAU	VERSEAU	VERSEAU
MIDI	VERSEAU	VERSEAU	VERSEAU	VERSEAU	VERSEAU	VERSEAU	VERSEAU	VERSEAU
12 h 30	VERSEAU	VERSEAU	VERSEAU	VERSEAU	VERSEAU	VERSEAU	VERSEAU	VERSEAU
13 h 00	VERSEAU	POISSONS	POISSONS	POISSONS	POISSONS	POISSONS	POISSONS	POISSONS
13 h 30	POISSONS	POISSONS	POISSONS	POISSONS	POISSONS	POISSONS	POISSONS	POISSONS
14 h 00	POISSONS	POISSONS	POISSONS	POISSONS	POISSONS	BELIER	BELIER	BELIER
14 h 30	BELIER	BELIER	BELIER	BELIER	BELIER	BELIER	BELIER	BELIER
15 h 00	BELIER	BELIER	BELIER	BELIER	BELIER	BELIER	BELIER	BELIER
15 h 30	BELIER	TAUREAU	TAUREAU	TAUREAU	TAUREAU	TAUREAU	TAUREAU	TAUREAU
16 h 00	TAUREAU	TAUREAU	TAUREAU	TAUREAU	TAUREAU	TAUREAU	TAUREAU	TAUREAU
16 h 30	TAUREAU	TAUREAU	TAUREAU	TAUREAU	TAUREAU	TAUREAU	TAUREAU	TAUREAU
17 h 00	TAUREAU	GEMEAUX	GEMEAUX	GEMEAUX	GEMEAUX	GEMEAUX	GEMEAUX	GEMEAUX
17 h 30	GEMEAUX	GEMEAUX	GEMEAUX	GEMEAUX	GEMEAUX	GEMEAUX	GEMEAUX	GEMEAUX
18 h 00	GEMEAUX	GEMEAUX	GEMEAUX	GEMEAUX	GEMEAUX	GEMEAUX	GEMEAUX	GEMEAUX
18 h 30	GEMEAUX	GEMEAUX	GEMEAUX	GEMEAUX	GEMEAUX	GEMEAUX	GEMEAUX	CANCER
19 h 00	CANCER	CANCER	CANCER	CANCER	CANCER	CANCER	CANCER	CANCER
19 h 30	CANCER	CANCER	CANCER	CANCER	CANCER	CANCER	CANCER	CANCER
20 h 00	CANCER	CANCER	CANCER	CANCER	CANCER	CANCER	CANCER	CANCER
20 h 30	CANCER	CANCER	CANCER	CANCER	CANCER	CANCER	CANCER	CANCER
21 h 00	CANCER	CANCER	CANCER	CANCER	CANCER	LION	LION	LION
21 h 30	LION	LION	LION	LION	LION	LION	LION	LION
22 h 00	LION	LION	LION	LION	LION	LION	LION	LION
22 h 30	LION	LION	LION	LION	LION	LION	LION	LION
23 h 00	LION	LION	LION	LION	LION	LION	LION	LION
23 h 30	LION	LION	LION	LION	LION	VIERGE	VIERGE	VIERGE

DECOUVREZ VOTRE ASCENDANT SANS AUCUN CALCUL : TABLE N° 4

VOTRE HEURE DE NAISSANCE	23 OCTOBRE	24 OCTOBRE	25 OCTOBRE	26 OCTOBRE	27 OCTOBRE	28 OCTOBRE	29 OCTOBRE	30 OCTOBRE
0 h 00	LION	LION	LION	LION	LION	LION	LION	LION
0 h 30	LION	LION	LION	LION	LION	LION	LION	LION
1 h 00	LION	LION	LION	LION	VIERGE	VIERGE	VIERGE	VIERGE
1 h 30	VIERGE	VIERGE	VIERGE	VIERGE	VIERGE	VIERGE	VIERGE	VIERGE
2 h 00	VIERGE	VIERGE	VIERGE	VIERGE	VIERGE	VIERGE	VIERGE	VIERGE
2 h 30	VIERGE	VIERGE	VIERGE	VIERGE	VIERGE	VIERGE	VIERGE	VIERGE
3 h 00	VIERGE	VIERGE	VIERGE	VIERGE	VIERGE	VIERGE	VIERGE	VIERGE
3 h 30	VIERGE	VIERGE	VIERGE	VIERGE	VIERGE	VIERGE	BALANCE	BALANCE
4 h 00	BALANCE	BALANCE	BALANCE	BALANCE	BALANCE	BALANCE	BALANCE	BALANCE
4 h 30	BALANCE	BALANCE	BALANCE	BALANCE	BALANCE	BALANCE	BALANCE	BALANCE
5 h 00	BALANCE	BALANCE	BALANCE	BALANCE	BALANCE	BALANCE	BALANCE	BALANCE
5 h 30	BALANCE	BALANCE	BALANCE	BALANCE	BALANCE	BALANCE	BALANCE	BALANCE
6 h 00	BALANCE	BALANCE	BALANCE	BALANCE	BALANCE	BALANCE	BALANCE	BALANCE
6 h 30	SCORPION	SCORPION	SCORPION	SCORPION	SCORPION	SCORPION	SCORPION	SCORPION
7 h 00	SCORPION	SCORPION	SCORPION	SCORPION	SCORPION	SCORPION	SCORPION	SCORPION
7 h 30	SCORPION	SCORPION	SCORPION	SCORPION	SCORPION	SCORPION	SCORPION	SCORPION
8 h 00	SCORPION	SCORPION	SCORPION	SCORPION	SCORPION	SCORPION	SCORPION	SCORPION
8 h 30	SCORPION	SCORPION	SCORPION	SCORPION	SCORPION	SCORPION	SCORPION	SCORPION
9 h 00	SCORPION	SCORPION	SCORPION	SAGITTAIRE	SAGITTAIRE	SAGITTAIRE	SAGITTAIRE	SAGITTAIRE
9 h 30	SAGITTAIRE	SAGITTAIRE	SAGITTAIRE	SAGITTAIRE	SAGITTAIRE	SAGITTAIRE	SAGITTAIRE	SAGITTAIRE
10 h 00	SAGITTAIRE	SAGITTAIRE	SAGITTAIRE	SAGITTAIRE	SAGITTAIRE	SAGITTAIRE	SAGITTAIRE	SAGITTAIRE
10 h 30	SAGITTAIRE	SAGITTAIRE	SAGITTAIRE	SAGITTAIRE	SAGITTAIRE	SAGITTAIRE	SAGITTAIRE	SAGITTAIRE
11 h 00	SAGITTAIRE	SAGITTAIRE	SAGITTAIRE	SAGITTAIRE	SAGITTAIRE	SAGITTAIRE	SAGITTAIRE	SAGITTAIRE
11 h 30	SAGITTAIRE	SAGITTAIRE	CAPRICORNE	CAPRICORNE	CAPRICORNE	CAPRICORNE	CAPRICORNE	CAPRICORNE
MIDI	CAPRICORNE	CAPRICORNE	CAPRICORNE	CAPRICORNE	CAPRICORNE	CAPRICORNE	CAPRICORNE	CAPRICORNE
12 h 30	CAPRICORNE	CAPRICORNE	CAPRICORNE	CAPRICORNE	CAPRICORNE	CAPRICORNE	CAPRICORNE	CAPRICORNE
13 h 00	CAPRICORNE	CAPRICORNE	CAPRICORNE	CAPRICORNE	CAPRICORNE	CAPRICORNE	CAPRICORNE	VERSEAU
13 h 30	VERSEAU	VERSEAU	VERSEAU	VERSEAU	VERSEAU	VERSEAU	VERSEAU	VERSEAU
14 h 00	VERSEAU	VERSEAU	VERSEAU	VERSEAU	VERSEAU	VERSEAU	VERSEAU	VERSEAU
14 h 30	VERSEAU	VERSEAU	VERSEAU	VERSEAU	VERSEAU	POISSONS	POISSONS	POISSONS
15 h 00	POISSONS	POISSONS	POISSONS	POISSONS	POISSONS	POISSONS	POISSONS	POISSONS
15 h 30	POISSONS	POISSONS	POISSONS	POISSONS	POISSONS	POISSONS	BELIER	BELIER
16 h 00	BELIER	BELIER	BELIER	BELIER	BELIER	BELIER	BELIER	BELIER
16 h 30	BELIER	BELIER	BELIER	BELIER	BELIER	BELIER	BELIER	BELIER
17 h 00	TAUREAU	TAUREAU	TAUREAU	TAUREAU	TAUREAU	TAUREAU	TAUREAU	TAUREAU
17 h 30	TAUREAU	TAUREAU	TAUREAU	TAUREAU	TAUREAU	TAUREAU	TAUREAU	TAUREAU
18 h 00	TAUREAU	TAUREAU	TAUREAU	TAUREAU	GEMEAUX	GEMEAUX	GEMEAUX	GEMEAUX
18 h 30	GEMEAUX	GEMEAUX	GEMEAUX	GEMEAUX	GEMEAUX	GEMEAUX	GEMEAUX	GEMEAUX
19 h 00	GEMEAUX	GEMEAUX	GEMEAUX	GEMEAUX	GEMEAUX	GEMEAUX	GEMEAUX	GEMEAUX
19 h 30	GEMEAUX	GEMEAUX	GEMEAUX	GEMEAUX	GEMEAUX	GEMEAUX	GEMEAUX	GEMEAUX
20 h 00	GEMEAUX	GEMEAUX	CANCER	CANCER	CANCER	CANCER	CANCER	CANCER
20 h 30	CANCER	CANCER	CANCER	CANCER	CANCER	CANCER	CANCER	CANCER
21 h 00	CANCER	CANCER	CANCER	CANCER	CANCER	CANCER	CANCER	CANCER
21 h 30	CANCER	CANCER	CANCER	CANCER	CANCER	CANCER	CANCER	CANCER
22 h 00	CANCER	CANCER	CANCER	CANCER	CANCER	CANCER	CANCER	CANCER
22 h 30	CANCER	LION	LION	LION	LION	LION	LION	LION
23 h 00	LION	LION	LION	LION	LION	LION	LION	LION
23 h 30	LION	LION	LION	LION	LION	LION	LION	LION

DECOUVREZ VOTRE ASCENDANT SANS AUCUN CALCUL : TABLE N⁰ 4

VOTRE HEURE DE NAISSANCE	31 OCTOBRE	1 NOVEMBRE	2 NOVEMBRE	3 NOVEMBRE	4 NOVEMBRE	5 NOVEMBRE	6 NOVEMBRE	7 NOVEMBRE
0 h 00	LION	LION	LION	LION	LION	LION	LION	LION
0 h 30	LION	LION	LION	VIERGE	VIERGE	VIERGE	VIERGE	VIERGE
1 h 00	VIERGE	VIERGE	VIERGE	VIERGE	VIERGE	VIERGE	VIERGE	VIERGE
1 h 30	VIERGE	VIERGE	VIERGE	VIERGE	VIERGE	VIERGE	VIERGE	VIERGE
2 h 00	VIERGE	VIERGE	VIERGE	VIERGE	VIERGE	VIERGE	VIERGE	VIERGE
2 h 30	VIERGE	VIERGE	VIERGE	VIERGE	VIERGE	VIERGE	VIERGE	VIERGE
3 h 00	VIERGE	VIERGE	VIERGE	VIERGE	VIERGE	BALANCE	BALANCE	BALANCE
3 h 30	BALANCE	BALANCE	BALANCE	BALANCE	BALANCE	BALANCE	BALANCE	BALANCE
4 h 00	BALANCE	BALANCE	BALANCE	BALANCE	BALANCE	BALANCE	BALANCE	BALANCE
4 h 30	BALANCE	BALANCE	BALANCE	BALANCE	BALANCE	BALANCE	BALANCE	BALANCE
5 h 00	BALANCE	BALANCE	BALANCE	BALANCE	BALANCE	BALANCE	BALANCE	BALANCE
5 h 30	BALANCE	BALANCE	BALANCE	BALANCE	BALANCE	BALANCE	BALANCE	BALANCE
6 h 00	SCORPION	SCORPION	SCORPION	SCORPION	SCORPION	SCORPION	SCORPION	SCORPION
6 h 30	SCORPION	SCORPION	SCORPION	SCORPION	SCORPION	SCORPION	SCORPION	SCORPION
7 h 00	SCORPION	SCORPION	SCORPION	SCORPION	SCORPION	SCORPION	SCORPION	SCORPION
7 h 30	SCORPION	SCORPION	SCORPION	SCORPION	SCORPION	SCORPION	SCORPION	SCORPION
8 h 00	SCORPION	SCORPION	SCORPION	SCORPION	SCORPION	SCORPION	SCORPION	SCORPION
8 h 30	SCORPION	SCORPION	SAGITTAIRE	SAGITTAIRE	SAGITTAIRE	SAGITTAIRE	SAGITTAIRE	SAGITTAIRE
9 h 00	SAGITTAIRE	SAGITTAIRE	SAGITTAIRE	SAGITTAIRE	SAGITTAIRE	SAGITTAIRE	SAGITTAIRE	SAGITTAIRE
9 h 30	SAGITTAIRE	SAGITTAIRE	SAGITTAIRE	SAGITTAIRE	SAGITTAIRE	SAGITTAIRE	SAGITTAIRE	SAGITTAIRE
10 h 00	SAGITTAIRE	SAGITTAIRE	SAGITTAIRE	SAGITTAIRE	SAGITTAIRE	SAGITTAIRE	SAGITTAIRE	SAGITTAIRE
10 h 30	SAGITTAIRE	SAGITTAIRE	SAGITTAIRE	SAGITTAIRE	SAGITTAIRE	SAGITTAIRE	SAGITTAIRE	SAGITTAIRE
11 h 00	SAGITTAIRE	SAGITTAIRE	CAPRICORNE	CAPRICORNE	CAPRICORNE	CAPRICORNE	CAPRICORNE	CAPRICORNE
11 h 30	CAPRICORNE	CAPRICORNE	CAPRICORNE	CAPRICORNE	CAPRICORNE	CAPRICORNE	CAPRICORNE	CAPRICORNE
MIDI	CAPRICORNE	CAPRICORNE	CAPRICORNE	CAPRICORNE	CAPRICORNE	CAPRICORNE	CAPRICORNE	CAPRICORNE
12 h 30	CAPRICORNE	CAPRICORNE	CAPRICORNE	CAPRICORNE	CAPRICORNE	CAPRICORNE	CAPRICORNE	VERSEAU
13 h 00	VERSEAU	VERSEAU	VERSEAU	VERSEAU	VERSEAU	VERSEAU	VERSEAU	VERSEAU
13 h 30	VERSEAU	VERSEAU	VERSEAU	VERSEAU	VERSEAU	VERSEAU	VERSEAU	VERSEAU
14 h 00	VERSEAU	VERSEAU	VERSEAU	VERSEAU	POISSONS	POISSONS	POISSONS	POISSONS
14 h 30	POISSONS	POISSONS	POISSONS	POISSONS	POISSONS	POISSONS	POISSONS	POISSONS
15 h 00	POISSONS	POISSONS	POISSONS	POISSONS	POISSONS	BELIER	BELIER	BELIER
15 h 30	BELIER	BELIER	BELIER	BELIER	BELIER	BELIER	BELIER	BELIER
16 h 00	BELIER	BELIER	BELIER	BELIER	BELIER	BELIER	BELIER	TAUREAU
16 h 30	TAUREAU	TAUREAU	TAUREAU	TAUREAU	TAUREAU	TAUREAU	TAUREAU	TAUREAU
17 h 00	TAUREAU	TAUREAU	TAUREAU	TAUREAU	TAUREAU	TAUREAU	TAUREAU	TAUREAU
17 h 30	TAUREAU	TAUREAU	TAUREAU	TAUREAU	GEMEAUX	GEMEAUX	GEMEAUX	GEMEAUX
18 h 00	GEMEAUX	GEMEAUX	GEMEAUX	GEMEAUX	GEMEAUX	GEMEAUX	GEMEAUX	GEMEAUX
18 h 30	GEMEAUX	GEMEAUX	GEMEAUX	GEMEAUX	GEMEAUX	GEMEAUX	GEMEAUX	GEMEAUX
19 h 00	GEMEAUX	GEMEAUX	GEMEAUX	GEMEAUX	GEMEAUX	GEMEAUX	GEMEAUX	GEMEAUX
19 h 30	GEMEAUX	GEMEAUX	CANCER	CANCER	CANCER	CANCER	CANCER	CANCER
20 h 00	CANCER	CANCER	CANCER	CANCER	CANCER	CANCER	CANCER	CANCER
20 h 30	CANCER	CANCER	CANCER	CANCER	CANCER	CANCER	CANCER	CANCER
21 h 00	CANCER	CANCER	CANCER	CANCER	CANCER	CANCER	CANCER	CANCER
21 h 30	CANCER	CANCER	CANCER	CANCER	CANCER	CANCER	CANCER	CANCER
22 h 00	CANCER	LION	LION	LION	LION	LION	LION	LION
22 h 30	LION	LION	LION	LION	LION	LION	LION	LION
23 h 00	LION	LION	LION	LION	LION	LION	LION	LION
23 h 30	LION	LION	LION	LION	LION	LION	LION	LION

DECOUVREZ VOTRE ASCENDANT SANS AUCUN CALCUL : TABLE N° 4

VOTRE HEURE DE NAISSANCE	8 NOVEMBRE	9 NOVEMBRE	10 NOVEMBRE	11 NOVEMBRE	12 NOVEMBRE	13 NOVEMBRE	14 NOVEMBRE	15 NOVEMBRE
0 h 00	LION	LION	LION	VIERGE	VIERGE	VIERGE	VIERGE	VIERGE
0 h 30	VIERGE	VIERGE	VIERGE	VIERGE	VIERGE	VIERGE	VIERGE	VIERGE
1 h 00	VIERGE	VIERGE	VIERGE	VIERGE	VIERGE	VIERGE	VIERGE	VIERGE
1 h 30	VIERGE	VIERGE	VIERGE	VIERGE	VIERGE	VIERGE	VIERGE	VIERGE
2 h 00	VIERGE	VIERGE	VIERGE	VIERGE	VIERGE	VIERGE	VIERGE	VIERGE
2 h 30	VIERGE	VIERGE	VIERGE	VIERGE	VIERGE	BALANCE	BALANCE	BALANCE
3 h 00	BALANCE	BALANCE	BALANCE	BALANCE	BALANCE	BALANCE	BALANCE	BALANCE
3 h 30	BALANCE	BALANCE	BALANCE	BALANCE	BALANCE	BALANCE	BALANCE	BALANCE
4 h 00	BALANCE	BALANCE	BALANCE	BALANCE	BALANCE	BALANCE	BALANCE	BALANCE
4 h 30	BALANCE	BALANCE	BALANCE	BALANCE	BALANCE	BALANCE	BALANCE	BALANCE
5 h 00	BALANCE	BALANCE	BALANCE	BALANCE	BALANCE	BALANCE	BALANCE	SCORPION
5 h 30	SCORPION	SCORPION	SCORPION	SCORPION	SCORPION	SCORPION	SCORPION	SCORPION
6 h 00	SCORPION	SCORPION	SCORPION	SCORPION	SCORPION	SCORPION	SCORPION	SCORPION
6 h 30	SCORPION	SCORPION	SCORPION	SCORPION	SCORPION	SCORPION	SCORPION	SCORPION
7 h 00	SCORPION	SCORPION	SCORPION	SCORPION	SCORPION	SCORPION	SCORPION	SCORPION
7 h 30	SCORPION	SCORPION	SCORPION	SCORPION	SCORPION	SCORPION	SCORPION	SCORPION
8 h 00	SCORPION	SCORPION	SAGITTAIRE	SAGITTAIRE	SAGITTAIRE	SAGITTAIRE	SAGITTAIRE	SAGITTAIRE
8 h 30	SAGITTAIRE	SAGITTAIRE	SAGITTAIRE	SAGITTAIRE	SAGITTAIRE	SAGITTAIRE	SAGITTAIRE	SAGITTAIRE
9 h 00	SAGITTAIRE	SAGITTAIRE	SAGITTAIRE	SAGITTAIRE	SAGITTAIRE	SAGITTAIRE	SAGITTAIRE	SAGITTAIRE
9 h 30	SAGITTAIRE	SAGITTAIRE	SAGITTAIRE	SAGITTAIRE	SAGITTAIRE	SAGITTAIRE	SAGITTAIRE	SAGITTAIRE
10 h 00	SAGITTAIRE	SAGITTAIRE	SAGITTAIRE	SAGITTAIRE	SAGITTAIRE	SAGITTAIRE	SAGITTAIRE	SAGITTAIRE
10 h 30	SAGITTAIRE	CAPRICORNE	CAPRICORNE	CAPRICORNE	CAPRICORNE	CAPRICORNE	CAPRICORNE	CAPRICORNE
11 h 00	CAPRICORNE	CAPRICORNE	CAPRICORNE	CAPRICORNE	CAPRICORNE	CAPRICORNE	CAPRICORNE	CAPRICORNE
11 h 30	CAPRICORNE	CAPRICORNE	CAPRICORNE	CAPRICORNE	CAPRICORNE	CAPRICORNE	CAPRICORNE	CAPRICORNE
MIDI	CAPRICORNE	CAPRICORNE	CAPRICORNE	CAPRICORNE	CAPRICORNE	CAPRICORNE	CAPRICORNE	VERSEAU
12 h 30	VERSEAU	VERSEAU	VERSEAU	VERSEAU	VERSEAU	VERSEAU	VERSEAU	VERSEAU
13 h 00	VERSEAU	VERSEAU	VERSEAU	VERSEAU	VERSEAU	VERSEAU	VERSEAU	VERSEAU
13 h 30	VERSEAU	VERSEAU	VERSEAU	VERSEAU	POISSONS	POISSONS	POISSONS	POISSONS
14 h 00	POISSONS	POISSONS	POISSONS	POISSONS	POISSONS	POISSONS	POISSONS	POISSONS
14 h 30	POISSONS	POISSONS	POISSONS	POISSONS	POISSONS	BELIER	BELIER	BELIER
15 h 00	BELIER	BELIER	BELIER	BELIER	BELIER	BELIER	BELIER	BELIER
15 h 30	BELIER	BELIER	BELIER	BELIER	BELIER	BELIER	TAUREAU	TAUREAU
16 h 00	TAUREAU	TAUREAU	TAUREAU	TAUREAU	TAUREAU	TAUREAU	TAUREAU	TAUREAU
16 h 30	TAUREAU	TAUREAU	TAUREAU	TAUREAU	TAUREAU	TAUREAU	TAUREAU	TAUREAU
17 h 00	TAUREAU	TAUREAU	TAUREAU	TAUREAU	GEMEAUX	GEMEAUX	GEMEAUX	GEMEAUX
17 h 30	GEMEAUX	GEMEAUX	GEMEAUX	GEMEAUX	GEMEAUX	GEMEAUX	GEMEAUX	GEMEAUX
18 h 00	GEMEAUX	GEMEAUX	GEMEAUX	GEMEAUX	GEMEAUX	GEMEAUX	GEMEAUX	GEMEAUX
18 h 30	GEMEAUX	GEMEAUX	GEMEAUX	GEMEAUX	GEMEAUX	GEMEAUX	GEMEAUX	GEMEAUX
19 h 00	GEMEAUX	CANCER	CANCER	CANCER	CANCER	CANCER	CANCER	CANCER
19 h 30	CANCER	CANCER	CANCER	CANCER	CANCER	CANCER	CANCER	CANCER
20 h 00	CANCER	CANCER	CANCER	CANCER	CANCER	CANCER	CANCER	CANCER
20 h 30	CANCER	CANCER	CANCER	CANCER	CANCER	CANCER	CANCER	CANCER
21 h 00	CANCER	CANCER	CANCER	CANCER	CANCER	CANCER	CANCER	CANCER
21 h 30	LION	LION	LION	LION	LION	LION	LION	LION
22 h 00	LION	LION	LION	LION	LION	LION	LION	LION
22 h 30	LION	LION	LION	LION	LION	LION	LION	LION
23 h 00	LION	LION	LION	LION	LION	LION	LION	LION
23 h 30	LION	LION	LION	LION	LION	LION	LION	LION

DECOUVREZ VOTRE ASCENDANT SANS AUCUN CALCUL : TABLE N° 4

VOTRE HEURE DE NAISSANCE	16 NOVEMBRE	17 NOVEMBRE	18 NOVEMBRE	19 NOVEMBRE	20 NOVEMBRE	21 NOVEMBRE	22 NOVEMBRE	23 NOVEMBRE
0 h 00	VIERGE	VIERGE	VIERGE	VIERGE	VIERGE	VIERGE	VIERGE	VIERGE
0 h 30	VIERGE	VIERGE	VIERGE	VIERGE	VIERGE	VIERGE	VIERGE	VIERGE
1 h 00	VIERGE	VIERGE	VIERGE	VIERGE	VIERGE	VIERGE	VIERGE	VIERGE
1 h 30	VIERGE	VIERGE	VIERGE	VIERGE	VIERGE	VIERGE	VIERGE	VIERGE
2 h 00	VIERGE	VIERGE	VIERGE	VIERGE	VIERGE	BALANCE	BALANCE	BALANCE
2 h 30	BALANCE	BALANCE	BALANCE	BALANCE	BALANCE	BALANCE	BALANCE	BALANCE
3 h 00	BALANCE	BALANCE	BALANCE	BALANCE	BALANCE	BALANCE	BALANCE	BALANCE
3 h 30	BALANCE	BALANCE	BALANCE	BALANCE	BALANCE	BALANCE	BALANCE	BALANCE
4 h 00	BALANCE	BALANCE	BALANCE	BALANCE	BALANCE	BALANCE	BALANCE	BALANCE
4 h 30	BALANCE	BALANCE	BALANCE	BALANCE	BALANCE	BALANCE	BALANCE	SCORPION
5 h 00	SCORPION	SCORPION	SCORPION	SCORPION	SCORPION	SCORPION	SCORPION	SCORPION
5 h 30	SCORPION	SCORPION	SCORPION	SCORPION	SCORPION	SCORPION	SCORPION	SCORPION
6 h 00	SCORPION	SCORPION	SCORPION	SCORPION	SCORPION	SCORPION	SCORPION	SCORPION
6 h 30	SCORPION	SCORPION	SCORPION	SCORPION	SCORPION	SCORPION	SCORPION	SCORPION
7 h 00	SCORPION	SCORPION	SCORPION	SCORPION	SCORPION	SCORPION	SCORPION	SCORPION
7 h 30	SCORPION	SCORPION	SAGITTAIRE	SAGITTAIRE	SAGITTAIRE	SAGITTAIRE	SAGITTAIRE	SAGITTAIRE
8 h 00	SAGITTAIRE	SAGITTAIRE	SAGITTAIRE	SAGITTAIRE	SAGITTAIRE	SAGITTAIRE	SAGITTAIRE	SAGITTAIRE
8 h 30	SAGITTAIRE	SAGITTAIRE	SAGITTAIRE	SAGITTAIRE	SAGITTAIRE	SAGITTAIRE	SAGITTAIRE	SAGITTAIRE
9 h 00	SAGITTAIRE	SAGITTAIRE	SAGITTAIRE	SAGITTAIRE	SAGITTAIRE	SAGITTAIRE	SAGITTAIRE	SAGITTAIRE
9 h 30	SAGITTAIRE	SAGITTAIRE	SAGITTAIRE	SAGITTAIRE	SAGITTAIRE	SAGITTAIRE	SAGITTAIRE	SAGITTAIRE
10 h 00	SAGITTAIRE	CAPRICORNE	CAPRICORNE	CAPRICORNE	CAPRICORNE	CAPRICORNE	CAPRICORNE	CAPRICORNE
10 h 30	CAPRICORNE	CAPRICORNE	CAPRICORNE	CAPRICORNE	CAPRICORNE	CAPRICORNE	CAPRICORNE	CAPRICORNE
11 h 00	CAPRICORNE	CAPRICORNE	CAPRICORNE	CAPRICORNE	CAPRICORNE	CAPRICORNE	CAPRICORNE	CAPRICORNE
11 h 30	CAPRICORNE	CAPRICORNE	CAPRICORNE	CAPRICORNE	CAPRICORNE	CAPRICORNE	VERSEAU	VERSEAU
MIDI	VERSEAU	VERSEAU	VERSEAU	VERSEAU	VERSEAU	VERSEAU	VERSEAU	VERSEAU
12 h 30	VERSEAU	VERSEAU	VERSEAU	VERSEAU	VERSEAU	VERSEAU	VERSEAU	VERSEAU
13 h 00	VERSEAU	VERSEAU	VERSEAU	VERSEAU	POISSONS	POISSONS	POISSONS	POISSONS
13 h 30	POISSONS	POISSONS	POISSONS	POISSONS	POISSONS	POISSONS	POISSONS	POISSONS
14 h 00	POISSONS	POISSONS	POISSONS	POISSONS	POISSONS	BELIER	BELIER	BELIER
14 h 30	BELIER	BELIER	BELIER	BELIER	BELIER	BELIER	BELIER	BELIER
15 h 00	BELIER	BELIER	BELIER	BELIER	BELIER	BELIER	TAUREAU	TAUREAU
15 h 30	TAUREAU	TAUREAU	TAUREAU	TAUREAU	TAUREAU	TAUREAU	TAUREAU	TAUREAU
16 h 00	TAUREAU	TAUREAU	TAUREAU	TAUREAU	TAUREAU	TAUREAU	TAUREAU	TAUREAU
16 h 30	TAUREAU	TAUREAU	TAUREAU	GEMEAUX	GEMEAUX	GEMEAUX	GEMEAUX	GEMEAUX
17 h 00	GEMEAUX	GEMEAUX	GEMEAUX	GEMEAUX	GEMEAUX	GEMEAUX	GEMEAUX	GEMEAUX
17 h 30	GEMEAUX	GEMEAUX	GEMEAUX	GEMEAUX	GEMEAUX	GEMEAUX	GEMEAUX	GEMEAUX
18 h 00	GEMEAUX	GEMEAUX	GEMEAUX	GEMEAUX	GEMEAUX	GEMEAUX	GEMEAUX	GEMEAUX
18 h 30	GEMEAUX	CANCER	CANCER	CANCER	CANCER	CANCER	CANCER	CANCER
19 h 00	CANCER	CANCER	CANCER	CANCER	CANCER	CANCER	CANCER	CANCER
19 h 30	CANCER	CANCER	CANCER	CANCER	CANCER	CANCER	CANCER	CANCER
20 h 00	CANCER	CANCER	CANCER	CANCER	CANCER	CANCER	CANCER	CANCER
20 h 30	CANCER	CANCER	CANCER	CANCER	CANCER	CANCER	CANCER	LION
21 h 00	LION	LION	LION	LION	LION	LION	LION	LION
21 h 30	LION	LION	LION	LION	LION	LION	LION	LION
22 h 00	LION	LION	LION	LION	LION	LION	LION	LION
22 h 30	LION	LION	LION	LION	LION	LION	LION	LION
23 h 00	LION	LION	LION	LION	LION	LION	LION	LION
23 h 30	LION	LION	VIERGE	VIERGE	VIERGE	VIERGE	VIERGE	VIERGE

DECOUVREZ VOTRE ASCENDANT SANS AUCUN CALCUL : TABLE N° 5

VOTRE HEURE DE NAISSANCE	23 OCTOBRE	24 OCTOBRE	25 OCTOBRE	26 OCTOBRE	27 OCTOBRE	28 OCTOBRE	29 OCTOBRE	30 OCTOBRE
0 h 00	LION	LION	LION	LION	LION	LION	LION	LION
0 h 30	LION	LION	LION	LION	LION	LION	LION	LION
1 h 00	VIERGE	VIERGE	VIERGE	VIERGE	VIERGE	VIERGE	VIERGE	VIERGE
1 h 30	VIERGE	VIERGE	VIERGE	VIERGE	VIERGE	VIERGE	VIERGE	VIERGE
2 h 00	VIERGE	VIERGE	VIERGE	VIERGE	VIERGE	VIERGE	VIERGE	VIERGE
2 h 30	VIERGE	VIERGE	VIERGE	VIERGE	VIERGE	VIERGE	VIERGE	VIERGE
3 h 00	VIERGE	VIERGE	VIERGE	VIERGE	VIERGE	VIERGE	VIERGE	VIERGE
3 h 30	VIERGE	VIERGE	VIERGE	VIERGE	VIERGE	VIERGE	BALANCE	BALANCE
4 h 00	BALANCE	BALANCE	BALANCE	BALANCE	BALANCE	BALANCE	BALANCE	BALANCE
4 h 30	BALANCE	BALANCE	BALANCE	BALANCE	BALANCE	BALANCE	BALANCE	BALANCE
5 h 00	BALANCE	BALANCE	BALANCE	BALANCE	BALANCE	BALANCE	BALANCE	BALANCE
5 h 30	BALANCE	BALANCE	BALANCE	BALANCE	BALANCE	BALANCE	BALANCE	BALANCE
6 h 00	BALANCE	BALANCE	BALANCE	BALANCE	BALANCE	BALANCE	BALANCE	BALANCE
6 h 30	BALANCE	BALANCE	BALANCE	BALANCE	SCORPION	SCORPION	SCORPION	SCORPION
7 h 00	SCORPION	SCORPION	SCORPION	SCORPION	SCORPION	SCORPION	SCORPION	SCORPION
7 h 30	SCORPION	SCORPION	SCORPION	SCORPION	SCORPION	SCORPION	SCORPION	SCORPION
8 h 00	SCORPION	SCORPION	SCORPION	SCORPION	SCORPION	SCORPION	SCORPION	SCORPION
8 h 30	SCORPION	SCORPION	SCORPION	SCORPION	SCORPION	SCORPION	SCORPION	SCORPION
9 h 00	SCORPION	SCORPION	SCORPION	SCORPION	SCORPION	SCORPION	SCORPION	SCORPION
9 h 30	SCORPION	SCORPION	SAGITTAIRE	SAGITTAIRE	SAGITTAIRE	SAGITTAIRE	SAGITTAIRE	SAGITTAIRE
10 h 00	SAGITTAIRE	SAGITTAIRE	SAGITTAIRE	SAGITTAIRE	SAGITTAIRE	SAGITTAIRE	SAGITTAIRE	SAGITTAIRE
10 h 30	SAGITTAIRE	SAGITTAIRE	SAGITTAIRE	SAGITTAIRE	SAGITTAIRE	SAGITTAIRE	SAGITTAIRE	SAGITTAIRE
11 h 00	SAGITTAIRE	SAGITTAIRE	SAGITTAIRE	SAGITTAIRE	SAGITTAIRE	SAGITTAIRE	SAGITTAIRE	SAGITTAIRE
11 h 30	SAGITTAIRE	SAGITTAIRE	SAGITTAIRE	SAGITTAIRE	SAGITTAIRE	SAGITTAIRE	SAGITTAIRE	SAGITTAIRE
MIDI	SAGITTAIRE	SAGITTAIRE	CAPRICORNE	CAPRICORNE	CAPRICORNE	CAPRICORNE	CAPRICORNE	CAPRICORNE
12 h 30	CAPRICORNE	CAPRICORNE	CAPRICORNE	CAPRICORNE	CAPRICORNE	CAPRICORNE	CAPRICORNE	CAPRICORNE
13 h 00	CAPRICORNE	CAPRICORNE	CAPRICORNE	CAPRICORNE	CAPRICORNE	CAPRICORNE	CAPRICORNE	CAPRICORNE
13 h 30	CAPRICORNE	CAPRICORNE	CAPRICORNE	CAPRICORNE	CAPRICORNE	CAPRICORNE	VERSEAU	VERSEAU
14 h 00	VERSEAU	VERSEAU	VERSEAU	VERSEAU	VERSEAU	VERSEAU	VERSEAU	VERSEAU
14 h 30	VERSEAU	VERSEAU	VERSEAU	VERSEAU	VERSEAU	VERSEAU	VERSEAU	VERSEAU
15 h 00	VERSEAU	VERSEAU	POISSONS	POISSONS	POISSONS	POISSONS	POISSONS	POISSONS
15 h 30	POISSONS	POISSONS	POISSONS	POISSONS	POISSONS	POISSONS	BELIER	BELIER
16 h 00	BELIER	BELIER	BELIER	BELIER	BELIER	BELIER	BELIER	BELIER
16 h 30	BELIER	BELIER	BELIER	BELIER	TAUREAU	TAUREAU	TAUREAU	TAUREAU
17 h 00	TAUREAU	TAUREAU	TAUREAU	TAUREAU	TAUREAU	TAUREAU	TAUREAU	TAUREAU
17 h 30	TAUREAU	TAUREAU	TAUREAU	TAUREAU	TAUREAU	TAUREAU	GEMEAUX	GEMEAUX
18 h 00	GEMEAUX	GEMEAUX	GEMEAUX	GEMEAUX	GEMEAUX	GEMEAUX	GEMEAUX	GEMEAUX
18 h 30	GEMEAUX	GEMEAUX	GEMEAUX	GEMEAUX	GEMEAUX	GEMEAUX	GEMEAUX	GEMEAUX
19 h 00	GEMEAUX	GEMEAUX	GEMEAUX	GEMEAUX	GEMEAUX	GEMEAUX	GEMEAUX	GEMEAUX
19 h 30	GEMEAUX	GEMEAUX	GEMEAUX	CANCER	CANCER	CANCER	CANCER	CANCER
20 h 00	CANCER	CANCER	CANCER	CANCER	CANCER	CANCER	CANCER	CANCER
20 h 30	CANCER	CANCER	CANCER	CANCER	CANCER	CANCER	CANCER	CANCER
21 h 00	CANCER	CANCER	CANCER	CANCER	CANCER	CANCER	CANCER	CANCER
21 h 30	CANCER	CANCER	CANCER	CANCER	CANCER	CANCER	CANCER	CANCER
22 h 00	CANCER	CANCER	CANCER	LION	LION	LION	LION	LION
22 h 30	LION	LION	LION	LION	LION	LION	LION	LION
23 h 00	LION	LION	LION	LION	LION	LION	LION	LION
23 h 30	LION	LION	LION	LION	LION	LION	LION	LION

DECOUVREZ VOTRE ASCENDANT SANS AUCUN CALCUL : TABLE N° 5

VOTRE HEURE DE NAISSANCE	31 OCTOBRE	1 NOVEMBRE	2 NOVEMBRE	3 NOVEMBRE	4 NOVEMBRE	5 NOVEMBRE	6 NOVEMBRE	7 NOVEMBRE
0 h 00	LION	LION	LION	LION	LION	LION	LION	LION
0 h 30	VIERGE	VIERGE	VIERGE	VIERGE	VIERGE	VIERGE	VIERGE	VIERGE
1 h 00	VIERGE	VIERGE	VIERGE	VIERGE	VIERGE	VIERGE	VIERGE	VIERGE
1 h 30	VIERGE	VIERGE	VIERGE	VIERGE	VIERGE	VIERGE	VIERGE	VIERGE
2 h 00	VIERGE	VIERGE	VIERGE	VIERGE	VIERGE	VIERGE	VIERGE	VIERGE
2 h 30	VIERGE	VIERGE	VIERGE	VIERGE	VIERGE	VIERGE	VIERGE	VIERGE
3 h 00	VIERGE	VIERGE	VIERGE	VIERGE	VIERGE	BALANCE	BALANCE	BALANCE
3 h 30	BALANCE	BALANCE	BALANCE	BALANCE	BALANCE	BALANCE	BALANCE	BALANCE
4 h 00	BALANCE	BALANCE	BALANCE	BALANCE	BALANCE	BALANCE	BALANCE	BALANCE
4 h 30	BALANCE	BALANCE	BALANCE	BALANCE	BALANCE	BALANCE	BALANCE	BALANCE
5 h 00	BALANCE	BALANCE	BALANCE	BALANCE	BALANCE	BALANCE	BALANCE	BALANCE
5 h 30	BALANCE	BALANCE	BALANCE	BALANCE	BALANCE	BALANCE	BALANCE	BALANCE
6 h 00	BALANCE	BALANCE	BALANCE	SCORPION	SCORPION	SCORPION	SCORPION	SCORPION
6 h 30	SCORPION	SCORPION	SCORPION	SCORPION	SCORPION	SCORPION	SCORPION	SCORPION
7 h 00	SCORPION	SCORPION	SCORPION	SCORPION	SCORPION	SCORPION	SCORPION	SCORPION
7 h 30	SCORPION	SCORPION	SCORPION	SCORPION	SCORPION	SCORPION	SCORPION	SCORPION
8 h 00	SCORPION	SCORPION	SCORPION	SCORPION	SCORPION	SCORPION	SCORPION	SCORPION
8 h 30	SCORPION	SCORPION	SCORPION	SCORPION	SCORPION	SCORPION	SCORPION	SCORPION
9 h 00	SCORPION	SCORPION	SAGITTAIRE	SAGITTAIRE	SAGITTAIRE	SAGITTAIRE	SAGITTAIRE	SAGITTAIRE
9 h 30	SAGITTAIRE	SAGITTAIRE	SAGITTAIRE	SAGITTAIRE	SAGITTAIRE	SAGITTAIRE	SAGITTAIRE	SAGITTAIRE
10 h 00	SAGITTAIRE	SAGITTAIRE	SAGITTAIRE	SAGITTAIRE	SAGITTAIRE	SAGITTAIRE	SAGITTAIRE	SAGITTAIRE
10 h 30	SAGITTAIRE	SAGITTAIRE	SAGITTAIRE	SAGITTAIRE	SAGITTAIRE	SAGITTAIRE	SAGITTAIRE	SAGITTAIRE
11 h 00	SAGITTAIRE	SAGITTAIRE	SAGITTAIRE	SAGITTAIRE	SAGITTAIRE	SAGITTAIRE	SAGITTAIRE	SAGITTAIRE
11 h 30	SAGITTAIRE	SAGITTAIRE	CAPRICORNE	CAPRICORNE	CAPRICORNE	CAPRICORNE	CAPRICORNE	CAPRICORNE
MIDI	CAPRICORNE	CAPRICORNE	CAPRICORNE	CAPRICORNE	CAPRICORNE	CAPRICORNE	CAPRICORNE	CAPRICORNE
12 h 30	CAPRICORNE	CAPRICORNE	CAPRICORNE	CAPRICORNE	CAPRICORNE	CAPRICORNE	CAPRICORNE	CAPRICORNE
13 h 00	CAPRICORNE	CAPRICORNE	CAPRICORNE	CAPRICORNE	CAPRICORNE	CAPRICORNE	CAPRICORNE	VERSEAU
13 h 30	VERSEAU	VERSEAU	VERSEAU	VERSEAU	VERSEAU	VERSEAU	VERSEAU	VERSEAU
14 h 00	VERSEAU	VERSEAU	VERSEAU	VERSEAU	VERSEAU	VERSEAU	VERSEAU	VERSEAU
14 h 30	VERSEAU	POISSONS	POISSONS	POISSONS	POISSONS	POISSONS	POISSONS	POISSONS
15 h 00	POISSONS	POISSONS	POISSONS	POISSONS	POISSONS	BELIER	BELIER	BELIER
15 h 30	BELIER	BELIER	BELIER	BELIER	BELIER	BELIER	BELIER	BELIER
16 h 00	BELIER	BELIER	BELIER	TAUREAU	TAUREAU	TAUREAU	TAUREAU	TAUREAU
16 h 30	TAUREAU	TAUREAU	TAUREAU	TAUREAU	TAUREAU	TAUREAU	TAUREAU	TAUREAU
17 h 00	TAUREAU	TAUREAU	TAUREAU	TAUREAU	TAUREAU	TAUREAU	GEMEAUX	GEMEAUX
17 h 30	GEMEAUX	GEMEAUX	GEMEAUX	GEMEAUX	GEMEAUX	GEMEAUX	GEMEAUX	GEMEAUX
18 h 00	GEMEAUX	GEMEAUX	GEMEAUX	GEMEAUX	GEMEAUX	GEMEAUX	GEMEAUX	GEMEAUX
18 h 30	GEMEAUX	GEMEAUX	GEMEAUX	GEMEAUX	GEMEAUX	GEMEAUX	GEMEAUX	GEMEAUX
19 h 00	GEMEAUX	GEMEAUX	CANCER	CANCER	CANCER	CANCER	CANCER	CANCER
19 h 30	CANCER	CANCER	CANCER	CANCER	CANCER	CANCER	CANCER	CANCER
20 h 00	CANCER	CANCER	CANCER	CANCER	CANCER	CANCER	CANCER	CANCER
20 h 30	CANCER	CANCER	CANCER	CANCER	CANCER	CANCER	CANCER	CANCER
21 h 00	CANCER	CANCER	CANCER	CANCER	CANCER	CANCER	CANCER	CANCER
21 h 30	CANCER	CANCER	LION	LION	LION	LION	LION	LION
22 h 00	LION	LION	LION	LION	LION	LION	LION	LION
22 h 30	LION	LION	LION	LION	LION	LION	LION	LION
23 h 00	LION	LION	LION	LION	LION	LION	LION	LION
23 h 30	LION	LION	LION	LION	LION	LION	LION	LION

DECOUVREZ VOTRE ASCENDANT SANS AUCUN CALCUL : TABLE N⁰ 5

VOTRE HEURE DE NAISSANCE	8 NOVEMBRE	9 NOVEMBRE	10 NOVEMBRE	11 NOVEMBRE	12 NOVEMBRE	13 NOVEMBRE	14 NOVEMBRE	15 NOVEMBRE
0 h 00	VIERGE	VIERGE	VIERGE	VIERGE	VIERGE	VIERGE	VIERGE	VIERGE
0 h 30	VIERGE	VIERGE	VIERGE	VIERGE	VIERGE	VIERGE	VIERGE	VIERGE
1 h 00	VIERGE	VIERGE	VIERGE	VIERGE	VIERGE	VIERGE	VIERGE	VIERGE
1 h 30	VIERGE	VIERGE	VIERGE	VIERGE	VIERGE	VIERGE	VIERGE	VIERGE
2 h 00	VIERGE	VIERGE	VIERGE	VIERGE	VIERGE	VIERGE	VIERGE	VIERGE
2 h 30	VIERGE	VIERGE	VIERGE	VIERGE	VIERGE	BALANCE	BALANCE	BALANCE
3 h 00	BALANCE	BALANCE	BALANCE	BALANCE	BALANCE	BALANCE	BALANCE	BALANCE
3 h 30	BALANCE	BALANCE	BALANCE	BALANCE	BALANCE	BALANCE	BALANCE	BALANCE
4 h 00	BALANCE	BALANCE	BALANCE	BALANCE	BALANCE	BALANCE	BALANCE	BALANCE
4 h 30	BALANCE	BALANCE	BALANCE	BALANCE	BALANCE	BALANCE	BALANCE	BALANCE
5 h 00	BALANCE	BALANCE	BALANCE	BALANCE	BALANCE	BALANCE	BALANCE	BALANCE
5 h 30	BALANCE	BALANCE	BALANCE	SCORPION	SCORPION	SCORPION	SCORPION	SCORPION
6 h 00	SCORPION	SCORPION	SCORPION	SCORPION	SCORPION	SCORPION	SCORPION	SCORPION
6 h 30	SCORPION	SCORPION	SCORPION	SCORPION	SCORPION	SCORPION	SCORPION	SCORPION
7 h 00	SCORPION	SCORPION	SCORPION	SCORPION	SCORPION	SCORPION	SCORPION	SCORPION
7 h 30	SCORPION	SCORPION	SCORPION	SCORPION	SCORPION	SCORPION	SCORPION	SCORPION
8 h 00	SCORPION	SCORPION	SCORPION	SCORPION	SCORPION	SCORPION	SCORPION	SCORPION
8 h 30	SCORPION	SCORPION	SAGITTAIRE	SAGITTAIRE	SAGITTAIRE	SAGITTAIRE	SAGITTAIRE	SAGITTAIRE
9 h 00	SAGITTAIRE	SAGITTAIRE	SAGITTAIRE	SAGITTAIRE	SAGITTAIRE	SAGITTAIRE	SAGITTAIRE	SAGITTAIRE
9 h 30	SAGITTAIRE	SAGITTAIRE	SAGITTAIRE	SAGITTAIRE	SAGITTAIRE	SAGITTAIRE	SAGITTAIRE	SAGITTAIRE
10 h 00	SAGITTAIRE	SAGITTAIRE	SAGITTAIRE	SAGITTAIRE	SAGITTAIRE	SAGITTAIRE	SAGITTAIRE	SAGITTAIRE
10 h 30	SAGITTAIRE	SAGITTAIRE	SAGITTAIRE	SAGITTAIRE	SAGITTAIRE	SAGITTAIRE	SAGITTAIRE	SAGITTAIRE
11 h 00	SAGITTAIRE	CAPRICORNE	CAPRICORNE	CAPRICORNE	CAPRICORNE	CAPRICORNE	CAPRICORNE	CAPRICORNE
11 h 30	CAPRICORNE	CAPRICORNE	CAPRICORNE	CAPRICORNE	CAPRICORNE	CAPRICORNE	CAPRICORNE	CAPRICORNE
MIDI	CAPRICORNE	CAPRICORNE	CAPRICORNE	CAPRICORNE	CAPRICORNE	CAPRICORNE	CAPRICORNE	CAPRICORNE
12 h 30	CAPRICORNE	CAPRICORNE	CAPRICORNE	CAPRICORNE	CAPRICORNE	CAPRICORNE	CAPRICORNE	VERSEAU
13 h 00	VERSEAU	VERSEAU	VERSEAU	VERSEAU	VERSEAU	VERSEAU	VERSEAU	VERSEAU
13 h 30	VERSEAU	VERSEAU	VERSEAU	VERSEAU	VERSEAU	VERSEAU	VERSEAU	VERSEAU
14 h 00	POISSONS	POISSONS	POISSONS	POISSONS	POISSONS	POISSONS	POISSONS	POISSONS
14 h 30	POISSONS	POISSONS	POISSONS	POISSONS	POISSONS	BELIER	BELIER	BELIER
15 h 00	BELIER	BELIER	BELIER	BELIER	BELIER	BELIER	BELIER	BELIER
15 h 30	BELIER	BELIER	BELIER	TAUREAU	TAUREAU	TAUREAU	TAUREAU	TAUREAU
16 h 00	TAUREAU	TAUREAU	TAUREAU	TAUREAU	TAUREAU	TAUREAU	TAUREAU	TAUREAU
16 h 30	TAUREAU	TAUREAU	TAUREAU	TAUREAU	TAUREAU	TAUREAU	GEMEAUX	GEMEAUX
17 h 00	GEMEAUX	GEMEAUX	GEMEAUX	GEMEAUX	GEMEAUX	GEMEAUX	GEMEAUX	GEMEAUX
17 h 30	GEMEAUX	GEMEAUX	GEMEAUX	GEMEAUX	GEMEAUX	GEMEAUX	GEMEAUX	GEMEAUX
18 h 00	GEMEAUX	GEMEAUX	GEMEAUX	GEMEAUX	GEMEAUX	GEMEAUX	GEMEAUX	GEMEAUX
18 h 30	GEMEAUX	GEMEAUX	CANCER	CANCER	CANCER	CANCER	CANCER	CANCER
19 h 00	CANCER	CANCER	CANCER	CANCER	CANCER	CANCER	CANCER	CANCER
19 h 30	CANCER	CANCER	CANCER	CANCER	CANCER	CANCER	CANCER	CANCER
20 h 00	CANCER	CANCER	CANCER	CANCER	CANCER	CANCER	CANCER	CANCER
20 h 30	CANCER	CANCER	CANCER	CANCER	CANCER	CANCER	CANCER	CANCER
21 h 00	CANCER	CANCER	LION	LION	LION	LION	LION	LION
21 h 30	LION	LION	LION	LION	LION	LION	LION	LION
22 h 00	LION	LION	LION	LION	LION	LION	LION	LION
22 h 30	LION	LION	LION	LION	LION	LION	LION	LION
23 h 00	LION	LION	LION	LION	LION	LION	LION	LION
23 h 30	LION	LION	LION	LION	LION	LION	LION	VIERGE

DECOUVREZ VOTRE ASCENDANT SANS AUCUN CALCUL : TABLE N⁰ 5

VOTRE HEURE DE NAISSANCE	16 NOVEMBRE	17 NOVEMBRE	18 NOVEMBRE	19 NOVEMBRE	20 NOVEMBRE	21 NOVEMBRE	22 NOVEMBRE	23 NOVEMBRE
0 h 00	VIERGE	VIERGE	VIERGE	VIERGE	VIERGE	VIERGE	VIERGE	VIERGE
0 h 30	VIERGE	VIERGE	VIERGE	VIERGE	VIERGE	VIERGE	VIERGE	VIERGE
1 h 00	VIERGE	VIERGE	VIERGE	VIERGE	VIERGE	VIERGE	VIERGE	VIERGE
1 h 30	VIERGE	VIERGE	VIERGE	VIERGE	VIERGE	VIERGE	VIERGE	VIERGE
2 h 00	VIERGE	VIERGE	VIERGE	VIERGE	VIERGE	BALANCE	BALANCE	BALANCE
2 h 30	BALANCE	BALANCE	BALANCE	BALANCE	BALANCE	BALANCE	BALANCE	BALANCE
3 h 00	BALANCE	BALANCE	BALANCE	BALANCE	BALANCE	BALANCE	BALANCE	BALANCE
3 h 30	BALANCE	BALANCE	BALANCE	BALANCE	BALANCE	BALANCE	BALANCE	BALANCE
4 h 00	BALANCE	BALANCE	BALANCE	BALANCE	BALANCE	BALANCE	BALANCE	BALANCE
4 h 30	BALANCE	BALANCE	BALANCE	BALANCE	BALANCE	BALANCE	BALANCE	BALANCE
5 h 00	BALANCE	BALANCE	SCORPION	SCORPION	SCORPION	SCORPION	SCORPION	SCORPION
5 h 30	SCORPION	SCORPION	SCORPION	SCORPION	SCORPION	SCORPION	SCORPION	SCORPION
6 h 00	SCORPION	SCORPION	SCORPION	SCORPION	SCORPION	SCORPION	SCORPION	SCORPION
6 h 30	SCORPION	SCORPION	SCORPION	SCORPION	SCORPION	SCORPION	SCORPION	SCORPION
7 h 00	SCORPION	SCORPION	SCORPION	SCORPION	SCORPION	SCORPION	SCORPION	SCORPION
7 h 30	SCORPION	SCORPION	SCORPION	SCORPION	SCORPION	SCORPION	SCORPION	SCORPION
8 h 00	SCORPION	SAGITTAIRE	SAGITTAIRE	SAGITTAIRE	SAGITTAIRE	SAGITTAIRE	SAGITTAIRE	SAGITTAIRE
8 h 30	SAGITTAIRE	SAGITTAIRE	SAGITTAIRE	SAGITTAIRE	SAGITTAIRE	SAGITTAIRE	SAGITTAIRE	SAGITTAIRE
9 h 00	SAGITTAIRE	SAGITTAIRE	SAGITTAIRE	SAGITTAIRE	SAGITTAIRE	SAGITTAIRE	SAGITTAIRE	SAGITTAIRE
9 h 30	SAGITTAIRE	SAGITTAIRE	SAGITTAIRE	SAGITTAIRE	SAGITTAIRE	SAGITTAIRE	SAGITTAIRE	SAGITTAIRE
10 h 00	SAGITTAIRE	SAGITTAIRE	SAGITTAIRE	SAGITTAIRE	SAGITTAIRE	SAGITTAIRE	SAGITTAIRE	SAGITTAIRE
10 h 30	SAGITTAIRE	CAPRICORNE	CAPRICORNE	CAPRICORNE	CAPRICORNE	CAPRICORNE	CAPRICORNE	CAPRICORNE
11 h 00	CAPRICORNE	CAPRICORNE	CAPRICORNE	CAPRICORNE	CAPRICORNE	CAPRICORNE	CAPRICORNE	CAPRICORNE
11 h 30	CAPRICORNE	CAPRICORNE	CAPRICORNE	CAPRICORNE	CAPRICORNE	CAPRICORNE	CAPRICORNE	CAPRICORNE
MIDI	CAPRICORNE	CAPRICORNE	CAPRICORNE	CAPRICORNE	CAPRICORNE	CAPRICORNE	VERSEAU	VERSEAU
12 h 30	VERSEAU	VERSEAU	VERSEAU	VERSEAU	VERSEAU	VERSEAU	VERSEAU	VERSEAU
13 h 00	VERSEAU	VERSEAU	VERSEAU	VERSEAU	VERSEAU	VERSEAU	VERSEAU	VERSEAU
13 h 30	POISSONS	POISSONS	POISSONS	POISSONS	POISSONS	POISSONS	POISSONS	POISSONS
14 h 00	POISSONS	POISSONS	POISSONS	POISSONS	POISSONS	BELIER	BELIER	BELIER
14 h 30	BELIER	BELIER	BELIER	BELIER	BELIER	BELIER	BELIER	BELIER
15 h 00	BELIER	BELIER	TAUREAU	TAUREAU	TAUREAU	TAUREAU	TAUREAU	TAUREAU
15 h 30	TAUREAU	TAUREAU	TAUREAU	TAUREAU	TAUREAU	TAUREAU	TAUREAU	TAUREAU
16 h 00	TAUREAU	TAUREAU	TAUREAU	TAUREAU	TAUREAU	GEMEAUX	GEMEAUX	GEMEAUX
16 h 30	GEMEAUX	GEMEAUX	GEMEAUX	GEMEAUX	GEMEAUX	GEMEAUX	GEMEAUX	GEMEAUX
17 h 00	GEMEAUX	GEMEAUX	GEMEAUX	GEMEAUX	GEMEAUX	GEMEAUX	GEMEAUX	GEMEAUX
17 h 30	GEMEAUX	GEMEAUX	GEMEAUX	GEMEAUX	GEMEAUX	GEMEAUX	GEMEAUX	GEMEAUX
18 h 00	GEMEAUX	CANCER	CANCER	CANCER	CANCER	CANCER	CANCER	CANCER
18 h 30	CANCER	CANCER	CANCER	CANCER	CANCER	CANCER	CANCER	CANCER
19 h 00	CANCER	CANCER	CANCER	CANCER	CANCER	CANCER	CANCER	CANCER
19 h 30	CANCER	CANCER	CANCER	CANCER	CANCER	CANCER	CANCER	CANCER
20 h 00	CANCER	CANCER	CANCER	CANCER	CANCER	CANCER	CANCER	CANCER
20 h 30	CANCER	LION	LION	LION	LION	LION	LION	LION
21 h 00	LION	LION	LION	LION	LION	LION	LION	LION
21 h 30	LION	LION	LION	LION	LION	LION	LION	LION
22 h 00	LION	LION	LION	LION	LION	LION	LION	LION
22 h 30	LION	LION	LION	LION	LION	LION	LION	LION
23 h 00	LION	LION	LION	LION	LION	LION	VIERGE	VIERGE
23 h 30	VIERGE	VIERGE	VIERGE	VIERGE	VIERGE	VIERGE	VIERGE	VIERGE

DECOUVREZ VOTRE ASCENDANT SANS AUCUN CALCUL : TABLE N⁰ 6

VOTRE HEURE DE NAISSANCE	23 OCTOBRE	24 OCTOBRE	25 OCTOBRE	26 OCTOBRE	27 OCTOBRE	28 OCTOBRE	29 OCTOBRE	30 OCTOBRE
0 h 00	LION	LION	LION	LION	LION	LION	LION	LION
0 h 30	LION	LION	LION	LION	LION	LION	LION	LION
1 h 00	VIERGE	VIERGE	VIERGE	VIERGE	VIERGE	VIERGE	VIERGE	VIERGE
1 h 30	VIERGE	VIERGE	VIERGE	VIERGE	VIERGE	VIERGE	VIERGE	VIERGE
2 h 00	VIERGE	VIERGE	VIERGE	VIERGE	VIERGE	VIERGE	VIERGE	VIERGE
2 h 30	VIERGE	VIERGE	VIERGE	VIERGE	VIERGE	VIERGE	VIERGE	VIERGE
3 h 00	VIERGE	VIERGE	VIERGE	VIERGE	VIERGE	VIERGE	VIERGE	VIERGE
3 h 30	VIERGE	VIERGE	VIERGE	VIERGE	VIERGE	VIERGE	BALANCE	BALANCE
4 h 00	BALANCE	BALANCE	BALANCE	BALANCE	BALANCE	BALANCE	BALANCE	BALANCE
4 h 30	BALANCE	BALANCE	BALANCE	BALANCE	BALANCE	BALANCE	BALANCE	BALANCE
5 h 00	BALANCE	BALANCE	BALANCE	BALANCE	BALANCE	BALANCE	BALANCE	BALANCE
5 h 30	BALANCE	BALANCE	BALANCE	BALANCE	BALANCE	BALANCE	BALANCE	BALANCE
6 h 00	BALANCE	BALANCE	BALANCE	BALANCE	BALANCE	BALANCE	BALANCE	BALANCE
6 h 30	BALANCE	BALANCE	BALANCE	BALANCE	BALANCE	BALANCE	BALANCE	BALANCE
7 h 00	BALANCE	SCORPION	SCORPION	SCORPION	SCORPION	SCORPION	SCORPION	SCORPION
7 h 30	SCORPION	SCORPION	SCORPION	SCORPION	SCORPION	SCORPION	SCORPION	SCORPION
8 h 00	SCORPION	SCORPION	SCORPION	SCORPION	SCORPION	SCORPION	SCORPION	SCORPION
8 h 30	SCORPION	SCORPION	SCORPION	SCORPION	SCORPION	SCORPION	SCORPION	SCORPION
9 h 00	SCORPION	SCORPION	SCORPION	SCORPION	SCORPION	SCORPION	SCORPION	SCORPION
9 h 30	SCORPION	SCORPION	SCORPION	SCORPION	SCORPION	SCORPION	SCORPION	SCORPION
10 h 00	SCORPION	SCORPION	SCORPION	SCORPION	SAGITTAIRE	SAGITTAIRE	SAGITTAIRE	SAGITTAIRE
10 h 30	SAGITTAIRE	SAGITTAIRE	SAGITTAIRE	SAGITTAIRE	SAGITTAIRE	SAGITTAIRE	SAGITTAIRE	SAGITTAIRE
11 h 00	SAGITTAIRE	SAGITTAIRE	SAGITTAIRE	SAGITTAIRE	SAGITTAIRE	SAGITTAIRE	SAGITTAIRE	SAGITTAIRE
11 h 30	SAGITTAIRE	SAGITTAIRE	SAGITTAIRE	SAGITTAIRE	SAGITTAIRE	SAGITTAIRE	SAGITTAIRE	SAGITTAIRE
MIDI	SAGITTAIRE	SAGITTAIRE	SAGITTAIRE	SAGITTAIRE	SAGITTAIRE	SAGITTAIRE	SAGITTAIRE	SAGITTAIRE
12 h 30	SAGITTAIRE	SAGITTAIRE	SAGITTAIRE	SAGITTAIRE	SAGITTAIRE	SAGITTAIRE	SAGITTAIRE	CAPRICORNE
13 h 00	CAPRICORNE	CAPRICORNE	CAPRICORNE	CAPRICORNE	CAPRICORNE	CAPRICORNE	CAPRICORNE	CAPRICORNE
13 h 30	CAPRICORNE	CAPRICORNE	CAPRICORNE	CAPRICORNE	CAPRICORNE	CAPRICORNE	CAPRICORNE	CAPRICORNE
14 h 00	CAPRICORNE	CAPRICORNE	CAPRICORNE	CAPRICORNE	CAPRICORNE	CAPRICORNE	CAPRICORNE	CAPRICORNE
14 h 30	CAPRICORNE	CAPRICORNE	CAPRICORNE	VERSEAU	VERSEAU	VERSEAU	VERSEAU	VERSEAU
15 h 00	VERSEAU	VERSEAU	VERSEAU	VERSEAU	VERSEAU	POISSONS	POISSONS	POISSONS
15 h 30	POISSONS	POISSONS	POISSONS	POISSONS	POISSONS	POISSONS	BELIER	BELIER
16 h 00	BELIER	BELIER	BELIER	BELIER	BELIER	BELIER	BELIER	TAUREAU
16 h 30	TAUREAU	TAUREAU	TAUREAU	TAUREAU	TAUREAU	TAUREAU	TAUREAU	TAUREAU
17 h 00	TAUREAU	TAUREAU	TAUREAU	TAUREAU	GEMEAUX	GEMEAUX	GEMEAUX	GEMEAUX
17 h 30	GEMEAUX	GEMEAUX	GEMEAUX	GEMEAUX	GEMEAUX	GEMEAUX	GEMEAUX	GEMEAUX
18 h 00	GEMEAUX	GEMEAUX	GEMEAUX	GEMEAUX	GEMEAUX	GEMEAUX	GEMEAUX	GEMEAUX
18 h 30	GEMEAUX	GEMEAUX	GEMEAUX	GEMEAUX	GEMEAUX	CANCER	CANCER	CANCER
19 h 00	CANCER	CANCER	CANCER	CANCER	CANCER	CANCER	CANCER	CANCER
19 h 30	CANCER	CANCER	CANCER	CANCER	CANCER	CANCER	CANCER	CANCER
20 h 00	CANCER	CANCER	CANCER	CANCER	CANCER	CANCER	CANCER	CANCER
20 h 30	CANCER	CANCER	CANCER	CANCER	CANCER	CANCER	CANCER	CANCER
21 h 00	CANCER	CANCER	CANCER	CANCER	CANCER	CANCER	CANCER	CANCER
21 h 30	LION	LION	LION	LION	LION	LION	LION	LION
22 h 00	LION	LION	LION	LION	LION	LION	LION	LION
22 h 30	LION	LION	LION	LION	LION	LION	LION	LION
23 h 00	LION	LION	LION	LION	LION	LION	LION	LION
23 h 30	LION	LION	LION	LION	LION	LION	LION	LION

DECOUVREZ VOTRE ASCENDANT SANS AUCUN CALCUL : TABLE N° 6

VOTRE HEURE DE NAISSANCE	31 OCTOBRE	1 NOVEMBRE	2 NOVEMBRE	3 NOVEMBRE	4 NOVEMBRE	5 NOVEMBRE	6 NOVEMBRE	7 NOVEMBRE
0 h 00	LION	LION	LION	VIERGE	VIERGE	VIERGE	VIERGE	VIERGE
0 h 30	VIERGE	VIERGE	VIERGE	VIERGE	VIERGE	VIERGE	VIERGE	VIERGE
1 h 00	VIERGE	VIERGE	VIERGE	VIERGE	VIERGE	VIERGE	VIERGE	VIERGE
1 h 30	VIERGE	VIERGE	VIERGE	VIERGE	VIERGE	VIERGE	VIERGE	VIERGE
2 h 00	VIERGE	VIERGE	VIERGE	VIERGE	VIERGE	VIERGE	VIERGE	VIERGE
2 h 30	VIERGE	VIERGE	VIERGE	VIERGE	VIERGE	VIERGE	VIERGE	VIERGE
3 h 00	VIERGE	VIERGE	VIERGE	VIERGE	VIERGE	BALANCE	BALANCE	BALANCE
3 h 30	BALANCE	BALANCE	BALANCE	BALANCE	BALANCE	BALANCE	BALANCE	BALANCE
4 h 00	BALANCE	BALANCE	BALANCE	BALANCE	BALANCE	BALANCE	BALANCE	BALANCE
4 h 30	BALANCE	BALANCE	BALANCE	BALANCE	BALANCE	BALANCE	BALANCE	BALANCE
5 h 00	BALANCE	BALANCE	BALANCE	BALANCE	BALANCE	BALANCE	BALANCE	BALANCE
5 h 30	BALANCE	BALANCE	BALANCE	BALANCE	BALANCE	BALANCE	BALANCE	BALANCE
6 h 00	BALANCE	BALANCE	BALANCE	BALANCE	BALANCE	BALANCE	BALANCE	BALANCE
6 h 30	SCORPION	SCORPION	SCORPION	SCORPION	SCORPION	SCORPION	SCORPION	SCORPION
7 h 00	SCORPION	SCORPION	SCORPION	SCORPION	SCORPION	SCORPION	SCORPION	SCORPION
7 h 30	SCORPION	SCORPION	SCORPION	SCORPION	SCORPION	SCORPION	SCORPION	SCORPION
8 h 00	SCORPION	SCORPION	SCORPION	SCORPION	SCORPION	SCORPION	SCORPION	SCORPION
8 h 30	SCORPION	SCORPION	SCORPION	SCORPION	SCORPION	SCORPION	SCORPION	SCORPION
9 h 00	SCORPION	SCORPION	SCORPION	SCORPION	SCORPION	SCORPION	SCORPION	SCORPION
9 h 30	SCORPION	SCORPION	SCORPION	SAGITTAIRE	SAGITTAIRE	SAGITTAIRE	SAGITTAIRE	SAGITTAIRE
10 h 00	SAGITTAIRE	SAGITTAIRE	SAGITTAIRE	SAGITTAIRE	SAGITTAIRE	SAGITTAIRE	SAGITTAIRE	SAGITTAIRE
10 h 30	SAGITTAIRE	SAGITTAIRE	SAGITTAIRE	SAGITTAIRE	SAGITTAIRE	SAGITTAIRE	SAGITTAIRE	SAGITTAIRE
11 h 00	SAGITTAIRE	SAGITTAIRE	SAGITTAIRE	SAGITTAIRE	SAGITTAIRE	SAGITTAIRE	SAGITTAIRE	SAGITTAIRE
11 h 30	SAGITTAIRE	SAGITTAIRE	SAGITTAIRE	SAGITTAIRE	SAGITTAIRE	SAGITTAIRE	SAGITTAIRE	SAGITTAIRE
MIDI	SAGITTAIRE	SAGITTAIRE	SAGITTAIRE	SAGITTAIRE	SAGITTAIRE	SAGITTAIRE	SAGITTAIRE	CAPRICORNE
12 h 30	CAPRICORNE	CAPRICORNE	CAPRICORNE	CAPRICORNE	CAPRICORNE	CAPRICORNE	CAPRICORNE	CAPRICORNE
13 h 00	CAPRICORNE	CAPRICORNE	CAPRICORNE	CAPRICORNE	CAPRICORNE	CAPRICORNE	CAPRICORNE	CAPRICORNE
13 h 30	CAPRICORNE	CAPRICORNE	CAPRICORNE	CAPRICORNE	CAPRICORNE	CAPRICORNE	CAPRICORNE	CAPRICORNE
14 h 00	VERSEAU	VERSEAU	VERSEAU	VERSEAU	VERSEAU	VERSEAU	VERSEAU	VERSEAU
14 h 30	VERSEAU	VERSEAU	VERSEAU	VERSEAU	VERSEAU	POISSONS	POISSONS	POISSONS
15 h 00	POISSONS	POISSONS	POISSONS	POISSONS	POISSONS	BELIER	BELIER	BELIER
15 h 30	BELIER	BELIER	BELIER	BELIER	BELIER	BELIER	TAUREAU	TAUREAU
16 h 00	TAUREAU	TAUREAU	TAUREAU	TAUREAU	TAUREAU	TAUREAU	TAUREAU	TAUREAU
16 h 30	TAUREAU	TAUREAU	TAUREAU	GEMEAUX	GEMEAUX	GEMEAUX	GEMEAUX	GEMEAUX
17 h 00	GEMEAUX	GEMEAUX	GEMEAUX	GEMEAUX	GEMEAUX	GEMEAUX	GEMEAUX	GEMEAUX
17 h 30	GEMEAUX	GEMEAUX	GEMEAUX	GEMEAUX	GEMEAUX	GEMEAUX	GEMEAUX	GEMEAUX
18 h 00	GEMEAUX	GEMEAUX	GEMEAUX	GEMEAUX	CANCER	CANCER	CANCER	CANCER
18 h 30	CANCER	CANCER	CANCER	CANCER	CANCER	CANCER	CANCER	CANCER
19 h 00	CANCER	CANCER	CANCER	CANCER	CANCER	CANCER	CANCER	CANCER
19 h 30	CANCER	CANCER	CANCER	CANCER	CANCER	CANCER	CANCER	CANCER
20 h 00	CANCER	CANCER	CANCER	CANCER	CANCER	CANCER	CANCER	CANCER
20 h 30	CANCER	CANCER	CANCER	CANCER	CANCER	CANCER	CANCER	LION
21 h 00	LION	LION	LION	LION	LION	LION	LION	LION
21 h 30	LION	LION	LION	LION	LION	LION	LION	LION
22 h 00	LION	LION	LION	LION	LION	LION	LION	LION
22 h 30	LION	LION	LION	LION	LION	LION	LION	LION
23 h 00	LION	LION	LION	LION	LION	LION	LION	LION
23 h 30	LION	LION	LION	LION	LION	LION	LION	LION

DECOUVREZ VOTRE ASCENDANT SANS AUCUN CALCUL : TABLE N⁰ 6

VOTRE HEURE DE NAISSANCE	8 NOVEMBRE	9 NOVEMBRE	10 NOVEMBRE	11 NOVEMBRE	12 NOVEMBRE	13 NOVEMBRE	14 NOVEMBRE	15 NOVEMBRE
0 h 00	VIERGE	VIERGE	VIERGE	VIERGE	VIERGE	VIERGE	VIERGE	VIERGE
0 h 30	VIERGE	VIERGE	VIERGE	VIERGE	VIERGE	VIERGE	VIERGE	VIERGE
1 h 00	VIERGE	VIERGE	VIERGE	VIERGE	VIERGE	VIERGE	VIERGE	VIERGE
1 h 30	VIERGE	VIERGE	VIERGE	VIERGE	VIERGE	VIERGE	VIERGE	VIERGE
2 h 00	VIERGE	VIERGE	VIERGE	VIERGE	VIERGE	VIERGE	VIERGE	VIERGE
2 h 30	VIERGE	VIERGE	VIERGE	VIERGE	VIERGE	BALANCE	BALANCE	BALANCE
3 h 00	BALANCE	BALANCE	BALANCE	BALANCE	BALANCE	BALANCE	BALANCE	BALANCE
3 h 30	BALANCE	BALANCE	BALANCE	BALANCE	BALANCE	BALANCE	BALANCE	BALANCE
4 h 00	BALANCE	BALANCE	BALANCE	BALANCE	BALANCE	BALANCE	BALANCE	BALANCE
4 h 30	BALANCE	BALANCE	BALANCE	BALANCE	BALANCE	BALANCE	BALANCE	BALANCE
5 h 00	BALANCE	BALANCE	BALANCE	BALANCE	BALANCE	BALANCE	BALANCE	BALANCE
5 h 30	BALANCE	BALANCE	BALANCE	BALANCE	BALANCE	BALANCE	BALANCE	BALANCE
6 h 00	SCORPION	SCORPION	SCORPION	SCORPION	SCORPION	SCORPION	SCORPION	SCORPION
6 h 30	SCORPION	SCORPION	SCORPION	SCORPION	SCORPION	SCORPION	SCORPION	SCORPION
7 h 00	SCORPION	SCORPION	SCORPION	SCORPION	SCORPION	SCORPION	SCORPION	SCORPION
7 h 30	SCORPION	SCORPION	SCORPION	SCORPION	SCORPION	SCORPION	SCORPION	SCORPION
8 h 00	SCORPION	SCORPION	SCORPION	SCORPION	SCORPION	SCORPION	SCORPION	SCORPION
8 h 30	SCORPION	SCORPION	SCORPION	SCORPION	SCORPION	SCORPION	SCORPION	SCORPION
9 h 00	SCORPION	SCORPION	SCORPION	SAGITTAIRE	SAGITTAIRE	SAGITTAIRE	SAGITTAIRE	SAGITTAIRE
9 h 30	SAGITTAIRE	SAGITTAIRE	SAGITTAIRE	SAGITTAIRE	SAGITTAIRE	SAGITTAIRE	SAGITTAIRE	SAGITTAIRE
10 h 00	SAGITTAIRE	SAGITTAIRE	SAGITTAIRE	SAGITTAIRE	SAGITTAIRE	SAGITTAIRE	SAGITTAIRE	SAGITTAIRE
10 h 30	SAGITTAIRE	SAGITTAIRE	SAGITTAIRE	SAGITTAIRE	SAGITTAIRE	SAGITTAIRE	SAGITTAIRE	SAGITTAIRE
11 h 00	SAGITTAIRE	SAGITTAIRE	SAGITTAIRE	SAGITTAIRE	SAGITTAIRE	SAGITTAIRE	SAGITTAIRE	SAGITTAIRE
11 h 30	SAGITTAIRE	SAGITTAIRE	SAGITTAIRE	SAGITTAIRE	SAGITTAIRE	SAGITTAIRE	CAPRICORNE	CAPRICORNE
MIDI	CAPRICORNE	CAPRICORNE	CAPRICORNE	CAPRICORNE	CAPRICORNE	CAPRICORNE	CAPRICORNE	CAPRICORNE
12 h 30	CAPRICORNE	CAPRICORNE	CAPRICORNE	CAPRICORNE	CAPRICORNE	CAPRICORNE	CAPRICORNE	CAPRICORNE
13 h 00	CAPRICORNE	CAPRICORNE	CAPRICORNE	CAPRICORNE	CAPRICORNE	CAPRICORNE	CAPRICORNE	VERSEAU
13 h 30	VERSEAU	VERSEAU	VERSEAU	VERSEAU	VERSEAU	VERSEAU	VERSEAU	VERSEAU
14 h 00	VERSEAU	VERSEAU	VERSEAU	VERSEAU	POISSONS	POISSONS	POISSONS	POISSONS
14 h 30	POISSONS	POISSONS	POISSONS	POISSONS	POISSONS	BELIER	BELIER	BELIER
15 h 00	BELIER	BELIER	BELIER	BELIER	BELIER	BELIER	TAUREAU	TAUREAU
15 h 30	TAUREAU	TAUREAU	TAUREAU	TAUREAU	TAUREAU	TAUREAU	TAUREAU	TAUREAU
16 h 00	TAUREAU	TAUREAU	TAUREAU	GEMEAUX	GEMEAUX	GEMEAUX	GEMEAUX	GEMEAUX
16 h 30	GEMEAUX	GEMEAUX	GEMEAUX	GEMEAUX	GEMEAUX	GEMEAUX	GEMEAUX	GEMEAUX
17 h 00	GEMEAUX	GEMEAUX	GEMEAUX	GEMEAUX	GEMEAUX	GEMEAUX	GEMEAUX	GEMEAUX
17 h 30	GEMEAUX	GEMEAUX	GEMEAUX	GEMEAUX	CANCER	CANCER	CANCER	CANCER
18 h 00	CANCER	CANCER	CANCER	CANCER	CANCER	CANCER	CANCER	CANCER
18 h 30	CANCER	CANCER	CANCER	CANCER	CANCER	CANCER	CANCER	CANCER
19 h 00	CANCER	CANCER	CANCER	CANCER	CANCER	CANCER	CANCER	CANCER
19 h 30	CANCER	CANCER	CANCER	CANCER	CANCER	CANCER	CANCER	CANCER
20 h 00	CANCER	CANCER	CANCER	CANCER	CANCER	CANCER	CANCER	LION
20 h 30	LION	LION	LION	LION	LION	LION	LION	LION
21 h 00	LION	LION	LION	LION	LION	LION	LION	LION
21 h 30	LION	LION	LION	LION	LION	LION	LION	LION
22 h 00	LION	LION	LION	LION	LION	LION	LION	LION
22 h 30	LION	LION	LION	LION	LION	LION	LION	LION
23 h 00	LION	LION	LION	LION	LION	LION	LION	LION
23 h 30	LION	LION	VIERGE	VIERGE	VIERGE	VIERGE	VIERGE	VIERGE

DECOUVREZ VOTRE ASCENDANT SANS AUCUN CALCUL : TABLE N° 6

VOTRE HEURE DE NAISSANCE	16 NOVEMBRE	17 NOVEMBRE	18 NOVEMBRE	19 NOVEMBRE	20 NOVEMBRE	21 NOVEMBRE	22 NOVEMBRE	23 NOVEMBRE
0 h 00	VIERGE	VIERGE	VIERGE	VIERGE	VIERGE	VIERGE	VIERGE	VIERGE
0 h 30	VIERGE	VIERGE	VIERGE	VIERGE	VIERGE	VIERGE	VIERGE	VIERGE
1 h 00	VIERGE	VIERGE	VIERGE	VIERGE	VIERGE	VIERGE	VIERGE	VIERGE
1 h 30	VIERGE	VIERGE	VIERGE	VIERGE	VIERGE	VIERGE	VIERGE	VIERGE
2 h 00	VIERGE	VIERGE	VIERGE	VIERGE	VIERGE	BALANCE	BALANCE	BALANCE
2 h 30	BALANCE	BALANCE	BALANCE	BALANCE	BALANCE	BALANCE	BALANCE	BALANCE
3 h 00	BALANCE	BALANCE	BALANCE	BALANCE	BALANCE	BALANCE	BALANCE	BALANCE
3 h 30	BALANCE	BALANCE	BALANCE	BALANCE	BALANCE	BALANCE	BALANCE	BALANCE
4 h 00	BALANCE	BALANCE	BALANCE	BALANCE	BALANCE	BALANCE	BALANCE	BALANCE
4 h 30	BALANCE	BALANCE	BALANCE	BALANCE	BALANCE	BALANCE	BALANCE	BALANCE
5 h 00	BALANCE	BALANCE	BALANCE	BALANCE	BALANCE	BALANCE	BALANCE	SCORPION
5 h 30	SCORPION	SCORPION	SCORPION	SCORPION	SCORPION	SCORPION	SCORPION	SCORPION
6 h 00	SCORPION	SCORPION	SCORPION	SCORPION	SCORPION	SCORPION	SCORPION	SCORPION
6 h 30	SCORPION	SCORPION	SCORPION	SCORPION	SCORPION	SCORPION	SCORPION	SCORPION
7 h 00	SCORPION	SCORPION	SCORPION	SCORPION	SCORPION	SCORPION	SCORPION	SCORPION
7 h 30	SCORPION	SCORPION	SCORPION	SCORPION	SCORPION	SCORPION	SCORPION	SCORPION
8 h 00	SCORPION	SCORPION	SCORPION	SCORPION	SCORPION	SCORPION	SCORPION	SCORPION
8 h 30	SCORPION	SCORPION	SAGITTAIRE	SAGITTAIRE	SAGITTAIRE	SAGITTAIRE	SAGITTAIRE	SAGITTAIRE
9 h 00	SAGITTAIRE	SAGITTAIRE	SAGITTAIRE	SAGITTAIRE	SAGITTAIRE	SAGITTAIRE	SAGITTAIRE	SAGITTAIRE
9 h 30	SAGITTAIRE	SAGITTAIRE	SAGITTAIRE	SAGITTAIRE	SAGITTAIRE	SAGITTAIRE	SAGITTAIRE	SAGITTAIRE
10 h 00	SAGITTAIRE	SAGITTAIRE	SAGITTAIRE	SAGITTAIRE	SAGITTAIRE	SAGITTAIRE	SAGITTAIRE	SAGITTAIRE
10 h 30	SAGITTAIRE	SAGITTAIRE	SAGITTAIRE	SAGITTAIRE	SAGITTAIRE	SAGITTAIRE	SAGITTAIRE	SAGITTAIRE
11 h 00	SAGITTAIRE	SAGITTAIRE	SAGITTAIRE	SAGITTAIRE	SAGITTAIRE	SAGITTAIRE	CAPRICORNE	CAPRICORNE
11 h 30	CAPRICORNE	CAPRICORNE	CAPRICORNE	CAPRICORNE	CAPRICORNE	CAPRICORNE	CAPRICORNE	CAPRICORNE
MIDI	CAPRICORNE	CAPRICORNE	CAPRICORNE	CAPRICORNE	CAPRICORNE	CAPRICORNE	CAPRICORNE	CAPRICORNE
12 h 30	CAPRICORNE	CAPRICORNE	CAPRICORNE	CAPRICORNE	CAPRICORNE	CAPRICORNE	CAPRICORNE	VERSEAU
13 h 00	VERSEAU	VERSEAU	VERSEAU	VERSEAU	VERSEAU	VERSEAU	VERSEAU	VERSEAU
13 h 30	VERSEAU	VERSEAU	VERSEAU	VERSEAU	POISSONS	POISSONS	POISSONS	POISSONS
14 h 00	POISSONS	POISSONS	POISSONS	POISSONS	POISSONS	BELIER	BELIER	BELIER
14 h 30	BELIER	BELIER	BELIER	BELIER	BELIER	BELIER	TAUREAU	TAUREAU
15 h 00	TAUREAU	TAUREAU	TAUREAU	TAUREAU	TAUREAU	TAUREAU	TAUREAU	TAUREAU
15 h 30	TAUREAU	TAUREAU	GEMEAUX	GEMEAUX	GEMEAUX	GEMEAUX	GEMEAUX	GEMEAUX
16 h 00	GEMEAUX	GEMEAUX	GEMEAUX	GEMEAUX	GEMEAUX	GEMEAUX	GEMEAUX	GEMEAUX
16 h 30	GEMEAUX	GEMEAUX	GEMEAUX	GEMEAUX	GEMEAUX	GEMEAUX	GEMEAUX	GEMEAUX
17 h 00	GEMEAUX	GEMEAUX	GEMEAUX	CANCER	CANCER	CANCER	CANCER	CANCER
17 h 30	CANCER	CANCER	CANCER	CANCER	CANCER	CANCER	CANCER	CANCER
18 h 00	CANCER	CANCER	CANCER	CANCER	CANCER	CANCER	CANCER	CANCER
18 h 30	CANCER	CANCER	CANCER	CANCER	CANCER	CANCER	CANCER	CANCER
19 h 00	CANCER	CANCER	CANCER	CANCER	CANCER	CANCER	CANCER	CANCER
19 h 30	CANCER	CANCER	CANCER	CANCER	CANCER	CANCER	LION	LION
20 h 00	LION	LION	LION	LION	LION	LION	LION	LION
20 h 30	LION	LION	LION	LION	LION	LION	LION	LION
21 h 00	LION	LION	LION	LION	LION	LION	LION	LION
21 h 30	LION	LION	LION	LION	LION	LION	LION	LION
22 h 00	LION	LION	LION	LION	LION	LION	LION	LION
22 h 30	LION	LION	LION	LION	LION	LION	LION	LION
23 h 00	LION	LION	VIERGE	VIERGE	VIERGE	VIERGE	VIERGE	VIERGE
23 h 30	VIERGE	VIERGE	VIERGE	VIERGE	VIERGE	VIERGE	VIERGE	VIERGE

Robert Kennedy, Scorpion Ascendant Bélier, fut assassiné en pleine gloire politique.

Combinaison du Signe avec les Ascendants

Le Scorpion, plein de ressources inattendues, très souple, s'adapte à tout : il est polyvalent. Aussi, combiné avec les autres signes dans une même personne, prend-il des visages inattendus. Il peut donner des caractères assez différents du Scorpion d'origine garantie, marque déposée...

Le Scorpion est dur, m'a-t-on dit... Peut-être, mais pas le Scorpion-Cancer ou le Scorpion-Balance, tendres et sentimentaux. Le Scorpion est généreux : voire, si c'est un Scorpion-Taureau, près de ses sous. Le Scorpion passe pour tenace, et n'abandonne jamais ses objectifs... C'est vrai en théorie, mais pas chez le Scorpion-Gémeaux qui papillonne et abandonne ce qu'il entreprend. J'ai remarqué bien souvent des Ascendants qui marquaient plus fortement la personnalité du natif que le signe solaire ; celui-ci est occulté, caché derrière le signe ascendant que l'entourage perçoit plus nettement.

Pour cette raison, j'ai associé dans chaque rubrique la combinaison inverse : si l'on parle du Scorpion-Verseau, il est difficile de ne pas citer aussi James Dean : Verseau-Scorpion ! Dans le Scorpion-Taureau, on pense à Freud, qui avait la combinaison inverse... Cela revient souvent, non pas tout à fait au même, mais au « presque même », suivant les cas, avec toujours des rapprochements intéressants et une parenté psychologique très forte.

Scorpion Ascendant Bélier

Impulsivité, passion, fanatisme...

Le Scorpion-Bélier est un vrai Scorpion, courageux et combatif, un vrai de vrai. Mars étant à la fois le maître du Scorpion et celui du Bélier, les Scorpions-Béliers sont souvent des chefs, leaders d'un parti ou d'un pays. Par exemple, Bob Kennedy. Et aussi, en Bélier-Scorpion : Lénine, Gambetta, Charlie Chaplin, Henri Becque, Paul Verlaine, Robert Brasillach... Lorsqu'on voit le thème de ce dernier, on comprend mieux que cet homme passionné ait fait un mauvais choix : ce n'est pas un hasard si le puissant déploiement militaire de l'Allemagne nazie a fasciné ce martien en quête d'absolu. Il y retrouvait un écho de ses démons intérieurs... Malheureux Scorpion-Bélier, qui ne sait rien faire à moitié ! Ni tiède, ni lâche, mais courageux, et généreux, il se donne entièrement à la cause qu'il croit bonne.

Le Bélier est de Feu, et le Scorpion d'Eau, mais c'est une eau des marais, qui fermente, qui dégage des gaz combustibles. Si on met une allumette dedans, ça flambe tout de suite ! Ça aime, ou Ça déteste, violemment, avec les tripes, et Ça ne l'envoie pas dire ! Le Scorpion-Bélier a le verbe percutant, la colère ravageuse, le coup de cornes meurtrier. Il ne supporte pas la contradiction. Ce mousquetaire a la décison rapide et le geste prompt. Il a toutes les audaces, et tous les courages — y compris celui, très rare, de se faire haïr : il sacrifie sa réputation et ses affections à son idéal si celui-ci l'exige. Ce volcan explosif rempli de laves brûlantes ne recule jamais devant les plus âpres sacrifices.

Le Scorpion-Bélier déséquilibré peut être sadique — ou alors masochiste comme personne, peut-être plus encore que le marquis de Sade qui était... Gémeaux — ou que ce pauvre Masoch, natif du... Verseau. Dans cette combinaison flamboyante, les hommes me paraissent bien plus redoutables que les femmes : je trouve ces dernières fortes, décidées, entières, inspirant le respect ; mais leur force se double d'un grand cœur, d'une bonté et d'une générosité touchante. Elles se gardent très longtemps jeunes et actives. Le Bélier est éternellement jeune et le Scorpion ne s'encroûte jamais dans la vieillesse : il se bat jusqu'au bout !

Mais lorsque le Bélier est à l'Ascendant, le Scorpion souvent se place en Maison VIII : la Tradition astrologique voit dans cette position un indice de mort prématurée ou violente (surtout avec Mars et Uranus placés dans cette Maison et mal aspectés). Les gens qui meurent jeunes le sentent souvent, ou le savent d'une certitude intérieure profonde. Ils y pensent, et c'est un trait de leur caractère que cette familiarité intime avec la mort. (J'ajoute tout de suite que ce n'est pas une prédestination obligatoire, et que tout dépend du thème particulier.)

Mais assez parlé du « mauvais » ou du « malchanceux » Scorpion-Bélier : le « bon » Scorpion-Bélier a beaucoup d'allure. Fier, sûr de lui, indépendant, il a du panache. C'est un conquistador... Le Soleil en Bélier éclaire les grottes sombres du Scorpion, qui communique ainsi plus facilement avec autrui que le Scorpion pur. Evidemment, il a tendance à communiquer en extériorisant son agressivité mais au moins, on sait à quoi s'en tenir. Il est capable, pourtant, d'apprendre à se maîtriser, avec le temps. De toute façon, c'est quelqu'un. Il impressionne toujours son entourage par sa force et sa présence.

Comment est-il en amour ? Très idéaliste, grand et généreux, ardent et passionné... C'est ce qu'indique le Lion en Maison V. Mais il ne fait pas bon le (ou la) tromper. La Balance en Maison VII lui permet, si Vénus est bien située, de trouver un partenaire bon et compréhensif, pacifique, avec lequel il (ou elle) a des chances d'être heureux... si sa vie mouvementée lui en laisse le temps. Le Scorpion-Bélier est sensible plus qu'un autre à la beauté physique des gens. Souvent artiste, il est plutôt doué pour l'expression corporelle : théâtre, cinéma, poésie. Parfois aussi, il est attiré par les sciences, comme Jean Rostand par exemple.

Scorpion Ascendant Taureau

La Terre fixe et l'Eau fixe, le printemps et l'automne, le brin de muguet et le pot de chrysanthèmes, les portes de la vie contre celles de la mort...

L'axe Taureau-Scorpion traverse comme un flèche la roue du Zodiaque, et celui qui naît sous ces deux signes combinés est une force de la Nature. Solidement ancré sur la Terre ferme, de ses douze pattes, et accroché à la réalité par ses deux pinces, c'est un type d'homme et de femme aux instincts puissants. D'une intelligence pénétrante, ses raisonnements sont toujours alimentés par le contact avec le réel — quand c'est un Scorpion-Taureau harmonique. Sinon, il peut être complètement mythomane.

Il existe très fort, et sa « présence » a beaucoup de densité. Grande est sa puissance de création. Je ne m'étonne pas de trouver Ferdinand de Lesseps dans cette famille : quelle énergie ne lui a-t-il pas fallu pour venir à bout de tous les obstacles financiers, politiques, géographiques, dressés devant lui. Finalement, il l'a percé, son canal de Suez : un passage d'eau (du Scorpion), dans un obstacle de terre (du Taureau).

Le Scorpion-Taureau vénusien est extrêmement artiste : Edwige Feuillère est née sous cette configuration. Picasso, lui aussi, en est très marqué, puisqu'il a le Soleil en Scorpion, opposé à un amas de planètes en Taureau, en Maison X : Pluton, Neptune, Saturne, Jupiter, pas moins.

Le Scorpion-Taureau est un grand amoureux, un amant superbe, sensuel et puissant, chaleureux, capable aussi d'être tendre (plus que le Scorpion pur). Très fidèle, mais possessif, et terriblement jaloux. Cette jalousie peut le mener aux dernières extrémités de la violence, et libérer ses instincts de mort, sa cruauté et tous les aspects négatifs des deux signes.

On se plaint de son égoïsme. C'est vrai : massif, trapu, solide (moralement, sinon physiquement), c'est une place-forte, un donjon. Si le Taureau adoucit par son influence vénusienne l'agressivité du Scorpion, il arrive aussi qu'il ait l'influence contraire : cela donne un ours mal léché, simplement, parce que le Taureau déteste ce qui lui semble factice, les « trop poli pour être honnête », les ronds de jambe artificiels.

On ne peut parler de l'alliage de ces deux signes sans évoquer Freud, Taureau-Scorpion, spéléologue de l'inconscient. Dans cette famille intéressante, on a le goût des découvertes (Marie Curie), de l'exploration en profondeur. On aime creuser comme Lesseps.

Les femmes Scorpion-Taureau sont plus douces que les hommes, mais c'est une douceur inexorable. Chaleureuses, solides, pratiques, accueillantes, bonnes maîtresse de maison et cordons-bleus, vous ne pouvez rien cacher à leur perspicacité, à leur flair pour sentir le vrai (sauf si vous êtes vous-même un peu Scorpion-Taureau !). Elles ne lâchent jamais l'homme sur lequel elles ont jeté leur dévolu. Mais cela fait parfois, dans un thème mal équilibré, de vieilles folles jalouses ou bien des mères abusives, redoutablement malfaisantes.

De façon générale, le mariage de ces deux signes, Scorpion et Taureau, manque de légèreté, d'humour et de souplesse. Il faudrait ouvrir un peu les fenêtres pour laisser passer un peu d'air : du pétillant Gémeaux et de la fine Balance ou du rapide Verseau. Cela rendrait le ragoût plus digeste.

Scorpion Ascendant Gémeaux

Mince, nerveux, les traits fins, l'œil luisant, la répartie prompte, son agilité intellectuelle et manuelle est prodigieuse. L'eau fixe et lourde du Scorpion est allégée par la souplesse aérienne des Gémeaux. Mercure prête son casque ailé à Uranus : le Scorpion-Gémeaux harmonique réussit tout ce qu'il touche et s'adapte avec une souplesse étonnante à toutes les situations.

Cependant, cette polarité Eau-Air est difficile à vivre, parce que instable, et le natif Scorpion-Gémeaux doit trouver son équilibre dans cette instabilité. Menant de front, et à la perfection, plusieurs activités à la fois, il n'a pas son pareil pour jongler avec un emploi du temps : c'est un équilibriste de haut vol, le miracle permanent... Mais ce miracle est le fruit d'une grande tension intérieure, d'une incessante activité mentale, par laquelle il se délivre de son angoisse profonde.

Parfaitement à l'aise dans le monde des idées, des abstractions, très intuitifs, les Scorpions-Gémeaux maîtrisent n'importe quelle besogne grâce à leur habileté manuelle doublée d'une aussi grande habileté intellectuelle.

Mais s'il est dissonant, si l'instabilité des Gémeaux domine son thème, ce touche-à-tout de génie ne termine rien de ce qu'il a commencé. Il abandonne brusquement quand les premiers succès commencent à venir, et néglige de les exploiter. Il a le génie de l'instant ; mais, pour mener à bien une longue tâche, il faut que le Scorpion soit assez puissant dans le thème : il devra contraindre le Gémeaux à poursuivre son entreprise.

Du point de vue affectif, le Scorpion-Gémeaux est assez différent au masculin et au féminin. Chez les femmes, la stabilité affective me paraît plus grande et l'agressivité verbale moins forte.

Chez les hommes, le refus profond de se donner à l'être aimé les rend parfois odieux à celui-ci. L'homme Scorpion-Gémeaux ne veut pas « se faire avoir » par l'amour ; passablement misogyne, il soumet la femme aimée à sa critique intense, et exige d'elle la perfection introuvable, naturellement !

Cette disposition ne facilite pas la vie affective du Scorpion-Gémeaux, d'autant qu'il ne fait rien pour se faire aimer. Il joue au chat et à la souris avec les mots et les sentiments ; l'Ascendant étant en Gémeaux, le Scorpion tombe donc en Maison V, celle du jeu, des amours : des caprices passionnels, ruptures brusques et impulsives, infidélités (plus accentuées chez les hommes), conduisant assez souvent au divorce.

Il faut dire aussi que la séduction du Scorpion-Gémeaux est irrésistible, mais la vie quotidienne avec lui risque d'être en montagnes russes. En tout cas, il ne s'embourgeoise pas...

Voilà un être que personne ne peut juger, tant il s'amuse à dérouter son monde. On ne peut que l'aimer ou le détester, à moins qu'on ait soi-même une combinaison de signes semblables qui permette de le comprendre.

Katherine Hepburn, merveilleuse et volcanique comédienne dans *Marie Stuart, African Queen, Soudain l'été dernier...* Elle a défrayé la chronique par ses relations tourmentées avec Spencer Tracy et ses grands caprices de star.

Scorpion Ascendant Cancer

Tendre et secret, d'une sensibilité très fine, ce Scorpion-là n'a que très peu à voir avec le redoutable samouraï que décrivent les astrologues. L'influence de la Lune, maîtresse du Cancer, désarme l'agressivité de Mars. Toute cette eau fait rouiller son poignard. Mais, par contre, développe considérablement l'imagination.

Le Scorpion-Cancer est beaucoup plus passif que le Scorpion pur sang. Il passe un temps fou à rêver au clair de Lune. Son monde intérieur est à mille milles de toute terre habitée.

A 384 000 kilomètres exactement. Mine de rien, il se promène toute la nuit dans la mer de la Sérénité, le lac des Songes, la baie de la Rosée, le cratère de Copernic et l'océan des Tempêtes. Allez donc l'y rattraper ! Et persuadez-le de redescendre sur la planète Terre. Ce goût du rêve est beaucoup plus accentué chez les femmes, et bat son plein chez les adolescentes. Voyez Marie-Antoinette jouant à la bergère dans ce merveilleux décor factice créé pour elle à Versailles. Dans la plupart des cas, la réalité se charge de faire mûrir l'adolescence. Dans le cas de Marie-Antoinette, la malchance a voulu qu'elle ait les moyens d'échapper longtemps à la réalité. Quand cette dernière la rattrapera, sous forme de révolution, que d'années perdues... Toutes les jeunes filles Scorpion-Cancer sont de romanesques ondines à une période de leur vie (Jean Giraudoux était lui-même né sous cette configuration).

Tendresse et sensualité occupent une large place dans l'univers d'un Scorpion-Cancer. Mais c'est souvent une sexualité infantile qui manque de maturité ou s'éparpille sans se fixer, se satisfaisant plus d'imagination que de relations réelles. Mystérieusement attiré par

Vivien Leigh : ardente et courageuse Scorpionne, elle fut l'inoubliable Scarlett O'hara dans *Autant en emporte le vent*, aux côtés de Clark Gable.

ceux qui le font souffrir, le (ou la) Scorpion-Cancer est extrêmement masochiste. Il savoure en secret des souffrances qui l'attachent à la personne qui les lui procure. Sur l'écran noir de ses nuits blanches, il se fabrique un cinéma morbide à épisodes, que ne désavouerait pas la jeune héroïne d'*Histoire d'O...*

Le Scorpion peut-il le tirer de là ? Oui et non. Non, si le Scorpion est livré à ses démons intérieurs, oui s'il est intégré dans un thème harmonique. Cet animal a normalement un sens aigu de la réalité, une énergie farouche et un incoercible besoin d'action. Cela lui permet d'arracher le Cancer à ses songeries malsaines.

Le Scorpion-Cancer lit, écrit, peint, brode au petit point... Il a de grands dons artistiques, comme Rembrandt, Jean Giraudoux ou le comédien Roland Alexandre. Mais il a bien du mal à accoucher d'une production. Ses dons restent souvent à l'état virtuel, et il se laisse emprisonner par les chimères de son univers intérieur, chimères dues à la Lune et à Uranus... Il attend le grand « coup de pied au derrière » qui l'obligera à sortir enfin de lui-même : c'est ce qui explique son masochisme, son attirance pour les gens forts, violents et sadiques...

La douceur du Scorpion-Cancer cache beaucoup d'indépendance : on croit le posséder, le maîtriser, il n'en est rien, il échappe à ceux qui voudraient l'amarrer. Il se réfugie dans le rêve et le silence ; et sa fantaisie imprévisible, ses oublis, ses distractions, ou ses dépressions, laissent son entourage perplexe. Mais il est si affectueux et si accueillant...

Les tableaux de Rembrandt donnent la clé de l'univers Scorpion-Cancer : le clair-obscur. Grâce à cette technique, on croit voir, toucher l'aura qui émane des êtres et des choses (Rembrandt avait le Soleil en Cancer et la Lune en Scorpion, harmoniquement reliés par un trigone).

Scorpion Ascendant Lion

Combinaison redoutable de deux signes fixes, qui produit souvent des individus surdoués et super-puissants : Mussolini, Napoléon, Mata-Hari, Luther, Picasso, Gœbbels (les trois premiers sont Lion-Scorpion, mais le résultat est tout aussi extraordinaire ; Louis XIV lui-même, le « Roi Soleil », avait une dominante Scorpion-Lion dans son thème).

Le Lion est une bête de théâtre, qui s'impose par son magnétisme et son rayonnement solaire. Notre Scorpion est tout le contraire : génie de l'ombre, il travaille dans le secret, et tisse sa toile dans les ténèbres. Le mélange des deux signes donne un type d'être très complet : les puissances du jour s'allient à celles de la nuit ! Non seulement beaucoup de brillants chefs d'Etat, mais encore de très grands artistes et écrivains, appartiennent à ce type : outre Pablo Picasso déjà cité, on trouve Léon Daudet, Schiller.

L'autorité naturelle du Scorpion-Lion en impose à son entourage, qui ne discute pas, et se range naturellement sous ses ordres. Bien entendu, toute une gamme de variantes existe entre le Scorpion-Lion « à griffes », plus marqué par le félin, dont les gestes théâtraux et le goût du faste conquièrent toujours son public admiratif et le Scorpion-Lion davantage « bête à pinces », plus secret, plus intelligent, qui dose savamment ses effets, discrets mais efficaces, et tire dans l'ombre les ficelles d'un jeu subtil, où il fait avancer ses pions sur l'échiquier avec les ruses du serpent... A vrai dire, Lion comme Scorpion aiment manœuvrer les gens et les faire marcher. Le Scorpion-Lion est un chef-né, un meneur d'hommes, auquel on ne résiste pas — auquel il est impensable de résister ! Sa force de persuasion, son génie du verbe et des attitudes, entraînent les autres dans son sillage.

Scorpion et Lion ont trois points communs positifs : énergie, réalisme et générosité. Avec eux passe un grand souffle épique d'aventures et de conquêtes... Ce sont des gens qui donnent, et qui se donnent tout entiers à la cause qu'ils ont épousée. Le dynamisme du Scorpion-Lion est une force de la nature. Quant au réalisme, le Scorpion n'en manque pas : il sent de façon instinctive et aiguë la réalité des choses. Il apporte son intuition et son regard d'aigle au Lion pratique, lequel ne s'embarrasse jamais de métaphysique pour agir. Ainsi, Scorpions et Lions ont les mêmes grandes qualités — sur un mode affectif différent. C'est pour cela qu'ils se détestent lorsqu'ils sont en concurrence, chacun déployant sa volonté de puissance pour arriver le premier. Le Lion à l'état pur, très extraverti, agace le Scorpion parce qu'il lui paraît inintelligent. Pour ce dernier, on n'a pas besoin de jeter tant de poudre aux yeux. Tout ce *one man show*, toute cette vanité, semblent imbéciles au Scorpion. Le Lion lui pompe le vent sous les pinces. De son côté, notre fauve à crinière flamboyante redoute les ténèbres du Scorpion. Il pense que ce gaillard-là n'est pas franc et cache quelque chose (de malsain, bien entendu !).

Aussi, combinés dans le même être humain, les griffes de l'un et le dard de l'autre deviennent l'arme absolue. A eux deux, ils forment une super-puissance, ils sont armés pour conquérir le monde. Ils ne reculent jamais devant rien : leur Milieu-du-Ciel professionnel est occupé par le Bélier ou le Taureau : ces gens-là investissent une énergie fantastique dans leur entreprise. Ils iront jusqu'au bout de leur ambition. Le Scorpion-Lion porte en lui à la fois la fusée irrésistible et le mur infranchissable.

Mais ces deux signes fixes ont hélas aussi les mêmes défauts : le goût du pouvoir porté jusqu'à l'obsession, la volonté de puissance forcenée, la jalousie violente. Le chef peut se transformer en tyran, en despote qui n'admet aucune contradiction. Sa jalousie redoutable et ses colères violentes terrifient son entourage qui n'ose plus dire ouf ! Ce puissant créateur, travailleur acharné, fascine ses collaborateurs, mais finit par les épuiser à la tâche, et décourager ses fidèles. L'orgueil qui le guette peut lui faire perdre tous ses atouts et son équilibre ; il méprise alors les gens, et la réalité des choses. Laquelle se retourne contre lui. Il s'isole peu à peu de la vie, et cet isolement peut le conduire à la folie, à la mégalomanie, au suicide (Goebbels, Mussolini).

Scorpion Ascendant Vierge

Le Scorpion libérera-t-il la Vierge de ses inhibitions ? Ou bien celle-ci étouffera-t-elle le Scorpion ?

Les deux orientations sont possibles. Mais comme le Scorpion est un être de sacrifice, capable de se contraindre avec la dernière des énergies pour atteindre ses objectifs lointains, il arrive souvent que ses révoltes soient éteintes par la Vierge, qui est aussi masochiste que lui ! Cela se produit surtout chez les femmes, les contraintes sociales et matérielles pesant plus durement encore sur les destins féminins.

Dans cette combinaison, l'aspect extérieur Vierge est mis en vedette : présentation soignée, gestes mesurés, élégance tirée à quatre épingles chez les femmes, politesse, exactitude, un certain conformisme social qui n'exclut pas de brusques sursauts d'anarchie quand le Scorpion se réveille !

Le Scorpion Ascendant Vierge est un meuble à secrets : on n'a jamais fini de le connaître, et de tirer tous ses tiroirs ; ses ressources sont inépuisables. Mais lui seul sait où il a mis les clés, qu'il ne donne à personne (sauf, peut-être, à l'unique grand amour de sa vie).

Extrêmement consciencieux, il entend parfaitement son travail : vous pouvez lui faire confiance, il tient ses engagements et respecte ses contrats. Il est, en fait, sourdement dévoré par une rage inextinguible de perfection. Si la Vierge domine, il fignole interminablement les détails. Si c'est le Scorpion, son exigence de perfection n'est pas moindre : il n'est jamais tout à fait satisfait, il veut toujours aller plus loin et plus haut. De toute façon, il n'est pas « relax ». Ses tensions internes extrêmement fortes le poussent vers l'action et la réalisation.

La structure Scorpion-Vierge harmonique signe souvent de puissantes personnalités : énergie persévérante, aptitude à prévoir des objectifs à très long terme, inébranlable ténacité dans la réalisation, très grand contrôle de soi-même. Le Scorpion-Vierge n'oublie rien, comme l'éléphant. Il ne désarme pas tant qu'il n'a pas obtenu ce qu'il veut. Et ça peut durer des années. Comme il est discret, d'apparence timide même, et pas du tout « bluffeur », on ne l'évalue pas toujours à sa vraie mesure. Il n'aime pas jouer les vedettes et préfère travailler dans une pénombre efficace !

Très fin psychologue, vous ne mettrez pas sa perspicacité en défaut : il sent toujours à qui il a affaire, il devine les mobiles de son interlocuteur : les rouages les plus secrets de l'âme humaine lui sont familiers (surtout si Mercure est en Scorpion). Son sens critique aigu perce toujours le défaut de la cuirasse. Il réussira très bien dans une profession médicale et dans les carrières de la psychologie. A moins qu'il ne devienne écrivain : l'écriture mettra en jeu la perspicacité de la Vierge, l'imagination visionnaire du Scorpion, et le goût de la réflexion qu'ont à la fois les deux signes. Voyez, par exemple, Albert Camus, Barbey d'Aurevilly, Villiers de l'Isle-Adam, et aussi Gœthe, Hugues de Bonardi, Jules Romains, Maeterlinck qui ont la structure inverse, Vierge Ascendant Scorpion, donnant un tempérament très voisin.

Sur le plan sentimental, il est fréquent que la Vierge, pacifique et disciplinée, adoucisse le Scorpion, le rendant facile à vivre, mais ses chances de réussite affective sont moins brillantes que dans le domaine professionnel.

Le Scorpion-Vierge, pourtant si lucide pour les problèmes des autres, n'est pas à l'abri des emballements imprudents, des illusions, des décisions folles. Parfois, même, il sait très bien qu'il fait une bêtise, mais il se sent obligé de la faire. S'il tombe sur un partenaire qui le trompe, sa déception est alors violente (d'autant plus qu'il est capable d'une grande fidélité). Les associations, sentimentales ou professionnelles, sont rarement satisfaisantes pour lui : le goût de la perfection absolue qui le hante l'amène fatalement à être déçu un jour ou l'autre par l'être qu'il aime. Il est exigeant, et peu indulgent pour les faiblesses humaines. Et avec ça, jaloux, jaloux, jaloux... Que ce soit dans un mariage, ou dans une association professionnelle, le partenaire qui s'imagine pouvoir contraindre le Scorpion-Vierge aura bien des surprises, car ce dernier est un faux faible, un faux timide, qui sait très bien ce qu'il veut. Il faut absolument respecter son autonomie. Il faut savoir aussi que sa famille d'origine compte toujours beaucoup pour lui, en particulier ses frères et sœurs, avec lesquels il entretiendra toute la vie des relations d'amitié, de rivalité, d'affaires.

Scorpion Ascendant Balance

Deux personnalités différentes coexistent dans le même être : une Balance sensible et sociable, pacifique, détestant les à-coups violents, les coups de gueule, les coups de force, et les coups de chien. Une Balance qui ne rêve que d'harmonie et qui est prête à bien des compromis — voire des compromissions — pour préserver sa paix.

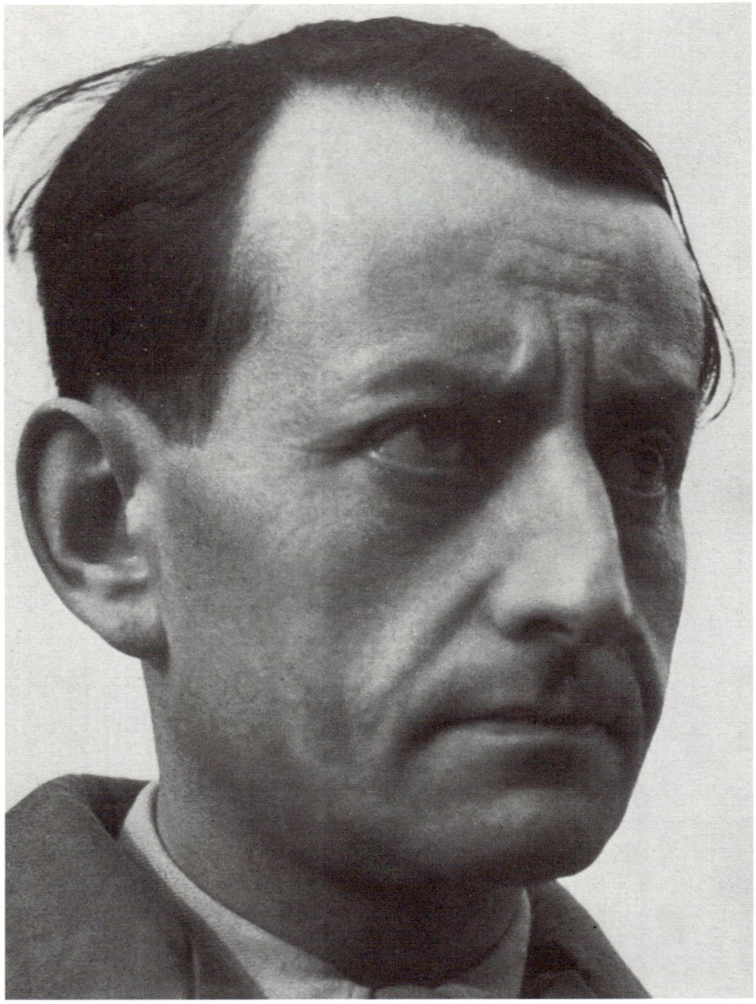

André Malraux, au visage profondément anxieux, a laissé une œuvre exceptionnellement riche aux titres bien caractéristiques de son signe, notamment : *la Condition humaine, la Monnaie de l'Absolu, les Voix du silence, Oraisons funèbres*.

Derrière cette personne vénusienne et civilisée flambe un Scorpion sauvage, révolté, heureux dans les tempêtes... Brusquant ses relations aussitôt qu'il trouve qu'on fait fausse route, grand redresseur de torts, il n'hésite pas à casser le morceau, à dire tout haut et tout cru son fait à l'interlocuteur.

Sous l'influence de Saturne, la Balance hésite à agir, tandis que sous celle d'Uranus et de Mars, le Scorpion s'engage sans hésiter dans l'action. Bousculant la Balance convenable et bien élevée, il se jette à corps perdu dans des aventures aussi risquées que pittoresques. Nécessairement, l'un des deux personnages de cette combinaison sera brimé, et le natif en souffrira vivement. Lorsque la Balance prend habituellement le dessus, le Scorpion se réveille brusquement, sidérant l'entourage qui voit alors le Vésuve entrer en éruption alors que des petites fleurs poussaient dans son cratère. Si c'est le Scorpion qui domine habituellement, les éclaircies sont inattendues et inquiètent d'autant plus !

Les deux faces de cette structure sont très difficiles à vivre harmonieusement. Mais pourtant, elles peuvent se concilier. Au prix d'un effort constant et toujours pénible, il faut le dire. On voit alors le Scorpion qui s'enveloppe efficacement dans le charme de la Balance, ce qui le rend extrêmement opérationnel (De Gaulle, Mitterrand). Ou bien une Balance fortifiée par le Scorpion poursuivra avec plus de persévérance ses objectifs lointains (Louis XVIII).

A y regarder de près, pourtant, Balance et Scorpion ont beaucoup de points communs : le goût de la justice, par exemple. Si le Scorpion se révolte contre toute injustice faite à lui comme aux autres, la Balance a, plus que tout autre signe, le sens de l'équité. Goût de la réflexion aussi : la Balance, sous l'influence de Saturne, aime prendre son temps pour réfléchir, tandis que le Scorpion nage à l'aise dans le monde des idées, Uranus lui don-

Les « grands projets » dont François Mitterrand a eu l'initiative ont laissé à la France des monuments que nul ne songe plus à contester, tels l'Arche de la Défense, le Grand Louvre et la Bibliothèque Nationale qui porte son nom.

nant un grand dynamisme intellectuel. Comme vous voyez, Balance et Scorpion peuvent tout de même dialoguer.

Ce sont aussi des gens mystiques, épris d'absolu tous les deux, assoiffés de plénitude et de perfection. D'autre part, si Vénus est en domicile dans la Balance, son exil n'est pas total en Scorpion : chacun sait que celui-ci est un grand amoureux, ce qui donne toujours un assez grand magnétisme sexuel au pauvre Scorpion-Balance, affligé par ailleurs de si grandes contradictions.

Enfin, n'allez pas croire que la Balance soit toute-bonne-toute-brave, et le Scorpion tout-méchant : la Balance abrite au fond d'elle-même une flamme sombre que Saturne mal aspecté peut alimenter dramatiquement. Tandis que le Scorpion a, nous l'avons vu, d'excellents moyens de se surpasser, en particulier par sa générosité fondamentale.

Si la combinaison harmonique du Soleil en Scorpion et de l'Ascendant en Balance permet de bons succès professionnels (Alain Delon), elle assure une vie affective difficile.

De façon générale, la polarité Eau-Air est difficile à vivre. Le partenaire idéal du Scorpion-Balance doit avoir lui aussi une polarité Eau-Air, lestée d'un bon coefficient Terre.

Chers Scorpions-Balances, ne vous affligez tout de même pas trop ; vous avez une chance extraordinaire : votre combinaison de signes plaît à tout le monde. Vous vous ferez des amis partout, mais aussi pas mal de jaloux, parce que vous réussissez trop bien à séduire les gens ! Le Temps (Saturne) vous permet souvent d'harmoniser vos tendances contraires, et la réussite vient en fin de vie, quand le Scorpion a adouci son vitriol, et la Balance calmé les bulles de son Air léger...

Scorpion Ascendant Scorpion

Une de mes consœurs astrologues, Capricorne de son état, trempe sa plume dans l'encre noire pour décrire le malheureux Scorpion Ascendant Scorpion : « Personnage soit tout à fait ''assassin'', inquiétant, soit tout à fait victime, ou tout à fait agressif. Il ne lui arrive rien comme aux autres. » Et, là-dessus, elle cite comme unique exemple le fameux Gilbert devenu Gilda à la suite d'une intervention chirurgicale... Quelle injustice, mes frères et sœurs Scorpions, et quel parti pris !

Je connais personnellement au moins quatre Scorpions Ascendant Scorpion autour de moi. Ils ont vraiment la même tête : visage très fin, mince, osseux, avec des traits subtils ; on n'aurait pas pu dire : visage rond, ou carré, ou vraiment allongé ou trapézoïdal... Non, ce sont des visages mobiles, qui n'entrent dans aucun cadre bien défini. Le tout tient par le charme, illuminé par des yeux vifs, mobiles, brillants, pleins d'une vie intense. Les visages des Scorpions doubles me font penser à celui du rat... qui, comme chacun sait, est l'un des animaux les plus intelligents qui soient. L'aspect général du corps est assorti au visage : ni maigre, ni gros, ni mince tout cela à la fois, pas très grand, mais donnant une impression de souplesse...

On calomnie ces pauvres animaux. Pour leur rendre justice, je vais vous en citer un très bon : l'abbé Blanchard, un très grand astrologue, qui a contribué à faire admettre l'astrologie dans les milieux ecclésiastiques d'avant-guerre. Ce Scorpion-Scorpion est mort il y a peu de temps, en 1977, et a laissé le souvenir d'un homme bon, savant et discret. Cette discrétion est extrêmement « scorpionne » et c'est pourquoi, finalement, peu de célébrités sont connues sous cette double signature. Les Scorpions détestent la lumière crue, le battage publicitaire, le bluff des vedettes jetées en pâture au grand public. Je termine en citant deux « mauvais » Scorpions-Scorpions (pour faire plaisir aux astrologues qui ont peur des signes d'Eau) : le sergent Bertrand et Vito Genovese. Le premier est un célèbre... nécrophile. Quant au second, il fut l'un des chefs importants de la maffia sicilienne. Mais je vous demande un peu, qui, en Sicile, échappait alors à la Maffia ?

Chers Scorpions-Scorpions qui me lisez, ne croyez pas les choses horribles qu'on raconte sur vous. Vos hantises sont peut-être plus puissantes que chez d'autres mais vous avez aussi plus de force pour les exorciser.

Scorpion Ascendant Sagittaire

Le dénominateur commun de cette structure est le courage, le dynamisme, l'audace. Il n'a pas froid aux pinces, notre Scorpion-Sagittaire. Il se bat, et aime se battre, les yeux fixés sur un idéal inaccessible (s'il était accessible, ce ne serait plus intéressant du tout !).

Le Sagittaire, mi-homme, mi-cheval, « tramway nommé désir » ne rêve que de conquêtes. Il projette sa flèche dans un ailleurs qui peut être matériel ou spirituel. Ces dispositions de caractère s'amalgament très bien à celles du Scorpion, dont les tendances conquérantes et mystiques répondent tout à fait à celles du Sagittaire, et se renforcent à l'intérieur d'une même personnalité. Le résultat peut donner tantôt un révolutionnaire (Luther, trois planètes en Sagittaire), tantôt un personnage conformiste, si le Sagittaire, dominant, met son ambition au service de l'arrivisme social. N'oubliez pas que le superbe centaure, au contraire du Scorpion, aime les honneurs et l'approbation du beau monde ! Dans ce dernier cas, un conflit intérieur, ou une alternance, peut exister entre un Sagittaire traditionnel et un Scorpion révolté. On voit cette ambivalence chez de Gaulle, par exemple, dont le Soleil, à la limite du Scorpion et du Sagittaire, tenait des deux à la fois. C'est ainsi que tantôt parlait haut le Scorpion, créant un scandale (« Vive le Québec libre ! »), tantôt le Sagittaire, socialement conformiste, traditionnel même (en matière de morale et de lois concernant la famille). De Gaulle à Londres, c'était la synthèse du Scorpion et du Sagittaire : courage d'agir à contre-courant, optimisme et intuition de l'avenir.

Voyez aussi Monseigneur Lefèvre, dont la révolte se nourrit d'une théologie des plus réactionnaires. Est-il conscient de ce paradoxe ?

Idéaliste, mystique, le Scorpion-Sagittaire : Luther se rebelle contre Rome au nom d'une certaine idée de la Justice, Monseigneur Lefèvre en fait autant au nom d'une certaine idée de la Vérité, et de Gaulle fut toujours animé par une très haute idée de la France (sinon des Français).

Ce type d'homme fort, courageux, très exigeant avec lui-même, risque d'être assez dur avec les autres. Il ne comprend pas toujours les faiblesses de ses collaborateurs et de sa famille. Il a beaucoup d'orgueil : ne l'humiliez pas, traitez-le avec égard, sinon craignez sa rancune...

N'essayez pas de jouer au plus malin avec lui. Car ces deux bêtes, tant celle à flèches que celle à pinces, sont favorisées des dieux en ce qui concerne l'intuition : le Scorpion-Sagittaire sent les gens et les choses avec un instinct très sûr. Mettez-vous plutôt sous sa protection : généreux et superbe, il aime donner et se faire valoir en protégeant plus faible que lui.

Il aime régner. Il se voit en patron et se bat jusqu'à ce qu'il y arrive. Naturellement, le Scorpion-Sagittaire harmonique y arrive très bien : il en a les moyens. Le danger, c'est qu'il ait l'autorité un peu dure et qu'il n'écoute personne, comme le Scorpion-Lion devenu empereur...

Encore un grand amoureux, chasseur de Beauté et de beautés. Vénus, très à l'aise dans le Sagittaire, anime aussi le Scorpion (bien qu'elle y soit en exil). Le Scorpion-Sagittaire est l'homme, ou la femme, des grandes passions brûlantes et violentes — jamais platoniques, bien sûr. J'ai remarqué qu'il était plus fidèle au féminin qu'au masculin. Il ne s'embarrasse guère des lois qui obligent les autres, tout en étant fidèle à sa manière.

Parmi les Scorpions-Sagittaires, j'ai relevé le thème de Jean-Claude Pascal. Les Sagittaires-Scorpions sont illustrés par Suzy Solidor, grande dame de la chanson, Toulouse-Lautrec, Foujita, Gustave Flaubert, Monseigneur Lefèvre, et, bien entendu, les hautes figures du général de Gaulle et de Luther. Jean Racine était Sagittaire par le Soleil ; on ignore son Ascendant, mais on voit un très fort amas planétaire dans son Scorpion : la Lune, Uranus, Mars, Neptune. Ses personnages, les « héros raciniens », marqués par ces deux signes vivent des conflits violents entre leur idéal et leurs sentiments — avec toujours un souci obsédant : l'« honneur » ou la « gloire », ce qui est bien Scorpion-Sagittaire !

Scorpion Ascendant Capricorne

Cette bête puissante est née sous l'influence de Mars — en domicile dans le Scorpion et en exaltation dans le Capricorne.

Redoutez tout du dieu de la guerre, et ne le provoquez pas ! Mars, la planète rouge, marque de sa dureté le Scorpion-Capricorne. Malraux et Rodin étaient nés sous cette configuration ; Cézanne, Paul Léautaud, Goering, Louis Jouvet, le docteur Marcel Petiot, Victor Segalen, Henri de Régnier, Louis Braille étaient Capricorne Ascendant Scorpion (structure très voisine).

Patience et longueur de temps, telle est la devise numéro un du Scorpion-Capricorne. Il suit son idée et ne la lâche jamais. Il la suit contre vents et marées, envers et contre tout, au milieu des pires difficultés. L'ennemi pense qu'il a abandonné, qu'il est fini, réduit à néant. Pensez-vous ! A la surprise générale, il renaît de ses cendres et arrive au but quand personne ne s'y attendait plus. A la différence du Scorpion-Lion, qui s'impose avec éclat, le Scorpion-Capricorne traverse de longs purgatoires pendant lesquels il continue de préparer son œuvre, à la façon souterraine et discrète qui est la sienne. Mais son but, c'est toujours le pouvoir, qu'il soit politique, social, économique... L'ambition est sa passion secrète.

Un très bon exemple de Scorpion-Capricorne est donné par Mao Tse-Toung ; celui-ci avait le Soleil et l'Ascendant en Capricorne, mais, notez bien, Uranus, Mars et le Milieu-du-Ciel en Scorpion. Ce dernier signe occupe donc une place privilégiée dans son thème et dans sa réussite politique.

La Longue Marche résume l'attitude du Scorpion-Capricorne face à ce pouvoir convoité : il attend son heure même s'il doit pour cela marcher obscurément et douloureusement pendant des mois dans la misère et l'opprobre. Mais il tient le coup : le Scorpion-Capricorne a des ressources instinctives inépuisables. La polarité Terre-Eau est bonne, surtout lorsqu'il s'agit d'un signe d'Eau fixe avec un signe de Terre cardinal, et tous les deux féminins. Ce dernier détail explique peut-être le côté complexe et tourmenté du Scorpion-Capricorne masculin. Il est dévoré d'angoisses intérieures qui peuvent le pousser au crime (docteur Petiot) ou, au contraire, alimenter son génie créatif (Malraux, Rodin). Comme le

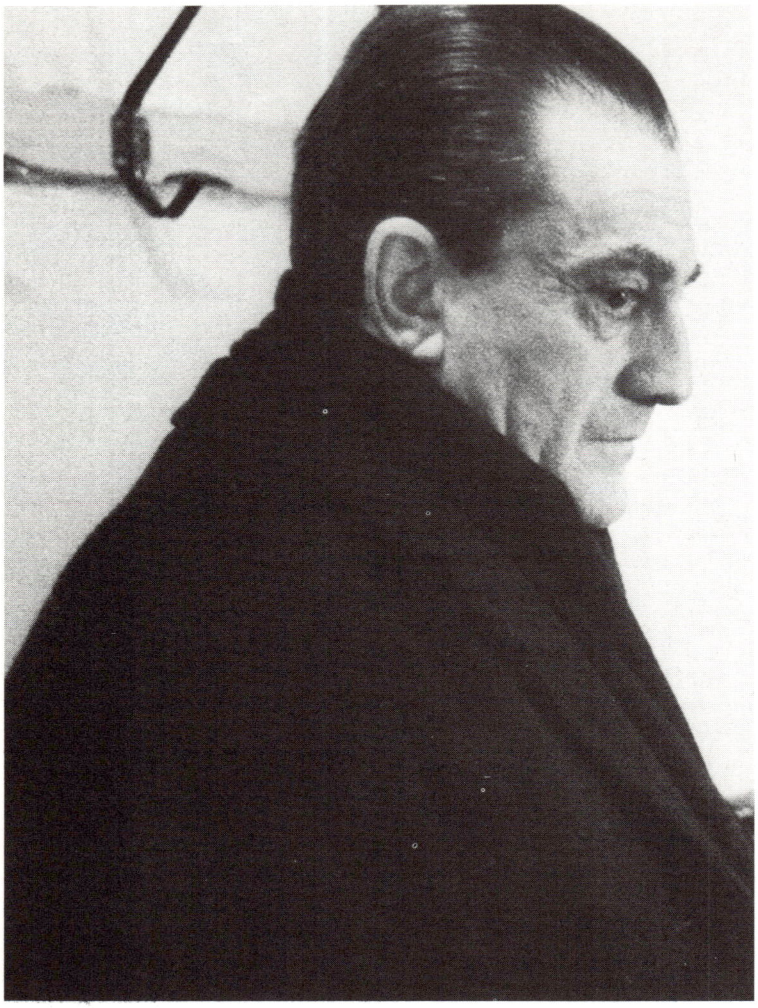

Visconti, l'un des plus grands cinéastes de notre temps, a laissé derrière lui une œuvre empreinte de l'angoisse plutonienne : *les Damnés*, *Mort à Venise*, *le Crépuscule des dieux*, *Violence et Passion* en sont les plus représentatifs.

Scorpion-Lion, il est guetté par l'orgueil, mais d'une façon moins naïve et moins naturelle : le Scorpion-Capricorne est souvent aussi dévoré d'accès de détachements, de crises d'humilité, de goûts masochistes pour le sacrifice.

Le Scorpion-Capricorne est, en principe, très intelligent et redoutablement lucide : sans illusion sur les faiblesses humaines, le Capricorne, perspicace, fin psychologue, se marie très bien avec le Scorpion, intuitif, à l'incessante activité mentale. L'un et l'autre savent s'allier avec le Temps, et Saturne, son symbole, domine cette structure de gens très réfléchis. Le Soleil est fréquemment en Milieu-du-Ciel lorsque le Capricorne est à l'Ascendant : signe de réussite professionnelle, ou de situation importante. Le Cancer en Maison VII y ajoute souvent le goût pour la vie publique (si la Lune est bien située). Avec le Verseau dans la deuxième partie de la Maison I et Uranus en exaltation dans le Scorpion, le Scorpion-Capricorne est ouvert aux idées de son époque, intéressé par les nouvelles théories et les nouvelles inventions, parfois même il est tout à fait révolutionnaire. Ce qui ne l'empêche pas d'avoir, par moments et par endroits, des sentiments très conservateurs, voire réactionnaires (surtout dans sa vie privée, d'ailleurs). La doctrine de Mao Tse-Toung offre ainsi ce curieux mélange de révolution et de tradition.

Le Scorpion-Capricorne n'est pas charmant et séduisant comme le Scorpion-Balance ou le Scorpion-Gémeaux. D'ailleurs il ne cherche pas à séduire, et ne fait aucun effort pour se concilier les grâces des gens. Il dégage une impression d'âpreté, de dureté. S'il séduit, c'est parce qu'il est enveloppé d'une certaine froideur mystérieuse, d'une distance qui impressionne et intimide les gens. Dans la vie privée, la souplesse n'est pas son fort, mais il est extrêmement fidèle, homme de parole, honnête et droit, tenant ses engagements. Son entourage souffre de sa dureté, de son égoïsme ; il est capable de sacrifier sa vie privée,

Difficilement classable, Martin Scorsese est l'un des metteurs en scène les plus brillants et controversés de son époque. Après avoir décrit les minorités dans le doute, la révolte ou le refus, il trouve ses racines religieuses en tournant *Kundun,* biographie du dalaï-lama. Est-ce parce que son signe est l'un des plus mystiques du Zodiaque qu'il a toujours dit : « Je voulais seulement être prêtre » ?

ses amours et ses sentiments à son ambition... Mais il a le culte de l'amitié, des amitiés qui durent toute une vie (Malraux et de Gaulle, par exemple). Soyez l'ami d'un Scorpion-Capricorne, mais ne l'épousez que si vous vous sentez aussi fort que lui...

Scorpion Ascendant Verseau

Formule brillante, qui met le Soleil très haut dans le ciel, en Maison IX, celle des voyages et des grands idéaux — ou bien en Milieu-du-Ciel : le Scorpion-Verseau a l'étoffe d'un aventurier ou d'un prophète. Si le Soleil est en maison IX, le Milieu-du-Ciel est en Sagittaire, signe d'aventure, de conquêtes, d'idéal mystique. Le Scorpion-Verseau, extrêmement intuitif, sent l'avenir ; il est souvent en avance sur son temps. A l'avant-garde de son époque, il entrouvre la porte de mondes nouveaux sous nos yeux fascinés. Un Scorpion-Verseau, ça ne sent jamais le moisi ou le confiné. L'entourage, en général, ne le suit pas : les prophètes sont mal reçus dans leur famille !

La polarité Eau-Air, très difficile à vivre, engendre chez le natif des tensions internes très fortes, qui ne peuvent se résoudre que par une très grande activité. Un Scorpion-Verseau est peut-être plus stable qu'un Scorpion-Balance ou un Scorpion-Gémeaux : le Verseau, en dépit de son nom, est le moins « versatile » des signes d'Air. C'est un signe fixe, qui a de la suite dans ses décisions et ses idées. Il n'est pas souple du tout et, allié au Scorpion, il en accentue le côté volontaire, passionné et « jusqu'au-boutiste ». Le Scorpion-Verseau, doublement marqué par Uranus, est impulsif, anti-conformiste, farouchement individualiste. Il fait son chemin tout seul, sur une voie qu'il est le premier à prendre, et il n'y supporte aucune contrainte. La fixité des deux signes accentue la violence et l'ardeur du tempérament... et sa séduction.

Deux superbes Scorpions Ascendant Verseau illustrent ce goût de l'aventure : Henri de Monfreid et Robert-Louis Stevenson. Le premier a vécu physiquement les aventures qu'il raconte, et son existence mouvementée est un fabuleux roman de cape et d'épée. La vocation d'écrire était marquée chez lui par Mercure conjoint au Milieu-du-Ciel. Dans cette structure Scorpion Ascendant Verseau, on retrouve Mercure dans la partie supérieure du thème — puisque cette planète ne s'éloigne jamais beaucoup du Soleil, et cela donne au natif de brillantes facultés intellectuelles, avec le don de l'écriture.

Ainsi fut Robert-Louis Stevenson : son Mercure en Scorpion est conjoint au Soleil au point le plus haut du thème. S'il a vécu lui aussi une vie de voyages, son *Ile au trésor* est un rêve intérieur. Mais il faut croire que ce rêve entre en résonance avec celui de chaque adolescent, si l'on considère les énormes tirages atteints par ce livre ! Le thème de Monfreid, comme celui de Stevenson, donne une place importante aux Poissons, qui occupent la Maison I. Ce signe aquatique ne fait qu'accentuer encore le rêve du Scorpion et du Verseau, leur générosité, leur goût des voyages.

Ces Scorpions-Verseaux et Verseaux-Scorpions sont réellement des gens fascinants. J'allais en oublier un : le fabuleux James Dean ! Auriez-vous pu l'imaginer vieilli, gâteux, ventripotent dans ses pantoufles ? Non, n'est-ce pas ? Le Verseau et le Scorpion, dans ce jaillissement irrésistible de vitalité, gardent toute la vie une allure juvénile ; l'ardeur et l'enthousiasme les empêchent de basculer dans le vieillissement.

Autre Verseau-Scorpion : Stendhal. Alors que tous les écrivains de son temps trempaient leur plume dans les pleurnicheries romantiques, lui seul écrit avec une sombre dignité, une lucidité aiguë de Scorpion, dans un style concis qui n'a pas vieilli.

Génial souvent, fou parfois, le Scorpion-Verseau n'est pas facile à vivre, dans l'intimité. Uranus, planète violente, le fait exploser, tout casser sur son chemin. La fin justifie les moyens, il méprise les obstacles, bouscule son monde... et s'attire de violentes inimitiés. L'orgueil lui fait sous-estimer l'humble réalité biologique et quotidienne. Il peut être odieux. Il file comme le vent vers d'autres mondes, et sa famille risque d'en faire les frais. Quand on a une âme d'aventurier, on est peu doué pour la vie bourgeoise et les joies intimes du pot-au-feu familial, comme l'est le Scorpion-Vierge ou Cancer. La vie du Scorpion-Verseau est un happening permanent, les amis et l'aventure sont prioritaires. C'est ainsi ! Mais pourtant une relative stabilité familiale peut venir avec l'âge : Saturne du Verseau y pourvoira.

Scorpion Ascendant Poissons

Si vous n'êtes pas vous-même très aquatique, vous ne comprendrez jamais ce crustacé à écailles qui barbote dans l'océan des rêves, cette personnalité médiumnique qui voit bien au-delà de la réalité quotidienne.

Tous les signes d'Eau sont pourvus, comme je l'ai déjà dit, d'un radar ; mais celui-là est le dernier modèle, le super-sonar ultra-opérationnel qui permet de détecter le moindre petit récif, le plus léger changement d'ambiance.... Le Scorpion-Poissons vous a deviné immédiatement, à l'instant même où vous êtes entré dans la pièce. Il vous sent, il pressent ce qui va vous arriver — à vous et à lui. Souvent, il ne se doute même pas à quel point il est tombé juste ! Fiez-vous à ses pressentiments : même si aucune logique « raisonnable » ne peut les justifier, la réalité s'en chargera. Il vibre avec l'air ambiant et n'a pas besoin de la parole pour communiquer.

Le Scorpion-Poissons est un animal secret, introverti, peu expansif, tapi sous sa grotte marine au fond des ravins abyssaux. Ce mystère lui donne un charme irrésistible... Il vous prend sur sa longueur d'onde et vous investit sans que vous vous en rendiez compte (sauf si vous êtes un peu Scorpion-Poissons vous même). Son aspect extérieur est variable, mais vous le reconnaissez tout de suite aux vibrations silencieuses qu'il dégage. Le Scorpion-Poissons est toujours un peu extra-terrestre : il n'appartient pas vraiment à notre planète. Comme l'océan sans limite, il est volontiers erratique — en rêve ou en réalité. Voyages au-delà des mers, voyages dans l'Au-delà, j'allais écrire dans l'Eau-delà..., il ne trouve son bonheur que dans le dépaysement. Cette tendance est d'autant plus profonde qu'il a le Sagittaire — grand voyageur devant l'Eternel — en Maisons IX et X. Mystique et poète, il déteste les limites, les contraintes ; sa vie est une évasion perpétuelle. Il est tenté plus qu'un autre par la drogue, la boisson, les sciences occultes. Le Bélier en Maison I le rend très impulsif : il se jette à corps perdu dans les aventures à haut risque, les sectes, les grandes passions folles... Il s'évade en aimant.

Eternellement assoiffé de tendresse, l'amour est pour un tel être une religion. Follement tendre, généreux, charitable, compatissant, il est aussi très exclusif et jaloux. Il est capable du sacrifice le plus total, tel Claus von Stauffenberg, qui tenta de supprimer Hitler à la fin de la Seconde Guerre mondiale sachant très bien qu'il le paierait de sa vie.

Sa philosophie, consciente ou non, c'est l'amour universel, la fraternité des vivants. Comme le fleuve qui coule sans s'arrêter, il ne peut pas s'empêcher de donner. Il émane souvent de lui un fluide bienfaisant : il peut alors être un étonnant guérisseur, dont le magnétisme physique attire les gens et les animaux. Qu'il n'abuse pas de sa séduction...

Lorsque Neptune, prince de la mer et des Poissons, est puissant dans son thème, et mal aspecté, le natif souffre d'un très grand décalage entre ses rêves et la réalité. Rien ne lui réussit : c'est un éternel malchanceux. Le Scorpion-Poissons dissonant est la victime de ses cauchemars, il patauge dans ses chimères. S'il parvient à les exorciser par l'art et la littérature (Hugo, Poe, Signac), il devient un grand créateur.

Au contraire, si Jupiter est valorisé dans le thème, par exemple conjoint au Soleil, ou à l'Ascendant et en son domicile des Poissons, le rayonnement lumineux de cette planète optimiste et pratique donne au natif une personnalité positive, adaptée à la réalité. Il est alors favorisé par la chance, la fortune... Comme on le voit dans le thème d'Henri de Monfreid. (Celui-ci, bien qu'ayant l'Ascendant en Verseau, a néanmoins tous les Poissons en Maison I, où se trouve Jupiter, conjoint à l'Ascendant).

J'ai cherché des Scorpions-Poissons célèbres : j'en ai trouvé assez peu, peut-être à cause de l'ombre et du secret dans lequel vivent volontiers les natifs de cette structure.

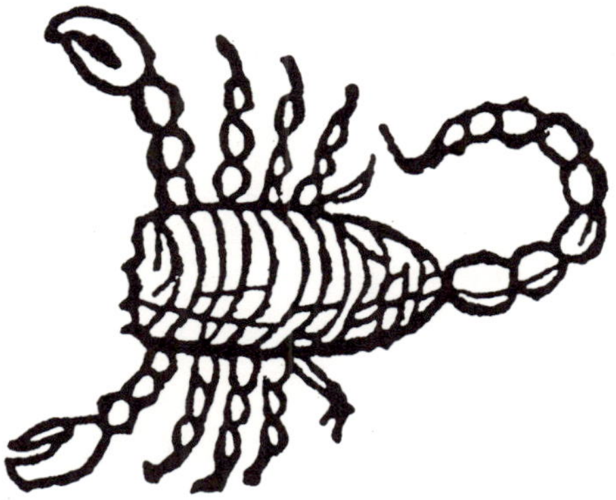

Grace Kelly : la comédienne préférée de Hitchcock, devenue princesse : une beauté que le temps n'avait pas atteint.

Chapitre IV

Quelques personnalités nées sous le Signe du Scorpion

Pierre-Gilles de Gennes : le prix Nobel, qui a déclaré, modestement, qu'il devait sa découverte à ses étudiants, poursuit une carrière de chercheur, à l'abri des flashes de la célébrité.

Quelques grands noms

Tous les Scorpions ne sont pas noirs.

Sous la même étiquette Scorpion, quelle diversité de tempéraments ! Quoi de commun entre la jolie Pauline Borghèse et le sombre Goebbels ? Entre l'aimable Gilbert Bécaud et le tragique Dostoïevski ? Entre Jean Rostand, parfaitement athée, et Martin Luther, profondément croyant ?

Des personnalités dont j'ai réuni les thèmes, on peut se demander quel est leur commun dénominateur. En quoi tous ces gens très différents les uns des autres sont-ils Scorpion ?

Ce n'est pas toujours visible au premier coup d'œil et, pourtant, c'est évident : tous ces caractères sont marqués par une *intense rage de vivre*, ou plutôt une *volonté de survivre* coûte que coûte. Tous ces Scorpions ont en commun un potentiel énergétique surprenant : ils traversent des déserts intérieurs (ou bien réels), ils affrontent la faim, la soif, la misère, la maladie, mille dangers et mille adversités... Et au bout du parcours, ils arrivent : les voilà qui font surface alors qu'on ne les attendait plus. A la surprise générale, ils renaissent de leurs cendres, et les voilà prêts à repartir pour affronter de nouvelles aventures... Ils me font penser à ces scorpions d'un désert américain dans lequel avaient lieu des expériences atomiques. Après l'explosion, toute vie avait disparu du sol sur des kilomètres à la ronde : pas une herbe, pas un rat, pas une sauterelle, pas un moustique n'avait survécu. C'est alors qu'on a vu ressortir de sous le sable, après quelques jours, parfaitement vivants : les scorpions ! Eux seuls avaient réussi à résister aux radiations atomiques.

Les Scorpions sont ainsi faits : les obstacles décuplent leur volonté de vaincre.

Tous ces Scorpions dont je vous parle ont aussi un *grand sérieux*. Ce ne sont pas des gens légers. Même quand ils s'amusent, ils y mettent une énergie dévorante.

Certains Scorpions réussissent leur vie, d'autres réussissent surtout leur mort. Marie-Antoinette, par exemple (qui, à première vue, n'a rien de scorpionnant), a surpris tout le monde. A l'approche de sa fin, la voilà qui change complètement de comportement, et réussit si bien sa sortie qu'elle laisse derrière elle une auréole de martyre. Ainsi, cet animal de Scorpion s'adapte-t-il en souplesse à des situations incroyablement diverses. Sa rage de vivre et son réalisme le font passer par une série de « portes étroites », de mutations apparentes, mais il reparaît toujours plus loin sous une autre forme. Tous les gens dont les thèmes sont cités dans ce livre ont eu des *vies successives*, ou des vies polyvalentes. C'est Pluton qui impose au Scorpion destruction et reconstruction, mort et renaissance. Les gens du signe n'ont pas un destin en ligne droite, mais en ligne brisée, ponctuée d'une série de crises dont ils émergent plus conscients et plus armés chaque fois. Plusieurs vies, plusieurs carrières : ils sont presque tous dans ce cas. Pablo Picasso est peintre et sculpteur, mais sa peinture est découpée en « périodes », tellement dissemblables les unes des autres qu'on croirait à peine que c'est le même peintre. Martin Luther est religieux, mais aussi fondateur d'une nouvelle religion, théologien, écrivain, orateur. Quelles ruptures violentes dans sa vie... Henri de Monfreid est un grand aventurier, un pirate, un trompe-la-mort. Mais

Le grand cinéaste René Clair, réalisateur de films inoubliables, parmi lesquels : Ma femme est une sorcière, le Silence est d'or, les Grandes Manœuvres.

de sa vie en montagnes russes, il a fait œuvre d'écrivain. Et William Herschel, qui commence par être musicien, puis devient mathématicien, enfin se retrouve astronome, lui aussi a vécu plusieurs vies... Que dire de Malraux, partisan combattant, collectionneur, écrivain, homme politique ? Du général de Gaulle dont la carrière fut hachée en plusieurs épisodes entrecoupés de déserts ? De Pauline Borghèse qui fut fiancée quatre fois et mariée deux : pour une femme de cette époque, et qui mourut jeune, quel destin mouvementé... Uranus exalté dans le Scorpion amène dans toutes ces vies des changements brusques, imprévus, soudains, des ruptures inattendues. Le Scorpion est un happening constant.

J'aurais volontiers analysé le thème de bien d'autres gens passionnants, comme le signe en fournit beaucoup. Mais la place manque dans ce livre. Voici une petite liste de quelques Scorpions.

Peintres et sculpteurs : Marie Laurencin, Sisley, Vermeer de Delft, Zurbaran, Brueghel, Monet, Benvenuto Cellini, Noor Zadé Brener, René Magritte...

Ecrivains : Barbey d'Aurevilly, Mademoiselle de Scudéry, (qui a inventé la carte du Tendre), Benjamin Constant, Restif de La Bretonne, Erasme, Selma Lagerlöf, Papillon, R.L. Stevenson, Roger Nimier, Léon Daudet, Raymond Abellio, Jean Giraudoux, Julie de Lespinasse, Albert Camus...

Poètes : Anna de Noailles, Boileau, Denise Dubois-Jallais, Xavier de Laval, André Carrat.

Artistes, chanteurs, musiciens : Paganini, Mahalia jackson, Adamo, Barbara Hendricks...

Gens du cinéma, réalisateurs ou acteurs : Luchino Visconti, Louis Malle, René Clair, Maria Casarès, Richard Burton, Edwige Feuillère, Annie Girardot, Marlène Jobert, Katharine Hepburn, Vivian Leigh, Alain Delon, Grace Kelly, Burt Lancaster, Madeleine Robinson, Madeleine Sologne, Jean Seberg, Jacques Charrier, Rock Hudson, Nadine Trintignant, Sophie Marceau, Demi Moore, Julia Roberts, Fabrice Luchini, Jodie Foster...

Militaires, héros de la Résistance : Rommel, Peter Townsend, Marie-Madeleine Fourcade, lord Herbert Kitchener, Claus von Stauffenberg.

Scientifiques : Marie Curie, Henri Laborit, Jonas Salk, Pierre-Gilles de Gennes...

Escrocs et monstres : Charlie Manson (assassin de Sharon Tate), Stavisky, le sergent Bertrand (célèbre nécrophile), Vacher l'éventreur, Haarmann, le boucher de Hanovre...

Hommes politiques et chefs d'État : L'empereur Tibère, l'ex shah d'Iran, Troski, Nehru et sa fille Indira, Astrid de Belgique, Léopold III, l'actuelle reine d'Espagne, Bob Kennedy, le tsar Paul de Russie, François Mitterrand...

Et encore : Jean Monnet, Mahomet, Gunther Sachs, Jacqueline Auriol, Charles d'Angleterre (prince de Galles), Désirée Clary...

Bernard-Henry Lévy

Né le 5 novembre 1948 à Beni Saf, en Algérie.

Sous le signe du Scorpion, avec Vénus en Balance au sextile de Pluton en Lion (la recherche d'une relation de couple durable), avec une opposition Lune/Capricorne-Uranus/Cancer (qui rend ses rapports affectifs instables, exigeants) et une conjonction Mars-Jupiter en Sagittaire, qui lui permet de s'épanouir sur le plan professionnel, cette égérie de la gauche dite « caviar » a conduit le mouvement des « nouveaux philosophes » à la célébrité à la fin des années 70 avec *Le Testament de Dieu*, son premier constat social et politique. Ses passages spectaculaires à la télévision (certains l'ont traité de « plus beau décolleté de Paris » du fait qu'il apparaissait avec une chemise déboutonnée), ses prises de position souvent polémiques ont fait de lui une figure de proue de l'intelligentsia française. Il s'est aussi illustré par son remariage avec l'actrice Arielle Dombasle, dont un magazine américain a écrit qu'elle était « l'animal le plus sexy que la France ait produit depuis B.B. ». Bernard-Henry Lévy n'en continue pas moins de s'impliquer dans toutes les causes politiquement désespérées de cette fin de siècle, depuis le massacre des Kurdes jusqu'au génocide en Bosnie Herzégovine, se servant de sa plume et, au besoin, d'une caméra pour déranger les consciences et inciter ses contemporains à agir, à faire pression sur les gouvernements. Lui-même n'a pas économisé ses forces et son temps, effectuant plusieurs séjours à Sarajevo aux moments où la guerre y faisait rage et les bombes ennemies y détruisaient des milliers de personnes chaque jour. Ce qui ne l'empêche pas de rédiger un ouvrage avec Françoise Giroud, sur un sujet plus léger, *Les Hommes et les Femmes*, où il prophétise que l'amour va évoluer, avec son temps, et ne plus ressembler à ce qu'il est. Il n'exclut pas « que l'on soit au seuil d'une vraie mutation, d'une métamorphose en profondeur. Après tout, ce que nous appelons l'amour n'a pas toujours existé, ni toujours dans les mêmes formes. Alors, de là à ce qu'il disparaisse, à ce qu'on passe à autre chose, à réellement autre chose... » Et il ose affirmer qu'il aime les femmes, « je les aime infiniment... Une femme dans son bain, une femme qui s'habille, une femme qui se maquille... Depuis que je suis enfant, l'idée d'une femme en train de se maquiller est une idée qui me trouble... », dit-il. On reconnaît l'influence de la Lune en Capricorne dans ses propos : « Je ne crois pas à une fatalité qui fait que la passion s'use... » et l'influence de Vénus en Balance, lorsqu'il remarque : « Un séducteur, ce n'est pas un homme unique, tout d'une pièce, qui irait de l'une à l'autre en restant, lui, le même. Non. Chaque proie le ravit. Chaque conquête le réinvente. Chaque nouvelle femme l'accouche, en quelque sorte, d'un autre lui-même... Cette idée que chaque aventure va vous doter, sinon d'une âme, du moins d'un sentiment, d'un geste, d'une attitude que vous ne soupçonniez pas... »

Albert Camus

Né le 7 novembre 1913 à 2 heures, à Mondovi (Algérie).

L'Homme révolté, la Peste, la Chute, l'Etranger, le Mythe de Sisyphe... Autant de titres très « Scorpion », qui évoquent l'angoisse d'exister, la révolte, le combat. Chacun des principaux titres de Camus exprime un aspect de son thème.

L'Homme révolté : Avec Uranus en Verseau, en Maison V, on est prêt à se battre contre toute injustice. Cet Uranus dignifié, en sextile à Mercure, donnait à Camus un esprit ouvert et généreux, prêt à lutter avec passion pour faire triompher un idéal de justice sociale. « Chaque génération, sans doute, écrivait-il, se croit vouée à refaire le monde. » Pluton en Maison X, pas loin du Milieu-du-Ciel, suggère que la réussite professionnelle du natif devait passer d'abord par une destruction des idées reçues, puis par une reconstruction... Camus fut un homme de gauche, activement et courageusement engagé.

La Peste. Voilà un titre bien « Scorpion-Vierge ». Le Scorpion, passionné de médecine, s'entend bien avec la Vierge. Laquelle porte une inquiétude quotidienne et minutieuse aux questions de santé. Les Poissons en Maison VI prédisposent aux maladies chroniques et sournoises : Camus, tuberculeux, fut refusé à l'agrégation de philosophie pour « raisons de santé ».

La Chute. Elle est évoquée par Saturne en Milieu-du-Ciel, qui, selon la Tradition, tend à l'élévation du natif, puis à sa chute (nombreux exemples chez les hommes politiques : Napoléon Ier et Napoléon III,

Albert Camus: seul de sa génération à être à la fois poète **(Noces),** *dramaturge* **(le Malentendu, l'État de Siège, Caligula,** *etc.***),** *romancier* **(l'Étranger, la Peste)** *et philosophe* **(le Mythe de Sisyphe, l'Homme révolté),** ***il se tua, à l'âge de quarante-deux ans, dans un stupide accident de voiture. Destin bien plutonien.***

Hitler...). La « chute », c'était peut-être la rupture avec Sartre....

L'Etranger. Avec ce mot chargé de malaise, on retrouve l'angoisse fondamentale du Scorpion. L'étranger, c'est l'exilé... La Balance, signe d'harmonie avec le groupe social, est dans ce thème très affligée : Vénus y reçoit un carré de la conjoncture Mars-Neptune (en Cancer : le foyer, et en Maison XI : les amitiés), et un autre carré de Jupiter (en Maison IV : la famille, la patrie). Voilà donc un homme exilé de sa patrie, chassé loin de sa famille et de son pays ! Ce n'était certes pas facile d'être à la fois « Pied Noir » et homme de gauche... Camus fut expulsé de son Algérie natale au début de la guerre de 1939-1945. Pour un homme élevé dans la lumière méditerranéenne, qu'il a merveilleusement décrite dans *Noces*, comme la métropole a dû paraître grise et « étrangère ».

Le Mythe de Sisyphe. Encore un titre Scorpion-Vierge. Le Scorpion (et le Sagittaire, où se trouve Mercure) vise très haut un idéal inaccessible. Il recommence tous les jours l'œuvre anéantie la veille, en dépit de toutes les désillusions, avec l'acharnement que seuls savent y mettre les Scorpions et les Vierges, surtout lorsqu'ils ont Saturne en Milieu-du-Ciel. Gens tenaces, qui ne lâchent jamais leur entreprise, même quand elle est utopique. Le mythe de Sisyphe, c'est aussi l'homme écartelé entre Terre et Ciel : entre l'Ascendant Vierge, rationaliste (Camus se disait tout à fait athée), et un Scorpion pour lequel toute réalité se prolonge dans l'invisible

Les autres titres de Camus : *le Malentendu, l'Etat de siège, l'Exil et le Royaume, Caligula, les Justes, la Mort heureuse,* mettent en évidence ce déchirement profond.

Dans ce thème, si le Scorpion est renforcé par Uranus en Verseau et par Pluton trônant en Milieu-du-Ciel, il est globalement très atténué : l'Ascendant Vierge, la Lune en Verseau, Vénus en Balance surtout, humanisent considérablement sa dureté.

Henri-Georges Clouzot

Né le 20 novembre 1907 à 16 h 30, à Niort (Deux-Sèvres).

Diabolique Clouzot... Certainement un très grand cinéaste, un des plus grands, dont les films restent à jamais des classiques.

Interviewé après la sortie du *Corbeau*, il déclara aux journalistes : « J'ai cherché un montage de chocs permanents. Je vise toujours à opposer la lumière à l'ombre. » Choc permanent, ombre et lumière, c'est tout à fait sa vie, et son thème, fait d'oppositions violentes, de quadratures brutales, et d'harmonies inattendues.

Le Soleil en Scorpion est conjoint au Descendant. Bien que ce dernier soit un « Angle-du-Ciel » moins important que l'Ascendant ou le Milieu-du-Ciel, c'est tout de même le rayon vert, le Soleil couchant sur l'horizon... L'astre prend de ce fait une importance assez grande, et son Scorpion avec lui. Dans la Maison VI (le travail), Soleil et Mercure scorpionnisés donnent un investissement fantastique de passion, d'intelligence, de courage dans le labeur quotidien. Voilà un homme qui cherchera sans répit la perfection absolue, qui fignolera ses films jusqu'à se faire haïr de ses collaborateurs et employés, et de tout le plateau. Clouzot s'est fait une solide réputation de monstre sadique : giflant Cécile Aubry, ou sa femme, pour que la scène de larmes fasse plus « vrai », il fut redouté des acteurs qui s'étaient confiés à sa main de fer. Mais le résultat... que de chefs d'œuvre !

Ce Mercure en Scorpion est d'ailleurs remarquablement bien aspecté, au sextile d'Uranus (intuitions novatrices, idées de génie), au trigone de la Lune Noire (sexualité) et de Neptune (inspiration et rêve) ainsi que de Saturne (réflexion et énergie persévérante). Voilà donc un homme très intelligent, d'autant plus que les Gémeaux, domicile de Mercure, sont occupés par la Lune conjointe à l'Ascendant : cette configuration donne des gens brillamment doués, habiles, d'une grande agilité intellectuelle.

Mais on ne saurait sous-estimer l'Ascendant en Taureau : bête têtue, acharnée à satisfaire son désir, d'une vitalité qui résiste à tout.

Vénus, remarquablement placée en Sagittaire et en Maison VII, signe un grand amoureux. Amours mul-

Henri-Georges Clouzot, autre grand cinéaste du signe : l'Assassin habite au 21, le Corbeau, le Salaire de la peur, les Diaboliques, la Vérité *et...* le Mystère Picasso. *Ces films ne portent-ils pas la marque du destin d'un Scorpion ?*

tiples (la Balance occupe un morceau de la Maison V), mais aussi amour conjugal, chance qui n'est pas donnée à tout le monde. Comme l'indique le Sagittaire, signe de l'étranger, la belle Vera Clouzot était brésilienne. Cette heureuse Vénus de la Maison VII est même en trigone avec Jupiter de la Maison IV (le foyer). Clouzot a eu beaucoup de chance et de bonheur dans ses amours et son premier mariage. On note aussi dans le thème bonté et générosité, chance, amour de la vie, tout un côté positif et heureux qui s'oppose aux noires ténèbres plutoniennes : Vénus en Sagittaire, Jupiter en Lion, Neptune en Cancer, et ce grand triangle d'Eau où Saturne est adouci par les Poissons. Tendresse et compréhension d'autrui, c'est le bon Taureau. Voilà pour la lumière.

Quant à l'ombre, elle est si forte que bien des contemporains n'y ont vu que du noir. D'abord, l'opposition entre le Soleil et la Lune. Comme le disait l'apôtre Paul (qui avait sûrement cette configuration dans son thème) : « Je fais ce que je ne voudrais pas et je ne fais pas ce que je voudrais. » L'opposition Soleil-Lune marque une distorsion entre l'imagination et la réalisation, entre l'idéal et la pratique, entre le mental et le physique — déchirement engendrant une angoisse de fond qui, dans le cas de Clouzot, fut très féconde.

La quadrature Soleil-Mars est, elle aussi, très dure, parce que Mars, deuxième maître du Scorpion, est ici en Verseau. Quadrature entre deux signes fixes, qui ne font pas de cadeau. Cela se vit en général dans une succession d'explosions et de révoltes. Mars met son énergie au service d'une intuition, d'une idée neuve et généreuse, et même révolutionnaire, mais avec intolérance et manque de souplesse. D'autre part, le Scorpion, qui reçoit cette quadrature, est présent sur la pointe de la Maison VII, ce qui présage une rupture brusque de la vie conjugale. Pluton, premier maître du Scorpion, est opposé à Vénus, apportant la mort dans ce secteur. Uranus, exalté en Scorpion, est également dans la maison de la mort. De fait, la belle Vera Clouzot est morte d'une maladie de cœur. Hadès [1] fait remarquer que cette quadrature Mars-Verseau, au Soleil-Scorpion, a quelque chose d'explosif ; il pense à la charge de nitroglycérine transportée par Montand et Vanel dans *le Salaire de la peur*.

Les films de Clouzot, tout le monde l'a remarqué, reflètent cet univers chaotique de Scorpion, dissonant : *le Corbeau* (pauvre bête noire), *la Vérité*, *les Espions*, *les Diaboliques*, *Quai des orfèvres*, *l'Assassin habite au 21...* Clouzot adorait les histoires d'espionnage, de police, de justice, les milieux noirs de la délinquance et de la drogue, les bas-fonds. Ses histoires d'amour ne pèchent pas par excès d optimisme (malgré Jupiter en Lion et Vénus en Sagittaire) : *Manon, la Prisonnière* ; *le Mystère de Picasso*, c'est l'intérêt d'un grand Scorpion pour un autre grand Scorpion.

La vie professionnelle de Clouzot, comme sa vie conjugale, est elle-même tissée d'ombres et de lumières violemment heurtées : les succès éclatants ont alterné avec les traversées du désert dues soit à la maladie (quatre ans de sanatorium), soit à l'incompréhension (censure et interdiction du *Corbeau*).

Heureusement, le Jupiter en Lion, et surtout le grand triangle de base du thème lui ont toujours permis de refaire surface. C'est très Scorpion aussi, cette faculté de renaître de ses cendres alors qu'on vous croyait fini...

1. Hadès, *Mars et Vénus,* éditions Bussière.

Alexandra David-Neel

Alexandra David-Neel, grande voyageuse, qui parcourut seule le Tibet tout entier, à une époque où les femmes avaient des activités extrêmement limitées.

Née le 24 octobre 1868 à 5 heures, à Saint-Mandé (Val-de-Marne).

Je n'ai jamais connu Alexandra David-Neel, mais son thème dégage un charme irrésistible, avec tous ces sextiles et ces trigones : on dirait le scintillement d'un diamant à facettes. Pareille carte du ciel sent un parfum de génie...
Le Soleil en Scorpion est tout seul, dans son coin, comme un pauvre petit, sans aucun aspect majeur. En revanche, Mercure dans ce même signe est en bonne place, avec un joli trigone à Uranus. Mercure en Scorpion, c'est une curiosité sans bornes, la passion de découvrir ce qui est caché. Voilà certainement le premier des éléments qui a poussé Alexandra David-Neel au bout du monde.
La planète qui s'impose ici, c'est certainement Uranus, conjointe au Milieu-du-Ciel, maîtresse de la Lune en Verseau, exaltée en Scorpion et très aspectée. Uranus donne une soif inextinguible d'espace... Le Scorpion lui-même déteste les contraintes et les limites. Quant à la Balance de l'Ascendant, sous ses manières douces, elle ne supporte pas d'entraves à son indépendance. Que faire dans ce cas ? Des voyages, toujours plus lointains, plus extraordinaires, et plus risqués ! La polarité Eau (Scorpion, Cancer, Neptune angulaire) - Air (Balance et Verseau) engendre une instabilité, un besoin de mouvement et d'espace, qui, dans ce thème, peuvent se concrétiser grâce au magnifique triangle de feu : Mars en Lion, Saturne en Sagittaire, Jupiter en Bélier. Voilà donc une personnalité infiniment dynamique, entreprenante, hardie (tout en calculant bien son coup), animée par une curiosité universelle...
Alexandra David-Neel fut la première femme à entrer dans Lhassa, laquelle à l'époque (1924), était encore interdite aux étrangers européens. Les fabuleux voyages de notre exploratrice en Extrême-Orient lui apportèrent la gloire. Ses travaux contribuèrent beaucoup à une meilleure connaissance de la civilisation tibétaine.
Ajoutons que Sirius, étoile fixe de première grandeur, brille sur la conjonction Uranus-Milieu-du-Ciel: selon la Tradition, elle donne au natif un caractère impétueux et impérieux, qui n'a peur de rien, et lui accorde la « fortune par grandes entreprises».

Alexandra David-Neel mourut centenaire, peut-être protégée par ce très beau Saturne bien aspecté en Sagittaire (chance et autorité à l'étranger) et par Jupiter en Bélier, l'une des bases du superbe triangle qui équilibre ce thème très riche.

Fiodor Dostoïevski

Né le 30 octobre 1821 (calendrier julien) : 11 novembre 1821 (calendrier grégorien), heure inconnue, à Moscou.

Celui-là, franchement, j'en aurais eu assez peur. Je ne sais pas si j'aurais aimé le rencontrer au coin d'une taïga...
Voilà un Scorpion vraiment très dissonant, très noir et très inquiétant. Bien que l'on ne sache pas son heure de naissance exacte, ce thème sans Maisons est cependant frappant.
Pluton, maître du Scorpion, est en quadrature avec Neptune, Vénus, Uranus et la Lune ! Mars, second maître du Scorpion, est en quadrature avec le Soleil dans ce signe, et la Lune est en opposition à la conjonction Neptune-Vénus-Uranus.
Les valeurs de tendresse, de bonté, d'amour sont extraordinairement malmenées dans ce thème. Vénus,

Dostoïevski, Scorpion tourmenté, dont l'œuvre grandiose et morbide traverse les âges sans vieillir.

déjà mal placée en Capricorne, est complètement coincée entre Uranus et Neptune, très mauvais voisinage pour elle. Blessée par cette quadrature avec Pluton, opposée à la Lune, elle est également en demi-carré avec le Soleil. La Lune elle-même n'est pas gâtée non plus...

Quant aux signes vénusiens et sentimentaux qui auraient pu adoucir les dures composantes de ce Scorpion, ils sont soit vides de planètes (Balance, Taureau, Vierge, Cancer), soit très affligés (Poissons habités par Pluton, Sagittaire par Uranus dans un amas dissonant).

Pluton, Uranus, Mars et Neptune règnent sur ce thème incroyablement tourmenté. Pluton, valeur de mort et de résurrection, forme une combinaison étrange avec les valeurs « Poissons » qui sont : souffrance, expiation, rachat, rédemption, charité et mysticisme. Pluton-Poissons carré à Neptune-Vénus, c'est *Crime et Châtiment, Souvenirs de la maison des morts, Humiliés et Offensés* (titre très Poissons masochiste). Mais les épreuves débouchent sur une vision mystique qui traverse toute l'œuvre de Dostoïevski, en particulier dans *l'Idiot*. On n'est pas Pluton en Poissons sans être médium, voyant, doué de facultés étranges et supranormales, on vit au-delà des limites du monde visible.

Plongeant dans les replis les plus secrets de l'âme humaine son œil de Scorpion noir aigle et serpent, Dostoïevski est l'un des plus grands psychologues de tous les temps. *Les Possédés, la Confession de Stavroguine, le Joueur, les Mémoires écrits dans un souterrain, les Frères Karamazov* explorent jusqu'aux limites du possible les ténèbres de l'inconscient. Si chacun des titres de Dostoïevski illustre une facette du Scorpion, c'est aussi une facette de notre psychisme, car rien de ce qui est humain n'est étranger au Scorpion.

Pluton (la mort) en quadrature à Uranus (la Révolution) et à la Lune (la foule, le public) donna à notre écrivain une vie de perpétuelles montagnes russes un va-et-vient incessant entre l'Enfer et le Paradis... La mort et la révolution accompagnent toute son existence : en 1839, des paysans assassinent son père. Révolté et généreux, comme un vrai Scorpion, Dostoïevski s'engage politiquement, milite contre la monarchie absolue. Cela lui vaut d'être condamné à mort. Sa peine, *in extremis*, est commuée en travaux forcés et il est envoyé au bagne d'Omsk où il restera quatre ans. Libéré, il reprend ses activités, se fait connaître d'un vaste public par ses romans et ses articles (la Lune en Gémeaux).

Quant à ses amours, avec un thème pareil, elles ne pouvaient guère être calmes et bourgeoises... Elles aussi sont ravagées de ruptures et de morts. Sa maîtresse devient veuve — c'est une chance ! — il peut l'épouser en 1856, mais elle mourra huit ans plus tard. Entre-temps, il l'aura beaucoup trompée, accumulant les liaisons tulmutueuses et finalement malheureuses. Il se remarie plus tard avec une femme qu'il est incapable de nourrir tant il se couvre de dettes au jeu... Enfin, son frère, son meilleur ami, son fils Alexis meurent (ce dernier en bas âge et d'une crise d'épilepsie).

Lui-même épileptique, joueur invétéré, panier percé, violent et querelleur, jaloux et infidèle... C'était vraiment l'« anti-mari » pour une vie conjugale, à moins de trouver une femme dont le sadomasochisme correspondît au sien. Certains aiment l'enfer quotidien, et l'aiment très chaud, mais bien plus souvent les hommes que les femmes, quoi qu'on en dise.

Charles de Gaulle

Le Général de Gaulle : il fut élève de Saint-Cyr. Grièvement blessé pendant la Première Guerre mondiale, il est fait prisonnier par les Allemands. Après cinq tentatives d'évasion, il est enfermé à la forteresse d'Ingolstadt. C'est le 18 juin 1940 qu'il lance un appel à la résistance des Français, qui le rendra célèbre.

Né le 22 novembre 1890 à 4 heures, à Lille (Nord).

On a tout dit — et le contraire de tout — sur ce thème illustre. Le Scorpion en dernier quart d'heure a déjà bien des traits du Sagittaire, en particulier le goût de l'autorité jupitérienne. Ici, le Sagittaire renforce le dynamisme, l'audace, l'esprit d'aventure et de décision du Scorpion, ainsi que l'optimisme, facteur de chance. La Lune en Bélier, la conjonction Mars-Jupiter en Verseau, donnent au Général une grande puissance d'attraction, et le succès dans ses entreprises.

Autre particularité remarquable : Uranus a la vedette. Il est conjoint de l'Ascendant en Maison I, exalté en Scorpion, et maître du Verseau du Fond-du-Ciel. Uranus, c'est le flair, l'intuition de notre époque, le vent de l'Histoire, le génie politique, c'est aussi la révolution, les mutations brusques de civilisation... Uranus et le Scorpion sont à leur affaire dans les périodes troublées et savent en tirer un parti positif.

Les jugements totalement contradictoires portés sur le Général s'expliquent par l'ambivalence de sa personnalité. La structure Scorpion-Balance fait cohabiter deux personnages dans un même être : le Scorpion révolutionnaire et audacieux, la Balance conciliatrice, apparaissent à tour de rôle. Pour ne rien simplifier, le Sagittaire est, lui aussi, un signe double tiraillé entre le Ciel et la Terre. Il a un certain conformisme qui s'oppose au sombre courage du Scorpion, je veux dire le courage de risquer d'être impopulaire.

La conjonction Neptune-Pluton, dans les Gémeaux, en opposition au Soleil, met bien en évidence cette ambiguïté fondamentale, qui a permis au Général de s'adapter avec souplesse et efficacité à des circonstances extrêmement difficiles (là où une personnalité « tout d'une pièce » aurait échoué). Le grand triangle qui structure le thème, appuyé sur le Soleil (la personnalité, le rayonnement du natif), la Lune (la foule) et le Milieu-du-Ciel (la carrière, la profession), assurait au Général un remarquable équilibre de base, avec l'assurance de retomber toujours sur ses pieds quoi qu'il arrive, et malgré les échecs.

On ne s'étonne pas non plus de retrouver la Lune Noire en Maison X, ce qui est fréquent chez les chefs d'Etat qui incarnent un inconscient collectif, qui cristallisent en eux un moment des inspirations nationales.

Ajoutons que la Vierge en Maison XI, celle des amitiés, a assuré au Général des partisans d'un dévouement absolu, des fidélités d'autant plus durables que Saturne, symbole du Temps, est placé dans cette même Maison.

Martin Luther

Né le 10 novembre 1483 à 23 h 30, à Eisleben (Allemagne).

Encore un illustre Scorpion-Lion. Luther fut sans doute un adolescent introverti, dont l'entourage ne soupçonnait pas la profondeur de la réflexion : toutes les planètes, sauf la Lune, sont concentrées sous l'horizon, ce qui indique une vie intérieure intense, une propension à s'intéresser aux problèmes de la vie spirituelle.
Mais les puissantes forces instinctives du Scorpion au Fond-du-Ciel, renforcé par Mars, Saturne, Vénus, réussiront à s'extérioriser grâce au dynamisme du Lion ascendant et de la Lune en Bélier. Ces forces ne s'extérioriseront pas dans n'importe quel domaine, mais dans celui de la Maison IX : philosophie et religion.
Le thème de Luther se concentre sur les trois signes du Zodiaque les plus épris d'absolu et de perfection, signes qui réunissent à la fois l'intelligence et l'inquiétude mystique : la Balance qui poursuit un idéal de justice ; le Scorpion visionnaire, obsédé par l'au-delà, prêt à détruire tout ce qui lui paraît injuste ; le Sagittaire, toujours en quête d'ailleurs, grand idéaliste mais aussi grand actif, et audacieux. Mars en Scorpion a donné à Luther une fougue irrésistible, et Saturne lui a apporté l'appui du Temps. Pluton en Balance est une force révolutionnaire : il déséquilibre la Balance, d'autant plus qu'ici il est conjoint à l'amas en Scorpion, son maître. La conjonction Pluton-Mars apportait destruction de l'ordre ancien et reconstruction d'un nouveau.
Uranus, maître du Scorpion, conjoint à Mercure en Sagittaire, donnait certainement à Luther une intelligence très rapide, très ouverte aux problèmes de son époque, une intuition quasi prophétique de l'avenir. Neptune conjointe à Mercure apportait l'illumination mystique, le rêve, ce que confirme le reste du thème. Le Taureau en Milieu-du-Ciel suggère que le succès de Luther devait beaucoup à sa voix, à son talent oratoire : le Scorpion révolté a pris la voix puissante du Taureau pour s'exprimer. Ce Scorpion est placé, avec son amas important, dans la Maison IV, celle de l'héritage familial, celle aussi de la paroisse : il est évident que le Scorpion était un brulôt qui devait un jour ou l'autre faire exploser les limites de ce cadre traditionnel.
On a porté des jugements très contradictoires sur Luther... et on a eu tort de le juger. A la lumière de son thème, je pense qu'il a certainement cru passionnément à sa mission. Son besoin aigu de justice sociale (résultante de l'amas de planètes en Balance-Scorpion-Sagittaire) marque encore profondément les églises luthériennes.

André Malraux

Né le 3 novembre 1901 à midi, à Paris.

Absolument inévitable.... On ne peut pas parler du Scorpion sans évoquer Malraux. Il a incarné la révolte, les espoirs et les rêves fous de toute une génération... comme bien souvent ceux qui ont la Lune Noire au Milieu-du-Ciel.
Et quelle Lune Noire. En Scorpion, la plus noire de toutes, bien entendu. Et avec ça, conjointe, s'il vous plaît, au Soleil et à Mercure dans ce même Scorpion tout en haut du ciel. Voici, selon Hadès [1], comment s'interprète cette Lilith du huitième signe : « Les instincts », la puissance passionnelle de l'être donnent un caractère plein et entier à la sensualité. Force sexuelle qui donne une fécondité artistique et mentale. Débordements instinctifs et sexualité débridée, position qui peut devenir celle du sadisme.
A ce dernier mot de « sadisme », on pense à certains personnages de Malraux. Qu'ils tirent toute leur énergie du sexe, oui, mais ce n'est pas gai... Tous ses livres (*les Conquérants, la Voie royale, la Condition humaine, la Lutte avec l'Ange, etc*) contiennent des scènes de torture, avec des gens qu'on fouette, qu'on flagelle, qu'on asphyxie ou dont on crève les yeux. Et tous ces personnages (comme l'auteur) y trouvent un plaisir certain, sans quoi ils ne seraient pas là : on écrit d'abord pour se faire plaisir... Cette fois-ci, nous sommes en plein cœur du Scorpion noir, sadomasochiste, obsédé par le sexe et par le pouvoir — l'un et l'autre n'étant que les deux faces d'une même rage de vivre.
Hantés par la mort, l'auteur et ses héros : on meurt beaucoup dans l'œuvre de Malraux. Et dans sa famille aussi : mort de ses enfants, mort des femmes aimées. Ces deuils familiaux sont d'ailleurs indiqués par Pluton en Maison V.
Saturne en Capricorne, sinistre, maléfique, est conjoint à l'Ascendant, en sextile à ce Milieu-du-Ciel très remarquable. Quant à Mars et Uranus conjoints, c'est l'engagement total dans la guerre civile et la révolution. Dans une Maison XI ainsi habitée, les amis sont des dynamiteros, des partisans, des kamikazes...
Généralement, Saturne accentue les valeurs martiennes du Scorpion, déjà bien mises en évidence ici, en apportant sa dureté, sa rigidité, sa froideur, ou plutôt sa passion froide. Le thème respire le culte de la virilité, pour tout dire un certain machisme... C'est la victoire ou la mort, c'est la valise *et* le cercueil : et *« Viva la Muerte ! »*.
Dévoré jusqu'à la moelle par cette inextinguible rage de vivre, dans laquelle il investit la totalité de son énergie, notre Scorpion-Capricorne est hanté par une passion aiguë du pouvoir, qui sera satisfaite (si tant est qu'un Scorpion soit jamais satisfait). Malraux jouira de la confiance du général de Gaulle qui l'associera à son gouvernement. Mercure au Milieu-du-Ciel, c'est tout ce qu'il y a de mieux pour un ministre des Affaires culturelles.
Il y aurait beaucoup à dire sur l'amitié qui liait ces deux Scorpions. Les gens du huitième signe s'attirent les uns les autres comme des aimants.

1. Hadès, *Manuel complet d'astrologie scientifique et traditionnelle*, éditions Bussière.

Autres éléments de ce thème : Jupiter conjoint à l'Ascendant et à Saturne a apporté à Malraux honneurs, célébrité et quelques revenus... Certes, la planète est en chute dans le Capricorne. Mais ce Jupiter-là est particulièrement bien aspecté, en sextile au brillant Soleil du zénith.
Le Soleil ainsi placé tend à arracher le natif à ses ténèbres. Le combat entre l'ombre et la lumière est permanent. Mercure, dont nous avons déjà parlé, est très favorisé : en sextile à Saturne (réflexion et profondeur d'esprit) conjoint au Soleil et angulaire au Milieu-du-Ciel, c'est vraiment un grand Mercure, une vocation impérieuse d'écrivain, qui avait tout pour apporter la gloire à son auteur.
Quant à Vénus, pourtant logée à belle enseigne dans le Sagittaire, elle souffre de ce climat excessivement militaire, martial et saturnien. En demi-carré au Soleil, très isolée, tristement placée dans la Maison des épreuves, elle vaudra bien des chagrins affectifs à notre auteur.
La Lune en Lion en Maison VII confirme le pronostic de célébrité, de rôle politique et social déjà suggéré par Jupiter et par le Soleil angulaires. Mais la Lune est en quadrature avec ce dernier, annonçant une tension violente entre la vie publique et la vie professionnelle (Maison X) et la vie privée conjugale (Maison VII). Tension d'autant plus vive que les femmes choisies par Malraux (Clara Malraux, Josette Clotis, Louise de Vilmorin...) furent toujours brillantes, belles, intelligentes, selon le portrait qu'en donne la Lune en Lion. Mais l'entente est difficile entre un homme Soleil-Scorpion et une femme Lune-Lion.

Bill Gates

Né le 28 octobre 1955.

Ce Scorpion indifférent à l'opinion des autres et opiniâtre dans ses choix a grandi à Seattle, où ses parents lui offrirent d'étudier dans l'école privée renommée de Lakeside. Il se distingue, par une énergie et un pouvoir de concentration prodigieux. Ainsi, il est capable, à onze ans, de réciter le *Sermon sur la Montagne* sans hésiter, devant le pasteur, et de répondre aux questions qu'il lui posait sur le sens dudit Sermon, prouvant qu'il en avait saisi le sens profond. Celui qui devait devenir le géant du logiciel apprit ses rudiments d'informatique sur un gros ordinateur qu'avait acquis son collège et se prit d'une telle passion pour lui que ses parents, inquiets de le voir perdre le sommeil et l'appétit, lui demandèrent d'y renoncer. Il mit à profit ces neuf mois sabbatiques pour lire des centaines de livres, concernant tous les sujets qui lui tombaient sous la main. Entré à Harvard, sa passion le reprit et il y passa ses nuits. Lorsqu'il voulait se détendre, il entamait des parties de poker, de façon tout aussi obsessionnelle, et y jouait des sommes impressionnantes. Sa capacité de travail, sa passion des programmes et son appétit d'argent, doublé d'un flair et d'une certaine dureté en ont fait le plus jeune et le plus riche manager de la planète.

Pablo Picasso

Né le 25 octobre 1881 à minuit, à Malaga (Espagne).

Un fabuleux Milieu-du-Ciel, avec quatre planètes logées à la belle étoile — dont Pluton, maître du Scorpion et, ainsi, maître du Soleil natal.
Le thème de Picasso s'appuie sur trois signes fixes : *Taureau* (Milieu-du-Ciel, Pluton, Jupiter, Neptune et Saturne) ; *Lion* (Ascendant et Lune Noire) ; *Scorpion* (Soleil et Mercure).
Ces trois signes fixes, passionnés, durs à cuire et jusqu'au-boutistes, sont en quadrature et en opposition, engendrant ainsi d'insolubles tensions. Il manque le Verseau pour faire le quatrième pôle de la fameuse « Croix fixe », mais trois pôles ainsi chargés, c'est déjà beaucoup pour un seul homme... On peut penser, à la seule vue de ce thème, que son propriétaire aura une vie hors du commun, mouvementée et exceptionnelle...
La seule planète « en domicile » est Vénus, en Balance : cette position signe un artiste — et un grand amoureux. Ce que confirme l'ensemble du thème : la Lune Noire conjointe à l'Ascendant, en Lion, donne à Picasso une riche sensualité qui s'exprime dans un fantastique pouvoir de création artistique. Mais c'est surtout le Taureau, signe vénusien, signe d'art et de création, qui est valorisé. Le Scorpion, poussé par son angoisse intense, est aussi un grand créateur, et d'autant plus que son maître Pluton est là-haut en Taureau.
Avez-vous remarqué le regard de Picasso : regard chargé de malice, intense, noir, regard qui voit au-delà du visible, un regard magnétique, un vrai regard de Mercure en Scorpion...
Scorpion-Lion-Taureau : une bête à cornes, à griffes, à dents, à pinces et à dard : un vrai monstre, et d'aucuns se sont même demandés si Pablo Ruiz

Pablo Picasso, formidablement créateur, avait aussi, dans sa vie affective, la nature destructrice que l'on reconnaît au Scorpion.

Blasco Picasso n'était pas le Diable en personne !
Avec ce Milieu-du-Ciel fabuleux, comment aurait-il pu passer inapercu ? Jupiter, c'est la chance, la gloire et, en Taureau, la richesse à coup sûr.
Neptune, c'est l'inspiration — en Taureau, c'est même mieux, c'est du génie dans tout ce qui touche aux arts.
Saturne, presque conjoint au Milieu-du-Ciel, c'est la réussite, la victoire sur le Temps. On trouve cette position chez beaucoup de grands chefs d'Etat et chez des personnalités qui ont joué un rôle dominant dans leur sphère d'activité. Saturne en Milieu-du-Ciel passe pour donner une grande réussite, suivie d'une brusque chute : mais ici, ce n'est pas le cas, Picasso est resté riche, célèbre et plein de santé jusqu'au bout. Car cette Maison X était bien soutenue.
Enfin, Pluton accorde au Taureau en X une grande puissance créatrice — le génie inventeur et réalisateur éclate à tous les angles du thème. Pluton ici, c'est aussi une volonté acharnée de réussir à tout prix, un tempérament de chef, une ambition qui passe par la destruction de l'ordre ancien, et sa reconstruction. Picasso a fait exploser les normes de la peinture traditionnelle. Le grand public, horriblement choqué — mais séduit aussi — l'a perçu comme un iconoclaste, dont on ne savait que penser (« Se moque-t-il de nous ? » disaient les gens).
En attendant, sa cote montait, montait. Le Taureau a l'instinct de l'argent, il flaire tout de suite comment le gagner, ainsi que le Lion.
Uranus, en Maison II, celle de la fortune, apporte ses idées nouvelles, son intuition d'avant-garde aux deux planètes avec lesquelles il est en trigone : Jupiter et Neptune. Voilà donc un homme suprêmement intuitif, visionnaire, sûr de lui, doué d'une puissante énergie... Un homme à qui rien ne résiste.

Le drame profond de Picasso, c'est ce grand faisceau d'oppositions qui transperce le thème du Nord au Sud. Au Taureau du zénith est opposé le Soleil de minuit, en Scorpion, Soleil noir qui inspire *Guernica,* les portraits de femmes désintégrées et disloquées en morceaux, les mises à mort des corridas qu'il a si souvent représentées.
L'opposition Saturne-Soleil sur cet axe Taureau-Scorpion (vie-mort), durcit terriblement le thème. La Lune et Mercure sont opposés à Pluton, qui frappe d'une mort réelle ou symbolique les deux secteurs concernés : Maison IV (le foyer), Maison V (jeux, plaisirs, amours et enfants). Et c'est vrai : la vie affective et familiale de Picasso est un cimetière d'amours. Vie sentimentale des plus orageuses, avec des haines inexpiables, des vengeances, des règlements de comptes (comme, par exemple, le livre de l'une de ses ex-femmes, *Vivre avec Picasso*). Autour de sa succession s'entre-déchirent ses enfants et petits-enfants.
Dans la vie privée, Picasso avait un caractère impossible : tyrannique, exigeant, alliant l'orgueil du Lion au sadisme du Scorpion noir et à l'égoïsme forcené du Taureau. D'ailleurs c'était à craindre : la Lune en Sagittaire, signe double, pousse vers les amours multiples, ainsi qu'Uranus, maître de la Maison VII (Verseau), qui se trouve dans un autre signe double, la Vierge. Pluton en demi-carré à Mars en Cancer n'arrange rien. Ce Mars en Cancer n'est pas toujours aussi suave qu'on pourrait le croire : il applique son énergie martienne à sa famille et à sa maisonnée, et se révèle parfois un vrai tyran. Ce que semble confirmer aussi le signe du Scorpion sur la Maison IV, qui ne rend jamais facile la vie de famille.
Le thème de Picasso dégage une rare violence, que l'on retrouve dans son trait de crayon nerveux, dans les sujets « noirs » et hantés par la mort qu'il traite volontiers. Algol, l'étoile la plus violente du ciel, est conjointe à Jupiter et à Pluton. En Milieu-du-Ciel, et avec Jupiter, elle donne « la fortune et grande puissance sur les hommes », mais, de façon générale, la Tradition arabe affirme qu'elle donne une « nature brutale et violente, qui excite la cruauté chez l'homme ».
Antarès, conjointe à la Lune, est également une étoile maléfique, qui donne « rapacité, violence, ambition du pouvoir », mais aussi « activité, réussite par énergie ». Enfin, Mars est conjoint à Sirius, la plus brillante des étoiles, qui apporte « honneurs, gloire, richesses et réussite », mais aussi « orgueil, violence, haine du public ».
L'homme marqué par Sirius « n'a peur de rien », il est « inhumain », surtout lorsque l'étoile est conjointe avec Mars. Voilà une trinité d'étoiles fixes qui confirment pleinement la dureté de ce thème tout à fait extraordinaire.

Jean Rostand

Né le 30 octobre 1894 à 16 heures, à Paris.

Issu d'une illustre famille de notables marseillais, Jean Rostand était le fils du poète Edmond Rostand, auteur de *Cyrano de Bergerac,* de *l'Aiglon,* de *Chantecler,* etc.
Le ciel de notre savant biologiste montre un amas de planètes (six) groupées au Soleil couchant, sur les Maisons VII et VIII, c'est-à-dire dans la « quarte d'Air ». Le Scorpion est bien occupé : Mercure, Uranus et Soleil, tandis que la Balance, conjointe au même amas, porte ses deux maîtres : Saturne et Vénus. Enfin, le Bélier est à l'Ascendant, avec son patron, Mars, angulaire en Maison I.
Joli thème. Rostand est donc « Scorpion-Bélier-Balance ». Du Scorpion, il a la révolte, la passion, l'anticonformisme, la curiosité intellectuelle... Mars et Uranus tiennent la vedette. Mais voyez Mars-Bélier opposé au Soleil-Scorpion : autant ce dernier est secret, autant le Bélier est extraverti, impulsif, poussé par le besoin impérieux d'agir, d'animer, de s'exprimer. Il est certain que, dans ce thème, et dans la vie du savant, c'est le Feu extraverti du Bélier qui s'est manifesté à ses contemporains. Le Scorpion a apporté sa persévérance et sa profondeur à ce martien impulsif. Les deux ensemble donnent un caractère entier, qui aime ou déteste violemment.
Pourtant, il ne faudrait pas sous-estimer l'importance de la Balance : valorisée par Vénus et Saturne qui, dans ce signe, n'est plus « maléfique » ; c'est la meilleure position qui soit pour l'astre et l'inhibition qu'il apporte est féconde, elle donne réflexion et sagesse. Le Scorpion appuie Saturne, de par sa nature même d'introversion féconde. Curieux personnage que ce Rostand, à la fois « soupe au lait » et polémiste... et, dans d'autres circonstances, paralysé par la timidité. Tellement dévoré de trac, tellement mort de peur qu'il ne fut jamais capable d'enseigner. C'est pour cette raison qu'il préférait son laboratoire, sa bienheureuse tanière secrète et protégée...

Pourtant, il aimait les gens, il aimait beaucoup recevoir ses amis dans sa villa de Ville-d'Avray. La Balance superbe qu'il a en Maison VII le poussait à avoir une influence sociale. Vénus angulaire au Descendant, et dignifiée, l'auréolait d'un redoutable charme de Scorpion-Balance. Rostand eut beaucoup d'amis, c'est ce que confirme aussi le Verseau en Maison XI, celle des amitiés et des relations.
Voilà un Scorpion très scorpionnant, c'est-à-dire dévoré d'angoisses engendrées par ses contradictions intérieures, déchiré entre ses inhibitions et ses pulsions.

Heureusement, le très beau Jupiter, exalté en Cancer, en trigone au Soleil, à Vénus et à Saturne, angulaire au Fond-du-Ciel apportera sa réussite à ce personnage tourmenté. Réussite professionnelle, certes, mais aussi réussite affective et conjugale : Jupiter-Vénus, cette dernière en Maison VII et en Balance, était ce que l'on peut souhaiter de mieux pour un mariage... Rostand vécut tendrement uni à sa femme, Andrée Mante.

Encore un mot sur le Scorpion : le métier de chercheur est fait pour lui. Mercure, avec son insatiable curiosité, se passionne pour ce qui est caché, et n'a de cesse de percer à jour les secrets de la vie. Mercure en Maison VIII a poussé Rostand à travailler dans la génétique, à vouloir tout connaître des ressorts biologiques de la sexualité. Il est très intéressant aussi qu'il se soit tourné vers l'étude des batraciens, grenouilles et crapauds, animaux vivant dans les étangs : c'est, le domaine du Scorpion, l'Eau fixe,

l'eau croupissante et grouillante du marais qui cache une vie mystérieuse.
L'importance inégale des différentes Maisons m'a aussi frappée : la Maison VI, celle du travail quotidien, couvre trois signes, dont la Vierge rationaliste, méthodique, précise, pour tout dire « scientifique ». En revanche, l'espace attribué à la Maison IX « idéal philosophique ou religieux », est très mince. Rostand ne croyait pas à l'existence de Dieu, et ce positivisme étroit, qui limite le monde à ce qui est visible, n'est ni dans le tempérament du Scorpion, ni dans celui de la Balance.
D'autre part, je suis personnellement très choquée par les expériences sur les animaux quand elles entraînent des souffrances, en particulier par les expériences de vivisection. « La Science exige », répondent les savants, et ainsi pensait également Rostand. Les holocaustes cruels que l'on offre à ces nouveaux Moloch des Temps modernes paraîtront bien inutiles aux chercheurs de demain. Fallait-il, au nom de la science, provoquer tant de souffrances ? Ainsi pensait-on autrefois que l'esclavage et les galères étaient indispensables.
Peut-on penser que les Scorpions scientifiques, même bons et généreux, éprouvent un plaisir secret à découper les grenouilles ? Et peut-on penser que certains se libèrent ainsi de pulsions de mort que le code social les oblige à censurer ?

Jean Rostand, dont la vocation de biologiste correspond à la nature chercheuse du Scorpion.

Fabrice Luchini

Né le 1er novembre 1951.

Cet ancien coiffeur ne faillit pas à la vocation des Scorpion, qui savent se reconvertir avec aisance, exceller dans beaucoup de matières. Sa rencontre avec Philippe Labro, durant l'inauguration d'un drugstore, devait décider de sa nouvelle carrière : comédien. Celui-ci le contacte, en effet, deux mois plus tard, pour lui offrir son premier rôle, en 1969, dans *Tout peut arriver*. Puis, celui qui devait plus tard crever l'écran dans le Colonel Chabert, aux côtés de Gérard Depardieu et Fanny Ardant et triompher dans *Beaumarchais* en 1996 apprend toutes les subtilités du métier chez Eric Rohmer en 1972 (dans *Le Genou de Claire* et dans *Les Nuits de la pleine Lune* où on le voit avec Pascale Ogier), chez Walerian Borowczyk en 1975 (*Contes immoraux*) et chez Claude Chabrol en 1978 avec *Violette Nozières*. Ses rôles au théâtre ont également séduit le public qui est venu nombreux l'applaudir au Studio des Champs-Elysées dans *Voyage au bout de la nuit* de Céline. Son style s'est imposé, au fil des ans, celui d'un comédien au jeu à la fois excessif, égocentrique, volontiers exhibitionniste (comme le sont souvent les Scorpion) mais d'une remarquable efficacité. Ses nombreuses apparitions télévisées réjouissent ou exaspèrent : il est le roi de la citation et du cabotinage !

Paul Valéry

Né le 30 octobre 1877 à 19 heures, à Sète (Hérault).

La plus brillante intelligence de sa génération... Sur tous les sujets dont on parle aujourd'hui, il a eu un mot — le mot juste — longtemps avant ses contemporains.
C'est lui par exemple, qui a dit : « La Science s'est déshonorée par la cruauté de ses applications. »

Le beau visage de Paul Valéry, natif du Scorpion, l'un des plus grands écrivains de notre génération.

Ecrire cela à l'époque où le progrès scientifique était un dogme, presque une religion, il fallait le faire ! Et il fallait avoir une bonne dose d'intuition prophétique : c'est Uranus en Maison III (celle de l'intelligence). C'est aussi Mercure en Scorpion, toujours lucide, qui ne se laisse pas abuser par les apparences. Valéry a écrit aussi (bien avant la guerre) : « Nous autres civilisations, nous savons que nous sommes mortelles. » Petite phrase qui n'a rien perdu de son actualité, bien au contraire.

Scorpion Ascendant Gémeaux, c'est ce qu'on fait de plus lucide, justement, de plus vif, de plus pénétrant, de plus intelligent. Et un Scorpion-Gémeaux du Midi, c'est-à-dire l'héritier de trois mille ans (et plus) de civilisations méditerranéennes, qui ont affiné l'esprit de ces rivages...

Pourtant, bien que Valéry soit une gloire nationale, une valeur sûre de la poésie, qu'il ait été élu à l'Académie française, on peut trouver sa poésie trop cérébrale, trop intellectuelle.

Valéry n'a pas la tripe « scorpionne » : dans ce signe, il n'y a que Mercure et le Soleil. A mon avis, il est beaucoup plus Gémeaux qu'autre chose. Sa Vénus est en pénitence dans la Vierge, où elle est en chute. Regardez-la, cette pauvre Vénus, toute seule, toute triste, dans ce signe d'intellectuels, en quadrature avec Mars, et Saturne du Capricorne... Pourtant, Valéry était extrêmement séduisant : Lune en Gémeaux, Neptune en Lion. Mais la Lune elle-même est dans un signe cérébral et peu sensuel. Et la Maison VII (mariage et vie sociale) est attristante : Mars et Saturne y habitent, ainsi que ce froid Capricorne, qui présagent malentendus et solitude du cœur... Ce fut le cas : si Valéry eut beaucoup d'amis de l'intelligentsia, il avait barricadé son cœur et sa chair, pour ne pas se laisser entraîner, entamer, appauvrir par les passions amoureuses.

Quelques thèmes

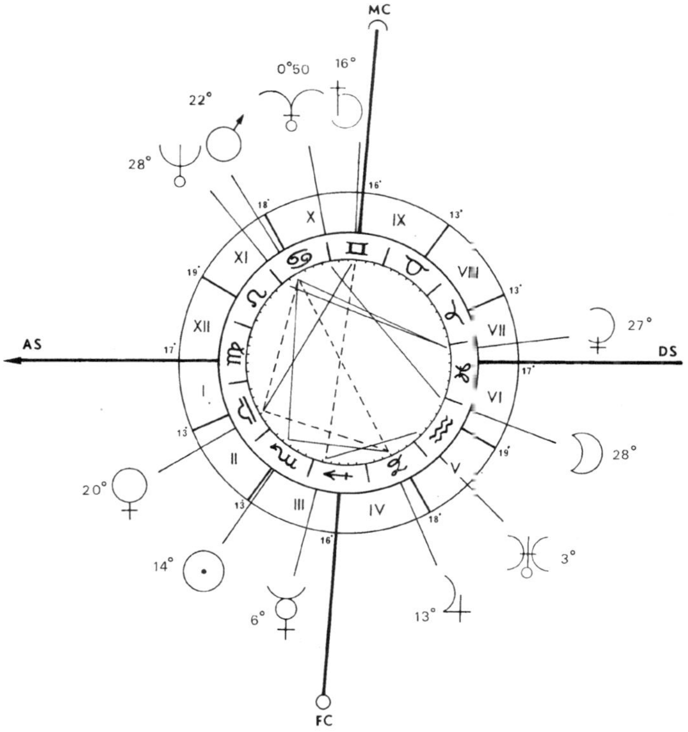

Albert Camus: Vénus au carré de Mars en Cancer et de Jupiter en Capricorne, avec Jupiter à l'opposition de Mars, signent l'inconfort affectif de Camus qui a dû le pousser à trouver dans l'écriture et la politique un exutoire à ses tensions et à ses angoisses.

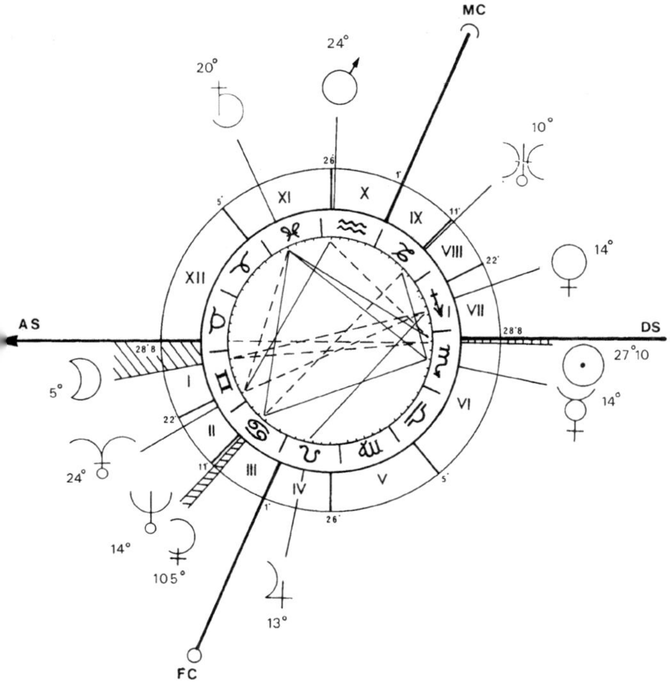

Henri-Georges Clouzot: Soleil et Mercure en Scorpion, Neptune et Cérès en Cancer, Saturne en Poissons: tel est le magnifique triangle en signes d'Eau qui a donné l'imagination profonde et féconde de Clouzot.

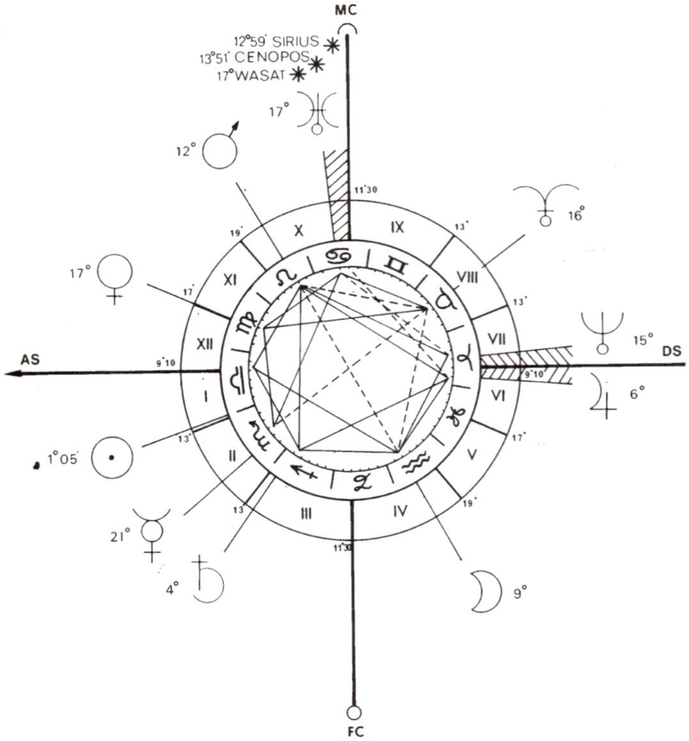

Alexandra David-Neel: Uranus conjoint au Milieu-du-Ciel en Cancer, au trigone de Mercure en Scorpion, signent une personnalité profondément curieuse et aventurière : c'est le thème très équilibré d'Alexandra David-Neel.

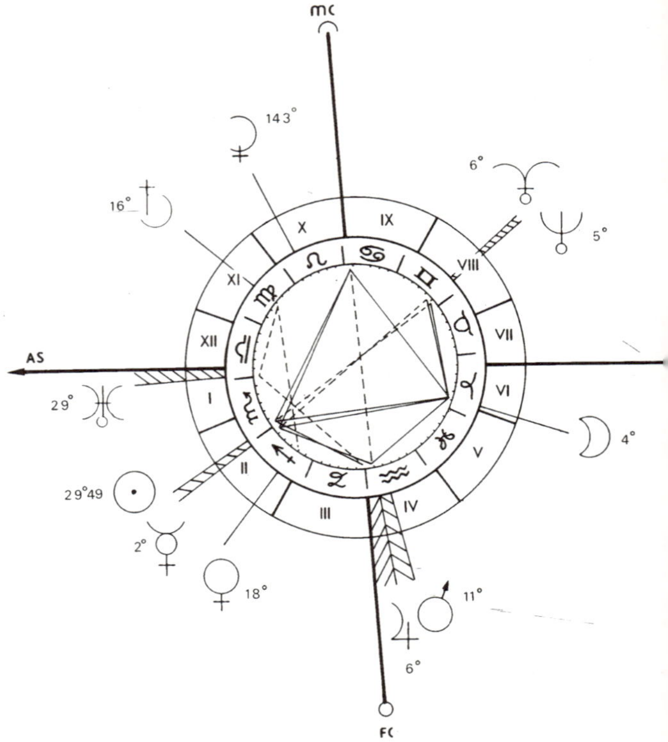

Général de Gaulle : avec Jupiter et Mars angulaires, au sextile du Soleil en Scorpion et de la Lune en Poissons, le tout au trigone du Milieu-du-Ciel, le Général de Gaulle était puissamment soutenu par les astres.

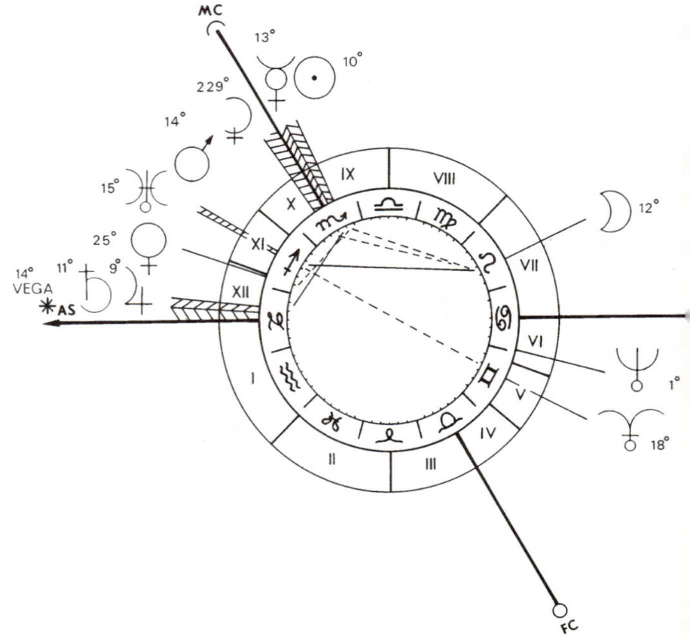

André Malraux : Soleil et Mercure au Milieu-du-Ciel en Scorpion ne pouvaient donner qu'une personnalité exceptionnelle, surtout que cette conjonction se trouvait au sextile de l'Ascendant et de Jupiter en Capricorne.

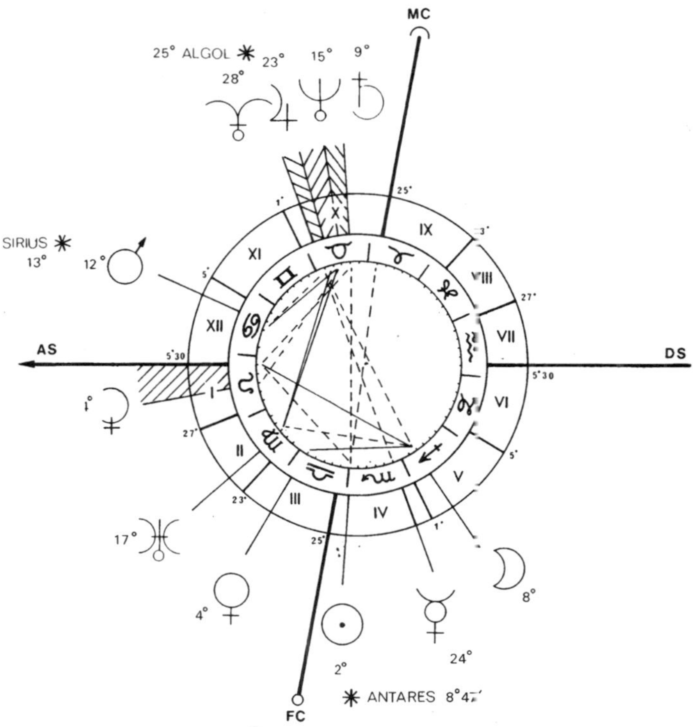

Pablo Picasso : dans le thème de Picasso ressortent de manière très frappante les aspects dits négatifs : carrés, oppositions, sesqui-carrés. Il s'agissait d'une personnalité extrêmement conflictuelle, dont les tensions étaient sublimées dans l'art.

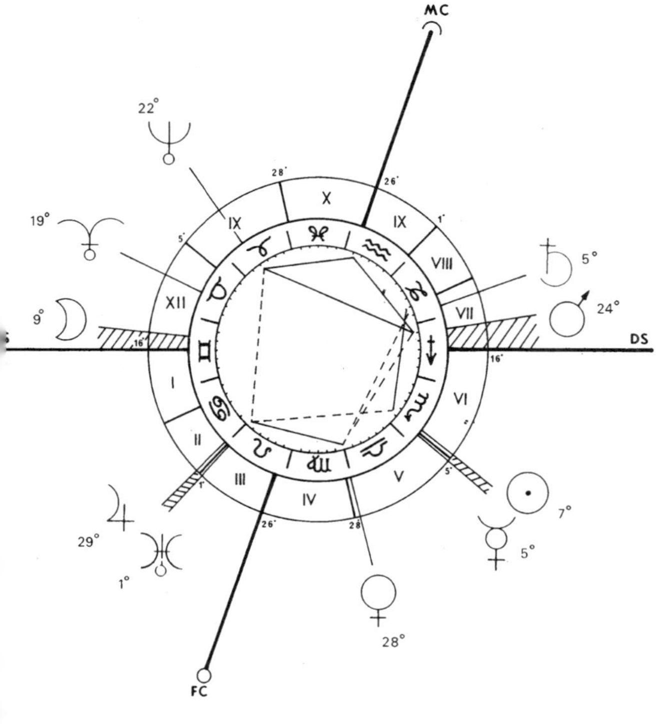

Paul Valéry : très frappante dans le thème de Paul Valéry, l'opposition de Saturne et de Mars à la Lune en Gémeaux et à l'Ascendant ; toutes les valeurs de maturité virile blessent la sensibilité juvénile et réceptive de l'écrivain.

Jodie Foster : indifférente aux potins de Hollywood, cette petite scorpionne poursuit une carrière de productrice courageuse et pleine d'audace.

Chapitre V

A la recherche de votre « Moi » profond

Jules Verne avait déjà imaginé une fusée qui irait de la Terre à la Lune.

Dans quel Signe se trouvaient les Planètes à votre naissance

Comment utiliser les Tables des positions planétaires

Les planètes, le Soleil et la Lune sont des points d'émissions énergétiques qui correspondent chacun à une certaine expression de votre personnalité.

Mais ces corps célestes n'agissent pas directement sur nous.

Entre eux et la Terre, le Zodiaque avec ses douze signes différents constitue une sorte de bande abstraite à travers laquelle va s'exercer l'action des astres sur la Terre.

Ainsi la planète Jupiter n'agit-elle pas directement sur vous mais à travers le signe zodiacal dans lequel, vue de la Terre, elle se trouvait au moment de votre naissance.

C'est pourquoi, pour connaître le mode d'action complet de Jupiter sur vous, vous devez rechercher ce signe.

Les Tables des positions planétaires de 1920 à 2010 vous permettront de trouver d'un seul coup d'œil pour l'année et le jour de votre naissance le signe zodiacal dans lequel se trouvait chacune des huit planètes de Mercure à Pluton.

Pour la Lune, vous procédez différemment car cet astre se déplace beaucoup plus rapidement que les planètes, si bien qu'il vous faut tenir compte de votre heure de naissance pour connaître son signe zodiacal.

Dans les *Tables de positions planétaires* vous trouvez la position de la Lune à midi, temps universel de Greenwich, près de Londres.

Comme la Lune parcourt en moyenne 12 degrés zodiacaux par jour, elle reste environ deux jours et demi dans un signe puisque chaque signe compte 30 degrés zodiacaux.

Toutes les deux heures la Lune parcourt 1 degré zodiacal et c'est en fonction de cela que nous trouverons sa position finale.

Pratiquement, voici comment vous allez opérer.

1) Si les *Tables des positions planétaires* vous indiquent une position de la Lune comprise entre 6 et 23 degrés de n'importe quel signe zodiacal, cela veut dire que la Lune est restée toute la journée dans ce signe, quelle que soit votre heure de naissance.

2) Si ces *Tables* vous indiquent une position 0, 1, 2, 3, 4, 5, ou 24, 25, 26, 27, 28, 29 degrés d'un signe zodiacal, vous devez tenir compte de votre heure et de votre lieu de naissance pour découvrir si la Lune était encore dans le signe zodiacal précédent ou était déjà passée dans le signe suivant. Vous procédez pour cela comme indiqué à la page 217.

DECOUVREZ DANS QUEL SIGNE SE TROUVAIENT LES PLANETES A VOTRE NAISSANCE

1920	MERCURE	VENUS	MARS	JUPITER	SATURNE	URANUS	NEPTUNE	PLUTON	LUNE *
23 OCTOBRE	SCORPION	SCORPION	CAPRICORNE	VIERGE	VIERGE	POISSONS	LION	CANCER	9 POISSONS
24 OCTOBRE	SCORPION	SAGITTAIRE	CAPRICORNE	VIERGE	VIERGE	POISSONS	LION	CANCER	21 POISSONS
25 OCTOBRE	SCORPION	SAGITTAIRE	CAPRICORNE	VIERGE	VIERGE	POISSONS	LION	CANCER	5 BELIER
26 OCTOBRE	SCORPION	SAGITTAIRE	CAPRICORNE	VIERGE	VIERGE	POISSONS	LION	CANCER	18 BELIER
27 OCTOBRE	SCORPION	SAGITTAIRE	CAPRICORNE	VIERGE	VIERGE	POISSONS	LION	CANCER	2 TAUREAU
28 OCTOBRE	SCORPION	SAGITTAIRE	CAPRICORNE	VIERGE	VIERGE	POISSONS	LION	CANCER	16 TAUREAU
29 OCTOBRE	SCORPION	SAGITTAIRE	CAPRICORNE	VIERGE	VIERGE	POISSONS	LION	CANCER	1 GEMEAUX
30 OCTOBRE	SCORPION	SAGITTAIRE	CAPRICORNE	VIERGE	VIERGE	POISSONS	LION	CANCER	15 GEMEAUX
31 OCTOBRE	SAGITTAIRE	SAGITTAIRE	CAPRICORNE	VIERGE	VIERGE	POISSONS	LION	CANCER	0 CANCER
1 NOVEMBRE	SAGITTAIRE	SAGITTAIRE	CAPRICORNE	VIERGE	VIERGE	POISSONS	LION	CANCER	14 CANCER
2 NOVEMBRE	SAGITTAIRE	SAGITTAIRE	CAPRICORNE	VIERGE	VIERGE	POISSONS	LION	CANCER	29 CANCER
3 NOVEMBRE	SAGITTAIRE	SAGITTAIRE	CAPRICORNE	VIERGE	VIERGE	POISSONS	LION	CANCER	13 LION
4 NOVEMBRE	SAGITTAIRE	SAGITTAIRE	CAPRICORNE	VIERGE	VIERGE	POISSONS	LION	CANCER	27 LION
5 NOVEMBRE	SAGITTAIRE	SAGITTAIRE	CAPRICORNE	VIERGE	VIERGE	POISSONS	LION	CANCER	10 VIERGE
6 NOVEMBRE	SAGITTAIRE	SAGITTAIRE	CAPRICORNE	VIERGE	VIERGE	POISSONS	LION	CANCER	24 VIERGE
7 NOVEMBRE	SAGITTAIRE	SAGITTAIRE	CAPRICORNE	VIERGE	VIERGE	POISSONS	LION	CANCER	7 BALANCE
8 NOVEMBRE	SAGITTAIRE	SAGITTAIRE	CAPRICORNE	VIERGE	VIERGE	POISSONS	LION	CANCER	20 BALANCE
9 NOVEMBRE	SAGITTAIRE	SAGITTAIRE	CAPRICORNE	VIERGE	VIERGE	POISSONS	LION	CANCER	3 SCORPION
10 NOVEMBRE	SAGITTAIRE	SAGITTAIRE	CAPRICORNE	VIERGE	VIERGE	POISSONS	LION	CANCER	16 SCORPION
11 NOVEMBRE	SCORPION	SAGITTAIRE	CAPRICORNE	VIERGE	VIERGE	POISSONS	LION	CANCER	28 SCORPION
12 NOVEMBRE	SCORPION	SAGITTAIRE	CAPRICORNE	VIERGE	VIERGE	POISSONS	LION	CANCER	10 SAGITTAIRE
13 NOVEMBRE	SCORPION	SAGITTAIRE	CAPRICORNE	VIERGE	VIERGE	POISSONS	LION	CANCER	22 SAGITTAIRE
14 NOVEMBRE	SCORPION	SAGITTAIRE	CAPRICORNE	VIERGE	VIERGE	POISSONS	LION	CANCER	4 CAPRICORNE
15 NOVEMBRE	SCORPION	SAGITTAIRE	CAPRICORNE	VIERGE	VIERGE	POISSONS	LION	CANCER	16 CAPRICORNE
16 NOVEMBRE	SCORPION	SAGITTAIRE	CAPRICORNE	VIERGE	VIERGE	POISSONS	LION	CANCER	28 CAPRICORNE
17 NOVEMBRE	SCORPION	SAGITTAIRE	CAPRICORNE	VIERGE	VIERGE	POISSONS	LION	CANCER	10 VERSEAU
18 NOVEMBRE	SCORPION	CAPRICORNE	CAPRICORNE	VIERGE	VIERGE	POISSONS	LION	CANCER	22 VERSEAU
19 NOVEMBRE	SCORPION	CAPRICORNE	CAPRICORNE	VIERGE	VIERGE	POISSONS	LION	CANCER	4 POISSONS
20 NOVEMBRE	SCORPION	CAPRICORNE	CAPRICORNE	VIERGE	VIERGE	POISSONS	LION	CANCER	16 POISSONS
21 NOVEMBRE	SCORPION	CAPRICORNE	CAPRICORNE	VIERGE	VIERGE	POISSONS	LION	CANCER	29 POISSONS
22 NOVEMBRE	SCORPION	CAPRICORNE	CAPRICORNE	VIERGE	VIERGE	POISSONS	LION	CANCER	12 BELIER

ENTRE DANS LE SIGNE DU LE 23 OCTOBRE A 17 h 00
LE SOLEIL SCORPION 1920 * LES CHIFFRES INDIQUENT LES DEGRES
QUITTE LE SIGNE DU LE 22 NOVEMBRE A 14 h 00

1921	MERCURE	VENUS	MARS	JUPITER	SATURNE	URANUS	NEPTUNE	PLUTON	LUNE *
23 OCTOBRE	SCORPION	BALANCE	VIERGE	BALANCE	BALANCE	POISSONS	LION	CANCER	20 CANCER
24 OCTOBRE	SCORPION	BALANCE	VIERGE	BALANCE	BALANCE	POISSONS	LION	CANCER	4 LION
25 OCTOBRE	SCORPION	BALANCE	VIERGE	BALANCE	BALANCE	POISSONS	LION	CANCER	19 LION
26 OCTOBRE	SCORPION	BALANCE	VIERGE	BALANCE	BALANCE	POISSONS	LION	CANCER	3 VIERGE
27 OCTOBRE	SCORPION	BALANCE	VIERGE	BALANCE	BALANCE	POISSONS	LION	CANCER	17 VIERGE
28 OCTOBRE	SCORPION	BALANCE	VIERGE	BALANCE	BALANCE	POISSONS	LION	CANCER	2 BALANCE
29 OCTOBRE	SCORPION	BALANCE	VIERGE	BALANCE	BALANCE	POISSONS	LION	CANCER	16 BALANCE
30 OCTOBRE	SCORPION	BALANCE	VIERGE	BALANCE	BALANCE	POISSONS	LION	CANCER	0 SCORPION
31 OCTOBRE	SCORPION	BALANCE	VIERGE	BALANCE	BALANCE	POISSONS	LION	CANCER	14 SCORPION
1 NOVEMBRE	SCORPION	BALANCE	VIERGE	BALANCE	BALANCE	POISSONS	LION	CANCER	27 SCORPION
2 NOVEMBRE	SCORPION	BALANCE	VIERGE	BALANCE	BALANCE	POISSONS	LION	CANCER	11 SAGITTAIRE
3 NOVEMBRE	SCORPION	BALANCE	VIERGE	BALANCE	BALANCE	POISSONS	LION	CANCER	24 SAGITTAIRE
4 NOVEMBRE	SCORPION	BALANCE	VIERGE	BALANCE	BALANCE	POISSONS	LION	CANCER	6 CAPRICORNE
5 NOVEMBRE	SCORPION	BALANCE	VIERGE	BALANCE	BALANCE	POISSONS	LION	CANCER	18 CAPRICORNE
6 NOVEMBRE	SCORPION	BALANCE	VIERGE	BALANCE	BALANCE	POISSONS	LION	CANCER	1 VERSEAU
7 NOVEMBRE	SCORPION	BALANCE	BALANCE	BALANCE	BALANCE	POISSONS	LION	CANCER	12 VERSEAU
8 NOVEMBRE	SCORPION	BALANCE	BALANCE	BALANCE	BALANCE	POISSONS	LION	CANCER	24 VERSEAU
9 NOVEMBRE	SCORPION	BALANCE	BALANCE	BALANCE	BALANCE	POISSONS	LION	CANCER	6 POISSONS
10 NOVEMBRE	SCORPION	BALANCE	BALANCE	BALANCE	BALANCE	POISSONS	LION	CANCER	18 POISSONS
11 NOVEMBRE	SCORPION	BALANCE	BALANCE	BALANCE	BALANCE	POISSONS	LION	CANCER	0 BELIER
12 NOVEMBRE	SCORPION	BALANCE	BALANCE	BALANCE	BALANCE	POISSONS	LION	CANCER	13 BELIER
13 NOVEMBRE	SCORPION	BALANCE	BALANCE	BALANCE	BALANCE	POISSONS	LION	CANCER	25 BELIER
14 NOVEMBRE	SCORPION	SCORPION	BALANCE	BALANCE	BALANCE	POISSONS	LION	CANCER	8 TAUREAU
15 NOVEMBRE	SCORPION	SCORPION	BALANCE	BALANCE	BALANCE	POISSONS	LION	CANCER	21 TAUREAU
16 NOVEMBRE	SCORPION	SCORPION	BALANCE	BALANCE	BALANCE	POISSONS	LION	CANCER	5 GEMEAUX
17 NOVEMBRE	SCORPION	SCORPION	BALANCE	BALANCE	BALANCE	POISSONS	LION	CANCER	19 GEMEAUX
18 NOVEMBRE	SCORPION	SCORPION	BALANCE	BALANCE	BALANCE	POISSONS	LION	CANCER	3 CANCER
19 NOVEMBRE	SCORPION	SCORPION	BALANCE	BALANCE	BALANCE	POISSONS	LION	CANCER	17 CANCER
20 NOVEMBRE	SCORPION	SCORPION	BALANCE	BALANCE	BALANCE	POISSONS	LION	CANCER	1 LION
21 NOVEMBRE	SCORPION	SCORPION	BALANCE	BALANCE	BALANCE	POISSONS	LION	CANCER	15 LION
22 NOVEMBRE	SCORPION	SCORPION	BALANCE	BALANCE	BALANCE	POISSONS	LION	CANCER	29 LION

ENTRE DANS LE SIGNE DU LE 23 OCTOBRE A 22 h 45
LE SOLEIL SCORPION 1921 * LES CHIFFRES INDIQUENT LES DEGRES
QUITTE LE SIGNE DU LE 22 NOVEMBRE A 20 h 00

DECOUVREZ DANS QUEL SIGNE SE TROUVAIENT LES PLANETES A VOTRE NAISSANCE

1922	MERCURE	VENUS	MARS	JUPITER	SATURNE	URANUS	NEPTUNE	PLUTON	LUNE *
24 OCTOBRE	BALANCE	SAGITTAIRE	CAPRICORNE	BALANCE	BALANCE	POISSONS	LION	CANCER	23 SAGITTAIRE
25 OCTOBRE	BALANCE	SAGITTAIRE	CAPRICORNE	BALANCE	BALANCE	POISSONS	LION	CANCER	7 CAPRICORNE
26 OCTOBRE	BALANCE	SAGITTAIRE	CAPRICORNE	BALANCE	BALANCE	POISSONS	LION	CANCER	20 CAPRICORNE
27 OCTOBRE	BALANCE	SAGITTAIRE	CAPRICORNE	SCORPION	BALANCE	POISSONS	LION	CANCER	2 VERSEAU
28 OCTOBRE	BALANCE	SAGITTAIRE	CAPRICORNE	SCORPION	BALANCE	POISSONS	LION	CANCER	15 VERSEAU
29 OCTOBRE	BALANCE	SAGITTAIRE	CAPRICORNE	SCORPION	BALANCE	POISSONS	LION	CANCER	27 VERSEAU
30 OCTOBRE	BALANCE	SAGITTAIRE	CAPRICORNE	SCORPION	BALANCE	POISSONS	LION	CANCER	8 POISSONS
31 OCTOBRE	BALANCE	SAGITTAIRE	VERSEAU	SCORPION	BALANCE	POISSONS	LION	CANCER	20 POISSONS
1 NOVEMBRE	BALANCE	SAGITTAIRE	VERSEAU	SCORPION	BALANCE	POISSONS	LION	CANCER	2 BELIER
2 NOVEMBRE	BALANCE	SAGITTAIRE	VERSEAU	SCORPION	BALANCE	POISSONS	LION	CANCER	14 BELIER
3 NOVEMBRE	BALANCE	SAGITTAIRE	VERSEAU	SCORPION	BALANCE	POISSONS	LION	CANCER	26 BELIER
4 NOVEMBRE	BALANCE	SAGITTAIRE	VERSEAU	SCORPION	BALANCE	POISSONS	LION	CANCER	8 TAUREAU
5 NOVEMBRE	BALANCE	SAGITTAIRE	VERSEAU	SCORPION	BALANCE	POISSONS	LION	CANCER	20 TAUREAU
6 NOVEMBRE	BALANCE	SAGITTAIRE	VERSEAU	SCORPION	BALANCE	POISSONS	LION	CANCER	2 GEMEAUX
7 NOVEMBRE	BALANCE	SAGITTAIRE	VERSEAU	SCORPION	BALANCE	POISSONS	LION	CANCER	15 GEMEAUX
8 NOVEMBRE	BALANCE	SAGITTAIRE	VERSEAU	SCORPION	BALANCE	POISSONS	LION	CANCER	28 GEMEAUX
9 NOVEMBRE	SCORPION	SAGITTAIRE	VERSEAU	SCORPION	BALANCE	POISSONS	LION	CANCER	11 CANCER
10 NOVEMBRE	SCORPION	SAGITTAIRE	VERSEAU	SCORPION	BALANCE	POISSONS	LION	CANCER	24 CANCER
11 NOVEMBRE	SCORPION	SAGITTAIRE	VERSEAU	SCORPION	BALANCE	POISSONS	LION	CANCER	7 LION
12 NOVEMBRE	SCORPION	SAGITTAIRE	VERSEAU	SCORPION	BALANCE	POISSONS	LION	CANCER	21 LION
13 NOVEMBRE	SCORPION	SAGITTAIRE	VERSEAU	SCORPION	BALANCE	POISSONS	LION	CANCER	5 VIERGE
14 NOVEMBRE	SCORPION	SAGITTAIRE	VERSEAU	SCORPION	BALANCE	POISSONS	LION	CANCER	19 VIERGE
15 NOVEMBRE	SCORPION	SAGITTAIRE	VERSEAU	SCORPION	BALANCE	POISSONS	LION	CANCER	4 BALANCE
16 NOVEMBRE	SCORPION	SAGITTAIRE	VERSEAU	SCORPION	BALANCE	POISSONS	LION	CANCER	19 BALANCE
17 NOVEMBRE	SCORPION	SAGITTAIRE	VERSEAU	SCORPION	BALANCE	POISSONS	LION	CANCER	3 SCORPION
18 NOVEMBRE	SCORPION	SAGITTAIRE	VERSEAU	SCORPION	BALANCE	POISSONS	LION	CANCER	18 SCORPION
19 NOVEMBRE	SCORPION	SAGITTAIRE	VERSEAU	SCORPION	BALANCE	POISSONS	LION	CANCER	3 SAGITTAIRE
20 NOVEMBRE	SCORPION	SAGITTAIRE	VERSEAU	SCORPION	BALANCE	POISSONS	LION	CANCER	17 SAGITTAIRE
21 NOVEMBRE	SCORPION	SAGITTAIRE	VERSEAU	SCORPION	BALANCE	POISSONS	LION	CANCER	1 CAPRICORNE
22 NOVEMBRE	SCORPION	SAGITTAIRE	VERSEAU	SCORPION	BALANCE	POISSONS	LION	CANCER	15 CAPRICORNE
23 NOVEMBRE	SCORPION	SAGITTAIRE	VERSEAU	SCORPION	BALANCE	POISSONS	LION	CANCER	28 CAPRICORNE

LE SOLEIL ENTRE DANS LE SIGNE DU SCORPION LE 24 OCTOBRE 1922 A 4 h 45
QUITTE LE SIGNE DU SCORPION LE 23 NOVEMBRE 1922 A 1 h 45

* LES CHIFFRES INDIQUENT LES DEGRES

1923	MERCURE	VENUS	MARS	JUPITER	SATURNE	URANUS	NEPTUNE	PLUTON	LUNE *
24 OCTOBRE	BALANCE	SCORPION	BALANCE	SCORPION	BALANCE	POISSONS	LION	CANCER	27 BELIER
25 OCTOBRE	BALANCE	SCORPION	BALANCE	SCORPION	BALANCE	POISSONS	LION	CANCER	9 TAUREAU
26 OCTOBRE	BALANCE	SCORPION	BALANCE	SCORPION	BALANCE	POISSONS	LION	CANCER	21 TAUREAU
27 OCTOBRE	BALANCE	SCORPION	BALANCE	SCORPION	BALANCE	POISSONS	LION	CANCER	2 GEMEAUX
28 OCTOBRE	BALANCE	SCORPION	BALANCE	SCORPION	BALANCE	POISSONS	LION	CANCER	14 GEMEAUX
29 OCTOBRE	BALANCE	SCORPION	BALANCE	SCORPION	BALANCE	POISSONS	LION	CANCER	26 GEMEAUX
30 OCTOBRE	BALANCE	SCORPION	BALANCE	SCORPION	BALANCE	POISSONS	LION	CANCER	8 CANCER
31 OCTOBRE	BALANCE	SCORPION	BALANCE	SCORPION	BALANCE	POISSONS	LION	CANCER	21 CANCER
1 NOVEMBRE	BALANCE	SCORPION	BALANCE	SCORPION	BALANCE	POISSONS	LION	CANCER	3 LION
2 NOVEMBRE	SCORPION	SCORPION	BALANCE	SCORPION	BALANCE	POISSONS	LION	CANCER	16 LION
3 NOVEMBRE	SCORPION	SCORPION	BALANCE	SCORPION	BALANCE	POISSONS	LION	CANCER	0 VIERGE
4 NOVEMBRE	SCORPION	SCORPION	BALANCE	SCORPION	BALANCE	POISSONS	LION	CANCER	13 VIERGE
5 NOVEMBRE	SCORPION	SCORPION	BALANCE	SCORPION	BALANCE	POISSONS	LION	CANCER	28 VIERGE
6 NOVEMBRE	SCORPION	SCORPION	BALANCE	SCORPION	BALANCE	POISSONS	LION	CANCER	12 BALANCE
7 NOVEMBRE	SCORPION	SCORPION	BALANCE	SCORPION	BALANCE	POISSONS	LION	CANCER	27 BALANCE
8 NOVEMBRE	SCORPION	SAGITTAIRE	BALANCE	SCORPION	BALANCE	POISSONS	LION	CANCER	13 SCORPION
9 NOVEMBRE	SCORPION	SAGITTAIRE	BALANCE	SCORPION	BALANCE	POISSONS	LION	CANCER	28 SCORPION
10 NOVEMBRE	SCORPION	SAGITTAIRE	BALANCE	SCORPION	BALANCE	POISSONS	LION	CANCER	13 SAGITTAIRE
11 NOVEMBRE	SCORPION	SAGITTAIRE	BALANCE	SCORPION	BALANCE	POISSONS	LION	CANCER	28 SAGITTAIRE
12 NOVEMBRE	SCORPION	SAGITTAIRE	BALANCE	SCORPION	BALANCE	POISSONS	LION	CANCER	12 CAPRICORNE
13 NOVEMBRE	SCORPION	SAGITTAIRE	BALANCE	SCORPION	BALANCE	POISSONS	LION	CANCER	26 CAPRICORNE
14 NOVEMBRE	SCORPION	SAGITTAIRE	BALANCE	SCORPION	BALANCE	POISSONS	LION	CANCER	10 VERSEAU
15 NOVEMBRE	SCORPION	SAGITTAIRE	BALANCE	SCORPION	BALANCE	POISSONS	LION	CANCER	23 VERSEAU
16 NOVEMBRE	SCORPION	SAGITTAIRE	BALANCE	SCORPION	BALANCE	POISSONS	LION	CANCER	6 POISSONS
17 NOVEMBRE	SCORPION	SAGITTAIRE	BALANCE	SCORPION	BALANCE	POISSONS	LION	CANCER	18 POISSONS
18 NOVEMBRE	SCORPION	SAGITTAIRE	BALANCE	SCORPION	BALANCE	POISSONS	LION	CANCER	0 BELIER
19 NOVEMBRE	SCORPION	SAGITTAIRE	BALANCE	SCORPION	BALANCE	POISSONS	LION	CANCER	12 BELIER
20 NOVEMBRE	SCORPION	SAGITTAIRE	BALANCE	SCORPION	BALANCE	POISSONS	LION	CANCER	24 BELIER
21 NOVEMBRE	SAGITTAIRE	SAGITTAIRE	BALANCE	SCORPION	BALANCE	POISSONS	LION	CANCER	6 TAUREAU
22 NOVEMBRE	SAGITTAIRE	SAGITTAIRE	BALANCE	SCORPION	BALANCE	POISSONS	LION	CANCER	17 TAUREAU
23 NOVEMBRE	SAGITTAIRE	SAGITTAIRE	BALANCE	SCORPION	BALANCE	POISSONS	LION	CANCER	29 TAUREAU

LE SOLEIL ENTRE DANS LE SIGNE DU SCORPION LE 24 OCTOBRE 1923 A 10 h 30
QUITTE LE SIGNE DU SCORPION LE 23 NOVEMBRE 1923 A 7 h 45

* LES CHIFFRES INDIQUENT LES DEGRES

DECOUVREZ DANS QUEL SIGNE SE TROUVAIENT LES PLANETES A VOTRE NAISSANCE

1924	MERCURE	VENUS	MARS	JUPITER	SATURNE	URANUS	NEPTUNE	PLUTON	LUNE *
23 OCTOBRE	BALANCE	VIERGE	POISSONS	SAGITTAIRE	SCORPION	POISSONS	LION	CANCER	28 LION
24 OCTOBRE	BALANCE	VIERGE	POISSONS	SAGITTAIRE	SCORPION	POISSONS	LION	CANCER	11 VIERGE
25 OCTOBRE	SCORPION	VIERGE	POISSONS	SAGITTAIRE	SCORPION	POISSONS	LION	CANCER	25 VIERGE
26 OCTOBRE	SCORPION	VIERGE	POISSONS	SAGITTAIRE	SCORPION	POISSONS	LION	CANCER	8 BALANCE
27 OCTOBRE	SCORPION	VIERGE	POISSONS	SAGITTAIRE	SCORPION	POISSONS	LION	CANCER	23 BALANCE
28 OCTOBRE	SCORPION	VIERGE	POISSONS	SAGITTAIRE	SCORPION	POISSONS	LION	CANCER	7 SCORPION
29 OCTOBRE	SCORPION	VIERGE	POISSONS	SAGITTAIRE	SCORPION	POISSONS	LION	CANCER	22 SCORPION
30 OCTOBRE	SCORPION	VIERGE	POISSONS	SAGITTAIRE	SCORPION	POISSONS	LION	CANCER	7 SAGITTAIRE
31 OCTOBRE	SCORPION	VIERGE	POISSONS	SAGITTAIRE	SCORPION	POISSONS	LION	CANCER	22 SAGITTAIRE
1 NOVEMBRE	SCORPION	VIERGE	POISSONS	SAGITTAIRE	SCORPION	POISSONS	LION	CANCER	7 CAPRICORNE
2 NOVEMBRE	SCORPION	VIERGE	POISSONS	SAGITTAIRE	SCORPION	POISSONS	LION	CANCER	21 CAPRICORNE
3 NOVEMBRE	SCORPION	BALANCE	POISSONS	SAGITTAIRE	SCORPION	POISSONS	LION	CANCER	5 VERSEAU
4 NOVEMBRE	SCORPION	BALANCE	POISSONS	SAGITTAIRE	SCORPION	POISSONS	LION	CANCER	19 VERSEAU
5 NOVEMBRE	SCORPION	BALANCE	POISSONS	SAGITTAIRE	SCORPION	POISSONS	LION	CANCER	2 POISSONS
6 NOVEMBRE	SCORPION	BALANCE	POISSONS	SAGITTAIRE	SCORPION	POISSONS	LION	CANCER	16 POISSONS
7 NOVEMBRE	SCORPION	BALANCE	POISSONS	SAGITTAIRE	SCORPION	POISSONS	LION	CANCER	28 POISSONS
8 NOVEMBRE	SCORPION	BALANCE	POISSONS	SAGITTAIRE	SCORPION	POISSONS	LION	CANCER	11 BELIER
9 NOVEMBRE	SCORPION	BALANCE	POISSONS	SAGITTAIRE	SCORPION	POISSONS	LION	CANCER	24 BELIER
10 NOVEMBRE	SCORPION	BALANCE	POISSONS	SAGITTAIRE	SCORPION	POISSONS	LION	CANCER	6 TAUREAU
11 NOVEMBRE	SCORPION	BALANCE	POISSONS	SAGITTAIRE	SCORPION	POISSONS	LION	CANCER	18 TAUREAU
12 NOVEMBRE	SAGITTAIRE	BALANCE	POISSONS	SAGITTAIRE	SCORPION	POISSONS	LION	CANCER	0 GEMEAUX
13 NOVEMBRE	SAGITTAIRE	BALANCE	POISSONS	SAGITTAIRE	SCORPION	POISSONS	LION	CANCER	12 GEMEAUX
14 NOVEMBRE	SAGITTAIRE	BALANCE	POISSONS	SAGITTAIRE	SCORPION	POISSONS	LION	CANCER	24 GEMEAUX
15 NOVEMBRE	SAGITTAIRE	BALANCE	POISSONS	SAGITTAIRE	SCORPION	POISSONS	LION	CANCER	6 CANCER
16 NOVEMBRE	SAGITTAIRE	BALANCE	POISSONS	SAGITTAIRE	SCORPION	POISSONS	LION	CANCER	18 CANCER
17 NOVEMBRE	SAGITTAIRE	BALANCE	POISSONS	SAGITTAIRE	SCORPION	POISSONS	LION	CANCER	0 LION
18 NOVEMBRE	SAGITTAIRE	BALANCE	POISSONS	SAGITTAIRE	SCORPION	POISSONS	LION	CANCER	12 LION
19 NOVEMBRE	SAGITTAIRE	BALANCE	POISSONS	SAGITTAIRE	SCORPION	POISSONS	LION	CANCER	24 LION
20 NOVEMBRE	SAGITTAIRE	BALANCE	POISSONS	SAGITTAIRE	SCORPION	POISSONS	LION	CANCER	6 VIERGE
21 NOVEMBRE	SAGITTAIRE	BALANCE	POISSONS	SAGITTAIRE	SCORPION	POISSONS	LION	CANCER	19 VIERGE
22 NOVEMBRE	SAGITTAIRE	BALANCE	POISSONS	SAGITTAIRE	SCORPION	POISSONS	LION	CANCER	3 BALANCE

LE SOLEIL ENTRE DANS LE SIGNE DU SCORPION LE 23 OCTOBRE 1924 A 16 h 30
QUITTE LE SIGNE DU SCORPION LE 22 NOVEMBRE 1924 A 13 h 30

* LES CHIFFRES INDIQUENT LES DEGRES

1925	MERCURE	VENUS	MARS	JUPITER	SATURNE	URANUS	NEPTUNE	PLUTON	LUNE *
23 OCTOBRE	SCORPION	SAGITTAIRE	BALANCE	CAPRICORNE	SCORPION	POISSONS	LION	CANCER	13 CAPRICORNE
24 OCTOBRE	SCORPION	SAGITTAIRE	BALANCE	CAPRICORNE	SCORPION	POISSONS	LION	CANCER	27 CAPRICORNE
25 OCTOBRE	SCORPION	SAGITTAIRE	BALANCE	CAPRICORNE	SCORPION	POISSONS	LION	CANCER	11 VERSEAU
26 OCTOBRE	SCORPION	SAGITTAIRE	BALANCE	CAPRICORNE	SCORPION	POISSONS	LION	CANCER	25 VERSEAU
27 OCTOBRE	SCORPION	SAGITTAIRE	BALANCE	CAPRICORNE	SCORPION	POISSONS	LION	CANCER	9 POISSONS
28 OCTOBRE	SCORPION	SAGITTAIRE	BALANCE	CAPRICORNE	SCORPION	POISSONS	LION	CANCER	23 POISSONS
29 OCTOBRE	SCORPION	SAGITTAIRE	BALANCE	CAPRICORNE	SCORPION	POISSONS	LION	CANCER	7 BELIER
30 OCTOBRE	SCORPION	SAGITTAIRE	BALANCE	CAPRICORNE	SCORPION	POISSONS	LION	CANCER	21 BELIER
31 OCTOBRE	SCORPION	SAGITTAIRE	BALANCE	CAPRICORNE	SCORPION	POISSONS	LION	CANCER	4 TAUREAU
1 NOVEMBRE	SCORPION	SAGITTAIRE	BALANCE	CAPRICORNE	SCORPION	POISSONS	LION	CANCER	18 TAUREAU
2 NOVEMBRE	SCORPION	SAGITTAIRE	BALANCE	CAPRICORNE	SCORPION	POISSONS	LION	CANCER	1 GEMEAUX
3 NOVEMBRE	SCORPION	SAGITTAIRE	BALANCE	CAPRICORNE	SCORPION	POISSONS	LION	CANCER	14 GEMEAUX
4 NOVEMBRE	SCORPION	SAGITTAIRE	BALANCE	CAPRICORNE	SCORPION	POISSONS	LION	CANCER	26 GEMEAUX
5 NOVEMBRE	SCORPION	SAGITTAIRE	BALANCE	CAPRICORNE	SCORPION	POISSONS	LION	CANCER	8 CANCER
6 NOVEMBRE	SAGITTAIRE	SAGITTAIRE	BALANCE	CAPRICORNE	SCORPION	POISSONS	LION	CANCER	20 CANCER
7 NOVEMBRE	SAGITTAIRE	CAPRICORNE	BALANCE	CAPRICORNE	SCORPION	POISSONS	LION	CANCER	2 LION
8 NOVEMBRE	SAGITTAIRE	CAPRICORNE	BALANCE	CAPRICORNE	SCORPION	POISSONS	LION	CANCER	14 LION
9 NOVEMBRE	SAGITTAIRE	CAPRICORNE	BALANCE	CAPRICORNE	SCORPION	POISSONS	LION	CANCER	26 LION
10 NOVEMBRE	SAGITTAIRE	CAPRICORNE	BALANCE	CAPRICORNE	SCORPION	POISSONS	LION	CANCER	8 VIERGE
11 NOVEMBRE	SAGITTAIRE	CAPRICORNE	BALANCE	CAPRICORNE	SCORPION	POISSONS	LION	CANCER	20 VIERGE
12 NOVEMBRE	SAGITTAIRE	CAPRICORNE	BALANCE	CAPRICORNE	SCORPION	POISSONS	LION	CANCER	2 BALANCE
13 NOVEMBRE	SAGITTAIRE	CAPRICORNE	BALANCE	CAPRICORNE	SCORPION	POISSONS	LION	CANCER	15 BALANCE
14 NOVEMBRE	SAGITTAIRE	CAPRICORNE	SCORPION	CAPRICORNE	SCORPION	POISSONS	LION	CANCER	28 BALANCE
15 NOVEMBRE	SAGITTAIRE	CAPRICORNE	SCORPION	CAPRICORNE	SCORPION	POISSONS	LION	CANCER	12 SCORPION
16 NOVEMBRE	SAGITTAIRE	CAPRICORNE	SCORPION	CAPRICORNE	SCORPION	POISSONS	LION	CANCER	26 SCORPION
17 NOVEMBRE	SAGITTAIRE	CAPRICORNE	SCORPION	CAPRICORNE	SCORPION	POISSONS	LION	CANCER	10 SAGITTAIRE
18 NOVEMBRE	SAGITTAIRE	CAPRICORNE	SCORPION	CAPRICORNE	SCORPION	POISSONS	LION	CANCER	24 SAGITTAIRE
19 NOVEMBRE	SAGITTAIRE	CAPRICORNE	SCORPION	CAPRICORNE	SCORPION	POISSONS	LION	CANCER	9 CAPRICORNE
20 NOVEMBRE	SAGITTAIRE	CAPRICORNE	SCORPION	CAPRICORNE	SCORPION	POISSONS	LION	CANCER	23 CAPRICORNE
21 NOVEMBRE	SAGITTAIRE	CAPRICORNE	SCORPION	CAPRICORNE	SCORPION	POISSONS	LION	CANCER	8 VERSEAU
22 NOVEMBRE	SAGITTAIRE	CAPRICORNE	SCORPION	CAPRICORNE	SCORPION	POISSONS	LION	CANCER	22 VERSEAU

LE SOLEIL ENTRE DANS LE SIGNE DU SCORPION LE 23 OCTOBRE 1925 A 22 h 15
QUITTE LE SIGNE DU SCORPION LE 22 NOVEMBRE 1925 A 19 h 20

* LES CHIFFRES INDIQUENT LES DEGRES

DECOUVREZ DANS QUEL SIGNE SE TROUVAIENT LES PLANETES A VOTRE NAISSANCE

1926	MERCURE	VENUS	MARS	JUPITER	SATURNE	URANUS	NEPTUNE	PLUTON	LUNE *
24 OCTOBRE	SCORPION	BALANCE	TAUREAU	VERSEAU	SCORPION	POISSONS	LION	CANCER	14 GEMEAUX
25 OCTOBRE	SCORPION	BALANCE	TAUREAU	VERSEAU	SCORPION	POISSONS	LION	CANCER	27 GEMEAUX
26 OCTOBRE	SCORPION	BALANCE	TAUREAU	VERSEAU	SCORPION	POISSONS	LION	CANCER	10 CANCER
27 OCTOBRE	SCORPION	BALANCE	TAUREAU	VERSEAU	SCORPION	POISSONS	LION	CANCER	22 CANCER
28 OCTOBRE	SCORPION	BALANCE	TAUREAU	VERSEAU	SCORPION	POISSONS	LION	CANCER	4 LION
29 OCTOBRE	SCORPION	BALANCE	TAUREAU	VERSEAU	SCORPION	POISSONS	LION	CANCER	16 LION
30 OCTOBRE	SCORPION	SCORPION	TAUREAU	VERSEAU	SCORPION	POISSONS	LION	CANCER	28 LION
31 OCTOBRE	SAGITTAIRE	SCORPION	TAUREAU	VERSEAU	SCORPION	POISSONS	LION	CANCER	10 VIERGE
1 NOVEMBRE	SAGITTAIRE	SCORPION	TAUREAU	VERSEAU	SCORPION	POISSONS	LION	CANCER	22 VIERGE
2 NOVEMBRE	SAGITTAIRE	SCORPION	TAUREAU	VERSEAU	SCORPION	POISSONS	LION	CANCER	4 BALANCE
3 NOVEMBRE	SAGITTAIRE	SCORPION	TAUREAU	VERSEAU	SCORPION	POISSONS	LION	CANCER	16 BALANCE
4 NOVEMBRE	SAGITTAIRE	SCORPION	TAUREAU	VERSEAU	SCORPION	POISSONS	LION	CANCER	28 BALANCE
5 NOVEMBRE	SAGITTAIRE	SCORPION	TAUREAU	VERSEAU	SCORPION	POISSONS	LION	CANCER	11 SCORPION
6 NOVEMBRE	SAGITTAIRE	SCORPION	TAUREAU	VERSEAU	SCORPION	POISSONS	LION	CANCER	23 SCORPION
7 NOVEMBRE	SAGITTAIRE	SCORPION	TAUREAU	VERSEAU	SCORPION	POISSONS	LION	CANCER	6 SAGITTAIRE
8 NOVEMBRE	SAGITTAIRE	SCORPION	TAUREAU	VERSEAU	SCORPION	POISSONS	LION	CANCER	19 SAGITTAIRE
9 NOVEMBRE	SAGITTAIRE	SCORPION	TAUREAU	VERSEAU	SCORPION	POISSONS	LION	CANCER	2 CAPRICORNE
10 NOVEMBRE	SAGITTAIRE	SCORPION	TAUREAU	VERSEAU	SCORPION	POISSONS	LION	CANCER	16 CAPRICORNE
11 NOVEMBRE	SAGITTAIRE	SCORPION	TAUREAU	VERSEAU	SCORPION	POISSONS	LION	CANCER	29 CAPRICORNE
12 NOVEMBRE	SAGITTAIRE	SCORPION	TAUREAU	VERSEAU	SCORPION	POISSONS	LION	CANCER	13 VERSEAU
13 NOVEMBRE	SAGITTAIRE	SCORPION	TAUREAU	VERSEAU	SCORPION	POISSONS	LION	CANCER	27 VERSEAU
14 NOVEMBRE	SAGITTAIRE	SCORPION	TAUREAU	VERSEAU	SCORPION	POISSONS	LION	CANCER	11 POISSONS
15 NOVEMBRE	SAGITTAIRE	SCORPION	TAUREAU	VERSEAU	SCORPION	POISSONS	LION	CANCER	26 POISSONS
16 NOVEMBRE	SAGITTAIRE	SCORPION	TAUREAU	VERSEAU	SCORPION	POISSONS	LION	CANCER	10 BELIER
17 NOVEMBRE	SAGITTAIRE	SCORPION	TAUREAU	VERSEAU	SCORPION	POISSONS	LION	CANCER	25 BELIER
18 NOVEMBRE	SAGITTAIRE	SCORPION	TAUREAU	VERSEAU	SCORPION	POISSONS	LION	CANCER	9 TAUREAU
19 NOVEMBRE	SAGITTAIRE	SCORPION	TAUREAU	VERSEAU	SCORPION	POISSONS	LION	CANCER	24 TAUREAU
20 NOVEMBRE	SAGITTAIRE	SCORPION	TAUREAU	VERSEAU	SCORPION	POISSONS	LION	CANCER	8 GEMEAUX
21 NOVEMBRE	SAGITTAIRE	SCORPION	TAUREAU	VERSEAU	SCORPION	POISSONS	LION	CANCER	21 GEMEAUX
22 NOVEMBRE	SAGITTAIRE	SCORPION	TAUREAU	VERSEAU	SCORPION	POISSONS	LION	CANCER	5 CANCER
23 NOVEMBRE	SAGITTAIRE	SAGITTAIRE	TAUREAU	VERSEAU	SCORPION	POISSONS	LION	CANCER	18 CANCER

ENTRE DANS LE SIGNE DU — LE 24 OCTOBRE — A 4 h 00
LE SOLEIL — SCORPION — 1926 — * LES CHIFFRES INDIQUENT LES DEGRES
QUITTE LE SIGNE DU — LE 23 NOVEMBRE — A 1 h 10

1927	MERCURE	VENUS	MARS	JUPITER	SATURNE	URANUS	NEPTUNE	PLUTON	LUNE *
24 OCTOBRE	SCORPION	VIERGE	BALANCE	POISSONS	SAGITTAIRE	BELIER	LION	CANCER	17 BALANCE
25 OCTOBRE	SCORPION	VIERGE	BALANCE	POISSONS	SAGITTAIRE	BELIER	LION	CANCER	29 BALANCE
26 OCTOBRE	SCORPION	VIERGE	SCORPION	POISSONS	SAGITTAIRE	BELIER	LION	CANCER	11 SCORPION
27 OCTOBRE	SCORPION	VIERGE	SCORPION	POISSONS	SAGITTAIRE	BELIER	LION	CANCER	23 SCORPION
28 OCTOBRE	SCORPION	VIERGE	SCORPION	POISSONS	SAGITTAIRE	BELIER	LION	CANCER	5 SAGITTAIRE
29 OCTOBRE	SCORPION	VIERGE	SCORPION	POISSONS	SAGITTAIRE	BELIER	LION	CANCER	17 SAGITTAIRE
30 OCTOBRE	SCORPION	VIERGE	SCORPION	POISSONS	SAGITTAIRE	BELIER	LION	CANCER	29 SAGITTAIRE
31 OCTOBRE	SCORPION	VIERGE	SCORPION	POISSONS	SAGITTAIRE	BELIER	LION	CANCER	11 CAPRICORNE
1 NOVEMBRE	SCORPION	VIERGE	SCORPION	POISSONS	SAGITTAIRE	BELIER	LION	CANCER	24 CAPRICORNE
2 NOVEMBRE	SCORPION	VIERGE	SCORPION	POISSONS	SAGITTAIRE	BELIER	LION	CANCER	7 VERSEAU
3 NOVEMBRE	SCORPION	VIERGE	SCORPION	POISSONS	SAGITTAIRE	BELIER	LION	CANCER	20 VERSEAU
4 NOVEMBRE	SCORPION	VIERGE	SCORPION	POISSONS	SAGITTAIRE	BELIER	LION	CANCER	4 POISSONS
5 NOVEMBRE	SCORPION	VIERGE	SCORPION	POISSONS	SAGITTAIRE	POISSONS	LION	CANCER	9 POISSONS
6 NOVEMBRE	SCORPION	VIERGE	SCORPION	POISSONS	SAGITTAIRE	POISSONS	LION	CANCER	3 BELIER
7 NOVEMBRE	SCORPION	VIERGE	SCORPION	POISSONS	SAGITTAIRE	POISSONS	LION	CANCER	8 BELIER
8 NOVEMBRE	SCORPION	VIERGE	SCORPION	POISSONS	SAGITTAIRE	POISSONS	LION	CANCER	4 TAUREAU
9 NOVEMBRE	SCORPION	VIERGE	SCORPION	POISSONS	SAGITTAIRE	POISSONS	LION	CANCER	19 TAUREAU
10 NOVEMBRE	SCORPION	BALANCE	SCORPION	POISSONS	SAGITTAIRE	POISSONS	LION	CANCER	4 GEMEAUX
11 NOVEMBRE	SCORPION	BALANCE	SCORPION	POISSONS	SAGITTAIRE	POISSONS	LION	CANCER	19 GEMEAUX
12 NOVEMBRE	SCORPION	BALANCE	SCORPION	POISSONS	SAGITTAIRE	POISSONS	LION	CANCER	3 CANCER
13 NOVEMBRE	SCORPION	BALANCE	SCORPION	POISSONS	SAGITTAIRE	POISSONS	LION	CANCER	17 CANCER
14 NOVEMBRE	SCORPION	BALANCE	SCORPION	POISSONS	SAGITTAIRE	POISSONS	LION	CANCER	0 LION
15 NOVEMBRE	SCORPION	BALANCE	SCORPION	POISSONS	SAGITTAIRE	POISSONS	LION	CANCER	13 LION
16 NOVEMBRE	SCORPION	BALANCE	SCORPION	POISSONS	SAGITTAIRE	POISSONS	LION	CANCER	26 LION
17 NOVEMBRE	SCORPION	BALANCE	SCORPION	POISSONS	SAGITTAIRE	POISSONS	LION	CANCER	8 VIERGE
18 NOVEMBRE	SCORPION	BALANCE	SCORPION	POISSONS	SAGITTAIRE	POISSONS	LION	CANCER	20 VIERGE
19 NOVEMBRE	SCORPION	BALANCE	SCORPION	POISSONS	SAGITTAIRE	POISSONS	LION	CANCER	2 BALANCE
20 NOVEMBRE	SCORPION	BALANCE	SCORPION	POISSONS	SAGITTAIRE	POISSONS	LION	CANCER	14 BALANCE
21 NOVEMBRE	SCORPION	BALANCE	SCORPION	POISSONS	SAGITTAIRE	POISSONS	LION	CANCER	26 BALANCE
22 NOVEMBRE	SCORPION	BALANCE	SCORPION	POISSONS	SAGITTAIRE	POISSONS	LION	CANCER	3 SCORPION
23 NOVEMBRE	SCORPION	BALANCE	SCORPION	POISSONS	SAGITTAIRE	POISSONS	LION	CANCER	20 SCORPION

ENTRE DANS LE SIGNE DU — LE 24 OCTOBRE — A 10 h 00
LE SOLEIL — SCORPION — 1927 — * LES CHIFFRES INDIQUENT LES DEGRES
QUITTE LE SIGNE DU — LE 23 NOVEMBRE — A 7 h 00

DECOUVREZ DANS QUEL SIGNE SE TROUVAIENT LES PLANETES A VOTRE NAISSANCE

1928	MERCURE	VENUS	MARS	JUPITER	SATURNE	URANUS	NEPTUNE	PLUTON	LUNE *
23 OCTOBRE	SCORPION	SCORPION	CANCER	TAUREAU	SAGITTAIRE	BELIER	VIERGE	CANCER	18 VERSEAU
24 OCTOBRE	SCORPION	SAGITTAIRE	CANCER	TAUREAU	SAGITTAIRE	BELIER	VIERGE	CANCER	1 POISSONS
25 OCTOBRE	BALANCE	SAGITTAIRE	CANCER	TAUREAU	SAGITTAIRE	BELIER	VIERGE	CANCER	15 POISSONS
26 OCTOBRE	BALANCE	SAGITTAIRE	CANCER	TAUREAU	SAGITTAIRE	BELIER	VIERGE	CANCER	29 POISSONS
27 OCTOBRE	BALANCE	SAGITTAIRE	CANCER	TAUREAU	SAGITTAIRE	BELIER	VIERGE	CANCER	13 BELIER
28 OCTOBRE	BALANCE	SAGITTAIRE	CANCER	TAUREAU	SAGITTAIRE	BELIER	VIERGE	CANCER	28 BELIER
29 OCTOBRE	BALANCE	SAGITTAIRE	CANCER	TAUREAU	SAGITTAIRE	BELIER	VIERGE	CANCER	13 TAUREAU
30 OCTOBRE	BALANCE	SAGITTAIRE	CANCER	TAUREAU	SAGITTAIRE	BELIER	VIERGE	CANCER	28 TAUREAU
31 OCTOBRE	BALANCE	SAGITTAIRE	CANCER	TAUREAU	SAGITTAIRE	BELIER	VIERGE	CANCER	13 GEMEAUX
1 NOVEMBRE	BALANCE	SAGITTAIRE	CANCER	TAUREAU	SAGITTAIRE	BELIER	VIERGE	CANCER	28 GEMEAUX
2 NOVEMBRE	BALANCE	SAGITTAIRE	CANCER	TAUREAU	SAGITTAIRE	BELIER	VIERGE	CANCER	13 CANCER
3 NOVEMBRE	BALANCE	SAGITTAIRE	CANCER	TAUREAU	SAGITTAIRE	BELIER	VIERGE	CANCER	27 CANCER
4 NOVEMBRE	BALANCE	SAGITTAIRE	CANCER	TAUREAU	SAGITTAIRE	BELIER	VIERGE	CANCER	10 LION
5 NOVEMBRE	BALANCE	SAGITTAIRE	CANCER	TAUREAU	SAGITTAIRE	BELIER	VIERGE	CANCER	24 LION
6 NOVEMBRE	BALANCE	SAGITTAIRE	CANCER	TAUREAU	SAGITTAIRE	BELIER	VIERGE	CANCER	7 VIERGE
7 NOVEMBRE	BALANCE	SAGITTAIRE	CANCER	TAUREAU	SAGITTAIRE	BELIER	VIERGE	CANCER	20 VIERGE
8 NOVEMBRE	BALANCE	SAGITTAIRE	CANCER	TAUREAU	SAGITTAIRE	BELIER	VIERGE	CANCER	2 BALANCE
9 NOVEMBRE	BALANCE	SAGITTAIRE	CANCER	TAUREAU	SAGITTAIRE	BELIER	VIERGE	CANCER	15 BALANCE
10 NOVEMBRE	BALANCE	SAGITTAIRE	CANCER	TAUREAU	SAGITTAIRE	BELIER	VIERGE	CANCER	27 BALANCE
11 NOVEMBRE	SCORPION	SAGITTAIRE	CANCER	TAUREAU	SAGITTAIRE	BELIER	VIERGE	CANCER	9 SCORPION
12 NOVEMBRE	SCORPION	SAGITTAIRE	CANCER	TAUREAU	SAGITTAIRE	BELIER	VIERGE	CANCER	21 SCORPION
13 NOVEMBRE	SCORPION	SAGITTAIRE	CANCER	TAUREAU	SAGITTAIRE	BELIER	VIERGE	CANCER	2 SAGITTAIRE
14 NOVEMBRE	SCORPION	SAGITTAIRE	CANCER	TAUREAU	SAGITTAIRE	BELIER	VIERGE	CANCER	14 SAGITTAIRE
15 NOVEMBRE	SCORPION	SAGITTAIRE	CANCER	TAUREAU	SAGITTAIRE	BELIER	VIERGE	CANCER	26 SAGITTAIRE
16 NOVEMBRE	SCORPION	SAGITTAIRE	CANCER	TAUREAU	SAGITTAIRE	BELIER	VIERGE	CANCER	8 CAPRICORNE
17 NOVEMBRE	SCORPION	CAPRICORNE	CANCER	TAUREAU	SAGITTAIRE	BELIER	VIERGE	CANCER	20 CAPRICORNE
18 NOVEMBRE	SCORPION	CAPRICORNE	CANCER	TAUREAU	SAGITTAIRE	BELIER	VIERGE	CANCER	2 VERSEAU
19 NOVEMBRE	SCORPION	CAPRICORNE	CANCER	TAUREAU	SAGITTAIRE	BELIER	VIERGE	CANCER	14 VERSEAU
20 NOVEMBRE	SCORPION	CAPRICORNE	CANCER	TAUREAU	SAGITTAIRE	BELIER	VIERGE	CANCER	27 VERSEAU
21 NOVEMBRE	SCORPION	CAPRICORNE	CANCER	TAUREAU	SAGITTAIRE	BELIER	VIERGE	CANCER	10 POISSONS
22 NOVEMBRE	SCORPION	CAPRICORNE	CANCER	TAUREAU	SAGITTAIRE	BELIER	VIERGE	CANCER	23 POISSONS

LE SOLEIL — ENTRE DANS LE SIGNE DU SCORPION LE 23 OCTOBRE 1928 A 15 h 45 — QUITTE LE SIGNE DU SCORPION LE 22 NOVEMBRE 1928 A 12 h 45

* LES CHIFFRES INDIQUENT LES DEGRES

1929	MERCURE	VENUS	MARS	JUPITER	SATURNE	URANUS	NEPTUNE	PLUTON	LUNE *
23 OCTOBRE	BALANCE	BALANCE	SCORPION	GEMEAUX	SAGITTAIRE	BELIER	VIERGE	CANCER	5 CANCER
24 OCTOBRE	BALANCE	BALANCE	SCORPION	GEMEAUX	SAGITTAIRE	BELIER	VIERGE	CANCER	19 CANCER
25 OCTOBRE	BALANCE	BALANCE	SCORPION	GEMEAUX	3AGITTAIRE	BELIER	VIERGE	CANCER	3 LION
26 OCTOBRE	BALANCE	BALANCE	SCORPION	GEMEAUX	SAGITTAIRE	BELIER	VIERGE	CANCER	17 LION
27 OCTOBRE	BALANCE	BALANCE	SCORPION	GEMEAUX	SAGITTAIRE	BELIER	VIERGE	CANCER	1 VIERGE
28 OCTOBRE	BALANCE	BALANCE	SCORPION	GEMEAUX	SAGITTAIRE	BELIER	VIERGE	CANCER	15 VIERGE
29 OCTOBRE	BALANCE	BALANCE	SCORPION	GEMEAUX	SAGITTAIRE	BELIER	VIERGE	CANCER	29 VIERGE
30 OCTOBRE	BALANCE	BALANCE	SCORPION	GEMEAUX	SAGITTAIRE	BELIER	VIERGE	CANCER	12 BALANCE
31 OCTOBRE	BALANCE	BALANCE	SCORPION	GEMEAUX	SAGITTAIRE	BELIER	VIERGE	CANCER	25 BALANCE
1 NOVEMBRE	BALANCE	BALANCE	SCORPION	GEMEAUX	SAGITTAIRE	BELIER	VIERGE	CANCER	8 SCORPION
2 NOVEMBRE	BALANCE	BALANCE	SCORPION	GEMEAUX	SAGITTAIRE	BELIER	VIERGE	CANCER	21 SCORPION
3 NOVEMBRE	BALANCE	BALANCE	SCORPION	GEMEAUX	SAGITTAIRE	BELIER	VIERGE	CANCER	3 SAGITTAIRE
4 NOVEMBRE	BALANCE	BALANCE	SCORPION	GEMEAUX	SAGITTAIRE	BELIER	VIERGE	CANCER	16 SAGITTAIRE
5 NOVEMBRE	BALANCE	BALANCE	SCORPION	GEMEAUX	SAGITTAIRE	BELIER	VIERGE	CANCER	28 SAGITTAIRE
6 NOVEMBRE	SCORPION	BALANCE	SCORPION	GEMEAUX	SAGITTAIRE	BELIER	VIERGE	CANCER	10 CAPRICORNE
7 NOVEMBRE	SCORPION	BALANCE	SCORPION	GEMEAUX	SAGITTAIRE	BELIER	VIERGE	CANCER	21 CAPRICORNE
8 NOVEMBRE	SCORPION	BALANCE	SCORPION	GEMEAUX	SAGITTAIRE	BELIER	VIERGE	CANCER	3 VERSEAU
9 NOVEMBRE	SCORPION	BALANCE	SCORPION	GEMEAUX	SAGITTAIRE	BELIER	VIERGE	CANCER	15 VERSEAU
10 NOVEMBRE	SCORPION	BALANCE	SCORPION	GEMEAUX	SAGITTAIRE	BELIER	VIERGE	CANCER	27 VERSEAU
11 NOVEMBRE	SCORPION	BALANCE	SCORPION	GEMEAUX	SAGITTAIRE	BELIER	VIERGE	CANCER	10 POISSONS
12 NOVEMBRE	SCORPION	BALANCE	SCORPION	GEMEAUX	SAGITTAIRE	BELIER	VIERGE	CANCER	22 POISSONS
13 NOVEMBRE	SCORPION	SCORPION	SCORPION	GEMEAUX	SAGITTAIRE	BELIER	VIERGE	CANCER	5 BELIER
14 NOVEMBRE	SCORPION	SCORPION	SCORPION	GEMEAUX	SAGITTAIRE	BELIER	VIERGE	CANCER	19 BELIER
15 NOVEMBRE	SCORPION	SCORPION	SCORPION	GEMEAUX	SAGITTAIRE	BELIER	VIERGE	CANCER	2 TAUREAU
16 NOVEMBRE	SCORPION	SCORPION	SCORPION	GEMEAUX	SAGITTAIRE	BELIER	VIERGE	CANCER	17 TAUREAU
17 NOVEMBRE	SCORPION	SCORPION	SCORPION	GEMEAUX	SAGITTAIRE	BELIER	VIERGE	CANCER	1 GEMEAUX
18 NOVEMBRE	SCORPION	SCORPION	SCORPION	GEMEAUX	SAGITTAIRE	BELIER	VIERGE	CANCER	16 GEMEAUX
19 NOVEMBRE	SCORPION	SCORPION	SAGITTAIRE	GEMEAUX	SAGITTAIRE	BELIER	VIERGE	CANCER	1 CANCER
20 NOVEMBRE	SCORPION	SCORPION	SAGITTAIRE	GEMEAUX	SAGITTAIRE	BELIER	VIERGE	CANCER	15 CANCER
21 NOVEMBRE	SCORPION	SCORPION	SAGITTAIRE	GEMEAUX	SAGITTAIRE	BELIER	VIERGE	CANCER	0 LION
22 NOVEMBRE	SCORPION	SCORPION	SAGITTAIRE	GEMEAUX	SAGITTAIRE	BELIER	VIERGE	CANCER	14 LION

LE SOLEIL — ENTRE DANS LE SIGNE DU SCORPION LE 23 OCTOBRE 1929 A 21 h 30 — QUITTE LE SIGNE DU SCORPION LE 22 NOVEMBRE 1929 A 18 h 30

* LES CHIFFRES INDIQUENT LES DEGRES

DECOUVREZ DANS QUEL SIGNE SE TROUVAIENT LES PLANETES A VOTRE NAISSANCE

1930	MERCURE	VENUS	MARS	JUPITER	SATURNE	URANUS	NEPTUNE	PLUTON	LUNE *
24 OCTOBRE	BALANCE	SAGITTAIRE	LION	CANCER	CAPRICORNE	BELIER	VIERGE	CANCER	3 SAGITTAIRE
25 OCTOBRE	BALANCE	SAGITTAIRE	LION	CANCER	CAPRICORNE	BELIER	VIERGE	CANCER	17 SAGITTAIRE
26 OCTOBRE	BALANCE	SAGITTAIRE	LION	CANCER	CAPRICORNE	BELIER	VIERGE	CANCER	29 SAGITTAIRE
27 OCTOBRE	BALANCE	SAGITTAIRE	LION	CANCER	CAPRICORNE	BELIER	VIERGE	CANCER	12 CAPRICORNE
28 OCTOBRE	BALANCE	SAGITTAIRE	LION	CANCER	CAPRICORNE	BELIER	VIERGE	CANCER	24 CAPRICORNE
29 OCTOBRE	BALANCE	SAGITTAIRE	LION	CANCER	CAPRICORNE	BELIER	VIERGE	CANCER	6 VERSEAU
30 OCTOBRE	SCORPION	SAGITTAIRE	LION	CANCER	CAPRICORNE	BELIER	VIERGE	CANCER	18 VERSEAU
31 OCTOBRE	SCORPION	SAGITTAIRE	LION	CANCER	CAPRICORNE	BELIER	VIERGE	CANCER	0 POISSONS
1 NOVEMBRE	SCORPION	SAGITTAIRE	LION	CANCER	CAPRICORNE	BELIER	VIERGE	CANCER	12 POISSONS
2 NOVEMBRE	SCORPION	SAGITTAIRE	LION	CANCER	CAPRICORNE	BELIER	VIERGE	CANCER	24 POISSONS
3 NOVEMBRE	SCORPION	SAGITTAIRE	LION	CANCER	CAPRICORNE	BELIER	VIERGE	CANCER	6 BELIER
4 NOVEMBRE	SCORPION	SAGITTAIRE	LION	CANCER	CAPRICORNE	BELIER	VIERGE	CANCER	18 BELIER
5 NOVEMBRE	SCORPION	SAGITTAIRE	LION	CANCER	CAPRICORNE	BELIER	VIERGE	CANCER	1 TAUREAU
6 NOVEMBRE	SCORPION	SAGITTAIRE	LION	CANCER	CAPRICORNE	BELIER	VIERGE	CANCER	14 TAUREAU
7 NOVEMBRE	SCORPION	SAGITTAIRE	LION	CANCER	CAPRICORNE	BELIER	VIERGE	CANCER	27 TAUREAU
8 NOVEMBRE	SCORPION	SAGITTAIRE	LION	CANCER	CAPRICORNE	BELIER	VIERGE	CANCER	10 GEMEAUX
9 NOVEMBRE	SCORPION	SAGITTAIRE	LION	CANCER	CAPRICORNE	BELIER	VIERGE	CANCER	24 GEMEAUX
10 NOVEMBRE	SCORPION	SAGITTAIRE	LION	CANCER	CAPRICORNE	BELIER	VIERGE	CANCER	8 CANCER
11 NOVEMBRE	SCORPION	SAGITTAIRE	LION	CANCER	CAPRICORNE	BELIER	VIERGE	CANCER	22 CANCER
12 NOVEMBRE	SCORPION	SAGITTAIRE	LION	CANCER	CAPRICORNE	BELIER	VIERGE	CANCER	6 LION
13 NOVEMBRE	SCORPION	SAGITTAIRE	LION	CANCER	CAPRICORNE	BELIER	VIERGE	CANCER	20 LION
14 NOVEMBRE	SCORPION	SAGITTAIRE	LION	CANCER	CAPRICORNE	BELIER	VIERGE	CANCER	4 VIERGE
15 NOVEMBRE	SCORPION	SAGITTAIRE	LION	CANCER	CAPRICORNE	BELIER	VIERGE	CANCER	18 VIERGE
16 NOVEMBRE	SCORPION	SAGITTAIRE	LION	CANCER	CAPRICORNE	BELIER	VIERGE	CANCER	2 BALANCE
17 NOVEMBRE	SAGITTAIRE	SAGITTAIRE	LION	CANCER	CAPRICORNE	BELIER	VIERGE	CANCER	16 BALANCE
18 NOVEMBRE	SAGITTAIRE	SAGITTAIRE	LION	CANCER	CAPRICORNE	BELIER	VIERGE	CANCER	0 SCORPION
19 NOVEMBRE	SAGITTAIRE	SAGITTAIRE	LION	CANCER	CAPRICORNE	BELIER	VIERGE	CANCER	14 SCORPION
20 NOVEMBRE	SAGITTAIRE	SAGITTAIRE	LION	CANCER	CAPRICORNE	BELIER	VIERGE	CANCER	28 SCORPION
21 NOVEMBRE	SAGITTAIRE	SAGITTAIRE	LION	CANCER	CAPRICORNE	BELIER	VIERGE	CANCER	11 SAGITTAIRE
22 NOVEMBRE	SAGITTAIRE	SCORPION	LION	CANCER	CAPRICORNE	BELIER	VIERGE	CANCER	24 SAGITTAIRE
23 NOVEMBRE	SAGITTAIRE	SCORPION	LION	CANCER	CAPRICORNE	BELIER	VIERGE	CANCER	7 CAPRICORNE

LE SOLEIL ENTRE DANS LE SIGNE DU SCORPION LE 24 OCTOBRE 1930 A 3 h 15
LE SOLEIL QUITTE LE SIGNE DU SCORPION LE 23 NOVEMBRE 1930 A 0 h 15

* LES CHIFFRES INDIQUENT LES DEGRES

1931	MERCURE	VENUS	MARS	JUPITER	SATURNE	URANUS	NEPTUNE	PLUTON	LUNE *
24 OCTOBRE	SCORPION	SCORPION	SCORPION	LION	CAPRICORNE	BELIER	VIERGE	CANCER	7 BELIER
25 OCTOBRE	SCORPION	SCORPION	SCORPION	LION	CAPRICORNE	BELIER	VIERGE	CANCER	19 BELIER
26 OCTOBRE	SCORPION	SCORPION	SCORPION	LION	CAPRICORNE	BELIER	VIERGE	CANCER	1 TAUREAU
27 OCTOBRE	SCORPION	SCORPION	SCORPION	LION	CAPRICORNE	BELIER	VIERGE	CANCER	13 TAUREAU
28 OCTOBRE	SCORPION	SCORPION	SCORPION	LION	CAPRICORNE	BELIER	VIERGE	CANCER	25 TAUREAU
29 OCTOBRE	SCORPION	SCORPION	SCORPION	LION	CAPRICORNE	BELIER	VIERGE	CANCER	7 GEMEAUX
30 OCTOBRE	SCORPION	SCORPION	SCORPION	LION	CAPRICORNE	BELIER	VIERGE	CANCER	20 GEMEAUX
31 OCTOBRE	SCORPION	SCORPION	SAGITTAIRE	LION	CAPRICORNE	BELIER	VIERGE	CANCER	3 CANCER
1 NOVEMBRE	SCORPION	SCORPION	SAGITTAIRE	LION	CAPRICORNE	BELIER	VIERGE	CANCER	16 CANCER
2 NOVEMBRE	SCORPION	SCORPION	SAGITTAIRE	LION	CAPRICORNE	BELIER	VIERGE	CANCER	29 CANCER
3 NOVEMBRE	SCORPION	SCORPION	SAGITTAIRE	LION	CAPRICORNE	BELIER	VIERGE	CANCER	2 LION
4 NOVEMBRE	SCORPION	SCORPION	SAGITTAIRE	LION	CAPRICORNE	BELIER	VIERGE	CANCER	26 LION
5 NOVEMBRE	SCORPION	SCORPION	SAGITTAIRE	LION	CAPRICORNE	BELIER	VIERGE	CANCER	0 VIERGE
6 NOVEMBRE	SCORPION	SCORPION	SAGITTAIRE	LION	CAPRICORNE	BELIER	VIERGE	CANCER	25 VIERGE
7 NOVEMBRE	SCORPION	SCORPION	SAGITTAIRE	LION	CAPRICORNE	BELIER	VIERGE	CANCER	9 BALANCE
8 NOVEMBRE	SCORPION	SAGITTAIRE	SAGITTAIRE	LION	CAPRICORNE	BELIER	VIERGE	CANCER	24 BALANCE
9 NOVEMBRE	SCORPION	SAGITTAIRE	SAGITTAIRE	LION	CAPRICORNE	BELIER	VIERGE	CANCER	9 SCORPION
10 NOVEMBRE	SAGITTAIRE	SAGITTAIRE	SAGITTAIRE	LION	CAPRICORNE	BELIER	VIERGE	CANCER	24 SCORPION
11 NOVEMBRE	SAGITTAIRE	SAGITTAIRE	SAGITTAIRE	LION	CAPRICORNE	BELIER	VIERGE	CANCER	9 SAGITTAIRE
12 NOVEMBRE	SAGITTAIRE	SAGITTAIRE	SAGITTAIRE	LION	CAPRICORNE	BELIER	VIERGE	CANCER	23 SAGITTAIRE
13 NOVEMBRE	SAGITTAIRE	SAGITTAIRE	SAGITTAIRE	LION	CAPRICORNE	BELIER	VIERGE	CANCER	7 CAPRICORNE
14 NOVEMBRE	SAGITTAIRE	SAGITTAIRE	SAGITTAIRE	LION	CAPRICORNE	BELIER	VIERGE	CANCER	21 CAPRICORNE
15 NOVEMBRE	SAGITTAIRE	SAGITTAIRE	SAGITTAIRE	LION	CAPRICORNE	BELIER	VIERGE	CANCER	4 VERSEAU
16 NOVEMBRE	SAGITTAIRE	SAGITTAIRE	SAGITTAIRE	LION	CAPRICORNE	BELIER	VIERGE	CANCER	16 VERSEAU
17 NOVEMBRE	SAGITTAIRE	SAGITTAIRE	SAGITTAIRE	LION	CAPRICORNE	BELIER	VIERGE	CANCER	28 VERSEAU
18 NOVEMBRE	SAGITTAIRE	SAGITTAIRE	SAGITTAIRE	LION	CAPRICORNE	BELIER	VIERGE	CANCER	10 POISSONS
19 NOVEMBRE	SAGITTAIRE	SAGITTAIRE	SAGITTAIRE	LION	CAPRICORNE	BELIER	VIERGE	CANCER	22 POISSONS
20 NOVEMBRE	SAGITTAIRE	SAGITTAIRE	SAGITTAIRE	LION	CAPRICORNE	BELIER	VIERGE	CANCER	4 BELIER
21 NOVEMBRE	SAGITTAIRE	SAGITTAIRE	SAGITTAIRE	LION	CAPRICORNE	BELIER	VIERGE	CANCER	16 BELIER
22 NOVEMBRE	SAGITTAIRE	SAGITTAIRE	SAGITTAIRE	LION	CAPRICORNE	BELIER	VIERGE	CANCER	28 BELIER
23 NOVEMBRE	SAGITTAIRE	SAGITTAIRE	SAGITTAIRE	LION	CAPRICORNE	BELIER	VIERGE	CANCER	10 TAUREAU

LE SOLEIL ENTRE DANS LE SIGNE DU SCORPION LE 24 OCTOBRE 1931 A 9 h 00
LE SOLEIL QUITTE LE SIGNE DU SCORPION LE 23 NOVEMBRE 1931 A 6 h 15

* LES CHIFFRES INDIQUENT LES DEGRES

DECOUVREZ DANS QUEL SIGNE SE TROUVAIENT LES PLANETES A VOTRE NAISSANCE

1932	MERCURE	VENUS	MARS	JUPITER	SATURNE	URANUS	NEPTUNE	PLUTON	LUNE *
23 OCTOBRE	SCORPION	VIERGE	LION	VIERGE	CAPRICORNE	BELIER	VIERGE	CANCER	9 LION
24 OCTOBRE	SCORPION	VIERGE	LION	VIERGE	CAPRICORNE	BELIER	VIERGE	CANCER	22 LION
25 OCTOBRE	SCORPION	VIERGE	LION	VIERGE	CAPRICORNE	BELIER	VIERGE	CANCER	5 VIERGE
26 OCTOBRE	SCORPION	VIERGE	LION	VIERGE	CAPRICORNE	BELIER	VIERGE	CANCER	19 VIERGE
27 OCTOBRE	SCORPION	VIERGE	LION	VIERGE	CAPRICORNE	BELIER	VIERGE	CANCER	4 BALANCE
28 OCTOBRE	SCORPION	VIERGE	LION	VIERGE	CAPRICORNE	BELIER	VIERGE	CANCER	19 BALANCE
29 OCTOBRE	SCORPION	VIERGE	LION	VIERGE	CAPRICORNE	BELIER	VIERGE	CANCER	4 SCORPION
30 OCTOBRE	SCORPION	VIERGE	LION	VIERGE	CAPRICORNE	BELIER	VIERGE	CANCER	19 SCORPION
31 OCTOBRE	SCORPION	VIERGE	LION	VIERGE	CAPRICORNE	BELIER	VIERGE	CANCER	4 SAGITTAIRE
1 NOVEMBRE	SCORPION	VIERGE	LION	VIERGE	CAPRICORNE	BELIER	VIERGE	CANCER	19 SAGITTAIRE
2 NOVEMBRE	SCORPION	BALANCE	LION	VIERGE	CAPRICORNE	BELIER	VIERGE	CANCER	4 CAPRICORNE
3 NOVEMBRE	SAGITTAIRE	BALANCE	LION	VIERGE	CAPRICORNE	BELIER	VIERGE	CANCER	18 CAPRICORNE
4 NOVEMBRE	SAGITTAIRE	BALANCE	LION	VIERGE	CAPRICORNE	BELIER	VIERGE	CANCER	2 VERSEAU
5 NOVEMBRE	SAGITTAIRE	BALANCE	LION	VIERGE	CAPRICORNE	BELIER	VIERGE	CANCER	15 VERSEAU
6 NOVEMBRE	SAGITTAIRE	BALANCE	LION	VIERGE	CAPRICORNE	BELIER	VIERGE	CANCER	28 VERSEAU
7 NOVEMBRE	SAGITTAIRE	BALANCE	LION	VIERGE	CAPRICORNE	BELIER	VIERGE	CANCER	11 POISSONS
8 NOVEMBRE	SAGITTAIRE	BALANCE	LION	VIERGE	CAPRICORNE	BELIER	VIERGE	CANCER	23 POISSONS
9 NOVEMBRE	SAGITTAIRE	BALANCE	LION	VIERGE	CAPRICORNE	BELIER	VIERGE	CANCER	5 BELIER
10 NOVEMBRE	SAGITTAIRE	BALANCE	LION	VIERGE	CAPRICORNE	BELIER	VIERGE	CANCER	17 BELIER
11 NOVEMBRE	SAGITTAIRE	BALANCE	LION	VIERGE	CAPRICORNE	BELIER	VIERGE	CANCER	29 BELIER
12 NOVEMBRE	SAGITTAIRE	BALANCE	LION	VIERGE	CAPRICORNE	BELIER	VIERGE	CANCER	11 TAUREAU
13 NOVEMBRE	SAGITTAIRE	BALANCE	LION	VIERGE	CAPRICORNE	BELIER	VIERGE	CANCER	23 TAUREAU
14 NOVEMBRE	SAGITTAIRE	BALANCE	VIERGE	VIERGE	CAPRICORNE	BELIER	VIERGE	CANCER	4 GEMEAUX
15 NOVEMBRE	SAGITTAIRE	BALANCE	VIERGE	VIERGE	CAPRICORNE	BELIER	VIERGE	CANCER	16 GEMEAUX
16 NOVEMBRE	SAGITTAIRE	BALANCE	VIERGE	VIERGE	CAPRICORNE	BELIER	VIERGE	CANCER	28 GEMEAUX
17 NOVEMBRE	SAGITTAIRE	BALANCE	VIERGE	VIERGE	CAPRICORNE	BELIER	VIERGE	CANCER	10 CANCER
18 NOVEMBRE	SAGITTAIRE	BALANCE	VIERGE	VIERGE	CAPRICORNE	BELIER	VIERGE	CANCER	23 CANCER
19 NOVEMBRE	SAGITTAIRE	BALANCE	VIERGE	VIERGE	CAPRICORNE	BELIER	VIERGE	CANCER	5 LION
20 NOVEMBRE	SAGITTAIRE	BALANCE	VIERGE	VIERGE	VERSEAU	BELIER	VIERGE	CANCER	18 LION
21 NOVEMBRE	SAGITTAIRE	BALANCE	VIERGE	VIERGE	VERSEAU	BELIER	VIERGE	CANCER	1 VIERGE
22 NOVEMBRE	SAGITTAIRE	BALANCE	VIERGE	VIERGE	VERSEAU	BELIER	VIERGE	CANCER	14 VIERGE

LE SOLEIL ENTRE DANS LE SIGNE DU SCORPION LE 23 OCTOBRE 1932 A 14 h 50
LE SOLEIL QUITTE LE SIGNE DU SCORPION LE 22 NOVEMBRE 1932 A 12 h 00

* LES CHIFFRES INDIQUENT LES DEGRES

1933	MERCURE	VENUS	MARS	JUPITER	SATURNE	URANUS	NEPTUNE	PLUTON	LUNE *
23 OCTOBRE	SCORPION	SAGITTAIRE	SAGITTAIRE	BALANCE	VERSEAU	BELIER	VIERGE	CANCER	27 SAGITTAIRE
24 OCTOBRE	SCORPION	SAGITTAIRE	SAGITTAIRE	BALANCE	VERSEAU	BELIER	VIERGE	CANCER	12 CAPRICORNE
25 OCTOBRE	SCORPION	SAGITTAIRE	SAGITTAIRE	BALANCE	VERSEAU	BELIER	VIERGE	CANCER	26 CAPRICORNE
26 OCTOBRE	SCORPION	SAGITTAIRE	SAGITTAIRE	BALANCE	VERSEAU	BELIER	VIERGE	CANCER	10 VERSEAU
27 OCTOBRE	SCORPION	SAGITTAIRE	SAGITTAIRE	BALANCE	VERSEAU	BELIER	VIERGE	CANCER	23 VERSEAU
28 OCTOBRE	SCORPION	SAGITTAIRE	SAGITTAIRE	BALANCE	VERSEAU	BELIER	VIERGE	CANCER	7 POISSONS
29 OCTOBRE	SCORPION	SAGITTAIRE	SAGITTAIRE	BALANCE	VERSEAU	BELIER	VIERGE	CANCER	20 POISSONS
30 OCTOBRE	SAGITTAIRE	SAGITTAIRE	SAGITTAIRE	BALANCE	VERSEAU	BELIER	VIERGE	CANCER	3 BELIER
31 OCTOBRE	SAGITTAIRE	SAGITTAIRE	SAGITTAIRE	BALANCE	VERSEAU	BELIER	VIERGE	CANCER	16 BELIER
1 NOVEMBRE	SAGITTAIRE	SAGITTAIRE	SAGITTAIRE	BALANCE	VERSEAU	BELIER	VIERGE	CANCER	29 BELIER
2 NOVEMBRE	SAGITTAIRE	SAGITTAIRE	SAGITTAIRE	BALANCE	VERSEAU	BELIER	VIERGE	CANCER	11 TAUREAU
3 NOVEMBRE	SAGITTAIRE	SAGITTAIRE	SAGITTAIRE	BALANCE	VERSEAU	BELIER	VIERGE	CANCER	24 TAUREAU
4 NOVEMBRE	SAGITTAIRE	SAGITTAIRE	SAGITTAIRE	BALANCE	VERSEAU	BELIER	VIERGE	CANCER	6 GEMEAUX
5 NOVEMBRE	SAGITTAIRE	SAGITTAIRE	SAGITTAIRE	BALANCE	VERSEAU	BELIER	VIERGE	CANCER	18 GEMEAUX
6 NOVEMBRE	SAGITTAIRE	SAGITTAIRE	SAGITTAIRE	BALANCE	VERSEAU	BELIER	VIERGE	CANCER	0 CANCER
7 NOVEMBRE	SAGITTAIRE	CAPRICORNE	SAGITTAIRE	BALANCE	VERSEAU	BELIER	VIERGE	CANCER	11 CANCER
8 NOVEMBRE	SAGITTAIRE	CAPRICORNE	SAGITTAIRE	BALANCE	VERSEAU	BELIER	VIERGE	CANCER	23 CANCER
9 NOVEMBRE	SAGITTAIRE	CAPRICORNE	SAGITTAIRE	BALANCE	VERSEAU	BELIER	VIERGE	CANCER	5 LION
10 NOVEMBRE	SAGITTAIRE	CAPRICORNE	SAGITTAIRE	BALANCE	VERSEAU	BELIER	VIERGE	CANCER	17 LION
11 NOVEMBRE	SAGITTAIRE	CAPRICORNE	SAGITTAIRE	BALANCE	VERSEAU	BELIER	VIERGE	CANCER	29 LION
12 NOVEMBRE	SAGITTAIRE	CAPRICORNE	SAGITTAIRE	BALANCE	VERSEAU	BELIER	VIERGE	CANCER	12 VIERGE
13 NOVEMBRE	SAGITTAIRE	CAPRICORNE	SAGITTAIRE	BALANCE	VERSEAU	BELIER	VIERGE	CANCER	25 VIERGE
14 NOVEMBRE	SAGITTAIRE	CAPRICORNE	SAGITTAIRE	BALANCE	VERSEAU	BELIER	VIERGE	CANCER	9 BALANCE
15 NOVEMBRE	SAGITTAIRE	CAPRICORNE	SAGITTAIRE	BALANCE	VERSEAU	BELIER	VIERGE	CANCER	23 BALANCE
16 NOVEMBRE	SCORPION	CAPRICORNE	SAGITTAIRE	BALANCE	VERSEAU	BELIER	VIERGE	CANCER	7 SCORPION
17 NOVEMBRE	SCORPION	CAPRICORNE	SAGITTAIRE	BALANCE	VERSEAU	BELIER	VIERGE	CANCER	22 SCORPION
18 NOVEMBRE	SCORPION	CAPRICORNE	SAGITTAIRE	BALANCE	VERSEAU	BELIER	VIERGE	CANCER	7 SAGITTAIRE
19 NOVEMBRE	SCORPION	CAPRICORNE	CAPRICORNE	BALANCE	VERSEAU	BELIER	VIERGE	CANCER	22 SAGITTAIRE
20 NOVEMBRE	SCORPION	CAPRICORNE	CAPRICORNE	BALANCE	VERSEAU	BELIER	VIERGE	CANCER	7 CAPRICORNE
21 NOVEMBRE	SCORPION	CAPRICORNE	CAPRICORNE	BALANCE	VERSEAU	BELIER	VIERGE	CANCER	22 CAPRICORNE
22 NOVEMBRE	SCORPION	CAPRICORNE	CAPRICORNE	BALANCE	VERSEAU	BELIER	VIERGE	CANCER	6 VERSEAU

LE SOLEIL ENTRE DANS LE SIGNE DU SCORPION LE 23 OCTOBRE 1933 A 20 h 30
LE SOLEIL QUITTE LE SIGNE DU SCORPION LE 22 NOVEMBRE 1933 A 17 h 40

* LES CHIFFRES INDIQUENT LES DEGRES

DECOUVREZ DANS QUEL SIGNE SE TROUVAIENT LES PLANETES A VOTRE NAISSANCE

1934	MERCURE	VENUS	MARS	JUPITER	SATURNE	URANUS	NEPTUNE	PLUTON	LUNE *
24 OCTOBRE	SCORPION	BALANCE	VIERGE	SCORPION	VERSEAU	BELIER	VIERGE	CANCER	24 TAUREAU
25 OCTOBRE	SCORPION	BALANCE	VIERGE	SCORPION	VERSEAU	BELIER	VIERGE	CANCER	7 GEMEAUX
26 OCTOBRE	SCORPION	BALANCE	VIERGE	SCORPION	VERSEAU	BELIER	VIERGE	CANCER	19 GEMEAUX
27 OCTOBRE	SCORPION	BALANCE	VIERGE	SCORPION	VERSEAU	BELIER	VIERGE	CANCER	2 CANCER
28 OCTOBRE	SCORPION	BALANCE	VIERGE	SCORPION	VERSEAU	BELIER	VIERGE	CANCER	14 CANCER
29 OCTOBRE	SCORPION	SCORPION	VIERGE	SCORPION	VERSEAU	BELIER	VIERGE	CANCER	26 CANCER
30 OCTOBRE	SCORPION	SCORPION	VIERGE	SCORPION	VERSEAU	BELIER	VIERGE	CANCER	8 LION
31 OCTOBRE	SCORPION	SCORPION	VIERGE	SCORPION	VERSEAU	BELIER	VIERGE	CANCER	19 LION
1 NOVEMBRE	SCORPION	SCORPION	VIERGE	SCORPION	VERSEAU	BELIER	VIERGE	CANCER	1 VIERGE
2 NOVEMBRE	SCORPION	SCORPION	VIERGE	SCORPION	VERSEAU	BELIER	VIERGE	CANCER	13 VIERGE
3 NOVEMBRE	SCORPION	SCORPION	VIERGE	SCORPION	VERSEAU	BELIER	VIERGE	CANCER	26 VIERGE
4 NOVEMBRE	SCORPION	SCORPION	VIERGE	SCORPION	VERSEAU	BELIER	VIERGE	CANCER	8 BALANCE
5 NOVEMBRE	SCORPION	SCORPION	VIERGE	SCORPION	VERSEAU	BELIER	VIERGE	CANCER	21 BALANCE
6 NOVEMBRE	SCORPION	SCORPION	VIERGE	SCORPION	VERSEAU	BELIER	VIERGE	CANCER	4 SCORPION
7 NOVEMBRE	SCORPION	SCORPION	VIERGE	SCORPION	VERSEAU	BELIER	VIERGE	CANCER	18 SCORPION
8 NOVEMBRE	SCORPION	SCORPION	VIERGE	SCORPION	VERSEAU	BELIER	VIERGE	CANCER	2 SAGITTAIRE
9 NOVEMBRE	SCORPION	SCORPION	VIERGE	SCORPION	VERSEAU	BELIER	VIERGE	CANCER	16 SAGITTAIRE
10 NOVEMBRE	SCORPION	SCORPION	VIERGE	SCORPION	VERSEAU	BELIER	VIERGE	CANCER	0 CAPRICORNE
11 NOVEMBRE	SCORPION	SCORPION	VIERGE	SCORPION	VERSEAU	BELIER	VIERGE	CANCER	14 CAPRICORNE
12 NOVEMBRE	SCORPION	SCORPION	VIERGE	SCORPION	VERSEAU	BELIER	VIERGE	CANCER	28 CAPRICORNE
13 NOVEMBRE	SCORPION	SCORPION	VIERGE	SCORPION	VERSEAU	BELIER	VIERGE	CANCER	12 VERSEAU
14 NOVEMBRE	SCORPION	SCORPION	VIERGE	SCORPION	VERSEAU	BELIER	VIERGE	CANCER	26 VERSEAU
15 NOVEMBRE	SCORPION	SCORPION	VIERGE	SCORPION	VERSEAU	BELIER	VIERGE	CANCER	10 POISSONS
16 NOVEMBRE	SCORPION	SCORPION	VIERGE	SCORPION	VERSEAU	BELIER	VIERGE	CANCER	24 POISSONS
17 NOVEMBRE	SCORPION	SCORPION	VIERGE	SCORPION	VERSEAU	BELIER	VIERGE	CANCER	8 BELIER
18 NOVEMBRE	SCORPION	SCORPION	VIERGE	SCORPION	VERSEAU	BELIER	VIERGE	CANCER	22 BELIER
19 NOVEMBRE	SCORPION	SCORPION	VIERGE	SCORPION	VERSEAU	BELIER	VIERGE	CANCER	5 TAUREAU
20 NOVEMBRE	SCORPION	SCORPION	VIERGE	SCORPION	VERSEAU	BELIER	VIERGE	CANCER	19 TAUREAU
21 NOVEMBRE	SCORPION	SCORPION	VIERGE	SCORPION	VERSEAU	BELIER	VIERGE	CANCER	2 GEMEAUX
22 NOVEMBRE	SCORPION	SAGITTAIRE	VIERGE	SCORPION	VERSEAU	BELIER	VIERGE	CANCER	15 GEMEAUX

LE SOLEIL ENTRE DANS LE SIGNE DU SCORPION LE 24 OCTOBRE 1934 A 2 h 20
QUITTE LE SIGNE DU SCORPION LE 22 NOVEMBRE 1934 A 23 h 30

* LES CHIFFRES INDIQUENT LES DEGRES

1935	MERCURE	VENUS	MARS	JUPITER	SATURNE	URANUS	NEPTUNE	PLUTON	LUNE *
24 OCTOBRE	BALANCE	VIERGE	SAGITTAIRE	SCORPION	POISSONS	TAUREAU	VIERGE	CANCER	27 VIERGE
25 OCTOBRE	BALANCE	VIERGE	SAGITTAIRE	SCORPION	POISSONS	TAUREAU	VIERGE	CANCER	9 BALANCE
26 OCTOBRE	BALANCE	VIERGE	SAGITTAIRE	SCORPION	POISSONS	TAUREAU	VIERGE	CANCER	21 BALANCE
27 OCTOBRE	BALANCE	VIERGE	SAGITTAIRE	SCORPION	POISSONS	TAUREAU	VIERGE	CANCER	4 SCORPION
28 OCTOBRE	BALANCE	VIERGE	SAGITTAIRE	SCORPION	POISSONS	TAUREAU	VIERGE	CANCER	16 SCORPION
29 OCTOBRE	BALANCE	VIERGE	CAPRICORNE	SCORPION	POISSONS	TAUREAU	VIERGE	CANCER	28 SCORPION
30 OCTOBRE	BALANCE	VIERGE	CAPRICORNE	SCORPION	POISSONS	TAUREAU	VIERGE	CANCER	1 SAGITTAIRE
31 OCTOBRE	BALANCE	VIERGE	CAPRICORNE	SCORPION	POISSONS	TAUREAU	VIERGE	CANCER	24 SAGITTAIRE
1 NOVEMBRE	BALANCE	VIERGE	CAPRICORNE	SCORPION	POISSONS	TAUREAU	VIERGE	CANCER	7 CAPRICORNE
2 NOVEMBRE	BALANCE	VIERGE	CAPRICORNE	SCORPION	POISSONS	TAUREAU	VIERGE	CANCER	20 CAPRICORNE
3 NOVEMBRE	BALANCE	VIERGE	CAPRICORNE	SCORPION	POISSONS	TAUREAU	VIERGE	CANCER	4 VERSEAU
4 NOVEMBRE	BALANCE	VIERGE	CAPRICORNE	SCORPION	POISSONS	TAUREAU	VIERGE	CANCER	18 VERSEAU
5 NOVEMBRE	BALANCE	VIERGE	CAPRICORNE	SCORPION	POISSONS	TAUREAU	VIERGE	CANCER	2 POISSONS
6 NOVEMBRE	BALANCE	VIERGE	CAPRICORNE	SCORPION	POISSONS	TAUREAU	VIERGE	CANCER	16 POISSONS
7 NOVEMBRE	BALANCE	VIERGE	CAPRICORNE	SCORPION	POISSONS	TAUREAU	VIERGE	CANCER	1 BELIER
8 NOVEMBRE	BALANCE	VIERGE	CAPRICORNE	SCORPION	POISSONS	TAUREAU	VIERGE	CANCER	16 BELIER
9 NOVEMBRE	BALANCE	VIERGE	CAPRICORNE	SAGITTAIRE	POISSONS	TAUREAU	VIERGE	CANCER	1 TAUREAU
10 NOVEMBRE	SCORPION	BALANCE	CAPRICORNE	SAGITTAIRE	POISSONS	TAUREAU	VIERGE	CANCER	15 TAUREAU
11 NOVEMBRE	SCORPION	BALANCE	CAPRICORNE	SAGITTAIRE	POISSONS	TAUREAU	VIERGE	CANCER	10 GEMEAUX
12 NOVEMBRE	SCORPION	BALANCE	CAPRICORNE	SAGITTAIRE	POISSONS	TAUREAU	VIERGE	CANCER	14 GEMEAUX
13 NOVEMBRE	SCORPION	BALANCE	CAPRICORNE	SAGITTAIRE	POISSONS	TAUREAU	VIERGE	CANCER	27 GEMEAUX
14 NOVEMBRE	SCORPION	BALANCE	CAPRICORNE	SAGITTAIRE	POISSONS	TAUREAU	VIERGE	CANCER	11 CANCER
15 NOVEMBRE	SCORPION	BALANCE	CAPRICORNE	SAGITTAIRE	POISSONS	TAUREAU	VIERGE	CANCER	23 CANCER
16 NOVEMBRE	SCORPION	BALANCE	CAPRICORNE	SAGITTAIRE	POISSONS	TAUREAU	VIERGE	CANCER	6 LION
17 NOVEMBRE	SCORPION	BALANCE	CAPRICORNE	SAGITTAIRE	POISSONS	TAUREAU	VIERGE	CANCER	18 LION
18 NOVEMBRE	SCORPION	BALANCE	CAPRICORNE	SAGITTAIRE	POISSONS	TAUREAU	VIERGE	CANCER	0 VIERGE
19 NOVEMBRE	SCORPION	BALANCE	CAPRICORNE	SAGITTAIRE	POISSONS	TAUREAU	VIERGE	CANCER	12 VIERGE
20 NOVEMBRE	SCORPION	BALANCE	CAPRICORNE	SAGITTAIRE	POISSONS	TAUREAU	VIERGE	CANCER	24 VIERGE
21 NOVEMBRE	SCORPION	BALANCE	CAPRICORNE	SAGITTAIRE	POISSONS	TAUREAU	VIERGE	CANCER	6 BALANCE
22 NOVEMBRE	SCORPION	BALANCE	CAPRICORNE	SAGITTAIRE	POISSONS	TAUREAU	VIERGE	CANCER	18 BALANCE
23 NOVEMBRE	SCORPION	BALANCE	CAPRICORNE	SAGITTAIRE	POISSONS	TAUREAU	VIERGE	CANCER	0 SCORPION

LE SOLEIL ENTRE DANS LE SIGNE DU BALANCE LE 24 OCTOBRE 1935 A 8 h 15
QUITTE LE SIGNE DU BALANCE LE 23 NOVEMBRE 1935 A 5 h 20

* LES CHIFFRES INDIQUENT LES DEGRES

DECOUVREZ DANS QUEL SIGNE SE TROUVAIENT LES PLANETES A VOTRE NAISSANCE

1936	MERCURE	VENUS	MARS	JUPITER	SATURNE	URANUS	NEPTUNE	PLUTON	LUNE *
23 OCTOBRE	BALANCE	SAGITTAIRE	VIERGE	SAGITTAIRE	POISSONS	TAUREAU	VIERGE	CANCER	29 CAPRICORNE
24 OCTOBRE	BALANCE	SAGITTAIRE	VIERGE	SAGITTAIRE	POISSONS	TAUREAU	VIERGE	CANCER	12 VERSEAU
25 OCTOBRE	BALANCE	SAGITTAIRE	VIERGE	SAGITTAIRE	POISSONS	TAUREAU	VIERGE	CANCER	26 VERSEAU
26 OCTOBRE	BALANCE	SAGITTAIRE	VIERGE	SAGITTAIRE	POISSONS	TAUREAU	VIERGE	CANCER	10 POISSONS
27 OCTOBRE	BALANCE	SAGITTAIRE	VIERGE	SAGITTAIRE	POISSONS	TAUREAU	VIERGE	CANCER	25 POISSONS
28 OCTOBRE	BALANCE	SAGITTAIRE	VIERGE	SAGITTAIRE	POISSONS	TAUREAU	VIERGE	CANCER	10 BELIER
29 OCTOBRE	BALANCE	SAGITTAIRE	VIERGE	SAGITTAIRE	POISSONS	TAUREAU	VIERGE	CANCER	25 BELIER
30 OCTOBRE	BALANCE	SAGITTAIRE	VIERGE	SAGITTAIRE	POISSONS	TAUREAU	VIERGE	CANCER	10 TAUREAU
31 OCTOBRE	BALANCE	SAGITTAIRE	VIERGE	SAGITTAIRE	POISSONS	TAUREAU	VIERGE	CANCER	25 TAUREAU
1 NOVEMBRE	BALANCE	SAGITTAIRE	VIERGE	SAGITTAIRE	POISSONS	TAUREAU	VIERGE	CANCER	10 GEMEAUX
2 NOVEMBRE	SCORPION	SAGITTAIRE	VIERGE	SAGITTAIRE	POISSONS	TAUREAU	VIERGE	CANCER	25 GEMEAUX
3 NOVEMBRE	SCORPION	SAGITTAIRE	VIERGE	SAGITTAIRE	POISSONS	TAUREAU	VIERGE	CANCER	9 CANCER
4 NOVEMBRE	SCORPION	SAGITTAIRE	VIERGE	SAGITTAIRE	POISSONS	TAUREAU	VIERGE	CANCER	23 CANCER
5 NOVEMBRE	SCORPION	SAGITTAIRE	VIERGE	SAGITTAIRE	POISSONS	TAUREAU	VIERGE	CANCER	6 LION
6 NOVEMBRE	SCORPION	SAGITTAIRE	VIERGE	SAGITTAIRE	POISSONS	TAUREAU	VIERGE	CANCER	19 LION
7 NOVEMBRE	SCORPION	SAGITTAIRE	VIERGE	SAGITTAIRE	POISSONS	TAUREAU	VIERGE	CANCER	1 VIERGE
8 NOVEMBRE	SCORPION	SAGITTAIRE	VIERGE	SAGITTAIRE	POISSONS	TAUREAU	VIERGE	CANCER	13 VIERGE
9 NOVEMBRE	SCORPION	SAGITTAIRE	VIERGE	SAGITTAIRE	POISSONS	TAUREAU	VIERGE	CANCER	26 VIERGE
10 NOVEMBRE	SCORPION	SAGITTAIRE	VIERGE	SAGITTAIRE	POISSONS	TAUREAU	VIERGE	CANCER	7 BALANCE
11 NOVEMBRE	SCORPION	SAGITTAIRE	VIERGE	SAGITTAIRE	POISSONS	TAUREAU	VIERGE	CANCER	19 BALANCE
12 NOVEMBRE	SCORPION	SAGITTAIRE	VIERGE	SAGITTAIRE	POISSONS	TAUREAU	VIERGE	CANCER	1 SCORPION
13 NOVEMBRE	SCORPION	SAGITTAIRE	VIERGE	SAGITTAIRE	POISSONS	TAUREAU	VIERGE	CANCER	13 SCORPION
14 NOVEMBRE	SCORPION	SAGITTAIRE	VIERGE	SAGITTAIRE	POISSONS	TAUREAU	VIERGE	CANCER	25 SCORPION
15 NOVEMBRE	SCORPION	SAGITTAIRE	BALANCE	SAGITTAIRE	POISSONS	TAUREAU	VIERGE	CANCER	7 SAGITTAIRE
16 NOVEMBRE	SCORPION	SAGITTAIRE	BALANCE	SAGITTAIRE	POISSONS	TAUREAU	VIERGE	CANCER	19 SAGITTAIRE
17 NOVEMBRE	SCORPION	CAPRICORNE	BALANCE	SAGITTAIRE	POISSONS	TAUREAU	VIERGE	CANCER	1 CAPRICORNE
18 NOVEMBRE	SCORPION	CAPRICORNE	BALANCE	SAGITTAIRE	POISSONS	TAUREAU	VIERGE	CANCER	13 CAPRICORNE
19 NOVEMBRE	SCORPION	CAPRICORNE	BALANCE	SAGITTAIRE	POISSONS	TAUREAU	VIERGE	CANCER	26 CAPRICORNE
20 NOVEMBRE	SCORPION	CAPRICORNE	BALANCE	SAGITTAIRE	POISSONS	TAUREAU	VIERGE	CANCER	9 VERSEAU
21 NOVEMBRE	SAGITTAIRE	CAPRICORNE	BALANCE	SAGITTAIRE	POISSONS	TAUREAU	VIERGE	CANCER	22 VERSEAU
22 NOVEMBRE	SAGITTAIRE	CAPRICORNE	BALANCE	SAGITTAIRE	POISSONS	TAUREAU	VIERGE	CANCER	5 POISSONS

	ENTRE DANS LE SIGNE DU		LE 23 OCTOBRE		A 14 h 00	
LE SOLEIL		SCORPION		1936		* LES CHIFFRES INDIQUENT LES DEGRES
	QUITTE LE SIGNE DU		LE 22 NOVEMBRE		A 11 h 15	

1937	MERCURE	VENUS	MARS	JUPITER	SATURNE	URANUS	NEPTUNE	PLUTON	LUNE *
23 OCTOBRE	BALANCE	BALANCE	CAPRICORNE	CAPRICORNE	POISSONS	TAUREAU	VIERGE	LION	19 GEMEAUX
24 OCTOBRE	BALANCE	BALANCE	CAPRICORNE	CAPRICORNE	POISSONS	TAUREAU	VIERGE	LION	3 CANCER
25 OCTOBRE	BALANCE	BALANCE	CAPRICORNE	CAPRICORNE	POISSONS	TAUREAU	VIERGE	LION	18 CANCER
26 OCTOBRE	SCORPION	BALANCE	CAPRICORNE	CAPRICORNE	POISSONS	TAUREAU	VIERGE	LION	2 LION
27 OCTOBRE	SCORPION	BALANCE	CAPRICORNE	CAPRICORNE	POISSONS	TAUREAU	VIERGE	LION	15 LION
28 OCTOBRE	SCORPION	BALANCE	CAPRICORNE	CAPRICORNE	POISSONS	TAUREAU	VIERGE	LION	29 LION
29 OCTOBRE	SCORPION	BALANCE	CAPRICORNE	CAPRICORNE	POISSONS	TAUREAU	VIERGE	LION	12 VIERGE
30 OCTOBRE	SCORPION	BALANCE	CAPRICORNE	CAPRICORNE	POISSONS	TAUREAU	VIERGE	LION	24 VIERGE
31 OCTOBRE	SCORPION	BALANCE	CAPRICORNE	CAPRICORNE	POISSONS	TAUREAU	VIERGE	LION	7 BALANCE
1 NOVEMBRE	SCORPION	BALANCE	CAPRICORNE	CAPRICORNE	POISSONS	TAUREAU	VIERGE	LION	20 BALANCE
2 NOVEMBRE	SCORPION	BALANCE	CAPRICORNE	CAPRICORNE	POISSONS	TAUREAU	VIERGE	LION	2 SCORPION
3 NOVEMBRE	SCORPION	BALANCE	CAPRICORNE	CAPRICORNE	POISSONS	TAUREAU	VIERGE	LION	14 SCORPION
4 NOVEMBRE	SCORPION	BALANCE	CAPRICORNE	CAPRICORNE	POISSONS	TAUREAU	VIERGE	LION	26 SCORPION
5 NOVEMBRE	SCORPION	BALANCE	CAPRICORNE	CAPRICORNE	POISSONS	TAUREAU	VIERGE	LION	8 SAGITTAIRE
6 NOVEMBRE	SCORPION	BALANCE	CAPRICORNE	CAPRICORNE	POISSONS	TAUREAU	VIERGE	LION	19 SAGITTAIRE
7 NOVEMBRE	SCORPION	BALANCE	CAPRICORNE	CAPRICORNE	POISSONS	TAUREAU	VIERGE	LION	1 CAPRICORNE
8 NOVEMBRE	SCORPION	BALANCE	CAPRICORNE	CAPRICORNE	POISSONS	TAUREAU	VIERGE	LION	13 CAPRICORNE
9 NOVEMBRE	SCORPION	BALANCE	CAPRICORNE	CAPRICORNE	POISSONS	TAUREAU	VIERGE	LION	25 CAPRICORNE
10 NOVEMBRE	SCORPION	BALANCE	CAPRICORNE	CAPRICORNE	POISSONS	TAUREAU	VIERGE	LION	7 VERSEAU
11 NOVEMBRE	SCORPION	BALANCE	CAPRICORNE	CAPRICORNE	POISSONS	TAUREAU	VIERGE	LION	20 VERSEAU
12 NOVEMBRE	SCORPION	BALANCE	VERSEAU	CAPRICORNE	POISSONS	TAUREAU	VIERGE	LION	2 POISSONS
13 NOVEMBRE	SCORPION	SCORPION	VERSEAU	CAPRICORNE	POISSONS	TAUREAU	VIERGE	LION	15 POISSONS
14 NOVEMBRE	SAGITTAIRE	SCORPION	VERSEAU	CAPRICORNE	POISSONS	TAUREAU	VIERGE	LION	29 POISSONS
15 NOVEMBRE	SAGITTAIRE	SCORPION	VERSEAU	CAPRICORNE	POISSONS	TAUREAU	VIERGE	LION	13 BELIER
16 NOVEMBRE	SAGITTAIRE	SCORPION	VERSEAU	CAPRICORNE	POISSONS	TAUREAU	VIERGE	LION	28 BELIER
17 NOVEMBRE	SAGITTAIRE	SCORPION	VERSEAU	CAPRICORNE	POISSONS	TAUREAU	VIERGE	LION	13 TAUREAU
18 NOVEMBRE	SAGITTAIRE	SCORPION	VERSEAU	CAPRICORNE	POISSONS	TAUREAU	VIERGE	LION	28 TAUREAU
19 NOVEMBRE	SAGITTAIRE	SCORPION	VERSEAU	CAPRICORNE	POISSONS	TAUREAU	VIERGE	LION	13 GEMEAUX
20 NOVEMBRE	SAGITTAIRE	SCORPION	VERSEAU	CAPRICORNE	POISSONS	TAUREAU	VIERGE	LION	28 GEMEAUX
21 NOVEMBRE	SAGITTAIRE	SCORPION	VERSEAU	CAPRICORNE	POISSONS	TAUREAU	VIERGE	LION	13 CANCER
22 NOVEMBRE	SAGITTAIRE	SCORPION	VERSEAU	CAPRICORNE	POISSONS	TAUREAU	VIERGE	LION	27 CANCER

	ENTRE DANS LE SIGNE DU		LE 23 OCTOBRE		A 20 h 00	
LE SOLEIL		SCORPION		1937		* LES CHIFFRES INDIQUENT LES DEGRES
	QUITTE LE SIGNE DU		LE 22 NOVEMBRE		A 17 h 00	

DECOUVREZ DANS QUEL SIGNE SE TROUVAIENT LES PLANETES A VOTRE NAISSANCE

1938	MERCURE	VENUS	MARS	JUPITER	SATURNE	URANUS	NEPTUNE	PLUTON	LUNE *
24 OCTOBRE	SCORPION	SAGITTAIRE	VIERGE	VERSEAU	BELIER	TAUREAU	VIERGE	LION	14 SCORPION
25 OCTOBRE	SCORPION	SAGITTAIRE	BALANCE	VERSEAU	BELIER	TAUREAU	VIERGE	LION	27 SCORPION
26 OCTOBRE	SCORPION	SAGITTAIRE	BALANCE	VERSEAU	BELIER	TAUREAU	VIERGE	LION	9 SAGITTAIRE
27 OCTOBRE	SCORPION	SAGITTAIRE	BALANCE	VERSEAU	BELIER	TAUREAU	VIERGE	LION	21 SAGITTAIRE
28 OCTOBRE	SCORPION	SAGITTAIRE	BALANCE	VERSEAU	BELIER	TAUREAU	VIERGE	LION	3 CAPRICORNE
29 OCTOBRE	SCORPION	SAGITTAIRE	BALANCE	VERSEAU	BELIER	TAUREAU	VIERGE	LION	15 CAPRICORNE
30 OCTOBRE	SCORPION	SAGITTAIRE	BALANCE	VERSEAU	BELIER	TAUREAU	VIERGE	LION	27 CAPRICORNE
31 OCTOBRE	SCORPION	SAGITTAIRE	BALANCE	VERSEAU	BELIER	TAUREAU	VIERGE	LION	9 VERSEAU
1 NOVEMBRE	SCORPION	SAGITTAIRE	BALANCE	VERSEAU	BELIER	TAUREAU	VIERGE	LION	21 VERSEAU
2 NOVEMBRE	SCORPION	SAGITTAIRE	BALANCE	VERSEAU	BELIER	TAUREAU	VIERGE	LION	3 POISSONS
3 NOVEMBRE	SCORPION	SAGITTAIRE	BALANCE	VERSEAU	BELIER	TAUREAU	VIERGE	LION	16 POISSONS
4 NOVEMBRE	SCORPION	SAGITTAIRE	BALANCE	VERSEAU	BELIER	TAUREAU	VIERGE	LION	28 POISSONS
5 NOVEMBRE	SCORPION	SAGITTAIRE	BALANCE	VERSEAU	BELIER	TAUREAU	VIERGE	LION	11 BELIER
6 NOVEMBRE	SCORPION	SAGITTAIRE	BALANCE	VERSEAU	BELIER	TAUREAU	VIERGE	LION	25 BELIER
7 NOVEMBRE	SAGITTAIRE	SAGITTAIRE	BALANCE	VERSEAU	BELIER	TAUREAU	VIERGE	LION	8 TAUREAU
8 NOVEMBRE	SAGITTAIRE	SAGITTAIRE	BALANCE	VERSEAU	BELIER	TAUREAU	VIERGE	LION	23 TAUREAU
9 NOVEMBRE	SAGITTAIRE	SAGITTAIRE	BALANCE	VERSEAU	BELIER	TAUREAU	VIERGE	LION	7 GEMEAUX
10 NOVEMBRE	SAGITTAIRE	SAGITTAIRE	BALANCE	VERSEAU	BELIER	TAUREAU	VIERGE	LION	21 GEMEAUX
11 NOVEMBRE	SAGITTAIRE	SAGITTAIRE	BALANCE	VERSEAU	BELIER	TAUREAU	VIERGE	LION	6 CANCER
12 NOVEMBRE	SAGITTAIRE	SAGITTAIRE	BALANCE	VERSEAU	BELIER	TAUREAU	VIERGE	LION	20 CANCER
13 NOVEMBRE	SAGITTAIRE	SAGITTAIRE	BALANCE	VERSEAU	BELIER	TAUREAU	VIERGE	LION	5 LION
14 NOVEMBRE	SAGITTAIRE	SAGITTAIRE	BALANCE	VERSEAU	BELIER	TAUREAU	VIERGE	LION	19 LION
15 NOVEMBRE	SAGITTAIRE	SAGITTAIRE	BALANCE	VERSEAU	BELIER	TAUREAU	VIERGE	LION	3 VIERGE
16 NOVEMBRE	SAGITTAIRE	SCORPION	BALANCE	VERSEAU	BELIER	TAUREAU	VIERGE	LION	17 VIERGE
17 NOVEMBRE	SAGITTAIRE	SCORPION	BALANCE	VERSEAU	BELIER	TAUREAU	VIERGE	LION	0 BALANCE
18 NOVEMBRE	SAGITTAIRE	SCORPION	BALANCE	VERSEAU	BELIER	TAUREAU	VIERGE	LION	14 BALANCE
19 NOVEMBRE	SAGITTAIRE	SCORPION	BALANCE	VERSEAU	BELIER	TAUREAU	VIERGE	LION	27 BALANCE
20 NOVEMBRE	SAGITTAIRE	SCORPION	BALANCE	VERSEAU	BELIER	TAUREAU	VIERGE	LION	10 SCORPION
21 NOVEMBRE	SAGITTAIRE	SCORPION	BALANCE	VERSEAU	BELIER	TAUREAU	VIERGE	LION	22 SCORPION
22 NOVEMBRE	SAGITTAIRE	SCORPION	BALANCE	VERSEAU	BELIER	TAUREAU	VIERGE	LION	5 SAGITTAIRE

LE SOLEIL ENTRE DANS LE SIGNE DU SCORPION LE 24 OCTOBRE 1938 A 1 h 45

LE SOLEIL QUITTE LE SIGNE DU SCORPION LE 22 NOVEMBRE 1938 A 23 h 00

* LES CHIFFRES INDIQUENT LES DEGRES

1939	MERCURE	VENUS	MARS	JUPITER	SATURNE	URANUS	NEPTUNE	PLUTON	LUNE *
24 OCTOBRE	SCORPION	SCORPION	VERSEAU	BELIER	BELIER	TAUREAU	VIERGE	LION	17 POISSONS
25 OCTOBRE	SCORPION	SCORPION	VERSEAU	BELIER	BELIER	TAUREAU	VIERGE	LION	29 POISSONS
26 OCTOBRE	SCORPION	SCORPION	VERSEAU	BELIER	BELIER	TAUREAU	VIERGE	LION	12 BELIER
27 OCTOBRE	SCORPION	SCORPION	VERSEAU	BELIER	BELIER	TAUREAU	VIERGE	LION	24 BELIER
28 OCTOBRE	SCORPION	SCORPION	VERSEAU	BELIER	BELIER	TAUREAU	VIERGE	LION	6 TAUREAU
29 OCTOBRE	SCORPION	SCORPION	VERSEAU	BELIER	BELIER	TAUREAU	VIERGE	LION	19 TAUREAU
30 OCTOBRE	SCORPION	SCORPION	VERSEAU	POISSONS	BELIER	TAUREAU	VIERGE	LION	2 GEMEAUX
31 OCTOBRE	SCORPION	SCORPION	VERSEAU	POISSONS	BELIER	TAUREAU	VIERGE	LION	15 GEMEAUX
1 NOVEMBRE	SAGITTAIRE	SCORPION	VERSEAU	POISSONS	BELIER	TAUREAU	VIERGE	LION	29 GEMEAUX
2 NOVEMBRE	SAGITTAIRE	SCORPION	VERSEAU	POISSONS	BELIER	TAUREAU	VIERGE	LION	12 CANCER
3 NOVEMBRE	SAGITTAIRE	SCORPION	VERSEAU	POISSONS	BELIER	TAUREAU	VIERGE	LION	26 CANCER
4 NOVEMBRE	SAGITTAIRE	SCORPION	VERSEAU	POISSONS	BELIER	TAUREAU	VIERGE	LION	10 LION
5 NOVEMBRE	SAGITTAIRE	SCORPION	VERSEAU	POISSONS	BELIER	TAUREAU	VIERGE	LION	24 LION
6 NOVEMBRE	SAGITTAIRE	SCORPION	VERSEAU	POISSONS	BELIER	TAUREAU	VIERGE	LION	9 VIERGE
7 NOVEMBRE	SAGITTAIRE	SAGITTAIRE	VERSEAU	POISSONS	BELIER	TAUREAU	VIERGE	LION	23 VIERGE
8 NOVEMBRE	SAGITTAIRE	SAGITTAIRE	VERSEAU	POISSONS	BELIER	TAUREAU	VIERGE	LION	7 BALANCE
9 NOVEMBRE	SAGITTAIRE	SAGITTAIRE	VERSEAU	POISSONS	BELIER	TAUREAU	VIERGE	LION	22 BALANCE
10 NOVEMBRE	SAGITTAIRE	SAGITTAIRE	VERSEAU	POISSONS	BELIER	TAUREAU	VIERGE	LION	6 SCORPION
11 NOVEMBRE	SAGITTAIRE	SAGITTAIRE	VERSEAU	POISSONS	BELIER	TAUREAU	VIERGE	LION	20 SCORPION
12 NOVEMBRE	SAGITTAIRE	SAGITTAIRE	VERSEAU	POISSONS	BELIER	TAUREAU	VIERGE	LION	4 SAGITTAIRE
13 NOVEMBRE	SAGITTAIRE	SAGITTAIRE	VERSEAU	POISSONS	BELIER	TAUREAU	VIERGE	LION	17 SAGITTAIRE
14 NOVEMBRE	SAGITTAIRE	SAGITTAIRE	VERSEAU	POISSONS	BELIER	TAUREAU	VIERGE	LION	0 CAPRICORNE
15 NOVEMBRE	SAGITTAIRE	SAGITTAIRE	VERSEAU	POISSONS	BELIER	TAUREAU	VIERGE	LION	13 CAPRICORNE
16 NOVEMBRE	SAGITTAIRE	SAGITTAIRE	VERSEAU	POISSONS	BELIER	TAUREAU	VIERGE	LION	26 CAPRICORNE
17 NOVEMBRE	SAGITTAIRE	SAGITTAIRE	VERSEAU	POISSONS	BELIER	TAUREAU	VIERGE	LION	8 VERSEAU
18 NOVEMBRE	SAGITTAIRE	SAGITTAIRE	VERSEAU	POISSONS	BELIER	TAUREAU	VIERGE	LION	20 VERSEAU
19 NOVEMBRE	SAGITTAIRE	SAGITTAIRE	VERSEAU	POISSONS	BELIER	TAUREAU	VIERGE	LION	2 POISSONS
20 NOVEMBRE	SAGITTAIRE	SAGITTAIRE	POISSONS	POISSONS	BELIER	TAUREAU	VIERGE	LION	3 POISSONS
21 NOVEMBRE	SAGITTAIRE	SAGITTAIRE	POISSONS	POISSONS	BELIER	TAUREAU	VIERGE	LION	25 POISSONS
22 NOVEMBRE	SAGITTAIRE	SAGITTAIRE	POISSONS	POISSONS	BELIER	TAUREAU	VIERGE	LION	7 BELIER
23 NOVEMBRE	SAGITTAIRE	SAGITTAIRE	POISSONS	POISSONS	BELIER	TAUREAU	VIERGE	LION	20 BELIER

LE SOLEIL ENTRE DANS LE SIGNE DU SCORPION LE 24 OCTOBRE 1939 A 7 h 30

LE SOLEIL QUITTE LE SIGNE DU SCORPION LE 23 NOVEMBRE 1939 A 4 h 45

* LES CHIFFRES INDIQUENT LES DEGRES

DECOUVREZ DANS QUEL SIGNE SE TROUVAIENT LES PLANETES A VOTRE NAISSANCE

1940	MERCURE	VENUS	MARS	JUPITER	SATURNE	URANUS	NEPTUNE	PLUTON	LUNE *
23 OCTOBRE	SCORPION	VIERGE	BALANCE	TAUREAU	TAUREAU	TAUREAU	VIERGE	LION	20 CANCER
24 OCTOBRE	SCORPION	VIERGE	BALANCE	TAUREAU	TAUREAU	TAUREAU	VIERGE	LION	4 LION
25 OCTOBRE	SCORPION	VIERGE	BALANCE	TAUREAU	TAUREAU	TAUREAU	VIERGE	LION	17 LION
26 OCTOBRE	SCORPION	VIERGE	BALANCE	TAUREAU	TAUREAU	TAUREAU	VIERGE	LION	1 VIERGE
27 OCTOBRE	SCORPION	VIERGE	BALANCE	TAUREAU	TAUREAU	TAUREAU	VIERGE	LION	16 VIERGE
28 OCTOBRE	SCORPION	VIERGE	BALANCE	TAUREAU	TAUREAU	TAUREAU	VIERGE	LION	1 BALANCE
29 OCTOBRE	SCORPION	VIERGE	BALANCE	TAUREAU	TAUREAU	TAUREAU	VIERGE	LION	16 BALANCE
30 OCTOBRE	SCORPION	VIERGE	BALANCE	TAUREAU	TAUREAU	TAUREAU	VIERGE	LION	1 SCORPION
31 OCTOBRE	SCORPION	VIERGE	BALANCE	TAUREAU	TAUREAU	TAUREAU	VIERGE	LION	16 SCORPION
1 NOVEMBRE	SCORPION	VIERGE	BALANCE	TAUREAU	TAUREAU	TAUREAU	VIERGE	LION	1 SAGITTAIRE
2 NOVEMBRE	SCORPION	BALANCE	BALANCE	TAUREAU	TAUREAU	TAUREAU	VIERGE	LION	15 SAGITTAIRE
3 NOVEMBRE	SCORPION	BALANCE	BALANCE	TAUREAU	TAUREAU	TAUREAU	VIERGE	LION	29 SAGITTAIRE
4 NOVEMBRE	SCORPION	BALANCE	BALANCE	TAUREAU	TAUREAU	TAUREAU	VIERGE	LION	13 CAPRICORNE
5 NOVEMBRE	SCORPION	BALANCE	BALANCE	TAUREAU	TAUREAU	TAUREAU	VIERGE	LION	26 CAPRICORNE
6 NOVEMBRE	SCORPION	BALANCE	BALANCE	TAUREAU	TAUREAU	TAUREAU	VIERGE	LION	9 VERSEAU
7 NOVEMBRE	SCORPION	BALANCE	BALANCE	TAUREAU	TAUREAU	TAUREAU	VIERGE	LION	22 VERSEAU
8 NOVEMBRE	SCORPION	BALANCE	BALANCE	TAUREAU	TAUREAU	TAUREAU	VIERGE	LION	4 POISSONS
9 NOVEMBRE	SCORPION	BALANCE	BALANCE	TAUREAU	TAUREAU	TAUREAU	VIERGE	LION	16 POISSONS
10 NOVEMBRE	SCORPION	BALANCE	BALANCE	TAUREAU	TAUREAU	TAUREAU	VIERGE	LION	28 POISSONS
11 NOVEMBRE	SCORPION	BALANCE	BALANCE	TAUREAU	TAUREAU	TAUREAU	VIERGE	LION	9 BELIER
12 NOVEMBRE	SCORPION	BALANCE	BALANCE	TAUREAU	TAUREAU	TAUREAU	VIERGE	LION	21 BELIER
13 NOVEMBRE	SCORPION	BALANCE	BALANCE	TAUREAU	TAUREAU	TAUREAU	VIERGE	LION	3 TAUREAU
14 NOVEMBRE	SCORPION	BALANCE	BALANCE	TAUREAU	TAUREAU	TAUREAU	VIERGE	LION	15 TAUREAU
15 NOVEMBRE	SCORPION	BALANCE	BALANCE	TAUREAU	TAUREAU	TAUREAU	VIERGE	LION	27 TAUREAU
16 NOVEMBRE	SCORPION	BALANCE	BALANCE	TAUREAU	TAUREAU	TAUREAU	VIERGE	LION	9 GEMEAUX
17 NOVEMBRE	SCORPION	BALANCE	BALANCE	TAUREAU	TAUREAU	TAUREAU	VIERGE	LION	22 GEMEAUX
18 NOVEMBRE	SCORPION	BALANCE	BALANCE	TAUREAU	TAUREAU	TAUREAU	VIERGE	LION	4 CANCER
19 NOVEMBRE	SCORPION	BALANCE	BALANCE	TAUREAU	TAUREAU	TAUREAU	VIERGE	LION	17 CANCER
20 NOVEMBRE	SCORPION	BALANCE	BALANCE	TAUREAU	TAUREAU	TAUREAU	VIERGE	LION	0 LION
21 NOVEMBRE	SCORPION	BALANCE	SCORPION	TAUREAU	TAUREAU	TAUREAU	VIERGE	LION	14 LION
22 NOVEMBRE	SCORPION	BALANCE	SCORPION	TAUREAU	TAUREAU	TAUREAU	VIERGE	LION	27 LION

	ENTRE DANS LE SIGNE DU	LE 23 OCTOBRE	A 13 h 30	
LE SOLEIL	SCORPION	194		* LES CHIFFRES INDIQUENT LES DEGRES
	QUITTE LE SIGNE DU	LE 22 NOVEMBRE	A 10 h 40	

1941	MERCURE	VENUS	MARS	JUPITER	SATURNE	URANUS	NEPTUNE	PLUTON	LUNE *
23 OCTOBRE	SCORPION	SAGITTAIRE	BELIER	GEMEAUX	TAUREAU	TAUREAU	VIERGE	LION	10 SAGITTAIRE
24 OCTOBRE	SCORPION	SAGITTAIRE	BELIER	GEMEAUX	TAUREAU	TAUREAU	VIERGE	LION	25 SAGITTAIRE
25 OCTOBRE	SCORPION	SAGITTAIRE	BELIER	GEMEAUX	TAUREAU	TAUREAU	VIERGE	LION	9 CAPRICORNE
26 OCTOBRE	SCORPION	SAGITTAIRE	BELIER	GEMEAUX	TAUREAU	TAUREAU	VIERGE	LION	23 CAPRICORNE
27 OCTOBRE	SCORPION	SAGITTAIRE	BELIER	GEMEAUX	TAUREAU	TAUREAU	VIERGE	LION	7 VERSEAU
28 OCTOBRE	SCORPION	SAGITTAIRE	BELIER	GEMEAUX	TAUREAU	TAUREAU	VIERGE	LION	20 VERSEAU
29 OCTOBRE	SCORPION	SAGITTAIRE	BELIER	GEMEAUX	TAUREAU	TAUREAU	VIERGE	LION	3 POISSONS
30 OCTOBRE	BALANCE	SAGITTAIRE	BELIER	GEMEAUX	TAUREAU	TAUREAU	VIERGE	LION	15 POISSONS
31 OCTOBRE	BALANCE	SAGITTAIRE	BELIER	GEMEAUX	TAUREAU	TAUREAU	VIERGE	LION	28 POISSONS
1 NOVEMBRE	BALANCE	SAGITTAIRE	BELIER	GEMEAUX	TAUREAU	TAUREAU	VIERGE	LION	10 BELIER
2 NOVEMBRE	BALANCE	SAGITTAIRE	BELIER	GEMEAUX	TAUREAU	TAUREAU	VIERGE	LION	22 BELIER
3 NOVEMBRE	BALANCE	SAGITTAIRE	BELIER	GEMEAUX	TAUREAU	TAUREAU	VIERGE	LION	4 TAUREAU
4 NOVEMBRE	BALANCE	SAGITTAIRE	BELIER	GEMEAUX	TAUREAU	TAUREAU	VIERGE	LION	16 TAUREAU
5 NOVEMBRE	BALANCE	SAGITTAIRE	BELIER	GEMEAUX	TAUREAU	TAUREAU	VIERGE	LION	28 TAUREAU
6 NOVEMBRE	BALANCE	CAPRICORNE	BELIER	GEMEAUX	TAUREAU	TAUREAU	VIERGE	LION	10 GEMEAUX
7 NOVEMBRE	BALANCE	CAPRICORNE	BELIER	GEMEAUX	TAUREAU	TAUREAU	VIERGE	LION	21 GEMEAUX
8 NOVEMBRE	BALANCE	CAPRICORNE	BELIER	GEMEAUX	TAUREAU	TAUREAU	VIERGE	LION	3 CANCER
9 NOVEMBRE	BALANCE	CAPRICORNE	BELIER	GEMEAUX	TAUREAU	TAUREAU	VIERGE	LION	15 CANCER
10 NOVEMBRE	BALANCE	CAPRICORNE	BELIER	GEMEAUX	TAUREAU	TAUREAU	VIERGE	LION	28 CANCER
11 NOVEMBRE	BALANCE	CAPRICORNE	BELIER	GEMEAUX	TAUREAU	TAUREAU	VIERGE	LION	10 LION
12 NOVEMBRE	SCORPION	CAPRICORNE	BELIER	GEMEAUX	TAUREAU	TAUREAU	VIERGE	LION	23 LION
13 NOVEMBRE	SCORPION	CAPRICORNE	BELIER	GEMEAUX	TAUREAU	TAUREAU	VIERGE	LION	6 VIERGE
14 NOVEMBRE	SCORPION	CAPRICORNE	BELIER	GEMEAUX	TAUREAU	TAUREAU	VIERGE	LION	20 VIERGE
15 NOVEMBRE	SCORPION	CAPRICORNE	BELIER	GEMEAUX	TAUREAU	TAUREAU	VIERGE	LION	4 BALANCE
16 NOVEMBRE	SCORPION	CAPRICORNE	BELIER	GEMEAUX	TAUREAU	TAUREAU	VIERGE	LION	18 BALANCE
17 NOVEMBRE	SCORPION	CAPRICORNE	BELIER	GEMEAUX	TAUREAU	TAUREAU	VIERGE	LION	3 SCORPION
18 NOVEMBRE	SCORPION	CAPRICORNE	BELIER	GEMEAUX	TAUREAU	TAUREAU	VIERGE	LION	18 SCORPION
19 NOVEMBRE	SCORPION	CAPRICORNE	BELIER	GEMEAUX	TAUREAU	TAUREAU	VIERGE	LION	4 SAGITTAIRE
20 NOVEMBRE	SCORPION	CAPRICORNE	BELIER	GEMEAUX	TAUREAU	TAUREAU	VIERGE	LION	19 SAGITTAIRE
21 NOVEMBRE	SCORPION	CAPRICORNE	BELIER	GEMEAUX	TAUREAU	TAUREAU	VIERGE	LION	4 CAPRICORNE
22 NOVEMBRE	SCORPION	CAPRICORNE	BELIER	GEMEAUX	TAUREAU	TAUREAU	VIERGE	LION	19 CAPRICORNE

	ENTRE DANS LE SIGNE DU	LE 23 OCTOBRE	A 19 h 15	
LE SOLEIL	SCORPION	1941		* LES CHIFFRES INDIQUENT LES DEGRES
	QUITTE LE SIGNE DU	LE 22 NOVEMBRE	A 16 h 30	

DECOUVREZ DANS QUEL SIGNE SE TROUVAIENT LES PLANETES A VOTRE NAISSANCE

1942	MERCURE	VENUS	MARS	JUPITER	SATURNE	URANUS	NEPTUNE	PLUTON	LUNE *
23 OCTOBRE	BALANCE	BALANCE	BALANCE	CANCER	GEMEAUX	GEMEAUX	BALANCE	LION	21 BELIER
24 OCTOBRE	BALANCE	BALANCE	BALANCE	CANCER	GEMEAUX	GEMEAUX	BALANCE	LION	4 TAUREAU
25 OCTOBRE	BALANCE	BALANCE	BALANCE	CANCER	GEMEAUX	GEMEAUX	BALANCE	LION	17 TAUREAU
26 OCTOBRE	BALANCE	BALANCE	BALANCE	CANCER	GEMEAUX	GEMEAUX	BALANCE	LION	29 TAUREAU
27 OCTOBRE	BALANCE	BALANCE	BALANCE	CANCER	GEMEAUX	GEMEAUX	BALANCE	LION	11 GEMEAUX
28 OCTOBRE	BALANCE	BALANCE	BALANCE	CANCER	GEMEAUX	GEMEAUX	BALANCE	LION	23 GEMEAUX
29 OCTOBRE	BALANCE	SCORPION	BALANCE	CANCER	GEMEAUX	GEMEAUX	BALANCE	LION	5 CANCER
30 OCTOBRE	BALANCE	SCORPION	BALANCE	CANCER	GEMEAUX	GEMEAUX	BALANCE	LION	17 CANCER
31 OCTOBRE	BALANCE	SCORPION	BALANCE	CANCER	GEMEAUX	GEMEAUX	BALANCE	LION	29 CANCER
1 NOVEMBRE	BALANCE	SCORPION	BALANCE	CANCER	GEMEAUX	GEMEAUX	BALANCE	LION	11 LION
2 NOVEMBRE	BALANCE	SCORPION	SCORPION	CANCER	GEMEAUX	GEMEAUX	BALANCE	LION	23 LION
3 NOVEMBRE	BALANCE	SCORPION	SCORPION	CANCER	GEMEAUX	GEMEAUX	BALANCE	LION	5 VIERGE
4 NOVEMBRE	BALANCE	SCORPION	SCORPION	CANCER	GEMEAUX	GEMEAUX	BALANCE	LION	18 VIERGE
5 NOVEMBRE	BALANCE	SCORPION	SCORPION	CANCER	GEMEAUX	GEMEAUX	BALANCE	LION	1 BALANCE
6 NOVEMBRE	BALANCE	SCORPION	SCORPION	CANCER	GEMEAUX	GEMEAUX	BALANCE	LION	15 BALANCE
7 NOVEMBRE	SCORPION	SCORPION	SCORPION	CANCER	GEMEAUX	GEMEAUX	BALANCE	LION	29 BALANCE
8 NOVEMBRE	SCORPION	SCORPION	SCORPION	CANCER	GEMEAUX	GEMEAUX	BALANCE	LION	13 SCORPION
9 NOVEMBRE	SCORPION	SCORPION	SCORPION	CANCER	GEMEAUX	GEMEAUX	BALANCE	LION	28 SCORPION
10 NOVEMBRE	SCORPION	SCORPION	SCORPION	CANCER	GEMEAUX	GEMEAUX	BALANCE	LION	13 SAGITTAIRE
11 NOVEMBRE	SCORPION	SCORPION	SCORPION	CANCER	GEMEAUX	GEMEAUX	BALANCE	LION	28 SAGITTAIRE
12 NOVEMBRE	SCORPION	SCORPION	SCORPION	CANCER	GEMEAUX	GEMEAUX	BALANCE	LION	12 CAPRICORNE
13 NOVEMBRE	SCORPION	SCORPION	SCORPION	CANCER	GEMEAUX	GEMEAUX	BALANCE	LION	27 CAPRICORNE
14 NOVEMBRE	SCORPION	SCORPION	SCORPION	CANCER	GEMEAUX	GEMEAUX	BALANCE	LION	11 VERSEAU
15 NOVEMBRE	SCORPION	SCORPION	SCORPION	CANCER	GEMEAUX	GEMEAUX	BALANCE	LION	25 VERSEAU
16 NOVEMBRE	SCORPION	SCORPION	SCORPION	CANCER	GEMEAUX	GEMEAUX	BALANCE	LION	8 POISSONS
17 NOVEMBRE	SCORPION	SCORPION	SCORPION	CANCER	GEMEAUX	GEMEAUX	BALANCE	LION	22 POISSONS
18 NOVEMBRE	SCORPION	SCORPION	SCORPION	CANCER	GEMEAUX	GEMEAUX	BALANCE	LION	5 BELIER
19 NOVEMBRE	SCORPION	SCORPION	SCORPION	CANCER	GEMEAUX	GEMEAUX	BALANCE	LION	18 BELIER
20 NOVEMBRE	SCORPION	SCORPION	SCORPION	CANCER	GEMEAUX	GEMEAUX	BALANCE	LION	0 TAUREAU
21 NOVEMBRE	SCORPION	SCORPION	SCORPION	CANCER	GEMEAUX	GEMEAUX	BALANCE	LION	13 TAUREAU
22 NOVEMBRE	SCORPION	SAGITTAIRE	SCORPION	CANCER	GEMEAUX	GEMEAUX	BALANCE	LION	25 TAUREAU

LE SOLEIL ENTRE DANS LE SIGNE DU SCORPION LE 23 OCTOBRE 1942 A 0 h 45
LE SOLEIL QUITTE LE SIGNE DU SCORPION LE 22 NOVEMBRE 1942 A 22 h 10

* LES CHIFFRES INDIQUENT LES DEGRES

1943	MERCURE	VENUS	MARS	JUPITER	SATURNE	URANUS	NEPTUNE	PLUTON	LUNE *
24 OCTOBRE	BALANCE	VIERGE	GEMEAUX	LION	GEMEAUX	GEMEAUX	BALANCE	LION	7 VIERGE
25 OCTOBRE	BALANCE	VIERGE	GEMEAUX	LION	GEMEAUX	GEMEAUX	BALANCE	LION	19 VIERGE
26 OCTOBRE	BALANCE	VIERGE	GEMEAUX	LION	GEMEAUX	GEMEAUX	BALANCE	LION	1 BALANCE
27 OCTOBRE	BALANCE	VIERGE	GEMEAUX	LION	GEMEAUX	GEMEAUX	BALANCE	LION	14 BALANCE
28 OCTOBRE	BALANCE	VIERGE	GEMEAUX	LION	GEMEAUX	GEMEAUX	BALANCE	LION	27 BALANCE
29 OCTOBRE	BALANCE	VIERGE	GEMEAUX	LION	GEMEAUX	GEMEAUX	BALANCE	LION	10 SCORPION
30 OCTOBRE	BALANCE	VIERGE	GEMEAUX	LION	GEMEAUX	GEMEAUX	BALANCE	LION	23 SCORPION
31 OCTOBRE	SCORPION	VIERGE	GEMEAUX	LION	GEMEAUX	GEMEAUX	BALANCE	LION	7 SAGITTAIRE
1 NOVEMBRE	SCORPION	VIERGE	GEMEAUX	LION	GEMEAUX	GEMEAUX	BALANCE	LION	21 SAGITTAIRE
2 NOVEMBRE	SCORPION	VIERGE	GEMEAUX	LION	GEMEAUX	GEMEAUX	BALANCE	LION	5 CAPRICORNE
3 NOVEMBRE	SCORPION	VIERGE	GEMEAUX	LION	GEMEAUX	GEMEAUX	BALANCE	LION	18 CAPRICORNE
4 NOVEMBRE	SCORPION	VIERGE	GEMEAUX	LION	GEMEAUX	GEMEAUX	BALANCE	LION	2 VERSEAU
5 NOVEMBRE	SCORPION	VIERGE	GEMEAUX	LION	GEMEAUX	GEMEAUX	BALANCE	LION	17 VERSEAU
6 NOVEMBRE	SCORPION	VIERGE	GEMEAUX	LION	GEMEAUX	GEMEAUX	BALANCE	LION	1 POISSONS
7 NOVEMBRE	SCORPION	VIERGE	GEMEAUX	LION	GEMEAUX	GEMEAUX	BALANCE	LION	15 POISSONS
8 NOVEMBRE	SCORPION	VIERGE	GEMEAUX	LION	GEMEAUX	GEMEAUX	BALANCE	LION	29 POISSONS
9 NOVEMBRE	SCORPION	VIERGE	GEMEAUX	LION	GEMEAUX	GEMEAUX	BALANCE	LION	13 BELIER
10 NOVEMBRE	SCORPION	BALANCE	GEMEAUX	LION	GEMEAUX	GEMEAUX	BALANCE	LION	27 BELIER
11 NOVEMBRE	SCORPION	BALANCE	GEMEAUX	LION	GEMEAUX	GEMEAUX	BALANCE	LION	11 TAUREAU
12 NOVEMBRE	SCORPION	BALANCE	GEMEAUX	LION	GEMEAUX	GEMEAUX	BALANCE	LION	24 TAUREAU
13 NOVEMBRE	SCORPION	BALANCE	GEMEAUX	LION	GEMEAUX	GEMEAUX	BALANCE	LION	8 GEMEAUX
14 NOVEMBRE	SCORPION	BALANCE	GEMEAUX	LION	GEMEAUX	GEMEAUX	BALANCE	LION	21 GEMEAUX
15 NOVEMBRE	SCORPION	BALANCE	GEMEAUX	LION	GEMEAUX	GEMEAUX	BALANCE	LION	3 CANCER
16 NOVEMBRE	SCORPION	BALANCE	GEMEAUX	LION	GEMEAUX	GEMEAUX	BALANCE	LION	15 CANCER
17 NOVEMBRE	SCORPION	BALANCE	GEMEAUX	LION	GEMEAUX	GEMEAUX	BALANCE	LION	27 CANCER
18 NOVEMBRE	SCORPION	BALANCE	GEMEAUX	LION	GEMEAUX	GEMEAUX	BALANCE	LION	9 LION
19 NOVEMBRE	SAGITTAIRE	BALANCE	GEMEAUX	LION	GEMEAUX	GEMEAUX	BALANCE	LION	21 LION
20 NOVEMBRE	SAGITTAIRE	BALANCE	GEMEAUX	LION	GEMEAUX	GEMEAUX	BALANCE	LION	3 VIERGE
21 NOVEMBRE	SAGITTAIRE	BALANCE	GEMEAUX	LION	GEMEAUX	GEMEAUX	BALANCE	LION	15 VIERGE
22 NOVEMBRE	SAGITTAIRE	BALANCE	GEMEAUX	LION	GEMEAUX	GEMEAUX	BALANCE	LION	27 VIERGE
23 NOVEMBRE	SAGITTAIRE	BALANCE	GEMEAUX	LION	GEMEAUX	GEMEAUX	BALANCE	LION	9 BALANCE

LE SOLEIL ENTRE DANS LE SIGNE DU SCORPION LE 24 OCTOBRE 1943 A 7 h 00
LE SOLEIL QUITTE LE SIGNE DU SCORPION LE 23 NOVEMBRE 1943 A 4 h 10

* LES CHIFFRES INDIQUENT LES DEGRES

DECOUVREZ DANS QUEL SIGNE SE TROUVAIENT LES PLANETES A VOTRE NAISSANCE

1944	MERCURE	VENUS	MARS	JUPITER	SATURNE	URANUS	NEPTUNE	PLUTON	LUNE *
23 OCTOBRE	SCORPION	SAGITTAIRE	SCORPION	VIERGE	CANCER	GEMEAUX	BALANCE	LION	12 CAPRICORNE
24 OCTOBRE	SCORPION	SAGITTAIRE	SCORPION	VIERGE	CANCER	GEMEAUX	BALANCE	LION	25 CAPRICORNE
25 OCTOBRE	SCORPION	SAGITTAIRE	SCORPION	VIERGE	CANCER	GEMEAUX	BALANCE	LION	9 VERSEAU
26 OCTOBRE	SCORPION	SAGITTAIRE	SCORPION	VIERGE	CANCER	GEMEAUX	BALANCE	LION	23 VERSEAU
27 OCTOBRE	SCORPION	SAGITTAIRE	SCORPION	VIERGE	CANCER	GEMEAUX	BALANCE	LION	7 POISSONS
28 OCTOBRE	SCORPION	SAGITTAIRE	SCORPION	VIERGE	CANCER	GEMEAUX	BALANCE	LION	22 POISSONS
29 OCTOBRE	SCORPION	SAGITTAIRE	SCORPION	VIERGE	CANCER	GEMEAUX	BALANCE	LION	7 BELIER
30 OCTOBRE	SCORPION	SAGITTAIRE	SCORPION	VIERGE	CANCER	GEMEAUX	BALANCE	LION	22 BELIER
31 OCTOBRE	SCORPION	SAGITTAIRE	SCORPION	VIERGE	CANCER	GEMEAUX	BALANCE	LION	7 TAUREAU
1 NOVEMBRE	SCORPION	SAGITTAIRE	SCORPION	VIERGE	CANCER	GEMEAUX	BALANCE	LION	21 TAUREAU
2 NOVEMBRE	SCORPION	SAGITTAIRE	SCORPION	VIERGE	CANCER	GEMEAUX	BALANCE	LION	6 GEMEAUX
3 NOVEMBRE	SCORPION	SAGITTAIRE	SCORPION	VIERGE	CANCER	GEMEAUX	BALANCE	LION	20 GEMEAUX
4 NOVEMBRE	SCORPION	SAGITTAIRE	SCORPION	VIERGE	CANCER	GEMEAUX	BALANCE	LION	4 CANCER
5 NOVEMBRE	SCORPION	SAGITTAIRE	SCORPION	VIERGE	CANCER	GEMEAUX	BALANCE	LION	17 CANCER
6 NOVEMBRE	SCORPION	SAGITTAIRE	SCORPION	VIERGE	CANCER	GEMEAUX	BALANCE	LION	29 CANCER
7 NOVEMBRE	SCORPION	SAGITTAIRE	SCORPION	VIERGE	CANCER	GEMEAUX	BALANCE	LION	12 LION
8 NOVEMBRE	SCORPION	SAGITTAIRE	SCORPION	VIERGE	CANCER	GEMEAUX	BALANCE	LION	24 LION
9 NOVEMBRE	SCORPION	SAGITTAIRE	SCORPION	VIERGE	CANCER	GEMEAUX	BALANCE	LION	6 VIERGE
10 NOVEMBRE	SAGITTAIRE	SAGITTAIRE	SCORPION	VIERGE	CANCER	GEMEAUX	BALANCE	LION	17 VIERGE
11 NOVEMBRE	SAGITTAIRE	SAGITTAIRE	SCORPION	VIERGE	CANCER	GEMEAUX	BALANCE	LION	29 VIERGE
12 NOVEMBRE	SAGITTAIRE	SAGITTAIRE	SCORPION	VIERGE	CANCER	GEMEAUX	BALANCE	LION	11 BALANCE
13 NOVEMBRE	SAGITTAIRE	SAGITTAIRE	SCORPION	VIERGE	CANCER	GEMEAUX	BALANCE	LION	23 BALANCE
14 NOVEMBRE	SAGITTAIRE	SAGITTAIRE	SCORPION	VIERGE	CANCER	GEMEAUX	BALANCE	LION	5 SCORPION
15 NOVEMBRE	SAGITTAIRE	SAGITTAIRE	SCORPION	VIERGE	CANCER	GEMEAUX	BALANCE	LION	18 SCORPION
16 NOVEMBRE	SAGITTAIRE	CAPRICORNE	SCORPION	VIERGE	CANCER	GEMEAUX	BALANCE	LION	0 SAGITTAIRE
17 NOVEMBRE	SAGITTAIRE	CAPRICORNE	SCORPION	VIERGE	CANCER	GEMEAUX	BALANCE	LION	13 SAGITTAIRE
18 NOVEMBRE	SAGITTAIRE	CAPRICORNE	SCORPION	VIERGE	CANCER	GEMEAUX	BALANCE	LION	26 SAGITTAIRE
19 NOVEMBRE	SAGITTAIRE	CAPRICORNE	SCORPION	VIERGE	CANCER	GEMEAUX	BALANCE	LION	9 CAPRICORNE
20 NOVEMBRE	SAGITTAIRE	CAPRICORNE	SCORPION	VIERGE	CANCER	GEMEAUX	BALANCE	LION	22 CAPRICORNE
21 NOVEMBRE	SAGITTAIRE	CAPRICORNE	SCORPION	VIERGE	CANCER	GEMEAUX	BALANCE	LION	5 VERSEAU
22 NOVEMBRE	SAGITTAIRE	CAPRICORNE	SCORPION	VIERGE	CANCER	GEMEAUX	BALANCE	LION	19 VERSEAU

	ENTRE DANS LE SIGNE DU	LE 23 OCTOBRE	A 12 h 45	
LE SOLEIL	SCORPION	1944		* LES CHIFFRES INDIQUENT LES DEGRES
	QUITTE LE SIGNE DU	LE 22 NOVEMBRE	A 10 h 00	

1945	MERCURE	VENUS	MARS	JUPITER	SATURNE	URANUS	NEPTUNE	PLUTON	LUNE *
23 OCTOBRE	SCORPION	BALANCE	CANCER	BALANCE	CANCER	GEMEAUX	BALANCE	LION	2 GEMEAUX
24 OCTOBRE	SCORPION	BALANCE	CANCER	BALANCE	CANCER	GEMEAUX	BALANCE	LION	16 GEMEAUX
25 OCTOBRE	SCORPION	BALANCE	CANCER	BALANCE	CANCER	GEMEAUX	BALANCE	LION	1 CANCER
26 OCTOBRE	SCORPION	BALANCE	CANCER	BALANCE	CANCER	GEMEAUX	BALANCE	LION	15 CANCER
27 OCTOBRE	SCORPION	BALANCE	CANCER	BALANCE	CANCER	GEMEAUX	BALANCE	LION	28 CANCER
28 OCTOBRE	SCORPION	BALANCE	CANCER	BALANCE	CANCER	GEMEAUX	BALANCE	LION	11 LION
29 OCTOBRE	SCORPION	BALANCE	CANCER	BALANCE	CANCER	GEMEAUX	BALANCE	LION	24 LION
30 OCTOBRE	SCORPION	BALANCE	CANCER	BALANCE	CANCER	GEMEAUX	BALANCE	LION	6 VIERGE
31 OCTOBRE	SCORPION	BALANCE	CANCER	BALANCE	CANCER	GEMEAUX	BALANCE	LION	19 VIERGE
1 NOVEMBRE	SCORPION	BALANCE	CANCER	BALANCE	CANCER	GEMEAUX	BALANCE	LION	1 BALANCE
2 NOVEMBRE	SCORPION	BALANCE	CANCER	BALANCE	CANCER	GEMEAUX	BALANCE	LION	13 BALANCE
3 NOVEMBRE	SCORPION	BALANCE	CANCER	BALANCE	CANCER	GEMEAUX	BALANCE	LION	24 BALANCE
4 NOVEMBRE	SAGITTAIRE	BALANCE	CANCER	BALANCE	CANCER	GEMEAUX	BALANCE	LION	6 SCORPION
5 NOVEMBRE	SAGITTAIRE	BALANCE	CANCER	BALANCE	CANCER	GEMEAUX	BALANCE	LION	18 SCORPION
6 NOVEMBRE	SAGITTAIRE	BALANCE	CANCER	BALANCE	CANCER	GEMEAUX	BALANCE	LION	0 SAGITTAIRE
7 NOVEMBRE	SAGITTAIRE	BALANCE	CANCER	BALANCE	CANCER	GEMEAUX	BALANCE	LION	12 SAGITTAIRE
8 NOVEMBRE	SAGITTAIRE	BALANCE	CANCER	BALANCE	CANCER	GEMEAUX	BALANCE	LION	24 SAGITTAIRE
9 NOVEMBRE	SAGITTAIRE	BALANCE	CANCER	BALANCE	CANCER	GEMEAUX	BALANCE	LION	6 CAPRICORNE
10 NOVEMBRE	SAGITTAIRE	BALANCE	CANCER	BALANCE	CANCER	GEMEAUX	BALANCE	LION	18 CAPRICORNE
11 NOVEMBRE	SAGITTAIRE	BALANCE	CANCER	BALANCE	CANCER	GEMEAUX	BALANCE	LION	1 VERSEAU
12 NOVEMBRE	SAGITTAIRE	SCORPION	LION	BALANCE	CANCER	GEMEAUX	BALANCE	LION	14 VERSEAU
13 NOVEMBRE	SAGITTAIRE	SCORPION	LION	BALANCE	CANCER	GEMEAUX	BALANCE	LION	27 VERSEAU
14 NOVEMBRE	SAGITTAIRE	SCORPION	LION	BALANCE	CANCER	GEMEAUX	BALANCE	LION	10 POISSONS
15 NOVEMBRE	SAGITTAIRE	SCORPION	LION	BALANCE	CANCER	GEMEAUX	BALANCE	LION	25 POISSONS
16 NOVEMBRE	SAGITTAIRE	SCORPION	LION	BALANCE	CANCER	GEMEAUX	BALANCE	LION	9 BELIER
17 NOVEMBRE	SAGITTAIRE	SCORPION	LION	BALANCE	CANCER	GEMEAUX	BALANCE	LION	24 BELIER
18 NOVEMBRE	SAGITTAIRE	SCORPION	LION	BALANCE	CANCER	GEMEAUX	BALANCE	LION	9 TAUREAU
19 NOVEMBRE	SAGITTAIRE	SCORPION	LION	BALANCE	CANCER	GEMEAUX	BALANCE	LION	25 TAUREAU
20 NOVEMBRE	SAGITTAIRE	SCORPION	LION	BALANCE	CANCER	GEMEAUX	BALANCE	LION	10 GEMEAUX
21 NOVEMBRE	SAGITTAIRE	SCORPION	LION	BALANCE	CANCER	GEMEAUX	BALANCE	LION	25 GEMEAUX
22 NOVEMBRE	SAGITTAIRE	SCORPION	LION	BALANCE	CANCER	GEMEAUX	BALANCE	LION	9 CANCER

	ENTRE DANS LE SIGNE DU	LE 23 OCTOBRE	A 18 h 30	
LE SOLEIL	SCORPION	1945		* LES CHIFFRES INDIQUENT LES DEGRES
	QUITTE LE SIGNE DU	LE 22 NOVEMBRE	A 15 h 45	

DECOUVREZ DANS QUEL SIGNE SE TROUVAIENT LES PLANETES A VOTRE NAISSANCE

1946	MERCURE	VENUS	MARS	JUPITER	SATURNE	URANUS	NEPTUNE	PLUTON	LUNE *
24 OCTOBRE	SCORPION	SAGITTAIRE	SCORPION	SCORPION	LION	GEMEAUX	BALANCE	LION	25 BALANCE
25 OCTOBRE	SCORPION	SAGITTAIRE	SCORPION	SCORPION	LION	GEMEAUX	BALANCE	LION	7 SCORPION
26 OCTOBRE	SCORPION	SAGITTAIRE	SCORPION	SCORPION	LION	GEMEAUX	BALANCE	LION	19 SCORPION
27 OCTOBRE	SCORPION	SAGITTAIRE	SCORPION	SCORPION	LION	GEMEAUX	BALANCE	LION	1 SAGITTAIRE
28 OCTOBRE	SCORPION	SAGITTAIRE	SCORPION	SCORPION	LION	GEMEAUX	BALANCE	LION	13 SAGITTAIRE
29 OCTOBRE	SCORPION	SAGITTAIRE	SCORPION	SCORPION	LION	GEMEAUX	BALANCE	LION	25 SAGITTAIRE
30 OCTOBRE	SAGITTAIRE	SAGITTAIRE	SCORPION	SCORPION	LION	GEMEAUX	BALANCE	LION	7 CAPRICORNE
31 OCTOBRE	SAGITTAIRE	SAGITTAIRE	SCORPION	SCORPION	LION	GEMEAUX	BALANCE	LION	18 CAPRICORNE
1 NOVEMBRE	SAGITTAIRE	SAGITTAIRE	SCORPION	SCORPION	LION	GEMEAUX	BALANCE	LION	0 VERSEAU
2 NOVEMBRE	SAGITTAIRE	SAGITTAIRE	SCORPION	SCORPION	LION	GEMEAUX	BALANCE	LION	13 VERSEAU
3 NOVEMBRE	SAGITTAIRE	SAGITTAIRE	SCORPION	SCORPION	LION	GEMEAUX	BALANCE	LION	25 VERSEAU
4 NOVEMBRE	SAGITTAIRE	SAGITTAIRE	SCORPION	SCORPION	LION	GEMEAUX	BALANCE	LION	8 POISSONS
5 NOVEMBRE	SAGITTAIRE	SAGITTAIRE	SCORPION	SCORPION	LION	GEMEAUX	BALANCE	LION	21 POISSONS
6 NOVEMBRE	SAGITTAIRE	SAGITTAIRE	SCORPION	SCORPION	LION	GEMEAUX	BALANCE	LION	5 BELIER
7 NOVEMBRE	SAGITTAIRE	SAGITTAIRE	SAGITTAIRE	SCORPION	LION	GEMEAUX	BALANCE	LION	19 BELIER
8 NOVEMBRE	SAGITTAIRE	SCORPION	SAGITTAIRE	SCORPION	LION	GEMEAUX	BALANCE	LION	4 TAUREAU
9 NOVEMBRE	SAGITTAIRE	SCORPION	SAGITTAIRE	SCORPION	LION	GEMEAUX	BALANCE	LION	19 TAUREAU
10 NOVEMBRE	SAGITTAIRE	SCORPION	SAGITTAIRE	SCORPION	LION	GEMEAUX	BALANCE	LION	4 GEMEAUX
11 NOVEMBRE	SAGITTAIRE	SCORPION	SAGITTAIRE	SCORPION	LION	GEMEAUX	BALANCE	LION	19 GEMEAUX
12 NOVEMBRE	SAGITTAIRE	SCORPION	SAGITTAIRE	SCORPION	LION	GEMEAUX	BALANCE	LION	4 CANCER
13 NOVEMBRE	SAGITTAIRE	SCORPION	SAGITTAIRE	SCORPION	LION	GEMEAUX	BALANCE	LION	18 CANCER
14 NOVEMBRE	SAGITTAIRE	SCORPION	SAGITTAIRE	SCORPION	LION	GEMEAUX	BALANCE	LION	3 LION
15 NOVEMBRE	SAGITTAIRE	SCORPION	SAGITTAIRE	SCORPION	LION	GEMEAUX	BALANCE	LION	17 LION
16 NOVEMBRE	SAGITTAIRE	SCORPION	SAGITTAIRE	SCORPION	LION	GEMEAUX	BALANCE	LION	0 VIERGE
17 NOVEMBRE	SAGITTAIRE	SCORPION	SAGITTAIRE	SCORPION	LION	GEMEAUX	BALANCE	LION	13 VIERGE
18 NOVEMBRE	SAGITTAIRE	SCORPION	SAGITTAIRE	SCORPION	LION	GEMEAUX	BALANCE	LION	26 VIERGE
19 NOVEMBRE	SAGITTAIRE	SCORPION	SAGITTAIRE	SCORPION	LION	GEMEAUX	BALANCE	LION	9 BALANCE
20 NOVEMBRE	SAGITTAIRE	SCORPION	SAGITTAIRE	SCORPION	LION	GEMEAUX	BALANCE	LION	21 BALANCE
21 NOVEMBRE	SCORPION	SCORPION	SAGITTAIRE	SCORPION	LION	GEMEAUX	BALANCE	LION	4 SCORPION
22 NOVEMBRE	SCORPION	SCORPION	SAGITTAIRE	SCORPION	LION	GEMEAUX	BALANCE	LION	16 SCORPION

	ENTRE DANS LE SIGNE DU	LE 24 OCTOBRE	A 0 h 30
LE SOLEIL	SCORPION	1946	* LES CHIFFRES INDIQUENT LES DEGRES
	QUITTE LE SIGNE DU	LE 22 NOVEMBRE	A 21 h 40

1947	MERCURE	VENUS	MARS	JUPITER	SATURNE	URANUS	NEPTUNE	PLUTON	LUNE *
24 OCTOBRE	SCORPION	SCORPION	LION	SAGITTAIRE	LION	GEMEAUX	BALANCE	LION	27 VERSEAU
25 OCTOBRE	SCORPION	SCORPION	LION	SAGITTAIRE	LION	GEMEAUX	BALANCE	LION	9 POISSONS
26 OCTOBRE	SCORPION	SCORPION	LION	SAGITTAIRE	LION	GEMEAUX	BALANCE	LION	21 POISSONS
27 OCTOBRE	SCORPION	SCORPION	LION	SAGITTAIRE	LION	GEMEAUX	BALANCE	LION	4 BELIER
28 OCTOBRE	SCORPION	SCORPION	LION	SAGITTAIRE	LION	GEMEAUX	BALANCE	LION	17 BELIER
29 OCTOBRE	SCORPION	SCORPION	LION	SAGITTAIRE	LION	GEMEAUX	BALANCE	LION	1 TAUREAU
30 OCTOBRE	SCORPION	SCORPION	LION	SAGITTAIRE	LION	GEMEAUX	BALANCE	LION	14 TAUREAU
31 OCTOBRE	SCORPION	SCORPION	LION	SAGITTAIRE	LION	GEMEAUX	BALANCE	LION	28 TAUREAU
1 NOVEMBRE	SCORPION	SCORPION	LION	SAGITTAIRE	LION	GEMEAUX	BALANCE	LION	2 GEMEAUX
2 NOVEMBRE	SCORPION	SCORPION	LION	SAGITTAIRE	LION	GEMEAUX	BALANCE	LION	26 GEMEAUX
3 NOVEMBRE	SCORPION	SCORPION	LION	SAGITTAIRE	LION	GEMEAUX	BALANCE	LION	1 CANCER
4 NOVEMBRE	SCORPION	SCORPION	LION	SAGITTAIRE	LION	GEMEAUX	BALANCE	LION	25 CANCER
5 NOVEMBRE	SCORPION	SCORPION	LION	SAGITTAIRE	LION	GEMEAUX	BALANCE	LION	9 LION
6 NOVEMBRE	SCORPION	SCORPION	LION	SAGITTAIRE	LION	GEMEAUX	BALANCE	LION	23 LION
7 NOVEMBRE	SCORPION	SAGITTAIRE	LION	SAGITTAIRE	LION	GEMEAUX	BALANCE	LION	7 VIERGE
8 NOVEMBRE	SCORPION	SAGITTAIRE	LION	SAGITTAIRE	LION	GEMEAUX	BALANCE	LION	21 VIERGE
9 NOVEMBRE	SCORPION	SAGITTAIRE	LION	SAGITTAIRE	LION	GEMEAUX	BALANCE	LION	5 BALANCE
10 NOVEMBRE	SCORPION	SAGITTAIRE	LION	SAGITTAIRE	LION	GEMEAUX	BALANCE	LION	19 BALANCE
11 NOVEMBRE	SCORPION	SAGITTAIRE	LION	SAGITTAIRE	LION	GEMEAUX	BALANCE	LION	2 SCORPION
12 NOVEMBRE	SCORPION	SAGITTAIRE	LION	SAGITTAIRE	LION	GEMEAUX	BALANCE	LION	15 SCORPION
13 NOVEMBRE	SCORPION	SAGITTAIRE	LION	SAGITTAIRE	LION	GEMEAUX	BALANCE	LION	28 SCORPION
14 NOVEMBRE	SCORPION	SAGITTAIRE	LION	SAGITTAIRE	LION	GEMEAUX	BALANCE	LION	10 SAGITTAIRE
15 NOVEMBRE	SCORPION	SAGITTAIRE	LION	SAGITTAIRE	LION	GEMEAUX	BALANCE	LION	23 SAGITTAIRE
16 NOVEMBRE	SCORPION	SAGITTAIRE	LION	SAGITTAIRE	LION	GEMEAUX	BALANCE	LION	5 CAPRICORNE
17 NOVEMBRE	SCORPION	SAGITTAIRE	LION	SAGITTAIRE	LION	GEMEAUX	BALANCE	LION	17 CAPRICORNE
18 NOVEMBRE	SCORPION	SAGITTAIRE	LION	SAGITTAIRE	LION	GEMEAUX	BALANCE	LION	29 CAPRICORNE
19 NOVEMBRE	SCORPION	SAGITTAIRE	LION	SAGITTAIRE	LION	GEMEAUX	BALANCE	LION	11 VERSEAU
20 NOVEMBRE	SCORPION	SAGITTAIRE	LION	SAGITTAIRE	LION	GEMEAUX	BALANCE	LION	23 VERSEAU
21 NOVEMBRE	SCORPION	SAGITTAIRE	LION	SAGITTAIRE	LION	GEMEAUX	BALANCE	LION	5 POISSONS
22 NOVEMBRE	SCORPION	SAGITTAIRE	LION	SAGITTAIRE	LION	GEMEAUX	BALANCE	LION	17 POISSONS
23 NOVEMBRE	SCORPION	SAGITTAIRE	LION	SAGITTAIRE	LION	GEMEAUX	BALANCE	LION	29 POISSONS

	ENTRE DANS LE SIGNE DU	LE 24 OCTOBRE	A 6 h 15
LE SOLEIL	SCORPION	1947	* LES CHIFFRES INDIQUENT LES DEGRES
	QUITTE LE SIGNE DU	LE 23 NOVEMBRE	A 3 h 30

DECOUVREZ DANS QUEL SIGNE SE TROUVAIENT LES PLANETES A VOTRE NAISSANCE

1948	MERCURE	VENUS	MARS	JUPITER	SATURNE	URANUS	NEPTUNE	PLUTON	LUNE *
23 OCTOBRE	BALANCE	VIERGE	SAGITTAIRE	SAGITTAIRE	VIERGE	CANCER	BALANCE	LION	3 CANCER
24 OCTOBRE	BALANCE	VIERGE	SAGITTAIRE	SAGITTAIRE	VIERGE	CANCER	BALANCE	LION	17 CANCER
25 OCTOBRE	BALANCE	VIERGE	SAGITTAIRE	SAGITTAIRE	VIERGE	CANCER	BALANCE	LION	1 LION
26 OCTOBRE	BALANCE	VIERGE	SAGITTAIRE	SAGITTAIRE	VIERGE	CANCER	BALANCE	LION	15 LION
27 OCTOBRE	BALANCE	VIERGE	SAGITTAIRE	SAGITTAIRE	VIERGE	CANCER	BALANCE	LION	29 LION
28 OCTOBRE	BALANCE	VIERGE	SAGITTAIRE	SAGITTAIRE	VIERGE	CANCER	BALANCE	LION	14 VIERGE
29 OCTOBRE	BALANCE	VIERGE	SAGITTAIRE	SAGITTAIRE	VIERGE	CANCER	BALANCE	LION	28 VIERGE
30 OCTOBRE	BALANCE	VIERGE	SAGITTAIRE	SAGITTAIRE	VIERGE	CANCER	BALANCE	LION	13 BALANCE
31 OCTOBRE	BALANCE	VIERGE	SAGITTAIRE	SAGITTAIRE	VIERGE	CANCER	BALANCE	LION	28 BALANCE
1 NOVEMBRE	BALANCE	BALANCE	SAGITTAIRE	SAGITTAIRE	VIERGE	CANCER	BALANCE	LION	12 SCORPION
2 NOVEMBRE	BALANCE	BALANCE	SAGITTAIRE	SAGITTAIRE	VIERGE	CANCER	BALANCE	LION	26 SCORPION
3 NOVEMBRE	BALANCE	BALANCE	SAGITTAIRE	SAGITTAIRE	VIERGE	CANCER	BALANCE	LION	10 SAGITTAIRE
4 NOVEMBRE	BALANCE	BALANCE	SAGITTAIRE	SAGITTAIRE	VIERGE	CANCER	BALANCE	LION	23 SAGITTAIRE
5 NOVEMBRE	BALANCE	BALANCE	SAGITTAIRE	SAGITTAIRE	VIERGE	CANCER	BALANCE	LION	6 CAPRICORNE
6 NOVEMBRE	BALANCE	BALANCE	SAGITTAIRE	SAGITTAIRE	VIERGE	CANCER	BALANCE	LION	19 CAPRICORNE
7 NOVEMBRE	BALANCE	BALANCE	SAGITTAIRE	SAGITTAIRE	VIERGE	CANCER	BALANCE	LION	1 VERSEAU
8 NOVEMBRE	BALANCE	BALANCE	SAGITTAIRE	SAGITTAIRE	VIERGE	CANCER	BALANCE	LION	13 VERSEAU
9 NOVEMBRE	BALANCE	BALANCE	SAGITTAIRE	SAGITTAIRE	VIERGE	CANCER	BALANCE	LION	25 VERSEAU
10 NOVEMBRE	SCORPION	BALANCE	SAGITTAIRE	SAGITTAIRE	VIERGE	CANCER	BALANCE	LION	7 POISSONS
11 NOVEMBRE	SCORPION	BALANCE	SAGITTAIRE	SAGITTAIRE	VIERGE	CANCER	BALANCE	LION	19 POISSONS
12 NOVEMBRE	SCORPION	BALANCE	SAGITTAIRE	SAGITTAIRE	VIERGE	CANCER	BALANCE	LION	1 BELIER
13 NOVEMBRE	SCORPION	BALANCE	SAGITTAIRE	SAGITTAIRE	VIERGE	GEMEAUX	BALANCE	LION	13 BELIER
14 NOVEMBRE	SCORPION	BALANCE	SAGITTAIRE	SAGITTAIRE	VIERGE	GEMEAUX	BALANCE	LION	25 BELIER
15 NOVEMBRE	SCORPION	BALANCE	SAGITTAIRE	CAPRICORNE	VIERGE	GEMEAUX	BALANCE	LION	8 TAUREAU
16 NOVEMBRE	SCORPION	BALANCE	SAGITTAIRE	CAPRICORNE	VIERGE	GEMEAUX	BALANCE	LION	20 TAUREAU
17 NOVEMBRE	SCORPION	BALANCE	SAGITTAIRE	CAPRICORNE	VIERGE	GEMEAUX	BALANCE	LION	3 GEMEAUX
18 NOVEMBRE	SCORPION	BALANCE	SAGITTAIRE	CAPRICORNE	VIERGE	GEMEAUX	BALANCE	LION	17 GEMEAUX
19 NOVEMBRE	SCORPION	BALANCE	SAGITTAIRE	CAPRICORNE	VIERGE	GEMEAUX	BALANCE	LION	0 CANCER
20 NOVEMBRE	SCORPION	BALANCE	SAGITTAIRE	CAPRICORNE	VIERGE	GEMEAUX	BALANCE	LION	14 CANCER
21 NOVEMBRE	SCORPION	BALANCE	SAGITTAIRE	CAPRICORNE	VIERGE	GEMEAUX	BALANCE	LION	28 CANCER
22 NOVEMBRE	SCORPION	BALANCE	SAGITTAIRE	CAPRICORNE	VIERGE	GEMEAUX	BALANCE	LION	12 LION

ENTRE DANS LE SIGNE DU LE 23 OCTOBRE A 12 h 00
LE SOLEIL SCORPION 1948 * LES CHIFFRES INDIQUENT LES DEGRES
QUITTE LE SIGNE DU LE 22 NOVEMBRE A 9 h 15

1949	MERCURE	VENUS	MARS	JUPITER	SATURNE	URANUS	NEPTUNE	PLUTON	LUNE *
23 OCTOBRE	BALANCE	SAGITTAIRE	LION	CAPRICORNE	VIERGE	CANCER	BALANCE	LION	22 SCORPION
24 OCTOBRE	BALANCE	SAGITTAIRE	LION	CAPRICORNE	VIERGE	CANCER	BALANCE	LION	7 SAGITTAIRE
25 OCTOBRE	BALANCE	SAGITTAIRE	LION	CAPRICORNE	VIERGE	CANCER	BALANCE	LION	21 SAGITTAIRE
26 OCTOBRE	BALANCE	SAGITTAIRE	LION	CAPRICORNE	VIERGE	CANCER	BALANCE	LION	5 CAPRICORNE
27 OCTOBRE	BALANCE	SAGITTAIRE	VIERGE	CAPRICORNE	VIERGE	CANCER	BALANCE	LION	19 CAPRICORNE
28 OCTOBRE	BALANCE	SAGITTAIRE	VIERGE	CAPRICORNE	VIERGE	CANCER	BALANCE	LION	2 VERSEAU
29 OCTOBRE	BALANCE	SAGITTAIRE	VIERGE	CAPRICORNE	VIERGE	CANCER	BALANCE	LION	15 VERSEAU
30 OCTOBRE	BALANCE	SAGITTAIRE	VIERGE	CAPRICORNE	VIERGE	CANCER	BALANCE	LION	27 VERSEAU
31 OCTOBRE	BALANCE	SAGITTAIRE	VIERGE	CAPRICORNE	VIERGE	CANCER	BALANCE	LION	9 POISSONS
1 NOVEMBRE	BALANCE	SAGITTAIRE	VIERGE	CAPRICORNE	VIERGE	CANCER	BALANCE	LION	21 POISSONS
2 NOVEMBRE	BALANCE	SAGITTAIRE	VIERGE	CAPRICORNE	VIERGE	CANCER	BALANCE	LION	3 BELIER
3 NOVEMBRE	BALANCE	SAGITTAIRE	VIERGE	CAPRICORNE	VIERGE	CANCER	BALANCE	LION	15 BELIER
4 NOVEMBRE	SCORPION	SAGITTAIRE	VIERGE	CAPRICORNE	VIERGE	CANCER	BALANCE	LION	26 BELIER
5 NOVEMBRE	SCORPION	SAGITTAIRE	VIERGE	CAPRICORNE	VIERGE	CANCER	BALANCE	LION	8 TAUREAU
6 NOVEMBRE	SCORPION	CAPRICORNE	VIERGE	CAPRICORNE	VIERGE	CANCER	BALANCE	LION	20 TAUREAU
7 NOVEMBRE	SCORPION	CAPRICORNE	VIERGE	CAPRICORNE	VIERGE	CANCER	BALANCE	LION	2 GEMEAUX
8 NOVEMBRE	SCORPION	CAPRICORNE	VIERGE	CAPRICORNE	VIERGE	CANCER	BALANCE	LION	14 GEMEAUX
9 NOVEMBRE	SCORPION	CAPRICORNE	VIERGE	CAPRICORNE	VIERGE	CANCER	BALANCE	LION	27 GEMEAUX
10 NOVEMBRE	SCORPION	CAPRICORNE	VIERGE	CAPRICORNE	VIERGE	CANCER	BALANCE	LION	9 CANCER
11 NOVEMBRE	SCORPION	CAPRICORNE	VIERGE	CAPRICORNE	VIERGE	CANCER	BALANCE	LION	22 CANCER
12 NOVEMBRE	SCORPION	CAPRICORNE	VIERGE	CAPRICORNE	VIERGE	CANCER	BALANCE	LION	5 LION
13 NOVEMBRE	SCORPION	CAPRICORNE	VIERGE	CAPRICORNE	VIERGE	CANCER	BALANCE	LION	18 LION
14 NOVEMBRE	SCORPION	CAPRICORNE	VIERGE	CAPRICORNE	VIERGE	CANCER	BALANCE	LION	2 VIERGE
15 NOVEMBRE	SCORPION	CAPRICORNE	VIERGE	CAPRICORNE	VIERGE	CANCER	BALANCE	LION	16 VIERGE
16 NOVEMBRE	SCORPION	CAPRICORNE	VIERGE	CAPRICORNE	VIERGE	CANCER	BALANCE	LION	1 BALANCE
17 NOVEMBRE	SCORPION	CAPRICORNE	VIERGE	CAPRICORNE	VIERGE	CANCER	BALANCE	LION	15 BALANCE
18 NOVEMBRE	SCORPION	CAPRICORNE	VIERGE	CAPRICORNE	VIERGE	CANCER	BALANCE	LION	0 SCORPION
19 NOVEMBRE	SCORPION	CAPRICORNE	VIERGE	CAPRICORNE	VIERGE	CANCER	BALANCE	LION	15 SCORPION
20 NOVEMBRE	SCORPION	CAPRICORNE	VIERGE	CAPRICORNE	VIERGE	CANCER	BALANCE	LION	0 SAGITTAIRE
21 NOVEMBRE	SCORPION	CAPRICORNE	VIERGE	CAPRICORNE	VIERGE	CANCER	BALANCE	LION	15 SAGITTAIRE
22 NOVEMBRE	SAGITTAIRE	CAPRICORNE	VIERGE	CAPRICORNE	VIERGE	CANCER	BALANCE	LION	29 SAGITTAIRE

ENTRE DANS LE SIGNE DU LE 23 OCTOBRE A 17 h 50
LE SOLEIL SCORPION 1949 * LES CHIFFRES INDIQUENT LES DEGRES
QUITTE LE SIGNE DU LE 22 NOVEMBRE A 15 h 00

DECOUVREZ DANS QUEL SIGNE SE TROUVAIENT LES PLANETES A VOTRE NAISSANCE

1950	MERCURE	VENUS	MARS	JUPITER	SATURNE	URANUS	NEPTUNE	PLUTON	LUNE *
23 OCTOBRE	BALANCE	BALANCE	SAGITTAIRE	VERSEAU	VIERGE	CANCER	BALANCE	LION	3 BELIER
24 OCTOBRE	BALANCE	BALANCE	SAGITTAIRE	VERSEAU	VIERGE	CANCER	BALANCE	LION	15 BELIER
25 OCTOBRE	BALANCE	BALANCE	SAGITTAIRE	VERSEAU	VIERGE	CANCER	BALANCE	LION	27 BELIER
26 OCTOBRE	BALANCE	BALANCE	SAGITTAIRE	VERSEAU	VIERGE	CANCER	BALANCE	LION	9 TAUREAU
27 OCTOBRE	SCORPION	BALANCE	SAGITTAIRE	VERSEAU	VIERGE	CANCER	BALANCE	LION	21 TAUREAU
28 OCTOBRE	SCORPION	SCORPION	SAGITTAIRE	VERSEAU	VIERGE	CANCER	BALANCE	LION	3 GEMEAUX
29 OCTOBRE	SCORPION	SCORPION	SAGITTAIRE	VERSEAU	VIERGE	CANCER	BALANCE	LION	15 GEMEAUX
30 OCTOBRE	SCORPION	SCORPION	SAGITTAIRE	VERSEAU	VIERGE	CANCER	BALANCE	LION	27 GEMEAUX
31 OCTOBRE	SCORPION	SCORPION	SAGITTAIRE	VERSEAU	VIERGE	CANCER	BALANCE	LION	9 CANCER
1 NOVEMBRE	SCORPION	SCORPION	SAGITTAIRE	VERSEAU	VIERGE	CANCER	BALANCE	LION	21 CANCER
2 NOVEMBRE	SCORPION	SCORPION	SAGITTAIRE	VERSEAU	VIERGE	CANCER	BALANCE	LION	3 LION
3 NOVEMBRE	SCORPION	SCORPION	SAGITTAIRE	VERSEAU	VIERGE	CANCER	BALANCE	LION	15 LION
4 NOVEMBRE	SCORPION	SCORPION	SAGITTAIRE	VERSEAU	VIERGE	CANCER	BALANCE	LION	28 LION
5 NOVEMBRE	SCORPION	SCORPION	SAGITTAIRE	VERSEAU	VIERGE	CANCER	BALANCE	LION	12 VIERGE
6 NOVEMBRE	SCORPION	SCORPION	CAPRICORNE	VERSEAU	VIERGE	CANCER	BALANCE	LION	25 VIERGE
7 NOVEMBRE	SCORPION	SCORPION	CAPRICORNE	VERSEAU	VIERGE	CANCER	BALANCE	LION	10 BALANCE
8 NOVEMBRE	SCORPION	SCORPION	CAPRICORNE	VERSEAU	VIERGE	CANCER	BALANCE	LION	24 BALANCE
9 NOVEMBRE	SCORPION	SCORPION	CAPRICORNE	VERSEAU	VIERGE	CANCER	BALANCE	LION	9 SCORPION
10 NOVEMBRE	SCORPION	SCORPION	CAPRICORNE	VERSEAU	VIERGE	CANCER	BALANCE	LION	25 SCORPION
11 NOVEMBRE	SCORPION	SCORPION	CAPRICORNE	VERSEAU	VIERGE	CANCER	BALANCE	LION	10 SAGITTAIRE
12 NOVEMBRE	SCORPION	SCORPION	CAPRICORNE	VERSEAU	VIERGE	CANCER	BALANCE	LION	25 SAGITTAIRE
13 NOVEMBRE	SCORPION	SCORPION	CAPRICORNE	VERSEAU	VIERGE	CANCER	BALANCE	LION	10 CAPRICORNE
14 NOVEMBRE	SCORPION	SCORPION	CAPRICORNE	VERSEAU	VIERGE	CANCER	BALANCE	LION	24 CAPRICORNE
15 NOVEMBRE	SAGITTAIRE	SCORPION	CAPRICORNE	VERSEAU	VIERGE	CANCER	BALANCE	LION	8 VERSEAU
16 NOVEMBRE	SAGITTAIRE	SCORPION	CAPRICORNE	VERSEAU	VIERGE	CANCER	BALANCE	LION	22 VERSEAU
17 NOVEMBRE	SAGITTAIRE	SCORPION	CAPRICORNE	VERSEAU	VIERGE	CANCER	BALANCE	LION	5 POISSONS
18 NOVEMBRE	SAGITTAIRE	SCORPION	CAPRICORNE	VERSEAU	VIERGE	CANCER	BALANCE	LION	17 POISSONS
19 NOVEMBRE	SAGITTAIRE	SCORPION	CAPRICORNE	VERSEAU	VIERGE	CANCER	BALANCE	LION	0 BELIER
20 NOVEMBRE	SAGITTAIRE	SCORPION	CAPRICORNE	VERSEAU	VIERGE	CANCER	BALANCE	LION	12 BELIER
21 NOVEMBRE	SAGITTAIRE	SAGITTAIRE	CAPRICORNE	VERSEAU	BALANCE	CANCER	BALANCE	LION	24 BELIER
22 NOVEMBRE	SAGITTAIRE	SAGITTAIRE	CAPRICORNE	VERSEAU	BALANCE	CANCER	BALANCE	LION	6 TAUREAU

	ENTRE DANS LE SIGNE DU		LE 23 OCTOBRE	A 23 h 30
LE SOLEIL		SCORPION	1950	* LES CHIFFRES INDIQUENT LES DEGRES
	QUITTE LE SIGNE DU		LE 22 NOVEMBRE	A 20 h 45

1951	MERCURE	VENUS	MARS	JUPITER	SATURNE	URANUS	NEPTUNE	PLUTON	LUNE *
23 OCTOBRE	SCORPION	VIERGE	VIERGE	BELIER	BALANCE	CANCER	BALANCE	LION	4 LION
24 OCTOBRE	SCORPION	VIERGE	VIERGE	BELIER	BALANCE	CANCER	BALANCE	LION	16 LION
25 OCTOBRE	SCORPION	VIERGE	VIERGE	BELIER	BALANCE	CANCER	BALANCE	LION	29 LION
26 OCTOBRE	SCORPION	VIERGE	VIERGE	BELIER	BALANCE	CANCER	BALANCE	LION	11 VIERGE
27 OCTOBRE	SCORPION	VIERGE	VIERGE	BELIER	BALANCE	CANCER	BALANCE	LION	24 VIERGE
28 OCTOBRE	SCORPION	VIERGE	VIERGE	BELIER	BALANCE	CANCER	BALANCE	LION	7 BALANCE
29 OCTOBRE	SCORPION	VIERGE	VIERGE	BELIER	BALANCE	CANCER	BALANCE	LION	21 BALANCE
30 OCTOBRE	SCORPION	VIERGE	VIERGE	BELIER	BALANCE	CANCER	BALANCE	LION	5 SCORPION
31 OCTOBRE	SCORPION	VIERGE	VIERGE	BELIER	BALANCE	CANCER	BALANCE	LION	19 SCORPION
1 NOVEMBRE	SCORPION	VIERGE	VIERGE	BELIER	BALANCE	CANCER	BALANCE	LION	4 SAGITTAIRE
2 NOVEMBRE	SCORPION	VIERGE	VIERGE	BELIER	BALANCE	CANCER	BALANCE	LION	18 SAGITTAIRE
3 NOVEMBRE	SCORPION	VIERGE	VIERGE	BELIER	BALANCE	CANCER	BALANCE	LION	3 CAPRICORNE
4 NOVEMBRE	SCORPION	VIERGE	VIERGE	BELIER	BALANCE	CANCER	BALANCE	LION	17 CAPRICORNE
5 NOVEMBRE	SCORPION	VIERGE	VIERGE	BELIER	BALANCE	CANCER	BALANCE	LION	2 VERSEAU
6 NOVEMBRE	SCORPION	VIERGE	VIERGE	BELIER	BALANCE	CANCER	BALANCE	LION	6 VERSEAU
7 NOVEMBRE	SCORPION	VIERGE	VIERGE	BELIER	BALANCE	CANCER	BALANCE	LION	29 VERSEAU
8 NOVEMBRE	SAGITTAIRE	VIERGE	VIERGE	BELIER	BALANCE	CANCER	BALANCE	LION	13 POISSONS
9 NOVEMBRE	SAGITTAIRE	VIERGE	VIERGE	BELIER	BALANCE	CANCER	BALANCE	LION	26 POISSONS
10 NOVEMBRE	SAGITTAIRE	BALANCE	VIERGE	BELIER	BALANCE	CANCER	BALANCE	LION	10 BELIER
11 NOVEMBRE	SAGITTAIRE	BALANCE	VIERGE	BELIER	BALANCE	CANCER	BALANCE	LION	23 BELIER
12 NOVEMBRE	SAGITTAIRE	BALANCE	VIERGE	BELIER	BALANCE	CANCER	BALANCE	LION	5 TAUREAU
13 NOVEMBRE	SAGITTAIRE	BALANCE	VIERGE	BELIER	BALANCE	CANCER	BALANCE	LION	18 TAUREAU
14 NOVEMBRE	SAGITTAIRE	BALANCE	VIERGE	BELIER	BALANCE	CANCER	BALANCE	LION	1 GEMEAUX
15 NOVEMBRE	SAGITTAIRE	BALANCE	VIERGE	BELIER	BALANCE	CANCER	BALANCE	LION	13 GEMEAUX
16 NOVEMBRE	SAGITTAIRE	BALANCE	VIERGE	BELIER	BALANCE	CANCER	BALANCE	LION	25 GEMEAUX
17 NOVEMBRE	SAGITTAIRE	BALANCE	VIERGE	BELIER	BALANCE	CANCER	BALANCE	LION	7 CANCER
18 NOVEMBRE	SAGITTAIRE	BALANCE	VIERGE	BELIER	BALANCE	CANCER	BALANCE	LION	19 CANCER
19 NOVEMBRE	SAGITTAIRE	BALANCE	VIERGE	BELIER	BALANCE	CANCER	BALANCE	LION	1 LION
20 NOVEMBRE	SAGITTAIRE	BALANCE	VIERGE	BELIER	BALANCE	CANCER	BALANCE	LION	12 LION
21 NOVEMBRE	SAGITTAIRE	BALANCE	VIERGE	BELIER	BALANCE	CANCER	BALANCE	LION	24 LION
22 NOVEMBRE	SAGITTAIRE	BALANCE	VIERGE	BELIER	BALANCE	CANCER	BALANCE	LION	6 VIERGE
23 NOVEMBRE	SAGITTAIRE	BALANCE	VIERGE	BELIER	BALANCE	CANCER	BALANCE	LION	19 VIERGE

	ENTRE DANS LE SIGNE DU		LE 23 OCTOBRE	A 5 h 30
LE SOLEIL		SCORPION	1951	* LES CHIFFRES INDIQUENT LES DEGRES
	QUITTE LE SIGNE DU		LE 23 NOVEMBRE	A 2 h 40

DECOUVREZ DANS QUEL SIGNE SE TROUVAIENT LES PLANETES A VOTRE NAISSANCE

1952	MERCURE	VENUS	MARS	JUPITER	SATURNE	URANUS	NEPTUNE	PLUTON	LUNE *
23 OCTOBRE	SCORPION	SAGITTAIRE	CAPRICORNE	TAUREAU	BALANCE	CANCER	BALANCE	LION	25 SAGITTAIRE
24 OCTOBRE	SCORPION	SAGITTAIRE	CAPRICORNE	TAUREAU	BALANCE	CANCER	BALANCE	LION	9 CAPRICORNE
25 OCTOBRE	SCORPION	SAGITTAIRE	CAPRICORNE	TAUREAU	BALANCE	CANCER	BALANCE	LION	23 CAPRICORNE
26 OCTOBRE	SCORPION	SAGITTAIRE	CAPRICORNE	TAUREAU	BALANCE	CANCER	BALANCE	LION	7 VERSEAU
27 OCTOBRE	SCORPION	SAGITTAIRE	CAPRICORNE	TAUREAU	BALANCE	CANCER	BALANCE	LION	21 VERSEAU
28 OCTOBRE	SCORPION	SAGITTAIRE	CAPRICORNE	TAUREAU	BALANCE	CANCER	BALANCE	LION	5 POISSONS
29 OCTOBRE	SCORPION	SAGITTAIRE	CAPRICORNE	TAUREAU	BALANCE	CANCER	BALANCE	LION	20 POISSONS
30 OCTOBRE	SCORPION	SAGITTAIRE	CAPRICORNE	TAUREAU	BALANCE	CANCER	BALANCE	LION	4 BELIER
31 OCTOBRE	SCORPION	SAGITTAIRE	CAPRICORNE	TAUREAU	BALANCE	CANCER	BALANCE	LION	18 BELIER
1 NOVEMBRE	SAGITTAIRE	SAGITTAIRE	CAPRICORNE	TAUREAU	BALANCE	CANCER	BALANCE	LION	3 TAUREAU
2 NOVEMBRE	SAGITTAIRE	SAGITTAIRE	CAPRICORNE	TAUREAU	BALANCE	CANCER	BALANCE	LION	17 TAUREAU
3 NOVEMBRE	SAGITTAIRE	SAGITTAIRE	CAPRICORNE	TAUREAU	BALANCE	CANCER	BALANCE	LION	0 GEMEAUX
4 NOVEMBRE	SAGITTAIRE	SAGITTAIRE	CAPRICORNE	TAUREAU	BALANCE	CANCER	BALANCE	LION	13 GEMEAUX
5 NOVEMBRE	SAGITTAIRE	SAGITTAIRE	CAPRICORNE	TAUREAU	BALANCE	CANCER	BALANCE	LION	26 GEMEAUX
6 NOVEMBRE	SAGITTAIRE	SAGITTAIRE	CAPRICORNE	TAUREAU	BALANCE	CANCER	BALANCE	LION	9 CANCÉR
7 NOVEMBRE	SAGITTAIRE	SAGITTAIRE	CAPRICORNE	TAUREAU	BALANCE	CANCER	BALANCE	LION	21 CANCER
8 NOVEMBRE	SAGITTAIRE	SAGITTAIRE	CAPRICORNE	TAUREAU	BALANCE	CANCER	BALANCE	LION	3 LION
9 NOVEMBRE	SAGITTAIRE	SAGITTAIRE	CAPRICORNE	TAUREAU	BALANCE	CANCER	BALANCE	LION	15 LION
10 NOVEMBRE	SAGITTAIRE	SAGITTAIRE	CAPRICORNE	TAUREAU	BALANCE	CANCER	BALANCE	LION	27 LION
11 NOVEMBRE	SAGITTAIRE	SAGITTAIRE	CAPRICORNE	TAUREAU	BALANCE	CANCER	BALANCE	LION	9 VIERGE
12 NOVEMBRE	SAGITTAIRE	SAGITTAIRE	CAPRICORNE	TAUREAU	BALANCE	CANCER	BALANCE	LION	21 VIERGE
13 NOVEMBRE	SAGITTAIRE	SAGITTAIRE	CAPRICORNE	TAUREAU	BALANCE	CANCER	BALANCE	LION	3 BALANCE
14 NOVEMBRE	SAGITTAIRE	SAGITTAIRE	CAPRICORNE	TAUREAU	BALANCE	CANCER	BALANCE	LION	15 BALANCE
15 NOVEMBRE	SAGITTAIRE	SAGITTAIRE	CAPRICORNE	TAUREAU	BALANCE	CANCER	BALANCE	LION	28 BALANCE
16 NOVEMBRE	SAGITTAIRE	CAPRICORNE	CAPRICORNE	TAUREAU	BALANCE	CANCER	BALANCE	LION	11 SCORPION
17 NOVEMBRE	SAGITTAIRE	CAPRICORNE	CAPRICORNE	TAUREAU	BALANCE	CANCER	BALANCE	LION	24 SCORPION
18 NOVEMBRE	SAGITTAIRE	CAPRICORNE	CAPRICORNE	TAUREAU	BALANCE	CANCER	BALANCE	LION	8 SAGITTAIRE
19 NOVEMBRE	SAGITTAIRE	CAPRICORNE	CAPRICORNE	TAUREAU	BALANCE	CANCER	BALANCE	LION	22 SAGITTAIRE
20 NOVEMBRE	SAGITTAIRE	CAPRICORNE	CAPRICORNE	TAUREAU	BALANCE	CANCER	BALANCE	LION	6 CAPRICORNE
21 NOVEMBRE	SAGITTAIRE	CAPRICORNE	CAPRICORNE	TAUREAU	BALANCE	CANCER	BALANCE	LION	20 CAPRICORNE
22 NOVEMBRE	SAGITTAIRE	CAPRICORNE	VERSEAU	TAUREAU	BALANCE	CANCER	BALANCE	LION	4 VERSEAU

LE SOLEIL ENTRE DANS LE SIGNE DU SCORPION LE 23 OCTOBRE 1952 A 11 h 15
QUITTE LE SIGNE DU SCORPION LE 22 NOVEMBRE 1952 A 8 h 20

* LES CHIFFRES INDIQUENT LES DEGRES

1953	MERCURE	VENUS	MARS	JUPITER	SATURNE	URANUS	NEPTUNE	PLUTON	LUNE *
23 OCTOBRE	SCORPION	BALANCE	VIERGE	GEMEAUX	SCORPION	CANCER	BALANCE	LION	13 TAUREAU
24 OCTOBRE	SCORPION	BALANCE	VIERGE	GEMEAUX	SCORPION	CANCER	BALANCE	LION	28 TAUREAU
25 OCTOBRE	SCORPION	BALANCE	VIERGE	GEMEAUX	SCORPION	CANCER	BALANCE	LION	12 GEMEAUX
26 OCTOBRE	SCORPION	BALANCE	VIERGE	GEMEAUX	SCORPION	CANCER	BALANCE	LION	26 GEMEAUX
27 OCTOBRE	SCORPION	BALANCE	VIERGE	GEMEAUX	SCORPION	CANCER	BALANCE	LION	9 CANCER
28 OCTOBRE	SCORPION	BALANCE	VIERGE	GEMEAUX	SCORPION	CANCER	BALANCE	LION	22 CANCER
29 OCTOBRE	SCORPION	BALANCE	VIERGE	GEMEAUX	SCORPION	CANCER	BALANCE	LION	5 LION
30 OCTOBRE	SCORPION	BALANCE	VIERGE	GEMEAUX	SCORPION	CANCER	BALANCE	LION	17 LION
31 OCTOBRE	SCORPION	BALANCE	VIERGE	GEMEAUX	SCORPION	CANCER	BALANCE	LION	29 LION
1 NOVEMBRE	SAGITTAIRE	BALANCE	VIERGE	GEMEAUX	SCORPION	CANCER	BALANCE	LION	11 VIERGE
2 NOVEMBRE	SAGITTAIRE	BALANCE	BALANCE	GEMEAUX	SCORPION	CANCER	BALANCE	LION	23 VIERGE
3 NOVEMBRE	SAGITTAIRE	BALANCE	BALANCE	GEMEAUX	SCORPION	CANCER	BALANCE	LION	5 BALANCE
4 NOVEMBRE	SAGITTAIRE	BALANCE	BALANCE	GEMEAUX	SCORPION	CANCER	BALANCE	LION	17 BALANCE
5 NOVEMBRE	SAGITTAIRE	BALANCE	BALANCE	GEMEAUX	SCORPION	CANCER	BALANCE	LION	29 BALANCE
6 NOVEMBRE	SAGITTAIRE	BALANCE	BALANCE	GEMEAUX	SCORPION	CANCER	BALANCE	LION	11 SCORPION
7 NOVEMBRE	SCORPION	BALANCE	BALANCE	GEMEAUX	SCORPION	CANCER	BALANCE	LION	23 SCORPION
8 NOVEMBRE	SCORPION	BALANCE	BALANCE	GEMEAUX	SCORPION	CANCER	BALANCE	LION	5 SAGITTAIRE
9 NOVEMBRE	SCORPION	BALANCE	BALANCE	GEMEAUX	SCORPION	CANCER	BALANCE	LION	18 SAGITTAIRE
10 NOVEMBRE	SCORPION	BALANCE	BALANCE	GEMEAUX	SCORPION	CANCER	BALANCE	LION	1 CAPRICORNE
11 NOVEMBRE	SCORPION	BALANCE	BALANCE	GEMEAUX	SCORPION	CANCER	BALANCE	LION	13 CAPRICORNE
12 NOVEMBRE	SCORPION	SCORPION	BALANCE	GEMEAUX	SCORPION	CANCER	BALANCE	LION	27 CAPRICORNE
13 NOVEMBRE	SCORPION	SCORPION	BALANCE	GEMEAUX	SCORPION	CANCER	BALANCE	LION	10 VERSEAU
14 NOVEMBRE	SCORPION	SCORPION	BALANCE	GEMEAUX	SCORPION	CANCER	BALANCE	LION	24 VERSEAU
15 NOVEMBRE	SCORPION	SCORPION	BALANCE	GEMEAUX	SCORPION	CANCER	BALANCE	LION	8 POISSONS
16 NOVEMBRE	SCORPION	SCORPION	BALANCE	GEMEAUX	SCORPION	CANCER	BALANCE	LION	22 POISSONS
17 NOVEMBRE	SCORPION	SCORPION	BALANCE	GEMEAUX	SCORPION	CANCER	BALANCE	LION	7 BELIER
18 NOVEMBRE	SCORPION	SCORPION	BALANCE	GEMEAUX	SCORPION	CANCER	BALANCE	LION	21 BELIER
19 NOVEMBRE	SCORPION	SCORPION	BALANCE	GEMEAUX	SCORPION	CANCER	BALANCE	LION	6 TAUREAU
20 NOVEMBRE	SCORPION	SCORPION	BALANCE	GEMEAUX	SCORPION	CANCER	BALANCE	LION	21 TAUREAU
21 NOVEMBRE	SCORPION	SCORPION	BALANCE	GEMEAUX	SCORPION	CANCER	BALANCE	LION	6 GEMEAUX
22 NOVEMBRE	SCORPION	SCORPION	BALANCE	GEMEAUX	SCORPION	CANCER	BALANCE	LION	20 GEMEAUX

LE SOLEIL ENTRE DANS LE SIGNE DU SCORPION LE 23 OCTOBRE 1953 A 17 h 00
QUITTE LE SIGNE DU SCORPION LE 22 NOVEMBRE 1953 A 14 h 10

* LES CHIFFRES INDIQUENT LES DEGRES

DECOUVREZ DANS QUEL SIGNE SE TROUVAIENT LES PLANETES A VOTRE NAISSANCE

1954	MERCURE	VENUS	MARS	JUPITER	SATURNE	URANUS	NEPTUNE	PLUTON	LUNE *
23 OCTOBRE	SCORPION	SCORPION	VERSEAU	CANCER	SCORPION	CANCER	BALANCE	LION	23 VIERGE
24 OCTOBRE	SCORPION	SAGITTAIRE	VERSEAU	CANCER	SCORPION	CANCER	BALANCE	LION	6 BALANCE
25 OCTOBRE	SCORPION	SAGITTAIRE	VERSEAU	CANCER	SCORPION	CANCER	BALANCE	LION	18 BALANCE
26 OCTOBRE	SCORPION	SAGITTAIRE	VERSEAU	CANCER	SCORPION	CANCER	BALANCE	LION	0 SCORPION
27 OCTOBRE	SCORPION	SCORPION	VERSEAU	CANCER	SCORPION	CANCER	BALANCE	LION	11 SCORPION
28 OCTOBRE	SCORPION	SCORPION	VERSEAU	CANCER	SCORPION	CANCER	BALANCE	LION	23 SCORPION
29 OCTOBRE	SCORPION	SCORPION	VERSEAU	CANCER	SCORPION	CANCER	BALANCE	LION	5 SAGITTAIRE
30 OCTOBRE	SCORPION	SCORPION	VERSEAU	CANCER	SCORPION	CANCER	BALANCE	LION	17 SAGITTAIRE
31 OCTOBRE	SCORPION	SCORPION	VERSEAU	CANCER	SCORPION	CANCER	BALANCE	LION	29 SAGITTAIRE
1 NOVEMBRE	SCORPION	SCORPION	VERSEAU	CANCER	SCORPION	CANCER	BALANCE	LION	11 CAPRICORNE
2 NOVEMBRE	SCORPION	SCORPION	VERSEAU	CANCER	SCORPION	CANCER	BALANCE	LION	23 CAPRICORNE
3 NOVEMBRE	SCORPION	SCORPION	VERSEAU	CANCER	SCORPION	CANCER	BALANCE	LION	6 VERSEAU
4 NOVEMBRE	SCORPION	SCORPION	VERSEAU	CANCER	SCORPION	CANCER	BALANCE	LION	19 VERSEAU
5 NOVEMBRE	BALANCE	SCORPION	VERSEAU	CANCER	SCORPION	CANCER	BALANCE	LION	2 POISSONS
6 NOVEMBRE	BALANCE	SCORPION	VERSEAU	CANCER	SCORPION	CANCER	BALANCE	LION	16 POISSONS
7 NOVEMBRE	BALANCE	SCORPION	VERSEAU	CANCER	SCORPION	CANCER	BALANCE	LION	0 BELIER
8 NOVEMBRE	BALANCE	SCORPION	VERSEAU	CANCER	SCORPION	CANCER	BALANCE	LION	15 BELIER
9 NOVEMBRE	BALANCE	SCORPION	VERSEAU	CANCER	SCORPION	CANCER	BALANCE	LION	0 TAUREAU
10 NOVEMBRE	BALANCE	SCORPION	VERSEAU	CANCER	SCORPION	CANCER	BALANCE	LION	16 TAUREAU
11 NOVEMBRE	SCORPION	SCORPION	VERSEAU	CANCER	SCORPION	CANCER	BALANCE	LION	1 GEMEAUX
12 NOVEMBRE	SCORPION	SCORPION	VERSEAU	CANCER	SCORPION	CANCER	BALANCE	LION	16 GEMEAUX
13 NOVEMBRE	SCORPION	SCORPION	VERSEAU	CANCER	SCORPION	CANCER	BALANCE	LION	1 CANCER
14 NOVEMBRE	SCORPION	SCORPION	VERSEAU	CANCER	SCORPION	CANCER	BALANCE	LION	15 CANCER
15 NOVEMBRE	SCORPION	SCORPION	VERSEAU	CANCER	SCORPION	CANCER	BALANCE	LION	29 CANCER
16 NOVEMBRE	SCORPION	SCORPION	VERSEAU	CANCER	SCORPION	CANCER	BALANCE	LION	12 LION
17 NOVEMBRE	SCORPION	SCORPION	VERSEAU	CANCER	SCORPION	CANCER	BALANCE	LION	25 LION
18 NOVEMBRE	SCORPION	SCORPION	VERSEAU	CANCER	SCORPION	CANCER	BALANCE	LION	8 VIERGE
19 NOVEMBRE	SCORPION	SCORPION	VERSEAU	CANCER	SCORPION	CANCER	BALANCE	LION	20 VIERGE
20 NOVEMBRE	SCORPION	SCORPION	VERSEAU	CANCER	SCORPION	CANCER	BALANCE	LION	3 BALANCE
21 NOVEMBRE	SCORPION	SCORPION	VERSEAU	CANCER	SCORPION	CANCER	BALANCE	LION	15 BALANCE
22 NOVEMBRE	SCORPION	SCORPION	VERSEAU	CANCER	SCORPION	CANCER	BALANCE	LION	27 BALANCE

LE SOLEIL ENTRE DANS LE SIGNE DU SCORPION LE 23 OCTOBRE 1954 A 22 h 45
LE SOLEIL QUITTE LE SIGNE DU SCORPION LE 22 NOVEMBRE 1954 A 20 h 00

* LES CHIFFRES INDIQUENT LES DEGRES

1955	MERCURE	VENUS	MARS	JUPITER	SATURNE	URANUS	NEPTUNE	PLUTON	LUNE *
23 OCTOBRE	BALANCE	SCORPION	BALANCE	LION	SCORPION	LION	BALANCE	LION	24 CAPRICORNE
24 OCTOBRE	BALANCE	SCORPION	BALANCE	LION	SCORPION	LION	BALANCE	LION	6 VERSEAU
25 OCTOBRE	BALANCE	SCORPION	BALANCE	LION	SCORPION	LION	BALANCE	LION	18 VERSEAU
26 OCTOBRE	BALANCE	SCORPION	BALANCE	LION	SCORPION	LION	BALANCE	LION	1 POISSONS
27 OCTOBRE	BALANCE	SCORPION	BALANCE	LION	SCORPION	LION	BALANCE	LION	14 POISSONS
28 OCTOBRE	BALANCE	SCORPION	BALANCE	LION	SCORPION	LION	BALANCE	LION	28 POISSONS
29 OCTOBRE	BALANCE	SCORPION	BALANCE	LION	SCORPION	LION	BALANCE	LION	11 BELIER
30 OCTOBRE	BALANCE	SCORPION	BALANCE	LION	SCORPION	LION	BALANCE	LION	26 BELIER
31 OCTOBRE	BALANCE	SCORPION	BALANCE	LION	SCORPION	LION	BALANCE	LION	10 TAUREAU
1 NOVEMBRE	BALANCE	SCORPION	BALANCE	LION	SCORPION	LION	BALANCE	LION	25 TAUREAU
2 NOVEMBRE	BALANCE	SCORPION	BALANCE	LION	SCORPION	LION	BALANCE	LION	10 GEMEAUX
3 NOVEMBRE	BALANCE	SCORPION	BALANCE	LION	SCORPION	LION	BALANCE	LION	25 GEMEAUX
4 NOVEMBRE	BALANCE	SCORPION	BALANCE	LION	SCORPION	LION	BALANCE	LION	9 CANCER
5 NOVEMBRE	BALANCE	SCORPION	BALANCE	LION	SCORPION	LION	BALANCE	LION	24 CANCER
6 NOVEMBRE	BALANCE	SAGITTAIRE	BALANCE	LION	SCORPION	LION	BALANCE	LION	8 LION
7 NOVEMBRE	BALANCE	SAGITTAIRE	BALANCE	LION	SCORPION	LION	BALANCE	LION	21 LION
8 NOVEMBRE	SCORPION	SAGITTAIRE	BALANCE	LION	SCORPION	LION	BALANCE	LION	5 VIERGE
9 NOVEMBRE	SCORPION	SAGITTAIRE	BALANCE	LION	SCORPION	LION	BALANCE	LION	18 VIERGE
10 NOVEMBRE	SCORPION	SAGITTAIRE	BALANCE	LION	SCORPION	LION	BALANCE	LION	1 BALANCE
11 NOVEMBRE	SCORPION	SAGITTAIRE	BALANCE	LION	SCORPION	LION	BALANCE	LION	14 BALANCE
12 NOVEMBRE	SCORPION	SAGITTAIRE	BALANCE	LION	SCORPION	LION	BALANCE	LION	26 BALANCE
13 NOVEMBRE	SCORPION	SAGITTAIRE	BALANCE	LION	SCORPION	LION	BALANCE	LION	9 SCORPION
14 NOVEMBRE	SCORPION	SAGITTAIRE	BALANCE	LION	SCORPION	LION	BALANCE	LION	21 SCORPION
15 NOVEMBRE	SCORPION	SAGITTAIRE	BALANCE	LION	SCORPION	LION	BALANCE	LION	3 SAGITTAIRE
16 NOVEMBRE	SCORPION	SAGITTAIRE	BALANCE	LION	SCORPION	LION	BALANCE	LION	15 SAGITTAIRE
17 NOVEMBRE	SCORPION	SAGITTAIRE	BALANCE	VIERGE	SCORPION	LION	BALANCE	LION	27 SAGITTAIRE
18 NOVEMBRE	SCORPION	SAGITTAIRE	BALANCE	VIERGE	SCORPION	LION	BALANCE	LION	8 CAPRICORNE
19 NOVEMBRE	SCORPION	SAGITTAIRE	BALANCE	VIERGE	SCORPION	LION	BALANCE	LION	20 CAPRICORNE
20 NOVEMBRE	SCORPION	SAGITTAIRE	BALANCE	VIERGE	SCORPION	LION	BALANCE	LION	2 VERSEAU
21 NOVEMBRE	SCORPION	SAGITTAIRE	BALANCE	VIERGE	SCORPION	LION	BALANCE	LION	14 VERSEAU
22 NOVEMBRE	SCORPION	SAGITTAIRE	BALANCE	VIERGE	SCORPION	LION	BALANCE	LION	26 VERSEAU
23 NOVEMBRE	SCORPION	SAGITTAIRE	BALANCE	VIERGE	SCORPION	LION	BALANCE	LION	9 POISSONS

LE SOLEIL ENTRE DANS LE SIGNE DU SCORPION LE 23 OCTOBRE 1955 A 4 h 30
LE SOLEIL QUITTE LE SIGNE DU SCORPION LE 23 NOVEMBRE 1955 A 1 h 45

* LES CHIFFRES INDIQUENT LES DEGRES

DECOUVREZ DANS QUEL SIGNE SE TROUVAIENT LES PLANETES A VOTRE NAISSANCE

1956	MERCURE	VENUS	MARS	JUPITER	SATURNE	URANUS	NEPTUNE	PLUTON	LUNE *
23 OCTOBRE	BALANCE	VIERGE	POISSONS	VIERGE	SAGITTAIRE	LION	SCORPION	VIERGE	17 GEMEAUX
24 OCTOBRE	BALANCE	VIERGE	POISSONS	VIERGE	SAGITTAIRE	LION	SCORPION	VIERGE	1 CANCER
25 OCTOBRE	BALANCE	VIERGE	POISSONS	VIERGE	SAGITTAIRE	LION	SCORPION	VIERGE	15 CANCER
26 OCTOBRE	BALANCE	VIERGE	POISSONS	VIERGE	SAGITTAIRE	LION	SCORPION	VIERGE	29 CANCER
27 OCTOBRE	BALANCE	VIERGE	POISSONS	VIERGE	SAGITTAIRE	LION	SCORPION	VIERGE	14 LION
28 OCTOBRE	BALANCE	VIERGE	POISSONS	VIERGE	SAGITTAIRE	LION	SCORPION	VIERGE	28 LION
29 OCTOBRE	BALANCE	VIERGE	POISSONS	VIERGE	SAGITTAIRE	LION	SCORPION	VIERGE	12 VIERGE
30 OCTOBRE	BALANCE	VIERGE	POISSONS	VIERGE	SAGITTAIRE	LION	SCORPION	VIERGE	26 VIERGE
31 OCTOBRE	SCORPION	VIERGE	POISSONS	VIERGE	SAGITTAIRE	LION	SCORPION	VIERGE	10 BALANCE
1 NOVEMBRE	SCORPION	BALANCE	POISSONS	VIERGE	SAGITTAIRE	LION	SCORPION	VIERGE	24 BALANCE
2 NOVEMBRE	SCORPION	BALANCE	POISSONS	VIERGE	SAGITTAIRE	LION	SCORPION	VIERGE	7 SCORPION
3 NOVEMBRE	SCORPION	BALANCE	POISSONS	VIERGE	SAGITTAIRE	LION	SCORPION	VIERGE	21 SCORPION
4 NOVEMBRE	SCORPION	BALANCE	POISSONS	VIERGE	SAGITTAIRE	LION	SCORPION	VIERGE	3 SAGITTAIRE
5 NOVEMBRE	SCORPION	BALANCE	POISSONS	VIERGE	SAGITTAIRE	LION	SCORPION	VIERGE	16 SAGITTAIRE
6 NOVEMBRE	SCORPION	BALANCE	POISSONS	VIERGE	SAGITTAIRE	LION	SCORPION	VIERGE	28 SAGITTAIRE
7 NOVEMBRE	SCORPION	BALANCE	POISSONS	VIERGE	SAGITTAIRE	LION	SCORPION	VIERGE	11 CAPRICORNE
8 NOVEMBRE	SCORPION	BALANCE	POISSONS	VIERGE	SAGITTAIRE	LION	SCORPION	VIERGE	23 CAPRICORNE
9 NOVEMBRE	SCORPION	BALANCE	POISSONS	VIERGE	SAGITTAIRE	LION	SCORPION	VIERGE	4 VERSEAU
10 NOVEMBRE	SCORPION	BALANCE	POISSONS	VIERGE	SAGITTAIRE	LION	SCORPION	VIERGE	16 VERSEAU
11 NOVEMBRE	SCORPION	BALANCE	POISSONS	VIERGE	SAGITTAIRE	LION	SCORPION	VIERGE	28 VERSEAU
12 NOVEMBRE	SCORPION	BALANCE	POISSONS	VIERGE	SAGITTAIRE	LION	SCORPION	VIERGE	10 POISSONS
13 NOVEMBRE	SCORPION	BALANCE	POISSONS	VIERGE	SAGITTAIRE	LION	SCORPION	VIERGE	23 POISSONS
14 NOVEMBRE	SCORPION	BALANCE	POISSONS	VIERGE	SAGITTAIRE	LION	SCORPION	VIERGE	5 BELIER
15 NOVEMBRE	SCORPION	BALANCE	POISSONS	VIERGE	SAGITTAIRE	LION	SCORPION	VIERGE	18 BELIER
16 NOVEMBRE	SCORPION	BALANCE	POISSONS	VIERGE	SAGITTAIRE	LION	SCORPION	VIERGE	1 TAUREAU
17 NOVEMBRE	SCORPION	BALANCE	POISSONS	VIERGE	SAGITTAIRE	LION	SCORPION	VIERGE	15 TAUREAU
18 NOVEMBRE	SCORPION	BALANCE	POISSONS	VIERGE	SAGITTAIRE	LION	SCORPION	VIERGE	29 TAUREAU
19 NOVEMBRE	SAGITTAIRE	BALANCE	POISSONS	VIERGE	SAGITTAIRE	LION	SCORPION	VIERGE	13 GEMEAUX
20 NOVEMBRE	SAGITTAIRE	BALANCE	POISSONS	VIERGE	SAGITTAIRE	LION	SCORPION	VIERGE	27 GEMEAUX
21 NOVEMBRE	SAGITTAIRE	BALANCE	POISSONS	VIERGE	SAGITTAIRE	LION	SCORPION	VIERGE	12 CANCER
22 NOVEMBRE	SAGITTAIRE	BALANCE	POISSONS	VIERGE	SAGITTAIRE	LION	SCORPION	VIERGE	26 CANCER

ENTRE DANS LE SIGNE DU LE 23 OCTOBRE A 10 h 20
LE SOLEIL SCORPION 1956 * LES CHIFFRES INDIQUENT LES DEGRES
QUITTE LE SIGNE DU LE 22 NOVEMBRE A 7 h 40

1957	MERCURE	VENUS	MARS	JUPITER	SATURNE	URANUS	NEPTUNE	PLUTON	LUNE *
23 OCTOBRE	BALANCE	SAGITTAIRE	BALANCE	BALANCE	SAGITTAIRE	LION	SCORPION	VIERGE	4 SCORPION
24 OCTOBRE	SCORPION	SAGITTAIRE	BALANCE	BALANCE	SAGITTAIRE	LION	SCORPION	VIERGE	18 SCORPION
25 OCTOBRE	SCORPION	SAGITTAIRE	BALANCE	BALANCE	SAGITTAIRE	LION	SCORPION	VIERGE	2 SAGITTAIRE
26 OCTOBRE	SCORPION	SAGITTAIRE	BALANCE	BALANCE	SAGITTAIRE	LION	SCORPION	VIERGE	16 SAGITTAIRE
27 OCTOBRE	SCORPION	SAGITTAIRE	BALANCE	BALANCE	SAGITTAIRE	LION	SCORPION	VIERGE	29 SAGITTAIRE
28 OCTOBRE	SCORPION	SAGITTAIRE	BALANCE	BALANCE	SAGITTAIRE	LION	SCORPION	VIERGE	12 CAPRICORNE
29 OCTOBRE	SCORPION	SAGITTAIRE	BALANCE	BALANCE	SAGITTAIRE	LION	SCORPION	VIERGE	25 CAPRICORNE
30 OCTOBRE	SCORPION	SAGITTAIRE	BALANCE	BALANCE	SAGITTAIRE	LION	SCORPION	VIERGE	7 VERSEAU
31 OCTOBRE	SCORPION	SAGITTAIRE	BALANCE	BALANCE	SAGITTAIRE	LION	SCORPION	VIERGE	19 VERSEAU
1 NOVEMBRE	SCORPION	SAGITTAIRE	BALANCE	BALANCE	SAGITTAIRE	LION	SCORPION	VIERGE	1 POISSONS
2 NOVEMBRE	SCORPION	SAGITTAIRE	BALANCE	BALANCE	SAGITTAIRE	LION	SCORPION	VIERGE	13 POISSONS
3 NOVEMBRE	SCORPION	SAGITTAIRE	BALANCE	BALANCE	SAGITTAIRE	LION	SCORPION	VIERGE	25 POISSONS
4 NOVEMBRE	SCORPION	SAGITTAIRE	BALANCE	BALANCE	SAGITTAIRE	LION	SCORPION	VIERGE	7 BELIER
5 NOVEMBRE	SCORPION	SAGITTAIRE	BALANCE	BALANCE	SAGITTAIRE	LION	SCORPION	VIERGE	19 BELIER
6 NOVEMBRE	SCORPION	CAPRICORNE	BALANCE	BALANCE	SAGITTAIRE	LION	SCORPION	VIERGE	1 TAUREAU
7 NOVEMBRE	SCORPION	CAPRICORNE	BALANCE	BALANCE	SAGITTAIRE	LION	SCORPION	VIERGE	13 TAUREAU
8 NOVEMBRE	SCORPION	CAPRICORNE	BALANCE	BALANCE	SAGITTAIRE	LION	SCORPION	VIERGE	26 TAUREAU
9 NOVEMBRE	SCORPION	CAPRICORNE	SCORPION	BALANCE	SAGITTAIRE	LION	SCORPION	VIERGE	9 GEMEAUX
10 NOVEMBRE	SCORPION	CAPRICORNE	SCORPION	BALANCE	SAGITTAIRE	LION	SCORPION	VIERGE	22 GEMEAUX
11 NOVEMBRE	SCORPION	CAPRICORNE	SCORPION	BALANCE	SAGITTAIRE	LION	SCORPION	VIERGE	5 CANCER
12 NOVEMBRE	SAGITTAIRE	CAPRICORNE	SCORPION	BALANCE	SAGITTAIRE	LION	SCORPION	VIERGE	18 CANCER
13 NOVEMBRE	SAGITTAIRE	CAPRICORNE	SCORPION	BALANCE	SAGITTAIRE	LION	SCORPION	VIERGE	2 LION
14 NOVEMBRE	SAGITTAIRE	CAPRICORNE	SCORPION	BALANCE	SAGITTAIRE	LION	SCORPION	VIERGE	16 LION
15 NOVEMBRE	SAGITTAIRE	CAPRICORNE	SCORPION	BALANCE	SAGITTAIRE	LION	SCORPION	VIERGE	0 VIERGE
16 NOVEMBRE	SAGITTAIRE	CAPRICORNE	SCORPION	BALANCE	SAGITTAIRE	LION	SCORPION	VIERGE	14 VIERGE
17 NOVEMBRE	SAGITTAIRE	CAPRICORNE	SCORPION	BALANCE	SAGITTAIRE	LION	SCORPION	VIERGE	29 VIERGE
18 NOVEMBRE	SAGITTAIRE	CAPRICORNE	SCORPION	BALANCE	SAGITTAIRE	LION	SCORPION	VIERGE	13 BALANCE
19 NOVEMBRE	SAGITTAIRE	CAPRICORNE	SCORPION	BALANCE	SAGITTAIRE	LION	SCORPION	VIERGE	28 BALANCE
20 NOVEMBRE	SAGITTAIRE	CAPRICORNE	SCORPION	BALANCE	SAGITTAIRE	LION	SCORPION	VIERGE	12 SCORPION
21 NOVEMBRE	SAGITTAIRE	CAPRICORNE	SCORPION	BALANCE	SAGITTAIRE	LION	SCORPION	VIERGE	26 SCORPION
22 NOVEMBRE	SAGITTAIRE	CAPRICORNE	SCORPION	BALANCE	SAGITTAIRE	LION	SCORPION	VIERGE	10 SAGITTAIRE

ENTRE DANS LE SIGNE DU LE 23 OCTOBRE A 16 h 15
LE SOLEIL SCORPION 1957 * LES CHIFFRES INDIQUENT LES DEGRES
QUITTE LE SIGNE DU LE 22 NOVEMBRE A 13 h 30

DECOUVREZ DANS QUEL SIGNE SE TROUVAIENT LES PLANETES A VOTRE NAISSANCE

1958	MERCURE	VENUS	MARS	JUPITER	SATURNE	URANUS	NEPTUNE	PLUTON	LUNE *
23 OCTOBRE	SCORPION	BALANCE	GEMEAUX	SCORPION	SAGITTAIRE	LION	SCORPION	VIERGE	14 POISSONS
24 OCTOBRE	SCORPION	BALANCE	GEMEAUX	SCORPION	SAGITTAIRE	LION	SCORPION	VIERGE	26 POISSONS
25 OCTOBRE	SCORPION	BALANCE	GEMEAUX	SCORPION	SAGITTAIRE	LION	SCORPION	VIERGE	8 BELIER
26 OCTOBRE	SCORPION	BALANCE	GEMEAUX	SCORPION	SAGITTAIRE	LION	SCORPION	VIERGE	20 BELIER
27 OCTOBRE	SCORPION	BALANCE	GEMEAUX	SCORPION	SAGITTAIRE	LION	SCORPION	VIERGE	2 TAUREAU
28 OCTOBRE	SCORPION	SCORPION	GEMEAUX	SCORPION	SAGITTAIRE	LION	SCORPION	VIERGE	13 TAUREAU
29 OCTOBRE	SCORPION	SCORPION	TAUREAU	SCORPION	SAGITTAIRE	LION	SCORPION	VIERGE	25 TAUREAU
30 OCTOBRE	SCORPION	SCORPION	TAUREAU	SCORPION	SAGITTAIRE	LION	SCORPION	VIERGE	7 GEMEAUX
31 OCTOBRE	SCORPION	SCORPION	TAUREAU	SCORPION	SAGITTAIRE	LION	SCORPION	VIERGE	19 GEMEAUX
1 NOVEMBRE	SCORPION	SCORPION	TAUREAU	SCORPION	SAGITTAIRE	LION	SCORPION	VIERGE	2 CANCER
2 NOVEMBRE	SCORPION	SCORPION	TAUREAU	SCORPION	SAGITTAIRE	LION	SCORPION	VIERGE	14 CANCER
3 NOVEMBRE	SCORPION	SCORPION	TAUREAU	SCORPION	SAGITTAIRE	LION	SCORPION	VIERGE	27 CANCER
4 NOVEMBRE	SCORPION	SCORPION	TAUREAU	SCORPION	SAGITTAIRE	LION	SCORPION	VIERGE	10 LION
5 NOVEMBRE	SAGITTAIRE	SCORPION	TAUREAU	SCORPION	SAGITTAIRE	LION	SCORPION	VIERGE	23 LION
6 NOVEMBRE	SAGITTAIRE	SCORPION	TAUREAU	SCORPION	SAGITTAIRE	LION	SCORPION	VIERGE	7 VIERGE
7 NOVEMBRE	SAGITTAIRE	SCORPION	TAUREAU	SCORPION	SAGITTAIRE	LION	SCORPION	VIERGE	22 VIERGE
8 NOVEMBRE	SAGITTAIRE	SCORPION	TAUREAU	SCORPION	SAGITTAIRE	LION	SCORPION	VIERGE	6 BALANCE
9 NOVEMBRE	SAGITTAIRE	SCORPION	TAUREAU	SCORPION	SAGITTAIRE	LION	SCORPION	VIERGE	21 BALANCE
10 NOVEMBRE	SAGITTAIRE	SCORPION	TAUREAU	SCORPION	SAGITTAIRE	LION	SCORPION	VIERGE	6 SCORPION
11 NOVEMBRE	SAGITTAIRE	SCORPION	TAUREAU	SCORPION	SAGITTAIRE	LION	SCORPION	VIERGE	21 SCORPION
12 NOVEMBRE	SAGITTAIRE	SCORPION	TAUREAU	SCORPION	SAGITTAIRE	LION	SCORPION	VIERGE	6 SAGITTAIRE
13 NOVEMBRE	SAGITTAIRE	SCORPION	TAUREAU	SCORPION	SAGITTAIRE	LION	SCORPION	VIERGE	21 SAGITTAIRE
14 NOVEMBRE	SAGITTAIRE	SCORPION	TAUREAU	SCORPION	SAGITTAIRE	LION	SCORPION	VIERGE	6 CAPRICORNE
15 NOVEMBRE	SAGITTAIRE	SCORPION	TAUREAU	SCORPION	SAGITTAIRE	LION	SCORPION	VIERGE	20 CAPRICORNE
16 NOVEMBRE	SAGITTAIRE	SCORPION	TAUREAU	SCORPION	SAGITTAIRE	LION	SCORPION	VIERGE	3 VERSEAU
17 NOVEMBRE	SAGITTAIRE	SCORPION	TAUREAU	SCORPION	SAGITTAIRE	LION	SCORPION	VIERGE	16 VERSEAU
18 NOVEMBRE	SAGITTAIRE	SCORPION	TAUREAU	SCORPION	SAGITTAIRE	LION	SCORPION	VIERGE	29 VERSEAU
19 NOVEMBRE	SAGITTAIRE	SCORPION	TAUREAU	SCORPION	SAGITTAIRE	LION	SCORPION	VIERGE	11 POISSONS
20 NOVEMBRE	SAGITTAIRE	SCORPION	TAUREAU	SCORPION	SAGITTAIRE	LION	SCORPION	VIERGE	23 POISSONS
21 NOVEMBRE	SAGITTAIRE	SAGITTAIRE	TAUREAU	SCORPION	SAGITTAIRE	LION	SCORPION	VIERGE	5 BELIER
22 NOVEMBRE	SAGITTAIRE	SAGITTAIRE	TAUREAU	SCORPION	SAGITTAIRE	LION	SCORPION	VIERGE	17 BELIER

LE SOLEIL ENTRE DANS LE SIGNE DU SCORPION LE 23 OCTOBRE 1958 A 22 h 00
QUITTE LE SIGNE DU SCORPION LE 22 NOVEMBRE 1958 A 19 h 15

* LES CHIFFRES INDIQUENT LES DEGRES

1959	MERCURE	VENUS	MARS	JUPITER	SATURNE	URANUS	NEPTUNE	PLUTON	LUNE *
24 OCTOBRE	SCORPION	VIERGE	SCORPION	SAGITTAIRE	CAPRICORNE	LION	SCORPION	VIERGE	26 CANCER
25 OCTOBRE	SCORPION	VIERGE	SCORPION	SAGITTAIRE	CAPRICORNE	LION	SCORPION	VIERGE	8 LION
26 OCTOBRE	SCORPION	VIERGE	SCORPION	SAGITTAIRE	CAPRICORNE	LION	SCORPION	VIERGE	21 LION
27 OCTOBRE	SCORPION	VIERGE	SCORPION	SAGITTAIRE	CAPRICORNE	LION	SCORPION	VIERGE	4 VIERGE
28 OCTOBRE	SCORPION	VIERGE	SCORPION	SAGITTAIRE	CAPRICORNE	LION	SCORPION	VIERGE	18 VIERGE
29 OCTOBRE	SCORPION	VIERGE	SCORPION	SAGITTAIRE	CAPRICORNE	LION	SCORPION	VIERGE	2 BALANCE
30 OCTOBRE	SCORPION	VIERGE	SCORPION	SAGITTAIRE	CAPRICORNE	LION	SCORPION	VIERGE	16 BALANCE
31 OCTOBRE	SAGITTAIRE	VIERGE	SCORPION	SAGITTAIRE	CAPRICORNE	LION	SCORPION	VIERGE	1 SCORPION
1 NOVEMBRE	SAGITTAIRE	VIERGE	SCORPION	SAGITTAIRE	CAPRICORNE	LION	SCORPION	VIERGE	16 SCORPION
2 NOVEMBRE	SAGITTAIRE	VIERGE	SCORPION	SAGITTAIRE	CAPRICORNE	LION	SCORPION	VIERGE	1 SAGITTAIRE
3 NOVEMBRE	SAGITTAIRE	VIERGE	SCORPION	SAGITTAIRE	CAPRICORNE	LION	SCORPION	VIERGE	16 SAGITTAIRE
4 NOVEMBRE	SAGITTAIRE	VIERGE	SCORPION	SAGITTAIRE	CAPRICORNE	LION	SCORPION	VIERGE	1 CAPRICORNE
5 NOVEMBRE	SAGITTAIRE	VIERGE	SCORPION	SAGITTAIRE	CAPRICORNE	LION	SCORPION	VIERGE	15 CAPRICORNE
6 NOVEMBRE	SAGITTAIRE	VIERGE	SCORPION	SAGITTAIRE	CAPRICORNE	LION	SCORPION	VIERGE	0 VERSEAU
7 NOVEMBRE	SAGITTAIRE	VIERGE	SCORPION	SAGITTAIRE	CAPRICORNE	LION	SCORPION	VIERGE	13 VERSEAU
8 NOVEMBRE	SAGITTAIRE	VIERGE	SCORPION	SAGITTAIRE	CAPRICORNE	LION	SCORPION	VIERGE	27 VERSEAU
9 NOVEMBRE	SAGITTAIRE	VIERGE	SCORPION	SAGITTAIRE	CAPRICORNE	LION	SCORPION	VIERGE	10 POISSONS
10 NOVEMBRE	SAGITTAIRE	BALANCE	SCORPION	SAGITTAIRE	CAPRICORNE	LION	SCORPION	VIERGE	22 POISSONS
11 NOVEMBRE	SAGITTAIRE	BALANCE	SCORPION	SAGITTAIRE	CAPRICORNE	LION	SCORPION	VIERGE	5 BELIER
12 NOVEMBRE	SAGITTAIRE	BALANCE	SCORPION	SAGITTAIRE	CAPRICORNE	LION	SCORPION	VIERGE	17 BELIER
13 NOVEMBRE	SAGITTAIRE	BALANCE	SCORPION	SAGITTAIRE	CAPRICORNE	LION	SCORPION	VIERGE	29 BELIER
14 NOVEMBRE	SAGITTAIRE	BALANCE	SCORPION	SAGITTAIRE	CAPRICORNE	LION	SCORPION	VIERGE	11 TAUREAU
15 NOVEMBRE	SAGITTAIRE	BALANCE	SCORPION	SAGITTAIRE	CAPRICORNE	LION	SCORPION	VIERGE	23 TAUREAU
16 NOVEMBRE	SAGITTAIRE	BALANCE	SCORPION	SAGITTAIRE	CAPRICORNE	LION	SCORPION	VIERGE	5 GEMEAUX
17 NOVEMBRE	SAGITTAIRE	BALANCE	SCORPION	SAGITTAIRE	CAPRICORNE	LION	SCORPION	VIERGE	17 GEMEAUX
18 NOVEMBRE	SAGITTAIRE	BALANCE	SCORPION	SAGITTAIRE	CAPRICORNE	LION	SCORPION	VIERGE	29 GEMEAUX
19 NOVEMBRE	SAGITTAIRE	BALANCE	SCORPION	SAGITTAIRE	CAPRICORNE	LION	SCORPION	VIERGE	11 CANCER
20 NOVEMBRE	SAGITTAIRE	BALANCE	SCORPION	SAGITTAIRE	CAPRICORNE	LION	SCORPION	VIERGE	23 CANCER
21 NOVEMBRE	SAGITTAIRE	BALANCE	SCORPION	SAGITTAIRE	CAPRICORNE	LION	SCORPION	VIERGE	5 LION
22 NOVEMBRE	SAGITTAIRE	BALANCE	SCORPION	SAGITTAIRE	CAPRICORNE	LION	SCORPION	VIERGE	17 LION
23 NOVEMBRE	SAGITTAIRE	BALANCE	SCORPION	SAGITTAIRE	CAPRICORNE	LION	SCORPION	VIERGE	0 VIERGE

LE SOLEIL ENTRE DANS LE SIGNE DU BALANCE LE 24 OCTOBRE 1959 A 4 h 00
QUITTE LE SIGNE DU BALANCE LE 23 NOVEMBRE 1959 A 1 h 10

* LES CHIFFRES INDIQUENT LES DEGRES

DECOUVREZ DANS QUEL SIGNE SE TROUVAIENT LES PLANETES A VOTRE NAISSANCE

1960	MERCURE	VENUS	MARS	JUPITER	SATURNE	URANUS	NEPTUNE	PLUTON	LUNE *
23 OCTOBRE	SCORPION	SAGITTAIRE	CANCER	SAGITTAIRE	CAPRICORNE	LION	SCORPION	VIERGE	9 SAGITTAIRE
24 OCTOBRE	SCORPION	SAGITTAIRE	CANCER	SAGITTAIRE	CAPRICORNE	LION	SCORPION	VIERGE	23 SAGITTAIRE
25 OCTOBRE	SCORPION	SAGITTAIRE	CANCER	SAGITTAIRE	CAPRICORNE	LION	SCORPION	VIERGE	8 CAPRICORNE
26 OCTOBRE	SCORPION	SAGITTAIRE	CANCER	CAPRICORNE	CAPRICORNE	LION	SCORPION	VIERGE	22 CAPRICORNE
27 OCTOBRE	SCORPION	SAGITTAIRE	CANCER	CAPRICORNE	CAPRICORNE	LION	SCORPION	VIERGE	6 VERSEAU
28 OCTOBRE	SCORPION	SAGITTAIRE	CANCER	CAPRICORNE	CAPRICORNE	LION	SCORPION	VIERGE	20 VERSEAU
29 OCTOBRE	SCORPION	SAGITTAIRE	CANCER	CAPRICORNE	CAPRICORNE	LION	SCORPION	VIERGE	4 POISSONS
30 OCTOBRE	SCORPION	SAGITTAIRE	CANCER	CAPRICORNE	CAPRICORNE	LION	SCORPION	VIERGE	18 POISSONS
31 OCTOBRE	SCORPION	SAGITTAIRE	CANCER	CAPRICORNE	CAPRICORNE	LION	SCORPION	VIERGE	1 BELIER
1 NOVEMBRE	SCORPION	SAGITTAIRE	CANCER	CAPRICORNE	CAPRICORNE	LION	SCORPION	VIERGE	15 BELIER
2 NOVEMBRE	SCORPION	SAGITTAIRE	CANCER	CAPRICORNE	CAPRICORNE	LION	SCORPION	VIERGE	28 BELIER
3 NOVEMBRE	SCORPION	SAGITTAIRE	CANCER	CAPRICORNE	CAPRICORNE	LION	SCORPION	VIERGE	11 TAUREAU
4 NOVEMBRE	SCORPION	SAGITTAIRE	CANCER	CAPRICORNE	CAPRICORNE	LION	SCORPION	VIERGE	24 TAUREAU
5 NOVEMBRE	SCORPION	SAGITTAIRE	CANCER	CAPRICORNE	CAPRICORNE	LION	SCORPION	VIERGE	6 GEMEAUX
6 NOVEMBRE	SCORPION	SAGITTAIRE	CANCER	CAPRICORNE	CAPRICORNE	LION	SCORPION	VIERGE	18 GEMEAUX
7 NOVEMBRE	SCORPION	SAGITTAIRE	CANCER	CAPRICORNE	CAPRICORNE	LION	SCORPION	VIERGE	0 CANCER
8 NOVEMBRE	SCORPION	SAGITTAIRE	CANCER	CAPRICORNE	CAPRICORNE	LION	SCORPION	VIERGE	12 CANCER
9 NOVEMBRE	SCORPION	SAGITTAIRE	CANCER	CAPRICORNE	CAPRICORNE	LION	SCORPION	VIERGE	24 CANCER
10 NOVEMBRE	SCORPION	SAGITTAIRE	CANCER	CAPRICORNE	CAPRICORNE	LION	SCORPION	VIERGE	6 LION
11 NOVEMBRE	SCORPION	SAGITTAIRE	CANCER	CAPRICORNE	CAPRICORNE	LION	SCORPION	VIERGE	18 LION
12 NOVEMBRE	SCORPION	SAGITTAIRE	CANCER	CAPRICORNE	CAPRICORNE	LION	SCORPION	VIERGE	0 VIERGE
13 NOVEMBRE	SCORPION	SAGITTAIRE	CANCER	CAPRICORNE	CAPRICORNE	LION	SCORPION	VIERGE	12 VIERGE
14 NOVEMBRE	SCORPION	SAGITTAIRE	CANCER	CAPRICORNE	CAPRICORNE	LION	SCORPION	VIERGE	25 VIERGE
15 NOVEMBRE	SCORPION	CAPRICORNE	CANCER	CAPRICORNE	CAPRICORNE	LION	SCORPION	VIERGE	8 BALANCE
16 NOVEMBRE	SCORPION	CAPRICORNE	CANCER	CAPRICORNE	CAPRICORNE	LION	SCORPION	VIERGE	21 BALANCE
17 NOVEMBRE	SCORPION	CAPRICORNE	CANCER	CAPRICORNE	CAPRICORNE	LION	SCORPION	VIERGE	5 SCORPION
18 NOVEMBRE	SCORPION	CAPRICORNE	CANCER	CAPRICORNE	CAPRICORNE	LION	SCORPION	VIERGE	19 SCORPION
19 NOVEMBRE	SCORPION	CAPRICORNE	CANCER	CAPRICORNE	CAPRICORNE	LION	SCORPION	VIERGE	4 SAGITTAIRE
20 NOVEMBRE	SCORPION	CAPRICORNE	CANCER	CAPRICORNE	CAPRICORNE	LION	SCORPION	VIERGE	19 SAGITTAIRE
21 NOVEMBRE	SCORPION	CAPRICORNE	CANCER	CAPRICORNE	CAPRICORNE	LION	SCORPION	VIERGE	3 CAPRICORNE
22 NOVEMBRE	SCORPION	CAPRICORNE	CANCER	CAPRICORNE	CAPRICORNE	LION	SCORPION	VIERGE	18 CAPRICORNE

LE SOLEIL ENTRE DANS LE SIGNE DU SCORPION LE 23 OCTOBRE 1960 A 9 h 45
QUITTE LE SIGNE DU SCORPION LE 22 NOVEMBRE 1960 A 7 h 10

* LES CHIFFRES INDIQUENT LES DEGRES

1961	MERCURE	VENUS	MARS	JUPITER	SATURNE	URANUS	NEPTUNE	PLUTON	LUNE *
23 OCTOBRE	BALANCE	BALANCE	SCORPION	CAPRICORNE	CAPRICORNE	LION	SCORPION	VIERGE	24 BELIER
24 OCTOBRE	BALANCE	BALANCE	SCORPION	CAPRICORNE	CAPRICORNE	LION	SCORPION	VIERGE	9 TAUREAU
25 OCTOBRE	BALANCE	BALANCE	SCORPION	CAPRICORNE	CAPRICORNE	LION	SCORPION	VIERGE	23 TAUREAU
26 OCTOBRE	BALANCE	BALANCE	SCORPION	CAPRICORNE	CAPRICORNE	LION	SCORPION	VIERGE	6 GEMEAUX
27 OCTOBRE	BALANCE	BALANCE	SCORPION	CAPRICORNE	CAPRICORNE	LION	SCORPION	VIERGE	19 GEMEAUX
28 OCTOBRE	BALANCE	BALANCE	SCORPION	CAPRICORNE	CAPRICORNE	LION	SCORPION	VIERGE	2 CANCER
29 OCTOBRE	BALANCE	BALANCE	SCORPION	CAPRICORNE	CAPRICORNE	LION	SCORPION	VIERGE	15 CANCER
30 OCTOBRE	BALANCE	BALANCE	SCORPION	CAPRICORNE	CAPRICORNE	LION	SCORPION	VIERGE	27 CANCER
31 OCTOBRE	BALANCE	BALANCE	SCORPION	CAPRICORNE	CAPRICORNE	LION	SCORPION	VIERGE	9 LION
1 NOVEMBRE	BALANCE	BALANCE	SCORPION	CAPRICORNE	CAPRICORNE	LION	SCORPION	VIERGE	21 LION
2 NOVEMBRE	BALANCE	BALANCE	SCORPION	CAPRICORNE	CAPRICORNE	VIERGE	SCORPION	VIERGE	2 VIERGE
3 NOVEMBRE	BALANCE	BALANCE	SCORPION	CAPRICORNE	CAPRICORNE	VIERGE	SCORPION	VIERGE	14 VIERGE
4 NOVEMBRE	BALANCE	BALANCE	SCORPION	VERSEAU	CAPRICORNE	VIERGE	SCORPION	VIERGE	26 VIERGE
5 NOVEMBRE	BALANCE	BALANCE	SCORPION	VERSEAU	CAPRICORNE	VIERGE	SCORPION	VIERGE	8 BALANCE
6 NOVEMBRE	BALANCE	BALANCE	SCORPION	VERSEAU	CAPRICORNE	VIERGE	SCORPION	VIERGE	21 BALANCE
7 NOVEMBRE	BALANCE	BALANCE	SCORPION	VERSEAU	CAPRICORNE	VIERGE	SCORPION	VIERGE	4 SCORPION
8 NOVEMBRE	BALANCE	BALANCE	SCORPION	VERSEAU	CAPRICORNE	VIERGE	SCORPION	VIERGE	17 SCORPION
9 NOVEMBRE	BALANCE	BALANCE	SCORPION	VERSEAU	CAPRICORNE	VIERGE	SCORPION	VIERGE	0 SAGITTAIRE
10 NOVEMBRE	BALANCE	BALANCE	SCORPION	VERSEAU	CAPRICORNE	VIERGE	SCORPION	VIERGE	13 SAGITTAIRE
11 NOVEMBRE	SCORPION	SCORPION	SCORPION	VERSEAU	CAPRICORNE	VIERGE	SCORPION	VIERGE	27 SAGITTAIRE
12 NOVEMBRE	SCORPION	SCORPION	SCORPION	VERSEAU	CAPRICORNE	VIERGE	SCORPION	VIERGE	11 CAPRICORNE
13 NOVEMBRE	SCORPION	SCORPION	SCORPION	VERSEAU	CAPRICORNE	VIERGE	SCORPION	VIERGE	24 CAPRICORNE
14 NOVEMBRE	SCORPION	SCORPION	SAGITTAIRE	VERSEAU	CAPRICORNE	VIERGE	SCORPION	VIERGE	8 VERSEAU
15 NOVEMBRE	SCORPION	SCORPION	SAGITTAIRE	VERSEAU	CAPRICORNE	VIERGE	SCORPION	VIERGE	22 VERSEAU
16 NOVEMBRE	SCORPION	SCORPION	SAGITTAIRE	VERSEAU	CAPRICORNE	VIERGE	SCORPION	VIERGE	7 POISSONS
17 NOVEMBRE	SCORPION	SCORPION	SAGITTAIRE	VERSEAU	CAPRICORNE	VIERGE	SCORPION	VIERGE	21 POISSONS
18 NOVEMBRE	SCORPION	SCORPION	SAGITTAIRE	VERSEAU	CAPRICORNE	VIERGE	SCORPION	VIERGE	5 BELIER
19 NOVEMBRE	SCORPION	SCORPION	SAGITTAIRE	VERSEAU	CAPRICORNE	VIERGE	SCORPION	VIERGE	19 BELIER
20 NOVEMBRE	SCORPION	SCORPION	SAGITTAIRE	VERSEAU	CAPRICORNE	VIERGE	SCORPION	VIERGE	3 TAUREAU
21 NOVEMBRE	SCORPION	SCORPION	SAGITTAIRE	VERSEAU	CAPRICORNE	VIERGE	SCORPION	VIERGE	17 TAUREAU
22 NOVEMBRE	SCORPION	SCORPION	SAGITTAIRE	VERSEAU	CAPRICORNE	VIERGE	SCORPION	VIERGE	1 GEMEAUX

LE SOLEIL ENTRE DANS LE SIGNE DU SCORPION LE 23 OCTOBRE 1961 A 15 h 30
QUITTE LE SIGNE DU SCORPION LE 22 NOVEMBRE 1961 A 13 h 00

* LES CHIFFRES INDIQUENT LES DEGRES

DECOUVREZ DANS QUEL SIGNE SE TROUVAIENT LES PLANETES A VOTRE NAISSANCE

1962	MERCURE	VENUS	MARS	JUPITER	SATURNE	URANUS	NEPTUNE	PLUTON	LUNE *
23 OCTOBRE	BALANCE	SCORPION	LION	POISSONS	VERSEAU	VIERGE	SCORPION	VIERGE	4 VIERGE
24 OCTOBRE	BALANCE	SCORPION	LION	POISSONS	VERSEAU	VIERGE	SCORPION	VIERGE	16 VIERGE
25 OCTOBRE	BALANCE	SCORPION	LION	POISSONS	VERSEAU	VIERGE	SCORPION	VIERGE	28 VIERGE
26 OCTOBRE	BALANCE	SCORPION	LION	POISSONS	VERSEAU	VIERGE	SCORPION	VIERGE	10 BALANCE
27 OCTOBRE	BALANCE	SCORPION	LION	POISSONS	VERSEAU	VIERGE	SCORPION	VIERGE	22 BALANCE
28 OCTOBRE	BALANCE	SCORPION	LION	POISSONS	VERSEAU	VIERGE	SCORPION	VIERGE	4 SCORPION
29 OCTOBRE	BALANCE	SCORPION	LION	POISSONS	VERSEAU	VIERGE	SCORPION	VIERGE	16 SCORPION
30 OCTOBRE	BALANCE	SCORPION	LION	POISSONS	VERSEAU	VIERGE	SCORPION	VIERGE	28 SCORPION
31 OCTOBRE	BALANCE	SCORPION	LION	POISSONS	VERSEAU	VIERGE	SCORPION	VIERGE	10 SAGITTAIRE
1 NOVEMBRE	BALANCE	SCORPION	LION	POISSONS	VERSEAU	VIERGE	SCORPION	VIERGE	23 SAGITTAIRE
2 NOVEMBRE	BALANCE	SCORPION	LION	POISSONS	VERSEAU	VIERGE	SCORPION	VIERGE	5 CAPRICORNE
3 NOVEMBRE	BALANCE	SCORPION	LION	POISSONS	VERSEAU	VIERGE	SCORPION	VIERGE	18 CAPRICORNE
4 NOVEMBRE	BALANCE	SCORPION	LION	POISSONS	VERSEAU	VIERGE	SCORPION	VIERGE	1 VERSEAU
5 NOVEMBRE	SCORPION	SCORPION	LION	POISSONS	VERSEAU	VIERGE	SCORPION	VIERGE	15 VERSEAU
6 NOVEMBRE	SCORPION	SCORPION	LION	POISSONS	VERSEAU	VIERGE	SCORPION	VIERGE	29 VERSEAU
7 NOVEMBRE	SCORPION	SCORPION	LION	POISSONS	VERSEAU	VIERGE	SCORPION	VIERGE	13 POISSONS
8 NOVEMBRE	SCORPION	SCORPION	LION	POISSONS	VERSEAU	VIERGE	SCORPION	VIERGE	27 POISSONS
9 NOVEMBRE	SCORPION	SCORPION	LION	POISSONS	VERSEAU	VIERGE	SCORPION	VIERGE	12 BELIER
10 NOVEMBRE	SCORPION	SCORPION	LION	POISSONS	VERSEAU	VIERGE	SCORPION	VIERGE	27 BELIER
11 NOVEMBRE	SCORPION	SCORPION	LION	POISSONS	VERSEAU	VIERGE	SCORPION	VIERGE	12 TAUREAU
12 NOVEMBRE	SCORPION	SCORPION	LION	POISSONS	VERSEAU	VIERGE	SCORPION	VIERGE	27 TAUREAU
13 NOVEMBRE	SCORPION	SCORPION	LION	POISSONS	VERSEAU	VIERGE	SCORPION	VIERGE	12 GEMEAUX
14 NOVEMBRE	SCORPION	SCORPION	LION	POISSONS	VERSEAU	VIERGE	SCORPION	VIERGE	26 GEMEAUX
15 NOVEMBRE	SCORPION	SCORPION	LION	POISSONS	VERSEAU	VIERGE	SCORPION	VIERGE	10 CANCER
16 NOVEMBRE	SCORPION	SCORPION	LION	POISSONS	VERSEAU	VIERGE	SCORPION	VIERGE	23 CANCER
17 NOVEMBRE	SCORPION	SCORPION	LION	POISSONS	VERSEAU	VIERGE	SCORPION	VIERGE	6 LION
18 NOVEMBRE	SCORPION	SCORPION	LION	POISSONS	VERSEAU	VIERGE	SCORPION	VIERGE	19 LION
19 NOVEMBRE	SCORPION	SCORPION	LION	POISSONS	VERSEAU	VIERGE	SCORPION	VIERGE	1 VIERGE
20 NOVEMBRE	SCORPION	SCORPION	LION	POISSONS	VERSEAU	VIERGE	SCORPION	VIERGE	13 VIERGE
21 NOVEMBRE	SCORPION	SCORPION	LION	POISSONS	VERSEAU	VIERGE	SCORPION	VIERGE	25 VIERGE
22 NOVEMBRE	SCORPION	SCORPION	LION	POISSONS	VERSEAU	VIERGE	SCORPION	VIERGE	7 BALANCE

LE SOLEIL ENTRE DANS LE SIGNE DU SCORPION LE 23 OCTOBRE 1962 A 21 h 30
LE SOLEIL QUITTE LE SIGNE DU SCORPION LE 22 NOVEMBRE 1962 A 18 h 50

* LES CHIFFRES INDIQUENT LES DEGRES

1963	MERCURE	VENUS	MARS	JUPITER	SATURNE	URANUS	NEPTUNE	PLUTON	LUNE *
24 OCTOBRE	BALANCE	SCORPION	SCORPION	BELIER	VERSEAU	VIERGE	SCORPION	VIERGE	16 CAPRICORNE
25 OCTOBRE	BALANCE	SCORPION	SCORPION	BELIER	VERSEAU	VIERGE	SCORPION	VIERGE	28 CAPRICORNE
26 OCTOBRE	BALANCE	SCORPION	SAGITTAIRE	BELIER	VERSEAU	VIERGE	SCORPION	VIERGE	11 VERSEAU
27 OCTOBRE	BALANCE	SCORPION	SAGITTAIRE	BELIER	VERSEAU	VIERGE	SCORPION	VIERGE	24 VERSEAU
28 OCTOBRE	BALANCE	SCORPION	SAGITTAIRE	BELIER	VERSEAU	VIERGE	SCORPION	VIERGE	3 POISSONS
29 OCTOBRE	SCORPION	SCORPION	SAGITTAIRE	BELIER	VERSEAU	VIERGE	SCORPION	VIERGE	22 POISSONS
30 OCTOBRE	SCORPION	SCORPION	SAGITTAIRE	BELIER	VERSEAU	VIERGE	SCORPION	VIERGE	[illegible] BELIER
31 OCTOBRE	SCORPION	SCORPION	SAGITTAIRE	BELIER	VERSEAU	VIERGE	SCORPION	VIERGE	22 BELIER
1 NOVEMBRE	SCORPION	SCORPION	SAGITTAIRE	BELIER	VERSEAU	VIERGE	SCORPION	VIERGE	[illegible] TAUREAU
2 NOVEMBRE	SCORPION	SCORPION	SAGITTAIRE	BELIER	VERSEAU	VIERGE	SCORPION	VIERGE	22 TAUREAU
3 NOVEMBRE	SCORPION	SCORPION	SAGITTAIRE	BELIER	VERSEAU	VIERGE	SCORPION	VIERGE	[illegible] GEMEAUX
4 NOVEMBRE	SCORPION	SCORPION	SAGITTAIRE	BELIER	VERSEAU	VIERGE	SCORPION	VIERGE	22 GEMEAUX
5 NOVEMBRE	SCORPION	SCORPION	SAGITTAIRE	BELIER	VERSEAU	VIERGE	SCORPION	VIERGE	[illegible] CANCER
6 NOVEMBRE	SCORPION	SAGITTAIRE	SAGITTAIRE	BELIER	VERSEAU	VIERGE	SCORPION	VIERGE	2 CANCER
7 NOVEMBRE	SCORPION	SAGITTAIRE	SAGITTAIRE	BELIER	VERSEAU	VIERGE	SCORPION	VIERGE	4 LION
8 NOVEMBRE	SCORPION	SAGITTAIRE	SAGITTAIRE	BELIER	VERSEAU	VIERGE	SCORPION	VIERGE	18 LION
9 NOVEMBRE	SCORPION	SAGITTAIRE	SAGITTAIRE	BELIER	VERSEAU	VIERGE	SCORPION	VIERGE	1 VIERGE
10 NOVEMBRE	SCORPION	SAGITTAIRE	SAGITTAIRE	BELIER	VERSEAU	VIERGE	SCORPION	VIERGE	13 VIERGE
11 NOVEMBRE	SCORPION	SAGITTAIRE	SAGITTAIRE	BELIER	VERSEAU	VIERGE	SCORPION	VIERGE	26 VIERGE
12 NOVEMBRE	SCORPION	SAGITTAIRE	SAGITTAIRE	BELIER	VERSEAU	VIERGE	SCORPION	VIERGE	8 BALANCE
13 NOVEMBRE	SCORPION	SAGITTAIRE	SAGITTAIRE	BELIER	VERSEAU	VIERGE	SCORPION	VIERGE	20 BALANCE
14 NOVEMBRE	SCORPION	SAGITTAIRE	SAGITTAIRE	BELIER	VERSEAU	VIERGE	SCORPION	VIERGE	2 SCORPION
15 NOVEMBRE	SCORPION	SAGITTAIRE	SAGITTAIRE	BELIER	VERSEAU	VIERGE	SCORPION	VIERGE	14 SCORPION
16 NOVEMBRE	SAGITTAIRE	SAGITTAIRE	SAGITTAIRE	BELIER	VERSEAU	VIERGE	SCORPION	VIERGE	25 SCORPION
17 NOVEMBRE	SAGITTAIRE	SAGITTAIRE	SAGITTAIRE	BELIER	VERSEAU	VIERGE	SCORPION	VIERGE	7 SAGITTAIRE
18 NOVEMBRE	SAGITTAIRE	SAGITTAIRE	SAGITTAIRE	BELIER	VERSEAU	VIERGE	SCORPION	VIERGE	19 SAGITTAIRE
19 NOVEMBRE	SAGITTAIRE	SAGITTAIRE	SAGITTAIRE	BELIER	VERSEAU	VIERGE	SCORPION	VIERGE	1 CAPRICORNE
20 NOVEMBRE	SAGITTAIRE	SAGITTAIRE	SAGITTAIRE	BELIER	VERSEAU	VIERGE	SCORPION	VIERGE	13 CAPRICORNE
21 NOVEMBRE	SAGITTAIRE	SAGITTAIRE	SAGITTAIRE	BELIER	VERSEAU	VIERGE	SCORPION	VIERGE	25 CAPRICORNE
22 NOVEMBRE	SAGITTAIRE	SAGITTAIRE	SAGITTAIRE	BELIER	VERSEAU	VIERGE	SCORPION	VIERGE	8 VERSEAU
23 NOVEMBRE	SAGITTAIRE	SAGITTAIRE	SAGITTAIRE	BELIER	VERSEAU	VIERGE	SCORPION	VIERGE	20 VERSEAU

LE SOLEIL ENTRE DANS LE SIGNE DU SCORPION LE 24 OCTOBRE 1963 A 3 h 15
LE SOLEIL QUITTE LE SIGNE DU SCORPION LE 23 NOVEMBRE 1963 A 0 h 40

* LES CHIFFRES INDIQUENT LES DEGRES

DECOUVREZ DANS QUEL SIGNE SE TROUVAIENT LES PLANETES A VOTRE NAISSANCE

1964	MERCURE	VENUS	MARS	JUPITER	SATURNE	URANUS	NEPTUNE	PLUTON	LUNE *
23 OCTOBRE	SCORPION	VIERGE	LION	TAUREAU	VERSEAU	VIERGE	SCORPION	VIERGE	1 GEMEAUX
24 OCTOBRE	SCORPION	VIERGE	LION	TAUREAU	VERSEAU	VIERGE	SCORPION	VIERGE	15 GEMEAUX
25 OCTOBRE	SCORPION	VIERGE	LION	TAUREAU	VERSEAU	VIERGE	SCORPION	VIERGE	0 CANCER
26 OCTOBRE	SCORPION	VIERGE	LION	TAUREAU	VERSEAU	VIERGE	SCORPION	VIERGE	14 CANCER
27 OCTOBRE	SCORPION	VIERGE	LION	TAUREAU	VERSEAU	VIERGE	SCORPION	VIERGE	28 CANCER
28 OCTOBRE	SCORPION	VIERGE	LION	TAUREAU	VERSEAU	VIERGE	SCORPION	VIERGE	12 LION
29 OCTOBRE	SCORPION	VIERGE	LION	TAUREAU	VERSEAU	VIERGE	SCORPION	VIERGE	26 LION
30 OCTOBRE	SCORPION	VIERGE	LION	TAUREAU	VERSEAU	VIERGE	SCORPION	VIERGE	10 VIERGE
31 OCTOBRE	SCORPION	BALANCE	LION	TAUREAU	VERSEAU	VIERGE	SCORPION	VIERGE	23 VIERGE
1 NOVEMBRE	SCORPION	BALANCE	LION	TAUREAU	VERSEAU	VIERGE	SCORPION	VIERGE	6 BALANCE
2 NOVEMBRE	SCORPION	BALANCE	LION	TAUREAU	VERSEAU	VIERGE	SCORPION	VIERGE	19 BALANCE
3 NOVEMBRE	SCORPION	BALANCE	LION	TAUREAU	VERSEAU	VIERGE	SCORPION	VIERGE	2 SCORPION
4 NOVEMBRE	SCORPION	BALANCE	LION	TAUREAU	VERSEAU	VIERGE	SCORPION	VIERGE	14 SCORPION
5 NOVEMBRE	SCORPION	BALANCE	LION	TAUREAU	VERSEAU	VIERGE	SCORPION	VIERGE	26 SCORPION
6 NOVEMBRE	SCORPION	BALANCE	VIERGE	TAUREAU	VERSEAU	VIERGE	SCORPION	VIERGE	8 SAGITTAIRE
7 NOVEMBRE	SCORPION	BALANCE	VIERGE	TAUREAU	VERSEAU	VIERGE	SCORPION	VIERGE	20 SAGITTAIRE
8 NOVEMBRE	SAGITTAIRE	BALANCE	VIERGE	TAUREAU	VERSEAU	VIERGE	SCORPION	VIERGE	2 CAPRICORNE
9 NOVEMBRE	SAGITTAIRE	BALANCE	VIERGE	TAUREAU	VERSEAU	VIERGE	SCORPION	VIERGE	14 CAPRICORNE
10 NOVEMBRE	SAGITTAIRE	BALANCE	VIERGE	TAUREAU	VERSEAU	VIERGE	SCORPION	VIERGE	26 CAPRICORNE
11 NOVEMBRE	SAGITTAIRE	BALANCE	VIERGE	TAUREAU	VERSEAU	VIERGE	SCORPION	VIERGE	8 VERSEAU
12 NOVEMBRE	SAGITTAIRE	BALANCE	VIERGE	TAUREAU	VERSEAU	VIERGE	SCORPION	VIERGE	20 VERSEAU
13 NOVEMBRE	SAGITTAIRE	BALANCE	VIERGE	TAUREAU	VERSEAU	VIERGE	SCORPION	VIERGE	2 POISSONS
14 NOVEMBRE	SAGITTAIRE	BALANCE	VIERGE	TAUREAU	VERSEAU	VIERGE	SCORPION	VIERGE	15 POISSONS
15 NOVEMBRE	SAGITTAIRE	BALANCE	VIERGE	TAUREAU	VERSEAU	VIERGE	SCORPION	VIERGE	28 POISSONS
16 NOVEMBRE	SAGITTAIRE	BALANCE	VIERGE	TAUREAU	VERSEAU	VIERGE	SCORPION	VIERGE	11 BELIER
17 NOVEMBRE	SAGITTAIRE	BALANCE	VIERGE	TAUREAU	VERSEAU	VIERGE	SCORPION	VIERGE	26 BELIER
18 NOVEMBRE	SAGITTAIRE	BALANCE	VIERGE	TAUREAU	VERSEAU	VIERGE	SCORPION	VIERGE	10 TAUREAU
19 NOVEMBRE	SAGITTAIRE	BALANCE	VIERGE	TAUREAU	VERSEAU	VIERGE	SCORPION	VIERGE	25 TAUREAU
20 NOVEMBRE	SAGITTAIRE	BALANCE	VIERGE	TAUREAU	VERSEAU	VIERGE	SCORPION	VIERGE	10 GEMEAUX
21 NOVEMBRE	SAGITTAIRE	BALANCE	VIERGE	TAUREAU	VERSEAU	VIERGE	SCORPION	VIERGE	25 GEMEAUX
22 NOVEMBRE	SAGITTAIRE	BALANCE	VIERGE	TAUREAU	VERSEAU	VIERGE	SCORPION	VIERGE	10 CANCER

LE SOLEIL ENTRE DANS LE SIGNE DU SCORPION LE 23 OCTOBRE 1964 A 9 h 45
LE SOLEIL QUITTE LE SIGNE DU SCORPION LE 22 NOVEMBRE 1964 A 7 h 10

* LES CHIFFRES INDIQUENT LES DEGRES

1965	MERCURE	VENUS	MARS	JUPITER	SATURNE	URANUS	NEPTUNE	PLUTON	LUNE *
23 OCTOBRE	SCORPION	SAGITTAIRE	SAGITTAIRE	CANCER	POISSONS	VIERGE	SCORPION	VIERGE	15 BALANCE
24 OCTOBRE	SCORPION	SAGITTAIRE	SAGITTAIRE	CANCER	POISSONS	VIERGE	SCORPION	VIERGE	29 BALANCE
25 OCTOBRE	SCORPION	SAGITTAIRE	SAGITTAIRE	CANCER	POISSONS	VIERGE	SCORPION	VIERGE	13 SCORPION
26 OCTOBRE	SCORPION	SAGITTAIRE	SAGITTAIRE	CANCER	POISSONS	VIERGE	SCORPION	VIERGE	26 SCORPION
27 OCTOBRE	SCORPION	SAGITTAIRE	SAGITTAIRE	CANCER	POISSONS	VIERGE	SCORPION	VIERGE	9 SAGITTAIRE
28 OCTOBRE	SCORPION	SAGITTAIRE	SAGITTAIRE	CANCER	POISSONS	VIERGE	SCORPION	VIERGE	22 SAGITTAIRE
29 OCTOBRE	SCORPION	SAGITTAIRE	SAGITTAIRE	CANCER	POISSONS	VIERGE	SCORPION	VIERGE	4 CAPRICORNE
30 OCTOBRE	SCORPION	SAGITTAIRE	SAGITTAIRE	CANCER	POISSONS	VIERGE	SCORPION	VIERGE	16 CAPRICORNE
31 OCTOBRE	SCORPION	SAGITTAIRE	SAGITTAIRE	CANCER	POISSONS	VIERGE	SCORPION	VIERGE	28 CAPRICORNE
1 NOVEMBRE	SCORPION	SAGITTAIRE	SAGITTAIRE	CANCER	POISSONS	VIERGE	SCORPION	VIERGE	10 VERSEAU
2 NOVEMBRE	SAGITTAIRE	SAGITTAIRE	SAGITTAIRE	CANCER	POISSONS	VIERGE	SCORPION	VIERGE	22 VERSEAU
3 NOVEMBRE	SAGITTAIRE	SAGITTAIRE	SAGITTAIRE	CANCER	POISSONS	VIERGE	SCORPION	VIERGE	4 POISSONS
4 NOVEMBRE	SAGITTAIRE	SAGITTAIRE	SAGITTAIRE	CANCER	POISSONS	VIERGE	SCORPION	VIERGE	16 POISSONS
5 NOVEMBRE	SAGITTAIRE	SAGITTAIRE	SAGITTAIRE	CANCER	POISSONS	VIERGE	SCORPION	VIERGE	28 POISSONS
6 NOVEMBRE	SAGITTAIRE	CAPRICORNE	SAGITTAIRE	CANCER	POISSONS	VIERGE	SCORPION	VIERGE	11 BELIER
7 NOVEMBRE	SAGITTAIRE	CAPRICORNE	SAGITTAIRE	CANCER	POISSONS	VIERGE	SCORPION	VIERGE	24 BELIER
8 NOVEMBRE	SAGITTAIRE	CAPRICORNE	SAGITTAIRE	CANCER	POISSONS	VIERGE	SCORPION	VIERGE	7 TAUREAU
9 NOVEMBRE	SAGITTAIRE	CAPRICORNE	SAGITTAIRE	CANCER	POISSONS	VIERGE	SCORPION	VIERGE	21 TAUREAU
10 NOVEMBRE	SAGITTAIRE	CAPRICORNE	SAGITTAIRE	CANCER	POISSONS	VIERGE	SCORPION	VIERGE	4 GEMEAUX
11 NOVEMBRE	SAGITTAIRE	CAPRICORNE	SAGITTAIRE	CANCER	POISSONS	VIERGE	SCORPION	VIERGE	18 GEMEAUX
12 NOVEMBRE	SAGITTAIRE	CAPRICORNE	SAGITTAIRE	CANCER	POISSONS	VIERGE	SCORPION	VIERGE	2 CANCER
13 NOVEMBRE	SAGITTAIRE	CAPRICORNE	SAGITTAIRE	CANCER	POISSONS	VIERGE	SCORPION	VIERGE	16 CANCER
14 NOVEMBRE	SAGITTAIRE	CAPRICORNE	CAPRICORNE	CANCER	POISSONS	VIERGE	SCORPION	VIERGE	1 LION
15 NOVEMBRE	SAGITTAIRE	CAPRICORNE	CAPRICORNE	CANCER	POISSONS	VIERGE	SCORPION	VIERGE	15 LION
16 NOVEMBRE	SAGITTAIRE	CAPRICORNE	CAPRICORNE	CANCER	POISSONS	VIERGE	SCORPION	VIERGE	29 LION
17 NOVEMBRE	SAGITTAIRE	CAPRICORNE	CAPRICORNE	GEMEAUX	POISSONS	VIERGE	SCORPION	VIERGE	13 VIERGE
18 NOVEMBRE	SAGITTAIRE	CAPRICORNE	CAPRICORNE	GEMEAUX	POISSONS	VIERGE	SCORPION	VIERGE	27 VIERGE
19 NOVEMBRE	SAGITTAIRE	CAPRICORNE	CAPRICORNE	GEMEAUX	POISSONS	VIERGE	SCORPION	VIERGE	11 BALANCE
20 NOVEMBRE	SAGITTAIRE	CAPRICORNE	CAPRICORNE	GEMEAUX	POISSONS	VIERGE	SCORPION	VIERGE	25 BALANCE
21 NOVEMBRE	SAGITTAIRE	CAPRICORNE	CAPRICORNE	GEMEAUX	POISSONS	VIERGE	SCORPION	VIERGE	8 SCORPION
22 NOVEMBRE	SAGITTAIRE	CAPRICORNE	CAPRICORNE	GEMEAUX	POISSONS	VIERGE	SCORPION	VIERGE	22 SCORPION

LE SOLEIL ENTRE DANS LE SIGNE DU SCORPION LE 23 OCTOBRE 1965 A 15 h 00
LE SOLEIL QUITTE LE SIGNE DU SCORPION LE 22 NOVEMBRE 1965 A 12 h 15

* LES CHIFFRES INDIQUENT LES DEGRES

DECOUVREZ DANS QUEL SIGNE SE TROUVAIENT LES PLANETES A VOTRE NAISSANCE

1966	MERCURE	VENUS	MARS	JUPITER	SATURNE	URANUS	NEPTUNE	PLUTON	LUNE *
23 OCTOBRE	SCORPION	BALANCE	VIERGE	LION	POISSONS	VIERGE	SCORPION	VIERGE	25 VERSEAU
24 OCTOBRE	SCORPION	BALANCE	VIERGE	LION	POISSONS	VIERGE	SCORPION	VIERGE	6 POISSONS
25 OCTOBRE	SCORPION	BALANCE	VIERGE	LION	POISSONS	VIERGE	SCORPION	VIERGE	8 POISSONS
26 OCTOBRE	SCORPION	BALANCE	VIERGE	LION	POISSONS	VIERGE	SCORPION	VIERGE	0 BELIER
27 OCTOBRE	SCORPION	SCORPION	VIERGE	LION	POISSONS	VIERGE	SCORPION	VIERGE	12 BELIER
28 OCTOBRE	SCORPION	SCORPION	VIERGE	LION	POISSONS	VIERGE	SCORPION	VIERGE	24 BELIER
29 OCTOBRE	SCORPION	SCORPION	VIERGE	LION	POISSONS	VIERGE	SCORPION	VIERGE	6 TAUREAU
30 OCTOBRE	SAGITTAIRE	SCORPION	VIERGE	LION	POISSONS	VIERGE	SCORPION	VIERGE	19 TAUREAU
31 OCTOBRE	SAGITTAIRE	SCORPION	VIERGE	LION	POISSONS	VIERGE	SCORPION	VIERGE	1 GEMEAUX
1 NOVEMBRE	SAGITTAIRE	SCORPION	VIERGE	LION	POISSONS	VIERGE	SCORPION	VIERGE	14 GEMEAUX
2 NOVEMBRE	SAGITTAIRE	SCORPION	VIERGE	LION	POISSONS	VIERGE	SCORPION	VIERGE	27 GEMEAUX
3 NOVEMBRE	SAGITTAIRE	SCORPION	VIERGE	LION	POISSONS	VIERGE	SCORPION	VIERGE	10 CANCER
4 NOVEMBRE	SAGITTAIRE	SCORPION	VIERGE	LION	POISSONS	VIERGE	SCORPION	VIERGE	23 CANCER
5 NOVEMBRE	SAGITTAIRE	SCORPION	VIERGE	LION	POISSONS	VIERGE	SCORPION	VIERGE	7 LION
6 NOVEMBRE	SAGITTAIRE	SCORPION	VIERGE	LION	POISSONS	VIERGE	SCORPION	VIERGE	21 LION
7 NOVEMBRE	SAGITTAIRE	SCORPION	VIERGE	LION	POISSONS	VIERGE	SCORPION	VIERGE	5 VIERGE
8 NOVEMBRE	SAGITTAIRE	SCORPION	VIERGE	LION	POISSONS	VIERGE	SCORPION	VIERGE	19 VIERGE
9 NOVEMBRE	SAGITTAIRE	SCORPION	VIERGE	LION	POISSONS	VIERGE	SCORPION	VIERGE	4 BALANCE
10 NOVEMBRE	SAGITTAIRE	SCORPION	VIERGE	LION	POISSONS	VIERGE	SCORPION	VIERGE	19 BALANCE
11 NOVEMBRE	SAGITTAIRE	SCORPION	VIERGE	LION	POISSONS	VIERGE	SCORPION	VIERGE	3 SCORPION
12 NOVEMBRE	SAGITTAIRE	SCORPION	VIERGE	LION	POISSONS	VIERGE	SCORPION	VIERGE	13 SCORPION
13 NOVEMBRE	SCORPION	SCORPION	VIERGE	LION	POISSONS	VIERGE	SCORPION	VIERGE	2 SAGITTAIRE
14 NOVEMBRE	SCORPION	SCORPION	VIERGE	LION	POISSONS	VIERGE	SCORPION	VIERGE	15 SAGITTAIRE
15 NOVEMBRE	SCORPION	SCORPION	VIERGE	LION	POISSONS	VIERGE	SCORPION	VIERGE	0 CAPRICORNE
16 NOVEMBRE	SCORPION	SCORPION	VIERGE	LION	POISSONS	VIERGE	SCORPION	VIERGE	13 CAPRICORNE
17 NOVEMBRE	SCORPION	SCORPION	VIERGE	LION	POISSONS	VIERGE	SCORPION	VIERGE	25 CAPRICORNE
18 NOVEMBRE	SCORPION	SCORPION	VIERGE	LION	POISSONS	VIERGE	SCORPION	VIERGE	8 VERSEAU
19 NOVEMBRE	SCORPION	SCORPION	VIERGE	LION	POISSONS	VIERGE	SCORPION	VIERGE	21 VERSEAU
20 NOVEMBRE	SCORPION	SAGITTAIRE	VIERGE	LION	POISSONS	VIERGE	SCORPION	VIERGE	3 POISSONS
21 NOVEMBRE	SCORPION	SAGITTAIRE	VIERGE	LION	POISSONS	VIERGE	SCORPION	VIERGE	15 POISSONS
22 NOVEMBRE	SCORPION	SAGITTAIRE	VIERGE	LION	POISSONS	VIERGE	SCORPION	VIERGE	26 POISSONS

LE SOLEIL ENTRE DANS LE SIGNE DU SCORPION LE 23 OCTOBRE 1966 A 20 h 40
QUITTE LE SIGNE DU SCORPION LE 22 NOVEMBRE 1966 A 18 h 00

* LES CHIFFRES INDIQUENT LES DEGRES

1967	MERCURE	VENUS	MARS	JUPITER	SATURNE	URANUS	NEPTUNE	PLUTON	LUNE *
24 OCTOBRE	SCORPION	VIERGE	CAPRICORNE	VIERGE	BELIER	VIERGE	SCORPION	VIERGE	7 CANCER
25 OCTOBRE	SCORPION	VIERGE	CAPRICORNE	VIERGE	BELIER	VIERGE	SCORPION	VIERGE	19 CANCER
26 OCTOBRE	SCORPION	VIERGE	CAPRICORNE	VIERGE	BELIER	VIERGE	SCORPION	VIERGE	2 LION
27 OCTOBRE	SCORPION	VIERGE	CAPRICORNE	VIERGE	BELIER	VIERGE	SCORPION	VIERGE	15 LION
28 OCTOBRE	SCORPION	VIERGE	CAPRICORNE	VIERGE	BELIER	VIERGE	SCORPION	VIERGE	29 LION
29 OCTOBRE	SCORPION	VIERGE	CAPRICORNE	VIERGE	BELIER	VIERGE	SCORPION	VIERGE	13 VIERGE
30 OCTOBRE	SCORPION	VIERGE	CAPRICORNE	VIERGE	BELIER	VIERGE	SCORPION	VIERGE	27 VIERGE
31 OCTOBRE	SCORPION	VIERGE	CAPRICORNE	VIERGE	BELIER	VIERGE	SCORPION	VIERGE	12 BALANCE
1 NOVEMBRE	SCORPION	VIERGE	CAPRICORNE	VIERGE	BELIER	VIERGE	SCORPION	VIERGE	27 BALANCE
2 NOVEMBRE	SCORPION	VIERGE	CAPRICORNE	VIERGE	BELIER	VIERGE	SCORPION	VIERGE	13 SCORPION
3 NOVEMBRE	SCORPION	VIERGE	CAPRICORNE	VIERGE	BELIER	VIERGE	SCORPION	VIERGE	28 SCORPION
4 NOVEMBRE	SCORPION	VIERGE	CAPRICORNE	VIERGE	BELIER	VIERGE	SCORPION	VIERGE	13 SAGITTAIRE
5 NOVEMBRE	SCORPION	VIERGE	CAPRICORNE	VIERGE	BELIER	VIERGE	SCORPION	VIERGE	27 SAGITTAIRE
6 NOVEMBRE	SCORPION	VIERGE	CAPRICORNE	VIERGE	BELIER	VIERGE	SCORPION	VIERGE	12 CAPRICORNE
7 NOVEMBRE	SCORPION	VIERGE	CAPRICORNE	VIERGE	BELIER	VIERGE	SCORPION	VIERGE	25 CAPRICORNE
8 NOVEMBRE	SCORPION	VIERGE	CAPRICORNE	VIERGE	BELIER	VIERGE	SCORPION	VIERGE	9 VERSEAU
9 NOVEMBRE	SCORPION	VIERGE	CAPRICORNE	VIERGE	BELIER	VIERGE	SCORPION	VIERGE	21 VERSEAU
10 NOVEMBRE	SCORPION	BALANCE	CAPRICORNE	VIERGE	BELIER	VIERGE	SCORPION	VIERGE	4 POISSONS
11 NOVEMBRE	SCORPION	BALANCE	CAPRICORNE	VIERGE	BELIER	VIERGE	SCORPION	VIERGE	16 POISSONS
12 NOVEMBRE	SCORPION	BALANCE	CAPRICORNE	VIERGE	BELIER	VIERGE	SCORPION	VIERGE	28 POISSONS
13 NOVEMBRE	SCORPION	BALANCE	CAPRICORNE	VIERGE	BELIER	VIERGE	SCORPION	VIERGE	10 BELIER
14 NOVEMBRE	SCORPION	BALANCE	CAPRICORNE	VIERGE	BELIER	VIERGE	SCORPION	VIERGE	22 BELIER
15 NOVEMBRE	SCORPION	BALANCE	CAPRICORNE	VIERGE	BELIER	VIERGE	SCORPION	VIERGE	4 TAUREAU
16 NOVEMBRE	SCORPION	BALANCE	CAPRICORNE	VIERGE	BELIER	VIERGE	SCORPION	VIERGE	15 TAUREAU
17 NOVEMBRE	SCORPION	BALANCE	CAPRICORNE	VIERGE	BELIER	VIERGE	SCORPION	VIERGE	27 TAUREAU
18 NOVEMBRE	SCORPION	BALANCE	CAPRICORNE	VIERGE	BELIER	VIERGE	SCORPION	VIERGE	9 GEMEAUX
19 NOVEMBRE	SCORPION	BALANCE	CAPRICORNE	VIERGE	BELIER	VIERGE	SCORPION	VIERGE	21 GEMEAUX
20 NOVEMBRE	SCORPION	BALANCE	CAPRICORNE	VIERGE	BELIER	VIERGE	SCORPION	VIERGE	4 CANCER
21 NOVEMBRE	SCORPION	BALANCE	CAPRICORNE	VIERGE	BELIER	VIERGE	SCORPION	VIERGE	16 CANCER
22 NOVEMBRE	SCORPION	BALANCE	CAPRICORNE	VIERGE	BELIER	VIERGE	SCORPION	VIERGE	29 CANCER
23 NOVEMBRE	SCORPION	BALANCE	CAPRICORNE	VIERGE	BELIER	VIERGE	SCORPION	VIERGE	12 LION

LE SOLEIL ENTRE DANS LE SIGNE DU SCORPION LE 24 OCTOBRE 1967 A 2 h 30
QUITTE LE SIGNE DU SCORPION LE 23 NOVEMBRE 1967 A 0 h 00

* LES CHIFFRES INDIQUENT LES DEGRES

DECOUVREZ DANS QUEL SIGNE SE TROUVAIENT LES PLANETES A VOTRE NAISSANCE

1968	MERCURE	VENUS	MARS	JUPITER	SATURNE	URANUS	NEPTUNE	PLUTON	LUNE *
23 OCTOBRE	BALANCE	SAGITTAIRE	VIERGE	VIERGE	BELIER	BALANCE	SCORPION	VIERGE	22 SCORPION
24 OCTOBRE	BALANCE	SAGITTAIRE	VIERGE	VIERGE	BELIER	BALANCE	SCORPION	VIERGE	7 SAGITTAIRE
25 OCTOBRE	BALANCE	SAGITTAIRE	VIERGE	VIERGE	BELIER	BALANCE	SCORPION	VIERGE	22 SAGITTAIRE
26 OCTOBRE	BALANCE	SAGITTAIRE	VIERGE	VIERGE	BELIER	BALANCE	SCORPION	VIERGE	6 CAPRICORNE
27 OCTOBRE	BALANCE	SAGITTAIRE	VIERGE	VIERGE	BELIER	BALANCE	SCORPION	VIERGE	20 CAPRICORNE
28 OCTOBRE	BALANCE	SAGITTAIRE	VIERGE	VIERGE	BELIER	BALANCE	SCORPION	VIERGE	4 VERSEAU
29 OCTOBRE	BALANCE	SAGITTAIRE	VIERGE	VIERGE	BELIER	BALANCE	SCORPION	VIERGE	18 VERSEAU
30 OCTOBRE	BALANCE	SAGITTAIRE	VIERGE	VIERGE	BELIER	BALANCE	SCORPION	VIERGE	1 POISSONS
31 OCTOBRE	BALANCE	SAGITTAIRE	VIERGE	VIERGE	BELIER	BALANCE	SCORPION	VIERGE	14 POISSONS
1 NOVEMBRE	BALANCE	SAGITTAIRE	VIERGE	VIERGE	BELIER	BALANCE	SCORPION	VIERGE	27 POISSONS
2 NOVEMBRE	BALANCE	SAGITTAIRE	VIERGE	VIERGE	BELIER	BALANCE	SCORPION	VIERGE	10 BELIER
3 NOVEMBRE	BALANCE	SAGITTAIRE	VIERGE	VIERGE	BELIER	BALANCE	SCORPION	VIERGE	22 BELIER
4 NOVEMBRE	BALANCE	SAGITTAIRE	VIERGE	VIERGE	BELIER	BALANCE	SCORPION	VIERGE	4 TAUREAU
5 NOVEMBRE	BALANCE	SAGITTAIRE	VIERGE	VIERGE	BELIER	BALANCE	SCORPION	VIERGE	16 TAUREAU
6 NOVEMBRE	BALANCE	SAGITTAIRE	VIERGE	VIERGE	BELIER	BALANCE	SCORPION	VIERGE	28 TAUREAU
7 NOVEMBRE	BALANCE	SAGITTAIRE	VIERGE	VIERGE	BELIER	BALANCE	SCORPION	VIERGE	10 GEMEAUX
8 NOVEMBRE	SCORPION	SAGITTAIRE	VIERGE	VIERGE	BELIER	BALANCE	SCORPION	VIERGE	22 GEMEAUX
9 NOVEMBRE	SCORPION	SAGITTAIRE	BALANCE	VIERGE	BELIER	BALANCE	SCORPION	VIERGE	4 CANCER
10 NOVEMBRE	SCORPION	SAGITTAIRE	BALANCE	VIERGE	BELIER	BALANCE	SCORPION	VIERGE	16 CANCER
11 NOVEMBRE	SCORPION	SAGITTAIRE	BALANCE	VIERGE	BELIER	BALANCE	SCORPION	VIERGE	28 CANCER
12 NOVEMBRE	SCORPION	SAGITTAIRE	BALANCE	VIERGE	BELIER	BALANCE	SCORPION	VIERGE	10 LION
13 NOVEMBRE	SCORPION	SAGITTAIRE	BALANCE	VIERGE	BELIER	BALANCE	SCORPION	VIERGE	22 LION
14 NOVEMBRE	SCORPION	SAGITTAIRE	BALANCE	VIERGE	BELIER	BALANCE	SCORPION	VIERGE	5 VIERGE
15 NOVEMBRE	SCORPION	CAPRICORNE	BALANCE	VIERGE	BELIER	BALANCE	SCORPION	VIERGE	18 VIERGE
16 NOVEMBRE	SCORPION	CAPRICORNE	BALANCE	BALANCE	BELIER	BALANCE	SCORPION	VIERGE	2 BALANCE
17 NOVEMBRE	SCORPION	CAPRICORNE	BALANCE	BALANCE	BELIER	BALANCE	SCORPION	VIERGE	16 BALANCE
18 NOVEMBRE	SCORPION	CAPRICORNE	BALANCE	BALANCE	BELIER	BALANCE	SCORPION	VIERGE	0 SCORPION
19 NOVEMBRE	SCORPION	CAPRICORNE	BALANCE	BALANCE	BELIER	BALANCE	SCORPION	VIERGE	15 SCORPION
20 NOVEMBRE	SCORPION	CAPRICORNE	BALANCE	BALANCE	BELIER	BALANCE	SCORPION	VIERGE	0 SAGITTAIRE
21 NOVEMBRE	SCORPION	CAPRICORNE	BALANCE	BALANCE	BELIER	BALANCE	SCORPION	VIERGE	16 SAGITTAIRE
22 NOVEMBRE	SCORPION	CAPRICORNE	BALANCE	BALANCE	BELIER	BALANCE	SCORPION	VIERGE	1 CAPRICORNE

LE SOLEIL ENTRE DANS LE SIGNE DU SCORPION LE 23 OCTOBRE 1968 A 8 h 15
QUITTE LE SIGNE DU SCORPION LE 22 NOVEMBRE 1968 A 5 h 40
* LES CHIFFRES INDIQUENT LES DEGRES

1969	MERCURE	VENUS	MARS	JUPITER	SATURNE	URANUS	NEPTUNE	PLUTON	LUNE *
23 OCTOBRE	BALANCE	BALANCE	CAPRICORNE	BALANCE	TAUREAU	BALANCE	SCORPION	VIERGE	6 BELIER
24 OCTOBRE	BALANCE	BALANCE	CAPRICORNE	BALANCE	TAUREAU	BALANCE	SCORPION	VIERGE	20 BELIER
25 OCTOBRE	BALANCE	BALANCE	CAPRICORNE	BALANCE	TAUREAU	BALANCE	SCORPION	VIERGE	3 TAUREAU
26 OCTOBRE	BALANCE	BALANCE	CAPRICORNE	BALANCE	TAUREAU	BALANCE	SCORPION	VIERGE	16 TAUREAU
27 OCTOBRE	BALANCE	BALANCE	CAPRICORNE	BALANCE	TAUREAU	BALANCE	SCORPION	VIERGE	29 TAUREAU
28 OCTOBRE	BALANCE	BALANCE	CAPRICORNE	BALANCE	TAUREAU	BALANCE	SCORPION	VIERGE	12 GEMEAUX
29 OCTOBRE	BALANCE	BALANCE	CAPRICORNE	BALANCE	TAUREAU	BALANCE	SCORPION	VIERGE	24 GEMEAUX
30 OCTOBRE	BALANCE	BALANCE	CAPRICORNE	BALANCE	TAUREAU	BALANCE	SCORPION	VIERGE	6 CANCER
31 OCTOBRE	BALANCE	BALANCE	CAPRICORNE	BALANCE	TAUREAU	BALANCE	SCORPION	VIERGE	18 CANCER
1 NOVEMBRE	BALANCE	BALANCE	CAPRICORNE	BALANCE	TAUREAU	BALANCE	SCORPION	VIERGE	0 LION
2 NOVEMBRE	SCORPION	BALANCE	CAPRICORNE	BALANCE	TAUREAU	BALANCE	SCORPION	VIERGE	12 LION
3 NOVEMBRE	SCORPION	BALANCE	CAPRICORNE	BALANCE	TAUREAU	BALANCE	SCORPION	VIERGE	24 LION
4 NOVEMBRE	SCORPION	BALANCE	CAPRICORNE	BALANCE	TAUREAU	BALANCE	SCORPION	VIERGE	6 VIERGE
5 NOVEMBRE	SCORPION	BALANCE	VERSEAU	BALANCE	TAUREAU	BALANCE	SCORPION	VIERGE	18 VIERGE
6 NOVEMBRE	SCORPION	BALANCE	VERSEAU	BALANCE	TAUREAU	BALANCE	SCORPION	VIERGE	1 BALANCE
7 NOVEMBRE	SCORPION	BALANCE	VERSEAU	BALANCE	TAUREAU	BALANCE	SCORPION	VIERGE	14 BALANCE
8 NOVEMBRE	SCORPION	BALANCE	VERSEAU	BALANCE	TAUREAU	BALANCE	SCORPION	VIERGE	27 BALANCE
9 NOVEMBRE	SCORPION	BALANCE	VERSEAU	BALANCE	TAUREAU	BALANCE	SCORPION	VIERGE	11 SCORPION
10 NOVEMBRE	SCORPION	BALANCE	VERSEAU	BALANCE	TAUREAU	BALANCE	SCORPION	VIERGE	25 SCORPION
11 NOVEMBRE	SCORPION	SCORPION	VERSEAU	BALANCE	TAUREAU	BALANCE	SCORPION	VIERGE	10 SAGITTAIRE
12 NOVEMBRE	SCORPION	SCORPION	VERSEAU	BALANCE	TAUREAU	BALANCE	SCORPION	VIERGE	24 SAGITTAIRE
13 NOVEMBRE	SCORPION	SCORPION	VERSEAU	BALANCE	TAUREAU	BALANCE	SCORPION	VIERGE	9 CAPRICORNE
14 NOVEMBRE	SCORPION	SCORPION	VERSEAU	BALANCE	TAUREAU	BALANCE	SCORPION	VIERGE	23 CAPRICORNE
15 NOVEMBRE	SCORPION	SCORPION	VERSEAU	BALANCE	TAUREAU	BALANCE	SCORPION	VIERGE	7 VERSEAU
16 NOVEMBRE	SCORPION	SCORPION	VERSEAU	BALANCE	TAUREAU	BALANCE	SCORPION	VIERGE	22 VERSEAU
17 NOVEMBRE	SCORPION	SCORPION	VERSEAU	BALANCE	TAUREAU	BALANCE	SCORPION	VIERGE	6 POISSONS
18 NOVEMBRE	SCORPION	SCORPION	VERSEAU	BALANCE	TAUREAU	BALANCE	SCORPION	VIERGE	19 POISSONS
19 NOVEMBRE	SCORPION	SCORPION	VERSEAU	BALANCE	TAUREAU	BALANCE	SCORPION	VIERGE	3 BELIER
20 NOVEMBRE	SAGITTAIRE	SCORPION	VERSEAU	BALANCE	TAUREAU	BALANCE	SCORPION	VIERGE	16 BELIER
21 NOVEMBRE	SAGITTAIRE	SCORPION	VERSEAU	BALANCE	TAUREAU	BALANCE	SCORPION	VIERGE	29 BELIER
22 NOVEMBRE	SAGITTAIRE	SCORPION	VERSEAU	BALANCE	TAUREAU	BALANCE	SCORPION	VIERGE	12 TAUREAU

LE SOLEIL ENTRE DANS LE SIGNE DU SCORPION LE 23 OCTOBRE 1969 A 13 h 50
QUITTE LE SIGNE DU SCORPION LE 22 NOVEMBRE 1969 A 11 h 10
* LES CHIFFRES INDIQUENT LES DEGRES

DECOUVREZ DANS QUEL SIGNE SE TROUVAIENT LES PLANETES A VOTRE NAISSANCE

1970	MERCURE	VENUS	MARS	JUPITER	SATURNE	URANUS	NEPTUNE	PLUTON	LUNE *
23 OCTOBRE	BALANCE	SCORPION	BALANCE	SCORPION	TAUREAU	BALANCE	SCORPION	VIERGE	14 LION
24 OCTOBRE	BALANCE	SCORPION	BALANCE	SCORPION	TAUREAU	BALANCE	SCORPION	VIERGE	26 LION
25 OCTOBRE	SCORPION	SCORPION	BALANCE	SCORPION	TAUREAU	BALANCE	SCORPION	VIERGE	8 VIERGE
26 OCTOBRE	SCORPION	SCORPION	BALANCE	SCORPION	TAUREAU	BALANCE	SCORPION	VIERGE	20 VIERGE
27 OCTOBRE	SCORPION	SCORPION	BALANCE	SCORPION	TAUREAU	BALANCE	SCORPION	VIERGE	2 BALANCE
28 OCTOBRE	SCORPION	SCORPION	BALANCE	SCORPION	TAUREAU	BALANCE	SCORPION	VIERGE	14 BALANCE
29 OCTOBRE	SCORPION	SCORPION	BALANCE	SCORPION	TAUREAU	BALANCE	SCORPION	VIERGE	26 BALANCE
30 OCTOBRE	SCORPION	SCORPION	BALANCE	SCORPION	TAUREAU	BALANCE	SCORPION	VIERGE	9 SCORPION
31 OCTOBRE	SCORPION	SCORPION	BALANCE	SCORPION	TAUREAU	BALANCE	SCORPION	VIERGE	22 SCORPION
1 NOVEMBRE	SCORPION	SCORPION	BALANCE	SCORPION	TAUREAU	BALANCE	SCORPION	VIERGE	5 SAGITTAIRE
2 NOVEMBRE	SCORPION	SCORPION	BALANCE	SCORPION	TAUREAU	BALANCE	SCORPION	VIERGE	18 SAGITTAIRE
3 NOVEMBRE	SCORPION	SCORPION	BALANCE	SCORPION	TAUREAU	BALANCE	SCORPION	VIERGE	2 CAPRICORNE
4 NOVEMBRE	SCORPION	SCORPION	BALANCE	SCORPION	TAUREAU	BALANCE	SCORPION	VIERGE	15 CAPRICORNE
5 NOVEMBRE	SCORPION	SCORPION	BALANCE	SCORPION	TAUREAU	BALANCE	SCORPION	VIERGE	29 CAPRICORNE
6 NOVEMBRE	SCORPION	SCORPION	BALANCE	SCORPION	TAUREAU	BALANCE	SCORPION	VIERGE	13 VERSEAU
7 NOVEMBRE	SCORPION	SCORPION	BALANCE	SCORPION	TAUREAU	BALANCE	SAGITTAIRE	VIERGE	27 VERSEAU
8 NOVEMBRE	SCORPION	SCORPION	BALANCE	SCORPION	TAUREAU	BALANCE	SAGITTAIRE	VIERGE	11 POISSONS
9 NOVEMBRE	SCORPION	SCORPION	BALANCE	SCORPION	TAUREAU	BALANCE	SAGITTAIRE	VIERGE	26 POISSONS
10 NOVEMBRE	SCORPION	SCORPION	BALANCE	SCORPION	TAUREAU	BALANCE	SAGITTAIRE	VIERGE	10 BELIER
11 NOVEMBRE	SCORPION	SCORPION	BALANCE	SCORPION	TAUREAU	BALANCE	SAGITTAIRE	VIERGE	24 BELIER
12 NOVEMBRE	SCORPION	SCORPION	BALANCE	SCORPION	TAUREAU	BALANCE	SAGITTAIRE	VIERGE	9 TAUREAU
13 NOVEMBRE	SAGITTAIRE	SCORPION	BALANCE	SCORPION	TAUREAU	BALANCE	SAGITTAIRE	VIERGE	23 TAUREAU
14 NOVEMBRE	SAGITTAIRE	SCORPION	BALANCE	SCORPION	TAUREAU	BALANCE	SAGITTAIRE	VIERGE	7 GEMEAUX
15 NOVEMBRE	SAGITTAIRE	SCORPION	BALANCE	SCORPION	TAUREAU	BALANCE	SAGITTAIRE	VIERGE	20 GEMEAUX
16 NOVEMBRE	SAGITTAIRE	SCORPION	BALANCE	SCORPION	TAUREAU	BALANCE	SAGITTAIRE	VIERGE	3 CANCER
17 NOVEMBRE	SAGITTAIRE	SCORPION	BALANCE	SCORPION	TAUREAU	BALANCE	SAGITTAIRE	VIERGE	16 CANCER
18 NOVEMBRE	SAGITTAIRE	SCORPION	BALANCE	SCORPION	TAUREAU	BALANCE	SAGITTAIRE	VIERGE	28 CANCER
19 NOVEMBRE	SAGITTAIRE	SCORPION	BALANCE	SCORPION	TAUREAU	BALANCE	SAGITTAIRE	VIERGE	10 LION
20 NOVEMBRE	SAGITTAIRE	SCORPION	BALANCE	SCORPION	TAUREAU	BALANCE	SAGITTAIRE	VIERGE	22 LION
21 NOVEMBRE	SAGITTAIRE	SCORPION	BALANCE	SCORPION	TAUREAU	BALANCE	SAGITTAIRE	VIERGE	4 VIERGE
22 NOVEMBRE	SAGITTAIRE	SCORPION	BALANCE	SCORPION	TAUREAU	BALANCE	SAGITTAIRE	VIERGE	6 VIERGE

LE SOLEIL ENTRE DANS LE SIGNE DU SCORPION LE 23 OCTOBRE 1970 A 19 h 50
LE SOLEIL QUITTE LE SIGNE DU SCORPION LE 22 NOVEMBRE 1970 A 17 h 15

* LES CHIFFRES INDIQUENT LES DEGRES

1971	MERCURE	VENUS	MARS	JUPITER	SATURNE	URANUS	NEPTUNE	PLUTON	LUNE *
23 OCTOBRE	SCORPION	SCORPION	VERSEAU	SAGITTAIRE	GEMEAUX	BALANCE	SAGITTAIRE	BALANCE	15 SAGITTAIRE
24 OCTOBRE	SCORPION	SCORPION	VERSEAU	SAGITTAIRE	GEMEAUX	BALANCE	SAGITTAIRE	BALANCE	28 SAGITTAIRE
25 OCTOBRE	SCORPION	SCORPION	VERSEAU	SAGITTAIRE	GEMEAUX	BALANCE	SAGITTAIRE	BALANCE	10 CAPRICORNE
26 OCTOBRE	SCORPION	SCORPION	VERSEAU	SAGITTAIRE	GEMEAUX	BALANCE	SAGITTAIRE	BALANCE	23 CAPRICORNE
27 OCTOBRE	SCORPION	SCORPION	VERSEAU	SAGITTAIRE	GEMEAUX	BALANCE	SAGITTAIRE	BALANCE	5 VERSEAU
28 OCTOBRE	SCORPION	SCORPION	VERSEAU	SAGITTAIRE	GEMEAUX	BALANCE	SAGITTAIRE	BALANCE	20 VERSEAU
29 OCTOBRE	SCORPION	SCORPION	VERSEAU	SAGITTAIRE	GEMEAUX	BALANCE	SAGITTAIRE	BALANCE	4 POISSONS
30 OCTOBRE	SCORPION	SCORPION	VERSEAU	SAGITTAIRE	GEMEAUX	BALANCE	SAGITTAIRE	BALANCE	13 POISSONS
31 OCTOBRE	SCORPION	SCORPION	VERSEAU	SAGITTAIRE	GEMEAUX	BALANCE	SAGITTAIRE	BALANCE	3 BELIER
1 NOVEMBRE	SCORPION	SCORPION	VERSEAU	SAGITTAIRE	GEMEAUX	BALANCE	SAGITTAIRE	BALANCE	13 BELIER
2 NOVEMBRE	SCORPION	SCORPION	VERSEAU	SAGITTAIRE	GEMEAUX	BALANCE	SAGITTAIRE	BALANCE	4 TAUREAU
3 NOVEMBRE	SCORPION	SCORPION	VERSEAU	SAGITTAIRE	GEMEAUX	BALANCE	SAGITTAIRE	BALANCE	19 TAUREAU
4 NOVEMBRE	SCORPION	SCORPION	VERSEAU	SAGITTAIRE	GEMEAUX	BALANCE	SAGITTAIRE	BALANCE	4 GEMEAUX
5 NOVEMBRE	SCORPION	SAGITTAIRE	VERSEAU	SAGITTAIRE	GEMEAUX	BALANCE	SAGITTAIRE	BALANCE	18 GEMEAUX
6 NOVEMBRE	SAGITTAIRE	SAGITTAIRE	VERSEAU	SAGITTAIRE	GEMEAUX	BALANCE	SAGITTAIRE	BALANCE	2 CANCER
7 NOVEMBRE	SAGITTAIRE	SAGITTAIRE	POISSONS	SAGITTAIRE	GEMEAUX	BALANCE	SAGITTAIRE	BALANCE	16 CANCER
8 NOVEMBRE	SAGITTAIRE	SAGITTAIRE	POISSONS	SAGITTAIRE	GEMEAUX	BALANCE	SAGITTAIRE	BALANCE	29 CANCER
9 NOVEMBRE	SAGITTAIRE	SAGITTAIRE	POISSONS	SAGITTAIRE	GEMEAUX	BALANCE	SAGITTAIRE	BALANCE	12 LION
10 NOVEMBRE	SAGITTAIRE	SAGITTAIRE	POISSONS	SAGITTAIRE	GEMEAUX	BALANCE	SAGITTAIRE	BALANCE	24 LION
11 NOVEMBRE	SAGITTAIRE	SAGITTAIRE	POISSONS	SAGITTAIRE	GEMEAUX	BALANCE	SAGITTAIRE	BALANCE	6 VIERGE
12 NOVEMBRE	SAGITTAIRE	SAGITTAIRE	POISSONS	SAGITTAIRE	GEMEAUX	BALANCE	SAGITTAIRE	BALANCE	18 VIERGE
13 NOVEMBRE	SAGITTAIRE	SAGITTAIRE	POISSONS	SAGITTAIRE	GEMEAUX	BALANCE	SAGITTAIRE	BALANCE	0 BALANCE
14 NOVEMBRE	SAGITTAIRE	SAGITTAIRE	POISSONS	SAGITTAIRE	GEMEAUX	BALANCE	SAGITTAIRE	BALANCE	12 BALANCE
15 NOVEMBRE	SAGITTAIRE	SAGITTAIRE	POISSONS	SAGITTAIRE	GEMEAUX	BALANCE	SAGITTAIRE	BALANCE	24 BALANCE
16 NOVEMBRE	SAGITTAIRE	SAGITTAIRE	POISSONS	SAGITTAIRE	GEMEAUX	BALANCE	SAGITTAIRE	BALANCE	6 SCORPION
17 NOVEMBRE	SAGITTAIRE	SAGITTAIRE	POISSONS	SAGITTAIRE	GEMEAUX	BALANCE	SAGITTAIRE	BALANCE	18 SCORPION
18 NOVEMBRE	SAGITTAIRE	SAGITTAIRE	POISSONS	SAGITTAIRE	GEMEAUX	BALANCE	SAGITTAIRE	BALANCE	0 SAGITTAIRE
19 NOVEMBRE	SAGITTAIRE	SAGITTAIRE	POISSONS	SAGITTAIRE	GEMEAUX	BALANCE	SAGITTAIRE	BALANCE	12 SAGITTAIRE
20 NOVEMBRE	SAGITTAIRE	SAGITTAIRE	POISSONS	SAGITTAIRE	GEMEAUX	BALANCE	SAGITTAIRE	BALANCE	25 SAGITTAIRE
21 NOVEMBRE	SAGITTAIRE	SAGITTAIRE	POISSONS	SAGITTAIRE	GEMEAUX	BALANCE	SAGITTAIRE	BALANCE	7 CAPRICORNE
22 NOVEMBRE	SAGITTAIRE	SAGITTAIRE	POISSONS	SAGITTAIRE	GEMEAUX	BALANCE	SAGITTAIRE	BALANCE	20 CAPRICORNE

LE SOLEIL ENTRE DANS LE SIGNE DU SCORPION LE 23 OCTOBRE 1971 A 1 h 40
LE SOLEIL QUITTE LE SIGNE DU SCORPION LE 22 NOVEMBRE 1971 A 23 h 00

* LES CHIFFRES INDIQUENT LES DEGRES

DECOUVREZ DANS QUEL SIGNE SE TROUVAIENT LES PLANETES A VOTRE NAISSANCE

1972	MERCURE	VENUS	MARS	JUPITER	SATURNE	URANUS	NEPTUNE	PLUTON	LUNE *
23 OCTOBRE	SCORPION	VIERGE	BALANCE	CAPRICORNE	GEMEAUX	BALANCE	SAGITTAIRE	BALANCE	13 TAUREAU
24 OCTOBRE	SCORPION	VIERGE	BALANCE	CAPRICORNE	GEMEAUX	BALANCE	SAGITTAIRE	BALANCE	28 TAUREAU
25 OCTOBRE	SCORPION	VIERGE	BALANCE	CAPRICORNE	GEMEAUX	BALANCE	SAGITTAIRE	BALANCE	13 GEMEAUX
26 OCTOBRE	SCORPION	VIERGE	BALANCE	CAPRICORNE	GEMEAUX	BALANCE	SAGITTAIRE	BALANCE	28 GEMEAUX
27 OCTOBRE	SCORPION	VIERGE	BALANCE	CAPRICORNE	GEMEAUX	BALANCE	SAGITTAIRE	BALANCE	12 CANCER
28 OCTOBRE	SCORPION	VIERGE	BALANCE	CAPRICORNE	GEMEAUX	BALANCE	SAGITTAIRE	BALANCE	26 CANCER
29 OCTOBRE	SCORPION	VIERGE	BALANCE	CAPRICORNE	GEMEAUX	BALANCE	SAGITTAIRE	BALANCE	10 LION
30 OCTOBRE	SCORPION	VIERGE	BALANCE	CAPRICORNE	GEMEAUX	BALANCE	SAGITTAIRE	BALANCE	23 LION
31 OCTOBRE	SAGITTAIRE	BALANCE	BALANCE	CAPRICORNE	GEMEAUX	BALANCE	SAGITTAIRE	BALANCE	6 VIERGE
1 NOVEMBRE	SAGITTAIRE	BALANCE	BALANCE	CAPRICORNE	GEMEAUX	BALANCE	SAGITTAIRE	BALANCE	18 VIERGE
2 NOVEMBRE	SAGITTAIRE	BALANCE	BALANCE	CAPRICORNE	GEMEAUX	BALANCE	SAGITTAIRE	BALANCE	0 BALANCE
3 NOVEMBRE	SAGITTAIRE	BALANCE	BALANCE	CAPRICORNE	GEMEAUX	BALANCE	SAGITTAIRE	BALANCE	13 BALANCE
4 NOVEMBRE	SAGITTAIRE	BALANCE	BALANCE	CAPRICORNE	GEMEAUX	BALANCE	SAGITTAIRE	BALANCE	25 BALANCE
5 NOVEMBRE	SAGITTAIRE	BALANCE	BALANCE	CAPRICORNE	GEMEAUX	BALANCE	SAGITTAIRE	BALANCE	7 SCORPION
6 NOVEMBRE	SAGITTAIRE	BALANCE	BALANCE	CAPRICORNE	GEMEAUX	BALANCE	SAGITTAIRE	BALANCE	19 SCORPION
7 NOVEMBRE	SAGITTAIRE	BALANCE	BALANCE	CAPRICORNE	GEMEAUX	BALANCE	SAGITTAIRE	BALANCE	1 SAGITTAIRE
8 NOVEMBRE	SAGITTAIRE	BALANCE	BALANCE	CAPRICORNE	GEMEAUX	BALANCE	SAGITTAIRE	BALANCE	12 SAGITTAIRE
9 NOVEMBRE	SAGITTAIRE	BALANCE	BALANCE	CAPRICORNE	GEMEAUX	BALANCE	SAGITTAIRE	BALANCE	24 SAGITTAIRE
10 NOVEMBRE	SAGITTAIRE	BALANCE	BALANCE	CAPRICORNE	GEMEAUX	BALANCE	SAGITTAIRE	BALANCE	6 CAPRICORNE
11 NOVEMBRE	SAGITTAIRE	BALANCE	BALANCE	CAPRICORNE	GEMEAUX	BALANCE	SAGITTAIRE	BALANCE	18 CAPRICORNE
12 NOVEMBRE	SAGITTAIRE	BALANCE	BALANCE	CAPRICORNE	GEMEAUX	BALANCE	SAGITTAIRE	BALANCE	0 VERSEAU
13 NOVEMBRE	SAGITTAIRE	BALANCE	BALANCE	CAPRICORNE	GEMEAUX	BALANCE	SAGITTAIRE	BALANCE	13 VERSEAU
14 NOVEMBRE	SAGITTAIRE	BALANCE	BALANCE	CAPRICORNE	GEMEAUX	BALANCE	SAGITTAIRE	BALANCE	25 VERSEAU
15 NOVEMBRE	SAGITTAIRE	BALANCE	BALANCE	CAPRICORNE	GEMEAUX	BALANCE	SAGITTAIRE	BALANCE	9 POISSONS
16 NOVEMBRE	SAGITTAIRE	BALANCE	SCORPION	CAPRICORNE	GEMEAUX	BALANCE	SAGITTAIRE	BALANCE	22 POISSONS
17 NOVEMBRE	SAGITTAIRE	BALANCE	SCORPION	CAPRICORNE	GEMEAUX	BALANCE	SAGITTAIRE	BALANCE	6 BELIER
18 NOVEMBRE	SAGITTAIRE	BALANCE	SCORPION	CAPRICORNE	GEMEAUX	BALANCE	SAGITTAIRE	BALANCE	21 BELIER
19 NOVEMBRE	SAGITTAIRE	BALANCE	SCORPION	CAPRICORNE	GEMEAUX	BALANCE	SAGITTAIRE	BALANCE	6 TAUREAU
20 NOVEMBRE	SAGITTAIRE	BALANCE	SCORPION	CAPRICORNE	GEMEAUX	BALANCE	SAGITTAIRE	BALANCE	21 TAUREAU
21 NOVEMBRE	SAGITTAIRE	BALANCE	SCORPION	CAPRICORNE	GEMEAUX	BALANCE	SAGITTAIRE	BALANCE	7 GEMEAUX
22 NOVEMBRE	SAGITTAIRE	BALANCE	SCORPION	CAPRICORNE	GEMEAUX	BALANCE	SAGITTAIRE	BALANCE	22 GEMEAUX

LE SOLEIL — ENTRE DANS LE SIGNE DU SCORPION LE 23 OCTOBRE 1972 A 7 h 30 — QUITTE LE SIGNE DU SCORPION LE 22 NOVEMBRE 1972 A 4 h 50

* LES CHIFFRES INDIQUENT LES DEGRES

1973	MERCURE	VENUS	MARS	JUPITER	SATURNE	URANUS	NEPTUNE	PLUTON	LUNE *
23 OCTOBRE	SCORPION	SAGITTAIRE	TAUREAU	VERSEAU	CANCER	BALANCE	SAGITTAIRE	BALANCE	28 VIERGE
24 OCTOBRE	SCORPION	SAGITTAIRE	TAUREAU	VERSEAU	CANCER	BALANCE	SAGITTAIRE	BALANCE	11 BALANCE
25 OCTOBRE	SCORPION	SAGITTAIRE	TAUREAU	VERSEAU	CANCER	BALANCE	SAGITTAIRE	BALANCE	24 BALANCE
26 OCTOBRE	SCORPION	SAGITTAIRE	TAUREAU	VERSEAU	CANCER	BALANCE	SAGITTAIRE	BALANCE	7 SCORPION
27 OCTOBRE	SCORPION	SAGITTAIRE	TAUREAU	VERSEAU	CANCER	BALANCE	SAGITTAIRE	BALANCE	19 SCORPION
28 OCTOBRE	SCORPION	SAGITTAIRE	TAUREAU	VERSEAU	CANCER	BALANCE	SAGITTAIRE	BALANCE	2 SAGITTAIRE
29 OCTOBRE	SCORPION	SAGITTAIRE	TAUREAU	VERSEAU	CANCER	BALANCE	SAGITTAIRE	BALANCE	14 SAGITTAIRE
30 OCTOBRE	SCORPION	SAGITTAIRE	BELIER	VERSEAU	CANCER	BALANCE	SAGITTAIRE	BALANCE	26 SAGITTAIRE
31 OCTOBRE	SCORPION	SAGITTAIRE	BELIER	VERSEAU	CANCER	BALANCE	SAGITTAIRE	BALANCE	8 CAPRICORNE
1 NOVEMBRE	SCORPION	SAGITTAIRE	BELIER	VERSEAU	CANCER	BALANCE	SAGITTAIRE	BALANCE	19 CAPRICORNE
2 NOVEMBRE	SCORPION	SAGITTAIRE	BELIER	VERSEAU	CANCER	BALANCE	SAGITTAIRE	BALANCE	1 VERSEAU
3 NOVEMBRE	SCORPION	SAGITTAIRE	BELIER	VERSEAU	CANCER	BALANCE	SAGITTAIRE	BALANCE	13 VERSEAU
4 NOVEMBRE	SCORPION	SAGITTAIRE	BELIER	VERSEAU	CANCER	BALANCE	SAGITTAIRE	BALANCE	25 VERSEAU
5 NOVEMBRE	SCORPION	SAGITTAIRE	BELIER	VERSEAU	CANCER	BALANCE	SAGITTAIRE	BALANCE	8 POISSONS
6 NOVEMBRE	SCORPION	CAPRICORNE	BELIER	VERSEAU	CANCER	BALANCE	SAGITTAIRE	BALANCE	21 POISSONS
7 NOVEMBRE	SCORPION	CAPRICORNE	BELIER	VERSEAU	CANCER	BALANCE	SAGITTAIRE	BALANCE	4 BELIER
8 NOVEMBRE	SCORPION	CAPRICORNE	BELIER	VERSEAU	CANCER	BALANCE	SAGITTAIRE	BALANCE	18 BELIER
9 NOVEMBRE	SCORPION	CAPRICORNE	BELIER	VERSEAU	CANCER	BALANCE	SAGITTAIRE	BALANCE	2 TAUREAU
10 NOVEMBRE	SCORPION	CAPRICORNE	BELIER	VERSEAU	CANCER	BALANCE	SAGITTAIRE	BALANCE	16 TAUREAU
11 NOVEMBRE	SCORPION	CAPRICORNE	BELIER	VERSEAU	CANCER	BALANCE	SAGITTAIRE	BALANCE	1 GEMEAUX
12 NOVEMBRE	SCORPION	CAPRICORNE	BELIER	VERSEAU	CANCER	BALANCE	SAGITTAIRE	BALANCE	16 GEMEAUX
13 NOVEMBRE	SCORPION	CAPRICORNE	BELIER	VERSEAU	CANCER	BALANCE	SAGITTAIRE	BALANCE	0 CANCER
14 NOVEMBRE	SCORPION	CAPRICORNE	BELIER	VERSEAU	CANCER	BALANCE	SAGITTAIRE	BALANCE	15 CANCER
15 NOVEMBRE	SCORPION	CAPRICORNE	BELIER	VERSEAU	CANCER	BALANCE	SAGITTAIRE	BALANCE	29 CANCER
16 NOVEMBRE	SCORPION	CAPRICORNE	BELIER	VERSEAU	CANCER	BALANCE	SAGITTAIRE	BALANCE	14 LION
17 NOVEMBRE	SCORPION	CAPRICORNE	BELIER	VERSEAU	CANCER	BALANCE	SAGITTAIRE	BALANCE	28 LION
18 NOVEMBRE	SCORPION	CAPRICORNE	BELIER	VERSEAU	CANCER	BALANCE	SAGITTAIRE	BALANCE	11 VIERGE
19 NOVEMBRE	SCORPION	CAPRICORNE	BELIER	VERSEAU	CANCER	BALANCE	SAGITTAIRE	BALANCE	25 VIERGE
20 NOVEMBRE	SCORPION	CAPRICORNE	BELIER	VERSEAU	CANCER	BALANCE	SAGITTAIRE	BALANCE	8 BALANCE
21 NOVEMBRE	SCORPION	CAPRICORNE	BELIER	VERSEAU	CANCER	BALANCE	SAGITTAIRE	BALANCE	21 BALANCE
22 NOVEMBRE	SCORPION	CAPRICORNE	BELIER	VERSEAU	CANCER	BALANCE	SAGITTAIRE	BALANCE	3 SCORPION

LE SOLEIL — ENTRE DANS LE SIGNE DU SCORPION LE 23 OCTOBRE 1973 A 13 h 15 — QUITTE LE SIGNE DU SCORPION LE 22 NOVEMBRE 1973 A 10 h 45

* LES CHIFFRES INDIQUENT LES DEGRES

DECOUVREZ DANS QUEL SIGNE SE TROUVAIENT LES PLANETES A VOTRE NAISSANCE

1974	MERCURE	VENUS	MARS	JUPITER	SATURNE	URANUS	NEPTUNE	PLUTON	LUNE *
23 OCTOBRE	SCORPION	BALANCE	BALANCE	POISSONS	CANCER	BALANCE	SAGITTAIRE	BALANCE	4 VERSEAU
24 OCTOBRE	SCORPION	BALANCE	BALANCE	POISSONS	CANCER	BALANCE	SAGITTAIRE	BALANCE	16 VERSEAU
25 OCTOBRE	SCORPION	BALANCE	BALANCE	POISSONS	CANCER	BALANCE	SAGITTAIRE	BALANCE	28 VERSEAU
26 OCTOBRE	SCORPION	BALANCE	BALANCE	POISSONS	CANCER	BALANCE	SAGITTAIRE	BALANCE	10 POISSONS
27 OCTOBRE	BALANCE	SCORPION	BALANCE	POISSONS	CANCER	BALANCE	SAGITTAIRE	BALANCE	22 POISSONS
28 OCTOBRE	BALANCE	SCORPION	SCORPION	POISSONS	CANCER	BALANCE	SAGITTAIRE	BALANCE	4 BELIER
29 OCTOBRE	BALANCE	SCORPION	SCORPION	POISSONS	CANCER	BALANCE	SAGITTAIRE	BALANCE	17 BELIER
30 OCTOBRE	BALANCE	SCORPION	SCORPION	POISSONS	CANCER	BALANCE	SAGITTAIRE	BALANCE	0 TAUREAU
31 OCTOBRE	BALANCE	SCORPION	SCORPION	POISSONS	CANCER	BALANCE	SAGITTAIRE	BALANCE	14 TAUREAU
1 NOVEMBRE	BALANCE	SCORPION	SCORPION	POISSONS	CANCER	BALANCE	SAGITTAIRE	BALANCE	26 TAUREAU
2 NOVEMBRE	BALANCE	SCORPION	SCORPION	POISSONS	CANCER	BALANCE	SAGITTAIRE	BALANCE	10 GEMEAUX
3 NOVEMBRE	BALANCE	SCORPION	SCORPION	POISSONS	CANCER	BALANCE	SAGITTAIRE	BALANCE	23 GEMEAUX
4 NOVEMBRE	BALANCE	SCORPION	SCORPION	POISSONS	CANCER	BALANCE	SAGITTAIRE	BALANCE	7 CANCER
5 NOVEMBRE	BALANCE	SCORPION	SCORPION	POISSONS	CANCER	BALANCE	SAGITTAIRE	BALANCE	21 CANCER
6 NOVEMBRE	BALANCE	SCORPION	SCORPION	POISSONS	CANCER	BALANCE	SAGITTAIRE	BALANCE	5 LION
7 NOVEMBRE	BALANCE	SCORPION	SCORPION	POISSONS	CANCER	BALANCE	SAGITTAIRE	BALANCE	19 LION
8 NOVEMBRE	BALANCE	SCORPION	SCORPION	POISSONS	CANCER	BALANCE	SAGITTAIRE	BALANCE	4 VIERGE
9 NOVEMBRE	BALANCE	SCORPION	SCORPION	POISSONS	CANCER	BALANCE	SAGITTAIRE	BALANCE	8 VIERGE
10 NOVEMBRE	BALANCE	SCORPION	SCORPION	POISSONS	CANCER	BALANCE	SAGITTAIRE	BALANCE	2 BALANCE
11 NOVEMBRE	BALANCE	SCORPION	SCORPION	POISSONS	CANCER	BALANCE	SAGITTAIRE	BALANCE	16 BALANCE
12 NOVEMBRE	SCORPION	SCORPION	SCORPION	POISSONS	CANCER	BALANCE	SAGITTAIRE	BALANCE	0 SCORPION
13 NOVEMBRE	SCORPION	SCORPION	SCORPION	POISSONS	CANCER	BALANCE	SAGITTAIRE	BALANCE	14 SCORPION
14 NOVEMBRE	SCORPION	SCORPION	SCORPION	POISSONS	CANCER	BALANCE	SAGITTAIRE	BALANCE	27 SCORPION
15 NOVEMBRE	SCORPION	SCORPION	SCORPION	POISSONS	CANCER	BALANCE	SAGITTAIRE	BALANCE	10 SAGITTAIRE
16 NOVEMBRE	SCORPION	SCORPION	SCORPION	POISSONS	CANCER	BALANCE	SAGITTAIRE	BALANCE	23 SAGITTAIRE
17 NOVEMBRE	SCORPION	SCORPION	SCORPION	POISSONS	CANCER	BALANCE	SAGITTAIRE	BALANCE	6 CAPRICORNE
18 NOVEMBRE	SCORPION	SCORPION	SCORPION	POISSONS	CANCER	BALANCE	SAGITTAIRE	BALANCE	18 CAPRICORNE
19 NOVEMBRE	SCORPION	SAGITTAIRE	SCORPION	POISSONS	CANCER	BALANCE	SAGITTAIRE	BALANCE	0 VERSEAU
20 NOVEMBRE	SCORPION	SAGITTAIRE	SCORPION	POISSONS	CANCER	BALANCE	SAGITTAIRE	BALANCE	12 VERSEAU
21 NOVEMBRE	SCORPION	SAGITTAIRE	SCORPION	POISSONS	CANCER	SCORPION	SAGITTAIRE	BALANCE	24 VERSEAU
22 NOVEMBRE	SCORPION	SAGITTAIRE	SCORPION	POISSONS	CANCER	SCORPION	SAGITTAIRE	BALANCE	6 POISSONS

	ENTRE DANS LE SIGNE DU		LE 23 OCTOBRE	A 19 h 00
LE SOLEIL		SCORPION	1974	* LES CHIFFRES INDIQUENT LES DEGRES
	QUITTE LE SIGNE DU		LE 22 NOVEMBRE	A 16 h 30

1975	MERCURE	VENUS	MARS	JUPITER	SATURNE	URANUS	NEPTUNE	PLUTON	LUNE *
24 OCTOBRE	BALANCE	VIERGE	CANCER	BELIER	LION	SCORPION	SAGITTAIRE	BALANCE	19 GEMEAUX
25 OCTOBRE	BALANCE	VIERGE	CANCER	BELIER	LION	SCORPION	SAGITTAIRE	BALANCE	1 CANCER
26 OCTOBRE	BALANCE	VIERGE	CANCER	BELIER	LION	SCORPION	SAGITTAIRE	BALANCE	14 CANCER
27 OCTOBRE	BALANCE	VIERGE	CANCER	BELIER	LION	SCORPION	SAGITTAIRE	BALANCE	28 CANCER
28 OCTOBRE	BALANCE	VIERGE	CANCER	BELIER	LION	SCORPION	SAGITTAIRE	BALANCE	12 LION
29 OCTOBRE	BALANCE	VIERGE	CANCER	BELIER	LION	SCORPION	SAGITTAIRE	BALANCE	26 LION
30 OCTOBRE	BALANCE	VIERGE	CANCER	BELIER	LION	SCORPION	SAGITTAIRE	BALANCE	10 VIERGE
31 OCTOBRE	BALANCE	VIERGE	CANCER	BELIER	LION	SCORPION	SAGITTAIRE	BALANCE	25 VIERGE
1 NOVEMBRE	BALANCE	VIERGE	CANCER	BELIER	LION	SCORPION	SAGITTAIRE	BALANCE	10 BALANCE
2 NOVEMBRE	BALANCE	VIERGE	CANCER	BELIER	LION	SCORPION	SAGITTAIRE	BALANCE	25 BALANCE
3 NOVEMBRE	BALANCE	VIERGE	CANCER	BELIER	LION	SCORPION	SAGITTAIRE	BALANCE	9 SCORPION
4 NOVEMBRE	BALANCE	VIERGE	CANCER	BELIER	LION	SCORPION	SAGITTAIRE	BALANCE	24 SCORPION
5 NOVEMBRE	BALANCE	VIERGE	CANCER	BELIER	LION	SCORPION	SAGITTAIRE	BALANCE	8 SAGITTAIRE
6 NOVEMBRE	SCORPION	VIERGE	CANCER	BELIER	LION	SCORPION	SAGITTAIRE	BALANCE	22 SAGITTAIRE
7 NOVEMBRE	SCORPION	VIERGE	CANCER	BELIER	LION	SCORPION	SAGITTAIRE	BALANCE	6 CAPRICORNE
8 NOVEMBRE	SCORPION	VIERGE	CANCER	BELIER	LION	SCORPION	SAGITTAIRE	BALANCE	19 CAPRICORNE
9 NOVEMBRE	SCORPION	VIERGE	CANCER	BELIER	LION	SCORPION	SAGITTAIRE	BALANCE	2 VERSEAU
10 NOVEMBRE	SCORPION	BALANCE	CANCER	BELIER	LION	SCORPION	SAGITTAIRE	BALANCE	14 VERSEAU
11 NOVEMBRE	SCORPION	BALANCE	CANCER	BELIER	LION	SCORPION	SAGITTAIRE	BALANCE	26 VERSEAU
12 NOVEMBRE	SCORPION	BALANCE	CANCER	BELIER	LION	SCORPION	SAGITTAIRE	BALANCE	8 POISSONS
13 NOVEMBRE	SCORPION	BALANCE	CANCER	BELIER	LION	SCORPION	SAGITTAIRE	BALANCE	20 POISSONS
14 NOVEMBRE	SCORPION	BALANCE	CANCER	BELIER	LION	SCORPION	SAGITTAIRE	BALANCE	2 BELIER
15 NOVEMBRE	SCORPION	BALANCE	CANCER	BELIER	LION	SCORPION	SAGITTAIRE	BALANCE	14 BELIER
16 NOVEMBRE	SCORPION	BALANCE	CANCER	BELIER	LION	SCORPION	SAGITTAIRE	BALANCE	26 BELIER
17 NOVEMBRE	SCORPION	BALANCE	CANCER	BELIER	LION	SCORPION	SAGITTAIRE	BALANCE	8 TAUREAU
18 NOVEMBRE	SCORPION	BALANCE	CANCER	BELIER	LION	SCORPION	SAGITTAIRE	BALANCE	20 TAUREAU
19 NOVEMBRE	SCORPION	BALANCE	CANCER	BELIER	LION	SCORPION	SAGITTAIRE	BALANCE	3 GEMEAUX
20 NOVEMBRE	SCORPION	BALANCE	CANCER	BELIER	LION	SCORPION	SAGITTAIRE	BALANCE	15 GEMEAUX
21 NOVEMBRE	SCORPION	BALANCE	CANCER	BELIER	LION	SCORPION	SAGITTAIRE	BALANCE	28 GEMEAUX
22 NOVEMBRE	SCORPION	BALANCE	CANCER	BELIER	LION	SCORPION	SAGITTAIRE	BALANCE	11 CANCER

	ENTRE DANS LE SIGNE DU		LE 24 OCTOBRE	A 1 h 00
LE SOLEIL		SCORPION	1975	* LES CHIFFRES INDIQUENT LES DEGRES
	QUITTE LE SIGNE DU		LE 22 NOVEMBRE	A 22 h 15

DECOUVREZ DANS QUEL SIGNE SE TROUVAIENT LES PLANETES A VOTRE NAISSANCE

1976	MERCURE	VENUS	MARS	JUPITER	SATURNE	URANUS	NEPTUNE	PLUTON	LUNE *
23 OCTOBRE	BALANCE	SAGITTAIRE	SCORPION	TAUREAU	LION	SCORPION	SAGITTAIRE	BALANCE	4 SCORPION
24 OCTOBRE	BALANCE	SAGITTAIRE	SCORPION	TAUREAU	LION	SCORPION	SAGITTAIRE	BALANCE	19 SCORPION
25 OCTOBRE	BALANCE	SAGITTAIRE	SCORPION	TAUREAU	LION	SCORPION	SAGITTAIRE	BALANCE	4 SAGITTAIRE
26 OCTOBRE	BALANCE	SAGITTAIRE	SCORPION	TAUREAU	LION	SCORPION	SAGITTAIRE	BALANCE	19 SAGITTAIRE
27 OCTOBRE	BALANCE	SAGITTAIRE	SCORPION	TAUREAU	LION	SCORPION	SAGITTAIRE	BALANCE	3 CAPRICORNE
28 OCTOBRE	BALANCE	SAGITTAIRE	SCORPION	TAUREAU	LION	SCORPION	SAGITTAIRE	BALANCE	17 CAPRICORNE
29 OCTOBRE	SCORPION	SAGITTAIRE	SCORPION	TAUREAU	LION	SCORPION	SAGITTAIRE	BALANCE	1 VERSEAU
30 OCTOBRE	SCORPION	SAGITTAIRE	SCORPION	TAUREAU	LION	SCORPION	SAGITTAIRE	BALANCE	14 VERSEAU
31 OCTOBRE	SCORPION	SAGITTAIRE	SCORPION	TAUREAU	LION	SCORPION	SAGITTAIRE	BALANCE	27 VERSEAU
1 NOVEMBRE	SCORPION	SAGITTAIRE	SCORPION	TAUREAU	LION	SCORPION	SAGITTAIRE	BALANCE	9 POISSONS
2 NOVEMBRE	SCORPION	SAGITTAIRE	SCORPION	TAUREAU	LION	SCORPION	SAGITTAIRE	BALANCE	21 POISSONS
3 NOVEMBRE	SCORPION	SAGITTAIRE	SCORPION	TAUREAU	LION	SCORPION	SAGITTAIRE	BALANCE	3 BELIER
4 NOVEMBRE	SCORPION	SAGITTAIRE	SCORPION	TAUREAU	LION	SCORPION	SAGITTAIRE	BALANCE	15 BELIER
5 NOVEMBRE	SCORPION	SAGITTAIRE	SCORPION	TAUREAU	LION	SCORPION	SAGITTAIRE	BALANCE	27 BELIER
6 NOVEMBRE	SCORPION	SAGITTAIRE	SCORPION	TAUREAU	LION	SCORPION	SAGITTAIRE	BALANCE	9 TAUREAU
7 NOVEMBRE	SCORPION	SAGITTAIRE	SCORPION	TAUREAU	LION	SCORPION	SAGITTAIRE	BALANCE	21 TAUREAU
8 NOVEMBRE	SCORPION	SAGITTAIRE	SCORPION	TAUREAU	LION	SCORPION	SAGITTAIRE	BALANCE	2 GEMEAUX
9 NOVEMBRE	SCORPION	SAGITTAIRE	SCORPION	TAUREAU	LION	SCORPION	SAGITTAIRE	BALANCE	14 GEMEAUX
10 NOVEMBRE	SCORPION	SAGITTAIRE	SCORPION	TAUREAU	LION	SCORPION	SAGITTAIRE	BALANCE	26 GEMEAUX
11 NOVEMBRE	SCORPION	SAGITTAIRE	SCORPION	TAUREAU	LION	SCORPION	SAGITTAIRE	BALANCE	9 CANCER
12 NOVEMBRE	SCORPION	SAGITTAIRE	SCORPION	TAUREAU	LION	SCORPION	SAGITTAIRE	BALANCE	21 CANCER
13 NOVEMBRE	SCORPION	SAGITTAIRE	SCORPION	TAUREAU	LION	SCORPION	SAGITTAIRE	BALANCE	4 LION
14 NOVEMBRE	SCORPION	CAPRICORNE	SCORPION	TAUREAU	LION	SCORPION	SAGITTAIRE	BALANCE	17 LION
15 NOVEMBRE	SCORPION	CAPRICORNE	SCORPION	TAUREAU	LION	SCORPION	SAGITTAIRE	BALANCE	0 VIERGE
16 NOVEMBRE	SCORPION	CAPRICORNE	SCORPION	TAUREAU	LION	SCORPION	SAGITTAIRE	BALANCE	13 VIERGE
17 NOVEMBRE	SAGITTAIRE	CAPRICORNE	SCORPION	TAUREAU	LION	SCORPION	SAGITTAIRE	BALANCE	28 VIERGE
18 NOVEMBRE	SAGITTAIRE	CAPRICORNE	SCORPION	TAUREAU	LION	SCORPION	SAGITTAIRE	BALANCE	12 BALANCE
19 NOVEMBRE	SAGITTAIRE	CAPRICORNE	SCORPION	TAUREAU	LION	SCORPION	SAGITTAIRE	BALANCE	27 BALANCE
20 NOVEMBRE	SAGITTAIRE	CAPRICORNE	SCORPION	TAUREAU	LION	SCORPION	SAGITTAIRE	BALANCE	12 SCORPION
21 NOVEMBRE	SAGITTAIRE	CAPRICORNE	SAGITTAIRE	TAUREAU	LION	SCORPION	SAGITTAIRE	BALANCE	27 SCORPION
22 NOVEMBRE	SAGITTAIRE	CAPRICORNE	SAGITTAIRE	TAUREAU	LION	SCORPION	SAGITTAIRE	BALANCE	12 SAGITTAIRE

LE SOLEIL ENTRE DANS LE SIGNE DU SCORPION LE 23 OCTBRE 1976 A 6 h 30
QUITTE LE SIGNE DU SCORPION LE 22 NOVEMBRE 1976 A 4 h 00

* LES CHIFFRES INDIQUENT LES DEGRES

1977	MERCURE	VENUS	MARS	JUPITER	SATURNE	URANUS	NEPTUNE	PLUTON	LUNE *
23 OCTOBRE	SCORPION	BALANCE	CANCER	CANCER	LION	SCORPION	SAGITTAIRE	BALANCE	19 POISSONS
24 OCTOBRE	SCORPION	BALANCE	CANCER	CANCER	LION	SCORPION	SAGITTAIRE	BALANCE	2 BELIER
25 OCTOBRE	SCORPION	BALANCE	CANCER	CANCER	LION	SCORPION	SAGITTAIRE	BALANCE	15 BELIER
26 OCTOBRE	SCORPION	BALANCE	CANCER	CANCER	LION	SCORPION	SAGITTAIRE	BALANCE	27 BELIER
27 OCTOBRE	SCORPION	BALANCE	LION	CANCER	LION	SCORPION	SAGITTAIRE	BALANCE	9 TAUREAU
28 OCTOBRE	SCORPION	BALANCE	LION	CANCER	LION	SCORPION	SAGITTAIRE	BALANCE	22 TAUREAU
29 OCTOBRE	SCORPION	BALANCE	LION	CANCER	LION	SCORPION	SAGITTAIRE	BALANCE	4 GEMEAUX
30 OCTOBRE	SCORPION	BALANCE	LION	CANCER	LION	SCORPION	SAGITTAIRE	BALANCE	15 GEMEAUX
31 OCTOBRE	SCORPION	BALANCE	LION	CANCER	LION	SCORPION	SAGITTAIRE	BALANCE	27 GEMEAUX
1 NOVEMBRE	SCORPION	BALANCE	LION	CANCER	LION	SCORPION	SAGITTAIRE	BALANCE	9 CANCER
2 NOVEMBRE	SCORPION	BALANCE	LION	CANCER	LION	SCORPION	SAGITTAIRE	BALANCE	21 CANCER
3 NOVEMBRE	SCORPION	BALANCE	LION	CANCER	LION	SCORPION	SAGITTAIRE	BALANCE	3 LION
4 NOVEMBRE	SCORPION	BALANCE	LION	CANCER	LION	SCORPION	SAGITTAIRE	BALANCE	15 LION
5 NOVEMBRE	SCORPION	BALANCE	LION	CANCER	LION	SCORPION	SAGITTAIRE	BALANCE	28 LION
6 NOVEMBRE	SCORPION	BALANCE	LION	CANCER	LION	SCORPION	SAGITTAIRE	BALANCE	11 VIERGE
7 NOVEMBRE	SCORPION	BALANCE	LION	CANCER	LION	SCORPION	SAGITTAIRE	BALANCE	24 VIERGE
8 NOVEMBRE	SCORPION	BALANCE	LION	CANCER	LION	SCORPION	SAGITTAIRE	BALANCE	8 BALANCE
9 NOVEMBRE	SCORPION	BALANCE	LION	CANCER	LION	SCORPION	SAGITTAIRE	BALANCE	22 BALANCE
10 NOVEMBRE	SAGITTAIRE	SCORPION	LION	CANCER	LION	SCORPION	SAGITTAIRE	BALANCE	7 SCORPION
11 NOVEMBRE	SAGITTAIRE	SCORPION	LION	CANCER	LION	SCORPION	SAGITTAIRE	BALANCE	21 SCORPION
12 NOVEMBRE	SAGITTAIRE	SCORPION	LION	CANCER	LION	SCORPION	SAGITTAIRE	BALANCE	7 SAGITTAIRE
13 NOVEMBRE	SAGITTAIRE	SCORPION	LION	CANCER	LION	SCORPION	SAGITTAIRE	BALANCE	22 SAGITTAIRE
14 NOVEMBRE	SAGITTAIRE	SCORPION	LION	CANCER	LION	SCORPION	SAGITTAIRE	BALANCE	7 CAPRICORNE
15 NOVEMBRE	SAGITTAIRE	SCORPION	LION	CANCER	LION	SCORPION	SAGITTAIRE	BALANCE	21 CAPRICORNE
16 NOVEMBRE	SAGITTAIRE	SCORPION	LION	CANCER	LION	SCORPION	SAGITTAIRE	BALANCE	6 VERSEAU
17 NOVEMBRE	SAGITTAIRE	SCORPION	LION	CANCER	VIERGE	SCORPION	SAGITTAIRE	BALANCE	19 VERSEAU
18 NOVEMBRE	SAGITTAIRE	SCORPION	LION	CANCER	VIERGE	SCORPION	SAGITTAIRE	BALANCE	3 POISSONS
19 NOVEMBRE	SAGITTAIRE	SCORPION	LION	CANCER	VIERGE	SCORPION	SAGITTAIRE	BALANCE	16 POISSONS
20 NOVEMBRE	SAGITTAIRE	SCORPION	LION	CANCER	VIERGE	SCORPION	SAGITTAIRE	BALANCE	29 POISSONS
21 NOVEMBRE	SAGITTAIRE	SCORPION	LION	CANCER	VIERGE	SCORPION	SAGITTAIRE	BALANCE	12 BELIER
22 NOVEMBRE	SAGITTAIRE	SCORPION	LION	CANCER	VIERGE	SCORPION	SAGITTAIRE	BALANCE	24 BELIER

LE SOLEIL ENTRE DANS LE SIGNE DU SCORPION LE 23 OCTOBRE 1977 A 12 h 15
QUITTE LE SIGNE DU SCORPION LE 22 NOVEMBRE 1977 A 9 h 45

* LES CHIFFRES INDIQUENT LES DEGRES

DECOUVREZ DANS QUEL SIGNE SE TROUVAIENT LES PLANETES A VOTRE NAISSANCE

1978	MERCURE	VENUS	MARS	JUPITER	SATURNE	URANUS	NEPTUNE	PLUTON	LUNE *
23 OCTOBRE	SCORPION	SCORPION	SCORPION	LION	VIERGE	SCORPION	SAGITTAIRE	BALANCE	24 CANCER
24 OCTOBRE	SCORPION	SCORPION	SCORPION	LION	VIERGE	SCORPION	SAGITTAIRE	BALANCE	6 LION
25 OCTOBRE	SCORPION	SCORPION	SCORPION	LION	VIERGE	SCORPION	SAGITTAIRE	BALANCE	17 LION
26 OCTOBRE	SCORPION	SCORPION	SCORPION	LION	VIERGE	SCORPION	SAGITTAIRE	BALANCE	29 LION
27 OCTOBRE	SCORPION	SCORPION	SCORPION	LION	VIERGE	SCORPION	SAGITTAIRE	BALANCE	12 VIERGE
28 OCTOBRE	SCORPION	SCORPION	SCORPION	LION	VIERGE	SCORPION	SAGITTAIRE	BALANCE	24 VIERGE
29 OCTOBRE	SCORPION	SCORPION	SCORPION	LION	VIERGE	SCORPION	SAGITTAIRE	BALANCE	7 BALANCE
30 OCTOBRE	SCORPION	SCORPION	SCORPION	LION	VIERGE	SCORPION	SAGITTAIRE	BALANCE	20 BALANCE
31 OCTOBRE	SCORPION	SCORPION	SCORPION	LION	VIERGE	SCORPION	SAGITTAIRE	BALANCE	3 SCORPION
1 NOVEMBRE	SCORPION	SCORPION	SCORPION	LION	VIERGE	SCORPION	SAGITTAIRE	BALANCE	17 SCORPION
2 NOVEMBRE	SCORPION	SCORPION	SAGITTAIRE	LION	VIERGE	SCORPION	SAGITTAIRE	BALANCE	1 SAGITTAIRE
3 NOVEMBRE	SAGITTAIRE	SCORPION	SAGITTAIRE	LION	VIERGE	SCORPION	SAGITTAIRE	BALANCE	15 SAGITTAIRE
4 NOVEMBRE	SAGITTAIRE	SCORPION	SAGITTAIRE	LION	VIERGE	SCORPION	SAGITTAIRE	BALANCE	29 SAGITTAIRE
5 NOVEMBRE	SAGITTAIRE	SCORPION	SAGITTAIRE	LION	VIERGE	SCORPION	SAGITTAIRE	BALANCE	14 CAPRICORNE
6 NOVEMBRE	SAGITTAIRE	SCORPION	SAGITTAIRE	LION	VIERGE	SCORPION	SAGITTAIRE	BALANCE	28 CAPRICORNE
7 NOVEMBRE	SAGITTAIRE	SCORPION	SAGITTAIRE	LION	VIERGE	SCORPION	SAGITTAIRE	BALANCE	12 VERSEAU
8 NOVEMBRE	SAGITTAIRE	SCORPION	SAGITTAIRE	LION	VIERGE	SCORPION	SAGITTAIRE	BALANCE	26 VERSEAU
9 NOVEMBRE	SAGITTAIRE	SCORPION	SAGITTAIRE	LION	VIERGE	SCORPION	SAGITTAIRE	BALANCE	10 POISSONS
10 NOVEMBRE	SAGITTAIRE	SCORPION	SAGITTAIRE	LION	VIERGE	SCORPION	SAGITTAIRE	BALANCE	24 POISSONS
11 NOVEMBRE	SAGITTAIRE	SCORPION	SAGITTAIRE	LION	VIERGE	SCORPION	SAGITTAIRE	BALANCE	7 BELIER
12 NOVEMBRE	SAGITTAIRE	SCORPION	SAGITTAIRE	LION	VIERGE	SCORPION	SAGITTAIRE	BALANCE	21 BELIER
13 NOVEMBRE	SAGITTAIRE	SCORPION	SAGITTAIRE	LION	VIERGE	SCORPION	SAGITTAIRE	BALANCE	4 TAUREAU
14 NOVEMBRE	SAGITTAIRE	SCORPION	SAGITTAIRE	LION	VIERGE	SCORPION	SAGITTAIRE	BALANCE	17 TAUREAU
15 NOVEMBRE	SAGITTAIRE	SCORPION	SAGITTAIRE	LION	VIERGE	SCORPION	SAGITTAIRE	BALANCE	0 GEMEAUX
16 NOVEMBRE	SAGITTAIRE	SCORPION	SAGITTAIRE	LION	VIERGE	SCORPION	SAGITTAIRE	BALANCE	13 GEMEAUX
17 NOVEMBRE	SAGITTAIRE	SCORPION	SAGITTAIRE	LION	VIERGE	SCORPION	SAGITTAIRE	BALANCE	25 GEMEAUX
18 NOVEMBRE	SAGITTAIRE	SCORPION	SAGITTAIRE	LION	VIERGE	SCORPION	SAGITTAIRE	BALANCE	8 CANCER
19 NOVEMBRE	SAGITTAIRE	SCORPION	SAGITTAIRE	LION	VIERGE	SCORPION	SAGITTAIRE	BALANCE	20 CANCER
20 NOVEMBRE	SAGITTAIRE	SCORPION	SAGITTAIRE	LION	VIERGE	SCORPION	SAGITTAIRE	BALANCE	2 LION
21 NOVEMBRE	SAGITTAIRE	SCORPION	SAGITTAIRE	LION	VIERGE	SCORPION	SAGITTAIRE	BALANCE	13 LION
22 NOVEMBRE	SAGITTAIRE	SCORPION	SAGITTAIRE	LION	VIERGE	SCORPION	SAGITTAIRE	BALANCE	25 LION

LE SOLEIL — ENTRE DANS LE SIGNE DU SCORPION LE 23 OCTOBRE 1978 A 18 h 30 — QUITTE LE SIGNE DU SCORPION LE 22 NOVEMBRE 1978 A 15 h 45

* LES CHIFFRES INDIQUENT LES DEGRES

1979	MERCURE	VENUS	MARS	JUPITER	SATURNE	URANUS	NEPTUNE	PLUTON	LUNE *
24 OCTOBRE	SCORPION	SCORPION	LION	VIERGE	VIERGE	SCORPION	SAGITTAIRE	BALANCE	10 SAGITTAIRE
25 OCTOBRE	SCORPION	SCORPION	LION	VIERGE	VIERGE	SCORPION	SAGITTAIRE	BALANCE	23 SAGITTAIRE
26 OCTOBRE	SCORPION	SCORPION	LION	VIERGE	VIERGE	SCORPION	SAGITTAIRE	BALANCE	6 CAPRICORNE
27 OCTOBRE	SCORPION	SCORPION	LION	VIERGE	VIERGE	SCORPION	SAGITTAIRE	BALANCE	20 CAPRICORNE
28 OCTOBRE	SCORPION	SCORPION	LION	VIERGE	VIERGE	SCORPION	SAGITTAIRE	BALANCE	4 VERSEAU
29 OCTOBRE	SCORPION	SCORPION	LION	VIERGE	VIERGE	SCORPION	SAGITTAIRE	BALANCE	18 VERSEAU
30 OCTOBRE	SAGITTAIRE	SCORPION	LION	VIERGE	VIERGE	SCORPION	SAGITTAIRE	BALANCE	2 POISSONS
31 OCTOBRE	SAGITTAIRE	SCORPION	LION	VIERGE	VIERGE	SCORPION	SAGITTAIRE	BALANCE	16 POISSONS
1 NOVEMBRE	SAGITTAIRE	SCORPION	LION	VIERGE	VIERGE	SCORPION	SAGITTAIRE	BALANCE	1 BELIER
2 NOVEMBRE	SAGITTAIRE	SCORPION	LION	VIERGE	VIERGE	SCORPION	SAGITTAIRE	BALANCE	15 BELIER
3 NOVEMBRE	SAGITTAIRE	SCORPION	LION	VIERGE	VIERGE	SCORPION	SAGITTAIRE	BALANCE	0 TAUREAU
4 NOVEMBRE	SAGITTAIRE	SAGITTAIRE	LION	VIERGE	VIERGE	SCORPION	SAGITTAIRE	BALANCE	15 TAUREAU
5 NOVEMBRE	SAGITTAIRE	SAGITTAIRE	LION	VIERGE	VIERGE	SCORPION	SAGITTAIRE	BALANCE	29 TAUREAU
6 NOVEMBRE	SAGITTAIRE	SAGITTAIRE	LION	VIERGE	VIERGE	SCORPION	SAGITTAIRE	BALANCE	13 GEMEAUX
7 NOVEMBRE	SAGITTAIRE	SAGITTAIRE	LION	VIERGE	VIERGE	SCORPION	SAGITTAIRE	BALANCE	26 GEMEAUX
8 NOVEMBRE	SAGITTAIRE	SAGITTAIRE	LION	VIERGE	VIERGE	SCORPION	SAGITTAIRE	BALANCE	9 CANCER
9 NOVEMBRE	SAGITTAIRE	SAGITTAIRE	LION	VIERGE	VIERGE	SCORPION	SAGITTAIRE	BALANCE	22 CANCER
10 NOVEMBRE	SAGITTAIRE	SAGITTAIRE	LION	VIERGE	VIERGE	SCORPION	SAGITTAIRE	BALANCE	4 LION
11 NOVEMBRE	SAGITTAIRE	SAGITTAIRE	LION	VIERGE	VIERGE	SCORPION	SAGITTAIRE	BALANCE	16 LION
12 NOVEMBRE	SAGITTAIRE	SAGITTAIRE	LION	VIERGE	VIERGE	SCORPION	SAGITTAIRE	BALANCE	28 LION
13 NOVEMBRE	SAGITTAIRE	SAGITTAIRE	LION	VIERGE	VIERGE	SCORPION	SAGITTAIRE	BALANCE	10 VIERGE
14 NOVEMBRE	SAGITTAIRE	SAGITTAIRE	LION	VIERGE	VIERGE	SCORPION	SAGITTAIRE	BALANCE	22 VIERGE
15 NOVEMBRE	SAGITTAIRE	SAGITTAIRE	LION	VIERGE	VIERGE	SCORPION	SAGITTAIRE	BALANCE	4 BALANCE
16 NOVEMBRE	SAGITTAIRE	SAGITTAIRE	LION	VIERGE	VIERGE	SCORPION	SAGITTAIRE	BALANCE	16 BALANCE
17 NOVEMBRE	SAGITTAIRE	SAGITTAIRE	LION	VIERGE	VIERGE	SCORPION	SAGITTAIRE	BALANCE	28 BALANCE
18 NOVEMBRE	SCORPION	SAGITTAIRE	LION	VIERGE	VIERGE	SCORPION	SAGITTAIRE	BALANCE	10 SCORPION
19 NOVEMBRE	SCORPION	SAGITTAIRE	LION	VIERGE	VIERGE	SCORPION	SAGITTAIRE	BALANCE	23 SCORPION
20 NOVEMBRE	SCORPION	SAGITTAIRE	VIERGE	VIERGE	VIERGE	SCORPION	SAGITTAIRE	BALANCE	6 SAGITTAIRE
21 NOVEMBRE	SCORPION	SAGITTAIRE	VIERGE	VIERGE	VIERGE	SCORPION	SAGITTAIRE	BALANCE	20 SAGITTAIRE
22 NOVEMBRE	SCORPION	SAGITTAIRE	VIERGE	VIERGE	VIERGE	SCORPION	SAGITTAIRE	BALANCE	3 CAPRICORNE

LE SOLEIL — ENTRE DANS LE SIGNE DU SCORPION LE 24 OCTOBRE 1979 A 0 h 10 — QUITTE LE SIGNE DU SCORPION LE 22 NOVEMBRE 1979 A 21 h 15

* LES CHIFFRES INDIQUENT LES DEGRES

DECOUVREZ DANS QUEL SIGNE SE TROUVAIENT LES PLANETES A VOTRE NAISSANCE

1980	MERCURE	VENUS	MARS	JUPITER	SATURNE	URANUS	NEPTUNE	PLUTON	LUNE *
23 OCTOBRE	SCORPION	VIERGE	SAGITTAIRE	VIERGE	BALANCE	SCORPION	SAGITTAIRE	BALANCE	25 BELIER
24 OCTOBRE	SCORPION	VIERGE	SAGITTAIRE	VIERGE	BALANCE	SCORPION	SAGITTAIRE	BALANCE	10 TAUREAU
25 OCTOBRE	SCORPION	VIERGE	SAGITTAIRE	VIERGE	BALANCE	SCORPION	SAGITTAIRE	BALANCE	25 TAUREAU
26 OCTOBRE	SCORPION	VIERGE	SAGITTAIRE	VIERGE	BALANCE	SCORPION	SAGITTAIRE	BALANCE	10 GEMEAUX
27 OCTOBRE	SCORPION	VIERGE	SAGITTAIRE	BALANCE	BALANCE	SCORPION	SAGITTAIRE	BALANCE	24 GEMEAUX
28 OCTOBRE	SCORPION	VIERGE	SAGITTAIRE	BALANCE	BALANCE	SCORPION	SAGITTAIRE	BALANCE	8 CANCER
29 OCTOBRE	SCORPION	VIERGE	SAGITTAIRE	BALANCE	BALANCE	SCORPION	SAGITTAIRE	BALANCE	22 CANCER
30 OCTOBRE	SCORPION	BALANCE	SAGITTAIRE	BALANCE	BALANCE	SCORPION	SAGITTAIRE	BALANCE	5 LION
31 OCTOBRE	SCORPION	BALANCE	SAGITTAIRE	BALANCE	BALANCE	SCORPION	SAGITTAIRE	BALANCE	17 LION
1 NOVEMBRE	SCORPION	BALANCE	SAGITTAIRE	BALANCE	BALANCE	SCORPION	SAGITTAIRE	BALANCE	0 VIERGE
2 NOVEMBRE	SCORPION	BALANCE	SAGITTAIRE	BALANCE	BALANCE	SCORPION	SAGITTAIRE	BALANCE	12 VIERGE
3 NOVEMBRE	SCORPION	BALANCE	SAGITTAIRE	BALANCE	BALANCE	SCORPION	SAGITTAIRE	BALANCE	23 VIERGE
4 NOVEMBRE	SCORPION	BALANCE	SAGITTAIRE	BALANCE	BALANCE	SCORPION	SAGITTAIRE	BALANCE	5 BALANCE
5 NOVEMBRE	SCORPION	BALANCE	SAGITTAIRE	BALANCE	BALANCE	SCORPION	SAGITTAIRE	BALANCE	17 BALANCE
6 NOVEMBRE	SCORPION	BALANCE	SAGITTAIRE	BALANCE	BALANCE	SCORPION	SAGITTAIRE	BALANCE	29 BALANCE
7 NOVEMBRE	SCORPION	BALANCE	SAGITTAIRE	BALANCE	BALANCE	SCORPION	SAGITTAIRE	BALANCE	11 SCORPION
8 NOVEMBRE	SCORPION	BALANCE	SAGITTAIRE	BALANCE	BALANCE	SCORPION	SAGITTAIRE	BALANCE	23 SCORPION
9 NOVEMBRE	SCORPION	BALANCE	SAGITTAIRE	BALANCE	BALANCE	SCORPION	SAGITTAIRE	BALANCE	5 SAGITTAIRE
10 NOVEMBRE	SCORPION	BALANCE	SAGITTAIRE	BALANCE	BALANCE	SCORPION	SAGITTAIRE	BALANCE	17 SAGITTAIRE
11 NOVEMBRE	SCORPION	BALANCE	SAGITTAIRE	BALANCE	BALANCE	SCORPION	SAGITTAIRE	BALANCE	0 CAPRICORNE
12 NOVEMBRE	SCORPION	BALANCE	SAGITTAIRE	BALANCE	BALANCE	SCORPION	SAGITTAIRE	BALANCE	12 CAPRICORNE
13 NOVEMBRE	SCORPION	BALANCE	SAGITTAIRE	BALANCE	BALANCE	SCORPION	SAGITTAIRE	BALANCE	25 CAPRICORNE
14 NOVEMBRE	SCORPION	BALANCE	SAGITTAIRE	BALANCE	BALANCE	SCORPION	SAGITTAIRE	BALANCE	8 VERSEAU
15 NOVEMBRE	SCORPION	BALANCE	SAGITTAIRE	BALANCE	BALANCE	SCORPION	SAGITTAIRE	BALANCE	21 VERSEAU
16 NOVEMBRE	SCORPION	BALANCE	SAGITTAIRE	BALANCE	BALANCE	SCORPION	SAGITTAIRE	BALANCE	5 POISSONS
17 NOVEMBRE	SCORPION	BALANCE	SAGITTAIRE	BALANCE	BALANCE	SCORPION	SAGITTAIRE	BALANCE	19 POISSONS
18 NOVEMBRE	SCORPION	BALANCE	SAGITTAIRE	BALANCE	BALANCE	SCORPION	SAGITTAIRE	BALANCE	3 BELIER
19 NOVEMBRE	SCORPION	BALANCE	SAGITTAIRE	BALANCE	BALANCE	SCORPION	SAGITTAIRE	BALANCE	18 BELIER
20 NOVEMBRE	SCORPION	BALANCE	SAGITTAIRE	BALANCE	BALANCE	SCORPION	SAGITTAIRE	BALANCE	3 TAUREAU
21 NOVEMBRE	SCORPION	BALANCE	SAGITTAIRE	BALANCE	BALANCE	SCORPION	SAGITTAIRE	BALANCE	18 TAUREAU
22 NOVEMBRE	SCORPION	BALANCE	CAPRICORNE	BALANCE	BALANCE	SCORPION	SAGITTAIRE	BALANCE	3 GEMEAUX

ENTRE DANS LE SIGNE DU — LE 23 OCTOBRE — A 6 h 00
LE SOLEIL — SCORPION — 1980 — * LES CHIFFRES INDIQUENT LES DEGRES
QUITTE LE SIGNE DU — LE 22 NOVEMBRE — A 3 h 15

1981	MERCURE	VENUS	MARS	JUPITER	SATURNE	URANUS	NEPTUNE	PLUTON	LUNE *
23 OCTOBRE	BALANCE	SAGITTAIRE	VIERGE	BALANCE	BALANCE	SCORPION	SAGITTAIRE	BALANCE	10 VIERGE
24 OCTOBRE	BALANCE	SAGITTAIRE	VIERGE	BALANCE	BALANCE	SCORPION	SAGITTAIRE	BALANCE	23 VIERGE
25 OCTOBRE	BALANCE	SAGITTAIRE	VIERGE	BALANCE	BALANCE	SCORPION	SAGITTAIRE	BALANCE	5 BALANCE
26 OCTOBRE	BALANCE	SAGITTAIRE	VIERGE	BALANCE	BALANCE	SCORPION	SAGITTAIRE	BALANCE	18 BALANCE
27 OCTOBRE	BALANCE	SAGITTAIRE	VIERGE	BALANCE	BALANCE	SCORPION	SAGITTAIRE	BALANCE	0 SCORPION
28 OCTOBRE	BALANCE	SAGITTAIRE	VIERGE	BALANCE	BALANCE	SCORPION	SAGITTAIRE	BALANCE	12 SCORPION
29 OCTOBRE	BALANCE	SAGITTAIRE	VIERGE	BALANCE	BALANCE	SCORPION	SAGITTAIRE	BALANCE	24 SCORPION
30 OCTOBRE	BALANCE	SAGITTAIRE	VIERGE	BALANCE	BALANCE	SCORPION	SAGITTAIRE	BALANCE	6 SAGITTAIRE
31 OCTOBRE	BALANCE	SAGITTAIRE	VIERGE	BALANCE	BALANCE	SCORPION	SAGITTAIRE	BALANCE	17 SAGITTAIRE
1 NOVEMBRE	BALANCE	SAGITTAIRE	VIERGE	BALANCE	BALANCE	SCORPION	SAGITTAIRE	BALANCE	29 SAGITTAIRE
2 NOVEMBRE	BALANCE	SAGITTAIRE	VIERGE	BALANCE	BALANCE	SCORPION	SAGITTAIRE	BALANCE	11 CAPRICORNE
3 NOVEMBRE	BALANCE	SAGITTAIRE	VIERGE	BALANCE	BALANCE	SCORPION	SAGITTAIRE	BALANCE	23 CAPRICORNE
4 NOVEMBRE	BALANCE	SAGITTAIRE	VIERGE	BALANCE	BALANCE	SCORPION	SAGITTAIRE	BALANCE	5 VERSEAU
5 NOVEMBRE	BALANCE	SAGITTAIRE	VIERGE	BALANCE	BALANCE	SCORPION	SAGITTAIRE	BALANCE	18 VERSEAU
6 NOVEMBRE	BALANCE	CAPRICORNE	VIERGE	BALANCE	BALANCE	SCORPION	SAGITTAIRE	BALANCE	1 POISSONS
7 NOVEMBRE	BALANCE	CAPRICORNE	VIERGE	BALANCE	BALANCE	SCORPION	SAGITTAIRE	BALANCE	14 POISSONS
8 NOVEMBRE	BALANCE	CAPRICORNE	VIERGE	BALANCE	BALANCE	SCORPION	SAGITTAIRE	BALANCE	28 POISSONS
9 NOVEMBRE	BALANCE	CAPRICORNE	VIERGE	BALANCE	BALANCE	SCORPION	SAGITTAIRE	BALANCE	12 BELIER
10 NOVEMBRE	SCORPION	CAPRICORNE	VIERGE	BALANCE	BALANCE	SCORPION	SAGITTAIRE	BALANCE	27 BELIER
11 NOVEMBRE	SCORPION	CAPRICORNE	VIERGE	BALANCE	BALANCE	SCORPION	SAGITTAIRE	BALANCE	12 TAUREAU
12 NOVEMBRE	SCORPION	CAPRICORNE	VIERGE	BALANCE	BALANCE	SCORPION	SAGITTAIRE	BALANCE	28 TAUREAU
13 NOVEMBRE	SCORPION	CAPRICORNE	VIERGE	BALANCE	BALANCE	SCORPION	SAGITTAIRE	BALANCE	13 GEMEAUX
14 NOVEMBRE	SCORPION	CAPRICORNE	VIERGE	BALANCE	BALANCE	SCORPION	SAGITTAIRE	BALANCE	28 GEMEAUX
15 NOVEMBRE	SCORPION	CAPRICORNE	VIERGE	BALANCE	BALANCE	SCORPION	SAGITTAIRE	BALANCE	13 CANCER
16 NOVEMBRE	SCORPION	CAPRICORNE	VIERGE	BALANCE	BALANCE	SAGITTAIRE	SAGITTAIRE	BALANCE	27 CANCER
17 NOVEMBRE	SCORPION	CAPRICORNE	VIERGE	BALANCE	BALANCE	SAGITTAIRE	SAGITTAIRE	BALANCE	11 LION
18 NOVEMBRE	SCORPION	CAPRICORNE	VIERGE	BALANCE	BALANCE	SAGITTAIRE	SAGITTAIRE	BALANCE	24 LION
19 NOVEMBRE	SCORPION	CAPRICORNE	VIERGE	BALANCE	BALANCE	SAGITTAIRE	SAGITTAIRE	BALANCE	7 VIERGE
20 NOVEMBRE	SCORPION	CAPRICORNE	VIERGE	BALANCE	BALANCE	SAGITTAIRE	SAGITTAIRE	BALANCE	20 VIERGE
21 NOVEMBRE	SCORPION	CAPRICORNE	VIERGE	BALANCE	BALANCE	SAGITTAIRE	SAGITTAIRE	BALANCE	2 BALANCE
22 NOVEMBRE	SCORPION	CAPRICORNE	VIERGE	BALANCE	BALANCE	SAGITTAIRE	SAGITTAIRE	BALANCE	15 BALANCE

ENTRE DANS LE SIGNE DU — LE 23 OCTOBRE — A 11 h 45
LE SOLEIL — SCORPION — 1981 — * LES CHIFFRES INDIQUENT LES DEGRES
QUITTE LE SIGNE DU — LE 22 NOVEMBRE — A 9 h 30

DECOUVREZ DANS QUEL SIGNE SE TROUVAIENT LES PLANETES A VOTRE NAISSANCE

1982	MERCURE	VENUS	MARS	JUPITER	SATURNE	URANUS	NEPTUNE	PLUTON	LUNE *
23 OCTOBRE	BALANCE	BALANCE	SAGITTAIRE	SCORPION	BALANCE	SAGITTAIRE	SAGITTAIRE	BALANCE	13 CAPRICORNE
24 OCTOBRE	BALANCE	BALANCE	SAGITTAIRE	SCORPION	BALANCE	SAGITTAIRE	SAGITTAIRE	BALANCE	25 CAPRICORNE
25 OCTOBRE	BALANCE	BALANCE	SAGITTAIRE	SCORPION	BALANCE	SAGITTAIRE	SAGITTAIRE	BALANCE	7 VERSEAU
26 OCTOBRE	BALANCE	SCORPION	SAGITTAIRE	SCORPION	BALANCE	SAGITTAIRE	SAGITTAIRE	BALANCE	19 VERSEAU
27 OCTOBRE	BALANCE	SCORPION	SAGITTAIRE	SCORPION	BALANCE	SAGITTAIRE	SAGITTAIRE	BALANCE	1 POISSONS
28 OCTOBRE	BALANCE	SCORPION	SAGITTAIRE	SCORPION	BALANCE	SAGITTAIRE	SAGITTAIRE	BALANCE	14 POISSONS
29 OCTOBRE	BALANCE	SCORPION	SAGITTAIRE	SCORPION	BALANCE	SAGITTAIRE	SAGITTAIRE	BALANCE	27 POISSONS
30 OCTOBRE	BALANCE	SCORPION	SAGITTAIRE	SCORPION	BALANCE	SAGITTAIRE	SAGITTAIRE	BALANCE	10 BELIER
31 OCTOBRE	BALANCE	SCORPION	SAGITTAIRE	SCORPION	BALANCE	SAGITTAIRE	SAGITTAIRE	BALANCE	24 BELIER
1 NOVEMBRE	BALANCE	SCORPION	CAPRICORNE	SCORPION	BALANCE	SAGITTAIRE	SAGITTAIRE	BALANCE	8 TAUREAU
2 NOVEMBRE	BALANCE	SCORPION	CAPRICORNE	SCORPION	BALANCE	SAGITTAIRE	SAGITTAIRE	BALANCE	22 TAUREAU
3 NOVEMBRE	SCORPION	SCORPION	CAPRICORNE	SCORPION	BALANCE	SAGITTAIRE	SAGITTAIRE	BALANCE	7 GEMEAUX
4 NOVEMBRE	SCORPION	SCORPION	CAPRICORNE	SCORPION	BALANCE	SAGITTAIRE	SAGITTAIRE	BALANCE	21 GEMEAUX
5 NOVEMBRE	SCORPION	SCORPION	CAPRICORNE	SCORPION	BALANCE	SAGITTAIRE	SAGITTAIRE	BALANCE	6 CANCER
6 NOVEMBRE	SCORPION	SCORPION	CAPRICORNE	SCORPION	BALANCE	SAGITTAIRE	SAGITTAIRE	BALANCE	20 CANCER
7 NOVEMBRE	SCORPION	SCORPION	CAPRICORNE	SCORPION	BALANCE	SAGITTAIRE	SAGITTAIRE	BALANCE	4 LION
8 NOVEMBRE	SCORPION	SCORPION	CAPRICORNE	SCORPION	BALANCE	SAGITTAIRE	SAGITTAIRE	BALANCE	18 LION
9 NOVEMBRE	SCORPION	SCORPION	CAPRICORNE	SCORPION	BALANCE	SAGITTAIRE	SAGITTAIRE	BALANCE	2 VIERGE
10 NOVEMBRE	SCORPION	SCORPION	CAPRICORNE	SCORPION	BALANCE	SAGITTAIRE	SAGITTAIRE	BALANCE	16 VIERGE
11 NOVEMBRE	SCORPION	SCORPION	CAPRICORNE	SCORPION	BALANCE	SAGITTAIRE	SAGITTAIRE	BALANCE	29 VIERGE
12 NOVEMBRE	SCORPION	SCORPION	CAPRICORNE	SCORPION	BALANCE	SAGITTAIRE	SAGITTAIRE	BALANCE	12 BALANCE
13 NOVEMBRE	SCORPION	SCORPION	CAPRICORNE	SCORPION	BALANCE	SAGITTAIRE	SAGITTAIRE	BALANCE	26 BALANCE
14 NOVEMBRE	SCORPION	SCORPION	CAPRICORNE	SCORPION	BALANCE	SAGITTAIRE	SAGITTAIRE	BALANCE	8 SCORPION
15 NOVEMBRE	SCORPION	SCORPION	CAPRICORNE	SCORPION	BALANCE	SAGITTAIRE	SAGITTAIRE	BALANCE	21 SCORPION
16 NOVEMBRE	SCORPION	SCORPION	CAPRICORNE	SCORPION	BALANCE	SAGITTAIRE	SAGITTAIRE	BALANCE	3 SAGITAIRE
17 NOVEMBRE	SCORPION	SCORPION	CAPRICORNE	SCORPION	BALANCE	SAGITTAIRE	SAGITTAIRE	BALANCE	15 SAGITTAIRE
18 NOVEMBRE	SCORPION	SCORPION	CAPRICORNE	SCORPION	BALANCE	SAGITTAIRE	SAGITTAIRE	BALANCE	27 SAGITTAIRE
19 NOVEMBRE	SCORPION	SAGITTAIRE	CAPRICORNE	SCORPION	BALANCE	SAGITTAIRE	SAGITTAIRE	BALANCE	9 CAPRICORNE
20 NOVEMBRE	SCORPION	SAGITTAIRE	CAPRICORNE	SCORPION	BALANCE	SAGITTAIRE	SAGITTAIRE	BALANCE	21 CAPRICORNE
21 NOVEMBRE	SCORPION	SAGITTAIRE	CAPRICORNE	SCORPION	BALANCE	SAGITTAIRE	SAGITTAIRE	BALANCE	3 VERSEAU
22 NOVEMBRE	SAGITTAIRE	SAGITTAIRE	CAPRICORNE	SCORPION	BALANCE	SAGITTAIRE	SAGITTAIRE	BALANCE	15 VERSEAU

LE SOLEIL — ENTRE DANS LE SIGNE DU SCORPION LE 23 OCTOBRE 1982 A 17 h 30 — QUITTE LE SIGNE DU SCORPION LE 22 NOVEMBRE 1982 A 15 h 10

* LES CHIFFRES INDIQUENT LES DEGRES

1983	MERCURE	VENUS	MARS	JUPITER	SATURNE	URANUS	NEPTUNE	PLUTON	LUNE *
23 OCTOBRE	BALANCE	VIERGE	VIERGE	SAGITTAIRE	SCORPION	SAGITTAIRE	SAGITTAIRE	BALANCE	18 TAUREAU
24 OCTOBRE	BALANCE	VIERGE	VIERGE	SAGITTAIRE	SCORPION	SAGITTAIRE	SAGITTAIRE	BALANCE	1 GEMEAUX
25 OCTOBRE	BALANCE	VIERGE	VIERGE	SAGITTAIRE	SCORPION	SAGITTAIRE	SAGITTAIRE	BALANCE	15 GEMEAUX
26 OCTOBRE	BALANCE	VIERGE	VIERGE	SAGITTAIRE	SCORPION	SAGITTAIRE	SAGITTAIRE	BALANCE	28 GEMEAUX
27 OCTOBRE	SCORPION	VIERGE	VIERGE	SAGITTAIRE	SCORPION	SAGITTAIRE	SAGITTAIRE	BALANCE	12 CANCER
28 OCTOBRE	SCORPION	VIERGE	VIERGE	SAGITTAIRE	SCORPION	SAGITTAIRE	SAGITTAIRE	BALANCE	26 CANCER
29 OCTOBRE	SCORPION	VIERGE	VIERGE	SAGITTAIRE	SCORPION	SAGITTAIRE	SAGITTAIRE	BALANCE	10 LION
30 OCTOBRE	SCORPION	VIERGE	VIERGE	SAGITTAIRE	SCORPION	SAGITTAIRE	SAGITTAIRE	BALANCE	24 LION
31 OCTOBRE	SCORPION	VIERGE	VIERGE	SAGITTAIRE	SCORPION	SAGITTAIRE	SAGITTAIRE	BALANCE	8 VIERGE
1 NOVEMBRE	SCORPION	VIERGE	VIERGE	SAGITTAIRE	SCORPION	SAGITTAIRE	SAGITTAIRE	BALANCE	23 VIERGE
2 NOVEMBRE	SCORPION	VIERGE	VIERGE	SAGITTAIRE	SCORPION	SAGITTAIRE	SAGITTAIRE	BALANCE	7 BALANCE
3 NOVEMBRE	SCORPION	VIERGE	VIERGE	SAGITTAIRE	SCORPION	SAGITTAIRE	SAGITTAIRE	BALANCE	21 BALANCE
4 NOVEMBRE	SCORPION	VIERGE	VIERGE	SAGITTAIRE	SCORPION	SAGITTAIRE	SAGITTAIRE	BALANCE	6 SCORPION
5 NOVEMBRE	SCORPION	VIERGE	VIERGE	SAGITTAIRE	SCORPION	SAGITTAIRE	SAGITTAIRE	BALANCE	19 SCORPION
6 NOVEMBRE	SCORPION	VIERGE	VIERGE	SAGITTAIRE	SCORPION	SAGITTAIRE	SAGITTAIRE	SCORPION	3 SAGITTAIRE
7 NOVEMBRE	SCORPION	VIERGE	VIERGE	SAGITTAIRE	SCORPION	SAGITTAIRE	SAGITTAIRE	SCORPION	16 SAGITTAIRE
8 NOVEMBRE	SCORPION	VIERGE	VIERGE	SAGITTAIRE	SCORPION	SAGITTAIRE	SAGITTAIRE	SCORPION	29 SAGITTAIRE
9 NOVEMBRE	SCORPION	BALANCE	VIERGE	SAGITTAIRE	SCORPION	SAGITTAIRE	SAGITTAIRE	SCORPION	11 CAPRICORNE
10 NOVEMBRE	SCORPION	BALANCE	VIERGE	SAGITTAIRE	SCORPION	SAGITTAIRE	SAGITTAIRE	SCORPION	24 CAPRICORNE
11 NOVEMBRE	SCORPION	BALANCE	VIERGE	SAGITTAIRE	SCORPION	SAGITTAIRE	SAGITTAIRE	SCORPION	6 VERSEAU
12 NOVEMBRE	SCORPION	BALANCE	VIERGE	SAGITTAIRE	SCORPION	SAGITTAIRE	SAGITTAIRE	SCORPION	17 VERSEAU
13 NOVEMBRE	SCORPION	BALANCE	VIERGE	SAGITTAIRE	SCORPION	SAGITTAIRE	SAGITTAIRE	SCORPION	29 VERSEAU
14 NOVEMBRE	SAGITTAIRE	BALANCE	VIERGE	SAGITTAIRE	SCORPION	SAGITTAIRE	SAGITTAIRE	SCORPION	11 POISSONS
15 NOVEMBRE	SAGITTAIRE	BALANCE	VIERGE	SAGITTAIRE	SCORPION	SAGITTAIRE	SAGITTAIRE	SCORPION	23 POISSONS
16 NOVEMBRE	SAGITTAIRE	BALANCE	VIERGE	SAGITTAIRE	SCORPION	SAGITTAIRE	SAGITTAIRE	SCORPION	5 BELIER
17 NOVEMBRE	SAGITTAIRE	BALANCE	VIERGE	SAGITTAIRE	SCORPION	SAGITTAIRE	SAGITTAIRE	SCORPION	13 BELIER
18 NOVEMBRE	SAGITTAIRE	BALANCE	BALANCE	SAGITTAIRE	SCORPION	SAGITTAIRE	SAGITTAIRE	SCORPION	1 TAUREAU
19 NOVEMBRE	SAGITTAIRE	BALANCE	BALANCE	SAGITTAIRE	SCORPION	SAGITTAIRE	SAGITTAIRE	SCORPION	14 TAUREAU
20 NOVEMBRE	SAGITTAIRE	BALANCE	BALANCE	SAGITTAIRE	SCORPION	SAGITTAIRE	SAGITTAIRE	SCORPION	27 TAUREAU
21 NOVEMBRE	SAGITTAIRE	BALANCE	BALANCE	SAGITTAIRE	SCORPION	SAGITTAIRE	SAGITTAIRE	SCORPION	11 GEMEAUX
22 NOVEMBRE	SAGITTAIRE	BALANCE	BALANCE	SAGITTAIRE	SCORPION	SAGITTAIRE	SAGITTAIRE	SCORPION	24 GEMEAUX

LE SOLEIL — ENTRE DANS LE SIGNE DU SCORPION LE 23 OCTOBRE 1983 A 23 h 40 — QUITTE LE SIGNE DU SCORPION LE 22 NOVEMBRE 1983 A 21 h 15

* LES CHIFFRES INDIQUENT LES DEGRES

DECOUVREZ DANS QUEL SIGNE SE TROUVAIENT LES PLANETES A VOTRE NAISSANCE

1984	MERCURE	VENUS	MARS	JUPITER	SATURNE	URANUS	NEPTUNE	PLUTON	LUNE *
23 OCTOBRE	SCORPION	SAGITTAIRE	CAPRICORNE	CAPRICORNE	SCORPION	SAGITTAIRE	SAGITTAIRE	SCORPION	16 BALANCE
24 OCTOBRE	SCORPION	SAGITTAIRE	CAPRICORNE	CAPRICORNE	SCORPION	SAGITTAIRE	SAGITTAIRE	SCORPION	1 SCORPION
25 OCTOBRE	SCORPION	SAGITTAIRE	CAPRICORNE	CAPRICORNE	SCORPION	SAGITTAIRE	SAGITTAIRE	SCORPION	16 SCORPION
26 OCTOBRE	SCORPION	SAGITTAIRE	CAPRICORNE	CAPRICORNE	SCORPION	SAGITTAIRE	SAGITTAIRE	SCORPION	0 SAGITTAIRE
27 OCTOBRE	SCORPION	SAGITTAIRE	CAPRICORNE	CAPRICORNE	SCORPION	SAGITTAIRE	SAGITTAIRE	SCORPION	15 SAGITTAIRE
28 OCTOBRE	SCORPION	SAGITTAIRE	CAPRICORNE	CAPRICORNE	SCORPION	SAGITTAIRE	SAGITTAIRE	SCORPION	28 SAGITTAIRE
29 OCTOBRE	SCORPION	SAGITTAIRE	CAPRICORNE	CAPRICORNE	SCORPION	SAGITTAIRE	SAGITTAIRE	SCORPION	12 CAPRICORNE
30 OCTOBRE	SCORPION	SAGITTAIRE	CAPRICORNE	CAPRICORNE	SCORPION	SAGITTAIRE	SAGITTAIRE	SCORPION	25 CAPRICORNE
31 OCTOBRE	SCORPION	SAGITTAIRE	CAPRICORNE	CAPRICORNE	SCORPION	SAGITTAIRE	SAGITTAIRE	SCORPION	7 VERSEAU
1 NOVEMBRE	SCORPION	SAGITTAIRE	CAPRICORNE	CAPRICORNE	SCORPION	SAGITTAIRE	SAGITTAIRE	SCORPION	20 VERSEAU
2 NOVEMBRE	SCORPION	SAGITTAIRE	CAPRICORNE	CAPRICORNE	SCORPION	SAGITTAIRE	SAGITTAIRE	SCORPION	2 POISSONS
3 NOVEMBRE	SCORPION	SAGITTAIRE	CAPRICORNE	CAPRICORNE	SCORPION	SAGITTAIRE	SAGITTAIRE	SCORPION	14 POISSONS
4 NOVEMBRE	SCORPION	SAGITTAIRE	CAPRICORNE	CAPRICORNE	SCORPION	SAGITTAIRE	SAGITTAIRE	SCORPION	26 POISSONS
5 NOVEMBRE	SCORPION	SAGITTAIRE	CAPRICORNE	CAPRICORNE	SCORPION	SAGITTAIRE	SAGITTAIRE	SCORPION	7 BELIER
6 NOVEMBRE	SAGITTAIRE	SAGITTAIRE	CAPRICORNE	CAPRICORNE	SCORPION	SAGITTAIRE	SAGITTAIRE	SCORPION	19 BELIER
7 NOVEMBRE	SAGITTAIRE	SAGITTAIRE	CAPRICORNE	CAPRICORNE	SCORPION	SAGITTAIRE	SAGITTAIRE	SCORPION	1 TAUREAU
8 NOVEMBRE	SAGITTAIRE	SAGITTAIRE	CAPRICORNE	CAPRICORNE	SCORPION	SAGITTAIRE	SAGITTAIRE	SCORPION	13 TAUREAU
9 NOVEMBRE	SAGITTAIRE	SAGITTAIRE	CAPRICORNE	CAPRICORNE	SCORPION	SAGITTAIRE	SAGITTAIRE	SCORPION	25 TAUREAU
10 NOVEMBRE	SAGITTAIRE	SAGITTAIRE	CAPRICORNE	CAPRICORNE	SCORPION	SAGITTAIRE	SAGITTAIRE	SCORPION	8 GEMEAUX
11 NOVEMBRE	SAGITTAIRE	SAGITTAIRE	CAPRICORNE	CAPRICORNE	SCORPION	SAGITTAIRE	SAGITTAIRE	SCORPION	20 GEMEAUX
12 NOVEMBRE	SAGITTAIRE	SAGITTAIRE	CAPRICORNE	CAPRICORNE	SCORPION	SAGITTAIRE	SAGITTAIRE	SCORPION	3 CANCER
13 NOVEMBRE	SAGITTAIRE	SAGITTAIRE	CAPRICORNE	CAPRICORNE	SCORPION	SAGITTAIRE	SAGITTAIRE	SCORPION	16 CANCER
14 NOVEMBRE	SAGITTAIRE	CAPRICORNE	CAPRICORNE	CAPRICORNE	SCORPION	SAGITTAIRE	SAGITTAIRE	SCORPION	29 CANCER
15 NOVEMBRE	SAGITTAIRE	CAPRICORNE	CAPRICORNE	CAPRICORNE	SCORPION	SAGITTAIRE	SAGITTAIRE	SCORPION	13 LION
16 NOVEMBRE	SAGITTAIRE	CAPRICORNE	VERSEAU	CAPRICORNE	SCORPION	SAGITTAIRE	SAGITTAIRE	SCORPION	27 LION
17 NOVEMBRE	SAGITTAIRE	CAPRICORNE	VERSEAU	CAPRICORNE	SCORPION	SAGITTAIRE	SAGITTAIRE	SCORPION	11 VIERGE
18 NOVEMBRE	SAGITTAIRE	CAPRICORNE	VERSEAU	CAPRICORNE	SCORPION	SAGITTAIRE	SAGITTAIRE	SCORPION	25 VIERGE
19 NOVEMBRE	SAGITTAIRE	CAPRICORNE	VERSEAU	CAPRICORNE	SCORPION	SAGITTAIRE	SAGITTAIRE	SCORPION	10 BALANCE
20 NOVEMBRE	SAGITTAIRE	CAPRICORNE	VERSEAU	CAPRICORNE	SCORPION	SAGITTAIRE	SAGITTAIRE	SCORPION	24 BALANCE
21 NOVEMBRE	SAGITTAIRE	CAPRICORNE	VERSEAU	CAPRICORNE	SCORPION	SAGITTAIRE	CAPRICORNE	SCORPION	9 SCORPION
22 NOVEMBRE	SAGITTAIRE	CAPRICORNE	VERSEAU	CAPRICORNE	SCORPION	SAGITTAIRE	CAPRICORNE	SCORPION	24 SCORPION

LE SOLEIL ENTRE DANS LE SIGNE DU SCORPION LE 23 OCTOBRE 1984 A 5 h 30
QUITTE LE SIGNE DU SCORPION LE 22 NOVEMBRE 1984 A 2 h 45

* LES CHIFFRES INDIQUENT LES DEGRES

1985	MERCURE	VENUS	MARS	JUPITER	SATURNE	URANUS	NEPTUNE	PLUTON	LUNE *
23 OCTOBRE	SCORPION	BALANCE	VIERGE	VERSEAU	SCORPION	SAGITTAIRE	CAPRICORNE	SCORPION	2 POISSONS
24 OCTOBRE	SCORPION	BALANCE	VIERGE	VERSEAU	SCORPION	SAGITTAIRE	CAPRICORNE	SCORPION	14 POISSONS
25 OCTOBRE	SCORPION	BALANCE	VIERGE	VERSEAU	SCORPION	SAGITTAIRE	CAPRICORNE	SCORPION	26 POISSONS
26 OCTOBRE	SCORPION	BALANCE	VIERGE	VERSEAU	SCORPION	SAGITTAIRE	CAPRICORNE	SCORPION	8 BELIER
27 OCTOBRE	SCORPION	BALANCE	VIERGE	VERSEAU	SCORPION	SAGITTAIRE	CAPRICORNE	SCORPION	20 BELIER
28 OCTOBRE	SCORPION	BALANCE	BALANCE	VERSEAU	SCORPION	SAGITTAIRE	CAPRICORNE	SCORPION	2 TAUREAU
29 OCTOBRE	SCORPION	BALANCE	BALANCE	VERSEAU	SCORPION	SAGITTAIRE	CAPRICORNE	SCORPION	14 TAUREAU
30 OCTOBRE	SCORPION	BALANCE	BALANCE	VERSEAU	SCORPION	SAGITTAIRE	CAPRICORNE	SCORPION	26 TAUREAU
31 OCTOBRE	SCORPION	BALANCE	BALANCE	VERSEAU	SCORPION	SAGITTAIRE	CAPRICORNE	SCORPION	8 GEMEAUX
1 NOVEMBRE	SAGITTAIRE	BALANCE	BALANCE	VERSEAU	SCORPION	SAGITTAIRE	CAPRICORNE	SCORPION	19 GEMEAUX
2 NOVEMBRE	SAGITTAIRE	BALANCE	BALANCE	VERSEAU	SCORPION	SAGITTAIRE	CAPRICORNE	SCORPION	1 CANCER
3 NOVEMBRE	SAGITTAIRE	BALANCE	BALANCE	VERSEAU	SCORPION	SAGITTAIRE	CAPRICORNE	SCORPION	14 CANCER
4 NOVEMBRE	SAGITTAIRE	BALANCE	BALANCE	VERSEAU	SCORPION	SAGITTAIRE	CAPRICORNE	SCORPION	26 CANCER
5 NOVEMBRE	SAGITTAIRE	BALANCE	BALANCE	VERSEAU	SCORPION	SAGITTAIRE	CAPRICORNE	SCORPION	9 LION
6 NOVEMBRE	SAGITTAIRE	BALANCE	BALANCE	VERSEAU	SCORPION	SAGITTAIRE	CAPRICORNE	SCORPION	22 LION
7 NOVEMBRE	SAGITTAIRE	BALANCE	BALANCE	VERSEAU	SCORPION	SAGITTAIRE	CAPRICORNE	SCORPION	5 VIERGE
8 NOVEMBRE	SAGITTAIRE	BALANCE	BALANCE	VERSEAU	SCORPION	SAGITTAIRE	CAPRICORNE	SCORPION	19 VIERGE
9 NOVEMBRE	SAGITTAIRE	BALANCE	BALANCE	VERSEAU	SCORPION	SAGITTAIRE	CAPRICORNE	SCORPION	3 BALANCE
10 NOVEMBRE	SAGITTAIRE	SCORPION	BALANCE	VERSEAU	SCORPION	SAGITTAIRE	CAPRICORNE	SCORPION	18 BALANCE
11 NOVEMBRE	SAGITTAIRE	SCORPION	BALANCE	VERSEAU	SCORPION	SAGITTAIRE	CAPRICORNE	SCORPION	3 SCORPION
12 NOVEMBRE	SAGITTAIRE	SCORPION	BALANCE	VERSEAU	SCORPION	SAGITTAIRE	CAPRICORNE	SCORPION	18 SCORPION
13 NOVEMBRE	SAGITTAIRE	SCORPION	BALANCE	VERSEAU	SCORPION	SAGITTAIRE	CAPRICORNE	SCORPION	4 SAGITTAIRE
14 NOVEMBRE	SAGITTAIRE	SCORPION	BALANCE	VERSEAU	SCORPION	SAGITTAIRE	CAPRICORNE	SCORPION	19 SAGITTAIRE
15 NOVEMBRE	SAGITTAIRE	SCORPION	BALANCE	VERSEAU	SCORPION	SAGITTAIRE	CAPRICORNE	SCORPION	3 CAPRICORNE
16 NOVEMBRE	SAGITTAIRE	SCORPION	BALANCE	VERSEAU	SCORPION	SAGITTAIRE	CAPRICORNE	SCORPION	18 CAPRICORNE
17 NOVEMBRE	SAGITTAIRE	SCORPION	BALANCE	VERSEAU	SAGITTAIRE	SAGITTAIRE	CAPRICORNE	SCORPION	2 VERSEAU
18 NOVEMBRE	SAGITTAIRE	SCORPION	BALANCE	VERSEAU	SAGITTAIRE	SAGITTAIRE	CAPRICORNE	SCORPION	15 VERSEAU
19 NOVEMBRE	SAGITTAIRE	SCORPION	BALANCE	VERSEAU	SAGITTAIRE	SAGITTAIRE	CAPRICORNE	SCORPION	28 VERSEAU
20 NOVEMBRE	SAGITTAIRE	SCORPION	BALANCE	VERSEAU	SAGITTAIRE	SAGITTAIRE	CAPRICORNE	SCORPION	11 POISSONS
21 NOVEMBRE	SAGITTAIRE	SCORPION	BALANCE	VERSEAU	SAGITTAIRE	SAGITTAIRE	CAPRICORNE	SCORPION	23 POISSONS
22 NOVEMBRE	SAGITTAIRE	CCORPION	BALANCE	VERSEAU	SAGITTAIRE	SAGITTAIRE	CAPRICORNE	SCORPION	5 BELIER

LE SOLEIL ENTRE DANS LE SIGNE DU SCORPION LE 23 OCTOBRE 1985 A 11 h 00
QUITTE LE SIGNE DU SCORPION LE 22 NOVEMBRE 1985 A 8 h 30

* LES CHIFFRES INDIQUENT LES DEGRES

DECOUVREZ DANS QUEL SIGNE SE TROUVAIENT LES PLANETES A VOTRE NAISSANCE

1986	MERCURE	VENUS	MARS	JUPITER	SATURNE	URANUS	NEPTUNE	PLUTON	LUNE *
23 OCTOBRE	SCORPION	SCORPION	VERSEAU	POISSONS	SAGITTAIRE	SAGITTAIRE	CAPRICORNE	SCORPION	3 CANCER
24 OCTOBRE	SCORPION	SCORPION	VERSEAU	POISSONS	SAGITTAIRE	SAGITTAIRE	CAPRICORNE	SCORPION	15 CANCER
25 OCTOBRE	SCORPION	SCORPION	VERSEAU	POISSONS	SAGITTAIRE	SAGITTAIRE	CAPRICORNE	SCORPION	27 CANCER
26 OCTOBRE	SCORPION	SCORPION	VERSEAU	POISSONS	SAGITTAIRE	SAGITTAIRE	CAPRICORNE	SCORPION	9 LION
27 OCTOBRE	SCORPION	SCORPION	VERSEAU	POISSONS	SAGITTAIRE	SAGITTAIRE	CAPRICORNE	SCORPION	21 LION
28 OCTOBRE	SCORPION	SCORPION	VERSEAU	POISSONS	SAGITTAIRE	SAGITTAIRE	CAPRICORNE	SCORPION	4 VIERGE
29 OCTOBRE	SCORPION	SCORPION	VERSEAU	POISSONS	SAGITTAIRE	SAGITTAIRE	CAPRICORNE	SCORPION	17 VIERGE
30 OCTOBRE	SCORPION	SCORPION	VERSEAU	POISSONS	SAGITTAIRE	SAGITTAIRE	CAPRICORNE	SCORPION	0 BALANCE
31 OCTOBRE	SCORPION	SCORPION	VERSEAU	POISSONS	SAGITTAIRE	SAGITTAIRE	CAPRICORNE	SCORPION	14 BALANCE
1 NOVEMBRE	SCORPION	SCORPION	VERSEAU	POISSONS	SAGITTAIRE	SAGITTAIRE	CAPRICORNE	SCORPION	28 BALANCE
2 NOVEMBRE	SCORPION	SCORPION	VERSEAU	POISSONS	SAGITTAIRE	SAGITTAIRE	CAPRICORNE	SCORPION	13 SCORPION
3 NOVEMBRE	SCORPION	SCORPION	VERSEAU	POISSONS	SAGITTAIRE	SAGITTAIRE	CAPRICORNE	SCORPION	28 SCORPION
4 NOVEMBRE	SCORPION	SCORPION	VERSEAU	POISSONS	SAGITTAIRE	SAGITTAIRE	CAPRICORNE	SCORPION	12 SAGITTAIRE
5 NOVEMBRE	SCORPION	SCORPION	VERSEAU	POISSONS	SAGITTAIRE	SAGITTAIRE	CAPRICORNE	SCORPION	27 SAGITTAIRE
6 NOVEMBRE	SCORPION	SCORPION	VERSEAU	POISSONS	SAGITTAIRE	SAGITTAIRE	CAPRICORNE	SCORPION	12 CAPRICORNE
7 NOVEMBRE	SCORPION	SCORPION	VERSEAU	POISSONS	SAGITTAIRE	SAGITTAIRE	CAPRICORNE	SCORPION	26 CAPRICORNE
8 NOVEMBRE	SCORPION	SCORPION	VERSEAU	POISSONS	SAGITTAIRE	SAGITTAIRE	CAPRICORNE	SCORPION	11 VERSEAU
9 NOVEMBRE	SCORPION	SCORPION	VERSEAU	POISSONS	SAGITTAIRE	SAGITTAIRE	CAPRICORNE	SCORPION	24 VERSEAU
10 NOVEMBRE	SCORPION	SCORPION	VERSEAU	POISSONS	SAGITTAIRE	SAGITTAIRE	CAPRICORNE	SCORPION	8 POISSONS
11 NOVEMBRE	SCORPION	SCORPION	VERSEAU	POISSONS	SAGITTAIRE	SAGITTAIRE	CAPRICORNE	SCORPION	21 POISSONS
12 NOVEMBRE	SCORPION	SCORPION	VERSEAU	POISSONS	SAGITTAIRE	SAGITTAIRE	CAPRICORNE	SCORPION	4 BELIER
13 NOVEMBRE	SCORPION	SCORPION	VERSEAU	POISSONS	SAGITTAIRE	SAGITTAIRE	CAPRICORNE	SCORPION	16 BELIER
14 NOVEMBRE	SCORPION	SCORPION	VERSEAU	POISSONS	SAGITTAIRE	SAGITTAIRE	CAPRICORNE	SCORPION	29 BELIER
15 NOVEMBRE	SCORPION	SCORPION	VERSEAU	POISSONS	SAGITTAIRE	SAGITTAIRE	CAPRICORNE	SCORPION	11 TAUREAU
16 NOVEMBRE	SCORPION	SCORPION	VERSEAU	POISSONS	SAGITTAIRE	SAGITTAIRE	CAPRICORNE	SCORPION	23 TAUREAU
17 NOVEMBRE	SCORPION	SCORPION	VERSEAU	POISSONS	SAGITTAIRE	SAGITTAIRE	CAPRICORNE	SCORPION	5 GEMEAUX
18 NOVEMBRE	SCORPION	SCORPION	VERSEAU	POISSONS	SAGITTAIRE	SAGITTAIRE	CAPRICORNE	SCORPION	17 GEMEAUX
19 NOVEMBRE	SCORPION	SCORPION	VERSEAU	POISSONS	SAGITTAIRE	SAGITTAIRE	CAPRICORNE	SCORPION	29 GEMEAUX
20 NOVEMBRE	SCORPION	SCORPION	VERSEAU	POISSONS	SAGITTAIRE	SAGITTAIRE	CAPRICORNE	SCORPION	11 CANCER
21 NOVEMBRE	SCORPION	SCORPION	VERSEAU	POISSONS	SAGITTAIRE	SAGITTAIRE	CAPRICORNE	SCORPION	23 CANCER
22 NOVEMBRE	SCORPION	SCORPION	VERSEAU	POISSONS	SAGITTAIRE	SAGITTAIRE	CAPRICORNE	SCORPION	5 LION

LE SOLEIL — ENTRE DANS LE SIGNE DU SCORPION LE 23 OCTOBRE 1986 A 17 h 00 — QUITTE LE SIGNE DU SCORPION LE 22 NOVEMBRE 1986 A 14 h 30

* LES CHIFFRES INDIQUENT LES DEGRES

1987	MERCURE	VENUS	MARS	JUPITER	SATURNE	URANUS	NEPTUNE	PLUTON	LUNE *
23 OCTOBRE	SCORPION	SCORPION	BALANCE	BELIER	SAGITTAIRE	SAGITTAIRE	CAPRICORNE	SCORPION	9 SCORPION
24 OCTOBRE	SCORPION	SCORPION	BALANCE	BELIER	SAGITTAIRE	SAGITTAIRE	CAPRICORNE	SCORPION	22 SCORPION
25 OCTOBRE	SCORPION	SCORPION	BALANCE	BELIER	SAGITTAIRE	SAGITTAIRE	CAPRICORNE	SCORPION	6 SAGITTAIRE
26 OCTOBRE	SCORPION	SCORPION	BALANCE	BELIER	SAGITTAIRE	SAGITTAIRE	CAPRICORNE	SCORPION	20 SAGITTAIRE
27 OCTOBRE	SCORPION	SCORPION	BALANCE	BELIER	SAGITTAIRE	SAGITTAIRE	CAPRICORNE	SCORPION	4 CAPRICORNE
28 OCTOBRE	SCORPION	SCORPION	BALANCE	BELIER	SAGITTAIRE	SAGITTAIRE	CAPRICORNE	SCORPION	18 CAPRICORNE
29 OCTOBRE	SCORPION	SCORPION	BALANCE	BELIER	SAGITTAIRE	SAGITTAIRE	CAPRICORNE	SCORPION	2 VERSEAU
30 OCTOBRE	SCORPION	SCORPION	BALANCE	BELIER	SAGITTAIRE	SAGITTAIRE	CAPRICORNE	SCORPION	17 VERSEAU
31 OCTOBRE	SCORPION	SCORPION	BALANCE	BELIER	SAGITTAIRE	SAGITTAIRE	CAPRICORNE	SCORPION	1 POISSONS
1 NOVEMBRE	BALANCE	SCORPION	BALANCE	BELIER	SAGITTAIRE	SAGITTAIRE	CAPRICORNE	SCORPION	15 POISSONS
2 NOVEMBRE	BALANCE	SCORPION	BALANCE	BELIER	SAGITTAIRE	SAGITTAIRE	CAPRICORNE	SCORPION	29 POISSONS
3 NOVEMBRE	BALANCE	SCORPION	BALANCE	BELIER	SAGITTAIRE	SAGITTAIRE	CAPRICORNE	SCORPION	13 BELIER
4 NOVEMBRE	BALANCE	SAGITTAIRE	BALANCE	BELIER	SAGITTAIRE	SAGITTAIRE	CAPRICORNE	SCORPION	25 BELIER
5 NOVEMBRE	BALANCE	SAGITTAIRE	BALANCE	BELIER	SAGITTAIRE	SAGITTAIRE	CAPRICORNE	SCORPION	10 TAUREAU
6 NOVEMBRE	BALANCE	SAGITTAIRE	BALANCE	BELIER	SAGITTAIRE	SAGITTAIRE	CAPRICORNE	SCORPION	23 TAUREAU
7 NOVEMBRE	BALANCE	SAGITTAIRE	BALANCE	BELIER	SAGITTAIRE	SAGITTAIRE	CAPRICORNE	SCORPION	6 GEMEAUX
8 NOVEMBRE	BALANCE	SAGITTAIRE	BALANCE	BELIER	SAGITTAIRE	SAGITTAIRE	CAPRICORNE	SCORPION	19 GEMEAUX
9 NOVEMBRE	BALANCE	SAGITTAIRE	BALANCE	BELIER	SAGITTAIRE	SAGITTAIRE	CAPRICORNE	SCORPION	[illegible] CANCER
10 NOVEMBRE	BALANCE	SAGITTAIRE	BALANCE	BELIER	SAGITTAIRE	SAGITTAIRE	CAPRICORNE	SCORPION	13 CANCER
11 NOVEMBRE	BALANCE	SAGITTAIRE	BALANCE	BELIER	SAGITTAIRE	SAGITTAIRE	CAPRICORNE	SCORPION	25 CANCER
12 NOVEMBRE	SCORPION	SAGITTAIRE	BALANCE	BELIER	SAGITTAIRE	SAGITTAIRE	CAPRICORNE	SCORPION	7 LION
13 NOVEMBRE	SCORPION	SAGITTAIRE	BALANCE	BELIER	SAGITTAIRE	SAGITTAIRE	CAPRICORNE	SCORPION	19 LION
14 NOVEMBRE	SCORPION	SAGITTAIRE	BALANCE	BELIER	SAGITTAIRE	SAGITTAIRE	CAPRICORNE	SCORPION	1 VIERGE
15 NOVEMBRE	SCORPION	SAGITTAIRE	BALANCE	BELIER	SAGITTAIRE	SAGITTAIRE	CAPRICORNE	SCORPION	13 VIERGE
16 NOVEMBRE	SCORPION	SAGITTAIRE	BALANCE	BELIER	SAGITTAIRE	SAGITTAIRE	CAPRICORNE	SCORPION	25 VIERGE
17 NOVEMBRE	SCORPION	SAGITTAIRE	BALANCE	BELIER	SAGITTAIRE	SAGITTAIRE	CAPRICORNE	SCORPION	8 BALANCE
18 NOVEMBRE	SCORPION	SAGITTAIRE	BALANCE	BELIER	SAGITTAIRE	SAGITTAIRE	CAPRICORNE	SCORPION	20 BALANCE
19 NOVEMBRE	SCORPION	SAGITTAIRE	BALANCE	BELIER	SAGITTAIRE	SAGITTAIRE	CAPRICORNE	SCORPION	4 SCORPION
20 NOVEMBRE	SCORPION	SAGITTAIRE	BALANCE	BELIER	SAGITTAIRE	SAGITTAIRE	CAPRICORNE	SCORPION	17 SCORPION
21 NOVEMBRE	SCORPION	SAGITTAIRE	BALANCE	BELIER	SAGITTAIRE	SAGITTAIRE	CAPRICORNE	SCORPION	1 SAGITTAIRE
22 NOVEMBRE	SCORPION	SAGITTAIRE	BALANCE	BELIER	SAGITTAIRE	SAGITTAIRE	CAPRICORNE	SCORPION	16 SAGITTAIRE

LE SOLEIL — ENTRE DANS LE SIGNE DU SCORPION LE 23 OCTOBRE 1987 A 22 h 45 — QUITTE LE SIGNE DU SCORPION LE 22 NOVEMBRE 1987 A 20 h 00

* LES CHIFFRES INDIQUENT LES DEGRES

DECOUVREZ DANS QUEL SIGNE SE TROUVAIENT LES PLANETES A VOTRE NAISSANCE

1988	MERCURE	VENUS	MARS	JUPITER	SATURNE	URANUS	NEPTUNE	PLUTON	LUNE *
23 OCTOBRE	BALANCE	VIERGE	BELIER	GEMEAUX	SAGITTAIRE	SAGITTAIRE	CAPRICORNE	SCORPION	6 BELIER
24 OCTOBRE	BALANCE	VIERGE	POISSONS	GEMEAUX	SAGITTAIRE	SAGITTAIRE	CAPRICORNE	SCORPION	21 BELIER
25 OCTOBRE	BALANCE	VIERGE	POISSONS	GEMEAUX	SAGITTAIRE	SAGITTAIRE	CAPRICORNE	SCORPION	6 TAUREAU
26 OCTOBRE	BALANCE	VIERGE	POISSONS	GEMEAUX	SAGITTAIRE	SAGITTAIRE	CAPRICORNE	SCORPION	21 TAUREAU
27 OCTOBRE	BALANCE	VIERGE	POISSONS	GEMEAUX	SAGITTAIRE	SAGITTAIRE	CAPRICORNE	SCORPION	5 GEMEAUX
28 OCTOBRE	BALANCE	VIERGE	POISSONS	GEMEAUX	SAGITTAIRE	SAGITTAIRE	CAPRICORNE	SCORPION	19 GEMEAUX
29 OCTOBRE	BALANCE	VIERGE	POISSONS	GEMEAUX	SAGITTAIRE	SAGITTAIRE	CAPRICORNE	SCORPION	2 CANCER
30 OCTOBRE	BALANCE	BALANCE	POISSONS	GEMEAUX	SAGITTAIRE	SAGITTAIRE	CAPRICORNE	SCORPION	15 CANCER
31 OCTOBRE	BALANCE	BALANCE	POISSONS	GEMEAUX	SAGITTAIRE	SAGITTAIRE	CAPRICORNE	SCORPION	27 CANCER
1 NOVEMBRE	BALANCE	BALANCE	BELIER	GEMEAUX	SAGITTAIRE	SAGITTAIRE	CAPRICORNE	SCORPION	10 LION
2 NOVEMBRE	BALANCE	BALANCE	BELIER	GEMEAUX	SAGITTAIRE	SAGITTAIRE	CAPRICORNE	SCORPION	22 LION
3 NOVEMBRE	BALANCE	BALANCE	BELIER	GEMEAUX	SAGITTAIRE	SAGITTAIRE	CAPRICORNE	SCORPION	4 VIERGE
4 NOVEMBRE	BALANCE	BALANCE	BELIER	GEMEAUX	SAGITTAIRE	SAGITTAIRE	CAPRICORNE	SCORPION	15 VIERGE
5 NOVEMBRE	BALANCE	BALANCE	BELIER	GEMEAUX	SAGITTAIRE	SAGITTAIRE	CAPRICORNE	SCORPION	27 VIERGE
6 NOVEMBRE	BALANCE	BALANCE	BELIER	GEMEAUX	SAGITTAIRE	SAGITTAIRE	CAPRICORNE	SCORPION	9 BALANCE
7 NOVEMBRE	SCORPION	BALANCE	BELIER	GEMEAUX	SAGITTAIRE	SAGITTAIRE	CAPRICORNE	SCORPION	21 BALANCE
8 NOVEMBRE	SCORPION	BALANCE	BELIER	GEMEAUX	SAGITTAIRE	SAGITTAIRE	CAPRICORNE	SCORPION	3 SCORPION
9 NOVEMBRE	SCORPION	BALANCE	BELIER	GEMEAUX	SAGITTAIRE	SAGITTAIRE	CAPRICORNE	SCORPION	16 SCORPION
10 NOVEMBRE	SCORPION	BALANCE	BELIER	GEMEAUX	SAGITTAIRE	SAGITTAIRE	CAPRICORNE	SCORPION	29 SCORPION
11 NOVEMBRE	SCORPION	BALANCE	BELIER	GEMEAUX	SAGITTAIRE	SAGITTAIRE	CAPRICORNE	SCORPION	11 SAGITTAIRE
12 NOVEMBRE	SCORPION	BALANCE	BELIER	GEMEAUX	CAPRICORNE	SAGITTAIRE	CAPRICORNE	SCORPION	25 SAGITTAIRE
13 NOVEMBRE	SCORPION	BALANCE	BELIER	GEMEAUX	CAPRICORNE	SAGITTAIRE	CAPRICORNE	SCORPION	8 CAPRICORNE
14 NOVEMBRE	SCORPION	BALANCE	BELIER	GEMEAUX	CAPRICORNE	SAGITTAIRE	CAPRICORNE	SCORPION	21 CAPRICORNE
15 NOVEMBRE	SCORPION	BALANCE	BELIER	GEMEAUX	CAPRICORNE	SAGITTAIRE	CAPRICORNE	SCORPION	5 VERSEAU
16 NOVEMBRE	SCORPION	BALANCE	BELIER	GEMEAUX	CAPRICORNE	SAGITTAIRE	CAPRICORNE	SCORPION	19 VERSEAU
17 NOVEMBRE	SCORPION	BALANCE	BELIER	GEMEAUX	CAPRICORNE	SAGITTAIRE	CAPRICORNE	SCORPION	3 POISSONS
18 NOVEMBRE	SCORPION	BALANCE	BELIER	GEMEAUX	CAPRICORNE	SAGITTAIRE	CAPRICORNE	SCORPION	17 POISSONS
19 NOVEMBRE	SCORPION	BALANCE	BELIER	GEMEAUX	CAPRICORNE	SAGITTAIRE	CAPRICORNE	SCORPION	1 BELIER
20 NOVEMBRE	SCORPION	BALANCE	BELIER	GEMEAUX	CAPRICORNE	SAGITTAIRE	CAPRICORNE	SCORPION	16 BELIER
21 NOVEMBRE	SCORPION	BALANCE	BELIER	GEMEAUX	CAPRICORNE	SAGITTAIRE	CAPRICORNE	SCORPION	0 TAUREAU
22 NOVEMBRE	SCORPION	BALANCE	BELIER	GEMEAUX	CAPRICORNE	SAGITTAIRE	CAPRICORNE	SCORPION	15 TAUREAU

LE SOLEIL ENTRE DANS LE SIGNE DU SCORPION LE 23 OCTOBRE 1988 A 4 h 30
LE SOLEIL QUITTE LE SIGNE DU SCORPION LE 22 NOVEMBRE 1988 A 1 h 40

* LES CHIFFRES INDIQUENT LES DEGRES

1989	MERCURE	VENUS	MARS	JUPITER	SATURNE	URANUS	NEPTUNE	PLUTON	LUNE *
23 OCTOBRE	BALANCE	SAGITTAIRE	BALANCE	CANCER	CAPRICORNE	CAPRICORNE	CAPRICORNE	SCORPION	22 LION
24 OCTOBRE	BALANCE	SAGITTAIRE	BALANCE	CANCER	CAPRICORNE	CAPRICORNE	CAPRICORNE	SCORPION	5 VIERGE
25 OCTOBRE	BALANCE	SAGITTAIRE	BALANCE	CANCER	CAPRICORNE	CAPRICORNE	CAPRICORNE	SCORPION	17 VIERGE
26 OCTOBRE	BALANCE	SAGITTAIRE	BALANCE	CANCER	CAPRICORNE	CAPRICORNE	CAPRICORNE	SCORPION	29 VIERGE
27 OCTOBRE	BALANCE	SAGITTAIRE	BALANCE	CANCER	CAPRICORNE	CAPRICORNE	CAPRICORNE	SCORPION	10 BALANCE
28 OCTOBRE	BALANCE	SAGITTAIRE	BALANCE	CANCER	CAPRICORNE	CAPRICORNE	CAPRICORNE	SCORPION	22 BALANCE
29 OCTOBRE	BALANCE	SAGITTAIRE	BALANCE	CANCER	CAPRICORNE	CAPRICORNE	CAPRICORNE	SCORPION	4 SCORPION
30 OCTOBRE	BALANCE	SAGITTAIRE	BALANCE	CANCER	CAPRICORNE	CAPRICORNE	CAPRICORNE	SCORPION	16 SCORPION
31 OCTOBRE	SCORPION	SAGITTAIRE	BALANCE	CANCER	CAPRICORNE	CAPRICORNE	CAPRICORNE	SCORPION	28 SCORPION
1 NOVEMBRE	SCORPION	SAGITTAIRE	BALANCE	CANCER	CAPRICORNE	CAPRICORNE	CAPRICORNE	SCORPION	10 SAGITTAIRE
2 NOVEMBRE	SCORPION	SAGITTAIRE	BALANCE	CANCER	CAPRICORNE	CAPRICORNE	CAPRICORNE	SCORPION	22 SAGITTAIRE
3 NOVEMBRE	SCORPION	SAGITTAIRE	BALANCE	CANCER	CAPRICORNE	CAPRICORNE	CAPRICORNE	SCORPION	4 CAPRICORNE
4 NOVEMBRE	SCORPION	SAGITTAIRE	SCORPION	CANCER	CAPRICORNE	CAPRICORNE	CAPRICORNE	SCORPION	17 CAPRICORNE
5 NOVEMBRE	SCORPION	CAPRICORNE	SCORPION	CANCER	CAPRICORNE	CAPRICORNE	CAPRICORNE	SCORPION	0 VERSEAU
6 NOVEMBRE	SCORPION	CAPRICORNE	SCORPION	CANCER	CAPRICORNE	CAPRICORNE	CAPRICORNE	SCORPION	13 VERSEAU
7 NOVEMBRE	SCORPION	CAPRICORNE	SCORPION	CANCER	CAPRICORNE	CAPRICORNE	CAPRICORNE	SCORPION	26 VERSEAU
8 NOVEMBRE	SCORPION	CAPRICORNE	SCORPION	CANCER	CAPRICORNE	CAPRICORNE	CAPRICORNE	SCORPION	10 POISSONS
9 NOVEMBRE	SCORPION	CAPRICORNE	SCORPION	CANCER	CAPRICORNE	CAPRICORNE	CAPRICORNE	SCORPION	24 POISSONS
10 NOVEMBRE	SCORPION	CAPRICORNE	SCORPION	CANCER	CAPRICORNE	CAPRICORNE	CAPRICORNE	SCORPION	9 BELIER
11 NOVEMBRE	SCORPION	CAPRICORNE	SCORPION	CANCER	CAPRICORNE	CAPRICORNE	CAPRICORNE	SCORPION	24 BELIER
12 NOVEMBRE	SCORPION	CAPRICORNE	SCORPION	CANCER	CAPRICORNE	CAPRICORNE	CAPRICORNE	SCORPION	9 TAUREAU
13 NOVEMBRE	SCORPION	CAPRICORNE	SCORPION	CANCER	CAPRICORNE	CAPRICORNE	CAPRICORNE	SCORPION	24 TAUREAU
14 NOVEMBRE	SCORPION	CAPRICORNE	SCORPION	CANCER	CAPRICORNE	CAPRICORNE	CAPRICORNE	SCORPION	10 GEMEAUX
15 NOVEMBRE	SCORPION	CAPRICORNE	SCORPION	CANCER	CAPRICORNE	CAPRICORNE	CAPRICORNE	SCORPION	24 GEMEAUX
16 NOVEMBRE	SCORPION	CAPRICORNE	SCORPION	CANCER	CAPRICORNE	CAPRICORNE	CAPRICORNE	SCORPION	9 CANCER
17 NOVEMBRE	SCORPION	CAPRICORNE	SCORPION	CANCER	CAPRICORNE	CAPRICORNE	CAPRICORNE	SCORPION	23 CANCER
18 NOVEMBRE	SAGITTAIRE	CAPRICORNE	SCORPION	CANCER	CAPRICORNE	CAPRICORNE	CAPRICORNE	SCORPION	6 LION
19 NOVEMBRE	SAGITTAIRE	CAPRICORNE	SCORPION	CANCER	CAPRICORNE	CAPRICORNE	CAPRICORNE	SCORPION	19 LION
20 NOVEMBRE	SAGITTAIRE	CAPRICORNE	SCORPION	CANCER	CAPRICORNE	CAPRICORNE	CAPRICORNE	SCORPION	1 VIERGE
21 NOVEMBRE	SAGITTAIRE	CAPRICORNE	SCORPION	CANCER	CAPRICORNE	CAPRICORNE	CAPRICORNE	SCORPION	13 VIERGE
22 NOVEMBRE	SAGITTAIRE	CAPRICORNE	SCORPION	CANCER	CAPRICORNE	CAPRICORNE	CAPRICORNE	SCORPION	25 VIERGE

LE SOLEIL ENTRE DANS LE SIGNE DU SCORPION LE 23 OCTOBRE 1989 A 10 h 10
LE SOLEIL QUITTE LE SIGNE DU SCORPION LE 22 NOVEMBRE 1989 A 7 h 45

* LES CHIFFRES INDIQUENT LES DEGRES

DÉCOUVREZ DANS QUEL SIGNE SE TROUVAIENT LES PLANÈTES A VOTRE NAISSANCE

1990	MERCURE	VENUS	MARS	JUPITER	SATURNE	URANUS	NEPTUNE	PLUTON	LUNE*
23 OCTOBRE	SCORPION	BALANCE	GEMEAUX	LION	CAPRICORNE	CAPRICORNE	CAPRICORNE	SCORPION	23 SAGITTAIRE
24 OCTOBRE	SCORPION	BALANCE	GEMEAUX	LION	CAPRICORNE	CAPRICORNE	CAPRICORNE	SCORPION	5 CAPRICORNE
25 OCTOBRE	SCORPION	BALANCE	GEMEAUX	LION	CAPRICORNE	CAPRICORNE	CAPRICORNE	SCORPION	17 CAPRICORNE
26 OCTOBRE	SCORPION	SCORPION	GEMEAUX	LION	CAPRICORNE	CAPRICORNE	CAPRICORNE	SCORPION	29 CAPRICORNE
27 OCTOBRE	SCORPION	SCORPION	GEMEAUX	LION	CAPRICORNE	CAPRICORNE	CAPRICORNE	SCORPION	11 VERSEAU
28 OCTOBRE	SCORPION	SCORPION	GEMEAUX	LION	CAPRICORNE	CAPRICORNE	CAPRICORNE	SCORPION	24 VERSEAU
29 OCTOBRE	SCORPION	SCORPION	GEMEAUX	LION	CAPRICORNE	CAPRICORNE	CAPRICORNE	SCORPION	7 POISSONS
30 OCTOBRE	SCORPION	SCORPION	GEMEAUX	LION	CAPRICORNE	CAPRICORNE	CAPRICORNE	SCORPION	20 POISSONS
31 OCTOBRE	SCORPION	SCORPION	GEMEAUX	LION	CAPRICORNE	CAPRICORNE	CAPRICORNE	SCORPION	4 BELIER
1 NOVEMBRE	SCORPION	SCORPION	GEMEAUX	LION	CAPRICORNE	CAPRICORNE	CAPRICORNE	SCORPION	18 BELIER
2 NOVEMBRE	SCORPION	SCORPION	GEMEAUX	LION	CAPRICORNE	CAPRICORNE	CAPRICORNE	SCORPION	3 TAUREAU
3 NOVEMBRE	SCORPION	SCORPION	GEMEAUX	LION	CAPRICORNE	CAPRICORNE	CAPRICORNE	SCORPION	19 TAUREAU
4 NOVEMBRE	SCORPION	SCORPION	GEMEAUX	LION	CAPRICORNE	CAPRICORNE	CAPRICORNE	SCORPION	4 GEMEAUX
5 NOVEMBRE	SCORPION	SCORPION	GEMEAUX	LION	CAPRICORNE	CAPRICORNE	CAPRICORNE	SCORPION	19 GEMEAUX
6 NOVEMBRE	SCORPION	SCORPION	GEMEAUX	LION	CAPRICORNE	CAPRICORNE	CAPRICORNE	SCORPION	3 CANCER
7 NOVEMBRE	SCORPION	SCORPION	GEMEAUX	LION	CAPRICORNE	CAPRICORNE	CAPRICORNE	SCORPION	18 CANCER
8 NOVEMBRE	SCORPION	SCORPION	GEMEAUX	LION	CAPRICORNE	CAPRICORNE	CAPRICORNE	SCORPION	2 LION
9 NOVEMBRE	SCORPION	SCORPION	GEMEAUX	LION	CAPRICORNE	CAPRICORNE	CAPRICORNE	SCORPION	16 LION
10 NOVEMBRE	SCORPION	SCORPION	GEMEAUX	LION	CAPRICORNE	CAPRICORNE	CAPRICORNE	SCORPION	0 VIERGE
11 NOVEMBRE	SAGITTAIRE	SCORPION	GEMEAUX	LION	CAPRICORNE	CAPRICORNE	CAPRICORNE	SCORPION	13 VIERGE
12 NOVEMBRE	SAGITTAIRE	SCORPION	GEMEAUX	LION	CAPRICORNE	CAPRICORNE	CAPRICORNE	SCORPION	25 VIERGE
13 NOVEMBRE	SAGITTAIRE	SCORPION	GEMEAUX	LION	CAPRICORNE	CAPRICORNE	CAPRICORNE	SCORPION	7 BALANCE
14 NOVEMBRE	SAGITTAIRE	SCORPION	GEMEAUX	LION	CAPRICORNE	CAPRICORNE	CAPRICORNE	SCORPION	20 BALANCE
15 NOVEMBRE	SAGITTAIRE	SCORPION	GEMEAUX	LION	CAPRICORNE	CAPRICORNE	CAPRICORNE	SCORPION	2 SCORPION
16 NOVEMBRE	SAGITTAIRE	SCORPION	GEMEAUX	LION	CAPRICORNE	CAPRICORNE	CAPRICORNE	SCORPION	14 SCORPION
17 NOVEMBRE	SAGITTAIRE	SCORPION	GEMEAUX	LION	CAPRICORNE	CAPRICORNE	CAPRICORNE	SCORPION	26 SCORPION
18 NOVEMBRE	SAGITTAIRE	SAGITTAIRE	GEMEAUX	LION	CAPRICORNE	CAPRICORNE	CAPRICORNE	SCORPION	8 SAGITTAIRE
19 NOVEMBRE	SAGITTAIRE	SAGITTAIRE	GEMEAUX	LION	CAPRICORNE	CAPRICORNE	CAPRICORNE	SCORPION	20 SAGITTAIRE
20 NOVEMBRE	SAGITTAIRE	SAGITTAIRE	GEMEAUX	LION	CAPRICORNE	CAPRICORNE	CAPRICORNE	SCORPION	2 CAPRICORNE
21 NOVEMBRE	SAGITTAIRE	SAGITTAIRE	GEMEAUX	LION	CAPRICORNE	CAPRICORNE	CAPRICORNE	SCORPION	14 CAPRICORNE
22 NOVEMBRE	SAGITTAIRE	SAGITTAIRE	GEMEAUX	LION	CAPRICORNE	CAPRICORNE	CAPRICORNE	SCORPION	26 CAPRICORNE

LE SOLEIL — ENTRE DANS LE SIGNE DU SCORPION LE 23 OCTOBRE 1990 A 16 h 10 — QUITTE LE SIGNE DU SCORPION LE 22 NOVEMBRE 1990 A 13 h 45

* LES CHIFFRES INDIQUENT LES DEGRÉS

1991	MERCURE	VENUS	MARS	JUPITER	SATURNE	URANUS	NEPTUNE	PLUTON	LUNE*
23 OCTOBRE	SCORPION	VIERGE	SCORPION	VIERGE	VERSEAU	CAPRICORNE	CAPRICORNE	SCORPION	0 TAUREAU
24 OCTOBRE	SCORPION	VIERGE	SCORPION	VIERGE	VERSEAU	CAPRICORNE	CAPRICORNE	SCORPION	14 TAUREAU
25 OCTOBRE	SCORPION	VIERGE	SCORPION	VIERGE	VERSEAU	CAPRICORNE	CAPRICORNE	SCORPION	28 TAUREAU
26 OCTOBRE	SCORPION	VIERGE	SCORPION	VIERGE	VERSEAU	CAPRICORNE	CAPRICORNE	SCORPION	12 GEMEAUX
27 OCTOBRE	SCORPION	VIERGE	SCORPION	VIERGE	VERSEAU	CAPRICORNE	CAPRICORNE	SCORPION	26 GEMEAUX
28 OCTOBRE	SCORPION	VIERGE	SCORPION	VIERGE	VERSEAU	CAPRICORNE	CAPRICORNE	SCORPION	11 CANCER
29 OCTOBRE	SCORPION	VIERGE	SCORPION	VIERGE	VERSEAU	CAPRICORNE	CAPRICORNE	SCORPION	25 CANCER
30 OCTOBRE	SCORPION	VIERGE	SCORPION	VIERGE	VERSEAU	CAPRICORNE	CAPRICORNE	SCORPION	9 LION
31 OCTOBRE	SCORPION	VIERGE	SCORPION	VIERGE	VERSEAU	CAPRICORNE	CAPRICORNE	SCORPION	23 LION
1 NOVEMBRE	SCORPION	VIERGE	SCORPION	VIERGE	VERSEAU	CAPRICORNE	CAPRICORNE	SCORPION	7 VIERGE
2 NOVEMBRE	SCORPION	VIERGE	SCORPION	VIERGE	VERSEAU	CAPRICORNE	CAPRICORNE	SCORPION	21 VIERGE
3 NOVEMBRE	SCORPION	VIERGE	SCORPION	VIERGE	VERSEAU	CAPRICORNE	CAPRICORNE	SCORPION	5 BALANCE
4 NOVEMBRE	SAGITTAIRE	VIERGE	SCORPION	VIERGE	VERSEAU	CAPRICORNE	CAPRICORNE	SCORPION	18 BALANCE
5 NOVEMBRE	SAGITTAIRE	VIERGE	SCORPION	VIERGE	VERSEAU	CAPRICORNE	CAPRICORNE	SCORPION	1 SCORPION
6 NOVEMBRE	SAGITTAIRE	VIERGE	SCORPION	VIERGE	VERSEAU	CAPRICORNE	CAPRICORNE	SCORPION	14 SCORPION
7 NOVEMBRE	SAGITTAIRE	VIERGE	SCORPION	VIERGE	VERSEAU	CAPRICORNE	CAPRICORNE	SCORPION	27 SCORPION
8 NOVEMBRE	SAGITTAIRE	VIERGE	SCORPION	VIERGE	VERSEAU	CAPRICORNE	CAPRICORNE	SCORPION	9 SAGITTAIRE
9 NOVEMBRE	SAGITTAIRE	BALANCE	SCORPION	VIERGE	VERSEAU	CAPRICORNE	CAPRICORNE	SCORPION	21 SAGITTAIRE
10 NOVEMBRE	SAGITTAIRE	BALANCE	SCORPION	VIERGE	VERSEAU	CAPRICORNE	CAPRICORNE	SCORPION	3 CAPRICORNE
11 NOVEMBRE	SAGITTAIRE	BALANCE	SCORPION	VIERGE	VERSEAU	CAPRICORNE	CAPRICORNE	SCORPION	15 CAPRICORNE
12 NOVEMBRE	SAGITTAIRE	BALANCE	SCORPION	VIERGE	VERSEAU	CAPRICORNE	CAPRICORNE	SCORPION	27 CAPRICORNE
13 NOVEMBRE	SAGITTAIRE	BALANCE	SCORPION	VIERGE	VERSEAU	CAPRICORNE	CAPRICORNE	SCORPION	9 VERSEAU
14 NOVEMBRE	SAGITTAIRE	BALANCE	SCORPION	VIERGE	VERSEAU	CAPRICORNE	CAPRICORNE	SCORPION	21 VERSEAU
15 NOVEMBRE	SAGITTAIRE	BALANCE	SCORPION	VIERGE	VERSEAU	CAPRICORNE	CAPRICORNE	SCORPION	3 POISSONS
16 NOVEMBRE	SAGITTAIRE	BALANCE	SCORPION	VIERGE	VERSEAU	CAPRICORNE	CAPRICORNE	SCORPION	15 POISSONS
17 NOVEMBRE	SAGITTAIRE	BALANCE	SCORPION	VIERGE	VERSEAU	CAPRICORNE	CAPRICORNE	SCORPION	28 POISSONS
18 NOVEMBRE	SAGITTAIRE	BALANCE	SCORPION	VIERGE	VERSEAU	CAPRICORNE	CAPRICORNE	SCORPION	11 BELIER
19 NOVEMBRE	SAGITTAIRE	BALANCE	SCORPION	VIERGE	VERSEAU	CAPRICORNE	CAPRICORNE	SCORPION	24 BELIER
20 NOVEMBRE	SAGITTAIRE	BALANCE	SCORPION	VIERGE	VERSEAU	CAPRICORNE	CAPRICORNE	SCORPION	8 TAUREAU
21 NOVEMBRE	SAGITTAIRE	BALANCE	SCORPION	VIERGE	VERSEAU	CAPRICORNE	CAPRICORNE	SCORPION	22 TAUREAU
22 NOVEMBRE	SAGITTAIRE	BALANCE	SCORPION	VIERGE	VERSEAU	CAPRICORNE	CAPRICORNE	SCORPION	7 GEMEAUX

LE SOLEIL — ENTRE DANS LE SIGNE DU SCORPION LE 23 OCTOBRE 1991 A 22 h 00 — QUITTE LE SIGNE DU SCORPION LE 22 NOVEMBRE 1991 A 19 h 30

* LES CHIFFRES INDIQUENT LES DEGRÉS

DÉCOUVREZ DANS QUEL SIGNE SE TROUVAIENT LES PLANÈTES A VOTRE NAISSANCE

1992	MERCURE	VENUS	MARS	JUPITER	SATURNE	URANUS	NEPTUNE	PLUTON	LUNE *
23 OCTOBRE	SCORPION	SAGITTAIRE	CANCER	BALANCE	VERSEAU	CAPRICORNE	CAPRICORNE	SCORPION	28 VIERGE
24 OCTOBRE	SCORPION	SAGITTAIRE	CANCER	BALANCE	VERSEAU	CAPRICORNE	CAPRICORNE	SCORPION	13 BALANCE
25 OCTOBRE	SCORPION	SAGITTAIRE	CANCER	BALANCE	VERSEAU	CAPRICORNE	CAPRICORNE	SCORPION	27 BALANCE
26 OCTOBRE	SCORPION	SAGITTAIRE	CANCER	BALANCE	VERSEAU	CAPRICORNE	CAPRICORNE	SCORPION	11 SCORPION
27 OCTOBRE	SCORPION	SAGITTAIRE	CANCER	BALANCE	VERSEAU	CAPRICORNE	CAPRICORNE	SCORPION	25 SCORPION
28 OCTOBRE	SCORPION	SAGITTAIRE	CANCER	BALANCE	VERSEAU	CAPRICORNE	CAPRICORNE	SCORPION	9 SAGITTAIRE
29 OCTOBRE	SCORPION	SAGITTAIRE	CANCER	BALANCE	VERSEAU	CAPRICORNE	CAPRICORNE	SCORPION	22 SAGITTAIRE
30 OCTOBRE	SAGITTAIRE	SAGITTAIRE	CANCER	BALANCE	VERSEAU	CAPRICORNE	CAPRICORNE	SCORPION	5 CAPRICORNE
31 OCTOBRE	SAGITTAIRE	SAGITTAIRE	CANCER	BALANCE	VERSEAU	CAPRICORNE	CAPRICORNE	SCORPION	17 CAPRICORNE
1 NOVEMBRE	SAGITTAIRE	SAGITTAIRE	CANCER	BALANCE	VERSEAU	CAPRICORNE	CAPRICORNE	SCORPION	29 CAPRICORNE
2 NOVEMBRE	SAGITTAIRE	SAGITTAIRE	CANCER	BALANCE	VERSEAU	CAPRICORNE	CAPRICORNE	SCORPION	11 VERSEAU
3 NOVEMBRE	SAGITTAIRE	SAGITTAIRE	CANCER	BALANCE	VERSEAU	CAPRICORNE	CAPRICORNE	SCORPION	23 VERSEAU
4 NOVEMBRE	SAGITTAIRE	SAGITTAIRE	CANCER	BALANCE	VERSEAU	CAPRICORNE	CAPRICORNE	SCORPION	5 POISSONS
5 NOVEMBRE	SAGITTAIRE	SAGITTAIRE	CANCER	BALANCE	VERSEAU	CAPRICORNE	CAPRICORNE	SCORPION	17 POISSONS
6 NOVEMBRE	SAGITTAIRE	SAGITTAIRE	CANCER	BALANCE	VERSEAU	CAPRICORNE	CAPRICORNE	SCORPION	29 POISSONS
7 NOVEMBRE	SAGITTAIRE	SAGITTAIRE	CANCER	BALANCE	VERSEAU	CAPRICORNE	CAPRICORNE	SCORPION	11 BELIER
8 NOVEMBRE	SAGITTAIRE	SAGITTAIRE	CANCER	BALANCE	VERSEAU	CAPRICORNE	CAPRICORNE	SCORPION	24 BELIER
9 NOVEMBRE	SAGITTAIRE	SAGITTAIRE	CANCER	BALANCE	VERSEAU	CAPRICORNE	CAPRICORNE	SCORPION	7 TAUREAU
10 NOVEMBRE	SAGITTAIRE	SAGITTAIRE	CANCER	BALANCE	VERSEAU	CAPRICORNE	CAPRICORNE	SCORPION	20 TAUREAU
11 NOVEMBRE	SAGITTAIRE	SAGITTAIRE	CANCER	BALANCE	VERSEAU	CAPRICORNE	CAPRICORNE	SCORPION	3 GEMEAUX
12 NOVEMBRE	SAGITTAIRE	SAGITTAIRE	CANCER	BALANCE	VERSEAU	CAPRICORNE	CAPRICORNE	SCORPION	16 GEMEAUX
13 NOVEMBRE	SAGITTAIRE	SAGITTAIRE	CANCER	BALANCE	VERSEAU	CAPRICORNE	CAPRICORNE	SCORPION	0 CANCER
14 NOVEMBRE	SAGITTAIRE	CAPRICORNE	CANCER	BALANCE	VERSEAU	CAPRICORNE	CAPRICORNE	SCORPION	13 CANCER
15 NOVEMBRE	SAGITTAIRE	CAPRICORNE	CANCER	BALANCE	VERSEAU	CAPRICORNE	CAPRICORNE	SCORPION	27 CANCER
16 NOVEMBRE	SAGITTAIRE	CAPRICORNE	CANCER	BALANCE	VERSEAU	CAPRICORNE	CAPRICORNE	SCORPION	11 LION
17 NOVEMBRE	SAGITTAIRE	CAPRICORNE	CANCER	BALANCE	VERSEAU	CAPRICORNE	CAPRICORNE	SCORPION	25 LION
18 NOVEMBRE	SAGITTAIRE	CAPRICORNE	CANCER	BALANCE	VERSEAU	CAPRICORNE	CAPRICORNE	SCORPION	10 VIERGE
19 NOVEMBRE	SAGITTAIRE	CAPRICORNE	CANCER	BALANCE	VERSEAU	CAPRICORNE	CAPRICORNE	SCORPION	24 VIERGE
20 NOVEMBRE	SAGITTAIRE	CAPRICORNE	CANCER	BALANCE	VERSEAU	CAPRICORNE	CAPRICORNE	SCORPION	8 BALANCE
21 NOVEMBRE	SAGITTAIRE	CAPRICORNE	CANCER	BALANCE	VERSEAU	CAPRICORNE	CAPRICORNE	SCORPION	22 BALANCE
22 NOVEMBRE	SAGITTAIRE	CAPRICORNE	CANCER	BALANCE	VERSEAU	CAPRICORNE	CAPRICORNE	SCORPION	6 SCORPION

LE SOLEIL ENTRE DANS LE SIGNE DU SCORPION LE 23 OCTOBRE 1992 A 3 h 52
QUITTE LE SIGNE DU SCORPION LE 22 NOVEMBRE 1992 A 1 h 20

* LES CHIFFRES INDIQUENT LES DEGRÉS

1993	MERCURE	VENUS	MARS	JUPITER	SATURNE	URANUS	NEPTUNE	PLUTON	LUNE *
23 OCTOBRE	SCORPION	BALANCE	SCORPION	BALANCE	VERSEAU	CAPRICORNE	CAPRICORNE	SCORPION	13 VERSEAU
24 OCTOBRE	SCORPION	BALANCE	SCORPION	BALANCE	VERSEAU	CAPRICORNE	CAPRICORNE	SCORPION	25 VERSEAU
25 OCTOBRE	SCORPION	BALANCE	SCORPION	BALANCE	VERSEAU	CAPRICORNE	CAPRICORNE	SCORPION	7 POISSONS
26 OCTOBRE	SCORPION	BALANCE	SCORPION	BALANCE	VERSEAU	CAPRICORNE	CAPRICORNE	SCORPION	19 POISSONS
27 OCTOBRE	SCORPION	BALANCE	SCORPION	BALANCE	VERSEAU	CAPRICORNE	CAPRICORNE	SCORPION	1 BELIER
28 OCTOBRE	SCORPION	BALANCE	SCORPION	BALANCE	VERSEAU	CAPRICORNE	CAPRICORNE	SCORPION	13 BELIER
29 OCTOBRE	SCORPION	BALANCE	SCORPION	BALANCE	VERSEAU	CAPRICORNE	CAPRICORNE	SCORPION	25 BELIER
30 OCTOBRE	SCORPION	BALANCE	SCORPION	BALANCE	VERSEAU	CAPRICORNE	CAPRICORNE	SCORPION	7 TAUREAU
31 OCTOBRE	SCORPION	BALANCE	SCORPION	BALANCE	VERSEAU	CAPRICORNE	CAPRICORNE	SCORPION	19 TAUREAU
1 NOVEMBRE	SCORPION	BALANCE	SCORPION	BALANCE	VERSEAU	CAPRICORNE	CAPRICORNE	SCORPION	1 GEMEAUX
2 NOVEMBRE	SCORPION	BALANCE	SCORPION	BALANCE	VERSEAU	CAPRICORNE	CAPRICORNE	SCORPION	13 GEMEAUX
3 NOVEMBRE	SCORPION	BALANCE	SCORPION	BALANCE	VERSEAU	CAPRICORNE	CAPRICORNE	SCORPION	25 GEMEAUX
4 NOVEMBRE	SCORPION	BALANCE	SCORPION	BALANCE	VERSEAU	CAPRICORNE	CAPRICORNE	SCORPION	7 CANCER
5 NOVEMBRE	SCORPION	BALANCE	SCORPION	BALANCE	VERSEAU	CAPRICORNE	CAPRICORNE	SCORPION	21 CANCER
6 NOVEMBRE	SCORPION	BALANCE	SCORPION	BALANCE	VERSEAU	CAPRICORNE	CAPRICORNE	SCORPION	4 LION
7 NOVEMBRE	SCORPION	BALANCE	SCORPION	BALANCE	VERSEAU	CAPRICORNE	CAPRICORNE	SCORPION	18 LION
8 NOVEMBRE	SCORPION	BALANCE	SCORPION	BALANCE	VERSEAU	CAPRICORNE	CAPRICORNE	SCORPION	2 VIERGE
9 NOVEMBRE	SCORPION	SCORPION	SAGITTAIRE	BALANCE	VERSEAU	CAPRICORNE	CAPRICORNE	SCORPION	16 VIERGE
10 NOVEMBRE	SCORPION	SCORPION	SAGITTAIREE	SCORPION	VERSEAU	CAPRICORNE	CAPRICORNE	SCORPION	0 BALANCE
11 NOVEMBRE	SCORPION	SCORPION	SAGITTAIRE	SCORPION	VERSEAU	CAPRICORNE	CAPRICORNE	SCORPION	15 BALANCE
12 NOVEMBRE	SCORPION	SCORPION	SAGITTAIRE	SCORPION	VERSEAU	CAPRICORNE	CAPRICORNE	SCORPION	0 SCORPION
13 NOVEMBRE	SCORPION	SCORPION	SAGITTAIRE	SCORPION	VERSEAU	CAPRICORNE	CAPRICORNE	SCORPION	15 SCORPION
14 NOVEMBRE	SCORPION	SCORPION	SAGITTAIRE	SCORPION	VERSEAU	CAPRICORNE	CAPRICORNE	SCORPION	0 SAGITTAIRE
15 NOVEMBRE	SCORPION	SCORPION	SAGITTAIRE	SCORPION	VERSEAU	CAPRICORNE	CAPRICORNE	SCORPION	15 SAGITTAIRE
16 NOVEMBRE	SCORPION	SCORPION	SAGITTAIRE	SCORPION	VERSEAU	CAPRICORNE	CAPRICORNE	SCORPION	29 SAGITTAIRE
17 NOVEMBRE	SCORPION	SCORPION	SAGITTAIRE	SCORPION	VERSEAU	CAPRICORNE	CAPRICORNE	SCORPION	13 CAPRICORNE
18 NOVEMBRE	SCORPION	SCORPION	SAGITTAIRE	SCORPION	VERSEAU	CAPRICORNE	CAPRICORNE	SCORPION	26 CAPRICORNE
19 NOVEMBRE	SCORPION	SCORPION	SAGITTAIRE	SCORPION	VERSEAU	CAPRICORNE	CAPRICORNE	SCORPION	9 VERSEAU
20 NOVEMBRE	SCORPION	SCORPION	SAGITTAIRE	SCORPION	VERSEAU	CAPRICORNE	CAPRICORNE	SCORPION	22 VERSEAU
21 NOVEMBRE	SCORPION	SCORPION	SAGITTAIRE	SCORPION	VERSEAU	CAPRICORNE	CAPRICORNE	SCORPION	4 POISSONS
22 NOVEMBRE	SCORPION	SCORPION	SAGITTAIRE	SCORPION	VERSEAU	CAPRICORNE	CAPRICORNE	SCORPION	16 POISSONS

LE SOLEIL ENTRE DANS LE SIGNE DU SCORPION LE 23 OCTOBRE 1993 A 9 h 30
QUITTE LE SIGNE DU SCORPION LE 22 NOVEMBRE 1993 A 7 h 00

* LES CHIFFRES INDIQUENT LES DEGRÉS

DÉCOUVREZ DANS QUEL SIGNE SE TROUVAIENT LES PLANÈTES A VOTRE NAISSANCE

1994	MERCURE	VENUS	MARS	JUPITER	SATURNE	URANUS	NEPTUNE	PLUTON	LUNE*
23 OCTOBRE	BALANCE	SCORPION	LION	SCORPION	POISSONS	CAPRICORNE	CAPRICORNE	SCORPION	13 GEMEAUX
24 OCTOBRE	BALANCE	SCORPION	LION	SCORPION	POISSONS	CAPRICORNE	CAPRICORNE	SCORPION	25 GEMEAUX
25 OCTOBRE	BALANCE	SCORPION	LION	SCORPION	POISSONS	CAPRICORNE	CAPRICORNE	SCORPION	7 CANCER
26 OCTOBRE	BALANCE	SCORPION	LION	SCORPION	POISSONS	CAPRICORNE	CAPRICORNE	SCORPION	19 CANCER
27 OCTOBRE	BALANCE	SCORPION	LION	SCORPION	POISSONS	CAPRICORNE	CAPRICORNE	SCORPION	2 LION
28 OCTOBRE	BALANCE	SCORPION	LION	SCORPION	POISSONS	CAPRICORNE	CAPRICORNE	SCORPION	15 LION
29 OCTOBRE	BALANCE	SCORPION	LION	SCORPION	POISSONS	CAPRICORNE	CAPRICORNE	SCORPION	28 LION
30 OCTOBRE	BALANCE	SCORPION	LION	SCORPION	POISSONS	CAPRICORNE	CAPRICORNE	SCORPION	11 VIERGE
31 OCTOBRE	BALANCE	SCORPION	LION	SCORPION	POISSONS	CAPRICORNE	CAPRICORNE	SCORPION	25 VIERGE
1 NOVEMBRE	BALANCE	SCORPION	LION	SCORPION	POISSONS	CAPRICORNE	CAPRICORNE	SCORPION	10 BALANCE
2 NOVEMBRE	BALANCE	SCORPION	LION	SCORPION	POISSONS	CAPRICORNE	CAPRICORNE	SCORPION	25 BALANCE
3 NOVEMBRE	BALANCE	SCORPION	LION	SCORPION	POISSONS	CAPRICORNE	CAPRICORNE	SCORPION	10 SCORPION
4 NOVEMBRE	BALANCE	SCORPION	LION	SCORPION	POISSONS	CAPRICORNE	CAPRICORNE	SCORPION	25 SCORPION
5 NOVEMBRE	BALANCE	SCORPION	LION	SCORPION	POISSONS	CAPRICORNE	CAPRICORNE	SCORPION	10 SAGITTAIRE
6 NOVEMBRE	BALANCE	SCORPION	LION	SCORPION	POISSONS	CAPRICORNE	CAPRICORNE	SCORPION	25 SAGITTAIRE
7 NOVEMBRE	BALANCE	SCORPION	LION	SCORPION	POISSONS	CAPRICORNE	CAPRICORNE	SCORPION	9 CAPRICORNE
8 NOVEMBRE	BALANCE	SCORPION	LION	SCORPION	POISSONS	CAPRICORNE	CAPRICORNE	SCORPION	23 CAPRICORNE
9 NOVEMBRE	BALANCE	SCORPION	LION	SCORPION	POISSONS	CAPRICORNE	CAPRICORNE	SCORPION	7 VERSEAU
10 NOVEMBRE	BALANCE	SCORPION	LION	SCORPION	POISSONS	CAPRICORNE	CAPRICORNE	SCORPION	21 VERSEAU
11 NOVEMBRE	SCORPION	SCORPION	LION	SCORPION	POISSONS	CAPRICORNE	CAPRICORNE	SCORPION	4 POISSONS
12 NOVEMBRE	SCORPION	SCORPION	LION	SCORPION	POISSONS	CAPRICORNE	CAPRICORNE	SCORPION	16 POISSONS
13 NOVEMBRE	SCORPION	SCORPION	LION	SCORPION	POISSONS	CAPRICORNE	CAPRICORNE	SCORPION	28 POISSONS
14 NOVEMBRE	SCORPION	SCORPION	LION	SCORPION	POISSONS	CAPRICORNE	CAPRICORNE	SCORPION	10 BELIER
15 NOVEMBRE	SCORPION	SCORPION	LION	SCORPION	POISSONS	CAPRICORNE	CAPRICORNE	SCORPION	22 BELIER
16 NOVEMBRE	SCORPION	SCORPION	LION	SCORPION	POISSONS	CAPRICORNE	CAPRICORNE	SCORPION	4 TAUREAU
17 NOVEMBRE	SCORPION	SCORPION	LION	SCORPION	POISSONS	CAPRICORNE	CAPRICORNE	SCORPION	16 TAUREAU
18 NOVEMBRE	SCORPION	SCORPION	LION	SCORPION	POISSONS	CAPRICORNE	CAPRICORNE	SCORPION	28 TAUREAU
19 NOVEMBRE	SCORPION	SCORPION	LION	SCORPION	POISSONS	CAPRICORNE	CAPRICORNE	SCORPION	10 GEMEAUX
20 NOVEMBRE	SCORPION	SCORPION	LION	SCORPION	POISSONS	CAPRICORNE	CAPRICORNE	SCORPION	22 GEMEAUX
21 NOVEMBRE	SCORPION	SCORPION	LION	SCORPION	POISSONS	CAPRICORNE	CAPRICORNE	SCORPION	4 CANCER
22 NOVEMBRE	SCORPION	SCORPION	LION	SCORPION	POISSONS	CAPRICORNE	CAPRICORNE	SCORPION	16 CANCER

LE SOLEIL ENTRE DANS LE SIGNE DU SCORPION LE 23 OCTOBRE 1994 A 15 h 30
QUITTE LE SIGNE DU SCORPION LE 22 NOVEMBRE 1994 A 13 h 00

* LES CHIFFRES INDIQUENT LES DEGRÉS

1995	MERCURE	VENUS	MARS	JUPITER	SATURNE	URANUS	NEPTUNE	PLUTON	LUNE*
23 OCTOBRE	BALANCE	SCORPION	SAGITTAIRE	SAGITTAIRE	POISSONS	CAPRICORNE	CAPRICORNE	SCORPION	20 BALANCE
24 OCTOBRE	BALANCE	SCORPION	SAGITTAIRE	SAGITTAIRE	POISSONS	CAPRICORNE	CAPRICORNE	SCORPION	5 SCORPION
25 OCTOBRE	BALANCE	SCORPION	SAGITTAIRE	SAGITTAIRE	POISSONS	CAPRICORNE	CAPRICORNE	SCORPION	19 SCORPION
26 OCTOBRE	BALANCE	SCORPION	SAGITTAIRE	SAGITTAIRE	POISSONS	CAPRICORNE	CAPRICORNE	SCORPION	4 SAGITTAIRE
27 OCTOBRE	BALANCE	SCORPION	SAGITTAIRE	SAGITTAIRE	POISSONS	CAPRICORNE	CAPRICORNE	SCORPION	18 SAGITTAIRE
28 OCTOBRE	BALANCE	SCORPION	SAGITTAIRE	SAGITTAIRE	POISSONS	CAPRICORNE	CAPRICORNE	SCORPION	3 CAPRICORNE
29 OCTOBRE	BALANCE	SCORPION	SAGITTAIRE	SAGITTAIRE	POISSONS	CAPRICORNE	CAPRICORNE	SCORPION	17 CAPRICORNE
30 OCTOBRE	BALANCE	SCORPION	SAGITTAIRE	SAGITTAIRE	POISSONS	CAPRICORNE	CAPRICORNE	SCORPION	1 VERSEAU
31 OCTOBRE	BALANCE	SCORPION	SAGITTAIRE	SAGITTAIRE	POISSONS	CAPRICORNE	CAPRICORNE	SCORPION	15 VERSEAU
1 NOVEMBRE	BALANCE	SCORPION	SAGITTAIRE	SAGITTAIRE	POISSONS	CAPRICORNE	CAPRICORNE	SCORPION	29 VERSEAU
2 NOVEMBRE	BALANCE	SCORPION	SAGITTAIRE	SAGITTAIRE	POISSONS	CAPRICORNE	CAPRICORNE	SCORPION	13 POISSONS
3 NOVEMBRE	BALANCE	SAGITTAIRE	SAGITTAIRE	SAGITTAIRE	POISSONS	CAPRICORNE	CAPRICORNE	SCORPION	26 POISSONS
4 NOVEMBRE	SCORPION	SAGITTAIRE	SAGITTAIRE	SAGITTAIRE	POISSONS	CAPRICORNE	CAPRICORNE	SCORPION	9 BELIER
5 NOVEMBRE	SCORPION	SAGITTAIRE	SAGITTAIRE	SAGITTAIRE	POISSONS	CAPRICORNE	CAPRICORNE	SCORPION	22 BELIER
6 NOVEMBRE	SCORPION	SAGITTAIRE	SAGITTAIRE	SAGITTAIRE	POISSONS	CAPRICORNE	CAPRICORNE	SCORPION	4 TAUREAU
7 NOVEMBRE	SCORPION	SAGITTAIRE	SAGITTAIRE	SAGITTAIRE	POISSONS	CAPRICORNE	CAPRICORNE	SCORPION	1[illegible] TAUREAU
8 NOVEMBRE	SCORPION	SAGITTAIRE	SAGITTAIRE	SAGITTAIRE	POISSONS	CAPRICORNE	CAPRICORNE	SCORPION	29 TAUREAU
9 NOVEMBRE	SCORPION	SAGITTAIRE	SAGITTAIRE	SAGITTAIRE	POISSONS	CAPRICORNE	CAPRICORNE	SCORPION	11 GEMEAUX
10 NOVEMBRE	SCORPION	SAGITTAIRE	SAGITTAIRE	SAGITTAIRE	POISSONS	CAPRICORNE	CAPRICORNE	SCORPION	23 GEMEAUX
11 NOVEMBRE	SCORPION	SAGITTAIRE	SAGITTAIRE	SAGITTAIRE	POISSONS	CAPRICORNE	CAPRICORNE	SCORPION	5 CANCER
12 NOVEMBRE	SCORPION	SAGITTAIRE	SAGITTAIRE	SAGITTAIRE	POISSONS	CAPRICORNE	CAPRICORNE	SCORPION	17 CANCER
13 NOVEMBRE	SCORPION	SAGITTAIRE	SAGITTAIRE	SAGITTAIRE	POISSONS	CAPRICORNE	CAPRICORNE	SCORPION	29 CANCER
14 NOVEMBRE	SCORPION	SAGITTAIRE	SAGITTAIRE	SAGITTAIRE	POISSONS	CAPRICORNE	CAPRICORNE	SCORPION	11 LION
15 NOVEMBRE	SCORPION	SAGITTAIRE	SAGITTAIRE	SAGITTAIRE	POISSONS	CAPRICORNE	CAPRICORNE	SCORPION	23 LION
16 NOVEMBRE	SCORPION	SAGITTAIRE	SAGITTAIRE	SAGITTAIRE	POISSONS	CAPRICORNE	CAPRICORNE	SCORPION	5 VIERGE
17 NOVEMBRE	SCORPION	SAGITTAIRE	SAGITTAIRE	SAGITTAIRE	POISSONS	CAPRICORNE	CAPRICORNE	SCORPION	18 VIERGE
18 NOVEMBRE	SCORPION	SAGITTAIRE	SAGITTAIRE	SAGITTAIRE	POISSONS	CAPRICORNE	CAPRICORNE	SCORPION	[illegible] BALANCE
19 NOVEMBRE	SCORPION	SAGITTAIRE	SAGITTAIRE	SAGITTAIRE	POISSONS	CAPRICORNE	CAPRICORNE	SCORPION	14 BALANCE
20 NOVEMBRE	SCORPION	SAGITTAIRE	SAGITTAIRE	SAGITTAIRE	POISSONS	CAPRICORNE	CAPRICORNE	SCORPION	28 BALANCE
21 NOVEMBRE	SCORPION	SAGITTAIRE	SAGITTAIRE	SAGITTAIRE	POISSONS	CAPRICORNE	CAPRICORNE	SCORPION	13 SCORPION
22 NOVEMBRE	SCORPION	SAGITTAIRE	SAGITTAIRE	SAGITTAIRE	POISSONS	CAPRICORNE	CAPRICORNE	SCORPION	28 SCORPION

LE SOLEIL ENTRE DANS LE SIGNE DU SCORPION LE 23 OCTOBRE 1995 A 21 h 30
QUITTE LE SIGNE DU SCORPION LE 22 NOVEMBRE 1995 A 18 h 55

* LES CHIFFRES INDIQUENT LES DEGRÉS

DÉCOUVREZ DANS QUEL SIGNE SE TROUVAIENT LES PLANÈTES A VOTRE NAISSANCE

1996	MERCURE	VENUS	MARS	JUPITER	SATURNE	URANUS	NEPTUNE	PLUTON	LUNE*
23 OCTOBRE	BALANCE	VIERGE	LION	CAPRICORNE	BELIER	VERSEAU	CAPRICORNE	SAGITTAIRE	20 POISSONS
24 OCTOBRE	BALANCE	VIERGE	LION	CAPRICORNE	BELIER	VERSEAU	CAPRICORNE	SAGITTAIRE	4 BELIER
25 OCTOBRE	BALANCE	VIERGE	LION	CAPRICORNE	BELIER	VERSEAU	CAPRICORNE	SAGITTAIRE	18 BELIER
26 OCTOBRE	BALANCE	VIERGE	LION	CAPRICORNE	BELIER	VERSEAU	CAPRICORNE	SAGITTAIRE	2 TAUREAU
27 OCTOBRE	SCORPION	VIERGE	LION	CAPRICORNE	BELIER	VERSEAU	CAPRICORNE	SAGITTAIRE	16 TAUREAU
28 OCTOBRE	SCORPION	VIERGE	LION	CAPRICORNE	BELIER	VERSEAU	CAPRICORNE	SAGITTAIRE	0 GEMEAUX
29 OCTOBRE	SCORPION	VIERGE	LION	CAPRICORNE	BELIER	VERSEAU	CAPRICORNE	SAGITTAIRE	12 GEMEAUX
30 OCTOBRE	SCORPION	BALANCE	VIERGE	CAPRICORNE	BELIER	VERSEAU	CAPRICORNE	SAGITTAIRE	25 GEMEAUX
31 OCTOBRE	SCORPION	BALANCE	VIERGE	CAPRICORNE	BELIER	VERSEAU	CAPRICORNE	SAGITTAIRE	7 CANCER
1 NOVEMBRE	SCORPION	BALANCE	VIERGE	CAPRICORNE	BELIER	VERSEAU	CAPRICORNE	SAGITTAIRE	19 CANCER
2 NOVEMBRE	SCORPION	BALANCE	VIERGE	CAPRICORNE	BELIER	VERSEAU	CAPRICORNE	SAGITTAIRE	1 LION
3 NOVEMBRE	SCORPION	BALANCE	VIERGE	CAPRICORNE	BELIER	VERSEAU	CAPRICORNE	SAGITTAIRE	13 LION
4 NOVEMBRE	SCORPION	BALANCE	VIERGE	CAPRICORNE	BELIER	VERSEAU	CAPRICORNE	SAGITTAIRE	25 LION
5 NOVEMBRE	SCORPION	BALANCE	VIERGE	CAPRICORNE	BELIER	VERSEAU	CAPRICORNE	SAGITTAIRE	7 VIERGE
6 NOVEMBRE	SCORPION	BALANCE	VIERGE	CAPRICORNE	BELIER	VERSEAU	CAPRICORNE	SAGITTAIRE	19 VIERGE
7 NOVEMBRE	SCORPION	BALANCE	VIERGE	CAPRICORNE	BELIER	VERSEAU	CAPRICORNE	SAGITTAIRE	1 BALANCE
8 NOVEMBRE	SCORPION	BALANCE	VIERGE	CAPRICORNE	BELIER	VERSEAU	CAPRICORNE	SAGITTAIRE	14 BALANCE
9 NOVEMBRE	SCORPION	BALANCE	VIERGE	CAPRICORNE	BELIER	VERSEAU	CAPRICORNE	SAGITTAIRE	27 BALANCE
10 NOVEMBRE	SCORPION	BALANCE	VIERGE	CAPRICORNE	BELIER	VERSEAU	CAPRICORNE	SAGITTAIRE	10 SCORPION
11 NOVEMBRE	SCORPION	BALANCE	VIERGE	CAPRICORNE	BELIER	VERSEAU	CAPRICORNE	SAGITTAIRE	23 SCORPION
12 NOVEMBRE	SCORPION	BALANCE	VIERGE	CAPRICORNE	BELIER	VERSEAU	CAPRICORNE	SAGITTAIRE	7 SAGITTAIRE
13 NOVEMBRE	SCORPION	BALANCE	VIERGE	CAPRICORNE	BELIER	VERSEAU	CAPRICORNE	SAGITTAIRE	21 SAGITTAIRE
14 NOVEMBRE	SCORPION	BALANCE	VIERGE	CAPRICORNE	BELIER	VERSEAU	CAPRICORNE	SAGITTAIRE	5 CAPRICORNE
15 NOVEMBRE	SAGITTAIRE	BALANCE	VIERGE	CAPRICORNE	BELIER	VERSEAU	CAPRICORNE	SAGITTAIRE	19 CAPRICORNE
16 NOVEMBRE	SAGITTAIRE	BALANCE	VIERGE	CAPRICORNE	BELIER	VERSEAU	CAPRICORNE	SAGITTAIRE	4 VERSEAU
17 NOVEMBRE	SAGITTAIRE	BALANCE	VIERGE	CAPRICORNE	BELIER	VERSEAU	CAPRICORNE	SAGITTAIRE	18 VERSEAU
18 NOVEMBRE	SAGITTAIRE	BALANCE	VIERGE	CAPRICORNE	BELIER	VERSEAU	CAPRICORNE	SAGITTAIRE	2 POISSONS
19 NOVEMBRE	SAGITTAIRE	BALANCE	VIERGE	CAPRICORNE	BELIER	VERSEAU	CAPRICORNE	SAGITTAIRE	16 POISSONS
20 NOVEMBRE	SAGITTAIRE	BALANCE	VIERGE	CAPRICORNE	BELIER	VERSEAU	CAPRICORNE	SAGITTAIRE	0 BELIER
21 NOVEMBRE	SAGITTAIRE	BALANCE	VIERGE	CAPRICORNE	BELIER	VERSEAU	CAPRICORNE	SAGITTAIRE	14 BELIER
22 NOVEMBRE	SAGITTAIRE	BALANCE	VIERGE	CAPRICORNE	BELIER	VERSEAU	CAPRICORNE	SAGITTAIRE	28 BELIER

LE SOLEIL	ENTRE DANS LE SIGNE DU	SCORPION	LE 23 OCTOBRE	1996	A 3 h 15	* LES CHIFFRES INDIQUENT LES DEGRÉS
	QUITTE LE SIGNE DU		LE 22 NOVEMBRE		A 0 h 45	

1997	MERCURE	VENUS	MARS	JUPITER	SATURNE	URANUS	NEPTUNE	PLUTON	LUNE*
23 OCTOBRE	SCORPION	SAGITTAIRE	SAGITTAIRE	VERSEAU	BELIER	VERSEAU	CAPRICORNE	SAGITTAIRE	3 LION
24 OCTOBRE	SCORPION	SAGITTAIRE	SAGITTAIRE	VERSEAU	BELIER	VERSEAU	CAPRICORNE	SAGITTAIRE	15 LION
25 OCTOBRE	SCORPION	SAGITTAIRE	SAGITTAIRE	VERSEAU	BELIER	VERSEAU	CAPRICORNE	SAGITTAIRE	27 LION
26 OCTOBRE	SCORPION	SAGITTAIRE	SAGITTAIRE	VERSEAU	BELIER	VERSEAU	CAPRICORNE	SAGITTAIRE	9 VIERGE
27 OCTOBRE	SCORPION	SAGITTAIRE	SAGITTAIRE	VERSEAU	BELIER	VERSEAU	CAPRICORNE	SAGITTAIRE	21 VIERGE
28 OCTOBRE	SCORPION	SAGITTAIRE	SAGITTAIRE	VERSEAU	BELIER	VERSEAU	CAPRICORNE	SAGITTAIRE	3 BALANCE
29 OCTOBRE	SCORPION	SAGITTAIRE	SAGITTAIRE	VERSEAU	BELIER	VERSEAU	CAPRICORNE	SAGITTAIRE	15 BALANCE
30 OCTOBRE	SCORPION	SAGITTAIRE	SAGITTAIRE	VERSEAU	BELIER	VERSEAU	CAPRICORNE	SAGITTAIRE	27 BALANCE
31 OCTOBRE	SCORPION	SAGITTAIRE	SAGITTAIRE	VERSEAU	BELIER	VERSEAU	CAPRICORNE	SAGITTAIRE	9 SCORPION
1 NOVEMBRE	SCORPION	SAGITTAIRE	SAGITTAIRE	VERSEAU	BELIER	VERSEAU	CAPRICORNE	SAGITTAIRE	21 SCORPION
2 NOVEMBRE	SCORPION	SAGITTAIRE	SAGITTAIRE	VERSEAU	BELIER	VERSEAU	CAPRICORNE	SAGITTAIRE	4 SAGITTAIRE
3 NOVEMBRE	SCORPION	SAGITTAIRE	SAGITTAIRE	VERSEAU	BELIER	VERSEAU	CAPRICORNE	SAGITTAIRE	17 SAGITTAIRE
4 NOVEMBRE	SCORPION	SAGITTAIRE	SAGITTAIRE	VERSEAU	BELIER	VERSEAU	CAPRICORNE	SAGITTAIRE	0 CAPRICORNE
5 NOVEMBRE	SCORPION	CAPRICORNE	SAGITTAIRE	VERSEAU	BELIER	VERSEAU	CAPRICORNE	SAGITTAIRE	13 CAPRICORNE
6 NOVEMBRE	SCORPION	CAPRICORNE	SAGITTAIRE	VERSEAU	BELIER	VERSEAU	CAPRICORNE	SAGITTAIRE	26 CAPRICORNE
7 NOVEMBRE	SCORPION	CAPRICORNE	SAGITTAIRE	VERSEAU	BELIER	VERSEAU	CAPRICORNE	SAGITTAIRE	10 VERSEAU
8 NOVEMBRE	SAGITTAIRE	CAPRICORNE	SAGITTAIRE	VERSEAU	BELIER	VERSEAU	CAPRICORNE	SAGITTAIRE	24 VERSEAU
9 NOVEMBRE	SAGITTAIRE	CAPRICORNE	CAPRICORNE	VERSEAU	BELIER	VERSEAU	CAPRICORNE	SAGITTAIRE	8 POISSONS
10 NOVEMBRE	SAGITTAIRE	CAPRICORNE	CAPRICORNE	VERSEAU	BELIER	VERSEAU	CAPRICORNE	SAGITTAIRE	22 POISSONS
11 NOVEMBRE	SAGITTAIRE	CAPRICORNE	CAPRICORNE	VERSEAU	BELIER	VERSEAU	CAPRICORNE	SAGITTAIRE	7 BELIER
12 NOVEMBRE	SAGITTAIRE	CAPRICORNE	CAPRICORNE	VERSEAU	BELIER	VERSEAU	CAPRICORNE	SAGITTAIRE	22 BELIER
13 NOVEMBRE	SAGITTAIRE	CAPRICORNE	CAPRICORNE	VERSEAU	BELIER	VERSEAU	CAPRICORNE	SAGITTAIRE	6 TAUREAU
14 NOVEMBRE	SAGITTAIRE	CAPRICORNE	CAPRICORNE	VERSEAU	BELIER	VERSEAU	CAPRICORNE	SAGITTAIRE	21 TAUREAU
15 NOVEMBRE	SAGITTAIRE	CAPRICORNE	CAPRICORNE	VERSEAU	BELIER	VERSEAU	CAPRICORNE	SAGITTAIRE	5 GEMEAUX
16 NOVEMBRE	SAGITTAIRE	CAPRICORNE	CAPRICORNE	VERSEAU	BELIER	VERSEAU	CAPRICORNE	SAGITTAIRE	19 GEMEAUX
17 NOVEMBRE	SAGITTAIRE	CAPRICORNE	CAPRICORNE	VERSEAU	BELIER	VERSEAU	CAPRICORNE	SAGITTAIRE	3 CANCER
18 NOVEMBRE	SAGITTAIRE	CAPRICORNE	CAPRICORNE	VERSEAU	BELIER	VERSEAU	CAPRICORNE	SAGITTAIRE	17 CANCER
19 NOVEMBRE	SAGITTAIRE	CAPRICORNE	CAPRICORNE	VERSEAU	BELIER	VERSEAU	CAPRICORNE	SAGITTAIRE	29 CANCER
20 NOVEMBRE	SAGITTAIRE	CAPRICORNE	CAPRICORNE	VERSEAU	BELIER	VERSEAU	CAPRICORNE	SAGITTAIRE	11 LION
21 NOVEMBRE	SAGITTAIRE	CAPRICORNE	CAPRICORNE	VERSEAU	BELIER	VERSEAU	CAPRICORNE	SAGITTAIRE	23 LION
22 NOVEMBRE	SAGITTAIRE	CAPRICORNE	CAPRICORNE	VERSEAU	BELIER	VERSEAU	CAPRICORNE	SAGITTAIRE	5 VIERGE

LE SOLEIL	ENTRE DANS LE SIGNE DU	SCORPION	LE 23 OCTOBRE	1997	A 9 h 10	* LES CHIFFRES INDIQUENT LES DEGRÉS
	QUITTE LE SIGNE DU		LE 22 NOVEMBRE		A 6 h 45	

DÉCOUVREZ DANS QUEL SIGNE SE TROUVAIENT LES PLANÈTES A VOTRE NAISSANCE

1998	MERCURE	VENUS	MARS	JUPITER	SATURNE	URANUS	NEPTUNE	PLUTON	LUNE*
23 OCTOBRE	SCORPION	BALANCE	VIERGE	POISSONS	BELIER	VERSEAU	CAPRICORNE	SAGITTAIRE	3 SAGITTAIRE
24 OCTOBRE	SCORPION	BALANCE	VIERGE	POISSONS	BELIER	VERSEAU	CAPRICORNE	SAGITTAIRE	15 SAGITTAIRE
25 OCTOBRE	SCORPION	SCORPION	VIERGE	POISSONS	BELIER	VERSEAU	CAPRICORNE	SAGITTAIRE	27 SAGITTAIRE
26 OCTOBRE	SCORPION	SCORPION	VIERGE	POISSONS	BELIER	VERSEAU	CAPRICORNE	SAGITTAIRE	10 CAPRICORNE
27 OCTOBRE	SCORPION	SCORPION	VIERGE	POISSONS	BELIER	VERSEAU	CAPRICORNE	SAGITTAIRE	22 CAPRICORNE
28 OCTOBRE	SCORPION	SCORPION	VIERGE	POISSONS	BELIER	VERSEAU	CAPRICORNE	SAGITTAIRE	5 VERSEAU
29 OCTOBRE	SCORPION	SCORPION	VIERGE	POISSONS	BELIER	VERSEAU	CAPRICORNE	SAGITTAIRE	18 VERSEAU
30 OCTOBRE	SCORPION	SCORPION	VIERGE	POISSONS	BELIER	VERSEAU	CAPRICORNE	SAGITTAIRE	2 POISSONS
31 OCTOBRE	SCORPION	SCORPION	VIERGE	POISSONS	BELIER	VERSEAU	CAPRICORNE	SAGITTAIRE	16 POISSONS
1 NOVEMBRE	SCORPION	SCORPION	VIERGE	POISSONS	BELIER	VERSEAU	CAPRICORNE	SAGITTAIRE	0 BELIER
2 NOVEMBRE	SAGITTAIRE	SCORPION	VIERGE	POISSONS	BELIER	VERSEAU	CAPRICORNE	SAGITTAIRE	15 BELIER
3 NOVEMBRE	SAGITTAIRE	SCORPION	VIERGE	POISSONS	BELIER	VERSEAU	CAPRICORNE	SAGITTAIRE	0 TAUREAU
4 NOVEMBRE	SAGITTAIRE	SCORPION	VIERGE	POISSONS	BELIER	VERSEAU	CAPRICORNE	SAGITTAIRE	15 TAUREAU
5 NOVEMBRE	SAGITTAIRE	SCORPION	VIERGE	POISSONS	BELIER	VERSEAU	CAPRICORNE	SAGITTAIRE	1 GEMEAUX
6 NOVEMBRE	SAGITTAIRE	SCORPION	VIERGE	POISSONS	BELIER	VERSEAU	CAPRICORNE	SAGITTAIRE	16 GEMEAUX
7 NOVEMBRE	SAGITTAIRE	SCORPION	VIERGE	POISSONS	BELIER	VERSEAU	CAPRICORNE	SAGITTAIRE	1 CANCER
8 NOVEMBRE	SAGITTAIRE	SCORPION	VIERGE	POISSONS	BELIER	VERSEAU	CAPRICORNE	SAGITTAIRE	15 CANCER
9 NOVEMBRE	SAGITTAIRE	SCORPION	VIERGE	POISSONS	BELIER	VERSEAU	CAPRICORNE	SAGITTAIRE	28 CANCER
10 NOVEMBRE	SAGITTAIRE	SCORPION	VIERGE	POISSONS	BELIER	VERSEAU	CAPRICORNE	SAGITTAIRE	12 LION
11 NOVEMBRE	SAGITTAIRE	SCORPION	VIERGE	POISSONS	BELIER	VERSEAU	CAPRICORNE	SAGITTAIRE	25 LION
12 NOVEMBRE	SAGITTAIRE	SCORPION	VIERGE	POISSONS	BELIER	VERSEAU	CAPRICORNE	SAGITTAIRE	7 VIERGE
13 NOVEMBRE	SAGITTAIRE	SCORPION	VIERGE	POISSONS	BELIER	VERSEAU	CAPRICORNE	SAGITTAIRE	19 VIERGE
14 NOVEMBRE	SAGITTAIRE	SCORPION	VIERGE	POISSONS	BELIER	VERSEAU	CAPRICORNE	SAGITTAIRE	1 BALANCE
15 NOVEMBRE	SAGITTAIRE	SCORPION	VIERGE	POISSONS	BELIER	VERSEAU	CAPRICORNE	SAGITTAIRE	13 BALANCE
16 NOVEMBRE	SAGITTAIRE	SCORPION	VIERGE	POISSONS	BELIER	VERSEAU	CAPRICORNE	SAGITTAIRE	25 BALANCE
17 NOVEMBRE	SAGITTAIRE	SCORPION	VIERGE	POISSONS	BELIER	VERSEAU	CAPRICORNE	SAGITTAIRE	6 SCORPION
18 NOVEMBRE	SAGITTAIRE	SAGITTAIRE	VIERGE	POISSONS	BELIER	VERSEAU	CAPRICORNE	SAGITTAIRE	18 SCORPION
19 NOVEMBRE	SAGITTAIRE	SAGITTAIRE	VIERGE	POISSONS	BELIER	VERSEAU	CAPRICORNE	SAGITTAIRE	0 SAGITTAIRE
20 NOVEMBRE	SAGITTAIRE	SAGITTAIRE	VIERGE	POISSONS	BELIER	VERSEAU	CAPRICORNE	SAGITTAIRE	12 SAGITTAIRE
21 NOVEMBRE	SAGITTAIRE	SAGITTAIRE	VIERGE	POISSONS	BELIER	VERSEAU	CAPRICORNE	SAGITTAIRE	24 SAGITTAIRE
22 NOVEMBRE	SAGITTAIRE	SAGITTAIRE	VIERGE	POISSONS	BELIER	VERSEAU	CAPRICORNE	SAGITTAIRE	6 CAPRICORNE

LE SOLEIL ENTRE DANS LE SIGNE DU SCORPION LE 23 OCTOBRE 1998 A 14 h 55
QUITTE LE SIGNE DU SCORPION LE 22 NOVEMBRE 1998 A 12 h 30

* LES CHIFFRES INDIQUENT LES DEGRÉS

1999	MERCURE	VENUS	MARS	JUPITER	SATURNE	URANUS	NEPTUNE	PLUTON	LUNE*
23 OCTOBRE	SCORPION	VIERGE	CAPRICORNE	BELIER	TAUREAU	VERSEAU	VERSEAU	SAGITTAIRE	11 BELIER
24 OCTOBRE	SCORPION	VIERGE	CAPRICORNE	BELIER	TAUREAU	VERSEAU	VERSEAU	SAGITTAIRE	25 BELIER
25 OCTOBRE	SCORPION	VIERGE	CAPRICORNE	BELIER	TAUREAU	VERSEAU	VERSEAU	SAGITTAIRE	10 TAUREAU
26 OCTOBRE	SCORPION	VIERGE	CAPRICORNE	BELIER	TAUREAU	VERSEAU	VERSEAU	SAGITTAIRE	25 TAUREAU
27 OCTOBRE	SCORPION	VIERGE	CAPRICORNE	BELIER	TAUREAU	VERSEAU	VERSEAU	SAGITTAIRE	10 GEMEAUX
28 OCTOBRE	SCORPION	VIERGE	CAPRICORNE	BELIER	TAUREAU	VERSEAU	VERSEAU	SAGITTAIRE	25 GEMEAUX
29 OCTOBRE	SCORPION	VIERGE	CAPRICORNE	BELIER	TAUREAU	VERSEAU	VERSEAU	SAGITTAIRE	9 CANCER
30 OCTOBRE	SCORPION	VIERGE	CAPRICORNE	BELIER	TAUREAU	VERSEAU	VERSEAU	SAGITTAIRE	24 CANCER
31 OCTOBRE	SAGITTAIRE	VIERGE	CAPRICORNE	BELIER	TAUREAU	VERSEAU	VERSEAU	SAGITTAIRE	7 LION
1 NOVEMBRE	SAGITTAIRE	VIERGE	CAPRICORNE	BELIER	TAUREAU	VERSEAU	VERSEAU	SAGITTAIRE	21 LION
2 NOVEMBRE	SAGITTAIRE	VIERGE	CAPRICORNE	BELIER	TAUREAU	VERSEAU	VERSEAU	SAGITTAIRE	5 VIERGE
3 NOVEMBRE	SAGITTAIRE	VIERGE	CAPRICORNE	BELIER	TAUREAU	VERSEAU	VERSEAU	SAGITTAIRE	17 VIERGE
4 NOVEMBRE	SAGITTAIRE	VIERGE	CAPRICORNE	BELIER	TAUREAU	VERSEAU	VERSEAU	SAGITTAIRE	0 BALANCE
5 NOVEMBRE	SAGITTAIRE	VIERGE	CAPRICORNE	BELIER	TAUREAU	VERSEAU	VERSEAU	SAGITTAIRE	12 BALANCE
6 NOVEMBRE	SAGITTAIRE	VIERGE	CAPRICORNE	BELIER	TAUREAU	VERSEAU	VERSEAU	SAGITTAIRE	25 BALANCE
7 NOVEMBRE	SAGITTAIRE	VIERGE	CAPRICORNE	BELIER	TAUREAU	VERSEAU	VERSEAU	SAGITTAIRE	7 SCORPION
8 NOVEMBRE	SAGITTAIRE	VIERGE	CAPRICORNE	BELIER	TAUREAU	VERSEAU	VERSEAU	SAGITTAIRE	19 SCORPION
9 NOVEMBRE	SAGITTAIRE	BALANCE	CAPRICORNE	BELIER	TAUREAU	VERSEAU	VERSEAU	SAGITTAIRE	1 SAGITTAIRE
10 NOVEMBRE	SCORPION	BALANCE	CAPRICORNE	BELIER	TAUREAU	VERSEAU	VERSEAU	SAGITTAIRE	13 SAGITTAIRE
11 NOVEMBRE	SCORPION	BALANCE	CAPRICORNE	BELIER	TAUREAU	VERSEAU	VERSEAU	SAGITTAIRE	25 SAGITTAIRE
12 NOVEMBRE	SCORPION	BALANCE	CAPRICORNE	BELIER	TAUREAU	VERSEAU	VERSEAU	SAGITTAIRE	7 CAPRICORNE
13 NOVEMBRE	SCORPION	BALANCE	CAPRICORNE	BELIER	TAUREAU	VERSEAU	VERSEAU	SAGITTAIRE	19 CAPRICORNE
14 NOVEMBRE	SCORPION	BALANCE	CAPRICORNE	BELIER	TAUREAU	VERSEAU	VERSEAU	SAGITTAIRE	0 VERSEAU
15 NOVEMBRE	SCORPION	BALANCE	CAPRICORNE	BELIER	TAUREAU	VERSEAU	VERSEAU	SAGITTAIRE	12 VERSEAU
16 NOVEMBRE	SCORPION	BALANCE	CAPRICORNE	BELIER	TAUREAU	VERSEAU	VERSEAU	SAGITTAIRE	25 VERSEAU
17 NOVEMBRE	SCORPION	BALANCE	CAPRICORNE	BELIER	TAUREAU	VERSEAU	VERSEAU	SAGITTAIRE	8 POISSONS
18 NOVEMBRE	SCORPION	BALANCE	CAPRICORNE	BELIER	TAUREAU	VERSEAU	VERSEAU	SAGITTAIRE	21 POISSONS
19 NOVEMBRE	SCORPION	BALANCE	CAPRICORNE	BELIER	TAUREAU	VERSEAU	VERSEAU	SAGITTAIRE	5 BELIER
20 NOVEMBRE	SCORPION	BALANCE	CAPRICORNE	BELIER	TAUREAU	VERSEAU	VERSEAU	SAGITTAIRE	9 BELIER
21 NOVEMBRE	SCORPION	BALANCE	CAPRICORNE	BELIER	TAUREAU	VERSEAU	VERSEAU	SAGITTAIRE	3 TAUREAU
22 NOVEMBRE	SCORPION	BALANCE	CAPRICORNE	BELIER	TAUREAU	VERSEAU	VERSEAU	SAGITTAIRE	7 TAUREAU

LE SOLEIL ENTRE DANS LE SIGNE DU SCORPION LE 23 OCTOBRE 1999 A 20 h 50
QUITTE LE SIGNE DU SCORPION LE 22 NOVEMBRE 1999 A 18 h 20

* LES CHIFFRES INDIQUENT LES DEGRÉS

DÉCOUVREZ DANS QUEL SIGNE SE TROUVAIENT LES PLANÈTES A VOTRE NAISSANCE

2000	MERCURE	VENUS	MARS	JUPITER	SATURNE	URANUS	NEPTUNE	PLUTON	LUNE *
23 OCTOBRE	SCORPION	SAGITTAIRE	VIERGE	GEMEAUX	TAUREAU	VERSEAU	VERSEAU	SAGITTAIRE	13 VIERGE
24 OCTOBRE	SCORPION	SAGITTAIRE	VIERGE	GEMEAUX	TAUREAU	VERSEAU	VERSEAU	SAGITTAIRE	26 VIERGE
25 OCTOBRE	SCORPION	SAGITTAIRE	VIERGE	GEMEAUX	TAUREAU	VERSEAU	VERSEAU	SAGITTAIRE	9 BALANCE
26 OCTOBRE	SCORPION	SAGITTAIRE	VIERGE	GEMEAUX	TAUREAU	VERSEAU	VERSEAU	SAGITTAIRE	23 BALANCE
27 OCTOBRE	SCORPION	SAGITTAIRE	VIERGE	GEMEAUX	TAUREAU	VERSEAU	VERSEAU	SAGITTAIRE	7 SCORPION
28 OCTOBRE	SCORPION	SAGITTAIRE	VIERGE	GEMEAUX	TAUREAU	VERSEAU	VERSEAU	SAGITTAIRE	20 SCORPION
29 OCTOBRE	SCORPION	SAGITTAIRE	VIERGE	GEMEAUX	TAUREAU	VERSEAU	VERSEAU	SAGITTAIRE	2 SAGITTAIRE
30 OCTOBRE	SCORPION	SAGITTAIRE	VIERGE	GEMEAUX	TAUREAU	VERSEAU	VERSEAU	SAGITTAIRE	14 SAGITTAIRE
31 OCTOBRE	SCORPION	SAGITTAIRE	VIERGE	GEMEAUX	TAUREAU	VERSEAU	VERSEAU	SAGITTAIRE	27 SAGITTAIRE
1 NOVEMBRE	SCORPION	SAGITTAIRE	VIERGE	GEMEAUX	TAUREAU	VERSEAU	VERSEAU	SAGITTAIRE	9 CAPRICORNE
2 NOVEMBRE	SCORPION	SAGITTAIRE	VIERGE	GEMEAUX	TAUREAU	VERSEAU	VERSEAU	SAGITTAIRE	21 CAPRICORNE
3 NOVEMBRE	SCORPION	SAGITTAIRE	VIERGE	GEMEAUX	TAUREAU	VERSEAU	VERSEAU	SAGITTAIRE	3 VERSEAU
4 NOVEMBRE	SCORPION	SAGITTAIRE	BALANCE	GEMEAUX	TAUREAU	VERSEAU	VERSEAU	SAGITTAIRE	14 VERSEAU
5 NOVEMBRE	SCORPION	SAGITTAIRE	BALANCE	GEMEAUX	TAUREAU	VERSEAU	VERSEAU	SAGITTAIRE	26 VERSEAU
6 NOVEMBRE	SCORPION	SAGITTAIRE	BALANCE	GEMEAUX	TAUREAU	VERSEAU	VERSEAU	SAGITTAIRE	8 POISSONS
7 NOVEMBRE	SCORPION	SAGITTAIRE	BALANCE	GEMEAUX	TAUREAU	VERSEAU	VERSEAU	SAGITTAIRE	21 POISSONS
8 NOVEMBRE	SCORPION	SAGITTAIRE	BALANCE	GEMEAUX	TAUREAU	VERSEAU	VERSEAU	SAGITTAIRE	4 BELIER
9 NOVEMBRE	SCORPION	SAGITTAIRE	BALANCE	GEMEAUX	TAUREAU	VERSEAU	VERSEAU	SAGITTAIRE	17 BELIER
10 NOVEMBRE	SCORPION	SAGITTAIRE	BALANCE	GEMEAUX	TAUREAU	VERSEAU	VERSEAU	SAGITTAIRE	0 TAUREAU
11 NOVEMBRE	SCORPION	SAGITTAIRE	BALANCE	GEMEAUX	TAUREAU	VERSEAU	VERSEAU	SAGITTAIRE	14 TAUREAU
12 NOVEMBRE	SCORPION	SAGITTAIRE	BALANCE	GEMEAUX	TAUREAU	VERSEAU	VERSEAU	SAGITTAIRE	28 TAUREAU
13 NOVEMBRE	SCORPION	CAPRICORNE	BALANCE	GEMEAUX	TAUREAU	VERSEAU	VERSEAU	SAGITTAIRE	13 GEMEAUX
14 NOVEMBRE	SCORPION	CAPRICORNE	BALANCE	GEMEAUX	TAUREAU	VERSEAU	VERSEAU	SAGITTAIRE	27 GEMEAUX
15 NOVEMBRE	SCORPION	CAPRICORNE	BALANCE	GEMEAUX	TAUREAU	VERSEAU	VERSEAU	SAGITTAIRE	12 CANCER
16 NOVEMBRE	SCORPION	CAPRICORNE	BALANCE	GEMEAUX	TAUREAU	VERSEAU	VERSEAU	SAGITTAIRE	26 CANCER
17 NOVEMBRE	SCORPION	CAPRICORNE	BALANCE	GEMEAUX	TAUREAU	VERSEAU	VERSEAU	SAGITTAIRE	10 LION
18 NOVEMBRE	SCORPION	CAPRICORNE	BALANCE	GEMEAUX	TAUREAU	VERSEAU	VERSEAU	SAGITTAIRE	24 LION
19 NOVEMBRE	SCORPION	CAPRICORNE	BALANCE	GEMEAUX	TAUREAU	VERSEAU	VERSEAU	SAGITTAIRE	8 VIERGE
20 NOVEMBRE	SCORPION	CAPRICORNE	BALANCE	GEMEAUX	TAUREAU	VERSEAU	VERSEAU	SAGITTAIRE	22 VIERGE
21 NOVEMBRE	SCORPION	CAPRICORNE	BALANCE	GEMEAUX	TAUREAU	VERSEAU	VERSEAU	SAGITTAIRE	6 BALANCE
22 NOVEMBRE	SCORPION	CAPRICORNE	BALANCE	GEMEAUX	TAUREAU	VERSEAU	VERSEAU	SAGITTAIRE	19 BALANCE

LE SOLEIL ENTRE DANS LE SIGNE DU SCORPION LE 23 OCTOBRE 2000 A 2 h 45
QUITTE LE SIGNE DU SCORPION LE 22 NOVEMBRE 2000 A 0 h 15

* LES CHIFFRES INDIQUENT LES DEGRÉS

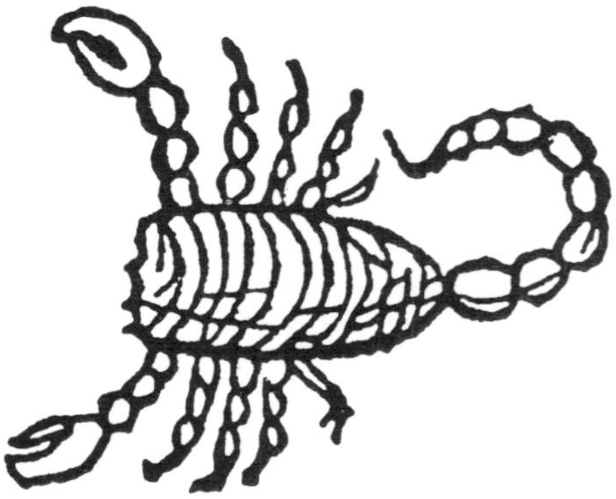

DÉCOUVREZ DANS QUEL SIGNE SE TROUVAIENT LES PLANÈTES A VOTRE NAISSANCE

2001	MERCURE	VÉNUS	MARS	JUPITER	SATURNE	URANUS	NEPTUNE	PLUTON	LUNE*
23 OCTOBRE	BALANCE	BALANCE	CAPRICORNE	CANCER	GÉMEAUX	VERSEAU	VERSEAU	SAGITTAIRE	23 CAPRICORNE
24 OCTOBRE	BALANCE	BALANCE	CAPRICORNE	CANCER	GÉMEAUX	VERSEAU	VERSEAU	SAGITTAIRE	5 VERSEAU
25 OCTOBRE	BALANCE	BALANCE	CAPRICORNE	CANCER	GÉMEAUX	VERSEAU	VERSEAU	SAGITTAIRE	17 VERSEAU
26 OCTOBRE	BALANCE	BALANCE	CAPRICORNE	CANCER	GÉMEAUX	VERSEAU	VERSEAU	SAGITTAIRE	29 VERSEAU
27 OCTOBRE	BALANCE	BALANCE	CAPRICORNE	CANCER	GÉMEAUX	VERSEAU	VERSEAU	SAGITTAIRE	11 POISSONS
28 OCTOBRE	BALANCE	BALANCE	VERSEAU	CANCER	GÉMEAUX	VERSEAU	VERSEAU	SAGITTAIRE	23 POISSONS
29 OCTOBRE	BALANCE	BALANCE	VERSEAU	CANCER	GÉMEAUX	VERSEAU	VERSEAU	SAGITTAIRE	5 BÉLIER
30 OCTOBRE	BALANCE	BALANCE	VERSEAU	CANCER	GÉMEAUX	VERSEAU	VERSEAU	SAGITTAIRE	17 BÉLIER
31 OCTOBRE	BALANCE	BALANCE	VERSEAU	CANCER	GÉMEAUX	VERSEAU	VERSEAU	SAGITTAIRE	0 TAUREAU
1 NOVEMBRE	BALANCE	BALANCE	VERSEAU	CANCER	GÉMEAUX	VERSEAU	VERSEAU	SAGITTAIRE	13 TAUREAU
2 NOVEMBRE	BALANCE	BALANCE	VERSEAU	CANCER	GÉMEAUX	VERSEAU	VERSEAU	SAGITTAIRE	27 TAUREAU
3 NOVEMBRE	BALANCE	BALANCE	VERSEAU	CANCER	GÉMEAUX	VERSEAU	VERSEAU	SAGITTAIRE	9 GÉMEAUX
4 NOVEMBRE	BALANCE	BALANCE	VERSEAU	CANCER	GÉMEAUX	VERSEAU	VERSEAU	SAGITTAIRE	22 GÉMEAUX
5 NOVEMBRE	BALANCE	BALANCE	VERSEAU	CANCER	GÉMEAUX	VERSEAU	VERSEAU	SAGITTAIRE	5 CANCER
6 NOVEMBRE	BALANCE	BALANCE	VERSEAU	CANCER	GÉMEAUX	VERSEAU	VERSEAU	SAGITTAIRE	18 CANCER
7 NOVEMBRE	BALANCE	BALANCE	VERSEAU	CANCER	GÉMEAUX	VERSEAU	VERSEAU	SAGITTAIRE	2 LION
8 NOVEMBRE	SCORPION	BALANCE	VERSEAU	CANCER	GÉMEAUX	VERSEAU	VERSEAU	SAGITTAIRE	16 LION
9 NOVEMBRE	SCORPION	SCORPION	VERSEAU	CANCER	GÉMEAUX	VERSEAU	VERSEAU	SAGITTAIRE	0 VIERGE
10 NOVEMBRE	SCORPION	SCORPION	VERSEAU	CANCER	GÉMEAUX	VERSEAU	VERSEAU	SAGITTAIRE	15 VIERGE
11 NOVEMBRE	SCORPION	SCORPION	VERSEAU	CANCER	GÉMEAUX	VERSEAU	VERSEAU	SAGITTAIRE	29 VIERGE
12 NOVEMBRE	SCORPION	SCORPION	VERSEAU	CANCER	GÉMEAUX	VERSEAU	VERSEAU	SAGITTAIRE	13 BALANCE
13 NOVEMBRE	SCORPION	SCORPION	VERSEAU	CANCER	GÉMEAUX	VERSEAU	VERSEAU	SAGITTAIRE	28 BALANCE
14 NOVEMBRE	SCORPION	SCORPION	VERSEAU	CANCER	GÉMEAUX	VERSEAU	VERSEAU	SAGITTAIRE	12 SCORPION
15 NOVEMBRE	SCORPION	SCORPION	VERSEAU	CANCER	GÉMEAUX	VERSEAU	VERSEAU	SAGITTAIRE	26 SCORPION
16 NOVEMBRE	SCORPION	SCORPION	VERSEAU	CANCER	GÉMEAUX	VERSEAU	VERSEAU	SAGITTAIRE	10 SAGITTAIRE
17 NOVEMBRE	SCORPION	SCORPION	VERSEAU	CANCER	GÉMEAUX	VERSEAU	VERSEAU	SAGITTAIRE	23 SAGITTAIRE
18 NOVEMBRE	SCORPION	SCORPION	VERSEAU	CANCER	GÉMEAUX	VERSEAU	VERSEAU	SAGITTAIRE	6 CAPRICORNE
19 NOVEMBRE	SCORPION	SCORPION	VERSEAU	CANCER	GÉMEAUX	VERSEAU	VERSEAU	SAGITTAIRE	19 CAPRICORNE
20 NOVEMBRE	SCORPION	SCORPION	VERSEAU	CANCER	GÉMEAUX	VERSEAU	VERSEAU	SAGITTAIRE	1 VERSEAU
21 NOVEMBRE	SCORPION	SCORPION	VERSEAU	CANCER	GÉMEAUX	VERSEAU	VERSEAU	SAGITTAIRE	13 VERSEAU
22 NOVEMBRE	SCORPION	SCORPION	VERSEAU	CANCER	GÉMEAUX	VERSEAU	VERSEAU	SAGITTAIRE	25 VERSEAU

LE SOLEIL	ENTRE DANS LE SIGNE DU	SCORPION	LE 23 OCTOBRE	2001	À 8 h 25	* LES CHIFFRES INDIQUENT LES DEGRÉS
	QUITTE LE SIGNE DU		LE 22 NOVEMBRE		À 6 h 00	

2002	MERCURE	VÉNUS	MARS	JUPITER	SATURNE	URANUS	NEPTUNE	PLUTON	LUNE*
23 OCTOBRE	BALANCE	SCORPION	BALANCE	LION	GÉMEAUX	VERSEAU	VERSEAU	SAGITTAIRE	24 TAUREAU
24 OCTOBRE	BALANCE	SCORPION	BALANCE	LION	GÉMEAUX	VERSEAU	VERSEAU	SAGITTAIRE	6 GÉMEAUX
25 OCTOBRE	BALANCE	SCORPION	BALANCE	LION	GÉMEAUX	VERSEAU	VERSEAU	SAGITTAIRE	18 GÉMEAUX
26 OCTOBRE	BALANCE	SCORPION	BALANCE	LION	GÉMEAUX	VERSEAU	VERSEAU	SAGITTAIRE	1 CANCER
27 OCTOBRE	BALANCE	SCORPION	BALANCE	LION	GÉMEAUX	VERSEAU	VERSEAU	SAGITTAIRE	13 CANCER
28 OCTOBRE	BALANCE	SCORPION	BALANCE	LION	GÉMEAUX	VERSEAU	VERSEAU	SAGITTAIRE	26 CANCER
29 OCTOBRE	BALANCE	SCORPION	BALANCE	LION	GÉMEAUX	VERSEAU	VERSEAU	SAGITTAIRE	10 LION
30 OCTOBRE	BALANCE	SCORPION	BALANCE	LION	GÉMEAUX	VERSEAU	VERSEAU	SAGITTAIRE	23 LION
31 OCTOBRE	BALANCE	SCORPION	BALANCE	LION	GÉMEAUX	VERSEAU	VERSEAU	SAGITTAIRE	7 VIERGE
1 NOVEMBRE	SCORPION	SCORPION	BALANCE	LION	GÉMEAUX	VERSEAU	VERSEAU	SAGITTAIRE	22 VIERGE
2 NOVEMBRE	SCORPION	SCORPION	BALANCE	LION	GÉMEAUX	VERSEAU	VERSEAU	SAGITTAIRE	7 BALANCE
3 NOVEMBRE	SCORPION	SCORPION	BALANCE	LION	GÉMEAUX	VERSEAU	VERSEAU	SAGITTAIRE	22 BALANCE
4 NOVEMBRE	SCORPION	SCORPION	BALANCE	LION	GÉMEAUX	VERSEAU	VERSEAU	SAGITTAIRE	7 SCORPION
5 NOVEMBRE	SCORPION	SCORPION	BALANCE	LION	GÉMEAUX	VERSEAU	VERSEAU	SAGITTAIRE	22 SCORPION
6 NOVEMBRE	SCORPION	SCORPION	BALANCE	LION	GÉMEAUX	VERSEAU	VERSEAU	SAGITTAIRE	7 SAGITTAIRE
7 NOVEMBRE	SCORPION	SCORPION	BALANCE	LION	GÉMEAUX	VERSEAU	VERSEAU	SAGITTAIRE	21 SAGITTAIRE
8 NOVEMBRE	SCORPION	SCORPION	BALANCE	LION	GÉMEAUX	VERSEAU	VERSEAU	SAGITTAIRE	5 CAPRICORNE
9 NOVEMBRE	SCORPION	SCORPION	BALANCE	LION	GÉMEAUX	VERSEAU	VERSEAU	SAGITTAIRE	19 CAPRICORNE
10 NOVEMBRE	SCORPION	SCORPION	BALANCE	LION	GÉMEAUX	VERSEAU	VERSEAU	SAGITTAIRE	2 VERSEAU
11 NOVEMBRE	SCORPION	SCORPION	BALANCE	LION	GÉMEAUX	VERSEAU	VERSEAU	SAGITTAIRE	15 VERSEAU
12 NOVEMBRE	SCORPION	SCORPION	BALANCE	LION	GÉMEAUX	VERSEAU	VERSEAU	SAGITTAIRE	27 VERSEAU
13 NOVEMBRE	SCORPION	SCORPION	BALANCE	LION	GÉMEAUX	VERSEAU	VERSEAU	SAGITTAIRE	9 POISSONS
14 NOVEMBRE	SCORPION	SCORPION	BALANCE	LION	GÉMEAUX	VERSEAU	VERSEAU	SAGITTAIRE	21 POISSONS
15 NOVEMBRE	SCORPION	SCORPION	BALANCE	LION	GÉMEAUX	VERSEAU	VERSEAU	SAGITTAIRE	3 BÉLIER
16 NOVEMBRE	SCORPION	SCORPION	BALANCE	LION	GÉMEAUX	VERSEAU	VERSEAU	SAGITTAIRE	15 BÉLIER
17 NOVEMBRE	SCORPION	SCORPION	BALANCE	LION	GÉMEAUX	VERSEAU	VERSEAU	SAGITTAIRE	27 BÉLIER
18 NOVEMBRE	SCORPION	SCORPION	BALANCE	LION	GÉMEAUX	VERSEAU	VERSEAU	SAGITTAIRE	9 TAUREAU
19 NOVEMBRE	SAGITTAIRE	SCORPION	BALANCE	LION	GÉMEAUX	VERSEAU	VERSEAU	SAGITTAIRE	21 TAUREAU
20 NOVEMBRE	SAGITTAIRE	SCORPION	BALANCE	LION	GÉMEAUX	VERSEAU	VERSEAU	SAGITTAIRE	3 GÉMEAUX
21 NOVEMBRE	SAGITTAIRE	SCORPION	BALANCE	LION	GÉMEAUX	VERSEAU	VERSEAU	SAGITTAIRE	15 GÉMEAUX
22 NOVEMBRE	SAGITTAIRE	SCORPION	BALANCE	LION	GÉMEAUX	VERSEAU	VERSEAU	SAGITTAIRE	27 GÉMEAUX

LE SOLEIL	ENTRE DANS LE SIGNE DU	SCORPION	LE 23 OCTOBRE	2002	À 14 h 15	* LES CHIFFRES INDIQUENT LES DEGRÉS
	QUITTE LE SIGNE DU		LE 22 NOVEMBRE		À 11 h 50	

DÉCOUVREZ DANS QUEL SIGNE SE TROUVAIENT LES PLANÈTES A VOTRE NAISSANCE

2003	MERCURE	VÉNUS	MARS	JUPITER	SATURNE	URANUS	NEPTUNE	PLUTON	LUNE*
23 OCTOBRE	BALANCE	SCORPION	POISSONS	VIERGE	CANCER	VERSEAU	VERSEAU	SAGITTAIRE	2 BALANCE
24 OCTOBRE	SCORPION	SCORPION	POISSONS	VIERGE	CANCER	VERSEAU	VERSEAU	SAGITTAIRE	17 BALANCE
25 OCTOBRE	SCORPION	SCORPION	POISSONS	VIERGE	CANCER	VERSEAU	VERSEAU	SAGITTAIRE	2 SCORPION
26 OCTOBRE	SCORPION	SCORPION	POISSONS	VIERGE	CANCER	VERSEAU	VERSEAU	SAGITTAIRE	17 SCORPION
27 OCTOBRE	SCORPION	SCORPION	POISSONS	VIERGE	CANCER	VERSEAU	VERSEAU	SAGITTAIRE	2 SAGITTAIRE
28 OCTOBRE	SCORPION	SCORPION	POISSONS	VIERGE	CANCER	VERSEAU	VERSEAU	SAGITTAIRE	17 SAGITTAIRE
29 OCTOBRE	SCORPION	SCORPION	POISSONS	VIERGE	CANCER	VERSEAU	VERSEAU	SAGITTAIRE	1 CAPRICORNE
30 OCTOBRE	SCORPION	SCORPION	POISSONS	VIERGE	CANCER	VERSEAU	VERSEAU	SAGITTAIRE	15 CAPRICORNE
31 OCTOBRE	SCORPION	SCORPION	POISSONS	VIERGE	CANCER	VERSEAU	VERSEAU	SAGITTAIRE	29 CAPRICORNE
1 NOVEMBRE	SCORPION	SCORPION	POISSONS	VIERGE	CANCER	VERSEAU	VERSEAU	SAGITTAIRE	13 VERSEAU
2 NOVEMBRE	SCORPION	SCORPION	POISSONS	VIERGE	CANCER	VERSEAU	VERSEAU	SAGITTAIRE	26 VERSEAU
3 NOVEMBRE	SCORPION	SAGITTAIRE	POISSONS	VIERGE	CANCER	VERSEAU	VERSEAU	SAGITTAIRE	9 POISSONS
4 NOVEMBRE	SCORPION	SAGITTAIRE	POISSONS	VIERGE	CANCER	VERSEAU	VERSEAU	SAGITTAIRE	21 POISSONS
5 NOVEMBRE	SCORPION	SAGITTAIRE	POISSONS	VIERGE	CANCER	VERSEAU	VERSEAU	SAGITTAIRE	4 BÉLIER
6 NOVEMBRE	SCORPION	SAGITTAIRE	POISSONS	VIERGE	CANCER	VERSEAU	VERSEAU	SAGITTAIRE	16 BÉLIER
7 NOVEMBRE	SCORPION	SAGITTAIRE	POISSONS	VIERGE	CANCER	VERSEAU	VERSEAU	SAGITTAIRE	28 BÉLIER
8 NOVEMBRE	SCORPION	SAGITTAIRE	POISSONS	VIERGE	CANCER	VERSEAU	VERSEAU	SAGITTAIRE	10 TAUREAU
9 NOVEMBRE	SCORPION	SAGITTAIRE	POISSONS	VIERGE	CANCER	VERSEAU	VERSEAU	SAGITTAIRE	22 TAUREAU
10 NOVEMBRE	SCORPION	SAGITTAIRE	POISSONS	VIERGE	CANCER	VERSEAU	VERSEAU	SAGITTAIRE	3 GÉMEAUX
11 NOVEMBRE	SCORPION	SAGITTAIRE	POISSONS	VIERGE	CANCER	VERSEAU	VERSEAU	SAGITTAIRE	15 GÉMEAUX
12 NOVEMBRE	SAGITTAIRE	SAGITTAIRE	POISSONS	VIERGE	CANCER	VERSEAU	VERSEAU	SAGITTAIRE	27 GÉMEAUX
13 NOVEMBRE	SAGITTAIRE	SAGITTAIRE	POISSONS	VIERGE	CANCER	VERSEAU	VERSEAU	SAGITTAIRE	9 CANCER
14 NOVEMBRE	SAGITTAIRE	SAGITTAIRE	POISSONS	VIERGE	CANCER	VERSEAU	VERSEAU	SAGITTAIRE	21 CANCER
15 NOVEMBRE	SAGITTAIRE	SAGITTAIRE	POISSONS	VIERGE	CANCER	VERSEAU	VERSEAU	SAGITTAIRE	3 LION
16 NOVEMBRE	SAGITTAIRE	SAGITTAIRE	POISSONS	VIERGE	CANCER	VERSEAU	VERSEAU	SAGITTAIRE	16 LION
17 NOVEMBRE	SAGITTAIRE	SAGITTAIRE	POISSONS	VIERGE	CANCER	VERSEAU	VERSEAU	SAGITTAIRE	29 LION
18 NOVEMBRE	SAGITTAIRE	SAGITTAIRE	POISSONS	VIERGE	CANCER	VERSEAU	VERSEAU	SAGITTAIRE	12 VIERGE
19 NOVEMBRE	SAGITTAIRE	SAGITTAIRE	POISSONS	VIERGE	CANCER	VERSEAU	VERSEAU	SAGITTAIRE	26 VIERGE
20 NOVEMBRE	SAGITTAIRE	SAGITTAIRE	POISSONS	VIERGE	CANCER	VERSEAU	VERSEAU	SAGITTAIRE	10 BALANCE
21 NOVEMBRE	SAGITTAIRE	SAGITTAIRE	POISSONS	VIERGE	CANCER	VERSEAU	VERSEAU	SAGITTAIRE	25 BALANCE
22 NOVEMBRE	SAGITTAIRE	SAGITTAIRE	POISSONS	VIERGE	CANCER	VERSEAU	VERSEAU	SAGITTAIRE	10 SCORPION

LE SOLEIL	ENTRE DANS LE SIGNE DU QUITTE LE SIGNE DU	SCORPION	LE 23 OCTOBRE LE 22 NOVEMBRE	2003	À 20 h 05 À 17 h 40	* LES CHIFFRES INDIQUENT LES DEGRÉS

2004	MERCURE	VÉNUS	MARS	JUPITER	SATURNE	URANUS	NEPTUNE	PLUTON	LUNE*
23 OCTOBRE	SCORPION	VIERGE	BALANCE	BALANCE	CANCER	POISSONS	VERSEAU	SAGITTAIRE	4 POISSONS
24 OCTOBRE	SCORPION	VIERGE	BALANCE	BALANCE	CANCER	POISSONS	VERSEAU	SAGITTAIRE	18 POISSONS
25 OCTOBRE	SCORPION	VIERGE	BALANCE	BALANCE	CANCER	POISSONS	VERSEAU	SAGITTAIRE	1 BÉLIER
26 OCTOBRE	SCORPION	VIERGE	BALANCE	BALANCE	CANCER	POISSONS	VERSEAU	SAGITTAIRE	14 BÉLIER
27 OCTOBRE	SCORPION	VIERGE	BALANCE	BALANCE	CANCER	POISSONS	VERSEAU	SAGITTAIRE	27 BÉLIER
28 OCTOBRE	SCORPION	VIERGE	BALANCE	BALANCE	CANCER	POISSONS	VERSEAU	SAGITTAIRE	10 TAUREAU
29 OCTOBRE	SCORPION	BALANCE	BALANCE	BALANCE	CANCER	POISSONS	VERSEAU	SAGITTAIRE	22 TAUREAU
30 OCTOBRE	SCORPION	BALANCE	BALANCE	BALANCE	CANCER	POISSONS	VERSEAU	SAGITTAIRE	5 GÉMEAUX
31 OCTOBRE	SCORPION	BALANCE	BALANCE	BALANCE	CANCER	POISSONS	VERSEAU	SAGITTAIRE	17 GÉMEAUX
1 NOVEMBRE	SCORPION	BALANCE	BALANCE	BALANCE	CANCER	POISSONS	VERSEAU	SAGITTAIRE	29 GÉMEAUX
2 NOVEMBRE	SCORPION	BALANCE	BALANCE	BALANCE	CANCER	POISSONS	VERSEAU	SAGITTAIRE	10 CANCER
3 NOVEMBRE	SCORPION	BALANCE	BALANCE	BALANCE	CANCER	POISSONS	VERSEAU	SAGITTAIRE	22 CANCER
4 NOVEMBRE	SCORPION	BALANCE	BALANCE	BALANCE	CANCER	POISSONS	VERSEAU	SAGITTAIRE	4 LION
5 NOVEMBRE	SAGITTAIRE	BALANCE	BALANCE	BALANCE	CANCER	POISSONS	VERSEAU	SAGITTAIRE	16 LION
6 NOVEMBRE	SAGITTAIRE	BALANCE	BALANCE	BALANCE	CANCER	POISSONS	VERSEAU	SAGITTAIRE	29 LION
7 NOVEMBRE	SAGITTAIRE	BALANCE	BALANCE	BALANCE	CANCER	POISSONS	VERSEAU	SAGITTAIRE	11 VIERGE
8 NOVEMBRE	SAGITTAIRE	BALANCE	BALANCE	BALANCE	CANCER	POISSONS	VERSEAU	SAGITTAIRE	24 VIERGE
9 NOVEMBRE	SAGITTAIRE	BALANCE	BALANCE	BALANCE	CANCER	POISSONS	VERSEAU	SAGITTAIRE	7 BALANCE
10 NOVEMBRE	SAGITTAIRE	BALANCE	BALANCE	BALANCE	CANCER	POISSONS	VERSEAU	SAGITTAIRE	21 BALANCE
11 NOVEMBRE	SAGITTAIRE	BALANCE	SCORPION	BALANCE	CANCER	POISSONS	VERSEAU	SAGITTAIRE	5 SCORPION
12 NOVEMBRE	SAGITTAIRE	BALANCE	SCORPION	BALANCE	CANCER	POISSONS	VERSEAU	SAGITTAIRE	19 SCORPION
13 NOVEMBRE	SAGITTAIRE	BALANCE	SCORPION	BALANCE	CANCER	POISSONS	VERSEAU	SAGITTAIRE	4 SAGITTAIRE
14 NOVEMBRE	SAGITTAIRE	BALANCE	SCORPION	BALANCE	CANCER	POISSONS	VERSEAU	SAGITTAIRE	19 SAGITTAIRE
15 NOVEMBRE	SAGITTAIRE	BALANCE	SCORPION	BALANCE	CANCER	POISSONS	VERSEAU	SAGITTAIRE	4 CAPRICORNE
16 NOVEMBRE	SAGITTAIRE	BALANCE	SCORPION	BALANCE	CANCER	POISSONS	VERSEAU	SAGITTAIRE	19 CAPRICORNE
17 NOVEMBRE	SAGITTAIRE	BALANCE	SCORPION	BALANCE	CANCER	POISSONS	VERSEAU	SAGITTAIRE	3 VERSEAU
18 NOVEMBRE	SAGITTAIRE	BALANCE	SCORPION	BALANCE	CANCER	POISSONS	VERSEAU	SAGITTAIRE	17 VERSEAU
19 NOVEMBRE	SAGITTAIRE	BALANCE	SCORPION	BALANCE	CANCER	POISSONS	VERSEAU	SAGITTAIRE	1 POISSONS
20 NOVEMBRE	SAGITTAIRE	BALANCE	SCORPION	BALANCE	CANCER	POISSONS	VERSEAU	SAGITTAIRE	15 POISSONS
21 NOVEMBRE	SAGITTAIRE	BALANCE	SCORPION	BALANCE	CANCER	POISSONS	VERSEAU	SAGITTAIRE	28 POISSONS

LE SOLEIL	ENTRE DANS LE SIGNE DU QUITTE LE SIGNE DU	SCORPION	LE 23 OCTOBRE LE 21 NOVEMBRE	2004	À 1 h 45 À 23 h 20	* LES CHIFFRES INDIQUENT LES DEGRÉS

DÉCOUVREZ DANS QUEL SIGNE SE TROUVAIENT LES PLANÈTES A VOTRE NAISSANCE

2005	MERCURE	VÉNUS	MARS	JUPITER	SATURNE	URANUS	NEPTUNE	PLUTON	LUNE*
23 OCTOBRE	SCORPION	SAGITTAIRE	TAUREAU	BALANCE	LION	POISSONS	VERSEAU	SAGITTAIRE	13 CANCER
24 OCTOBRE	SCORPION	SAGITTAIRE	TAUREAU	BALANCE	LION	POISSONS	VERSEAU	SAGITTAIRE	25 CANCER
25 OCTOBRE	SCORPION	SAGITTAIRE	TAUREAU	BALANCE	LION	POISSONS	VERSEAU	SAGITTAIRE	7 LION
26 OCTOBRE	SCORPION	SAGITTAIRE	TAUREAU	SCORPION	LION	POISSONS	VERSEAU	SAGITTAIRE	19 LION
27 OCTOBRE	SCORPION	SAGITTAIRE	TAUREAU	SCORPION	LION	POISSONS	VERSEAU	SAGITTAIRE	1 VIERGE
28 OCTOBRE	SCORPION	SAGITTAIRE	TAUREAU	SCORPION	LION	POISSONS	VERSEAU	SAGITTAIRE	13 VIERGE
29 OCTOBRE	SCORPION	SAGITTAIRE	TAUREAU	SCORPION	LION	POISSONS	VERSEAU	SAGITTAIRE	25 VIERGE
30 OCTOBRE	SAGITTAIRE	SAGITTAIRE	TAUREAU	SCORPION	LION	POISSONS	VERSEAU	SAGITTAIRE	7 BALANCE
31 OCTOBRE	SAGITTAIRE	SAGITTAIRE	TAUREAU	SCORPION	LION	POISSONS	VERSEAU	SAGITTAIRE	20 BALANCE
1 NOVEMBRE	SAGITTAIRE	SAGITTAIRE	TAUREAU	SCORPION	LION	POISSONS	VERSEAU	SAGITTAIRE	3 SCORPION
2 NOVEMBRE	SAGITTAIRE	SAGITTAIRE	TAUREAU	SCORPION	LION	POISSONS	VERSEAU	SAGITTAIRE	16 SCORPION
3 NOVEMBRE	SAGITTAIRE	SAGITTAIRE	TAUREAU	SCORPION	LION	POISSONS	VERSEAU	SAGITTAIRE	29 SCORPION
4 NOVEMBRE	SAGITTAIRE	SAGITTAIRE	TAUREAU	SCORPION	LION	POISSONS	VERSEAU	SAGITTAIRE	13 SAGITTAIRE
5 NOVEMBRE	SAGITTAIRE	CAPRICORNE	TAUREAU	SCORPION	LION	POISSONS	VERSEAU	SAGITTAIRE	26 SAGITTAIRE
6 NOVEMBRE	SAGITTAIRE	CAPRICORNE	TAUREAU	SCORPION	LION	POISSONS	VERSEAU	SAGITTAIRE	10 CAPRICORNE
7 NOVEMBRE	SAGITTAIRE	CAPRICORNE	TAUREAU	SCORPION	LION	POISSONS	VERSEAU	SAGITTAIRE	24 CAPRICORNE
8 NOVEMBRE	SAGITTAIRE	CAPRICORNE	TAUREAU	SCORPION	LION	POISSONS	VERSEAU	SAGITTAIRE	8 VERSEAU
9 NOVEMBRE	SAGITTAIRE	CAPRICORNE	TAUREAU	SCORPION	LION	POISSONS	VERSEAU	SAGITTAIRE	23 VERSEAU
10 NOVEMBRE	SAGITTAIRE	CAPRICORNE	TAUREAU	SCORPION	LION	POISSONS	VERSEAU	SAGITTAIRE	7 POISSONS
11 NOVEMBRE	SAGITTAIRE	CAPRICORNE	TAUREAU	SCORPION	LION	POISSONS	VERSEAU	SAGITTAIRE	21 POISSONS
12 NOVEMBRE	SAGITTAIRE	CAPRICORNE	TAUREAU	SCORPION	LION	POISSONS	VERSEAU	SAGITTAIRE	5 BÉLIER
13 NOVEMBRE	SAGITTAIRE	CAPRICORNE	TAUREAU	SCORPION	LION	POISSONS	VERSEAU	SAGITTAIRE	19 BÉLIER
14 NOVEMBRE	SAGITTAIRE	CAPRICORNE	TAUREAU	SCORPION	LION	POISSONS	VERSEAU	SAGITTAIRE	3 TAUREAU
15 NOVEMBRE	SAGITTAIRE	CAPRICORNE	TAUREAU	SCORPION	LION	POISSONS	VERSEAU	SAGITTAIRE	17 TAUREAU
16 NOVEMBRE	SAGITTAIRE	CAPRICORNE	TAUREAU	SCORPION	LION	POISSONS	VERSEAU	SAGITTAIRE	0 GÉMEAUX
17 NOVEMBRE	SAGITTAIRE	CAPRICORNE	TAUREAU	SCORPION	LION	POISSONS	VERSEAU	SAGITTAIRE	14 GÉMEAUX
18 NOVEMBRE	SAGITTAIRE	CAPRICORNE	TAUREAU	SCORPION	LION	POISSONS	VERSEAU	SAGITTAIRE	26 GÉMEAUX
19 NOVEMBRE	SAGITTAIRE	CAPRICORNE	TAUREAU	SCORPION	LION	POISSONS	VERSEAU	SAGITTAIRE	9 CANCER
20 NOVEMBRE	SAGITTAIRE	CAPRICORNE	TAUREAU	SCORPION	LION	POISSONS	VERSEAU	SAGITTAIRE	21 CANCER
21 NOVEMBRE	SAGITTAIRE	CAPRICORNE	TAUREAU	SCORPION	LION	POISSONS	VERSEAU	SAGITTAIRE	3 LION
22 NOVEMBRE	SAGITTAIRE	CAPRICORNE	TAUREAU	SCORPION	LION	POISSONS	VERSEAU	SAGITTAIRE	15 LION

LE SOLEIL	ENTRE DANS LE SIGNE DU QUITTE LE SIGNE DU	SCORPION	LE 23 OCTOBRE LE 22 NOVEMBRE	2005	À 7 h 40 À 5 h 15	* LES CHIFFRES INDIQUENT LES DEGRÉS

2006	MERCURE	VÉNUS	MARS	JUPITER	SATURNE	URANUS	NEPTUNE	PLUTON	LUNE*
23 OCTOBRE	SCORPION	BALANCE	BALANCE	SCORPION	LION	POISSONS	VERSEAU	SAGITTAIRE	14 SCORPION
24 OCTOBRE	SCORPION	SCORPION	SCORPION	SCORPION	LION	POISSONS	VERSEAU	SAGITTAIRE	27 SCORPION
25 OCTOBRE	SCORPION	SCORPION	SCORPION	SCORPION	LION	POISSONS	VERSEAU	SAGITTAIRE	9 SAGITTAIRE
26 OCTOBRE	SCORPION	SCORPION	SCORPION	SCORPION	LION	POISSONS	VERSEAU	SAGITTAIRE	22 SAGITTAIRE
27 OCTOBRE	SCORPION	SCORPION	SCORPION	SCORPION	LION	POISSONS	VERSEAU	SAGITTAIRE	5 CAPRICORNE
28 OCTOBRE	SCORPION	SCORPION	SCORPION	SCORPION	LION	POISSONS	VERSEAU	SAGITTAIRE	18 CAPRICORNE
29 OCTOBRE	SCORPION	SCORPION	SCORPION	SCORPION	LION	POISSONS	VERSEAU	SAGITTAIRE	1 VERSEAU
30 OCTOBRE	SCORPION	SCORPION	SCORPION	SCORPION	LION	POISSONS	VERSEAU	SAGITTAIRE	15 VERSEAU
31 OCTOBRE	SCORPION	SCORPION	SCORPION	SCORPION	LION	POISSONS	VERSEAU	SAGITTAIRE	29 VERSEAU
1 NOVEMBRE	SCORPION	SCORPION	SCORPION	SCORPION	LION	POISSONS	VERSEAU	SAGITTAIRE	13 POISSONS
2 NOVEMBRE	SCORPION	SCORPION	SCORPION	SCORPION	LION	POISSONS	VERSEAU	SAGITTAIRE	28 POISSONS
3 NOVEMBRE	SCORPION	SCORPION	SCORPION	SCORPION	LION	POISSONS	VERSEAU	SAGITTAIRE	13 BÉLIER
4 NOVEMBRE	SCORPION	SCORPION	SCORPION	SCORPION	LION	POISSONS	VERSEAU	SAGITTAIRE	28 BÉLIER
5 NOVEMBRE	SCORPION	SCORPION	SCORPION	SCORPION	LION	POISSONS	VERSEAU	SAGITTAIRE	13 TAUREAU
6 NOVEMBRE	SCORPION	SCORPION	SCORPION	SCORPION	LION	POISSONS	VERSEAU	SAGITTAIRE	27 TAUREAU
7 NOVEMBRE	SCORPION	SCORPION	SCORPION	SCORPION	LION	POISSONS	VERSEAU	SAGITTAIRE	11 GÉMEAUX
8 NOVEMBRE	SCORPION	SCORPION	SCORPION	SCORPION	LION	POISSONS	VERSEAU	SAGITTAIRE	25 GÉMEAUX
9 NOVEMBRE	SCORPION	SCORPION	SCORPION	SCORPION	LION	POISSONS	VERSEAU	SAGITTAIRE	9 CANCER
10 NOVEMBRE	SCORPION	SCORPION	SCORPION	SCORPION	LION	POISSONS	VERSEAU	SAGITTAIRE	23 CANCER
11 NOVEMBRE	SCORPION	SCORPION	SCORPION	SCORPION	LION	POISSONS	VERSEAU	SAGITTAIRE	5 LION
12 NOVEMBRE	SCORPION	SCORPION	SCORPION	SCORPION	LION	POISSONS	VERSEAU	SAGITTAIRE	17 LION
13 NOVEMBRE	SCORPION	SCORPION	SCORPION	SCORPION	LION	POISSONS	VERSEAU	SAGITTAIRE	29 LION
14 NOVEMBRE	SCORPION	SCORPION	SCORPION	SCORPION	LION	POISSONS	VERSEAU	SAGITTAIRE	11 VIERGE
15 NOVEMBRE	SCORPION	SCORPION	SCORPION	SCORPION	LION	POISSONS	VERSEAU	SAGITTAIRE	23 VIERGE
16 NOVEMBRE	SCORPION	SCORPION	SCORPION	SCORPION	LION	POISSONS	VERSEAU	SAGITTAIRE	5 BALANCE
17 NOVEMBRE	SCORPION	SAGITTAIRE	SCORPION	SCORPION	LION	POISSONS	VERSEAU	SAGITTAIRE	17 BALANCE
18 NOVEMBRE	SCORPION	SAGITTAIRE	SCORPION	SCORPION	LION	POISSONS	VERSEAU	SAGITTAIRE	29 BALANCE
19 NOVEMBRE	SCORPION	SAGITTAIRE	SCORPION	SCORPION	LION	POISSONS	VERSEAU	SAGITTAIRE	11 SCORPION
20 NOVEMBRE	SCORPION	SAGITTAIRE	SCORPION	SCORPION	LION	POISSONS	VERSEAU	SAGITTAIRE	23 SCORPION
21 NOVEMBRE	SCORPION	SAGITTAIRE	SCORPION	SCORPION	LION	POISSONS	VERSEAU	SAGITTAIRE	6 SAGITTAIRE
22 NOVEMBRE	SCORPION	SAGITTAIRE	SCORPION	SCORPION	LION	POISSONS	VERSEAU	SAGITTAIRE	19 SAGITTAIRE

LE SOLEIL	ENTRE DANS LE SIGNE DU QUITTE LE SIGNE DU	SCORPION	LE 23 OCTOBRE LE 22 NOVEMBRE	2006	À 13 h 25 À 11 h 00	* LES CHIFFRES INDIQUENT LES DEGRÉS

DÉCOUVREZ DANS QUEL SIGNE SE TROUVAIENT LES PLANÈTES A VOTRE NAISSANCE

2007	MERCURE	VÉNUS	MARS	JUPITER	SATURNE	URANUS	NEPTUNE	PLUTON	LUNE*
23 OCTOBRE	SCORPION	VIERGE	CANCER	SAGITTAIRE	VIERGE	POISSONS	VERSEAU	SAGITTAIRE	22 POISSONS
24 OCTOBRE	BALANCE	VIERGE	CANCER	SAGITTAIRE	VIERGE	POISSONS	VERSEAU	SAGITTAIRE	7 BÉLIER
25 OCTOBRE	BALANCE	VIERGE	CANCER	SAGITTAIRE	VIERGE	POISSONS	VERSEAU	SAGITTAIRE	22 BÉLIER
26 OCTOBRE	BALANCE	VIERGE	CANCER	SAGITTAIRE	VIERGE	POISSONS	VERSEAU	SAGITTAIRE	7 TAUREAU
27 OCTOBRE	BALANCE	VIERGE	CANCER	SAGITTAIRE	VIERGE	POISSONS	VERSEAU	SAGITTAIRE	22 TAUREAU
28 OCTOBRE	BALANCE	VIERGE	CANCER	SAGITTAIRE	VIERGE	POISSONS	VERSEAU	SAGITTAIRE	7 GÉMEAUX
29 OCTOBRE	BALANCE	VIERGE	CANCER	SAGITTAIRE	VIERGE	POISSONS	VERSEAU	SAGITTAIRE	22 GÉMEAUX
30 OCTOBRE	BALANCE	VIERGE	CANCER	SAGITTAIRE	VIERGE	POISSONS	VERSEAU	SAGITTAIRE	7 CANCER
31 OCTOBRE	BALANCE	VIERGE	CANCER	SAGITTAIRE	VIERGE	POISSONS	VERSEAU	SAGITTAIRE	21 CANCER
1 NOVEMBRE	BALANCE	VIERGE	CANCER	SAGITTAIRE	VIERGE	POISSONS	VERSEAU	SAGITTAIRE	4 LION
2 NOVEMBRE	BALANCE	VIERGE	CANCER	SAGITTAIRE	VIERGE	POISSONS	VERSEAU	SAGITTAIRE	17 LION
3 NOVEMBRE	BALANCE	VIERGE	CANCER	SAGITTAIRE	VIERGE	POISSONS	VERSEAU	SAGITTAIRE	0 VIERGE
4 NOVEMBRE	BALANCE	VIERGE	CANCER	SAGITTAIRE	VIERGE	POISSONS	VERSEAU	SAGITTAIRE	12 VIERGE
5 NOVEMBRE	BALANCE	VIERGE	CANCER	SAGITTAIRE	VIERGE	POISSONS	VERSEAU	SAGITTAIRE	24 VIERGE
6 NOVEMBRE	BALANCE	VIERGE	CANCER	SAGITTAIRE	VIERGE	POISSONS	VERSEAU	SAGITTAIRE	6 BALANCE
7 NOVEMBRE	BALANCE	VIERGE	CANCER	SAGITTAIRE	VIERGE	POISSONS	VERSEAU	SAGITTAIRE	18 BALANCE
8 NOVEMBRE	BALANCE	VIERGE	CANCER	SAGITTAIRE	VIERGE	POISSONS	VERSEAU	SAGITTAIRE	0 SCORPION
9 NOVEMBRE	BALANCE	BALANCE	CANCER	SAGITTAIRE	VIERGE	POISSONS	VERSEAU	SAGITTAIRE	12 SCORPION
10 NOVEMBRE	BALANCE	BALANCE	CANCER	SAGITTAIRE	VIERGE	POISSONS	VERSEAU	SAGITTAIRE	24 SCORPION
11 NOVEMBRE	SCORPION	BALANCE	CANCER	SAGITTAIRE	VIERGE	POISSONS	VERSEAU	SAGITTAIRE	6 SAGITTAIRE
12 NOVEMBRE	SCORPION	BALANCE	CANCER	SAGITTAIRE	VIERGE	POISSONS	VERSEAU	SAGITTAIRE	18 SAGITTAIRE
13 NOVEMBRE	SCORPION	BALANCE	CANCER	SAGITTAIRE	VIERGE	POISSONS	VERSEAU	SAGITTAIRE	0 CAPRICORNE
14 NOVEMBRE	SCORPION	BALANCE	CANCER	SAGITTAIRE	VIERGE	POISSONS	VERSEAU	SAGITTAIRE	12 CAPRICORNE
15 NOVEMBRE	SCORPION	BALANCE	CANCER	SAGITTAIRE	VIERGE	POISSONS	VERSEAU	SAGITTAIRE	24 CAPRICORNE
16 NOVEMBRE	SCORPION	BALANCE	CANCER	SAGITTAIRE	VIERGE	POISSONS	VERSEAU	SAGITTAIRE	7 VERSEAU
17 NOVEMBRE	SCORPION	BALANCE	CANCER	SAGITTAIRE	VIERGE	POISSONS	VERSEAU	SAGITTAIRE	20 VERSEAU
18 NOVEMBRE	SCORPION	BALANCE	CANCER	SAGITTAIRE	VIERGE	POISSONS	VERSEAU	SAGITTAIRE	3 POISSONS
19 NOVEMBRE	SCORPION	BALANCE	CANCER	SAGITTAIRE	VIERGE	POISSONS	VERSEAU	SAGITTAIRE	16 POISSONS
20 NOVEMBRE	SCORPION	BALANCE	CANCER	SAGITTAIRE	VIERGE	POISSONS	VERSEAU	SAGITTAIRE	BÉLIER
21 NOVEMBRE	SCORPION	BALANCE	CANCER	SAGITTAIRE	VIERGE	POISSONS	VERSEAU	SAGITTAIRE	15 BÉLIER
22 NOVEMBRE	SCORPION	BALANCE	CANCER	SAGITTAIRE	VIERGE	POISSONS	VERSEAU	SAGITTAIRE	TAUREAU

LE SOLEIL	ENTRE DANS LE SIGNE DU QUITTE LE SIGNE DU	SCORPION	LE 23 OCTOBRE LE 22 NOVEMBRE	2007	À 19 h 15 À 16 h 45	* LES CHIFFRES INDIQUENT LES DEGRÉS

2008	MERCURE	VÉNUS	MARS	JUPITER	SATURNE	URANUS	NEPTUNE	PLUTON	LUNE*
23 OCTOBRE	BALANCE	SAGITTAIRE	SCORPION	CAPRICORNE	VIERGE	POISSONS	VERSEAU	SAGITTAIRE	26 LION
24 OCTOBRE	BALANCE	SAGITTAIRE	SCORPION	CAPRICORNE	VIERGE	POISSONS	VERSEAU	SAGITTAIRE	9 VIERGE
25 OCTOBRE	BALANCE	SAGITTAIRE	SCORPION	CAPRICORNE	VIERGE	POISSONS	VERSEAU	SAGITTAIRE	22 VIERGE
26 OCTOBRE	BALANCE	SAGITTAIRE	SCORPION	CAPRICORNE	VIERGE	POISSONS	VERSEAU	SAGITTAIRE	5 BALANCE
27 OCTOBRE	BALANCE	SAGITTAIRE	SCORPION	CAPRICORNE	VIERGE	POISSONS	VERSEAU	SAGITTAIRE	18 BALANCE
28 OCTOBRE	BALANCE	SAGITTAIRE	SCORPION	CAPRICORNE	VIERGE	POISSONS	VERSEAU	SAGITTAIRE	0 SCORPION
29 OCTOBRE	BALANCE	SAGITTAIRE	SCORPION	CAPRICORNE	VIERGE	POISSONS	VERSEAU	SAGITTAIRE	12 SCORPION
30 OCTOBRE	BALANCE	SAGITTAIRE	SCORPION	CAPRICORNE	VIERGE	POISSONS	VERSEAU	SAGITTAIRE	25 SCORPION
31 OCTOBRE	BALANCE	SAGITTAIRE	SCORPION	CAPRICORNE	VIERGE	POISSONS	VERSEAU	SAGITTAIRE	7 SAGITTAIRE
1 NOVEMBRE	BALANCE	SAGITTAIRE	SCORPION	CAPRICORNE	VIERGE	POISSONS	VERSEAU	SAGITTAIRE	19 SAGITTAIRE
2 NOVEMBRE	BALANCE	SAGITTAIRE	SCORPION	CAPRICORNE	VIERGE	POISSONS	VERSEAU	SAGITTAIRE	0 CAPRICORNE
3 NOVEMBRE	BALANCE	SAGITTAIRE	SCORPION	CAPRICORNE	VIERGE	POISSONS	VERSEAU	SAGITTAIRE	12 CAPRICORNE
4 NOVEMBRE	BALANCE	SAGITTAIRE	SCORPION	CAPRICORNE	VIERGE	POISSONS	VERSEAU	SAGITTAIRE	24 CAPRICORNE
5 NOVEMBRE	SCORPION	SAGITTAIRE	SCORPION	CAPRICORNE	VIERGE	POISSONS	VERSEAU	SAGITTAIRE	6 VERSEAU
6 NOVEMBRE	SCORPION	SAGITTAIRE	SCORPION	CAPRICORNE	VIERGE	POISSONS	VERSEAU	SAGITTAIRE	18 VERSEAU
7 NOVEMBRE	SCORPION	SAGITTAIRE	SCORPION	CAPRICORNE	VIERGE	POISSONS	VERSEAU	SAGITTAIRE	1 POISSONS
8 NOVEMBRE	SCORPION	SAGITTAIRE	SCORPION	CAPRICORNE	VIERGE	POISSONS	VERSEAU	SAGITTAIRE	14 POISSONS
9 NOVEMBRE	SCORPION	SAGITTAIRE	SCORPION	CAPRICORNE	VIERGE	POISSONS	VERSEAU	SAGITTAIRE	27 POISSONS
10 NOVEMBRE	SCORPION	SAGITTAIRE	SCORPION	CAPRICORNE	VIERGE	POISSONS	VERSEAU	SAGITTAIRE	11 BÉLIER
11 NOVEMBRE	SCORPION	SAGITTAIRE	SCORPION	CAPRICORNE	VIERGE	POISSONS	VERSEAU	SAGITTAIRE	25 BÉLIER
12 NOVEMBRE	SCORPION	SAGITTAIRE	SCORPION	CAPRICORNE	VIERGE	POISSONS	VERSEAU	SAGITTAIRE	10 TAUREAU
13 NOVEMBRE	SCORPION	CAPRICORNE	SCORPION	CAPRICORNE	VIERGE	POISSONS	VERSEAU	SAGITTAIRE	25 TAUREAU
14 NOVEMBRE	SCORPION	CAPRICORNE	SCORPION	CAPRICORNE	VIERGE	POISSONS	VERSEAU	SAGITTAIRE	10 GÉMEAUX
15 NOVEMBRE	SCORPION	CAPRICORNE	SCORPION	CAPRICORNE	VIERGE	POISSONS	VERSEAU	SAGITTAIRE	25 GÉMEAUX
16 NOVEMBRE	SCORPION	CAPRICORNE	SAGITTAIRE	CAPRICORNE	VIERGE	POISSONS	VERSEAU	SAGITTAIRE	10 CANCER
17 NOVEMBRE	SCORPION	CAPRICORNE	SAGITTAIRE	CAPRICORNE	VIERGE	POISSONS	VERSEAU	SAGITTAIRE	25 CANCER
18 NOVEMBRE	SCORPION	CAPRICORNE	SAGITTAIRE	CAPRICORNE	VIERGE	POISSONS	VERSEAU	SAGITTAIRE	9 LION
19 NOVEMBRE	SCORPION	CAPRICORNE	SAGITTAIRE	CAPRICORNE	VIERGE	POISSONS	VERSEAU	SAGITTAIRE	23 LION
20 NOVEMBRE	SCORPION	CAPRICORNE	SAGITTAIRE	CAPRICORNE	VIERGE	POISSONS	VERSEAU	SAGITTAIRE	6 VIERGE
21 NOVEMBRE	SCORPION	CAPRICORNE	SAGITTAIRE	CAPRICORNE	VIERGE	POISSONS	VERSEAU	SAGITTAIRE	20 VIERGE

LE SOLEIL	ENTRE DANS LE SIGNE DU QUITTE LE SIGNE DU	SCORPION	LE 23 OCTOBRE LE 21 NOVEMBRE	2008	À 1 h 05 À 22 h 40	* LES CHIFFRES INDIQUENT LES DEGRÉS

DÉCOUVREZ DANS QUEL SIGNE SE TROUVAIENT LES PLANÈTES A VOTRE NAISSANCE

2009	MERCURE	VÉNUS	MARS	JUPITER	SATURNE	URANUS	NEPTUNE	PLUTON	LUNE*
23 OCTOBRE	BALANCE	BALANCE	LION	VERSEAU	VIERGE	POISSONS	VERSEAU	CAPRICORNE	3 CAPRICORNE
24 OCTOBRE	BALANCE	BALANCE	LION	VERSEAU	VIERGE	POISSONS	VERSEAU	CAPRICORNE	15 CAPRICORNE
25 OCTOBRE	BALANCE	BALANCE	LION	VERSEAU	VIERGE	POISSONS	VERSEAU	CAPRICORNE	26 CAPRICORNE
26 OCTOBRE	BALANCE	BALANCE	LION	VERSEAU	VIERGE	POISSONS	VERSEAU	CAPRICORNE	8 VERSEAU
27 OCTOBRE	BALANCE	BALANCE	LION	VERSEAU	VIERGE	POISSONS	VERSEAU	CAPRICORNE	20 VERSEAU
28 OCTOBRE	SCORPION	BALANCE	LION	VERSEAU	VIERGE	POISSONS	VERSEAU	CAPRICORNE	2 POISSONS
29 OCTOBRE	SCORPION	BALANCE	LION	VERSEAU	VIERGE	POISSONS	VERSEAU	CAPRICORNE	14 POISSONS
30 OCTOBRE	SCORPION	BALANCE	LION	VERSEAU	BALANCE	POISSONS	VERSEAU	CAPRICORNE	27 POISSONS
31 OCTOBRE	SCORPION	BALANCE	LION	VERSEAU	BALANCE	POISSONS	VERSEAU	CAPRICORNE	10 BÉLIER
1 NOVEMBRE	SCORPION	BALANCE	LION	VERSEAU	BALANCE	POISSONS	VERSEAU	CAPRICORNE	23 BÉLIER
2 NOVEMBRE	SCORPION	BALANCE	LION	VERSEAU	BALANCE	POISSONS	VERSEAU	CAPRICORNE	7 TAUREAU
3 NOVEMBRE	SCORPION	BALANCE	LION	VERSEAU	BALANCE	POISSONS	VERSEAU	CAPRICORNE	20 TAUREAU
4 NOVEMBRE	SCORPION	BALANCE	LION	VERSEAU	BALANCE	POISSONS	VERSEAU	CAPRICORNE	4 GÉMEAUX
5 NOVEMBRE	SCORPION	BALANCE	LION	VERSEAU	BALANCE	POISSONS	VERSEAU	CAPRICORNE	18 GÉMEAUX
6 NOVEMBRE	SCORPION	BALANCE	LION	VERSEAU	BALANCE	POISSONS	VERSEAU	CAPRICORNE	3 CANCER
7 NOVEMBRE	SCORPION	BALANCE	LION	VERSEAU	BALANCE	POISSONS	VERSEAU	CAPRICORNE	17 CANCER
8 NOVEMBRE	SCORPION	SCORPION	LION	VERSEAU	BALANCE	POISSONS	VERSEAU	CAPRICORNE	1 LION
9 NOVEMBRE	SCORPION	SCORPION	LION	VERSEAU	BALANCE	POISSONS	VERSEAU	CAPRICORNE	15 LION
10 NOVEMBRE	SCORPION	SCORPION	LION	VERSEAU	BALANCE	POISSONS	VERSEAU	CAPRICORNE	29 LION
11 NOVEMBRE	SCORPION	SCORPION	LION	VERSEAU	BALANCE	POISSONS	VERSEAU	CAPRICORNE	13 VIERGE
12 NOVEMBRE	SCORPION	SCORPION	LION	VERSEAU	BALANCE	POISSONS	VERSEAU	CAPRICORNE	27 VIERGE
13 NOVEMBRE	SCORPION	SCORPION	LION	VERSEAU	BALANCE	POISSONS	VERSEAU	CAPRICORNE	11 BALANCE
14 NOVEMBRE	SCORPION	SCORPION	LION	VERSEAU	BALANCE	POISSONS	VERSEAU	CAPRICORNE	24 BALANCE
15 NOVEMBRE	SCORPION	SCORPION	LION	VERSEAU	BALANCE	POISSONS	VERSEAU	CAPRICORNE	8 SCORPION
16 NOVEMBRE	SAGITTAIRE	SCORPION	LION	VERSEAU	BALANCE	POISSONS	VERSEAU	CAPRICORNE	21 SCORPION
17 NOVEMBRE	SAGITTAIRE	SCORPION	LION	VERSEAU	BALANCE	POISSONS	VERSEAU	CAPRICORNE	4 SAGITTAIRE
18 NOVEMBRE	SAGITTAIRE	SCORPION	LION	VERSEAU	BALANCE	POISSONS	VERSEAU	CAPRICORNE	16 SAGITTAIRE
19 NOVEMBRE	SAGITTAIRE	SCORPION	LION	VERSEAU	BALANCE	POISSONS	VERSEAU	CAPRICORNE	29 SAGITTAIRE
20 NOVEMBRE	SAGITTAIRE	SCORPION	LION	VERSEAU	BALANCE	POISSONS	VERSEAU	CAPRICORNE	11 CAPRICORNE
21 NOVEMBRE	SAGITTAIRE	SCORPION	LION	VERSEAU	BALANCE	POISSONS	VERSEAU	CAPRICORNE	22 CAPRICORNE
22 NOVEMBRE	SAGITTAIRE	SCORPION	LION	VERSEAU	BALANCE	POISSONS	VERSEAU	CAPRICORNE	4 VERSEAU

LE SOLEIL	ENTRE DANS LE SIGNE DU	SCORPION	LE 23 OCTOBRE	2009	À 6 h 40	* LES CHIFFRES INDIQUENT LES DEGRÉS
	QUITTE LE SIGNE DU		LE 22 NOVEMBRE		À 4 h 20	

2010	MERCURE	VÉNUS	MARS	JUPITER	SATURNE	URANUS	NEPTUNE	PLUTON	LUNE*
23 OCTOBRE	SCORPION	SCORPION	SCORPION	POISSONS	BALANCE	POISSONS	VERSEAU	CAPRICORNE	5 TAUREAU
24 OCTOBRE	SCORPION	SCORPION	SCORPION	POISSONS	BALANCE	POISSONS	VERSEAU	CAPRICORNE	18 TAUREAU
25 OCTOBRE	SCORPION	SCORPION	SCORPION	POISSONS	BALANCE	POISSONS	VERSEAU	CAPRICORNE	0 GÉMEAUX
26 OCTOBRE	SCORPION	SCORPION	SCORPION	POISSONS	BALANCE	POISSONS	VERSEAU	CAPRICORNE	13 GÉMEAUX
27 OCTOBRE	SCORPION	SCORPION	SCORPION	POISSONS	BALANCE	POISSONS	VERSEAU	CAPRICORNE	26 GÉMEAUX
28 OCTOBRE	SCORPION	SCORPION	SAGITTAIRE	POISSONS	BALANCE	POISSONS	VERSEAU	SAGITTAIRE	10 CANCER
29 OCTOBRE	SCORPION	SCORPION	SAGITTAIRE	POISSONS	BALANCE	POISSONS	VERSEAU	CAPRICORNE	23 CANCER
30 OCTOBRE	SCORPION	SCORPION	SAGITTAIRE	POISSONS	BALANCE	POISSONS	VERSEAU	CAPRICORNE	7 LION
31 OCTOBRE	SCORPION	SCORPION	SAGITTAIRE	POISSONS	BALANCE	POISSONS	VERSEAU	CAPRICORNE	21 LION
1 NOVEMBRE	SCORPION	SCORPION	SAGITTAIRE	POISSONS	BALANCE	POISSONS	VERSEAU	CAPRICORNE	5 VIERGE
2 NOVEMBRE	SCORPION	SCORPION	SAGITTAIRE	POISSONS	BALANCE	POISSONS	VERSEAU	CAPRICORNE	20 VIERGE
3 NOVEMBRE	SCORPION	SCORPION	SAGITTAIRE	POISSONS	BALANCE	POISSONS	VERSEAU	CAPRICORNE	4 BALANCE
4 NOVEMBRE	SCORPION	SCORPION	SAGITTAIRE	POISONS	BALANCE	POISSONS	VERSEAU	CAPRICORNE	19 BALANCE
5 NOVEMBRE	SCORPION	SCORPION	SAGITTAIRE	POISSONS	BALANCE	POISSONS	VERSEAU	CAPRICORNE	4 SCORPION
6 NOVEMBRE	SCORPION	SCORPION	SAGITTAIRE	POISSONS	BALANCE	POISSONS	VERSEAU	CAPRICORNE	18 SCORPION
7 NOVEMBRE	SCORPION	SCORPION	SAGITTAIRE	POISSONS	BALANCE	POISSONS	VERSEAU	CAPRICORNE	2 SAGITTAIRE
8 NOVEMBRE	SCORPION	BALANCE	SAGITTAIRE	POISSONS	BALANCE	POISSONS	VERSEAU	CAPRICORNE	16 SAGITTAIRE
9 NOVEMBRE	SAGITTAIRE	BALANCE	SAGITTAIRE	POISSONS	BALANCE	POISSONS	VERSEAU	CAPRICORNE	29 SAGITTAIRE
10 NOVEMBRE	SAGITTAIRE	BALANCE	SAGITTAIRE	POISSONS	BALANCE	POISSONS	VERSEAU	CAPRICORNE	12 CAPRICORNE
11 NOVEMBRE	SAGITTAIRE	BALANCE	SAGITTAIRE	POISSONS	BALANCE	POISSONS	VERSEAU	CAPRICORNE	25 CAPRICORNE
12 NOVEMBRE	SAGITTAIRE	BALANCE	SAGITTAIRE	POISSONS	BALANCE	POISSONS	VERSEAU	CAPRICORNE	7 VERSEAU
13 NOVEMBRE	SAGITTAIRE	BALANCE	SAGITTAIRE	POISSONS	BALANCE	POISSONS	VERSEAU	CAPRICORNE	19 VERSEAU
14 NOVEMBRE	SAGITTAIRE	BALANCE	SAGITTAIRE	POISSONS	BALANCE	POISSONS	VERSEAU	CAPRICORNE	1 POISSONS
15 NOVEMBRE	SAGITTAIRE	BALANCE	SAGITTAIRE	POISSONS	BALANCE	POISSONS	VERSEAU	CAPRICORNE	13 POISSONS
16 NOVEMBRE	SAGITTAIRE	BALANCE	SAGITTAIRE	POISSONS	BALANCE	POISSONS	VERSEAU	CAPRICORNE	25 POISSONS
17 NOVEMBRE	SAGITTAIRE	BALANCE	SAGITTAIRE	POISSONS	BALANCE	POISSONS	VERSEAU	CAPRICORNE	7 BÉLIER
18 NOVEMBRE	SAGITTAIRE	BALANCE	SAGITTAIRE	POISSONS	BALANCE	POISSONS	VERSEAU	CAPRICORNE	19 BÉLIER
19 NOVEMBRE	SAGITTAIRE	BALANCE	SAGITTAIRE	POISSONS	BALANCE	POISSONS	VERSEAU	CAPRICORNE	1 TAUREAU
20 NOVEMBRE	SAGITTAIRE	BALANCE	SAGITTAIRE	POISSONS	BALANCE	POISSONS	VERSEAU	CAPRICORNE	14 TAUREAU
21 NOVEMBRE	SAGITTAIRE	BALANCE	SAGITTAIRE	POISSONS	BALANCE	POISSONS	VERSEAU	CAPRICORNE	27 TAUREAU
22 NOVEMBRE	SAGITTAIRE	BALANCE	SAGITTAIRE	POISSONS	BALANCE	POISSONS	VERSEAU	CAPRICORNE	10 GÉMEAUX

LE SOLEIL	ENTRE DANS LE SIGNE DU	SCORPION	LE 23 OCTOBRE	2010	À 12 h 30	* LES CHIFFRES INDIQUENT LES DEGRÉS
	QUITTE LE SIGNE DU		LE 22 NOVEMBRE		À 10 h 10	

Une prison de Piranèse : c'est la torture, l'univers sans espoir et les ténèbres de Pluton.

Comment interpréter Pluton dans les Signes

Pluton en Scorpion

La plus lointaine de nos grandes planètes a transité en Scorpion de 1984 à 1995. En principe, elle est bien placée dans le signe dont elle est la maîtresse.

En astrologie mondiale, cette position plutonienne donne naissance à une civilisation tout-à-fait nouvelle, totalement différente de celle que nous connaissons. Au prix de quels bouleversements ! Nous avons vu le triomphe de l'énergie atomique avec ses dérives prévisibles, la catastrophe de Tchernobyl en 1986, par exemple, (l'ère du plutonium, ce n'est pas un hasard si cet élément tire son nom du dieu des Enfers... !).

Auparavant, le transit de Pluton en Balance a déséquilibré la Balance. Certains astrologues, partant du fait que le signe de la Balance est le douzième à partir du Scorpion (technique des Maisons dérivées, en prenant le Scorpion comme Maison 1), pensent que l'action de Pluton en Balance est désastreuse, violente et néfaste.

Pluton a le sexe dans ses attributions : ses transits en Balance (signe vénusien) et en Scorpion (Vénus en exil) ont amené une révolution dans les mœurs sexuelles, et des maux en ont découlé : le Sida, entre autres.

Pluton en Sagittaire

L'idéalisme du Sagittaire sublime la sexualité plutonienne et attire vers le haut les forces d'en-bas. L'optimisme du signe arrache Pluton à la contemplation morbide de la mort, et le natif s'engage activement au nom d'un idéal, d'une mystique qu'il lutte pour propager.

Pluton en Capricorne

En astrologie mondiale, bouleversements politiques importants. En astrologie individuelle, Pluton soutient l'ambition du natif qui profite d'une crise, d'un bouleversement, d'une période de trouble, pour arriver au pouvoir (s'il est bien aspecté). Ce peut être aussi un de ces hommes politiques insubmersibles, qui émergent de chaque crise, de chaque échec, de chaque scandale, que le ridicule ou la défaite ne tuent jamais...

Pluton en Verseau

Le natif est affecté par des bouleversements sociaux violents, une révolution, une crise politique.

Affligé, Pluton en Verseau présage la mort d'une amitié (au sens réel, physique du terme, ou bien au sens figuré).

Pluton en Poissons

Grande affinité entre ce signe d'Eau, secret et mystique, et notre Pluton qui possède également ces caractéristiques.

Développe considérablement l'intuition et les perceptions extra-sensorielles et parapsychologiques du natif. Celui-ci, extrêmement idéaliste, peut être un mystique, un sage, ou un illuminé (selon les aspects).

Sur le plan mondial, bouleversement des religions traditionnelles.

Pluton en Bélier

L'astre est tout ce qu'il y a de dignifié dans ce signe, au point que certains astrologues, peu après sa découverte, ont voulu le donner comme maître au Bélier. C'était méconnaître la nature secrète de cette planète, qui convient mieux au Scorpion.

Ce signe de Feu, martien, lorsqu'il abrite Pluton, renforce les ressources énergétiques de la personnalité. Le natif met ses puissantes forces instinctives au service d'une révolution, d'une rénovation (ou d'une destruction, si Pluton est mal aspecté).

Pluton transitera en Bélier en 2070. Certains pensent qu'il présidera à une nouvelle forme de civilisation, totalement différente de la nôtre actuellement.

Pluton en Taureau

Mauvaise auberge pour Pluton, qui se retrouve ici en compagnie de la Lune et de Vénus, deux astres trop éloignés des valeurs plutoniennes. Pluton maléficie Vénus, d'où une sexualité perverse (si d'autres aspects dans le thème le confirment). Il maléficie aussi la possessivité du Taureau, dans son rapport avec l'argent. De fait, Pluton transita en Taureau de 1853 à 1883, présidant à l'essort du capitalisme dans ce qu'il avait de plus brutal et de plus odieux.

Pluton en Taureau s'interprète donc comme une course à l'argent et aux jouissances. Sa nature de mort l'oppose complètement au signe du Taureau, qui est vie ; et, dans cette position, il se retrouve opposé à son royaume, le Scorpion. Le résultat en est une très vive tension sur cet axe vital.

Pluton en Gémeaux

La planète parcourut ce signe de 1883 à 1914, et inaugura l'ère des transports aériens. L'aviation est née à cette époque ! Pluton en signe d'Air a donc présidé la maîtrise du ciel... Mais son influence était secrète, puisqu'il n'était pas encore découvert !

Sur le plan individuel, Pluton n'est pas très bien placé dans l'Air léger des Gémeaux ; en tout cas, il y semble affaibli. Il donne au natif un certain « tracassin », un esprit inquiet, voyeur, intéressé par le sexe et par le crime... pour le meilleur ou pour le pire, suivant les bons ou mauvais aspects.

Pluton en Cancer

La bête fut débusquée dans ce signe-là ! Où elle semble être très puissante. D'abord, parce qu'il existe certaines affinités entre Pluton et le Cancer, signe d'Eau, signe de secret; signe de nuit (le Cancer est analogique de la Maison IV, au Fond-du-Ciel, à minuit). Ensuite, parce que cette position de l'astre le met au trigone de son signe officiel, le Scorpion.

Dans un thème individuel, Pluton en Cancer donne une vive intuition au natif, un goût du secret, le prédispose à l'occultisme et à la parapsychologie.

Dans ce signe d'Eau fertile, Pluton développe la fécondité du natif, et a une heureuse influence sur la sexualité vécue dans le foyer (s'il est bien aspecté). Il prolonge la vitalité sexuelle jusqu'à la mort.

En astrologie mondiale, Pluton a influencé les débuts de la Révolution chinoise (la Chine est un pays Cancer-Balance, avec la Balance à l'Ascendant et le Cancer au Milieu-du-Ciel).

Pluton en Lion

De 1937 à 1956-1958. Pluton égale destruction-reconstruction, et Lion égale royauté. En astrologie mondiale, disparition pendant ce laps de temps d'un certain nombre de monarchies anciennes balayées par des régimes nouveaux.[1]

Il semble que le Soleil, le plus brillant des luminaires, donne une certaine influence à Pluton. Son transit a eu lieu lors de la Seconde Guerre mondiale, à mettre au passif des effets destructeurs de la planète.

En astrologie individuelle, Pluton apporte réussite et honneurs dans les professions « plutoniennes », et dans la Maison concernée (s'il est bien aspecté).

Pluton affligé en Lion signifie, sur le plan affectif individuel, une fin cruelle des amours (surtout avec de mauvais aspects de Vénus, la Lune et Mars).

Pluton en Vierge

Ce signe accueillit Pluton de 1956 à 1971. En astrologie mondiale, on a vu l'influence de Pluton sur la médecine (spécialité de la Vierge). Echecs multipliés de la médecine officielle issue de Pasteur, remise en question et battue en brèche par le développement des médecines douces, c'est-à-dire naturelles.

Le maître de la Vierge, Mercure, significateur de l'adolescence et des communications, ainsi lié à Pluton par ce transit, semble avoir influé sur la crise de la jeunesse et le développement extraordinaire des voyages.

La Vierge étant un signe de stérilité, le transit de Pluton a coincidé avec le développement de la contraception.

Sur le plan individuel, Pluton affligé peut donc provoquer la stérilité chez le natif, ainsi que des problèmes de l'appareil génital. Bien aspecté, il aiguise son esprit critique et pénétrant, et le pousse vers les métiers de la médecine, et ceux du nucléaire.

Pluton en Balance

Nous y sommes passés en 1978 et on ne mesure pas encore ses effets sur les changements du comportement amoureux.

De fait, Pluton n'est guère compatible avec la Balance, vénusienne, saturnienne et aérienne. Ce signe social et sociable ne peut que souffrir de l'agressivité révolutionnaire de la planète.

Dans un thème individuel, cette position concerne surtout les contrats et les mariages (plusieurs mariages...).

1. Hadès, *Pluton ou les grands mystères,* éditions Bussière.

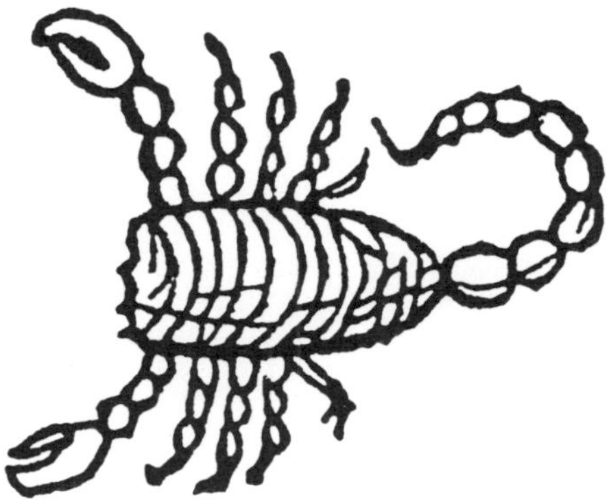

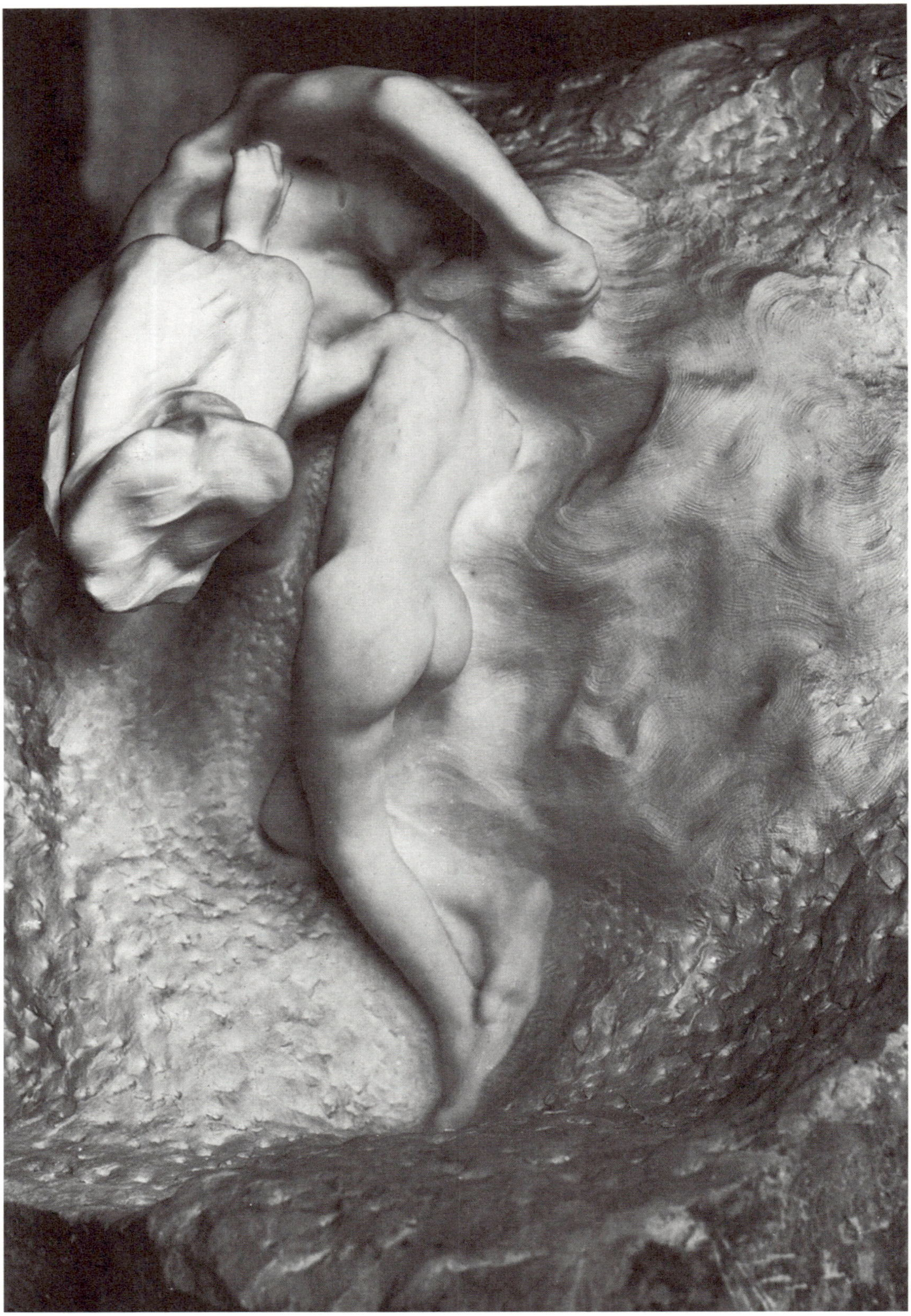

Rodin, natif du Scorpion, a figuré la Terre et la Lune *comme un couple passionnément enlacé pour l'éternité.*

Comment utiliser vos heure et lieu de naissance pour déterminer le signe zodiacal de la Lune

Votre heure solaire de naissance (déjà calculée pour votre Ascendant) .... H
Rectification de cette heure d'après la carte de géographie mondiale
et en fonction de votre lieu de naissance (p. 8-9) .... H *

Par exemple, si vous êtes né(e) en Egypte, vous vous reportez à ce pays sur la carte des pages 8 et 9; vous suivez le trait vertical vers le haut et vous lisez ***Retranchez 2h.*** *Vous inscrivez donc — 2 h, ci-contre.*

Soit l'heure de Greenwich correspondant à votre heure
solaire de naissance : (HG) .... H **

* Si cette valeur est supérieure à votre heure solaire de naissance et que vous devez la retrancher, il vous suffit d'ajouter d'abord 24 heures à votre heure solaire de naissance :
4 h 30 — 6 h soit 4 h 30 + 24 h = 28 h 30 — 6 h = **22 h 30**
** Si ce total est supérieur à 24 heures, vous retranchez simplement 24 heures :
19 h + 7 h = 26 h — 24 h = **2 h**

Par simple lecture du tableau ci-dessous vous trouvez alors le nombre de degrés zodiacaux à ajouter ou à retrancher du nombre indiqué par la Table pour obtenir le signe zodiacal final de la Lune à votre naissance.

Si l'heure de Greenwich (HG) est comprise entre ▼	et ▼	Voici l'opération que vous effectuez ▼	
0 h	1 h 30	Vous retranchez	6 degrés
1 h 31	3 h 30	Vous retranchez	5 degrés
3 h 31	5 h 30	Vous retranchez	4 degrés
5 h 31	7 h 30	Vous retranchez	3 degrés
7 h 31	9 h 30	Vous retranchez	2 degrés
9 h 31	11 h 30	Vous retranchez	1 degré
11 h 31	12 h 30	Aucun changement	
12 h 31	14 h 30	Vous ajoutez	1 degré
14 h 31	16 h 30	Vous ajoutez	2 degrés
16 h 31	18 h 30	Vous ajoutez	3 degrés
18 h 31	20 h 30	Vous ajoutez	4 degrés
20 h 31	22 h 30	Vous ajoutez	5 degrés
22 h 31	0 h 00	Vous ajoutez	6 degrés

Exemple : Lune à 27° du Capricorne pour une naissance à Mexico à 15 heures solaires. L'heure Greenwich correspondante est égale à 15 h + 6 h 30 = 21 h 30 qui se situent entre 20 h 31 et 22 h 30, et l'on doit ajouter 5 degrés zodiacaux soit 27° Capricorne + 5 = 32 et 32 = 30 + 2, soit Lune à 2 degrés du Verseau = Lune en Verseau.

Ce superbe bas-relief du Quattrocento montre la dualité que peut ressentir un natif du Scorpion face à lui-même : les deux serpents s'annulent puisqu'ils se combattent.

Généralités sur les aspects planétaires

Dans leur mouvement autour du Soleil, les planètes occupent des positions différentes les unes par rapport aux autres.

Les aspects planétaires correspondent à certaines de ces positions vues de la Terre, c'est-à-dire en fonction du signe zodiacal occupé par chaque planète.

Certains écarts entre deux planètes constituent des aspects harmoniques.

Dans ce cas, les énergies des deux planètes se combinent aisément et s'enrichissent mutuellement; il existe une heureuse possibilité de développement des facultés physiques et psychologiques correspondant à ces deux planètes.

D'autres écarts entre planètes constituent des aspects dissonants.

Dans ce cas, les énergies des deux planètes entrent en conflit et ne parviennent pas à s'associer positivement; il se produit un excès ou une carence des facultés planétaires correspondantes.

Vous trouverez dans les tableaux d'aspects ci-après la nature harmonique (H) ou dissonante (D) des aspects que formaient, à votre naissance, les différentes planètes entre elles.

Dans certains cas, les planètes ne forment aucun aspect, ce qui correspond aux zones vides des tableaux.

Si, par exemple, vous désirez connaître la nature de l'aspect éventuel que formait Jupiter en Cancer avec Mars en Poissons, vous utilisez le tableau « Si vous avez une planète dans le Cancer ».

Vous cherchez la ligne Mars dans ce tableau, et à la colonne Poissons vous lisez H, ce qui signifie que Jupiter et Mars ont entre eux un aspect harmonique.

Au cas où les deux planètes sont dans la même ligne, vous utilisez le tableau spécial dont l'emploi se passe de commentaire.

La recherche de la signification des aspects constitue une exploration nouvelle et enrichissante de votre personnalité.

Vous pouvez en retirer une connaissance très utile des forces qui, en vous, se complètent ou s'opposent, ce qui vous donne la possibilité de les exprimer encore mieux.

QUALITÉ DES ASPECTS LORSQUE DEUX PLANÈTES SE TROUVENT DANS LE MÊME SIGNE ZODIACAL

	PLANÈTE DANS LE SIGNE ZODIACAL									
AUTRES PLANÈTES DANS LE MÊME SIGNE	SOLEIL	LUNE	MERCURE	VÉNUS	MARS	JUPITER	SATURNE	URANUS	NEPTUNE	PLUTON
SOLEIL		H	H	H	D	H	D	D	H	D
LUNE	H		H	H	D	H	D	D	H	D
MERCURE	H	H		H	D	H	D	D	H	D
VÉNUS	H	H	H		D	H	D	D	H	D
MARS	D	D	D	D		D	D	D	D	D
JUPITER	H	H	H	H	D		D	D	H	D
SATURNE	D	D	D	D	D	D		D	D	D
URANUS	D	D	D	D	D	D	D		D	D
NEPTUNE	H	H	H	H	D	H	D	D		D
PLUTON	D	D	D	D	D	D	D	D	D	

SI VOUS AVEZ UNE PLANÈTE DANS LE BÉLIER

Elle a les aspects suivants avec les autres Planètes dans les autres signes	BÉLIER	TAUREAU	GÉMEAUX	CANCER	LION	VIERGE	BALANCE	SCORPION	SAGITTAIRE	CAPRICORNE	VERSEAU	POISSONS
SOLEIL			H	D	H		D		H	D	H	
LUNE	VOIR TABLEAU SPÉCIAL		H	D	H		D		H	D	H	
MERCURE			H	D	H		D		H	D	H	
VÉNUS			H	D	H		D		H	D	H	
MARS			H	D	H		D		H	D	H	
JUPITER			H	D	H		D		H	D	H	
SATURNE			H	D	H		D		H	D	H	
URANUS			H	D	H		D		H	D	H	
NEPTUNE			H	D	H		D		H	D	H	
PLUTON			H	D	H		D		H	D	H	

SI VOUS AVEZ UNE PLANÈTE DANS LE TAUREAU

Elle a les aspects suivants avec les autres Planètes dans les autres signes	BÉLIER	TAUREAU	GÉMEAUX	CANCER	LION	VIERGE	BALANCE	SCORPION	SAGITTAIRE	CAPRICORNE	VERSEAU	POISSONS
SOLEIL				H	D	H		D		H	D	H
LUNE		VOIR TABLEAU SPÉCIAL		H	D	H		D		H	D	H
MERCURE				H	D	H		D		H	D	H
VÉNUS				H	D	H		D		H	D	H
MARS				H	D	H		D		H	D	H
JUPITER				H	D	H		D		H	D	H
SATURNE				H	D	H		D		H	D	H
URANUS				H	D	H		D		H	D	H
NEPTUNE				H	D	H		D		H	D	H
PLUTON				H	D	H		D		H	D	H

SI VOUS AVEZ UNE PLANÈTE DANS LES GÉMEAUX

Elle a les aspects suivants avec les autres Planètes dans les autres signes	BÉLIER	TAUREAU	GÉMEAUX	CANCER	LION	VIERGE	BALANCE	SCORPION	SAGITTAIRE	CAPRICORNE	VERSEAU	POISSONS
SOLEIL	H				H	D	H		D		H	D
LUNE	H		VOIR TABLEAU SPÉCIAL		H	D	H		D		H	D
MERCURE	H				H	D	H		D		H	D
VÉNUS	H				H	D	H		D		H	D
MARS	H				H	D	H		D		H	D
JUPITER	H				H	D	H		D		H	D
SATURNE	H				H	D	H		D		H	D
URANUS	H				H	D	H		D		H	D
NEPTUNE	H				H	D	H		D		H	D
PLUTON	H				H	D	H		D		H	D

SI VOUS AVEZ UNE PLANÈTE DANS LE CANCER

Elle a les aspects suivants avec les autres Planètes dans les autres signes	BÉLIER	TAUREAU	GÉMEAUX	CANCER	LION	VIERGE	BALANCE	SCORPION	SAGITTAIRE	CAPRICORNE	VERSEAU	POISSONS
SOLEIL	D	H		VOIR TABLEAU SPÉCIAL		H	D	H		D		H
LUNE	D	H				H	D	H		D		H
MERCURE	D	H				H	D	H		D		H
VÉNUS	D	H				H	D	H		D		H
MARS	D	H				H	D	H		D		H
JUPITER	D	H				H	D	H		D		H
SATURNE	D	H				H	D	H		D		H
URANUS	D	H				H	D	H		D		H
NEPTUNE	D	H				H	D	H		D		H
PLUTON	D	H				H	D	H		D		H

SI VOUS AVEZ UNE PLANÈTE DANS LE LION

Elle a les aspects suivants avec les autres Planètes dans les autres signes	BÉLIER	TAUREAU	GÉMEAUX	CANCER	LION	VIERGE	BALANCE	SCORPION	SAGITTAIRE	CAPRICORNE	VERSEAU	POISSONS
SOLEIL	H	D	H		VOIR TABLEAU SPÉCIAL		H	D	H		D	
LUNE	H	D	H				H	D	H		D	
MERCURE	H	D	H				H	D	H		D	
VÉNUS	H	D	H				H	D	H		D	
MARS	H	D	H				H	D	H		D	
JUPITER	H	D	H				H	D	H		D	
SATURNE	H	D	H				H	D	H		D	
URANUS	H	D	H				H	D	H		D	
NEPTUNE	H	D	H				H	D	H		D	
PLUTON	H	D	H				H	D	H		D	

SI VOUS AVEZ UNE PLANÈTE DANS LA VIERGE

Elle a les aspects suivants avec les autres Planètes dans les autres signes	BÉLIER	TAUREAU	GÉMEAUX	CANCER	LION	VIERGE	BALANCE	SCORPION	SAGITTAIRE	CAPRICORNE	VERSEAU	POISSONS
SOLEIL		H	D	H		VOIR TABLEAU SPÉCIAL		H	D	H		D
LUNE		H	D	H				H	D	H		D
MERCURE		H	D	H				H	D	H		D
VÉNUS		H	D	H				H	D	H		D
MARS		H	D	H				H	D	H		D
JUPITER		H	D	H				H	D	H		D
SATURNE		H	D	H				H	D	H		D
URANUS		H	D	H				H	D	H		D
NEPTUNE		H	D	H				H	D	H		D
PLUTON		H	D	H				H	D	H		D

SI VOUS AVEZ UNE PLANÈTE DANS LA BALANCE

Elle a les aspects suivants avec les autres Planètes dans les autres signes	BÉLIER	TAUREAU	GÉMEAUX	CANCER	LION	VIERGE	BALANCE	SCORPION	SAGITTAIRE	CAPRICORNE	VERSEAU	POISSONS
SOLEIL	D		H	D	H		VOIR TABLEAU SPÉCIAL		H	D	H	
LUNE	D		H	D	H				H	D	H	
MERCURE	D		H	D	H				H	D	H	
VÉNUS	D		H	D	H				H	D	H	
MARS	D		H	D	H				H	D	H	
JUPITER	D		H	D	H				H	D	H	
SATURNE	D		H	D	H				H	D	H	
URANUS	D		H	D	H				H	D	H	
NEPTUNE	D		H	D	H				H	D	H	
PLUTON	D		H	D	H				H	D	H	

SI VOUS AVEZ UNE PLANÈTE DANS LE SCORPION

Elle a les aspects suivants avec les autres Planètes dans les autres signes	BÉLIER	TAUREAU	GÉMEAUX	CANCER	LION	VIERGE	BALANCE	SCORPION	SAGITTAIRE	CAPRICORNE	VERSEAU	POISSONS
SOLEIL		D		H	D	H		VOIR TABLEAU SPÉCIAL		H	D	H
LUNE		D		H	D	H				H	D	H
MERCURE		D		H	D	H				H	D	H
VÉNUS		D		H	D	H				H	D	H
MARS		D		H	D	H				H	D	H
JUPITER		D		H	D	H				H	D	H
SATURNE		D		H	D	H				H	D	H
URANUS		D		H	D	H				H	D	H
NEPTUNE		D		H	D	H				H	D	H
PLUTON		D		H	D	H				H	D	H

SI VOUS AVEZ UNE PLANÈTE DANS LE SAGITTAIRE

Elle a les aspects suivants avec les autres Planètes dans les autres signes	BÉLIER	TAUREAU	GÉMEAUX	CANCER	LION	VIERGE	BALANCE	SCORPION	SAGITTAIRE	CAPRICORNE	VERSEAU	POISSONS
SOLEIL	H		D		H	D	H		VOIR TABLEAU SPÉCIAL		H	D
LUNE	H		D		H	D	H				H	D
MERCURE	H		D		H	D	H				H	D
VÉNUS	H		D		H	D	H				H	D
MARS	H		D		H	D	H				H	D
JUPITER	H		D		H	D	H				H	D
SATURNE	H		D		H	D	H				H	D
URANUS	H		D		H	D	H				H	D
NEPTUNE	H		D		H	D	H				H	D
PLUTON	H		D		H	D	H				H	D

SI VOUS AVEZ UNE PLANÈTE DANS LE CAPRICORNE

Elle a les aspects suivants avec les autres Planètes dans les autres signes	BÉLIER	TAUREAU	GÉMEAUX	CANCER	LION	VIERGE	BALANCE	SCORPION	SAGITTAIRE	CAPRICORNE	VERSEAU	POISSONS
SOLEIL	D	H		D		H	D	H		VOIR TABLEAU SPÉCIAL		H
LUNE	D	H		D		H	D	H				H
MERCURE	D	H		D		H	D	H				H
VÉNUS	D	H		D		H	D	H				H
MARS	D	H		D		H	D	H				H
JUPITER	D	H		D		H	D	H				H
SATURNE	D	H		D		H	D	H				H
URANUS	D	H		D		H	D	H				H
NEPTUNE	D	H		D		H	D	H				H
PLUTON	D	H		D		H	D	H				H

SI VOUS AVEZ UNE PLANÈTE DANS LE VERSEAU

Elle a les aspects suivants avec les autres Planètes dans les autres signes	BÉLIER	TAUREAU	GÉMEAUX	CANCER	LION	VIERGE	BALANCE	SCORPION	SAGITTAIRE	CAPRICORNE	VERSEAU	POISSONS
SOLEIL	H	D	H		D		H	D	H		VOIR TABLEAU SPÉCIAL	
LUNE	H	D	H		D		H	D	H			
MERCURE	H	D	H		D		H	D	H			
VÉNUS	H	D	H		D		H	D	H			
MARS	H	D	H		D		H	D	H			
JUPITER	H	D	H		D		H	D	H			
SATURNE	H	D	H		D		H	D	H			
URANUS	H	D	H		D		H	D	H			
NEPTUNE	H	D	H		D		H	D	H			
PLUTON	H	D	H		D		H	D	H			

SI VOUS AVEZ UNE PLANÈTE DANS LES POISSONS

Elle a les aspects suivants avec les autres Planètes dans les autres signes	BÉLIER	TAUREAU	GÉMEAUX	CANCER	LION	VIERGE	BALANCE	SCORPION	SAGITTAIRE	CAPRICORNE	VERSEAU	POISSONS
SOLEIL		H	D	H		D		H	D	H		VOIR TABLEAU SPÉCIAL
LUNE		H	D	H		D		H	D	H		
MERCURE		H	D	H		D		H	D	H		
VÉNUS		H	D	H		D		H	D	H		
MARS		H	D	H		D		H	D	H		
JUPITER		H	D	H		D		H	D	H		
SATURNE		H	D	H		D		H	D	H		
URANUS		H	D	H		D		H	D	H		
NEPTUNE		H	D	H		D		H	D	H		
PLUTON		H	D	H		D		H	D	H		

Le volcan est un des phénomènes naturels qui a le plus d'intérêt pour un natif du Scorpion, et pour cause : il explose, brutalement, sans prévenir, comme lui.

Comment interpréter les aspects de Pluton avec les autres Planètes

Ils sont essentiels, bien sûr, chez un natif du Scorpion, puisque Pluton est le prince de ce signe. Pour évaluer l'importance de l'astre dans un thème, regardez bien :

— S'il est dans une *Maison angulaire*, ou conjoint à un *Angle du Ciel* (Ascendant et Milieu-du-Ciel surtout) ; ou encore dans la *Maison VIII*, analogique du Scorpion, Maison de la mort et du sexe.

— S'il est conjoint à l'un des *luminaires*, Soleil ou Lune, et s'il est en aspect avec ces luminaires.

— Dans quel *signe* il se trouve ; il semble que Pluton développe une plus grande puissance dans les signes des luminaires, en Cancer (où son influence est augmentée par la Lune), et en Lion (où elle est également soutenue par le Soleil). Bien entendu, Pluton est superpuissant dans son signe, le Scorpion (voir le chapitre concerné).

Tout le monde n'est pas « plutonien », mais les natifs du Scorpion sont évidemment les plus sensibilisés à l'influence de cette planète. Regardez soigneusement les aspects que Pluton forme avec Mars, second maître du Scorpion, et avec Uranus, exalté dans le signe.

Pour interpréter Pluton, on part toujours de sa signification de base : il bouleverse tout ce qu'il touche (planètes et secteurs).

Les manuels d'astrologie ne parlent pas des aspects de Pluton, et pour cause, puisqu'il n'était pas encore découvert. Ceux de mes lecteurs qui veulent une plus ample information sur Pluton peuvent consulter *Pluton ou les grands mystères,* d'Hadès, aux éditions Bussière.

Aspects de Pluton avec l'Ascendant

Les bons aspects donnent au natif un solide fond de santé, une très grande résistance, qui lui permettent de récupérer après chaque maladie ou accident. Puissante sexualité et très grande séduction. Pluton conjoint à l'Ascendant marque bien entendu très fortement le natif du point de vue du caractère : farouchement indépendant, d'une très grande créativité, il a une volonté de fer qui brise tout ce qui lui résiste, un courage de Lion, et une ténacité... de Scorpion. Le natif est adoré ou détesté, il ne laisse personne indifférent. La moyenne des gens ne comprend absolument pas ses motivations, car il est très secret. Personnalité passionnée, qui veut toujours aller plus loin et que personne n'empêchera de tout savoir : on ne peut rien lui cacher. « Je veux tout, tout de suite, et pour toujours », disait la jeune Antigone — qui est sûrement la sainte patronne des plutoniens !

Aspects de Pluton avec le Milieu-du-Ciel

La conjonction agit très fortement sur la réussite sociale et professionnelle du natif. En général, elle amène un bouleversement, une crise profonde, qui démolit soit la carrière du natif, soit celle de ses voisins, lui permettant ainsi de se reconstruire une nouvelle position meilleure. Le natif profite d'une période de troubles pour se créer une situation de premier plan. Dans un « sauve-qui-peut » général, lui seul tient le bon bout et réussira à émerger. Il a l'étoffe d'un chef, l'ambition du pouvoir, il veut être le premier partout : il y arrivera.

Bien entendu, la conjonction doit être jugée d'après les aspects qu'elle forme avec le reste du thème. Le trigone et le sextile permettent au plutonien de se trouver des relations, puissantes et occultes, qui l'aideront à réussir. Ce que fait le natif trouve écho dans son groupe, son pays, il a l'intuition de son époque.

Les mauvais aspects retardent considérablement la réussite du sujet, qui, parfois, ne réussit qu'après sa mort. Ils peuvent signifier le chômage, des échecs de toutes sortes, un bouleversement complet de la carrière du natif ou de sa profession, et dont il est complètement victime. Le natif s'attire de toute façon avec Pluton de violentes inimitiés mais, dans ces cas de mauvais aspects, on peut craindre qu'elles ne lui nuisent profondément.

Pluton-Soleil

Conjonction Pluton-Soleil. Voilà une configuration vraiment très importante dans un thème. Association de l'ombre et de la lumière, des Enfers et du Ciel, la conjonction donne à celui qui en bénéficie une force profonde, une grande résistance intérieure. Elle lui permet de survivre à toutes les crises, de surmonter toutes les épreuves, avec une impitoyable ténacité. Le natif ne se décourage jamais ; après chaque désastre, il relève les ruines et recommence sa vie. D'où cet aspect haché, brisé, des vies de Plutoniens, comme s'ils vivaient plusieurs vies successives entrecoupées de désastres. Ils « refont leur vie » plusieurs fois, qu'elle soit sentimentale ou professionnelle.

Ne se laissant pas détourner du but qu'il a choisi, le Plutonien se fait détester, et ça lui est bien égal. Il sonde les reins et le cœur des gens, et ne mord pas à l'hameçon de la flatterie. C'est un grand intuitif, on ne peut rien lui cacher.

Doué pour toute activité créatrice demandant audace et initiative, le natif réussit bien dans les carrières de la justice et de la police, et aussi dans toute activité nocturne, mais cela dépend aussi du signe qui occupe la Maison X.

Sur le plan des affections, celles-ci risquent d'être détruites ou ravagées par des ruptures, la mort, le divorce, l'éloignement. Mais l'amour renaît de ses cendres, ou alors le natif retrouvera un autre amour. Dans un thème féminin, la conjonction Soleil-Pluton amène la native à rechercher inconsciemment les hommes plutoniens.

Lorsque cette conjonction est mal aspectée, c'est assez grave pour le propriétaire du thème. Tout en gardant son caractère sûr de lui, il est pris dans d'inextricables situations conflictuelles, dont le contrôle lui échappe tout à fait. Parfois, il est tenté par la délinquance, la destruction pour le plaisir de détruire, et même pas au nom d'un idéal de justice. Sans aller si loin, la conjonction dissonante fait du natif un être ballotté d'un échec inexplicable à un autre.

Trigone et sextile Pluton-Soleil. Les natifs font souvent cavalier seul, empruntant des chemins qui ne sont pas ceux de tout le monde. Leur énergie s'exerce dans des domaines peu connus, en marge des vérités officielles.

Très non-conformistes, ils ne se croient pas obligés de faire comme tout le monde, et savent résister à toutes les pressions sans se laisser séduire. Ils finissent par imposer leur propre vérité envers et contre tout. Ils tirent leurs forces d'une puissante sexualité, ce qui leur donne un magnétisme irrésistible. Ce sont des novateurs, des gens originaux, et même parfois des marginaux — dans une marginalité bien organisée cependant.

Ce sont des gens qui ont une grande cohérence interne, une grande capacité de réalisation. Ils sont à l'aise dans toute carrière où peut s'exercer leur indépendance, leur goût de la solitude, leur créativité. Parfois, on reconnaît leur génie après leur mort.

Sur le plan affectif, l'amour est souvent vécu dans l'ombre, et hors du mariage (selon le thème) : liaison secrète amenant un bouleversement profond.

Cette nature passionnée peut se surmener, et « brûler la chandelle par les deux bouts », usant ainsi prématurèment ses forces pourtant très importantes.

Carré ou opposition Pluton-Soleil. Aspect de tension très dur entre les forces inconscientes du natif et ses buts avoués. En lutte contre lui-même, il se comporte en révolté, et se lance à corps perdu dans des attitudes extrémistes. Tantôt il peut être puritain et fanatique (puisqu'il n'accepte pas, n'assume pas sa sexualité) ; tantôt il prend le maximum de libertés avec les lois privées et sociales, en estimant qu'il a tous les droits.

Personnalité en lutte contre elle-même, suscitant un sentiment de malaise autour d'elle, elle se fait d'irréductibles ennemis, très dangereux parce que occultes. Les tentations d'autodestruction sont très fortes.

En amour, dissociation de la chair et du cœur, de la chair et de l'esprit. Pornographie ou perversité, ou impuissance ou frigidité. En nativité féminine, risque de mort de l'amant ou du mari. Obsessions érotiques.

Du point de vue professionnel, le carré ou l'opposition Pluton-Soleil peuvent amener à travailler dans les milieux de la prostitution, de la drogue, etc. Avec un très bon thème, ce seront des professions médicales (comme la cancérologie), ou la police, ou la justice, qui permettent de sublimer les tentances destructrices.

Pluton-Lune

Conjonction Pluton-Lune. Elle donne une très grande puissance d'attraction au natif : personne ne résiste à son charme. Il a un fort rayonnement sur son entourage. Si la conjonction est bien aspectée, le natif est sympathique et dégage une sensualité généreuse... et débordante, car il ne la contrôle pas très bien.

Si la conjonction est mal aspectée, le natif est attiré par les milieux louches, les activités et les groupes marginaux (bons ou moins bons), les relations douteuses.

De toute façon, la conjonction donne une intuition aiguë, une forte émotivité, une propension à la révolte. Le natif a horreur des contraintes et il a un sens critique très vif. Sa personnalité est composée de tiroirs secrets, qu'il ne tire jamais complètement. Seuls peuvent le comprendre d'autres Plutoniens, ou des gens exceptionnellement intuitifs.

Le natif sera heureux s'il peut créer à sa guise, dans un domaine original où il fait cavalier seul. Il réussira dans tout travail le mettant en contact avec ce qui est souterrain, ce qui est caché (par analogie avec les Enfers dont Pluton est le dieu). Police, spéléologie, archéologie, travail en relation avec la mort, pompes funèbres, etc., avec la pollution (lutte contre celle-ci), avec la nuit.

Dans la vie conjugale et affective : destruction puis reconstruction du foyer.

Trigone et sextile Pluton-Lune. Le natif est, comme on dit Outre-Atlantique, *very popular*. Il plaît, il séduit. Il a des dons de guérisseur, beaucoup de « fluide ». Très psychologue, il sent très bien les gens, et a un contact exceptionnel avec le public.

Réussite dans la deuxième moitié de l'existence, dans un secteur de pointe, ou un « créneau » original, où le portera son intuition non conformiste et sa très vive créativité.

Carré et opposition Pluton-Lune. Contestataire. Objecte systématiquement à tout ce que propose la famille ou l'entourage. Son premier réflexe est de dire « non ». Devient extrémiste, anarchiste, desperado, marginal... paumé (selon le thème, bien sûr !). Le natif est volontiers « hors la loi ».

Eternellement en conflit avec lui-même, il est périodiquement tenté par l'autodestruction. Pourtant, sa révolte peut être constructive et féconde si d'autres aspects dans le thème lui permettent de s'intégrer positivement à une structure. Mais même avec un thème harmonique, c'est un aspect difficile à vivre pour le natif, engendrant une grande angoisse intérieure.

En nativité féminine, la quadrature et l'opposition peuvent signifier soit un refus d'assumer sa sexualité, soit une destruction du foyer, soit les deux. Parfois aussi la vie sexuelle se transforme en effroyable corvée, douloureuse et angoissante. Le natif ne réussit pas à harmoniser sa vie sexuelle et sa vie officielle. Aspect de mésentente sexuelle avec la conjointe, ou divorce consécutif à un adultère.

Le natif recherche les groupes rejetés par la société, ou bien souffre du racisme, ou encore travaille dans des secteurs dépréciés et dévalorisés, parfois même honteux (drogue, prostitution, criminalité diverse).

Pluton-Mercure

Conjonction Pluton-Mercure. Doué de facultés supra-normales, sensible aux perceptions extra-sensorielles, le natif voit les auras, sent les phénomènes à distance, rêve ce que personne ne sait, devine ce qui est caché. Avec Mercure conjoint à Pluton, le natif « voit » dans la nuit (cf. « Symbolique »). Il a un flair étonnant et, s'il est médecin, son diagnostic est sûr. Criminologie, psychiatrie, sciences occultes, spéléologie, volcanologie, géologie, physique nucléaire, ufologie..., le natif aime la poursuite de l'inconnu, les professions où règne une part de mystère, où il y a encore beaucoup à découvrir. Si la conjonction est mal aspectée, le natif peut être victime lui-même de ses pouvoirs paranormaux, et délirer complètement. Son mental peut aussi être occupé par des obsessions sexuelles : le natif est un « pornodidacte », un auteur érotique, grand amateur de toutes les sensations fortes.

Le natif porte en lui un radar ultra-sensible pour détecter tout ce qui est vicieux ou pollué. Il devine toujours qui est l'assassin, et qui a menti, et qui veut le piéger. La conjonction Pluton-Mercure ne favorise pas la vie conjugale, parce que le natif a besoin de mouvement, de changements... Souvent, son adolescence est difficile.

Trigone et sextile Pluton-Mercure. Ces deux aspects sont beaucoup plus bénéfiques que la conjonction. Ils signent un très intelligent personnage, très doué pour l'analyse et la recherche. Le sujet a un sens critique aigu, il est extrêmement perspicace, et se laisse rarement tromper. Le bluff ne prend pas avec lui. Il saisit très bien les motivations des gens derrière les apparences.

Dons pour la préhistoire, l'océanographie, la volcanologie, l'ufologie, la parapsychologie, la neurologie, la psychiatrie, la tératologie... Le natif, passionné par l'inconnu, aime les voyages dans les pays inexplorés, les enquêtes dans les milieux ignorés du grand public. Tout ce qui touche aux phénomènes ondulatoires le passionne, c'est pourquoi on le retrouve souvent dans les professions de radiologie, de nucléaire, etc. Le sens général de Mercure en bon aspect à Pluton est l'« étude méthodique de l'Invisible ».

Trigone et sextile jouent peu ici sur le plan affectif. Adolescent, le natif se fait remarquer par sa boulimie de connaissances, il dévore tous les livres qui lui tombent sous la main, sa curiosité intellectuelle et humaine est insatiable. Sera-t-elle jamais satisfaite ? Non, si c'est un Plutonien ou un Scorpion...

Carré et opposition Pluton-Mercure. Le natif garde son sens critique, mais celui-ci débouche sur une amère lucidité, plutôt que sur une œuvre constructrice. Son esprit de contradiction engendre des brouilles avec la famille, les amis, l'entourage. Le natif est contestataire, par principe, et pour le plaisir de contester. C'est Ravachol ou Ernest le Rebelle... Mais cette contestation n'a rien de positif. Parfois, le pauvre natif s'embarque à fond dans des causes douteuses, vouées à l'échec. Il use le meilleur de ses forces à lutter contre ses problèmes internes, affectifs et sexuels, ou contre des problèmes externes qu'il suscite sans s'en rendre toujours compte. Il se cogne la tête contre les murs de sa prison intérieure, et échoue inexplicablement dans ses entreprises.

Adolescence difficile à cause des problèmes sexuels et de sa rébellion permanente. La vie professionnelle est sujette à de nombreux avatars : le né fait tous les métiers, entreprend, abandonne, change de cap... Lorsqu'il s'accroche à une carrière, il se suscite mille obstacles. Son flair n'est pas sûr, son jugement n'est pas bon, il ferait bien de s'en méfier.

Miné par une inquiétude permanente, le natif n'a pas beaucoup de résistance au point de vue sexuel.

Pluton-Vénus

Les aspects de Pluton avec Vénus marquent l'affectivité du natif.

Conjonction Pluton-Vénus. Etrange association entre la chair et la nuit, l'amour et la mort, la vie et les ténèbres. Notre natif est prédisposé aux amours secrètes, non déclarées, aux liaisons, aux adultères cachés, aux attachements secrets qu'il ne peut, ou ne veut, avouer : cette conjonction n'est pas très heureuse pour la vie affective. Le natif est, certes, un grand amoureux, qui investit toutes ses forces dans sa passion, passion qui le dévore jusqu'à la moelle, tant et si bien qu'il n'en reste qu'un petit tas de cendres. Mais l'amour détruit renaît sous une autre forme, avec la même personne, ou avec quelqu'un d'autre.

Très séduisant, le propriétaire de cette conjonction suscite lui-même des passions intenses, des attachements « à la vie — à la mort ». Il dégage un très grand charme, un magnétisme irrésistible, des vibrations émotionnelles auxquelles personne ne reste insensible. Il vous emporte sur sa longueur d'onde et vous perdez votre sens critique habituel.

Pour le reste du caractère, la conjonction donne des dons puissants de création artistique, et un art très marqué par le sexe et l'érotisme.

Professionnellement, le natif réussira très bien dans une profession artistique, bien entendu, mais aussi dans toute carrière alliant l'humain à l'invisible. Affectionnant naturellement les métiers plutoniens, il se tournera volontiers vers l'archéologie, la préhistoire, la spéléologie, la vulcanologie, etc.

Dans le domaine médical, dons de guérisseur, réussite comme gynécologue, réanimateur en salle d'opération, anesthésiste.

Trigone et sextile Pluton-Vénus. Ces deux aspects très bénéfiques donnent un très grand charme au natif. Doué d'un fort pouvoir sur autrui, il séduit surtout par sa voix, belle et harmonieuse. Son emprise sexuelle et passionnelle est si forte que l'on ne s'en dégage que très difficilement. Amours sensuelles et secrètes vécues dans l'ombre...

Le natif est hypersensible, très intuitif, avec un étonnant don de double vue sur les gens et les choses. Il crée autour de lui un climat serein, réconcilie les antagonismes et apaise les conflits, sa présence est ressentie comme bienfaisante.

Trigone et sextile indiquent une nouvelle liaison, un nouveau mariage après la destruction de l'ancien (par la mort ou le divorce). Ces aspects sont extrêmement propices à la création artistique et aux relations humaines. Souvent, la natif révèle ses dons dans la deuxième partie de sa vie.

Carré et opposition Pluton-Vénus. A coup sûr, voilà deux aspects très douloureux à vivre. C'est la mort des amours soit au sens propre (deuil), soit au sens figuré (ruptures, séparations dramatiques dont le natif n'est pas responsable). Parfois, partenaire débauché, vicieux, ou simplement intéressé d'abord par l'argent.

Le natif manque d'instinct sûr dans le choix de son partenaire. Il est souvent attiré par des pervers, des violents, des impuissants, ce qui dissout finalement la relation du couple. Les natives vivent des amours sadomasochistes, elles sont fascinées par une brute, un sadique dont elles n'ont pas la force de se séparer ; elles sont attirées par des hommes qui les feront beaucoup souffrir.

En général, natifs et natives sont victimes de calomnies, de médisances ; ils provoquent parfois des scandales, ou bien sont atteints par un scandale. Ils sont obligés de cacher leurs sentiments, et leurs déceptions les immergent dans un océan de rancunes... Naturellement, tout cela doit se juger en fonction de l'ensemble du thème, et selon les Maisons touchées par ces mauvais aspects.

Pluton-Mars

Conjonction Pluton-Mars. Ces deux planètes cousinent par leur symbolisme assez voisin. Elles sont toutes deux, à des degrés divers, maîtresses du Scorpion et du Bélier. Bien entendu, la conjonction revêt la plus haute importance chez un natif du Scorpion. Il faut étudier soigneusement les aspects qu'elle reçoit et la Maison où elle est logée.

Les deux astres privilégient la lutte, l'énergie, le courage, l'impulsivité, l'esprit de conquête. Que d'agressivité. Mais Mars agit en pleine lumière, tandis que Pluton œuvre dans les ténèbres, ce qui le rend évidemment beaucoup plus redoutable. Les natifs tueraient père et mère plutôt que de renoncer à leurs projets et à leurs entreprises. Ce sont des révoltés, des fanatiques, des héros, des kamikazes. Ils vont toujours jusqu'au bout de leur dessein, et à n'importe quel prix, fût-ce leur propre mort. Ils sont d'acier inoxydable et fortement trempé... Aucune adversité, aucun chantage, aucune torture ne pourra les faire céder.

Dans un conflit armé, ce sont des résistants, des guérilleros inflexibles, des chefs de parti implacables. Mais ils préfèrent l'action secrète : on les trouve dans l'espionnage, le renseignement, le deuxième bureau, la police secrète, la D.S.T., la C.I.A., le N.K.V.D., et autres officines ténébreuses...

Très attirés par le métier des armes, ils travaillent, en temps de paix, dans l'industrie de l'armement, l'industrie lourde, dans tout ce qui brûle, tranche, coupe, creuse (chirurgie, arsenaux, forges, métallurgie, chauffage, physique nucléaire...).

Trigone et sextile Pluton-Mars. Ces deux aspects sont meilleurs que la conjonction, ils valorisent extrêmement le courage et l'énergie du natif, qui a une personnalité forte et décidée. Ne s'avouera jamais vaincu, se battra jusqu'au dernier carré. C'est un tempérament de chef, très dur, très efficace aussi.

Mais tellement tendu vers le but qu'il s'est donné, tellement âpre et combatif qu'il ignore la détente. Un guerrier intégral, pour lequel il n'y a guère de « repos » ; un personnage, en tout cas, qui n'a aucune futilité, mais sur lequel on peut absolument compter. Les obstacles stimulent son énergie.

Dans l'armée, il aime les techniques de pointe, les armes atomiques, les sous-marins nucléaires et les satellites qu'on accroche dans la stratosphère.

En nativité féminine, Mars signifiant l'amant, et Pluton le secret, ces aspects suggèrent une liaison cachée.

Carré et opposition Pluton-Mars. Les deux astres étant de même nature, il me semble que le tirage s'en trouve parfois atténué. Mais il faut regarder dans quelles Maisons ils se portent, et dans quels signes.

Carrés et oppositions entre Mars et Pluton sont mieux supportés en naissance masculine que féminine. Dans celle-ci, il y a un grand risque d'une mésentente physique avec le partenaire ou le conjoint. La relation de couple explose brusquement, de façon très dramatique, avec procès, scandale, violences physiques. Avec de bons aspects dans le thème, ce désastre peut amener le début d'une nouvelle vie, de nouvelles amours plus intéressantes et mieux vécues — puisque Pluton est aussi « renaissance ».

De façon générale, natifs et natives ne sont jamais des moutons passifs. Leur horreur des contraintes les pousse à se rebeller, à refuser les limitations. Ce refus peut prendre des formes brutales, violentes, ou bien discrètement quotidiennes...

Les natifs ne s'intègrent jamais complètement dans leur milieu. Parfois, ils sont embarqués sur un navire en perte de vitesse, dans un combat d'arrière-garde, une idéologie dépassée, ou un groupe dont la mission est finie.

Ils sont jaloux, et secrètement susceptibles, ce qui n'arrange pas, loin de là, leurs affaires sentimentales. Ils manquent de souplesse devant les contraintes et les contrariétés de la vie (à moins d'aspects contraires dans le thème), et réagissent violemment. Ils surestiment leurs forces et risquent de s'autodétruire.

Pluton-Jupiter

Conjonction Pluton-Jupiter. Sens aigu de la justice, et confiance dans sa mission, telles sont les caractéristiques de cet aspect. Le côté toujours un peu moralisateur de Jupiter, paternel et enseignant, s'allie au mystère de l'invisible. Le natif croit à ce qu'il fait, il croit qu'il est chargé d'apporter la vérité — sa vérité — au monde. L'entourage, d'ailleurs, ne manque pas de se laisser impressionner par une telle assurance, aussi le natif a-t-il beaucoup d'influence. Il est très doué pour les relations humaines et son optimisme éclaire les ténèbres de Pluton. Si la conjonction est bien aspectée, son instinct est très bon, il peut s'y fier absolument. Cet aspect apporte aussi un esprit satirique et un bon sens critique.

L'effet desctructeur-reconstructeur de Pluton s'exerce au moment de la maturité : le natif peut alors complètement changer de vie, de mentalité, de métier : un homme disparaît, un autre apparaît.

A la tête d'un parti, d'un mouvement, d'une secte philosophique, religieuse ou simplement idéaliste, le natif fait merveille. Il est le Maître, il jouit d'un grand prestige auprès de ses disciples. Il remet à l'honneur des techniques anciennes, reprend de vieilles traditions nationales, s'intéresse à l'histoire, l'archéologie, l'artisanat. En médecine, c'est un « patron », et ses préférences vont à la cancérologie, la réanimation, l'hématologie, etc.

Trigone et sextile Pluton-Jupiter. Donnent au natif un extraordinaire optimisme, une confiance viscérale, physique, dans sa bonne étoile. Et le destin lui donne raison, parce que cet optimisme attire la chance. Le natif diffuse autour de lui des ondes d'optimisme et de sensualité saine qui séduisent les gens. Les appuis, les amis, les situations, les femmes, lui tombent tout rôtis dans le bec.

Le natif a un excellent contact avec les adolescents et avec les enfants. Il est guidé par une intuition très sûre. Il possède également des pouvoirs de guérisseurs, divers pouvoirs extra-sensoriels, une intuition médiumnique. Ce n'est jamais un rationaliste étroit, il est ouvert aux mondes invisibles dans lesquels il évolue très à l'aise.

Il a de grands pouvoirs créatifs, et surtout celui de créer du bonheur autour de lui.

Carré et opposition Pluton-Jupiter. D'un naturel angoissé, le natif a toujours l'impression d'être victime d'une injustice. Il garde sa puissante créativité et son magnétisme, mais son jugement n'est pas très sûr : il se laisse tromper, se fait des illusions sur les gens. En affaires, il se laisse « avoir » par des partenaires et des employés malhonnêtes. Il perd de l'argent en plaçant mal sa confiance et ses capitaux dans des entreprises véreuses et chez des gens douteux. Il est parfois lui-même tenté par la fraude pour régler ses problèmes financiers chroniques.

Pluton-Saturne

Les aspects entre les planètes lentes et lourdes influencent surtout les collectivités. Elles ne jouent dans les destins individuels que lorsque le natif est impliqué dans de graves responsabilités collectives, par exemple un homme politique à la tête d'un pays. Cependant, les aspects Pluton-Saturne ont une influence sur le plan individuel lorsque ces planètes elles-mêmes sont importantes dans le thème, soit qu'elles soient angulaires, ou maîtresses d'une Maison angulaire, soit conjointes à un luminaire. Dans le cas d'un natif du Scorpion, il est fréquent que Pluton soit très important, puisqu'il est valorisé par la présence du Soleil dans le signe.

Conjonction Pluton-Saturne. Sa signification générale est l'association du Temps, de la Tradition, de l'Ambition, avec la Mort (destruction-renouvellement). Se trouve souvent dans les thèmes de personnalités politiques ou sociales importantes, de rénovateurs nationaux ou internationaux.

Sur le plan professionnel, le natif cultive une passion pendant la première moitié de sa vie. Puis, dans la seconde moitié, ce *hobby* se transforme en vrai métier, qui remplace le premier, assurant une vieillesse féconde. Le natif aime les métiers où l'on manie les puissances de mort (radiologie, chirurgie). Il est tenté aussi par le passé (archéologie, préhistoire) et par tout ce qui touche à la terre (géologie, mines).

Trigone et sextile Pluton-Saturne. Très bon au point de vue intellectuel. Le natif, réfléchi et philosophe, trouve un équilibre entre les valeurs du passé et celles de l'avenir, entre tradition et progrès.

Il sent quelles sont les valeurs à détruire, à ne pas conserver, et quelles sont celles qui valent d'être préservées. Sa vieillesse, à la faveur d'un changement total de situation, lui permet de donner sa vraie mesure.

Le natif maîtrise bien ses pulsions sexuelles. Il a des dons politiques. Il s'intéresse à l'histoire, à la préhistoire, peut-être aussi aux problèmes de thanatologie (étude sociale, historique et médicale des problèmes de la mort).

Carré et opposition Pluton-Saturne. Ces aspects ne jouent que si les astres sont angulaires. Professionnellement, le né est plongé dans une conjoncture générale de crise qui touche sa profession, puis, indirectement, lui-même, et l'oblige à changer de situation. Sexualité difficile à contrôler.

La signification générale des mauvais aspects de Pluton avec Saturne est une sorte de fatalité intérieure, due au pessimisme profond du natif. Goût de la mort, tendance à l'isolement, manque d'ouverture et de confiance l'empêchent de réussir dans la vie, ou lui rendent la réussite très laborieuse et très difficile : les épreuves ne lui sont pas ménagées.

Pluton-Uranus

Conjonction Pluton-Uranus. Aspects intéressants surtout en astrologie mondiale. Dans un thème individuel, si les deux planètes sont angulaires ou dignifiées, la signification est la suivante : existence mouvementée, sans cesse bouleversée par l'imprévu, brusques désastres suivis de reconstruction.

Le né est sujet à de brusques et irrégulières « fringales sexuelles », qu'il contrôle difficilement, ou pas du tout.

Très créatif, très inventif, son génie créateur s'applique à des techniques de pointe : publicité et média, conquête de l'espace, électronique, physique nucléaire... Il est absolument passionné par toute nouveauté.

Trigone et sextile Pluton-Uranus. Il faut avant tout regarder l'importance de chacun de ces astres dans le thème, puisque leurs aspects jouent plus sur le plan collectif qu'individuel.

Lorsque Pluton et Uranus sont importants, le natif bénéficie d'une très grande créativité, d'un « ressort » étonnant en face de l'adversité : il refait surface après un désastre, après l'effondrement d'une idéologie ou d'une foi, à laquelle il s'était accroché. Il repart dans une autre direction avec énergie et générosité.

Cet aspect semble favorable aux métiers de l'aéronautique, de l'espace, des télécommunications, ainsi qu'à la recherche en physique nucléaire.

Carré et opposition Pluton-Uranus. Très mauvais aspect qui joue plutôt sur le plan de la collectivité : explosions, éruptions volcaniques, séismes, catastrophes naturelles ou non.

Le natif aura du mal à trouver son équilibre, entre son besoin impérieux d'indépendance, son dévouement et sa générosité sociale, sa propre sexualité à la fois exigeante et irrégulière.

Aspects qui pronostiquent une cassure brusque dans la vie affective. Uranus accentue le côté ravageur et brutal de Pluton. Le natif est obligé de se renouveler sans cesse, de toujours recommencer, puisque toutes ses entreprises en viennent un jour où l'autre à être détruites: c'est le mythe de Sisyphe (seulement si les deux astres sont très forts dans le thème, et s'il n'y a pas d'indication contraire dans l'ensemble de celui-ci).

Les professions qui tentent le natif peuvent être dangereuses pour lui (aviation, électricité, électronique, nucléaire).

Pluton-Neptune

Les aspects entre ces deux planètes régissent le nucléaire, l'océan et tout élément liquide ; comme par exemple, le pétrole (tout ce qu'il y a de plutonien), et ses dérivés. L'exploration océanographique, les sous-marins nucléaires, relèvent de ces deux astres.

Conjonction Pluton-Neptune. Elle est, bien sûr, à interpréter en fonction de la Maison où elle se situe et des aspects qu'elle reçoit.

Cette conjonction déclenche une crise dans le groupe où vit le natif et l'oblige à s'adapter péniblement. C'est souvent un indice de crise religieuse ou idéologique. Cela peut être aussi un problème de pollution des eaux, de la mer, etc. qui se répercute sur le natif.

Pluton-Neptune, c'est le mystère au carré, le double secret : l'entourage du natif ne comprend pas toujours ses raisons d'agir, ses motivations. Mais, pour lui, elles sont tout à fait évidentes, sans qu'il éprouve le besoin de s'en expliquer autour de lui. Le natif s'engage dans une idéologie, une foi, une mystique, il pense souvent aux problèmes de la mort et de l'au-delà.

Trigone et sextile Pluton-Neptune. Grande intuition, pressentiments, dons de double vue, perceptions extra-sensorielles. Le natif devine tout, il a de très forts pouvoirs médiumniques et parapsychologiques.

Bien entendu, en matière de sexualité, il devine et comprend tout, il est redoutablement perspicace.

Grande est sa créativité, Neptune (le rêve et l'inspiration) ne fait qu'aiguiser les dons artistiques souvent dévolus par Pluton.

Il affectionne particulièrement les métiers sous la mer : plongée et archéologie sous-marine, recherches océanographiques, sous-marins nucléaires, forages pétroliers *off-shore,* etc. Rêveur et mystique, il sera soutenu par une foi, une idéologie, un grand rêve.

Carré et opposition Pluton-Neptune. Inextricables difficultés sexuelles. Le natif, d'ailleurs, ne comprend pas toujours très bien ce qui lui arrive, ou bien l'explication qu'il en donne est refusée par son entourage. Il souffre de dédoublement de la personnalité, de pouvoirs étranges et paranormaux qui dérangent tout le monde.

En astrologie mondiale et collective, ces aspects sont particulièrement néfastes : tremblements de terre, catastrophes maritimes, pollution surtout de la mer et des eaux. Egalement, nouvelles idéologies. Ces aspects doivent s'interpréter suivant le symbolisme de Pluton (mort et renouvellement), et de Neptune (élément liquide, mers, et religion). Ils présagent des troubles sociaux autour de mystiques, de religions concurrentes.

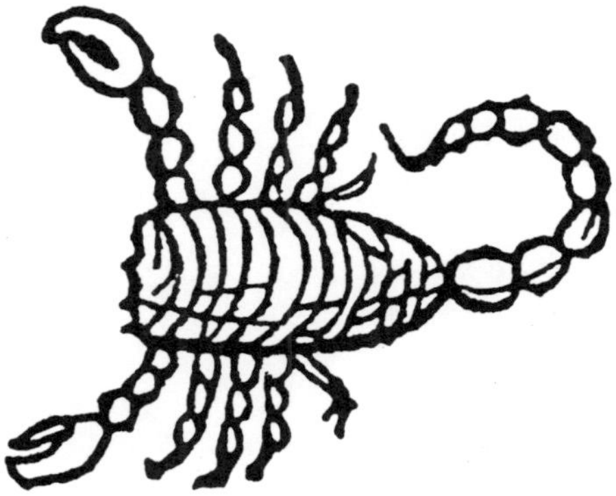

Monet, natif du Scorpion, a été inspiré par cette activité si liée à la nature des Plutoniens : la chasse.

Comment interpréter les Planètes dans les Signes

Les Planètes dans le Scorpion

Soleil en Scorpion

Le Soleil dans le signe du Scorpion met en valeur ce que j'en ai déjà dit, à des degrés divers : on peut être très, ou très peu Scorpion, cela dépend du nombre de planètes qui se trouvent dans le signe, de leur force, des aspects qu'elles reçoivent, de leur position en Maisons angulaires, etc. J'ai vu des Scorpions qui n'avaient dans le signe qu'un pauvre petit Soleil très peu aspecté : il est évident que ceux-là n'ont qu'un minimum de traits de caractères du signe. Aussi toutes les indications données ci-dessous sont-elles à prendre, non pas au pied de la lettre, mais en regardant l'ensemble du thème.

Symboliquement, le Soleil règne sur le jour, le Scorpion sur la nuit. Aussi le Soleil dans le signe du Scorpion peut-il s'interpréter comme une grande lumière éclairant les ténèbres (du subconscient ou des Enfers).

Si leur Soleil est très puissant, les natifs de ce signe s'imposent par des moyens souterrains, secrets, discrets, mais efficaces : leur entourage ne réalise pas toujours à quel point ces Scorpions tiennent leur monde en main. Ce Soleil brillant dans les ténèbres pousse ses natifs à explorer des domaines inconnus (Alexandra David-Neel), à faire des découvertes dans des secteurs encore enveloppés de mystère (Marie Curie).

Les forces sexuelles qui soutiennent cette personnalité très instinctive et très riche lui donnent une intense énergie, persévérante, tenace, extrêmement courageuse dans l'adversité : les ténèbres ne l'abattent pas.

Le Soleil représentant le cœur, le natif peut traverser, au moins une fois dans sa vie, une terrible « descente aux Enfers » très douloureuse. Ses amours peuvent être cachées.

La puissance passionnelle de l'individu le pousse à détruire pour reconstruire à sa manière. Le Scorpion harmonique est un puissant créateur ou novateur.

Le Soleil : le succès, la gloire ; le Scorpion : la mort. Dans cette position, le natif réussit souvent à la fin de sa vie, à l'approche de la mort. Introversion, goût des études scientifiques, philosophiques et occultes, il est doué pour toutes les sciences humaines, la médecine, la psychiatrie (et, bien sûr, l'antipsychiatrie !). Esprit original, qui fuit les sentiers battus. Doué pour la sculpture (Rodin, Noor Zadé Brener), surtout lorsque l'Ascendant et la Lune sont aussi en Scorpion. Egalement, don pour l'art dramatique (Alain Delon, Grace Kelly).

Si le Soleil est affligé de mauvais aspects, risque de mort du père et, chez une femme, du mari. Le Soleil affligé donne un instinct sexuel anarchique, dont le contrôle échappe au natif. Sa combativité le pousse à provoquer des discussions, à semer la zizanie partout. Son agressivité se tourne en sadisme et en cruauté.

Au point de vue de la santé, le Soleil en Scorpion mal aspecté rend vulnérable aux maladies des voies génito-urinaires : calculs rénaux, troubles des fonctions ovariennes, maladies de l'utérus, etc. Le Taureau agit aussi par opposition, ce qui sensibilise les voies respiratoires supérieures : angines, bronchites, maux de gorge...

Lune en Scorpion

Mauvaise position pour cette planète, dont la tendresse ne peut pas s'exprimer. Sous cette configuration, les rapports humains sont difficiles pour le natif qui, tourmenté de conflits intérieurs, extériorise mal ses sentiments. Attitudes coupantes, propos caustiques, jalousies blessent l'entourage. Sa franchise trop brutale est mal comprise. Les procès sont fréquents, les échanges de paroles cinglantes entraînent des inimitiés. Le natif est foncièrement maladroit dans ses rapports avec les autres; même sous de bons aspects, sa courtoisie est... à éclipses. En nativité masculine, longues rancunes, et risque de mort de l'épouse (Goebbels, par exemple, qui avait la Lune en Scorpion en Maison XII), de la mère ou de la sœur.

En nativité féminine, vie sentimentale agitée. Chez l'un ou l'autre, la vie familiale est marquée par des ruptures, des épreuves douloureuses, des deuils (lune : le foyer ; Scorpion : mort ou rupture). Le sujet a un tempérament colérique, il est capable d'être très violent. La Lune en Scorpion renforce aussi les indices d'accidents ou de mort mystérieuse qui seraient déjà suggérés par le thème.

L'être est hanté de cauchemars, ses rêves sont peuplés de fantasmes, d'obsessions morbides, de chiens noirs hurlants... Pluton pervertit les valeurs lunaires, engendrant des illusions parfois diaboliques (comme dans le cas de Goering). Avec la Lune dans ce signe, l'homme est tenté par une femme symboliquement « vêtue de noir » : veuve, prostituée nocturne ou même par sa mère ou sa sœur (inceste). Il faut que le thème soit par ailleurs très bon pour contrebalancer les effets néfastes de cette Lune en Scorpion.

Cependant, si elle est bien aspectée, il y a des atouts positifs : combativité, volonté obstinée, détermination, indépendance et énergie, curiosité intellectuelle et imagination active. Cette position de la Lune rend infiniment sensible aux ambiances et aux situations : elle donne un flair intuitif aigu, l'intelligence stratégique dans les affaires ou la vie militaire et, en tout cas, un très grand magnétisme ; parfois, un don de voyance.

Au point de vue professionnel, le Lunaire du Scorpion a besoin d'aventure et de dépaysement pour échapper à ses cauchemars. Il est heureux dans une vie à hauts risques (grands voyageurs comme Henri de Monfreid et Eric Tabarly). Les voyages peuvent aussi être tout à fait imaginaires (Jules Verne), et l'imagination favorise les activités intellectuelles. La Lune en Scorpion est fréquente chez les écrivains : Henry Miller, Boris Vian, Jean Racine, Violette Nozières, René Barjavel... La voyance est-elle un métier ? Nostradamus avait la Lune en Scorpion. Tous les métiers qui ont un rapport avec la nuit réussissent au natif. De toute façon, la stabilité de la situation ne s'obtient qu'à partir de luttes très dures.

Sur le plan de la santé, on peut craindre des troubles de la menstruation, des affections génitales et urinaires.

Mercure en Scorpion

Bonne position pour l'astre, que l'on interprète suivant le symbolisme suivant : Mercure = intelligence, Scorpion = les Enfers, les choses cachées, le subconscient.

Avez-vous remarqué l'œil en vrille de certains Scorpions ? Œil d'aigle, œil en laser, qui vous perce à jour jusqu'au fond de l'âme, œil auquel rien n'échappe, et surtout pas vos désirs secrets... Mercure en Scorpion devine tout ! Dans ce signe, l'esprit a toutes les audaces. L'intuition est très fine non seulement dans les relations avec autrui, mais encore elle porte le natif jusqu'à des vues cosmiques, des visions prophétiques ou mystiques. Doué pour la divination, perspicace, incisif, ne craignant ni Dieu ni Diable dans sa quête de la connaissance, le Mercurien du Scorpion s'aventure aux frontières des Enfers. Son intelligence est attirée par les interdits à violer : elle veut tout savoir, tout connaître, quoi qu'il en coûte. C'est Eve devant l'arbre défendu, qui lui ouvrait la connaissance du Bien et du Mal. Mercure en Scorpion est plus puissant encore lorsqu'il est en aspect harmonique avec Pluton. Il donne au sujet une grande discrétion, un grand discernement, une prudence qui lui évite de tomber dans bien des pièges.

Cette prudence ne l'empêche pas d'avoir une intelligence hardie, non conformiste, qui va à contre-courant des conventions de son époque. Doué d'un très grand pouvoir créatif, la parole prompte, parfois caustique, le natif « pige au quart de tour », pas besoin de lui faire un petit dessin, c'est bien agréable, les gens intelligents ! Avant même que vous n'ouvriez la bouche, il a déjà compris ce que vous alliez dire. Il se défend remarquablement bien quand on l'attaque, réplique vertement, et son sens critique est imbattable. Il a aussi le don des descriptions brillantes qui tiennent sous son charme un auditoire fasciné !

Mercure en Scorpion mal aspecté donne, suivant la Tradition, des êtres destructeurs et négatifs, des révoltés pour lesquels la destruction est un plaisir, un but en soi. Leur brusquerie et leur indépendance les rend impossibles. Personne n'arrive à s'entendre avec eux. L'initiation sexuelle précoce peut évoluer vers une moralité douteuse, vers les perversions.

L'exigence de vérité, qui caractérise le Scorpion, peut sous de mauvais aspects se fausser complètement : vols, mensonges, fréquentations louches. Si les mauvais aspects sont très forts, le sujet échoue dans toutes ses entreprises : il commet indélicatesse sur indélicatesse, quand ce ne sont pas carrément des délits graves... que la vie lui fait expier, ou qu'il se fait expier à lui-même. Son esprit de contradiction le fait redouter. Parfois, dans les cas extrêmes, cruauté et sadisme en font un monstre froid (Goebbels, le sergent Bertrand). L'être est possédé par un érotisme qui le détruit, passant d'ailleurs par des périodes de surexcitation extrême, suivies d'une apathie totale.

Au point de vue professionnel, l'attirance vers le mouvement et vers les choses invisibles pousse le Mercurien du Scorpion vers l'occultisme, la psychiatrie (et plus encore l'antipsychiatrie), la criminologie, la justice — ou certains aspects de découverte, comme l'archéologie sous-marine, la spéléologie...

S'il est écrivain ou journaliste, c'est la spéléologie de l'inconscient : littérature érotique, romans policiers, reportages sur les gens et les lieux secrets (prisons, sectes...), pamphlets politiques ou sociaux, caricatures (Piem).

L'attrait pour la médecine est très vif : pharmacie, bactériologie, chirurgie réussissent très bien au natif. Egalement, la métallurgie, les mines, les métaux rares. On note aussi de vives dispositions pour la pédagogie, l'enseignement.

Sur le plan de la santé, Mercure mal aspecté en Scorpion prédispose aux affections nerveuses, aux troubles de la circulation (veineuse si Mercure est en aspect avec Vénus, artérielle si Mercure est en aspect avec Jupiter). Les affections de la vessie et de l'appareil génital ne sont pas rares.

Vénus en Scorpion

Pauvre chérie, fourvoyée dans un signe qui ne va guère à son genre de beauté ! Comment marier la douceur, la tendresse, l'abandon, à l'éclat métallique du Scorpion, qui ne rêve que plaies et bosses ?

L'une est un magasin de porcelaines fines, l'autre un éléphant de combat : il y aura de la casse !

La Tradition estime que Vénus est « en exil » dans le Scorpion. Entendons-nous bien : cela ne veut pas dire qu'elle y est absente. Le Scorpion, au contraire, est hanté par l'Amour, il ne rêve au fond que de cela... Mais ses exigences ne sont pas de ce monde. Il y met soit des tendances sadiques, une violence qui dénature la relation amoureuse, soit un masochisme qui lui attire les pires ennuis, la violence, cette fois, étant subie.

Vénus en Scorpion signifie souvent, pour le natif, l'exil ou la perte de la personne aimée et cette séparation est intensément douloureuse puisque le Scorpion aime profondément et passionnément (Marie-Antoinette). Sur le plan matrimonial, destruction de l'union assez fréquente, puis reconstruction d'un autre foyer, suivant le symbolisme de Pluton, qui est « mort et résurrection ». Dans un thème féminin, Vénus en Scorpion signe quelquefois la prostitution avec un enchaînement de situations marginales et dramatiques dont la native ne réussit pas à sortir. De façon générale, c'est une position de la planète qui apporte des passions violentes et dramatiques : une saison en Enfer. Vénus en Scorpion accorde au natif un magnétisme sexuel intense, un grand charme et une séduction irrésistible — si les aspects à Neptune sont bons ou si Vénus est valorisée par une angularité importante : Milieu-du-Ciel ou Ascendant. L'entourage perçoit chez lui un certain malaise intérieur, un fond de tristesse qui lui donne un mystère, une aura parfois un peu trouble.

Quant à la Vénusienne du Scorpion, elle est séduisante, mais elle le paie cher. Ecoutez son portrait sous la plume de Guillaume Apollinaire :

« A Bacharach il y avait une sorcière blonde
Qui laissait mourir d'amour tous les hommes à la ronde
Devant son tribunal l'évêque la fit citer
D'avance il l'absolvit à cause de sa beauté
O belle Loreley aux yeux pleins de pierreries
De quel magicien tiens-tu ta sorcellerie
Je suis lasse de vivre et mes yeux sont maudits
Ceux qui m'ont regardée évêque en ont péri
Mes yeux, ce sont des flammes et non des pierreries
Jetez jetez aux flammes cette sorcellerie
Je flambe dans ces flammes ô belle Loreley
Qu'un autre te condamne, tu m'as ensorcelé
Evêque vous riez Priez plutôt pour moi la Vierge
Faites-moi donc mourir et que Dieu vous protège
Mon amant est parti pour un pays lointain
Faites-moi donc mourir puisque je n'aime rien
Mon cœur me fait si mal il faut bien que je meure
Si je me regardais il faudrait que j'en meure
Mon cœur me fait si mal depuis qu'il n'est plus là
Mon cœur me fit si mal du jour où il s'en alla.
L'évêque fit venir trois chevaliers avec leurs lances
Menez jusqu'au couvent cette femme en démence... »

Dans ce poème tiré d'*Alcools*, sont réunis tous les thèmes de Vénus en Scorpion : la passion exclusive et dévorante, la présence de la mort, souhaitée (et qui termine plus loin l'histoire) l'évocation de la sorcellerie, la séduction irrésistible et magique, le désespoir, le mysticisme de la sorcière qui vit dans une perspective de fatalité implacable. Et l'évêque qui n'y comprend rien, mais qui en a peur !

La Loreley, personnage mi-historique mi-mythique, avait sûrement, à mon avis, Vénus en Scorpion (mais pas Apollinaire, qui l'avait en Vierge).

Heureusement, tout le monde n'a pas, comme la Loreley « des yeux couleur du Rhin et des cheveux de soleil », ce qui évidemment était très dangereux pour leur propriétaire.

Sous de bons aspects, il existe pour les Vénusiens du Scorpion de grandes possibilités positives : Vénus ainsi placée semble les préserver longtemps de la mort par accident, et aussi les faire aimer aux approches de la mort. Les bons aspects apportent des héritages, des possibilités de pension ou de rente. Le charme du natif lui amène des chances dans sa carrière, son travail, des possibilités aussi, de mariages fortunés (en Maison II).

C'est tout l'aspect bénéfique des valeurs vénusiennes qui peut jouer favorablement lorsqu'elles sont assez fortes. J'ai rencontré bien des Vénusiens du Scorpion : gens aimables et compatissants dont cette planète adoucit considérablement les humeurs martiennes (à condition que Vénus soit assez forte, soutenue par de bons aspects et par les signes dont elle est la maîtresse).

Beaucoup de Vénusiens du Scorpion, éternellement insatisfaits dans l'amour humain, se tournent vers un amour mystique, un idéal philosophique et religieux. Tels furent Gandhi, Charles de Foucauld, Lanza del Vasto, Jean XXIII.

Cette Vénus tourmentée peut s'exprimer en littérature (Mauriac, Choderlos de Laclos, Restif de la Bretonne...) ou dans une carrière artistique (Louis Jouvet, Suzy Solidor...).

Parfois, l'être est doué de pouvoirs psychiques, médiumniques. En tout cas, son magnétisme sexuel est grand et contribue à sa réussite (dans un thème puissant) : Henri IV le Vert-Galant, et Wallenstein.

Au point de vue professionnel, cette position privilégie les dons artistiques et créatifs, surtout lorsqu'il y a un contact avec le public : théâtre, cinéma, littérature. De façon générale, voir ce qui est dit de la Lune en Scorpion.

Sur le plan de la santé, cette position de la planète, dans les thèmes féminins, prédispose aux grossesses et accouchements difficiles, et divers troubles gynécologiques.

Mars en Scorpion

Excellente position pour la planète rouge : elle est ici en domicile. Mars : l'énergie le Scorpion : le feu des Enfers.

L'énergie de Mars est beaucoup plus puissante en Scorpion qu'en Bélier : dans ce dernier signe, la fougue irrésistible de Mars manquait de persévérance et de profondeur. En Scorpion l'énergie devient souterraine, implacablement efficace. Elle est capable de se contenir, de se maîtriser, de se canaliser en vue d'un objectif lointain et précis. Mars en Scorpion est extraordinairement opérationnel. Il réunit à la fois les qualités du Bélier et celles du Capricorne. Comme le premier, il peut être impulsif, rapide, mobilisé en quelques secondes ; capable d'une attaque foudroyante ou d'une contre-attaque qui met définitivement l'ennemi K.O. En somme, la guerre des Six Jours, la campagne du Sinaï, ou la guerre du Kippour, c'est tout à fait cela ! Et pas par hasard, puisque Israël est traditionnellement sous le signe du Scorpion !

Mais le Martien de ce signe peut aussi, comme le Capricorne, mijoter son coup pendant des années. Tenace, souterrain, il tisse sa toile en attendant son heure, sans jamais oublier. La mule du pape, qui garda sept ans son coup de pied vengeur, était probablement née sous cette position astrale...

Dans ce signe, Mars a des qualités de souplesse, d'adaptation à la réalité, une ingéniosité jamais prise au dépourvu (Mao Tse-Toung, Laurent le Magnifique, Gandhi). Très courageux, il ne craint ni la mort ni la souffrance, mais ne s'embarrasse guère de sentiments lorsqu'il s'agit d'atteindre son objectif (Brejnev). Sa maxime est : qui veut la fin, veut les moyens.

Il est très capable de mettre cette exceptionnelle agressivité au service d'une cause altruiste, d'une révolution nécessaire, d'une résistance à l'oppression.

Lorsque Mars est mal aspecté, sa puissance dégénère en violence destructrice, qui s'assouvit dans une œuvre de mort (Goebbels). Même si les aspects ne sont pas dramatiquement mauvais, il en reste au moins un sale caractère. Le natif contrôle mal ses colères ; ses amours sont difficiles à cause de son intransigeance : il n'est ni compréhensif, ni conciliant. Les héritages donnent lieu à des contestations, à d'horribles jalousies, ou bien encore sont dilapidés rapidement.

En nativité féminine, le conjoint ou l'amant est martien, très agressif et assez dépensier. C'est souvent, d'ailleurs, un autre Scorpion — ou une autre personnalité marquée par le signe (Mars symbolisant le partenaire masculin qui attire la native, surtout s'il est placé en Maison V ou VII).

Au point de vue professionnel, bonne position pour un homme politique, un chef d'Etat, un officier supérieur, un policier, un médecin (docteur Alexis Carrel), un chirurgien, un mécanicien...

Sur le plan de la santé, si Mars, en Maison VIII, est mal aspecté, la longévité peut être restreinte par suite de surmenage et d'excès. Les maladies, sous cette configuration, ont souvent un caractère inflammatoire, qui se porte sur les zones vulnérables du Scorpion.

Jupiter en Scorpion

Jupiter, c'est Zeus olympien, paternel et bienveillant, chaleureux et bénéfique : la planète symbole du dieu a un peu les effets réconfortants du Soleil. Elle illumine les ténèbres du Scorpion, comme un guide qui vous fait traverser un angoissant souterrain. Dans la mythologie grecque, Jupiter-Zeus était le frère de Pluton-Hadès d'où l'affinité entre les deux planètes. L'ambivalence « destruction-reconstruction », les valeurs plutoniennes du signe, sont ici axées sur l'aspect positif : renouvellement, reconstruction, surtout si Pluton forme avec Jupiter de bons aspects.

Nature courageuse, puissante, très intuitive et inventive. Confiance en soi, aptitudes réalisatrices : Jupiter, pratique, organise les forces bouillonnantes du Scorpion. Dans la lutte, pour la vie, le Jupitérien du Scorpion est bien armé.

Il a de l'autorité, du bon sens, le sens stratégique aussi. Il ne lâche jamais son morceau. Parfois, ses entreprises semblent d'une audace insensée, marquées au coin d'un optimisme délirant. Eh bien, à la surprise générale, il ne se casse pas la figure, il réussit (Christine de

Suède, Napoléon, Louis XIV !). Son fabuleux optimisme attire la chance. Tout seul, perdu au milieu des tempêtes de la vie, les yeux fixés sur sa bonne étoile, il ne voit qu'elle, et finit par arriver au port. Je crois que cette confiance dans la vie, ce chèque tiré sur la bonté du Bon Dieu, finit par l'attendrir.

Cette chance constante apparaît lorsque Jupiter est mis en valeur dans le thème, comme chez Napoléon, par exemple, où il était conjoint à l'Ascendant, et chez Louis XIV.

Servi par son intuition pénétrante, par son ambition, par sa richesse sensuelle, le Jupitérien du Scorpion s'attelle parfois à des taches gigantesques (Rodin). Les jaloux ne manquent pas. Mais il s'en moque : il a le sens de sa propre valeur.

Jupiter peut être mal aspecté. Dans ce cas, toute sa lumière ne parvient pas à éclairer la caverne obscure du Scorpion. Il se laisse aller à l'égoïsme, au culte du moi, aux excès sexuels. Il devient autoritaire, voire tyrannique, suspicieux, méfiant, croyant toujours qu'on complote derrière son dos. La réussite financière devient plus difficile à cause des dépenses impulsives du natif. S'il recueille des héritages, il les dilapide.

Au point de vue professionnel, excellente position de Jupiter pour une carrière libérale : avocat, médecin, artisan. Le natif a des dons marqués pour l'enseignement, et un bon contact avec les enfants et la jeunesse. Cette planète de finances dans un signe de mort apporte souvent des héritages (cependant ceux-si soulèvent des querelles familiales). La situation professionnelle est généralement stable, car le natif est persévérant dans ses entreprises. Il est capable de redresser des situations désespérées, par exemple de relever une affaire qui périclitait.

Enfin, autre secteur où il peut gagner sa vie : tout ce qui touche aux sciences occultes et divinatoires.

Sur le plan de la santé, Jupiter en Scorpion est une protection contre la mort. Il stimule la résistance aux infections. En principe, c'est un diagnostic de bonne santé de fond (si les aspects sont bons).

Saturne en Scorpion

Puissante position pour cette planète... Saturne, c'est Cronos, le Temps. Et le Scorpion sait comme personne apprivoiser les anneaux du Temps. Il attend patiemment son heure sous son caillou...

Voici ce que donne Saturne en Scorpion :

— Persévérance et ténacité ; discipline des instincts.
— Sens stratégique ; sagacité, ruse, prévoyance.
— Dons d'invention, aptitudes scientifiques.

Saturne est un frein qui oblige le natif à canaliser son énergie. Le Saturnien du Scorpion est un ambitieux, jaloux de son pouvoir et de son indépendance (Giscard d'Estaing, Jean-Jacques Servan-Schreiber, Mazarin). Il sait parfaitement se défendre et attaquer quand il faut, en visant bien. Ce n'est pas quelqu'un de passif, mais d'énergique et d'actif, dont l'existence, pleine de luttes, progresse régulièrement grâce à des efforts persistants. Il surmonte avec courage des conditions de vie difficiles (le commandant Charcot), et la réussite peut venir assez tard (Adenauer et Mazarin avaient tous deux Saturne en Scorpion au Milieu-du-Ciel). Lorsque la Lune et Mercure l'indiquent, les dons occultes sont certains (voir aussi, plus loin, Neptune en Scorpion).

Saturne dans le signe est un indice de longévité, et retarde la mort.

Saturne semble meilleur dans une nativité masculine. Même bien aspecté, il ne donne pas un caractère très facile au natif, auquel on reproche une certaine rudesse. Tout d'une pièce, aimant les solutions tranchées, autoritaire, il déteste ou adore passionnément, en bloc.

Lorsque Saturne est très affligé dans le thème, ces inconvénients s'amplifient : égoïsme, brusquerie, dureté de caractère, violence, exigences tyranniques... au choix ! Le natif s'attire de nombreuses inimitiés — mais celles-ci ne freinent pas forcément son ascension, tant est grande sa résistance. Il est impopulaire (Mazarin), et plus redouté qu'aimé.

En thème féminin, Saturne dans le Scorpion mal aspecté suscite des problèmes financiers, des tracasseries juridiques, des procès — et afflige la vie affective et sexuelle (disparition d'un homme aimé, mésentente conjugale, comme chez Louis XIII).

Le natif a une vision tragique de l'existence, qui impressionne ses auditeurs (Luther). Très mal aspectée, la planète pousse à l'aveuglement, au fanastisme... et aussi à l'avarice sordide.

Au point de vue professionnel, esprit scientifique, doué pour la recherche de longue haleine, aptitudes médicales. S'il s'agit de réorganiser complètement une affaire qui périclite, la natif est l'homme qu'il faut. Sa réussite financière est favorisée par le fait qu'il est économe et sobre. Pas de folies avec lui... Il réussira dans la chimie, la droguerie, la pharmacie, la mécanique, les industries funéraires et l'archéologie.

Sur le plan de la santé, grande résistance de fond, mais les mauvais aspects peuvent demander une vigilance accrue.

Uranus en Scorpion

Que d'écrivains, de penseurs, de novateurs, sous cette configuration ! Pétrarque, Poe, Giono, Hemingway, Henry Miller, Kant, Racine, Musset, Louis-Ferdinand Céline, Drieu La Rochelle, André Breton, Georges Bataille, Louis Aragon, Barbey d'Aurevilly... Comme si Uranus en Scorpion poussait vers une célébrité éclatante.

Et des grands astronomes : Copernic, Newton, Le Verrier... Et des aventuriers du ciel : Nungesser, Didier Daurat, Guynemer... Les yeux fixés sur leur étoile, ce sont des gens qui avancent avec détermination en suivant une idée novatrice. Ils ont le sentiment de devoir lutter pour le progrès. Dans ce but généreux, la révolution ne leur fait pas peur : Uranus détruit l'ordre ancien pour permettre à Pluton de reconstruire le nouveau.

L'Uranien du Scorpion est souvent amené, dans son existence, à se révolter contre la pesanteur des institutions de son temps, contre la dureté des contraintes sociales qui pèsent sur ses contemporains.

Destruction, puis reconstruction. Il y emploie sa forte volonté, toujours stimulée par les obstacles, son ingéniosité, ses dons pour la technologie. Cette position zodiacale donne aux natifs un rôle de détonateur : leurs faits et dires se propagent comme une traînée de poudre (Mao Tse-Toung). Uranus fait éclater le secret du Scorpion. La planète est une puissance de foudre. Dans le Scorpion, qui a aussi une nature magnétique, les résultats sont surprenants. Le natif déclenche la révolte ou la révolution autour de lui ; révolution qui n'est pas toujours militaire, d'ailleurs, elle peut être « culturelle » (avec ou sans guillemets !), religieuse, et prend parfois la forme d'un mode de vie nouveau s'imposant au public.

L'Uranien du Scorpion attire les amitiés actives par sa générosité et son dynamisme. Ces amis, portés comme lui vers des idées de progrès et de révolution, font avec lui un groupe très agissant, une minorité qui n'a pas peur de remettre en question la civilisation dont elle vit.

Dans ce type de caractère, l'audace et la décision sont privilégiées au détriment des talents diplomatiques. Uranus en Scorpion n'est pas conciliateur. Il est d'autant plus accroché à ses idées qu'il a souvent des dons de double vue prophétiques, qu'un individu terre à terre ne comprend pas... L'intuition uranienne est démultipliée par celle du Scorpion.

Dans cette position astrale, Uranus mal aspecté est un brûlot permanent, une bombe qui risque de détruire soit le natif, soit son entourage, ou les deux. Les possibilités d'autodestruction sont redoutables.

L'esprit de rébellion — qui est une chose excellente — amène, sous de mauvais aspects, le natif à perdre ses biens, ses affections intimes, sa vie... Le succès est compromis par des manières brutales, un orgueil démesuré. L'être devient explosif, ne se contient plus, agit comme s'il était soumis à une fatalité de destruction et de désintégration (qui vient, en fait, de lui-même !). Son sens critique est excessif ; il se change en tyran et fait régner la terreur autour de lui. Au point de vue affectif, les mauvais aspects de l'astre perturbent la sexualité, en livrant l'Uranien à ses obsessions (docteur Petiot). Il peut être complètement dépassé par ses pulsions sexuelles, ce qui rend impossible une vie familiale normale. Celle-ci était déjà bien aléatoire sous de bons aspects, car Uranus n'a pas le génie de l'intimité : les amis, l'aventure et la révolution passent en priorité avant le foyer, et celui-ci est détruit. Le destin est en à-coups brusques, en montagnes russes... ou chinoises ! Coups de chance, revers inattendus, rétablissements surprenants, la monotonie est absente de ce genre de vie. Visionnaire, écorché vif, individualiste, le natif refuse de s'aligner sur les idées de son entourage (Rommel, Mao). Si celles-ci sont étroites ou périmées, il a bien raison de s'insurger. Mais sous de mauvais aspects, il risque de ne pas écouter les avis de bon sens, et de s'embarquer dans des folies aux conséquences dramatiques. Cette disposition d'esprit anti-conformiste fait de lui un polémiste acide ou un marginal qui se bat contre les moulins à vent.

Au point de vue professionnel, sous de bons aspects, la réussite est facilitée dans n'importe quel métier demandant de la générosité, de l'esprit d'entreprise, des initiatives. Cette forme d'esprit convient mieux aux carrières libérales, où l'on n'est pas salarié : médecin, avocat, écrivain, politicien, scientifique. Les gains ou les pertes de capitaux sont imprévisibles. Sous de mauvais aspects, l'élévation du natif est difficile : il détruit lui-même sa chance, fait se dresser devant lui des obstacles inattendus.

Neptune en Scorpion

Affinité entre cette planète de rêve et d'imagination, et notre Scorpion, naturellement attiré par l'étrange, le fantastique, le mystère.

Les Neptuniens du Scorpion sont médiums, clairvoyants, ils ont des dons occultes, s'intéressent aux problèmes de l'au-delà. Mystiques, artistes, sensibles, intelligents, ils devinent tout ce qu'on leur cache. Ils travaillent dans le secret, s'enfermant à double tour dans leur chambre ou leur bureau, sans confier à personne leurs projets et leurs travaux.

Dans cette configuration, les forces invisibles se mettent au service de la création (Balzac : Neptune en Scorpion conjoint au Fond-du-Ciel ; Ferdinand de Lesseps : Neptune conjoint au Soleil). Le natif porte en lui tout un monde de rêves, une inspiration très forte qui se concrétise, débouche sur une création grâce à l'énergie du Scorpion (surtout lorsque Pluton vient appuyer Neptune). La planète, puissante dans ce signe, pousse le natif dans des voies extraordinaires, en très bien ou en très mal, en ange ou en démon... Le mystère caché derrière cette personnalité fascine autrui. Du natif se dégage une aura souvent très perceptible. La sexualité du Scorpion prend avec Neptune une grande séduction et une grande importance. Le natif n'est pas toujours conscient de la puissance des forces qu'il porte en lui. Tout dépend de la façon dont il les utilisera (Louis XIV avait Neptune conjoint à l'Ascendant en Scorpion).

Car Neptune en Scorpion affligé porte vers la drogue, les stupéfiants, la boisson, le spiritisme (Victor Hugo et Allan Kardec). La puissante créativité du natif demeure, mais elle se met au service des forces de mort. Le Neptunien surprend alors sa famille et ses amis par ses engouements bizarres, il adhère à des sectes plus ou moins délirantes...

Avec de mauvais aspects de Vénus et de Mars, Neptune entraîne à des perversions sexuelles. Le natif doit contrôler son imagination, devenue la vraie folle du logis. Les forces invisibles le trahissent, s'il n'y prend garde. Il perd ses héritages, ses biens, sa santé, son temps...

Au point de vue professionnel, Neptune bien aspecté, surtout en Maison VI, est très propice aux artistes, aux chimistes, aux médecins (surtout les médecines naturelles, en particulier homéopathie, acupuncture, hydrothérapie).

Les dons de déduction et d'investigation, l'intuition médiumnique trouvent leur emploi dans les sciences occultes, la psychologie et la psychanalyse, l'astrologie et l'astronomie (Copernic), mais aussi dans la police, les services secrets et le renseignement ! Machiavel était né sous cette configuration !

Sur le plan de la santé, tous les auteurs sont unanimes : Neptune en Scorpion mal aspecté amène une mort entourée de mystère (*a fortiori* si la planète est en Maison VIII !). Les accidents dus à l'eau sont fréquents. Les mauvais aspects de Neptune ralentissent l'activité hormonale de certaines glandes, entraînant diverses maladies témoignant d'une intoxication ou d'une infection.

Les Planètes dans le Sagittaire

Soleil en Sagittaire

C'est la position qui, traditionnellement, fait que l'on se dit né sous le signe du Sagittaire. Exalte les tendances naturelles du signe : courage, esprit d'aventure, projets de grande envergure, intelligence, réussite professionnelle. Souvent, carrière brillante.

Lune en Sagittaire

La Lune est épanouie dans ce signe. Elle confère de la spontanéité, une certaine bonhomie, bref une relation cordiale et détendue avec l'entourage. Avec le Sagittaire, on n'a pas de mal à briser la glace. Certes, il attend de l'autre un certain respect, mais il n'hésite pas à parler sur un pied d'égalité, d'homme à homme.

C'est un signe d'amitié plus que d'amour et l'on aime retrouver les copains de naguère, rappeler les souvenirs, faire un petit flash-back qui permet de voir le chemin parcouru depuis.

Mercure en Sagittaire

Celui qui craint d'être dépassé par les événements prend la peine de tout prévoir, de fixer dans les moindres détails le calendrier et l'ordre du jour. Le Sagittaire, lui, n'a pas besoin de se reposer sur un Mercure très actif et minutieux. Il se fie à ses dons d'improvisateur qui fait flèche de tout bois. Il compte sur sa chance pour achever ce qu'il n'a qu'esquissé. Il se méfie des plans dressés sur la comète et des pronostics toujours bafoués par la réalité.

Vénus en Sagittaire

La conception artistique du Sagittaire s'incarne à merveille dans le jazz. Cette musique à chaud qui se joue en équipe où l'on est entraîné par un rythme endiablé, où la dépense nerveuse est intense, où l'on n'a pas à déchiffrer une partition ou à se souvenir de bien respecter telle ou telle règle, où l'on danse de tout son corps, est la meilleure détente du signe.

Le Sagittaire aime le mouvement, il se plaît entre deux destinations. Il ne sait guère passer des vacances calmes et casanières.

Mars en Sagittaire

Le Sagittaire n'aime guère le travail trop régulier et quotidien. Cette position planétaire, dans un thème, n'indique donc pas un employé modèle mais bien plutôt un représentant qui court sur les routes, quelqu'un qui doit prendre des initiatives, s'adapter à des situations imprévues, faire preuve d'esprit d'à-propos.

L'énergie est mobilisée dès lors que le jeu en vaut la chandelle, excitée par l'épreuve, par l'obstacle. A certains moments, on est prêt à se dépenser intensivement comme dans les charrettes des architectes. On peut aussi trouver là un stakhanoviste, avide de records.

Jupiter en Sagittaire

C'est une position qui annonce une capacité certaine à organiser, à rassembler. Non pas tant à étudier une affaire dans tous ses détails qu'à faire se rencontrer des gens, à leur donner le sentiment d'un destin commun. C'est ainsi que se forment les sociétés humaines, autour de ces chefs qui, à partir d'une situation confuse et disparate, parviennent à instituer un ordre, à faire apparaître des horizons, à cimenter des réseaux encore fragiles.

Celui qui a cette indication dans son thème laissera souvent le souvenir de quelqu'un qui a modifié sensiblement le paysage social et humain, « là où son cheval est passé ».

Saturne en Sagittaire

Si les entreprises sagittariennes font parfois long feu, elles ne durent qu'autant que leur instigateur brandit le flambeau. Dès que celui-ci disparaît, c'est la guerre entre les héritiers et l'on s'aperçoit bien vite que tout l'édifice ne reposait que sur le dynamisme d'un seul. Le Sagittaire va de l'avant et a du mal à choisir ses lieutenants et ses dauphins tant il agit par inspiration. C'est l'homme des grandes épopées que seule la mémoire d'un chroniqueur sauvera de l'oubli.

Uranus en Sagittaire

Le Sagittaire, signe de Feu, n'est pas très favorable à Uranus qui s'épanouit dans les signes d'Air. C'est pourquoi le signe peut décevoir en ce qui concerne sa capacité à faire passer des réformes en profondeur. En effet, à force de se soucier de réunir autour de soi les courants les plus divers, on peut dire que le Sagittaire « gouverne au centre », qu'il est prisonnier de sa propre stratégie et tiraillé entre plusieurs tendances, quelle que soit sa volonté personnelle de changer le monde.

Neptune en Sagittaire

Le Sagittaire a le sens de l'idéologie ! Il sait que pour entraîner le grand nombre, il convient de lancer un certain nombre de slogans, de proposer des modèles d'explication, à la façon dont on parle de la lutte des classes, par exemple. Cette position de Neptune est donc favorable, elle révèle quelqu'un qui saisit les vagues de fond, qui prophétise les grands bouleversements mais qui ne sait toujours pas faire les choix qui s'imposent quand il est trop entraîné par la politique politicienne.

Les Planètes dans le Capricorne

Soleil en Capricorne

L'astre de l'expansion, du rayonnement, de l'été brûlant se trouve nécessairement refroidi par ce signe d'hiver, d'hibernation, de grands frimas. La personnalité est donc réservée, distante, froide et concentrée. N'oublions pas, en outre, que l'attente du printemps donne à ce signe un sens du temps particulièrement intense : si tout se fige sous la glace c'est pour mieux éclore dès que la tiédeur revient.

Lune en Capricorne

La planète des sentiments, de la vie intérieure, de la sensibilité et du climat affectif n'est pas non plus fort à son aise dans ce signe. Rend défiant à l'égard de toute manifestation amoureuse, peu expansif et aussi peu généreux. En revanche, donne une stabilité, une profondeur, une fidélité et une grande persévérance dans les attachements.

Mercure en Capricorne

Extraordinaire position pour cet astre. L'intelligence est profonde, pénétrante, sûre. Le sens du détail, de l'analyse, est assorti d'un esprit de synthèse fulgurant. Excellente mémoire, discernement, jugement presque infaillible, sens du temps. L'être est mesuré, peu expansif, mais son ambition se révèle imperturbablement tenace.

Vénus en Capricorne

Cette Vénus est possessive, obstinée, très rigoriste. Elle retire de la passion à la relation amoureuse — la raison, le specticisme du signe interdisant les grands élans — et lui attribue en compensation de la solidité, de l'endurance, de la ténacité : cette Vénus se contente de peu (à la limite, elle vit d'amour platonique) ou alors, mais c'est plus rare, elle multiplie les expériences « utilitaires ».

Mars en Capricorne

Magnifique position de la planète dans un signe qui lui fait aller droit à l'essentiel, avec dépouillement, esprit de synthèse, profondeur et sens de l'analyse. Sur le plan de l'intelligence, c'est une des plus fortes et des plus belles configurations. Elle confère au sujet de la dureté, de l'ambition, de l'agressivité et beaucoup de calcul en même temps qu'un sens politique aigu... Mais absence totale de subjectivité et de sensibilité en ce qui concerne les affaires, les négociations, les rapports avec autrui en général.

Jupiter en Capricorne

Mêmes effets que le Soleil dans ce signe, légèrement atténués. Les valeurs protectrices, chaleureuses, bienfaitrices de Jupiter se sentent fort diminuées, amoindries par le signe concentré et réservé du Capricorne. La réussite professionnelle est pourtant certaine grâce à l'ambition tenace du signe.

Saturne en Capricorne

Refus de l'artifice, du jeu, du maquillage. Une sorte de Capricorne au carré. Il peut dissimuler ses frustrations infinies derrière un ricanement sceptique ou l'attitude souveraine de l'ermite replié dans sa tour d'ivoire. Cet orgueilleux est d'abord un grand blessé de l'âme qui ne s'est jamais consolé des rejets qu'il a subis. C'est le vrai misanthrope, lucide sur le monde et sur lui-même, qui s'interdit tout mensonge et sanctionne tout manquement à la vérité.

Uranus en Capricorne

Dur signe pour Uranus qui symbolise la force, la volonté, la résolution ici et maintenant : en Capricorne, la résolution devient cruellement efficace, l'organisation méthodique des objectifs s'élabore avec une perfection presque maniaque. Goût pour toutes les techniques avancées, pour la politique et les sciences.

Neptune en Capricorne

La planète de la sensibilité artistique, de la douceur, de la souplesse et de la mobilité psychique n'est pas spécialement confortée par le Capricorne qui lui interdit les vraies intuitions ou les soumet au crible d'une raison moralisatrice très refroidissante. La sensibilité et la rigueur de la pensée se trouvent en contradiction.

Les Planètes dans le Verseau

Soleil en Verseau

Dynamisme électrisant, chaleur communicative, sympathie spontanée et active pour autrui : telles sont les caractéristiques du Soleil en Verseau.

Lune en Verseau

Si vous avez la Lune en Verseau, elle vous permettra de cultiver des valeurs personnelles, de canaliser vos pulsions au profit d'un idéal et de décrire vos états d'âme avec les mots qui conviennent.

La Lune en Verseau, c'est aussi réagir quand le vent se lève, profiter du Zéphyr, naviguer en douceur. C'est parfois s'oublier pour aider à transformer le monde, ou se recréer soi-même quand on s'est perdu. C'est notre dépendance envers nos amis, notre besoin d'originalité ou notre soif de changement, c'est une mémoire qui oublie tout, sauf l'essentiel : ce qui est riche en potentialités nouvelles, ce qui est positif et utile, ce qui débloque des situations.

Mercure en Verseau

Mercure en Verseau signe une intelligence intuitive mais rigoureuse, à condition que le sujet soit motivé. Sinon, il se laisse plutôt envahir passivement par les informations qu'il emmagasine et qui resteront latentes, en attendant de ressortir un jour sous forme créative.

Au Verseau, Mercure est souvent distrait. Il n'établit le contact avec autrui que si l'ambiance est mobilisatrice, l'interlocuteur plaisant, ou si la discussion porte sur ses convictions.

Vénus en Verseau

Le Verseau est spontanément doué pour le bonheur parce qu'il fait crédit à la nature humaine, mais qu'il est sans illusions sur ses imperfections. Il refuse donc toute complaisance envers le chagrin. Pour les sujets évolués, point de lyrisme romantique : on analyse le mal d'amour et, pour le dompter, on fait appel à la raison ou à l'oubli.

Que ce soit dans le choix d'un objet ou dans les rapports humains, si vous êtes Verseau bon teint, une grande indifférence vous habite jusqu'à ce que quelque chose ou quelqu'un mobilise votre attention : vous réagissez, alors, par une attirance extrême ou une répulsion spontanée, que vous essayez de modérer en compensant, par un compliment, la rigueur d'une attitude, et en éteignant, provisoirement, l'emballement d'un moment.

Mars en Verseau

Ici, les faits l'emportent sur les idées, mais, comme nous sommes encore en Verseau, où les choix sont réfléchis afin de ne choquer personne, idées et faits vont donc se mêler adroitement.

Le pouvoir réalisateur du Verseau est plus dans la réaction que dans l'action, et la réalité des faits bruts pousse le sujet à agir en rénovant.

Jupiter en Verseau

A condition que ces tendances soient convenablement mûries, vous pouvez vous faire apprécier par des sentiments humanitaires ou par de larges conceptions sociales. Il s'agit de « mettre la main à la pâte », de « relever vos manches » pour que le monde, le pays, votre groupe professionnel ou votre famille sortent de leur enlisement, de leurs difficultés ou de leurs routines. Vous comptez bien que l'on vous en saura gré et vous vous y employez utilement.

Comme vous préférez donner qu'accumuler, l'état de vos finances risque de souffrir de générosités au-dessus de vos moyens ou de l'oubli des contingences matérielles.

Saturne en Verseau

Saturne en Verseau n'échappe pas à sa règle : il fait le point sur soi-même et les autres, prend conscience de la nécessité d'évoluer et de dégager, des événements, leur inconnu libérateur. Il cherche à communiquer pour atténuer le doute que l'isolement amplifie.

Saturne en Verseau pondère votre réactivité ou votre enthousiasme, vous fait prendre conscience que l'on s'use parfois à défendre des causes perdues d'avance et qu'il faut se méfier de l'illusoire, au profit d'une connaissance plus approfondie des choses.

Uranus en Verseau

Avec les planètes précédentes, l'homme s'est intégré au monde extérieur et à la société de son temps ; les aptitudes à acquérir sont les mêmes pour tous. Avec Uranus, nous entrons dans l'analyse des valeurs qui sont propres à chaque individu. Indépendantes du milieu, elles font de lui un être unique.

Uranus en Verseau, s'il choisit la nouveauté en tout, sait la vulgariser, la transmettre avec le maximum d'efficacité et des mots simples, accessibles à tous ; mais il lui est parfois difficile de donner un exemple concret.

Neptune en Verseau

Si vous êtes neptunien, vous vous dégagez facilement des conditionnements sociaux pour tenter de vivre votre réalité intérieure. Vous êtes intuitif, généreux et crédule, parfois naïf. Vous projetez souvent vos impressions et présentez parfois des vérités que vous avez du mal à formuler. Si vous transformez la réalité, c'est qu'un fait brutal vous émeut et que vous désirez prendre des distances pour amortir le choc.

Les Planètes dans les Poissons

Soleil en Poissons

Il va vous « identifier » totalement aux autres. Vous n'imposerez pas. Vous entrerez dans le jeu d'autrui : cette identification sera, selon votre évolution intérieure, bonne ou mauvaise. Dans ce signe « double » la gamme des « possibles » est infinie...

Vous pourriez avoir tendance à vous immiscer un peu trop dans ses affaires et dans sa vie. Vous n'utiliserez ce don à votre profit que si d'autres aspects vont dans ce sens, l'Ascendant notamment. Votre comportement ne sera en aucun cas cynique, sauf si une note scorpionne apparaît. Vous pourrez incontestablement, par votre attitude, gagner à votre cause des adversaires ; et les réduire à néant.

Lune en Poissons

Si le soleil est l'animus, partie volontaire, active, masculine qui est en chacun de nous, principe « yang », la Lune est le reflet de notre anima : partie réceptive, passive, féminine, « yin », en chacun de nous. C'est la face inconsciente de notre personnalité. Elle est le rêve, l'imaginaire, la sensibilité.

En fait, elle donne une sorte d'irréalité à cet être « lunaire » des Poissons. Il a du mal à s'intégrer dans la vie réelle. En effet, les qualités comme les défauts d'expansion et d'inflation envahissantes propres aux Poissons, sont exacerbés. Le potentiel imaginatif est fabuleux, donnant une véritable vision fantasmagorique des choses.

Mercure en Poissons

Cette planète est en exil dans les Poissons. Dans ce signe d'eau, elle donne un fort potentiel de sensibilité intuitive. Elle représente, en effet, le filtre intellectuel à travers lequel vous vous exprimez en tant que Poissons. Ce n'est pas seulement votre forme d'intelligence mais aussi la direction qu'elle va prendre. C'est votre faculté d'adaptation qu'elle définit, et vos relations avec l'entourage. Cette direction sera, dans le sens de Neptune, infinie. La perception des choses sera beaucoup plus intuitive, immédiate, que déductive. C'est une perception sans détails. Rien de précis, mais une vision « *globale* » instantanée. La compréhension est « affective ».

Vénus en Poissons

Avec Vénus aux Poissons, le partenaire est idéalisé ; l'amour est vécu comme un rêve. On peut reprendre ici l'expression de Gaston Bachelard dans *l'Eau et les rêves :* « Le fait imaginé est plus important que le fait réel. » Exaltée dans le signe des Poissons : l'amour y prend une ampleur lyrique. L'affectivité est débordante. Toutes les motivations sensorielles et affectives se manifestent, en effet, sur un mode Poissons ; c'est-à-dire sans mesure et sans caractère logique... les amours sont sans frontières. Amours souvent impossibles, chimériques, utopiques dans lesquelles on se jette à corps perdu. L'élu est mis sur un piédestal. Si le rêve s'effondre, le « château de sable » est emporté par la vague... Les chimères évanouies, il ne reste plus rien.

Mars en Poissons

Dans le signe des Poissons, l'action diffuse se perd dans l'immensité des désirs qui restent inassouvis. Si cette action est souvent incapable de viser droit au but immédiat, l'énergie n'en est pas moins mordante. Mais elle demeure souvent intermittente.

Il faut toutefois se méfier de « l'eau qui dort ». L'on songe à ces tempêtes qui se lèvent sous les tropiques, dans cet océan que d'aucuns avaient nommé Pacifique ! La fureur de la vague peut être mortelle. La tempête est soudaine, elle n'en est que plus violente. L'action de Mars en Poissons est souvent illogique. On agit par « à-coups ». Elle manque, en tout cas, d'organisation. On fonce au moment où il ne le faut pas. Et l'on se fatigue inutilement.

Jupiter en Poissons

Jupiter, planète féconde, planète d'expansion, indique dans un thème les qualités d'extraversion, d'extériorisation de la personne. L'expansion de ce signe des Poissons, donne à Jupiter un grand amour de la vie et un magnétisme personnel qu'il utilise à bon escient. En effet, le Jupitérien des Poissons a une grande confiance dans son étoile. Sa chance peut d'ailleurs être insolente. Elle reste néanmoins fluctuante. Pourtant, au dernier moment, alors que tout paraît perdu, notre Jupitérien « refera surface ». Il s'en sort souvent « miraculeusement ». Un certain goût du faste, un côté un peu ostentatoire n'excluent nullement une générosité réelle.

Saturne en Poissons

Bien vécue, cette planète représente l'influence « contractive » dans le ciel : elle affecte la capacité de l'individu à rassembler les choses pour les concentrer. Elle indique une autodiscipline. Elle est la conscience « morale » dans ce qu'elle a parfois de rigide. L'être se construit un système de défense. Mal vécue, nous avons, alors, l'isolement ; l'être s'enferme. Il perd ses qualités d'adaptation. Il ne sait plus se rendre aussi ouvert. Il ne cherche pas la sympathie. Il s'isole et se laisse gagner par le découragement. C'est le Saturnien « découragé », renfermé, qui refuse de s'adapter à la vie.

Uranus en Poissons

Avec Uranus, l'être va dans une seule direction. Cette planète s'accorde mal avec la sensibilité et l'émotivité vibrante du Poissons. Le refus des contraintes donne dans ce ciel une certaine incapacité à dominer les problèmes de la vie quotidienne. Le Poissons « uranien » s'individualise. Il s'affirme avec originalité. Il va dans une direction et s'y tient. Contradiction profonde de l'être entre ce côté « ultra » et les perspectives neptuniennes. Uranus évolue mal dans le monde de la subtilité et des nuances, dans le monde de l'évasif, de l'imprécis, de l'indécis.

Neptune en Poissons

Le Neptunien vit dans un monde sans frontières (le « citoyen du Monde » : Camille Flammarion). Antenne captatrice, Neptune ouvre aussi les portes à la perception de l'infini. Le monde inconscient, du mystère, prend le pas sur la logique cartésienne : c'est le monde de la clairvoyance et de la télépathie.

Avec Neptune s'ouvre tout un monde secret. Nous sommes aux portes de l'Invisible. Au niveau le plus simple, dans la vie de chaque jour, Neptune créé un « climat », une « atmosphère » : la vraie spiritualité, la sainteté, se cache dans la vie la plus simple.

Les Planètes dans le Bélier

Soleil en Bélier

Avoir le Soleil en Bélier, c'est « être du signe » du Bélier. C'est donc, rappelons-le, avoir une planète (la principale) sur dix dans le signe du Bélier. Quel que soit le nombre de planètes dans un ou plusieurs autres signes, le signe où se trouve le Soleil est toujours primordial. Le Soleil est en *exaltation* dans le Bélier, ce qui peut donner un excès : décision, enthousiasme, impulsion, entêtement, passion, esprit d'entreprise, violence, générosité.

Lune en Bélier

La Lune dans le signe de Mars est bien malmenée... Comme elle représente l'inconscient et la sensibilité, ceux-ci deviennent houleux et marqués par l'impulsivité. L'ardeur et la vivacité, une sensibilité brûlante, tiennent lieu de tendresse. C'est souvent aussi une composante de révolte, de non-conformisme. Elément de réceptivité et de féminité, cette Lune, placée dans ce signe viril, n'est pas en bonne position dans le thème d'une femme. Tendance au scandale, exhibitionnisme, indépendance, témérité, tempérament enflammé.

La Lune représentant l'idéal féminin dans le thème d'un homme, ce sera alors la recherche de l'amazone, la composante féminine étant virile.

Mercure en Bélier

La planète Mercure représentant le mental, celui-ci se trouve ici sous la domination de Mars et Pluton : fougue, intuition foudroyante, certitude d'avoir raison. Les choses sont vécues dans l'instant, avec l'ivresse de la découverte. Cette position laisse peu de place au doute, à l'hésitation. L'intellect est très actif, avec une tendance à la polémique (Mars) et au sarcasme (Pluton).

La franchise est brutale, tranchante comme un scalpel. La diplomatie et la douceur ne sont pas le fort de Mercure en Bélier ! C'est la position des polémistes, des « fonceurs ». Le passage de la pensée à l'acte est immédiat : c'est un peu la conjonction Mercure-Mars, avec son don de persuasion, sa rapidité redoutable.

Vénus en Bélier

Les sentiments sont passionnés, l'esprit de conquête violent, l'impulsion sexuelle intarissable. L'amour est vécu comme un sentiment exclusif, intense, brûlant, mais souvent pas très durable. Grande générosité.

« Vénus tout entière à sa proie attachée ». L'affectivité est importante, chaleureuse, un peu brusque. Nombreuses et brèves passions.

Mars en Bélier

Fougue, énergie, volonté constructive, entreprenante, dynamisante. Goût pour les épreuves de force, où le courage le plus fou trouve son expression. Activités intarissables : sport, courses, dépense physique. Résistance à toute épreuve. Plus il y a d'obstacles à son désir, à son projet ou à sa volonté, plus le natif se sentira stimulé.

Jupiter en Bélier

Le dieu de la foudre dans le signe du feu primordial. Ce n'est pas un gage de modération, mais Jupiter canalise et rend efficace l'agressivité en dents de scie du Bélier. C'est donc un facteur de chance, de rayonnement, d'optimisme et de générosité. Le goût des plaisirs s'en trouve augmenté, ainsi que le contentement de soi. Cette combinaison comparable à Mars-Jupiter peut donner un tempérament quelque peu exhibitionniste, un excès de confiance en soi, une faconde envahissante et vaniteuse.

Mais le caractère est puissant et l'optimisme communicatif. La maturité coïncide avec l'affirmation de la personnalité, bien que la réussite soit souvent précoce. Exemples : Claudia Cardinale, Dali, Chopin, Goëring.

Saturne en Bélier

La planète et le signe sont en contradiction totale : c'est le froid intense au sein du brasier. La force de caractère est grande et risque, avec l'âge, de dégénérer en dureté et en aigreur. La solitude est inévitable, avec une tendance à l'auto-analyse, aux aventures (Bélier) solitaires (Saturne). L'impression d'être incompris par les autres est particulièrement forte, et peut mener aux limites de la paranoïa. C'est une position difficile, douloureuse, qui aboutit en général à une solitude hautaine, à un durcissement.

Avec une telle position, les maux de tête, les névralgies, les accidents à la tête sont garantis. Les risques de congestion cérébrale sont accrus.

Exemples : Baudelaire, Goya, Staline, tous trois atteints gravement à la tête. Goya sourd et à demi-fou, Baudelaire et Staline morts de congestion cérébrale.

Uranus en Bélier

La foudre dans le signe de la foudre. L'impulsivité et la faculté de saisir la « bonne occasion » sont décuplées. Le dynamisme est trépidant, irrésistible, l'efficacité et la coordination des réflexes sont foudroyants à condition que les aspects soient bons. Ce sont la hardiesse, la témérité et la révolte prométhéenne qui dominent. Ils aboutiront, ou bien finiront dans la catastrophe, suivant le reste du thème. Uranus était en Bélier au moment de la montée du fascisme et du national-socialisme : l'ascension fut foudroyante mais la chute ne le fut pas moins...

Neptune en Bélier

Dans le signe de Mars, Neptune amplifie l'agressivité ou le rêve. Là encore, tout dépend des aspects, en particulier des positions respectives de ces deux planètes. Ou bien c'est Mars qui domine (l'action) ou bien c'est Neptune (l'idéal, le rêve). Les deux sont le plus souvent en conflit mais il peut arriver qu'ils coïncident : on a alors une action révolutionnaire qui réalise le rêve (Lénine, conjonction Mars-Neptune). Mais le tsar qu'il renversa avait aussi Neptune en Bélier, non loin du Soleil ! C'est alors l'illusion, la chimère. Avec cette position, on peut aussi avoir une tendance au scandale ou au mysticisme (Cervantes).

Les Planètes dans le Taureau

Soleil en Taureau

La relation harmonieuse entre le signe et l'astre souligne la force d'inhibition (résultante d'excitation concentrée) dans ses effets louables de conquête, d'investissement et de colonisation de l'obstacle. Les « Soleil-Taureau adaptés réussissent aussi, c'est bien connu, par leurs grandes aptitudes de travail, exploitant à fond des facultés parfois seulement moyennes, lentes à s'éveiller » (E. Brulard).

Ils doivent beaucoup à leur minutie maniaque, à leur rigueur, et aux répétitions, aux rabâchages grâce auxquels ils parviennent, souvent après de durs labeurs, au cœur d'un problème, quitte parfois à en constater l'inexistence. Ils ont besoin de posséder leur sujet de A jusqu'à Z, et même de doubler l'alphabet, pour en parler sûrement. L'inhibition leur interdit la facilité. Elle les éloigne des voies précaires, les prévient contre les dangers des ascensions trop rapides et leur donne le goût d'une notoriété installée sur un pouvoir, une compétence réelle, un métier bien rodé. Elle se manifeste encore dans leur besoin de trouver ou d'apporter des bases intangibles à la discipline qu'ils épousent, ou bien de laisser de leur passage une empreinte inimitable. Une fois en haut du pavé, elle leur permet enfin de défendre et conserver l'autorité acquise. Les plus doués paraissent increvables.

Lune en Taureau

Féminité, dans la mesure où la féminité est la mère de tous les sexes. Ces dispositions apportent à l'homme de précieuses satisfactions dans ses liens avec mère, sœur, fille, amies, épouses, sauf si les interlocutrices en question sont agressives, névrotiques, ratiocinant avec tous les défauts des mâles dans leurs revendications socio-sexuelles.

Homme ou femme, la Lune en Taureau non dissonante aime la tranquillité et tient en haute estime tout ce qui participe à l'harmonie de sa santé physique et psychique : un décor paisible, un environnement doux, serein, lumineux, des gens heureux, des saisons régulières, des digestions sans problème.

Mercure en Taureau

L'effet du Taureau sur Mercure limite la disponibilité intellectuelle et sociale. Il n'y a pas d'affinité évidente entre l'astre de l'ouverture, des réponses réflexes aux sollicitations ambiantes et le signe du contrôle, de la première réaction de défense contre les incitations extérieures. L'astro-psychologie insiste donc sur la spécialisation des facultés mentales plutôt que sur la diversité d'aptitudes.

Les dons d'observation, l'application travailleuse, la continuité des idées, pallient les lenteurs de l'intelligence et ses réticences (non insurmontables) devant les abstractions. Cependant, l'esprit progresse fort loin si la matière se prête à une saisie logique, méthodique, et à une démarche analytique raisonnée du concret à l'abstrait.

La curiosité serait plus vive et l'intelligence plus habile dans la détection des sources de plaisirs, profit et possessions.

Vénus en Taureau

L'astro-psychologie applique à la vie amoureuse la constance du signe. Harmonique, cette position favorise donc les longs attachements, les liens dont on ne se défait que dans de tragiques douleurs. Elle donne, sans doute, la patience, la bonne proportion de soumission et de domination nécessaire à l'entretien d'une heureuse relation affective.

Comme Mercure, mais à un bien moindre degré, Vénus stimule la force de combinaison ou d'intégration du signe. Ce qui, dans le contexte sensuel-sensoriel, s'exprime volontiers par le plaisir de possession amoureuse sans cesse renouvelé, ou par quelque propension analogue à embrasser, tenir, faire sienne, en son corps, la chose que l'on aime.

Mars en Taureau

Mars régit les duos-duels de l'existence et le niveau d'excitabilité nécessaire aux compétitions vitales. L'astro-psychologie voit dans sa rencontre avec le Taureau un bon indice de vitalité, de robustesse physique, de courage moral. Configuration musclée, en somme.

Elle inspire des initiatives hardies et radicales, des entreprises aux audaces longuement mûries, engageant, lorsqu'elles s'affirment, toutes les forces dans un seul combat en se privant volontairement de toute échappatoire et possibilité de retraite.

Jupiter en Taureau

L'apport de Jupiter au Taureau ne peut être que chaud. L'astre et le signe se revigorent. Sur ce point, l'astro-psychologie souligne avec à-propos l'afflux des besoins sexuels et sensuels, l'entrain et la santé de la tendance dionysiaque festoyante. Les réactions auto-compensatrices défensives préviennent ce tempérament contre ses propres excès, mais rien ne peut être plus mutilant et contristant qu'un régime sans sel, sans rires, vignes, muses et flonflons.

Jupiter favorise l'extraversion du signe, les turbulences de l'excitation qui l'habite, et concentre l'excitabilité en passions dévorantes, avidités diverses, en amour, argent ou domination, selon le plan d'intérêt.

Saturne en Taureau

Le Jupitérien a des dispositions pour faire de son vécu l'assise, le cheval d'arçon de ses prouesses. En revanche, le Saturnien en tire craintes et reculs qui, dans les meilleurs cas, déplacent sa pensée vers les coulisses de l'exploit, là où les héros redeviennent des hommes et les hommes des êtres.

La réduction saturnienne peut donc déterminer un type d'équilibre raisonné, moins bonhomme que celui de Jupiter, tout en flegme, en ajustements calculés et en qui-vive cachés.

Economie veut dire ici épargne avisée. L'être s'assure des voies qu'il peut pratiquer sans risque d'y rencontrer ce qu'il redoute : l'imprévu exigeant un débours de confiance.

Uranus en Taureau

D'une formule inverse à celle de Mercure, Uranus va du complexe au simple, du faible au fortement excitable. Avec l'apport du Taureau, cohérent, compact, massif, le schéma uranien prend tournure d'un tout ou rien. Les paliers, approches ou reculs par touches et retouches successives ne sont pas de saison. Cet Uranien est complètement « in » ou « out », dedans ou dehors. Sa nature réductrice s'y prête, le Taureau lui fait litière.

Psychologiquement, n'attendez pas de lui beaucoup de diplomatie. Il n'est pas du genre perplexe, entre deux eaux, flottant. S'il est réfractaire, sa surdité et son opposition iront jusqu'aux extrêmes conséquences.

Neptune en Taureau

L'efficacité opère dans le plan irrationnel de la vie affective et spirituelle, plutôt que dans celui de la raison sociale.

Neptune en Taureau a des chances de vibrer aux chansons des bois et forêts, et autres présences universelles, sensibles et indicibles. La cohésion du signe sera dans le désir d'union sensuelle, ce qui peut rendre la mystique difficile, sauf si elle est panthéiste, païenne, en prise sur le folklore. Autre chose, enfin, que l'ascèse et le dogme.

En négatif, le pôle dionysiaque du Taureau prendra avec Neptune des voies de perdition, la quête d'extase mystique, le besoin de participation cosmique, dégénérant en sensualité chaotique.

Les Planètes dans les Gémeaux

Soleil en Gémeaux

Le Soleil est l'archétype du Père, du Chef, du Héros, psychologiquement l'Idéal du Moi. Il a surtout pour effet de valoriser les diverses significations du signe dans lequel il est placé. Sa force peut être modifiée, positivement ou négativement, en fonction des rapports angulaires ou aspects qu'il peut former avec d'autres planètes.

Lune en Gémeaux

Le monde de l'inconscient est ici constamment agité par les fluctuations de l'environnement, le changement incessant des circonstances et des contacts, mais il ne s'agit là que d'une agitation de surface, celle de la brise qui fait naître des vaguelettes. Les racines de l'être ne semblent pas en être ébranlées. Extérieurement, l'humeur est vagabonde, elle varie selon les émotions du moment et ne peut être saisie. Elle s'est déjà transformée lorsque l'interlocuteur l'a saisie au vol. Pour mieux dire, c'est la Lune natale de Brigitte Bardot, astre cinématographique qui a suffisamment occupé la chronique pour que l'on sache de quoi il retourne. Un prompt emballement, vite tombé dans l'oubli, aussi vite remplacé par une passion non moins vive, et il ne s'agit pas seulement de l'affectivité, mais aussi de l'humeur, qui ne peut être que capricieuse et frissonnante. Sur le fond mercurien, en perpétuelle vibration, la Lune multiplie les variations de ses phases, même si sa face cachée reste obstinément ignorée.

Mercure en Gémeaux

La souplesse d'esprit, le besoin de connaître, celui de transmettre le message dont on est porteur s'allient à une exceptionnelle facilité d'assimilation de toutes les données que l'esprit doit intégrer. A cela s'ajoute l'association des idées, tout aussi rapide, qui permet d'élaborer très vite des ensembles d'où sortira la résolution des problèmes posés. Par contre, si la compréhension ne s'effectue pas dans l'instant même, il est fréquent que l'on doive s'y atteler à nouveau au prix d'efforts inhabituels et fastidieux. Il va sans dire qu'un tel Mercure est un atout important dans les thèmes des avocats, des hommes politiques, des représentants. Parfois s'y joint le sens de l'humour, de l'ironie, de la repartie. Le sujet est apprécié pour ses dons de causeur. Il lui est assez difficile de se spécialiser, car il veut tout savoir, tout apprendre, mais se contente trop souvent d'un survol rapide. Il sait s'insérer dans les conversations pour les orienter selon son gré.

Vénus en Gémeaux

Le goût du flirt, de la comédie amoureuse, est fréquent, celui du changement ne l'est pas moins. Ces deux tendances aboutissent à de nombreuses relations affectives, le flirt plus ou moins poussé surpassant la passion authentique. Au pire, ce serait l'image du papillon. Le choix est difficile, aussi ne le fait-on pas.

Pour ne pas se perdre dans tout cela, il faut éviter de provoquer des drames, conserver un certain sang-froid, une lucidité raisonnable, sous une apparence d'amitié courtoise où chacun croit discerner un amour partagé. La sensualité n'est pas un élément dominant, bien qu'elle ne soit pas exempte de raffinements. La vie sentimentale peut donc être assez compliquée, mais l'adresse permet d'éviter les crises trop périlleuses. Les déceptions en général ne durent pas, tant il est facile de trouver de nouveaux partenaires.

Mars en Gémeaux

C'est un important facteur d'activité, pas seulement mentale, qui peut entraîner un certain esprit sportif, la sincérité dans l'action. Mais l'amour-propre réagit par la susceptibilité : les caprices, les colères sont difficilement dominés. Tout cela est un peu remuant, turbulent, avec des vagues d'agressivité inattendues, au moindre prétexte. Il faut dire que les réflexes musculaires sont rapides, le passage à l'acte ne traîne pas, tout au moins le passage à la parole vaut un acte.

Avec Mars dans son signe, le Géminien est plus sûr de lui et moins hésitant. De bonne foi, il promet plus qu'il ne peut tenir. Il s'efforce de convaincre avec passion. Dans les cas extrêmes il aboutit au sadisme mental, à une certaine agitation.

Jupiter en Gémeaux

Dans les Gémeaux, la bonhomie et l'équilibre accompagné d'auto-satisfaction de Jupiter se heurtent à la nervosité un peu fébrile de ce signe. Un peu dérouté, Jupiter n'utilise pas ses atouts habituels avec autant d'efficacité. Droiture et loyauté, avec la mise en valeur des qualités intellectuelles. Barbault dit, avec humour, que l'autorité et la puissance de l'astre sont affectées comme celles d'un pontife dans un milieu d'adolescents irrespectueux, mais que cette position est heureuse dans l'ordre de la diplomatie et de l'habileté manœuvrière.

Saturne en Gémeaux

On admettra qu'un astre aussi sec et peu enclin à une certaine joie de vivre comme à une animation turbulente ne se sentira guère à l'aise dans le signe jeune et perpétuellement en mouvement des Gémeaux. Cette fois-ci, c'est le vieux monsieur strict chez les joueurs de ping-pong. Sa logique excessive tue la fantaisie, et l'humour devient de l'humour noir. Certes, il peut y avoir un acquis pour le signe, dans la mesure où Saturne apporte circonspection, sens des responsabilités, ce dernier parfois excessif.

Mais il peut aussi, par réserve ou inhibition, éteindre le côté brillant des Gémeaux, le sens de la repartie devient l'esprit de l'escalier, ou se fait trop lourd. C'est un Saturne qui veut se rajeunir, un Gémeaux qui veut être trop sage au risque d'étouffer sa spontanéité.

Uranus en Gémeaux

Uranus, qui gouvernait le chaos, est considéré comme l'astre de l'individualisme le plus poussé, qui veut à tout prix se démarquer du milieu ambiant. Hyper-rationnel, peu sentimental, maître du Verseau, il a quelques analogies avec Mercure, mais poussées à une niveau plus brutal ; il est systématique, intolérant, il tend à entraîner vers un avenir robotisé, froid, peu fait pour les faibles et les cœurs sensibles. Il crée l'imprévu, les destins en dents de scie, impose des techniques toujours nouvelles.

Il s'est trouvé dans les Gémeaux de 1942 à 1948, et l'on a pu constater l'accord entre le côté nerveux et remuant du signe, et l'effet électrisant de la planète, ainsi que le facteur commun que constitue le côté intellectuel et cérébral de leur nature. Uranus, très à son aise en Gémeaux, y agit comme s'il induisait un courant électrique susceptible de galvaniser les Gémeaux, de leur donner un sens plus aigu de leur Moi et d'atténuer leur tendance dispersive.

Neptune en Gémeaux

Il semble y avoir plus de théorie que de constatations effectives dans ce que l'on peut en dire. Selon André Barbault, l'émotivité géminienne serait intensifiée et la sensibilité de l'astre en serait renforcée, dans un échange courtois de bons procédés. D'autres astrologues affirment que l'intuition devient plus lucide, que l'action neptunienne devient plus créatrice, se cantonnant surtout dans l'immédiat, le quotidien. On y voit aussi des dons de clairvoyance, surtout dans les affaires, et les femmes seraient peu fidèles. Certains décèlent des tendances hystériques, des états d'âmes chaotiques.

Les Planètes dans le Cancer

Soleil en Cancer

Donne des indications sur la personnalité extérieure du sujet : grande sensibilité, à l'écoute du non-dit, du non-visible, beaucoup d'intuition : cette intuition se fait parfois devineresse, pressent des événements et des situations à venir. Les rêves prémonitoires sont fréquents chez le Cancer hyperréceptif. « Idéalisation du passé, attachement à la tradition, qui sert de point d'appui contre l'insécurité du futur [...] Manque d'initiative, défaut d'agressivité et d'esprit compétitif [...] compensés par la souplesse intuitive de l'intelligence. L'équilibre ainsi créé permet d'atteindre avec autant d'efficacité l'objectif recherché [1]. »

Lune en Cancer

Accentue toutes les tendances extérieures du signe en leur donnant quelquefois une exaltation excessive : douceur extrême, intense réceptivité qui peut aller jusqu'à la médiumnité. La voyance, la précognition, les phénomènes extra-sensoriels sont tout à fait courants avec la Lune dans ce signe. Elle donne également des dons artistiques réels que la timidité du Cancer ne sait pas toujours faire valoir. Besoin immense de tendresse, de protection. Forte sensualité réceptive.

Mercure en Cancer

La planète de l'intelligence se teinte ici de finesse analytique, de sensitivité, d'irrationnel. L'intuition s'affine, se laisse diriger par une perception subjective des problèmes, et les résout grâce au « flair », au doigté, à l'instinct beaucoup plus que par raisonnement.

1. Lisa Morpurgo, *Introduction à la nouvelle astrologie,* Hachette, 1976.

Mercure en Cancer fait des êtres qui écoutent plus qu'ils ne parlent, qui enregistrent et mémorisent les moindres faits et gestes pour s'en servir plus tard dans des circonstances appropriées. L'esprit, à la démarche lente et sûre, donne du poids aux synthèses. C'est un esprit qui allie les qualités inventives aux déductions logiques.

Vénus en Cancer

La planète de l'amour et de l'art se trouve en affinité avec le signe d'eau. Vénus en Cancer s'intériorise, gagne en pudeur et en réserve ce qu'elle perdait en extraversion ; elle devient plus artiste, plus profonde et plus douce. Sa recherche de l'amour sensuel se transforme en quête de tendresse, de protection, de sécurité affective. C'est une Vénus mouvante mais fidèle, capricieuse mais sage. Sensualité « sensorielle ».

Mars en Cancer

L'activité impatiente, brusque, agressive de Mars s'émousse en Cancer. L'action devient plus mesurée, plus flottante, plus fragile extérieurement. Mais elle se concentre grâce à la profondeur que lui donne le signe, elle acquiert une plus longue portée. Elle devient plus durable, plus obstinée, moins spectaculaire mais peut-être plus efficace, en s'exerçant sur des registres qui lui conviennent, soutenue par l'intuition que confère le signe : l'art, le commerce sont des terrains d'élection. Le dynamisme, l'énergie vitale, n'apparaissent pas : il faut se rappeler que le Cancer n'est pas un signe de grande santé. En revanche, la sagesse, l'économie de moyens dans l'objectif à atteindre, l'instinct très puissant remplacent avantageusement une extériorisation chaleureuse de la personnalité.

Jupiter en Cancer

Jupiter, qui aime tant son confort, ses aises, le luxe en toute chose, exalte la sensualité du Cancer, le matérialise. La philosophie d'un Jupiter en Cancer est dans la jouissance pure et le confort personnel. La réussite professionnelle se fait dans le respect de la tradition et des lois hiérarchiques, dans le culte de la famille et des ancêtres. Que de bienveillance, que de concessions, que de souplesse dans cet alliage ! Rien ne doit freiner ou entraver le désir qu'a le natif de jouir de la vie par tous ses pores. S'il gagne facilement de l'argent, il le dépense encore plus facilement, pour le plaisir de dépenser. Il a besoin d'abondance et de richesse, de beaux objets, de bijoux, de fourrures, de luxueuses voitures. Cet être est, en général, extrêmement séduisant.

Saturne en Cancer

C'est la logique, le raisonnement, la rigueur froide et calculatrice de Saturne dans l'univers fantasque, imaginatif et sensuel du Cancer. Résultat : ou bien Saturne canalise la fantaisie du Cancer et lui donne du poids, de la mesure, de l'ambition et de la discipline, auquel cas le sujet perd beaucoup de caractéristiques lunaires (réactions imprévisibles, tempérament secret et changeant, parfois un peu versatile). Ou bien Saturne broie le Cancer ; à ce moment-là, il crée toutes sortes de frustrations dans les domaines régis par la Lune : la créativité est freinée, l'élan vital s'amenuise, l'affectivité n'est jamais comblée, la sensibilité reste à vif sans parvenir à s'épanouir dans une activité inventive et riche.

Uranus en Cancer

Le goût d'Uranus pour les bouleversements, les changements radicaux, les décisions rapides et irrévocables se trouve singulièrement étouffé par le Cancer. En effet, le Cancer est le signe des petits changements, des petites modifications, mais pas des hautes tensions familières à Uranus. D'où affaiblissement des valeurs proprement uraniennes dans ce signe : individualisme moyen, esprit de décision plus flou, activité créatrice moins volontaire et ambitieuse. La vitalité uranienne devient un peu aquatique : c'est la foudre dans l'eau. En revanche, le Cancer accentue la réceptivité d'Uranus, d'où une réelle générosité à l'égard d'autrui, la volonté d'emporter une certaine adhésion de son entourage.

Neptune en Cancer

La planète double son inspiration intuitive dans le Cancer : elle devient très fortement sensible à toute vibration sensorielle. Elle capte les moindres ondes de son entourage et plonge dans les eaux sans fond de la sensation, du délire artistique (musical, visuel, auditif) avec un goût prononcé pour tout ce qui a trait à l'eau, à l'élément liquide.

Les Planètes dans le Lion

Soleil en Lion

En vérité, dans votre cas, la fonction solaire, qui sensibilise aux modèles culturels en usage, vous a fait percevoir avec une acuité particulière tout ce qui, dans ces modèles, participe des fonctions de base du Lion. Vous avez retenu en priorité les leçons et les principes qui mettaient l'accent sur l'autonomie personnelle, la volonté de surpassement, l'extension de la puissance. Vos premiers héros, vous les avez choisis spontanément parmi ceux qui incarnaient le mieux ces facultés. Notez bien que cela ne veut pas forcément dire que vous suivez ces exemples-là en permanence : les premières et fortes impressions qui ont marqué votre esprit peuvent subir des avatars. On peut cependant affirmer que tous ces grands dadas léoniens demeureront vos points de référence essentiels. Sujets de vos discours, thèmes de vos œuvres, mobiles de vos actes, objets de vos recherches, motifs de vos craintes ou cibles de vos sarcasmes, ils seront ici les fermes pivots de votre conscience lucide. Tout cela, d'ailleurs, va dans le même sens que votre prédilection pour les grandes idées, les forces qui orientent toute une existence dans une direction privilégiée.

Lune en Lion

Les interprétations classiques insistent sur l'effervescence des instincts, leur générosité, leur noblesse et leur panache. On vous accorde en outre une imagination tournée vers le grandiose, le prestigieux, le magnifique, et la faveur publique vous est paraît-il acquise si vous abordez la carrière artistique. Parmi les travers qui vous sont le plus souvent reprochés, on note une certaine fatuité, un côté snob épris de luxe, un penchant aux caprices voyants et à la paresse dorée.

Quelques « Lune en Lion » assez connus : Louis XIV, Churchill, Trotski, Mao, Rocard, Rosa Luxemburg, Willy Brandt... Parmi les poètes, citons Verlaine, Jules Laforgue, Charles Cros et Schiller.

Mercure en Lion

Vous pouvez par exemple connaître la sensation grisante de pouvoir venir à bout de toutes les énigmes, d'affronter comme en vous jouant les problèmes filandreux où s'entortillent les esprits moins alertes. Pour vous, les discours choc, les idées fortes et les images frappantes, pour peu qu'on les répande suffisamment, recèlent une efficacité redoutable, un pouvoir libérateur hors pair. Nulle muraille ne s'avise de résister à un trompettiste assez constant et malicieux, tous les rescapés de Jéricho vous le diront.

Vénus en Lion

Vous savez jouer au maximum de l'efficacité des apparences, de l'impact affectif des paroles. Votre Moi en représentation s'affirme par le canal de l'émotion ainsi produite sur les autres. Vous vous efforcez de susciter la sympathie admirative par les moyens les plus extérieurs — d'aucuns diraient les plus superficiels — tels que la beauté physique, le vêtement, la parure, le maintien, la qualité du langage et le respect de l'étiquette. Selon votre orientation générale extravertie ou introvertie, vous viserez par ces biais à donner une impression de force, d'aisance souveraine, de liberté superbe, ou bien de noblesse, de générosité, d'élégance morale.

Mars en Lion

La force d'excitation débloquante joue ici sur le mode d'une confrontation directe et immédiate avec le monde environnant. Elle n'a rien d'un fantasme, d'une simple spéculation théorique ou d'une évocation évanescente. Elle acquiert une présence telle qu'il est impossible à autrui de l'ignorer ou de n'en point constater les effets percutants. Dans le combat quotidien pour la survie personnelle, vous refusez absolument toute entrave à vos initiatives. Vous ne vous préoccupez guère des implications philosophiques de vos actes ou de ce que l'on va penser de vous : l'essentiel est de vaincre l'obstacle par les moyens les plus rapides et les plus indiscutablement efficaces. Vous n'êtes pas une personne à vous décourager facilement. Non pas tellement par le fait d'une patience obstinée, mais surtout parce que vous savez surmonter vos fatigues, recharger à bloc vos batteries au moment où l'on vous croit épuisé.

Jupiter en Lion

Voilà encore une rencontre qui a eu de tout temps fort bonne réputation. Comment d'ailleurs pourrait-il en être autrement ? Aux yeux de la tradition, l'alliance du signe royal par excellence et de l'astre qualifié de Grand Bénéfique ne saurait enfanter qu'une avalanche de bienfaits : honneurs, célébrités, succès, triomphe et autorité indiscutée vous sont octroyés sans lésiner par les célestes cornes d'abondance.

Quant aux seuls inconvénients évoqués, ils découlent des risques de démesure et de surabondance. L'astro-psychologie descriptive, tout en étant moins catégorique sur les événements promis, ne dément pas la tonalité générale du tableau. L'astre et le signe se rejoignent par leur côté extraverti, optimiste, théâtral et ambitieux, le tout saupoudré de ce paternalisme pontifiant qui est, paraît-il, l'apanage enviable de la maturité bien assise.

Saturne en Lion

Là, ce n'est pas tellement la fête. De toute manière, dès que Saturne est en cause, les astrologues traditionnels éteignent leur beau sourire commercial et vous prennent des airs gravement constipés. Comme, par-dessus le marché, ils considèrent le Lion comme le lieu d'exil de la planète — c'est-à-dire le signe avec lequel elle présente le moins d'affinités — vous voyez d'ici le tableau engageant. Dans le meilleur des cas, ils évoquent une autorité froide, une implacable ambition, des buts politiques à long terme, le sens de l'organisation. La plupart du temps, il est surtout question de despotisme, d'avidité insatiable, d'orgueil égocentrique et misanthrope, de dureté, de crauté, de lâcheté.

Uranus en Lion

Le point commun fondamental entre Uranus et le Lion, c'est un processus de concentration, de réduction extrême à un pôle unique dans un but d'efficacité maximale. Imposer son point de vue aux autres, se sentir invulnérable, être sûr de son bon droit, ne pas concéder la moindre miette de son pouvoir et de son autorité. Uranus exacerbe ces tendances, les radicalise, les assortit d'un impact et d'un tranchant tels qu'elles ont bien peu de chances de passer inaperçues. Vous visez toujours les sommets, qu'il s'agisse de ceux du pouvoir, de l'intensité d'expression de votre personnalité, de l'acuité de votre conscience lucide ou de la rigueur concise de vos formulations. Vous dissipez le brouillard à coups d'éclairs soudains, vous localisez les lueurs éparses en faisceau aveuglant, vous rassemblez les forces les plus diluées en un seul invincible fer de lance. Vos irruptions sur le devant de la scène sont souvent plus provocantes que celles du Lion jupitérien. Vous ne prenez pas comme lui votre élan à partir de données familières, de réalités que chacun peut voir et palper. Vous vous appuyez sur vos pulsions les plus intimes, vos tendances les plus inaliénables.

Neptune en Lion

Enigmatique et problématique alliage. Les affinités entre la planète et le signe sont nettement moins évidentes que dans le cas d'Uranus ou de Jupiter, et la coopération ne sera vraiment effective que si Neptune reçoit par ailleurs de forts aspects dynamisants. Dans le cas contraire, les fonctions dominantes du Lion sont passablement altérées. Les manuels traditionnels parlent d'exaltation lyrique, idéaliste, mystique ou romanesque, de sens esthétique noble et raffiné, avec forte propension aux illusions et aux déceptions sentimentales, dans l'hypothèse d'un Neptune très dissoné.

Les Planètes dans la Vierge

Soleil en Vierge

Dire que vous êtes natif de la Vierge signifie qu'à votre naissance le Soleil occupait ce signe. Dans ce cas, la planète ne fait donc que souligner les valeurs du signe. En Vierge, le Soleil est dit pérégrin, c'est-à-dire neutre, son Domicile étant en Lion et son lieu d'exaltation en Bélier.

Lune en Vierge

Les valeurs lunaires de sensibilité, d'émotivité, de réceptivité, sont brimées et ne trouvent guère de possibilité d'épanouissement. La Lune, symbole de l'inconscient (le « Ça » en termes psychanalytiques) n'est certes pas à son aise dans un signe répressif, qui s'acharne à contrôler les pulsions instinctives. Il en résulte un risque de refoulement, surtout en cas de dissonances de la Lune (avec Saturne ou Uranus notamment).

La difficulté d'extériorisation entraîne un malaise, un sentiment diffus de culpabilité qui se traduit par une attitude déroutante, déconcertante, même pour les proches. Inquiet, souvent affligé d'un complexe d'infériorité, le sujet se livre à une introspection poussée, qui ne fait qu'aggraver ses problèmes.

Mercure en Vierge

Mercure donne une insatiable curiosité, vierge de tout *a priori,* libre de toute entrave. Le monde est un passionnant champ d'investigation pour le Mercurien, qui engage un dialogue permanent avec son entourage. C'est un libre penseur, toujours prêt à jeter un regard neuf sur les êtres et les choses d'autant qu'il a l'art de changer les angles de vues.

Mercure en Vierge souligne les qualités de mémoire et d'observation. Le sujet excelle dans les domaines où il faut fidèlement retranscrire une réalité plutôt que de l'interpréter ou l'intellectualiser.

Vénus en Vierge

Vénus s'adresse au cœur. La Vierge (associée en mythologie à Athéna, déesse de l'intelligence) n'écoute que la raison.

Cette problématique peut se vivre de différentes manières. Il est certain, en tout cas, que la position de Vénus dans ce signe donne souvent au sujet un comportement amoureux comparable à celui du Virginien. On retrouve le même refus de perdre la tête, de se laisser aller. La passion est tenue en bride, dissimulée sous un masque d'ironie, de scepticisme, de froideur.

Les instincts amoureux ne sont pas nécessairement inhibés, mais leur expression est freinée, sans cesse contrôlée. Parfois, cependant, les sentiments sont tièdes, les effusions rares, les unions raisonnables...

Mars en Vierge

Pour qui se contente de voir en Mars la manifestation des instincts agressifs, la position de cette planète dans le signe de la Vierge présente plus d'inconvénients que d'avantages. La violence, l'agressivité étant rentrées, elles se retournent contre le sujet et aboutissent à une lente autodestruction. Ou bien, ces forces s'extériorisent par poussées brutales.

Concret, réaliste... voilà des termes qui s'accordent bien avec les caractéristiques de la Vierge. Cette configuration (surtout si Mars est harmonieusement aspecté) donne une grande puissance de travail (Jean-Louis Barrault, conjonction Soleil-Mars en Vierge). Le sujet est un perfectionniste qui « fignole » sa tâche dans les moindres détails.

La planète « dynamise » le signe, le pousse à l'action, décuple son efficacité en coupant court à ses hésitations.

Quant au signe, il modère l'impulsivité conférée par la planète, évite certaines erreurs.

Jupiter en Vierge

Les relations entre la planète et le signe sont assez complexes. Selon la Tradition, Jupiter est en exil en Vierge. La définition suivante permet de comprendre pourquoi : « Jupiter est une force de développement de l'être humain, par assimilation de ce qui lui vient du monde extérieur [1]. »

Au principe d'expansion, d'ampleur, de Jupiter, s'oppose le principe de rétraction de la Vierge. La planète s'ouvre et s'intègre au monde. Le signe s'entoure d'une écorce imperméable aux suggestions extérieures. Cette antinomie, loin de faciliter l'osmose, provoque des « tiraillements » intérieurs éprouvants.

Le problème est particulièrement épineux si les facteurs d'affirmation du Moi sont très puissants dans le thème, si Jupiter est valorisé (conjonction Soleil-Jupiter par exemple), ou si la Vierge occupe la Maison I (personnalité profonde). Car c'est toute la puissance vitale du sujet qui est contrainte, étouffée dans les limites strictes imposées par le signe. L'extraversion jupitérienne se heurte à l'introversion virginienne.

Saturne en Vierge

Si elle reçoit la puissance intellectuelle et favorise la résolution des questions pratiques, cette position de Saturne est plutôt critique dans le domaine de la vie affective. La planète et le signe se renforcent dans leur tendance à l'inhibition et à l'introversion, entraînant une répression impitoyable des instincts.

Sous le coup de frein de Saturne, les risques de refoulement sont accentués. Par son attitude constamment « en retrait », le sujet se coupe des autres. Il méprise les relations sociales, trop superficielles à son gré. Le goût de la solitude devient facilement de la misanthropie. Il n'y a aucune fantaisie dans cette vie réglée, ordonnée, programmée à l'avance. Toutes les précautions sont prises contre un déferlement de l'imprévu dans l'existence.

Uranus en Vierge

Comme Saturne, Uranus conduit le sujet à adopter une attitude de rigueur, de discipline, de dépouillement. La planète et le signe sont tous deux marqués par l'étroitesse du champ de conscience. L'Uranien tend à « l'unité de l'être ». Il se veut essentiellement lui-même, affranchi des idées en usage, des coutumes. La Vierge, de son côté, cherche à ne compter que sur soi. Aussi le sujet risque-t-il, d'une façon ou d'une autre, de « faire le vide » autour de lui, d'autant qu'il a besoin, sur le plan professionnel notamment, de liberté et d'indépendance.

Uranus en Vierge peut aussi donner la solitude du créateur, souvent révolutionnaire, et difficilement compris par son entourage. Cette configuration se retrouve dans les thèmes de Picasso, de Modigliani (Uranus puissant par sa conjonction à Mars, lui-même conjoint à l'Ascendant), de Coco Chanel (Uranus conjoint à Mercure opposé à la Lune, sextile à Jupiter).

Neptune en Vierge

Neptune, maître des Poissons, est en exil dans le signe opposé, la Vierge. Tout, en effet, oppose le signe et la planète. Neptune est caractérisé par l'extrême ampleur du champ de conscience. D'où une très forte intuition, une façon d'appréhender les choses et les situations sans passer par le canal de la logique, de la raison. Quel décalage avec la Vierge, dont les mécanismes de pensée s'appuient précisément sur ces deux facultés !

1. Claire Santagostini, *Assimil Astrologique*.

De ce perpétuel affrontement entre rêve et réalité, entre plasticité psychique et rigidité mentale, entre désordre et ordre, naît une sorte d'inadaptation permanente.

Neptune en Vierge risque de perturber la vie quotidienne, mais le sujet conserve néanmoins une dimension imaginative, une « inspiration » très favorable sur le plan artistique. Cette position peut aussi accentuer l'idéalisme et le dévouement à une cause humanitaire (Arlette Laguiller, Neptune conjoint à l'Ascendant en Vierge, opposé à la conjonction Soleil-Mercure en Poissons).

Les Planètes dans la Balance

Soleil en Balance

Nous savons que le Soleil a son domicile dans le Lion où ses significations essentielles sont : noblesse et loyauté, ambition et autorité, confiance en soi et fermeté, générosité et fidélité, ardeur et magnanimité, réussite et stabilité.

Dans la Balance qui est reliée au Lion par un sextile, aspect d'union et d'harmonie, le Soleil est dans son 3e signe par rapport à son domicile, de sorte que le sujet manifeste ses qualités solaires surtout envers ses proches (Maison III) et, éventuellement, envers sa maîtresse ou son amant, autre signification de la Maison III. Il a plus d'ambition pour les autres que pour lui-même. Son entourage immédiat a une grande influence sur lui, au point d'être bien souvent l'artisan de sa chance.

Lune en Balance

La Lune, c'est avant tout le monde de l'âme. Elle représente donc la vie sensible, l'affectivité, l'imagination et toute une série de significations dérivées, telles que la femme, la mère, le foyer, la mémoire, etc. Il nous faut donc combiner toutes ces significations avec celles de la Balance.

Si la Balance ne donne pas nécessairement l'équilibre, elle donne le goût, de sorte que le sujet ayant la Lune en Balance tend à réaliser l'équilibre et l'harmonie dans sa vie psychique. Toute injustice, qui n'est finalement rien d'autre qu'un déséquilibre, lui est insupportable et le blesse au plus profond de lui-même.

Mercure en Balance

La pensée est juste et le jugement sûr. C'est une pensée qui pèse volontiers le pour et le contre car elle s'efforce d'être impartiale. Elle est tout en nuances et se veut conciliante. Loin de jeter de l'huile sur le feu, le sujet cherche à apaiser les esprits et à réconcilier les points de vue. Il est doué pour jouer les intermédiaires ou les arbitres.

Mercure et la Balance se rapportent à tout ce qui est lié à la communication, y compris les moyens de communication. Voilà pourquoi le sujet, toujours dans la Maison V, se lie volontiers à des artistes, que ce soient des gens du spectacle, des écrivains, des peintres ou des musiciens.

Vénus en Balance

Affectueux, affable, dévoué, le sujet prend un grand plaisir à la vie en société qui lui donne l'occasion de nouer de nombreuses relations. On apprécie son esprit de conciliation et son amour de la paix. Son sens de la justice, qui n'est pas fermé à l'indulgence, fait de lui l'arbitre idéal pour régler les différends qui pourraient surgir dans son entourage.

Il cherche à se créer des conditions de vie agréables, et son goût du confort fait qu'il s'entoure, partout où il passe, de musique, de fleurs, d'objets d'art qui donnent à son cadre de vie une note raffinée.

La Balance, 7e signe, est analogue à la Maison VII, secteur des contrats et du mariage en particulier. Si rien dans l'horoscope ne s'y oppose, le mariage peut apporter au sujet les dons de Vénus : l'amour, le bonheur et l'aisance.

Mars en Balance

Comme la justice est un des domaines de la Balance, le sujet est prêt à se battre pour que soit respecté le droit et que cessent les injustices. Il sera tenté de militer dans des organisations politiques ou non, qui luttent en faveur des victimes de toutes les formes d'oppression. Parmi les carrières juridiques qui s'offrent à lui, c'est évidemment celle d'avocat qui lui permettra le mieux de mettre sa fougue au service de la justice. Il défendra ses clients avec autant d'énergie que d'habileté (la Balance sait aussi être diplomate). Dans sa vie privée comme dans sa vie publique, il est prêt à se battre pour la vérité, souvent inséparable de la justice, et à donner équitablement à chacun ce qui lui revient.

Jupiter en Balance

Le sujet rayonne la sympathie (Jupiter représente le principe de l'énergie centrifuge en expansion permanente). Il a donc des contacts faciles et heureux avec les autres, que ce soit dans son mariage, ses associations ou ses relations. Les qualités de la planète et du signe se renforcent mutuellement, et les conditions semblent réunies pour que le sujet trouve le bonheur, en particulier dans le mariage, car il a l'esprit large et il est tout prêt à faire des concessions au nom de l'harmonie. Non seulement il peut faire un mariage heureux, mais ce mariage peut être pour lui l'occasion de trouver le bonheur. Le bonheur et parfois l'élévation sociale et un accroissement de fortune.

Saturne en Balance

Saturne donne au sujet un sentiment à la fois profond et élevé de la justice, on pourrait presque dire un sens institutionnel de la justice.

Dans le domaine de l'art, l'influence de Saturne joue dans le sens d'un strict classicisme.

Dans le domaine du mariage, le sujet cherche un conjoint qui réponde au modèle qu'il porte plus ou moins consciemment en lui, celui d'un être sérieux et pondéré, mesuré et réfléchi, consciencieux et économe, chaste et réservé. Nous savons que la Balance donne à ses natifs davantage le sens et le goût de l'équilibre que l'équilibre lui-même. La présence dans la Balance de Saturne, qui est un facteur de stabilité, est de nature à conférer au sujet la pondération qui fait de lui un être équilibré.

Uranus en Balance

Dans tous les domaines propres à la Balance, Uranus apporte ses bons et ses mauvais côtés : indépendance, originalité, progrès, invention, intuition, mais aussi impatience, irascibilité, violence et révolte.

Uranus, planète de l'intuition, dans le signe d'art qu'est la Balance, peut renforcer l'inspiration du sujet dans ce domaine. Soutenu par une vive imagination, il développe une expression artistique originale qui est bien souvent en avance sur les idées et les goûts de son temps.

La Balance est encore le signe des associations et du mariage. Dans ce dernier domaine, les idées modernes tendant à l'instauration de l'union libre s'accordent parfaitement avec le besoin d'indépendance et de liberté qui caractérise Uranus.

Neptune en Balance

Le sujet qui a Neptune en Balance se fait de la justice une idée très élevée. Il est même près de croire à l'existence d'une justice immanente.

La sensibilité, la tendresse, la douceur neptuniennes transforment l'amour de la Balance en un sentiment idéal qui se porte naturellement sur le conjoint ou les partenaires, puisque la Balance est le signe des associations. Le mariage lui-même peut évoluer vers une union platonique qui trouvera sa finalité dans une recherche commune des valeurs spirituelles.

Son art, raffiné, est marqué par le flou et la légèreté neptuniens qui lui donnent quelque chose d'irréel. La musique, le cinéma, la poésie sont des supports particulièrement adaptés à cette inspiration.

La Maison-Dieu, qui correspond au signe du Scorpion : elle indique une traversée du désert, une destruction, un pourrissement des situations avant la « renaissance ».

Comment interpréter les Planètes dans les Maisons

Comment explorer certains aspects de votre destinée

Votre signe solaire, votre Ascendant, les planètes dans les signes correspondent essentiellement aux dispositions de votre caractère, aux dons de votre personnalité.

En outre, à partir de votre Ascendant, vos douze maisons astrologiques orientent les signes zodiacaux et les planètes qui s'y trouvent vers des domaines différents de votre existence : gains, études, foyer, enfants, travail, associations, contrats, évolution psychique, voyages, étranger, ambition sociale, projets, amitié, activité cachée.

Pour l'astrologie, les mêmes énergies planétaires agissent d'une part à travers les signes zodiacaux pour se traduire en qualités personnelles et d'autre part dans vos maisons natales pour représenter un potentiel favorable ou restrictif dans tel domaine de votre vie.

Ainsi Jupiter dans le signe du Taureau correspond dans la personnalité à un fort désir de confort et de richesse allié à un bon jugement ; s'il se situe dans la deuxième maison astrologique qui est celle de l'orientation du sujet vers les gains et les dépenses, il en résultera un pronostic financier très favorable.

Caractère et destinée sont pour l'astrologue les deux faces d'une même réalité vitale.

C'est pourquoi il est si important de prendre conscience de vos points forts, de vos lacunes, des domaines préférentiels qui vous sont bien ouverts, de ceux qui vous sont difficiles, pour mieux réussir professionnellement et dans votre propre vie.

La figure ci-dessous vous montre comment les douze maisons astrologiques se succèdent à partir de l'Ascendant dans le sens inverse des aiguilles d'une montre.

Pour connaître le degré zodiacal de début de chacune de vos maisons natales, vous pouvez à partir d'un Minitel consulter le 36 15 Clea ou le 36 15 Futur, vous lirez directement sur l'écran la liste de ces maisons après avoir indiqué vos coordonnées de naissance.

Vous poursuivrez en demandant le degré zodiacal des dix planètes.

Nous vous conseillons alors de reporter sur un cercle zodiacal ces différentes informations pour découvrir dans quelle maison natale se trouvait chaque planète.

Vous pourrez ainsi chercher dans les pages suivantes les textes concernant votre destinée personnelle.

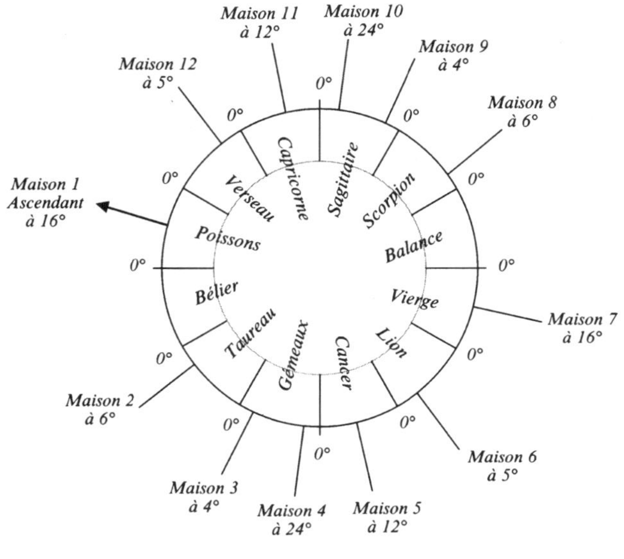

ACTION DU SOLEIL DANS LES DIFFÉRENTES MAISONS

MAISON 1	Puissance, vitalité, sens de sa propre valeur, loyauté, désir de briller, autorité, capacité de réussite.
MAISON 2	Grandes ambitions financières, vie large, faste, aptitudes à la gestion bancaire, situation lucrative.
MAISON 3	Bonne éducation, instruction solide, succès dans les études, réussite par les écrits et dans les voyages, bonne entente avec l'entourage.
MAISON 4	Bonne hérédité paternelle, parents aisés, vie familiale heureuse, gains immobiliers, réussite tardive.
MAISON 5	Succès sentimentaux, de qualité, dons pour l'enseignement, talent pour le théâtre, les divertissements publics.
MAISON 6	Poste de responsabilité dans le travail, protection contre la maladie, amour des animaux.
MAISON 7	Mariage fortuné, conjoint élevé, autoritaire, réussite par les contrats et associations, rivaux puissants mais loyaux.
MAISON 8	Conjoint fortuné, gains par contrats, héritage important, intérêt pour l'occulte, dons pour l'assurance, forces à ménager.
MAISON 9	Dons pour la philosophie, le droit, les études supérieures, attrait pour l'étranger, les grands voyages, l'import-export.
MAISON 10	Situation de premier plan, réussite sociale remarquable, toutes vos énergies sont centrées sur l'éclat de votre statut social.
MAISON 11	Nombreuses relations d'amitié, protections influentes, amis fidèles, sélectionnés, projets vastes, ambitieux.
MAISON 12	Esprit de dévouement, d'abnégation, goût de la vie retirée, dons pour soigner les malades, protection contre les épreuves.

ACTION DE LA LUNE DANS LES DIFFÉRENTES MAISONS

MAISON 1	Nature sensible, émotive, romanesque, attachement à la mère, à la famille, popularité mais fluctuations, indécision.
MAISON 2	Gains de sources diverses, travail en famille, gains par l'alimentation, dépenses pour le foyer, soutien pour les femmes.
MAISON 3	Changements fréquents de milieu et d'entourage, nombreux déplacements en groupe, journalisme.
MAISON 4	Fort attachement au foyer, forte influence de la mère, vie d'intérieur, changements de résidence, goût pour le passé.
MAISON 5	Plaisirs variés, goût des réunions joyeuses, désir de plaire, relations amoureuses éphémères, nombreux enfants.
MAISON 6	Santé délicate, mauvaise hérédité maternelle, troubles gastriques, chance dans service public, popularité au travail.
MAISON 7	Nombreux contacts sociaux, nombreuses occasions d'association, d'union, mais une certaine instabilité de part et d'autre.
MAISON 8	Rêves fréquents, impressionnabilité, occultisme déconseillé, dons et cadeaux, goût du mystère.
MAISON 9	Idéal de sociabilité, de solidarité, idées changeantes, voyages importants, popularité à l'étranger.
MAISON 10	Succès dans le contact avec la foule, surtout auprès des femmes, souplesse sociale, variété d'occupations.
MAISON 11	Nombreuses relations d'amitié, réunions, sorties un peu superficielles, projet trop changeants.
MAISON 12	Nostalgie, goût de la solitude, du calme, dons psychiques, les femmes sont peu favorables, surveillez l'estomac.

ACTION DE MERCURE DANS LES DIFFÉRENTES MAISONS

MAISON 1	Intelligence, vivacité, adresse, don pour la parole et l'écriture, goût de l'étude, mobilité, échanges.
MAISON 2	L'intelligence et l'habileté sont au service du désir de gains, talent d'intermédiaire, revenus variés.
MAISON 3	Réussite dans les études, assimilation rapide, talent de polémiste, don pour la publicité, déplacements fréquents.
MAISON 4	Hérédité intellectuelle, changements de domicile, achat et vente d'immeubles, lucidité mentale tardive.
MAISON 5	Attirance pour les personnes jeunes et intelligentes, amours cérébralisés, jeux éducatifs, cyclisme, enseignement.
MAISON 6	Activités de secrétariat, d'écritures, de classement, d'analyse, d'assistance ; bronches à surveiller.
MAISON 7	Intelligence appréciée par les autres, contrats pour des travaux littéraires, scientifiques, mariage avec partenaire plus jeune.
MAISON 8	Intérêt pour les problèmes psychiques, aptitude au contrôle, aux écrits relatifs aux assurances, successions, partages.
MAISON 9	Capacité de haute érudition, clarté d'esprit, don de conférencier, professorat, droit, relations avec l'étranger.
MAISON 10	Réussite sociale par occupations commerciales, littéraires ou scientifiques, travail en association, travaux multiples.
MAISON 11	Amitiés intellectuelles, correspondance amicale, projets ingénieux mais persévérance insuffisante.
MAISON 12	Dons pour les recherches de laboratoire, pour l'étude des choses cachées, discrétion, méfiance.

ACTION DE VÉNUS DANS LES DIFFÉRENTES MAISONS

MAISON 1	Charme, gentillesse, gaieté, sociabilité, désir de plaire, vie heureuse, protection contre la violence.
MAISON 2	Gains aisés par un travail agréable, commerce de luxe, mode, femmes favorables, dépenses pour le confort.
MAISON 3	Dons pour la poésie, la musique, l'art, excellentes relations avec l'entourage, lectures romantiques, voyages plaisants.
MAISON 4	Vie familiale heureuse, amour de la famille, intérieur confortable, amour au foyer, chance dans les placement immobiliers.
MAISON 5	Succès sentimentaux, goût des spectacles, succès dans l'enseignement d'un art, enfants affectueux, chance au jeu.
MAISON 6	Santé équilibrée, sensibilité de la gorge et des reins, éviter le surmenage, collaborateurs dévoués, travail facile.
MAISON 7	Mariage heureux, vie en société élégante et gaie, contrats fructueux sans conflits, pas d'ennemis.
MAISON 8	Dons, cadeaux artistiques, héritage profitable, conjoint fortuné, sommeil reposant.
MAISON 9	Culte de la paix, philosophie souriante, esthétisme, chance à l'étranger, voyages réussis, union à l'étranger.
MAISON 10	Succès social par sympathie, par les femmes, carrière artistique, ou commerce de luxe.
MAISON 11	Amitiés féminines, amis artistes, projets amoureux.
MAISON 12	Dévouement envers les malades, mélancolie, désir de recueillement et de sacrifice.

ACTION DE MARS DANS LES DIFFÉRENTES MAISONS

MAISON 1	Nature énergique, impulsive, forte capacité d'action, courage, robustesse, virilité, goût de la lutte.
MAISON 2	L'action, l'esprit d'entreprise sont au service du désir de gain, fortes rentrées, fortes dépenses, l'audace paie.
MAISON 3	Don pour mettre les idées en pratique, pensée rapide, talent oratoire, goût pour la vitesse, voyages hâtifs.
MAISON 4	Hérédité active, père homme d'action, vigueur maintenue longtemps, accroissement du patrimoine immobilier.
MAISON 5	Ardeur, passion en amour, désir sexuel précoce, goût des sports violents, besoin de conquête.
MAISON 6	Travail dans la mécanique, dans l'armée, la police, zèle au travail, tendance aux maladies aiguës mais récupération rapide.
MAISON 7	Mariage précoce, partenaire énergique, succès par l'activité des associés, conflits, rivalités, procès.
MAISON 8	Grande puissance sexuelle, puissance psychique, dispute en cas d'héritage, actions héroïques.
MAISON 9	Opinions catégoriques, passionnées, propagandisme, valorisation de la force, études d'ingénieur, safaris, succès à l'étranger.
MAISON 10	Carrière active, d'industriel, de militaire, de chirurgien, maniement d'outils de fer, goût de vaincre les obstacles, victoires.
MAISON 11	Plans audacieux mais impatience, amis sportifs.
MAISON 12	Activité secrète ou s'exerçant dans des lieux calmes, éventuellement dangereuse, ennemis secrets, danger par virus.

ACTION DE JUPITER DANS LES DIFFÉRENTES MAISONS

MAISON 1	Caractère jovial, bienveillant, bon sens, dynamisme, constitution imposante, confiance en soi, embonpoint.
MAISON 2	Avantages financiers importants, crédit large, goût du faste, sens financier, commerce de gros.
MAISON 3	Réussite d'études, largeur de vues, aptitudes de juriste, sens commercial, talent littéraire, bon voisinage.
MAISON 4	Origines aisées, parents notables, chance dans le développement du patrimoine foncier, fin de vie heureuse.
MAISON 5	Chance pure aux jeux de hasard, bons placements financiers, pédagogie, sport, distractions saines.
MAISON 6	Protection contre la maladie, travail lucratif, efficacité professionnelle, amour des chevaux.
MAISON 7	Mariage heureux, conjoint de niveau social supérieur, relations mondaines, contrats importants, accords amiables.
MAISON 8	Protection contre une mort violente, fortune par conjoint, gratifications, intéressements, sérénité.
MAISON 9	Principes religieux, tolérance, études supérieures, magistrature, chance à l'étranger, voyages fructueux.
MAISON 10	Brillante réussite sociale, profession libérale, banque, finance, bonne réputation, position solide.
MAISON 11	Excellentes relations amicales, appuis financiers et moraux aux projets de grande envergure.
MAISON 12	Générosité, philanthropie, mysticisme, goût pour la vie religieuse, protection contre les ennemis.

ACTION DE SATURNE DANS LES DIFFÉRENTES MAISONS

MAISON 1	Nature sérieuse, pondérée, ordre, méthode, lenteur, froideur, économie, sens des responsabilités.
MAISON 2	Gains réguliers mais limités, dépenses contrôlées, sens des questions immobilières et foncières.
MAISON 3	Sens de la précision, logique, besoin d'isolement pour étudier, voyages préparés, contacts sérieux.
MAISON 4	Père austère, éducation stricte, attachement aux traditions, dons pour l'agriculture les mines.
MAISON 5	Goûts des délassements calmes, des jeux d'échecs, attirance vers des personnes plus âgées.
MAISON 6	Tendance aux refroidissements, aux rhumatismes, emplois subalternes, travaux précis et fatigants.
MAISON 7	Mariage tardif avec partenaire plus âgé, sérieux, stable, mais peu expansif, vie sociale réduite, sélective.
MAISON 8	Héritage immobilier, accroissement du capital par l'économie du conjoint.
MAISON 9	Opinions conservatrices, morales, austères, idéal rigoureux, intolérance, goût pour les mathématiques.
MAISON 10	Réussite lente par ambition persévérante, talent d'administrateur, sens politique, prestige sans popularité.
MAISON 11	Projets tenaces, systématiques, à long terme, amis âgés, sérieux, fidèles.
MAISON 12	Limitations volontaires ou non de votre liberté, travaux secrets, tâches fastidieuses, obscures.

ACTION D'URANUS DANS LES DIFFÉRENTES MAISONS

MAISON 1	Indépendance, originalité, goût du progrès, solidarité, comportement imprévisible, intuition, coopération.
MAISON 2	Gains par profession indépendante, par inventions, chances et tuiles brusques, irrégularité financière.
MAISON 3	Études sélectives, expériences personnelles, modernisme, risque d'accidents en déplacements.
MAISON 4	Milieu familial original, bohème, mobilier ultra-moderne, foyer très libre, risque de séparation.
MAISON 5	Liaisons soudaines, coups de foudre, excentricité, joueur, goût des performances mécaniques, du risque.
MAISON 6	Nervosité, difficulté à se détendre, travail autonome, de spécialiste, attitude peu disciplinée.
MAISON 7	Mariage brusque, union libre, partenaire indépendant, relations intellectuelles, instabilité des contrats.
MAISON 8	Aptitudes de psychologue, forte intuition pour pénétrer les secrets, gains par les associés.
MAISON 9	Idéal de progrès, de fraternité, idées révolutionnaires, talent pour les techniques avancées.
MAISON 10	Dons pour le lancement de nouveautés techniques, succès par réforme, carrière indépendante, changeante.
MAISON 11	Projets ingénieux, réalisables dans des conditions subites, amis francs, intelligents.
MAISON 12	Possibilité d'adhérer à une secte, dévouement à une communauté.

ACTION DE NEPTUNE DANS LES DIFFÉRENTES MAISONS

MAISON 1	Grande sensibilité, tendances spirituelles, idéalistes, moments d'inspiration, de génie, isolement.
MAISON 2	Gains importants par publicité, spéculations commerciales, combinaisons exceptionnelles.
MAISON 3	Assimilation extraordinaire, imagination vive, don pour la publicité, voyages imaginaires.
MAISON 4	Piété familiale, foyer recueilli, intime, sérénité, béatitude.
MAISON 5	Relations idéalistes, platoniques, exaltation sentimentale, désir d'évasion, talent spéculatif.
MAISON 6	Maladies psychiques, intoxication nerveuse, occupation désintéressée au service des souffrants.
MAISON 7	Partenaire exerçant une forte emprise psychique, relations compliquées, contrats illusoires.
MAISON 8	Héritages compliqués.
MAISON 9	Tendances mystiques, dévotion, dons pour l'étude des problèmes métaphysiques, génie mais utopie.
MAISON 10	Talent pour les vastes combinaisons liées aux trusts, succès par la mer, la psychologie, succès par les masses.
MAISON 11	Projets idéalistes mais utopiques, amis évolués, spiritualistes.
MAISON 12	Attrait pour le mystérieux, l'occulte, médiumnité, dévouement secret.

ACTION DE PLUTON DANS LES DIFFÉRENTES MAISONS

MAISON 1	Grande puissance passionnelle, force sexualité, attitude de justicier, capacité de pénétrer les secrets.
MAISON 2	Gains secrets, héritages favorisés.
MAISON 3	Intelligence des choses cachées, destructrice, déplacements entourés de secret.
MAISON 4	Danger de destruction du foyer. Capacité de reconstruire celui-ci.
MAISON 5	Relations sentimentales passionnées, liaison cachée, forte créativité, conflit avec les enfants.
MAISON 6	Maladie possible des organes génitaux. Talent de réorganisation dans le travail.
MAISON 7	Conjoint passionné, risque de rupture des associations, ennemis cachés.
MAISON 8	Magnétisme, forte sexualité.
MAISON 9	Bouleversements des opinions et des idéaux, espionnage à l'étranger.
MAISON 10	Sens des affaires, capacité de profiter des bouleversements pour réussir, aptitude à transformer.
MAISON 11	Projets en constante évolution, amis occultes.
MAISON 12	Ennemis cachés, épreuve concernant la sexualité.

L'eau, l'eau lourde et croupissante des marais, l'eau qui, sous une apparente sérénité, cache des choses troubles : voilà l'élément du Scorpion.

Dessin sombre et angoissé de Victor Hugo, très marqué par Pluton.

Comment interpréter les Signes dans les Maisons

Le Scorpion dans les Maisons

Scorpion en Maison I

Le Scorpion en I est à l'Ascendant. Même s'il est vide de planètes, il marque profondément le natif.

Je rencontre des gens tout fiers qui me disent : « Oh moi, Dieu merci, je ne suis pas Scorpion, quelle horreur ! Je suis seulement Ascendant Scorpion. » Ils ignorent l'importance capitale de l'Ascendant qui modifie toujours beaucoup les autres signes solaires. Ce Scorpion en première Maison donne une bien plus grande énergie au natif ; il étoffe sa personnalité de cette âpreté, de cette persévérance, de cette volonté de puissance qu'ont les gens du signe. Le sujet lutte contre le groupe pour s'imposer. Actif, entreprenant, il tend à diriger les siens au point de devenir parfois tyrannique. Il profite des révolutions, des situations conflictuelles — qu'il sait, d'ailleurs, provoquer — pour en sortir vainqueur. Passionné mais très lucide, l'Ascendant Scorpion donne du réalisme, du courage... et le pardon difficile.

Toute planète située à l'Ascendant prend donc une valeur dominante, surtout si elle est angulaire (conjointe à ce même Ascendant). Pour le détail des planètes en Scorpion, en Maison I reportez-vous au chapitre : « Comment interpréter les Planètes dans les Signes ». Leur position en Maison I ne fait que renforcer les interprétations que j'en ai déjà données.

Scorpion en Maison II

Dans ce secteur concernant *les biens du natif* et son aptitude à acquérir (ou à perdre) le Scorpion n'est pas trop mal placé. Son réalisme et son activité persévérante lui assurent souvent un bon job, assez stable, parfois même assez brillant.

Réussite dans les professions de Mars et d'Uranus (militaires, ingénieurs, hommes politiques, inventeurs, aviateurs, techniciens dans les secteurs de pointe).

La fortune peut être amassée secrètement... Pas trop déclarée et déposée en Suisse ! Si le thème indique des possibilités d'héritages, cette position les renforce.

Mais quelle âpreté dans les gains ! Et ces jalousies ! Sous de mauvais aspects, seulement. Le Scorpion n'est pas avare : il dépense à la fois de façon impulsive et avec une arrière-pensée. Il est souvent généreux.

Scorpion en Maison III

Cette Maison renseigne l'astrologue sur l'intelligence du natif, sur ses capacités à établir des relations de cause à effet, sur son agilité d'esprit. Egalement, dans cette Maison, les relations avec tout ce qui est proche : entourage, frères et sœurs, voisins, petits voyages...

Le Scorpion, dévoré de curiosité et malin comme un singe, n'est pas mal situé dans cette Maison. Curiosité scientifique, vocation de chercheur (chimie, biologie, parapsychologie...), aptitudes à la littérature, au journalisme, à l'enseignement, on peut trouver cela dans un Scorpion en Maison III.

Scorpion en Maison IV

Ici est logé tout ce qui concerne le foyer du natif : sa famille d'origine, son père, sa mère, les biens de la famille ascendante ; la famille dans laquelle il vit, son patrimoine ; et enfin sa vieillesse.

Le Scorpion dans cette Maison donne une ambiance assez dure où le natif est contraint de refouler ses instincts. Ce n'est pas une position très favorable pour le foyer. A moins de très bons aspects, on peut craindre des divergences familiales très vives, toutes espèces de ruptures violentes, un divorce... Le foyer est malheureux ou négligé. Le natif peut être orphelin de père ou de mère, ou éprouver un deuil à son foyer. Les valeurs du Scorpion sont trop différentes de celles symbolisées par la Maison IV : notre animal n'est pas, en principe, très doué pour l'intimité bourgeoise. Le Scorpion en Maison IV n'est pas favorable aux biens immobiliers et au patrimoine familial, qui souffre de l'ambiance tendue du foyer. La fin de vie est peu heureuse. Cependant, ne dramatisez rien, avec de bons aspects ce pessimisme de principe peut s'atténuer. Le Scorpion en Maison IV accorde d'intéressantes possibilités de création en fin de vie, et une vie sexuelle maintenue jusqu'à la mort — facteur de jeunesse pour l'individu.

Scorpion en Maison V

Drôle de panier où la Tradition jette pêle-mêle les enfants, les amours (non légalisées), les spéculations boursières ou financières, les loisirs, les désirs, les réalisations, les publications, les jeux... Cela surprend notre logique rationaliste du XXe siècle, mais on constate tous les jours que la Tradition a ses raisons... Et que cela marche très bien !

Le Scorpion, lui, ne marche pas très bien dans cette Maison, trop légère pour lui. Du point de vue des enfants, pourtant, cela peut être favorable parce que notre Scorpion assume vaillament son rôle de parent. Cependant, ses enfants, s'ils sont brillants, sont parfois difficiles de caractère ou de santé fragile. En thème féminin, les mauvais aspects prédisposent aux grossesses et accouchements pénibles. La sexualité du Scorpion en Maison V est puissante : passions intenses et jamais platoniques. Les impulsions sexuelles, violentes et incontrôlables, amènent des ruptures brusques après lesquelles l'amour peut se changer en haine. Les auteurs « anti-Scorpion » insistent lourdement sur les « curiosités perverses », « abus sexuels », « aventures honteuses » et « débauches ».... Avant de coller ces étiquettes sur le dos d'un malheureux, regardez bien l'ensemble du thème, dans quelle position céleste se trouvent les maîtres du Scorpion, quels sont leurs aspects, etc. Il arrive plus souvent que le Scorpion hébergé en Maison V donne surtout une grande séduction, une sensualité très forte et une vie sentimentale mystérieuse...

Scorpion en Maison VI

A l'entrée de cette Maison, je vois affichée une pancarte : « Travaux et maladies ». On fait demi-tour ? Non, quand on est Scorpion, on a tous les courages, on continue pour voir !

La Maison VI n'est pas un palais, c'est plutôt une usine ou hôpital. Le Scorpion, là-dedans, travaille bravement, le pauvre, à des travaux assez durs ; mais il finit par s'en sortir, surtout dans ses domaines préférés : médecine, chirurgie, pharmacie, psychiatrie et anti-psychiatrie, police, recherche scientifique... Cette situation astrale donne des subordonnés difficiles à commander et, pour le sujet une peine infinie à s'élever jusqu'aux tout premiers postes. La santé n'est pas très brillante : maladies du Scorpion (voies génito-urinaires) et de Mars (cœur, appareil circulatoire). Le Scorpion — qui n'est jamais un tire-au-flanc, rendons-lui cette justice — a tendance à se surmener. Avec des dissonances graves de Mars, il se surmène tant que la fatigue le rend vulnérable aux accidents du travail, aux risques d'opérations, aux dépressions.

Scorpion en Maison VII

Ces auberges-là, suivant le proverbe, il y en a de bonnes, il n'y en a pas d'exquises : c'est le *mariage*. Le portrait de votre partenaire ou conjoint se trouve sur la Maison VII (pour le conjoint n° 2 voyez la maison IX, et pour le n° 3, la XI). Dans cette Maison, également, on peut apprécier les contrats que signe le natif, ses relations avec la société, ses ennemis (échec de ses relations avec autrui).

Le Scorpion en Maison VII décrit un conjoint difficile, pas forcément du signe solaire du Scorpion, mais marqué par Mars, Pluton et Uranus. Ni souple, ni accommodant, jaloux et agressif. Beaucoup de discussions et de bagarres en perspective. Cependant, le mariage tient grâce à un attrait physique réciproque. Les conjoints ont des relations physiques fréquentes. Le partenaire indiqué par le Scorpion en Maison VII est très attaché à ses enfants. Finalement, le mariage est plus solide qu'on ne le croit, et le conjoint, fidèle et dévoué. Sous de bons aspects, le divorce n'est pas plus à craindre que dans d'autres signes. Le mariage se dissout plutôt par la mort de l'un des partenaires que par un divorce.

Les mauvais aspects dans cette Maison sont, bien entendu, catastrophiques : destruction du mariage par mort prématurée du conjoint. Conjoint trop exigeant sexuellement, ce qui torpille sûrement l'entente du couple. Jalousie ravageuse...

Le natif, tenté par des associés actifs et entreprenants, a bien des déboires avec eux. Prudence, donc, en ce domaine, si vous avez le Scorpion en Maison VII : faites plutôt cavalier seul. Vos ennemis sont venimeux et violents. Heureusement, vous les voyez venir.

Scorpion en Maison VIII

Sur la carte du ciel, chaque Maison correspond à un signe : ainsi la Maison I correspond au Bélier. C'est le lieu où le soleil se lève, le commencement du jour, qui correspond par analogie avec le commencement de l'année sous le Bélier. La Maison II correspond au Taureau, la III aux Gémeaux, etc. Ainsi de suite jusqu'à la Maison VIII, qui correspond analogiquement au Scorpion.

Dans cette Maison est localisé tout ce qui touche à la mort du natif et, aussi, tout ce qui se rattache à la mort des autres, lorsqu'elle le concerne : héritages, par exemple. Par analogie avec le Scorpion, cette Maison renseigne aussi sur la sexualité du natif (selon certains auteurs).

Le Scorpion en Maison VIII donne, selon la Tradition, une mort très dure ou précédée d'une agonie douloureuse. Le Bélier à l'Ascendant est pour quelque chose dans la mort rapide et violente qui survient parfois.

En revanche, c'est une position favorable aux héritages et aux professions concernant la mort. Le natif s'intéresse vivement aux sciences occultes et a des dons pour communiquer avec l'au-delà.

Scorpion en Maison IX

La Tradition est un peu floue sur le contenu de la Maison IX. On a l'impression que c'est un fourre-tout dans lequel nos illustres ancêtres astrologues ont casé tant bien que mal tout ce qu'on n'avait pas pu mettre ailleurs : inspirations et aspirations religieuses philosophiques, idéaux, grands voyages, etc. Tout ce qui est lointain. La Maison IX se comprend mieux par référence au Sagittaire, cet homme de désir, ce chevalier errant, qui a toujours envie d'être ailleurs, plus haut, plus loin, plus brillant...

Le Scorpion n'est pas si mal hébergé dans cette Maison, qui oriente son esprit vers les sciences de la vie et de la mort : biologie, physique, thanatologie, occultisme et, même astrologie ! Le Scorpion en Maison IX aime la recherche scientifique et s'y applique souvent avec passion. Mais ce qu'il adore par-dessus tout, ce sont les théories farfelues sur « la vie après la mort ». Cela peut le rendre mystique, réfléchi, rêveur, philosophe... Les voyages, dans cette Maison et pour lui, sont à hauts risques mais il aime ça, justement ! (Par exemple, Henri de Monfreid). Aventures, expéditions scientifiques ou « coloniales » lui réussissent finalement souvent bien. Le Scorpion en Maison IX apporte une vive passion et un courage déterminé à toutes ses recherches.

Scorpion en Maison X

Le Milieu-du-Ciel est un « angle » important du thème et toute planète, tout signe qui s'y trouve, prend un relief particulier. On regarde le Milieu-du-Ciel en levant les yeux : c'est le zénith, le point le plus haut où monte le Soleil dans sa course quotidienne : il indique les possibilités de réussite sociale et professionnelle du né. En opposition à la Maison IV — celle du père — le-Milieu-du-Ciel est aussi, accessoirement, la Maison de la mère du natif.

Les gens célèbres, ceux qui ont brillamment réussi dans leurs entreprises, ont presque toujours un Milieu-du-Ciel soit habité par un amas de planètes, soit occupé par une seule planète dignifiée et très aspectée ; ou encore un signe, mis en valeur par le reste du thème, attire l'attention sur ce Milieu-du-Ciel.

Le Scorpion en Maison X donne beaucoup d'atouts pour la réussite : un solide réalisme, une grande perspicacité qui permettent de juger sainement les gens et les situations. Le don de la stratégie, la combativité, l'autorité, le pouvoir d'influencer autrui. C'est l'une des meilleurs auberges pour notre Scorpion : réussite dans les carrières politiques (comme Mao Tse-Toung), juridiques, dans la justice, la police. Egalement bon pour les artistes, les écrivains, les journalistes... et les astrologues ! Médecine, chirurgie, recherche scientifique conviennent aussi très bien à ce Milieu-du-Ciel en Scorpion.

Les périodes de troubles, les révolutions et les bouleversements ne nuisent pas au natif, qui en profite même. Il appuie sa réussite sur la destruction d'une idée, d'un régime politique, ou d'un ordre ancien, qu'il reconstruit. La réussite professionnelle impose une lutte très dure dans laquelle seuls arrivent ceux qui s'accrochent de toutes leurs forces : le caractère dur et déterminé du Scorpion lui assure la victoire.

Scorpion en Maison XI

Espace, liberté, égalité, fraternité... C'est le sens de la Maison XI, qui correspond analogiquement au signe du Verseau. Celui-ci est donc le signe de l'amitié, des mass-média, des idées généreuses, plus ou moins révolutionnaires. Amitiés, désirs et projets, publicité, tout ce qui circule sur les ondes rentre dans cette Maison.

Le Scorpion apporte une coloration particulière à la Maison XI. Certains auteurs lui octroient peu de popularité mais cela dépend des planètes qui s'y trouvent hébergées, des aspects reçus, etc. Le natif est adoré et détesté, admiré et jalousé : la vie amicale est un parcours de combattant ! Il peut aussi rester dans l'ombre, être tout à fait méconnu et incompris de ses contemporains. Ses amis sont sincères et fidèles. Dans toutes les amitiés du Scorpion en Maison XI, il existe, à la base, une attirance ou une répulsion viscérale très vive. Il n'imagine pas, par exemple, qu'une amitié puisse exister entre un homme et une femme, sans un attrait sexuel de fond (lequel peut, bien sûr, être sublimé).

Scorpion en Maison XII

Il existe des affinités entre la Maison XII et le signe du Scorpion, mais ce sont des « affinités négatives » : tout le côté ténèbres, mort et mystère du Scorpion correspond à la signification de la Maison XII : ce qui est caché, secret... et pas très heureux ! Hôpitaux, prisons, asiles, exils, longues maladies, claustration volontaire ou non, ennemis secrets, suicide, occultisme, épreuves douloureuses relèvent de cette Maison. Aussi, ne faut-il pas s'étonner du pessimisme des interprétations traditionnelles. Avec le Scorpion en Maison XII, le natif doit compter quelques solides inimitiés. Il suscite des jalousies tenaces, d'autant plus dangereuses qu'elles sont hypocrites. Il est l'objet de calomnies et souvent trahi par ses collègues de travail. Heureusement, le natif a ce qu'il faut pour se défendre ! Il peut être aussi victime d'une campagne de dénigrement systématique, parfois d'envoûtement.

Du point de vue de la santé le sujet est particulièrement vulnérable aux maladies du signe lesquelles entraînent, plus qu'en aucune autre Maison, des hospitalisations et des opérations (avec Mars mal aspecté). Les maladies chroniques sont, ici, particulièrement pesantes.

Pourtant, avec un bon thème et pas de mauvais aspects, cette position est très favorable à une brillante réussite professionnelle dans le domaine médical (chirurgie, biologie) ou para-médical (psychiatrie, psychologie).

Le Sagittaire dans les Maisons

Sagittaire en Maison I

C'est la force d'expansion, de démonstration solaire, de magnanimité qui s'épanouit dans toute sa splendeur. L'individu est chaleureux, extériorisé, combatif et entreprenant. Il aime, sauf si des aspects contraires dans le thème viennent contrarier sa nature, entreprendre, se battre, et gagner. Beaucoup de luminosité, de réussite et d'atouts « chance » dans cette combinaison.

Sagittaire en Maison II

C'est au domaine des biens et de l'argent que touche le Sagittaire : il facilite les gains, les spéculations financières, il donne des aptitudes extrêmement appréciables dans le domaine de la gestion de patrimoines ou d'entreprises. L'argent est aisé, facilement gagné ou bien il existait de toute éternité. Possibilités, également, d'héritages.

Sagittaire en Maison III

Il donne à la Maison de l'échange, de la communication, des petits voyages, des frères et sœurs, une richesse très particulière : le sujet est enclin à donner généreusement — tant du point de vue moral que du point de vue financier — à son entourage proche. Il cherche même, souvent, à devenir le Pygmalion des personnes qu'il aime, au risque de s'oublier lui-même. Configuration très bonne.

Sagittaire en Maison IV

Nous voici dans la Maison de la famille, du foyer, de l'ascendance et de la descendance du sujet. Peu d'affinités entre le signe et ce secteur. Tiraillements entre le désir sagittarien de voyager de par le monde, d'occuper de son ambition de grands espaces et la nécessité cancérienne (la Maison IV symbolise le Cancer) de s'enfermer, de se protéger.

Sagittaire en Maison V

Donne trop d'attirance pour les distractions, les fêtes, les changements, les jeux, la chasse. C'est un organisateur-né de festivités, de grands jeux, de réceptions. Toutes les manifestations qui rassemblent les êtres humains pour les divertir, tout dessein ludique, ont la faveur de ce sujet. Chance et réussite en ce qui concerne les activités de ce secteur.

Sagittaire en Maison VI

La Maison VI est celle des subordonnés, des petites tâches quotidiennes, des êtres et des choses qui dépendent du sujet dans ses activités journalières. Le Sagittaire ne s'y sent pas spécialement à son aise car c'est un signe d'espace, de grandeur, de mouvement, d'initiatives nouvelles, et le quotidien l'ennuie. Voilà une position qui lui donne de l'impatience dans la vie de tous les jours, bien qu'elle rende ses relations très faciles et chaleureuses avec ses employés ou ses subordonnés, ainsi qu'avec ses animaux domestiques.

Sagittaire en Maison VII

Le Sagittaire, signe légaliste et respectueux des lois établies, dans une Maison liée aux contrats, aux associations, aux alliances et au mariage, donne au sujet le goût d'officialiser toute association, de la rendre légale et de la faire reconnaître. L'expansion, la chaleur, la générosité du signe se trouvent en harmonie très heureuse avec les signifiants de la Maison : époux (ou épouse), associés, collaborateurs, etc.

Sagittaire en Maison VIII

Ce qui touche à la mort, aux héritages, est mal ressenti par un signe qui met au premier plan la vitalité, l'activité et l'efficacité en tous domaines. Pour le Sagittaire, la mort n'existe pas et, si le sujet s'y trouve confronté (mort des parents ou du conjoint), il peut en être profondément perturbé.

Sagittaire en Maison IX

Ce secteur est en accord parfait avec le signe. Les voyages, spirituels aussi bien que réels, marquent très fort cette combinaison. Largeur de vues, courage, sagesse, aspirations morales, religieuses ou philosophiques très élevées. Déploiement d'énergie et de volonté dans l'amélioration de la personnalité.

Sagittaire en Maison X

Brillante position. Recherche des honneurs, de la popularité, de distinctions dans tous les domaines. Le désir de réussite sociale est très fort et peut dominer l'ensemble du caractère. Cette configuration fait souvent des personnalités remarquables et remarquées.

Sagittaire en Maison XI

Ce Sagittaire dans la Maison de l'amitié, de la sagesse, du recueillement, du sens politique à long terme, donne beaucoup de sérénité chaleureuse, de bienveillance calme au sujet. Les amitiés sont fortes et durables, protégées et protectrices. Le temps joue un rôle important dans cet aspect, tant du point de vue social et professionnel que du point de vue privé.

Sagittaire en Maison XII

Rétraction du signe ouvert et expansif du Sagittaire dans une Maison d'isolement et de solitude. Peut faire beaucoup de voyages solitaires et provoquer de longues éclipses dans les amitiés. Comme c'est aussi la Maison de la transcendance, le signe permet de surmonter, par son énergie, la solitude et la transforme en atout.

Le Capricorne dans les Maisons

Capricorne en Maison I

Durcit la personnalité dans ses rapports avec les autres. Donne une ambition forte, des possibilités de travail et de concentration exceptionnelles, de l'entêtement et une force de caractère qui confine à l'ascétisme.

Capricorne en Maison II

L'attitude du sujet envers les biens matériels, l'argent et son « territoire » est à la fois accapareuse et méfiante. Il ferme ses clôtures. Ce qui est à lui ne peut, en aucun cas, être prêté. C'est un épargnant né. Souvent, des difficultés se présentent à lui, dès qu'il cherche à faire fructifier ses acquis.

Capricorne en Maison III

Les contacts faciles et superficiels sont totalement rejetés. Grande exigence sur la qualité des relations. Rigueur morale, sévérité de jugement, réserve et laconisme dans tout ce qui concerne les rapports avec l'entourage proche, les frères, les sœurs, les cousins.

Capricorne en Maison IV

Les rapports du sujet avec sa famille sont froids, distants, réservés. Le détachement d'avec le foyer se fait très jeune, parfois dans l'enfance. Le caractère économe, austère et répressif du Capricorne donne à sa Maison les mêmes caractéristiques : un peu monacales.

Capricorne en Maison V

Les plaisirs sont dirigés vers une recherche méticuleuse de la perfection dans un domaine choisi. La concentration de l'énergie vers un but austère pousse le sujet à l'érudition, aux durs travaux intellectuels réalisés dans les temps de loisir ; peu de complaisance à l'égard des « distractions » : il fait du labeur son vrai plaisir.

Capricorne en Maison VI

Rapports durs, utilitaristes avec les subordonnés, les collaborateurs, les employés. Pas la moindre tendresse pour les animaux, les plantes, tout ce qui dépend du sujet. Comportement très égal, discipliné dans le travail quotidien. La répression saturnienne apparaît dès que s'immisce à l'intérieur de tâches régulières la moindre fantaisie.

Capricorne en Maison VII

Les associations, les contrats, le mariage sont suspects : traités avec froideur, rationalisme, distance, calcul. De ce fait, grande est la difficulté du natif à s'engager. S'il s'y décide, c'est tard dans la vie. A ce moment-là, il reste fidèle à la parole donnée (et dûment signée) quoi qu'il lui en coûte.

Capricorne en Maison VIII

La mort et la sexualité qui s'y rattachent sont traitées sur un mode cynique et glacé, dans une observation méticuleuse, précise, des phénomènes physiques, chimiques et biologiques. Froideur, dureté, hygiène dans tout ce qui se rapporte à ces sujets.

Capricorne en Maison IX

Les voyages ont toujours un but pratique, utilitaire et servent généralement l'ambition sociale ou professionnelle du sujet. Lorsqu'ils revêtent un caractère gratuit, par exemple en vacances, ils sont malgré tout accomplis sous le signe du devoir : il faut voir tel musée ou tel vestige, il faut entrer dans tel restaurant, etc.

Capricorne en Maison X

Très bonne combinaison : ambition tenace et réussite obtenue par persévérance, concentration, travail personnel de longue haleine. Le Capricorne donne une très belle carrière dans ce secteur, quoique tardive. Mais elle n'en a que plus de poids, de valeur et de pérennité.

Capricorne en Maison XI

La Maison de l'amitié est certes très gelée par le Capricorne qui n'a rien d'expansif ni de démonstratif dans ses attachements. Sait-on même s'ils existent ? En réalité, l'amitié est rare dans ce signe (rarement donnée, rarement reçue), mais, lorsqu'elle a pris racine dans l'individu, elle a les qualités capricorniennes de stabilité profonde, de présence durable même si elle semble froide et plus que discrète. C'est quelqu'un sur qui l'on peut toujours compter.

Capricorne en Maison XII

Dans la Maison des épreuves et des grands obstacles, le Capricorne se trouve en pays connu : il les a, de toute éternité, prévus et « assumés ». Son détachement naturel, le frein systématique qu'il a mis à ses impulsions lui donnent, face à l'adversité de l'existence, beaucoup de philosophie, de sang-froid et de maîtrise.

Le Verseau dans les Maisons

Verseau en Maison I

Dynamisme créateur, magnétisme, volonté d'innover, d'inventer, de précéder en toute chose. Intelligence exceptionnelle dans toutes les relations personnelles du sujet. Créations et destructions aussi rapides les unes que les autres. Immense faculté de recommencement.

Verseau en Maison II

Rapports très difficiles avec l'argent : ou bien on le dilapide, ou bien on s'en passe complètement. Les biens matériels sont méprisés, parfois totalement rejetés. Ce n'est pas une très bonne position pour garder l'argent, le faire fructifier ou réussir des placements. Les spéculations financières sont soumises à de rudes « revers de fortune », à des hasards, chanceux ou pas, suivant la capacité du sujet à dominer les événements.

Verseau en Maison III

Changement touchant la famille proche, les sœurs et les frères ; rapports houleux, pleins de rebondissements heureux ou moins heureux ; petits voyages imprévus ; changements intervenant aussi par l'écriture, la communication (orale ou écrite) et la littérature, d'une manière générale.

Verseau en Maison IV

Le caractère profond du sujet a pu être marqué profondément par l'intelligence et les remises en questions permanentes, par le père. Sa vie familiale est soumise au climat Verseau, renouvelée, changeante, novatrice et parfois aussi destructrice. Bouleversements liés à la famille et à ses significateurs par analogie : la mère patrie, les confréries, les groupes politiques ou sociaux.

Verseau en Maison V

Très bon rapport du signe avec le secteur. La Maison de la création, des enfants, des distractions, des jeux, des inventions est en amitié idéale avec le Verseau qui élargit les visées des domaines que concerne la Maison V, les rend dynamiques et agissants. Les plaisirs sont liés à la complicité et à l'amitié.

Verseau en Maison VI

Le Verseau est ici astreint à de petites tâches sans envergure et sans invention, ce qui le met très mal à son aise. Il se crée quantité d'obligations inutiles pour ne pas avoir à faire face à celles qui existent. Il bâcle tout ce qui est quotidien et banal, l'expédie en un rien de temps, aux dépens, parfois, de la bonne administration de ses affaires.

Verseau en Maison VII

La fantaisie, l'originalité, l'invention règnent dans le domaine de l'association, des contrats et des mariages. Donne, dans ce secteur, un grand sens de la « rénovation », pas seulement par un changement de partenaires ou d'associés, mais aussi dans une même relation : le sujet sait apporter de nouveau, se créer une nouvelle communication, un nouveau langage, de nouveaux désirs et amener de nouvelles réalisations.

Verseau en Maison VIII

Ce qui a trait à la mort, à l'arrêt de toute chose, est parfaitement dépassé par ce signe. Le Verseau voit des siècles à l'avance et ne se préoccupe guère de la fin humaine et corporelle. Celle-ci ne le touche pas profondément. Il peut donc avoir, à son endroit, une attitude détachée, voire indifférente, mais c'est qu'il se préoccupe davantage de la mort de l'âme, de l'esprit, et de l'humanité en général que de celle d'un individu, même très aimé.

Verseau en Maison IX

Le besoin de renouvellement, de progression et d'invention se manifeste dans les voyages (spirituels ou géographiques). Le sujet s'enrichit par l'exploration, la découverte de nouveaux espaces, la quête de nouveaux objectifs. Il aime les destinations lointaines et difficiles qui lui permettent d'exercer son insatiable curiosité.

Verseau en Maison X

La recherche de l'invention et du nouveau prend une motivation sociale et professionnelle. C'est de créer pour *faire carrière* que le sujet a besoin. Le goût du Verseau pour l'humanité le prédispose à agir dans ses activités professionnelles comme un mage, un messager, une sorte de prophète à vaste ambition, mais sans que l'intérêt financier ou matériel y soit mêlé. Souvent, cette position donne de la renommée sans aucune contrepartie matérielle.

Verseau en Maison XI

L'accord est parfait entre le signe et la Maison qu'il occupe. Sagesse, sérénité, créativité paisible, stabilité dans l'innovation et le renouvellement psychique. Ces qualités s'adaptent particulièrement aux amitiés : le sujet a d'ailleurs tendance à transformer tout sentiment en amitié, par horreur des excès passionnels. Grandes satisfactions dans les affections durables et fidèles.

Verseau en Maison XII

Le Verseau, adaptable, prend les épreuves, les revers et les secousses graves de la Maison XII dans le bon sens : sans affolement, sans passion, sans paroxysme. Sagesse, distance, souplesse psychique amènent le sujet à se conformer aux événements plutôt qu'à tenter de les orienter. Cette attitude le rend finalement peu vulnérable aux grandes difficultés qui se présentent.

Les Poissons dans les Maisons

Poissons en Maison I

Mêmes significations que pour Soleil en Poissons (voir p. 241), mais l'aspect physique du sujet est encore plus flou, vaporeux.

Poissons en Maison II

Le grenier sera plutôt spirituel. Il y aura une certaine indifférence aux problèmes matériels si le thème va dans ce sens. S'il y a besoin de possession, le désir d'avoir et d'acquérir sera vague. On voudra beaucoup, mais on ne saura pas comment s'organiser pour y parvenir. La vie matérielle sera généralement instable. Le hasard jouera un rôle important. Avec Neptune en Maison II, dans un thème Poissons, il y a un certain manque de bon sens. On peut faire « fortune » et tout perdre sur un simple « coup de dés ». Là aussi on ne sait pas comment s'y prendre. On change souvent de route, et d'idées. Si Jupiter marque le thème ou s'il est en Poissons en secteur II, la réussite sera spectaculaire (Claude François). Elle n'en restera pas moins extrêmement fragile.

Poissons en Maison III

Les rapports avec les proches sont intuitifs. Mais les échanges souvent confondus. Les études ne sont pas « rationnelles ». On change d'ailleurs plusieurs fois de centre d'intérêt.

Poissons en Maison IV

Dans ce secteur de nos racines et de nos origines, des liens familiaux, les Poissons donnent un sens patriotique profond. Il y a là une sorte d'amour « romantique » pour la patrie. La cellule familiale est un refuge. On s'y sent protégé, à l'abri des difficultés du monde extérieur.

Poissons en Maison V

La sensualité est souvent trouble. Le signe fécond des Poissons donne des appétits intenses mais imprécis.

Dans ce secteur, il est aussi très important de voir les planètes et la Lune Noire.

Poissons en Maison VI

Il y a là dans la vie un manque total de sens pratique. On manque de méthode dans son travail. D'où de nombreuses complications. Les problèmes domestiques limitent l'existence. On a tendance à se « noyer » pour un rien. En analogie avec le signe de la Vierge, cette Maison peut donner des problèmes intestinaux, des problèmes d'assimilation, des problèmes nerveux ou respiratoires.

Poissons en Maison VII

Elle nous met en relation avec les autres (affrontement ou complémentarité). La sociabilité sera très grande mais les échanges agréables n'aboutiront pas toujours à des résultats concrets. Les associations, les unions, se feront sur un mode « intuitif ». Les affinités seront très fortes, irraisonnées, illogiques.

On se bercera parfois d'illusions sur les autres... D'où les confusions, les erreurs de jugement, les déboires, les déceptions venant des autres ; ou, de l'autre : ce secteur étant, en effet, le secteur du conjoint. Dans un thème Poissons, Neptune dans ce secteur jouera dans un sens très proche. Il entraînera une vie au niveau des associations comme des unions assez « mouvante ». Il y aura souvent plusieurs unions. L'un des conjoints devrait être marqué par Neptune, les Poissons, ou le secteur XII. Avec Jupiter en Maison VII, les formules « associatives » sont assurées de succès, mais elles dépendront de l'autre. L'optimisme pourra noyer l'objectivité. Le conjoint apportera une expansion peut-être illusoire.

Poissons en Maison VIII

Le changement résultera d'une situation douloureuse. A la suite d'une crise, « on s'évadera » ailleurs. Ce pourra être une fuite hors du milieu d'origine ou hors du pays natal.

Avec cet aspect, on s'intéressera aux problèmes occultes, au spiritisme, à l'au-delà.

Avec Neptune, les expériences psychiques seront intenses. On côtoiera les mondes occultes. On s'intéressera aux vies antérieures. La voyance n'est pas exclue. (Edgar Cayce, le célèbre voyant). Avec Jupiter, les héritages pourront changer la vie, ou permettre un redémarrage.

Poissons en Maison IX

Dans ce secteur, le signe des Poissons donnera l'amour des grands voyages. On ira souvent « au-delà des mers ». La vie spirituelle sera intense. Parfois, il y aura des dons de perception « extra-sensorielle ». Notamment avec Neptune. Les brumes neptuniennes pourront donner le goût des spéculations philosophiques un peu « nébuleuses ». L'idéalisme, néanmoins, ne sera jamais absent...

A noter : aussi bien pour l'une ou l'autre de ces Maisons, l'étude des religions, voire une vie religieuse intense, relèvent de cet axe III — IX Poissons. En Maison IX, l'attirance sera très grande pour des religions « exotiques » : orientalisme par exemple. Mais aussi hindouisme, bouddhisme, zen, etc.

Poissons en Maison X

Le secteur X est notre réussite personnelle. C'est notre affrontement avec la vie sociale. Dans ce secteur, nous découvrons la vie professionnelle, les tribulations du destin, la vocation. C'est le secteur de l'affirmation sociale. C'est l'envol dans la vie active.

Il est vécu, aux Poissons, sur un mode étrange. Les aspirations sont élevées mais embrouillées. Les occupations souvent mystérieuses. La vie manque généralement d'organisation...

Neptune en X peut vouer la vie à des changements mystérieux. La réussite peut être spectaculaire. Elle restera toujours hasardeuse. Elle sera rarement durable. On s'orientera vers une recherche spirituelle à un moment donné dans son existence. Les vocations médicales, paramédicales sont fréquentes. Sens du mystère et sens du mysticisme très amplifié et qui se concrétise au niveau de l'existence.

Poissons en Maison XI

Les projets sont abondants. Mais les espérances confuses... Les aspirations élevées peuvent rester « vagues ». On est souvent insatisfait.

Les amis disparaissent et reparaissent sans crier gare. Les objectifs ne sont pas poursuivis avec acharnement.

Poissons en Maison XII

Les grandes épreuves de la vie sont surmontées avec courage. La vie peut être axée sur des investigations plus ou moins secrètes. Les rapports avec le monde occulte sont fréquents. Les dons de voyance également. On s'intéresse à la psychologie. Mais aussi à la parapsychologie... En général, on mènera une vie assez retirée.

Neptune en secteur XII donne le même sens au thème. Généralement, il y a un isolement fécond où la sensibilité s'exalte.

Si le thème est dissonant, Neptune sera la prison de l'âme : obsessions, déceptions, trahisons.

La vie pourra être mêlée à des affaires mystérieuses. Avec les Poissons en Maison XII, ou Neptune en Maison XII, on a souvent des contacts avec les polices parallèles. Nous avons rencontré cet aspect dans le thème de personnes qui ont été en rapport avec l'O.A.S. ou qui ont été elles-mêmes dans l'O.A.S. De même dans le thème de personnes ayant appartenu aux services secrets (S.D.E.C.E., notamment). Cette configuration semble signer une activité « secrète ». Des agents secrets ont cet aspect dans leur thème.

Le Bélier dans les Maisons

Bélier en Maison I

La personnalité est dynamique, elle a besoin de s'imposer en dehors de toute considération logique. Il peut y avoir un goût du tapage, un certain « rentre-dedans », un manque de diplomatie. Mais au positif, les succès sont fulgurants, la vitalité excellente. Tempérament de meneur d'hommes, de chef, de sportif, intelligence pionnière.

Bélier en Maison II

C'est dans le domaine de l'argent que s'exerce la vitalité et la combativité. Suivant la position de Mars et ses aspects, cela peut donner un financier brillant, un tempérament âpre au gain, mais aussi quelqu'un qui « flambe » l'argent aussi rapidement qu'il l'a gagné. (C'est de toute manière une caractéristique du Bélier en général.)

Bélier en Maison III

L'impulsivité et le goût de la contradiction dominent dans les contacts avec les autres, ainsi que la chaleur et l'amour du renouvellement. Les lettres sont souvent écrites sur un coup de tête. Il peut y avoir un talent de polémiste. L'éloquence est enflammée, c'est une position qui peut donner un certain fanatisme et des rapports peu amènes avec l'entourage. Le don de persuasion est grand, l'optimisme un peu naïf et en « dents de scie ». Tendance à avoir des enthousiasmes aussi illusoires qu'éphémères. Ce n'est pas une position très harmonieuse pour la vie intellectuelle.

Bélier en Maison IV

L'ambiance familiale est mouvementée, les rapports avec la famille ne sont pas de tout repos. Ce n'est pas une très bonne position, la Maison IV étant en analogie avec le Cancer, signe « en carré » avec le Bélier. Le foyer sera troublé, il y aura de la casse et la dictature peut y régner. C'est aussi un signe de vie marquée par la contestation et la lutte, voire par la violence (la Maison IV signifiant aussi la fin de l'existence terrestre).

Bélier en Maison V

L'énergie est surabondante, mais le sujet qui possède cette disposition ne la ménage pas. La recherche des plaisirs risque d'être effrénée, à moins qu'elle ne soit sublimée en création artistique. Dans ce cas, celle-ci sera violente, désordonnée, brûlante comme de la lave. Les crises d'exaltation et d'abattement se succèdent ; la sensualité est débridée, l'amour des enfants est considérable mais peut mener à des épreuves et à des déceptions. Composante d'un tempérament de « viveur », avec des lendemains qui ne chantent pas.

Bélier en Maison VI

Ici, ce sont les rapports avec le quotidien qui sont placés sous le signe de la violence et de l'impulsivité. Ce peut être de la maladresse dans les rapports avec les objets, ou une relation agressive avec les servitudes de l'existence. Manque de patience dans les petites choses de la vie. Mauvaise position pour s'occuper de plantes, d'animaux, ou même de gens. La vie professionnelle est mouvementée, conflits avec les subordonnés. Les aspects ingrats de l'existence sont maléficiés par l'influence de Mars.

Bélier en Maison VII

Le mariage et les associations diverses sont vécus avec fougue ; risque de déception dans cette Maison plus jupitérienne que martienne. A la limite, cette configuration s'adapterait plus, naturellement, à une alliance militaire, ou à une conspiration criminelle.

Sinon, elle est prometteuse de mariages sur un coup de tête, d'associations hâtives et peu réfléchies, et donc de procès, polémiques, campagnes de hargne, etc.

Les ennemis seront marqués par Mars, c'est-à-dire violents et déterminés. Le mariage sera conclu rapidement, ce qui est toujours dangereux. On trouve cette position chez le « Landru américain », Smith, qui épousa successivement une cinquantaine de femmes sous des identités différentes et finit sur l'échafaud.

Bélier en Maison VIII

C'est une position dangereuse, mais très intéressante, analogue à Mars en VIII. Tout ce qui touche à la mort, à l'invisible, au mal, est placé sous le signe de la violence. Ce peut être un risque de mort violente, mais aussi un tempérament batailleur, duelliste, une forme quelconque de « flirt » avec la mort. Faculté de régénération après des épreuves très dures. Risque de perte d'argent ou d'héritage sur un coup de tête ; tendance à la dilapidation. Au pire, c'est un aspect criminel. Tout ce qui touche à l'argent et au sexe en général, rend le sujet peu sympathique.

Bélier en Maison IX

C'est un peu le « complexe de Don Quichotte ». Les contacts avec le lointain sont placés sous le signe de l'impulsivité. La spiritualité est peu réfléchie ; ce n'est pas un bon aspect pour la méditation. Par contre, les grands voyages peuvent satisfaire le goût de l'aventure et être liés à des découvertes fabuleuses. Tempérament de pionnier, mais manque de patience et les explorations risquent aussi d'être source d'accidents. Très bonne position pour les arts martiaux (par analogie à Mars en Maison IX).

Bélier en Maison X

Comme la Maison IV, cardinale elle aussi, la Maison X est en carré avec le Bélier. Liée à la réalisation sociale, elle est en analogie avec le Capricorne et Saturne, valeurs antagonistes de Mars : l'ascension sociale n'est-elle pas liée à la patience, à la maîtrise de soi, au discernement, qualités qui ne sont aucunement celles du Bélier.

Dans cette Maison, le Bélier donnera de brusques montées par à-coup, avec des chutes aussi rapides ; il faudra que Mars soit soutenu par de bons aspects pour que l'agressivité, la faculté de s'imposer, ne se transforment pas en « boomerang ». C'est l'aspect du « coup de force », du « putsch », plutôt que de l'accession à un poste stable.

Bélier en Maison XI

Les amitiés et les projets se déferont aussi vite que conclus. Amitiés houleuses et agressives, mais se renouvelant sans cesse. Amis dynamiques, réunions amusantes et imprévues. On pourra compter sur leur appui, tant qu'ils ne se transformeront pas en... ennemis. Les soirées amicales peuvent dégénérer en bagarres.

Les projets sont nombreux et enthousiasmants, mais peu d'entre eux aboutissent.

Bélier en Maison XII

C'est un des plus mauvais signes pour cette Maison, puisqu'il y a contradiction entre le dynamisme, la confiance en soi du Bélier, et les valeurs de renoncement et d'acétisme de la Maison XII.

Ici, l'agressivité du sujet risque de se retourner contre lui-même : il est son propre ennemi. Il peut affronter avec une certaine inconscience, ou des sursauts de vaine violence, les grandes épreuves de l'existence. La sublimation sera difficile dans ce signe primaire, instinctif : c'est l'individu qui, face à la douleur, perd tous ses moyens, casse tout ou se fait hara-kiri — dans un contexte non occidental.

Le Taureau dans les Maisons

Taureau en Maison I

Indice de constitution forte et de vitalité. Tempérament sensuel, d'humeur assez variable sous un flegme apparent. Poli, avenant au premier abord, s'irrite lorsqu'on touche à son confort. A le goût de la stabilité et apprécie les êtres qui participent à la construction méthodique de sa destinée en lui épargnant les vaines histoires. Ses atouts sont l'endurance, la résistance physique et morale, un certain courage face à une adversité qui s'acharne souvent après lui. Le caractère se forge d'ailleurs dans les luttes de fond, appelant une grande concentration des forces plus que des actions spectaculaires. Les démarrages sont lents, l'ascension laborieuse, et les chances réelles ne s'affirment vraiment qu'au terme d'années de travail. En dépit des soutiens et des sympathies, le Taureau en Maison I ne doit compter que sur lui. Ce qu'il fait, après avoir constaté que sa chance et son charme opèrent beaucoup moins que son opiniâtreté.

Taureau en Maison II

Position moyennement confortable pour les gains. Là, encore, le travail rapporte mieux que les coups heureux du hasard. Il faut se donner un programme, le plus souvent d'épargne, pour disposer d'un fonds solide de sécurité. Selon la symbolique, des réserves substantielles sont nécessaires à l'équilibre psychique. Le Taureau en Maison II doit donc aviser très tôt pour avoir des revenus réguliers. Le fonctionnariat est indiqué mais il y a aussi, pour les à-côtés, les placements dans la pierre, le terrain, les biens fonciers.

Taureau Maison III

Puisque la Maison III gouverne les frères, sœurs, cousins, cousines, il faut qu'il y ait au moins un ou une Taureau dans ce petit monde, et ce ne doit pas être bien difficile. L'analogisme précise que le Taureau en Maison III pourra ainsi nourrir des relations privilégiées avec un membre de son entourage. Le rapport sera encore plus intense s'il s'agit, en outre, d'un membre du sexe opposé.

En dehors de ces conditions, le Taureau en Maison III n'est pas très fraternisant. Aîné, puîné, cadet... quel que soit l'ordre d'arrivée, les autres le dérangent. Il risque ainsi d'avoir des réactions d'un égoïsme surprenant à l'égard de ses proches. Il ne comprend pas la nécessité d'accepter des inconnus qui lui tombent du ciel par la loterie de l'hérédité et les alliances de la fratrie.

Taureau en Maison IV

On mérite d'avoir des parents fermiers, ce qui, en fouillant dans la généalogie, n'est tout de même pas introuvable. Nous avons tous des racines en terre, des grands-parents dans les herbages ou les prés. Le Taureau en Maison IV s'en flatte et, si par bonheur, il est né à la campagne ou s'il y a passé son enfance, sa santé physique et morale en restera à jamais imprégnée. Dans les moments difficiles de sa vie, il saura respirer l'air pur d'un souvenir revigorant, se remettre en mémoire tel vieux dicton de son pays ou telle parole ferme et sage de son père. Il faudrait naître avec le Taureau en Maison IV pour ne pas perdre les pédales dans les périodes les plus sombres.

Taureau en Maison V

En Maison des amours, des plaisirs, enfants de la chair ou de l'esprit, le Taureau est en bonne place. Dans son action bénéfique, s'il accorde une vive sensualité, il donne également l'antidote : une fidélité de cœur qui répugne au libertinage, assure la constance des liens en dépit des tentations.

Le Taureau en Maison V est promis à des amours sereines. Sans doute, comme ce douzième d'humanité qu'il représente ici, aspirera-t-il à un bonheur idyllique mais d'un romantisme n'excluant pas les avantages pratiques. Le partenaire éventuel, postulant au mariage ou à l'union libre, doit présenter des garanties, avec des perspectives réjouissantes : une situation stable, une santé florissante, des biens à l'ombre ou au soleil, et surtout pas d'interminables crédits, de pensions à payer pour les enfants de précédents ménages.

Taureau en Maison VI

Dans cette Maison en rapport avec la santé, le travail et les petits animaux, l'effet Taureau ne peut être que bénéfique. Il dispense une santé de fer, un physique robuste tout à fait adapté, bien entendu, aux emplois que favorise le signe, dans la manutention, le débardage, et autres travaux exigeant du muscle, du coffre, de la stature. Certes, il existe aussi, dans la série des vocations tauriennes, des compétences administratives qui ne demandent qu'assez d'énergie pour tenir un porte-plume, mais alors la résistance et la vitalité s'amalgament en une combativité longue et souterraine décourageant la multitude des concurrents, traçant sinueusement sa route à travers les intrigues, les stages et les concours, pour aboutir à l'encadrement, l'encadrement supérieur, la sous-direction, la direction puis le secrétariat d'Etat. Tout est permis au Taureau en Maison VI qui sait attendre, mais il doit avoir l'œil sur l'âge de la retraite, afin de ne pas être pris de court et de vitesse.

Taureau en Maison VII

A cette Maison consacrée au mariage, aux unions, aux contrats et aux associations, le Taureau apporte ses perspectives de stabilité. Il faut en déduire que le mariage d'amour est proscrit, la passion n'étant pas, ici-bas, ce qu'il y a de plus durable et encore moins de confortable. Cependant, s'il est vrai que le cœur a ses raisons, le Taureau en Maison VII écoutera à la fois son cœur et ses raisons. C'est dire qu'il ne choisira pas n'importe qui, n'importe quand, n'importe comment. Une fois jeté son dévolu, une stratégie pour conduire au mariage, dont le ou la partenaire ne seront pas forcément conscients, se déclenchera automatiquement. L'étau se resserrera insensiblement autour de la victime, en quelques mois ou quelques années. Lorsqu'on est l'objet de ce siège, on peut toujours se dire, si l'on a l'espoir d'en échapper, que le Taureau adore patienter. Il suffit de lui donner en pâture des arguments spécieux mais d'ordre concret : pas d'argent, pas de bedeau.

Taureau en Maison VIII

Le Taureau bien disposé, ne recevant pas d'afflictions planétaires, se doit d'apporter, ici, des terres et des biens fonciers par dons, legs ou héritages. Mais, si réjouissantes que soient ces perspectives, mieux vaut travailler, les lenteurs tauriennes ne réservant qu'au vieil âge les félicités matérielles.

Les divorces, les associations, peuvent être sources de pensions ou de rapports substantiels. Et, compte tenu de l'affinité de la Maison avec les gains tombés du ciel, on a intérêt à risquer sa chance dans les tombolas de kermesses, de fêtes foraines, où il y a des lopins de terre, des bestiaux, des voitures, des machines et de gros appareils ménagers à gagner. Le Taureau en Maison VIII peut, tout simplement, être doué pour réaliser de bonnes affaires dans les ventes aux enchères des administrations.

Taureau en Maison IX

La symbolique, ici, lève les bras au ciel ! Cette Maison du rêve, des voyages, de la haute spiritualité ne saurait s'harmoniser avec un signe réaliste, casanier, libertin. Cependant, l'application travailleuse peut s'exprimer au niveau supérieur des recherches et des œuvres savantes exigeant une documentation massive, des aptitudes de compilateur et un cerveau champion en logique et en mathématiques. Evidemment, l'ensemble du ciel doit se prêter à cette interprétation favorable. Sinon, en fait de savant, on aura plutôt un réfractaire, endurci dans le matérialisme et la réduction de belles envolées de l'âme à des motivations élémentaires. Au mieux, un esthète glanant dans la philosophie des fruits que l'on rumine en attendant la mort. Dans ce genre-là, il y a aussi ceux qui aiment les livres pour le cuir, le papier, le caractère, beaucoup plus que pour le contenu.

Taureau en Maison X

Ce n'est pas une position facilitant une ascension sociale rapide et facile. Le choix du métier risque déjà de se faire dans les hésitations et les embarras, ou bien la carrière choisie est l'une de celles qui demandent de faire longtemps antichambre avant d'avoir droit au chapitre. D'autres parasitages sur l'ambition peuvent provenir de confrères, rivaux ou supérieurs, obstruant l'horizon du succès par des actions spectaculaires qui éclipsent les aptitudes plus solides mais moins évidentes du Taureau. Pour sortir de l'ombre, il faut tôt ou tard frapper fort. Le Taureau bénéfique saura choisir son heure et l'on découvrira soudainement ses indispensables mérites après les avoir longuement exploités dans des rôles subalternes. Le Taureau maléfique tente sa sortie à contre-courant, au moment où sa maladresse va réconcilier à ses dépens tous ceux qu'il pensait renverser.

Le juste milieu se traduira par une progression sans surprise, avec un rythme qui permettra de consolider les étapes, de constituer un solide réseau d'influences et de relations utilisables au moment d'abattre ses atouts. Les étoiles violentes, toujours elles, montreront quand même leurs effets en apportant au Taureau en Maison X des charges pesantes, des responsabilités comme celles d'Atlas portant le monde sur ses épaules. Peu conciliant, encore moins diplomate, ce Taureau aggrave généralement son cas en prétendant venir à bout de tout et de tous avec sa tête de cochon bravant dieux et diables.

Taureau en Maison XI

Le Taureau bénéfique en secteur XI dispense à ses amis ses qualités d'indulgence, de serviabilité raisonnée, de bonhomie compréhensible. Puisque l'on est de son clan, par un choix délibéré il préfère se montrer sous un jour patient et réserver ses colères à ses ennemis. Une fois sa confiance accordée, il préfère endurer quelques bavures que revenir sur son sentiment. C'est par ce trait, d'ailleurs, que le Taureau dissonant en Maison XI encourt divers abus de confiance, s'expose à de lourds mécomptes par l'aveuglement de ses choix. Dissonant, le Taureau en Maison XI exerce sur ces relations amicales une emprise dominatrice qui appelle la trahison par légitime défense. Et, ce Taureau-là n'étant pas capable d'analyser objectivement ses responsabilités, les déceptions le renforcent dans une humeur de grogne et de tyran incompris.

Taureau en Maison XII

Les étoiles et le signe s'accordent pour accroître la rage des ennemis cachés. Si le Taureau agit favorablement, il ajoutera, en guise de consolidation, la vitalité et le moral nécessaires à l'affrontement d'adversaires sournois, traîtres, ne reculant devant aucune basse manœuvre pour le succès de forfaitures qu'ils mettront au compte de leur élévation d'esprit.

Il faut préciser, avec les traditionalistes, que le Taureau en Maison XII a de sérieuses dispositions pour exciter de puissantes inimitiés. Son manque de diplomatie, sa volonté réfractaire aux bluffs, aux rodomontades, aux esbroufes et aux verbiages, finissent souvent par l'opposer aux sots pontifiants qui ne supportent guère d'être démasqués. Et puis il irrite par son réalisme rebelle aux effets des phraseurs. Sa distance instinctive à l'égard des « mots pour les mots » menace de lui valoir très tôt l'antipathie des maîtres à parler. Dieu merci, s'il a le don de s'attirer des rivaux sans scrupule, usant de toute leur influence pour le détruire, il dispose également d'une défense étalée dans le temps, efficace.

Les Gémeaux dans les Maisons

Gémeaux en Maison I

Nature cérébrale et intellectuelle très réussie. Curiosité, désir de plaire par la parole. Tendances artistes avec un goût et un jugement esthétiques très sûrs, mais difficultés à réaliser des projets, des œuvres d'art par manque de concentration et de persévérance.

Gémeaux en Maison II

La Maison des gains est occupée ici par l'insouciance désinvolte des Gémeaux : gains faciles, provenant de différentes activités, mais jamais très élevés. Souvent, le sujet a deux métiers, deux sources de revenus. La deuxième partie de la vie peut être plus fructueuse.

Gémeaux en Maison III

Les Gémeaux dans la Maison des écrits, de l'apprentissage, donnent de l'aisance et du brio dans les études, beaucoup de talent pour les langues étrangères, les traductions, tout ce qui concerne la communication par écrit. Ici, la réalisation des projets se fait plus intense.

Gémeaux en Maison IV

La famille, le foyer du sujet sont centrés autour d'intérêts mercuriens : jeux qui font intervenir la cérébralité, intellectualité très développée, lectures, mots croisés, etc. Il est aussi tenté d'enseigner aux enfants et fait souvent un pédagogue brillant, surtout auprès de l'extrême jeunesse.

Gémeaux en Maison V

Les divertissements sont incessants, divers, et touchent à tous les domaines. Le sujet ayant les Gémeaux (signe double) en Maison V (le secteur des distractions) est parfaitement ludique, réceptif à tous les jeux, disponible pour toutes les « parties » possibles... Difficile de l'amener à travailler autrement que dans ce qui touche au jeu.

Gémeaux en Maison VI

La désinvolture du signe facilite les obligations quotidiennes, qui sont prises avec légèreté, agilité, opportunisme. Les rapports avec les subalternes sont teintés de duplicité amusée, de complicité un peu défiante, d'intelligence sympathisante mais distante.

Gémeaux en Maison VII

La vie affective, les associations et les mariages, tout ce qui a trait à l'autre est « doublé » : possibilité d'avoir plusieurs partenaires, soit en amour soit dans la carrière professionnelle ; les rapports entretenus avec les « alliés » sont imprégnés de la légèreté mercurienne, vive et dispersée.

Gémeaux en Maison VIII

L'intellectualité géminienne se branche sur la mort et ses dérivés : intérêt pour l'occultisme, le mystère de l'au-delà, ou bien le passé, l'archéologie. La curiosité sur ce qui se rapporte à la mort est très cérébrale et non mystique. Il peut y avoir plusieurs héritages dans la vie du sujet.

Gémeaux en Maison IX

Inspiration de caractère mystique, quête d'une certaine spiritualité, recherche d'objectifs supérieurs, avec préoccupations morales ou philosophiques. Grande envergure cérébrale. Les voyages jouent un rôle décisif dans la vie du sujet, mais ils peuvent être imaginaires.

Gémeaux en Maison X

La carrière est marquée, dans la première partie de la vie du sujet, par une certaine instabilité. Elle est soumise à des variations de directions dues à la versatilité du signe. Réussite pourtant certaine dans les occupations intellectuelles, l'enseignement, le journalisme, l'édition, ainsi que dans les professions qui exigent de petits voyages fréquents. Il y a souvent deux périodes très différentes dans la vie professionnelle du sujet (35 à 40 ans semblant être l'âge charnière).

Gémeaux en Maison XI

Beaucoup d'amis de type Gémeaux, c'est-à-dire intellectuels avec un goût prononcé pour les jeux de l'esprit et du hasard. Recherche de relations amicales de type fraternel (jumeau) avec lesquelles le sujet entre en complicité peut-être un peu trop familière...

Gémeaux en Maison XII

Ennemis rusés, intelligents, pleins de duplicité et d'habileté. Mais les Gémeaux n'étant pas persévérant, les médisances resteront superficielles, les épreuves passagères et les difficultés toujours moins graves que ce que le sujet craignait.

Le Cancer dans les Maisons

Cancer en Maison I

« Cette Maison est un point de départ [...] mais aussi d'arrivée. Elle peut représenter un retour éternel de phénomènes fondamentaux à répétition. [1] » Elle indique traditionnellement le lieu où s'expriment les composantes de la personnalité — et non du caractère — avec leur possibilité d'évolution.

En I, le Cancer donne une tendance à l'introspection, à la fragilité psychologique, avec inquiétudes, peur d'autrui, curiosité pour l'irrationnel, l'inconnu, l'occulte.

Cancer en Maison II

En II, le Cancer donne un comportement de refus total ou partiel à l'égard des biens matériels. La carapace du crabe le protège, ici, de la dépendance « économique », de la recherche du confort, du « standing », etc. En revanche, il peut donner de l'imagination dans ce domaine, si bien qu'on verra des intérieurs ou des objets marqués par la fantaisie lunaire.

Cancer en Maison III

En III, le Cancer n'établit pas facilement de relations avec son entourage proche : frères et sœurs, camarades d'école, de lycée ou de faculté, et plus tard, voisins de palier ! Donne un blocage sur tout rapport facile et superficiel, sur les relations légères ou mondaines. Les informations par radio ou télévision sont honnies : on leur préfère la presse écrite.

Cancer en Maison IV

Le Cancer est ici dans ce qu'il est convenu d'appeler *sa* Maison. Celle de la famille, des enfants, du foyer, des bases à la fois parentales et filiales du sujet. C'est le lieu de sa personnalité intime, privée, et du lien très fort qui l'attache à ses origines. C'est une bonne maison pour le signe, il s'y sent à l'aise, en sécurité, protégé du monde extérieur. Le sujet éprouve un goût profond pour la vie et les réunions de famille, sans étrangers.

Cancer en Maison V

La Maison V étant la Maison des plaisirs, des distractions, du trop-plein de vie, elle se limite en Cancer — qui n'est pas, rappelons-le, un signe de santé, ni de grande résistance physique — à des joies simples : mots croisés après le travail, ou jeux de sociétés paisibles, ou petits travaux d'artisanat. La distraction sociale, les sorties du soir sont considérées la plupart du temps en Cancer comme superflues, voire ennuyeuses. En revanche, le sujet privilégiera la distraction personnelle, qui fait intervenir l'imagination.

Cancer en Maison VI

C'est la Maison du quotidien, des petits travaux journaliers, des choses et des êtres qui dépendent du natif : la maison (pour la ranger, par exemple), le bureau, le lieu de travail (pour les affaires courantes, le classement, le fonctionnel et le routinier). On mesure, dans cette Maison, la capacité du natif à recommencer tous les jours les mêmes petites corvées, à s'occuper régulièrement des mêmes petites tâches. En Cancer, signe de fantaisie, de petits changements permanents (à l'inverse du Verseau qui bouleverse tout), cette Maison VI est mal servie. Aucune discipline dans la hiérarchie des problèmes à régler, aucune méthode.

Cancer en Maison VII

La Maison VII représentant tout ce qui concerne les alliances et les associations, elle acquiert, en Cancer, des caractéristiques lunaires : sous-estimation de sa valeur propre,

1. Lisa Morpurgo, *Introduction à la nouvelle astrologie,* Hachette Littérature, 1976.

surestimation de la valeur des autres. Besoin d'être protégé, choyé, conforté, un peu comme un enfant, dans le mariage. Apporte, dans une association, un élément de création très fort, d'imagination et de renouvellement, mais participe de loin, sans vraiment se sentir impliqué (même s'il prend toujours ses responsabilités). Fondamentalement solitaire.

Cancer en Maison VIII

La Maison VIII étant celle de la mort (physique ou psychologique) et de la résurrection, elle a des affinités avec le Cancer : d'abord parce que le Cancer représente la fécondité, l'enfantement, donc la vie après la mort, ensuite parce que c'est un signe fort du point de vue de l'imagination créatrice.

Doù possibilité, pour la Maison VIII en Cancer, de recréer ou de reconstituer ce qui est mort. Au premier degré, le sujet fait revivre en imagination un parent mort. Au deuxième degré, il utilise, il recompose sa souffrance en créant.

Cancer en Maison IX

C'est la Maison de la quête spirituelle, philosophique ou géographique. Les limites cancériennes éclatent, le signe se laisse attirer par les grands espaces que suggère la Maison, les interrogations métaphysiques, archéologiques ou ethnologiques.

Mais le Cancer, inhibé, fragile, qui doit toujours transporter sa coquille avec lui, peut freiner, surtout à partir de 45 ans, les grands voyages que propose le secteur IX : le nouveau, l'inconnu. Alors, les explorations se font en imagination, et l'invention cancérienne remplace son défaut d'énergie.

Cancer en Maison X

Cette Maison, à laquelle est attribuée la vocation d'un individu, son expression professionnelle dans ce qu'elle peut avoir de rayonnant, de remarquable, de volontaire, cette Maison, disais-je, n'est pas particulièrement à son aise en Cancer. Il existe une contradiction fondamentale entre la réserve timide et maladroite du signe et l'assurance dynamique, l'autorité qu'appelle le secteur X.

En réalité, la contradiction est neutralisée si le sujet se réalise dans une profession nettement cancérienne où la création, l'invention, l'inattendu, l'étrange, le nouveau ont la meilleure part. Il faut éviter les carrières administratives et, d'une manière générale, toutes celles qui excluent l'interprétation subjective, les initiatives personnelles, les décisions individuelles et autonomes.

Cancer en Maison XI

Lisa Morpurgo attribue à cette Maison une force toute particulière : « Elle est, en un certain sens, la section d'or du thème zodiacal. Elle indique la possibilité de parvenir à un examen objectif de soi-même et des circonstances, de s'adapter à ces dernières et au caractère d'autrui, en jugeant avec objectivité mais aussi indulgence, les besoins, les faiblesses, et les qualités des autres. [...] La Maison XI est celle de la tolérance, des idées larges, d'une volonté accommodante et compréhensive. »

En Cancer, les idées larges s'évadent dans l'imaginaire — souvent aux dépens du réel —, l'amitié acquiert malgré tout quelque chose de passionnel, d'exclusif, d'enveloppant, mais le sujet s'adapte particulièrement bien au milieu social dans lequel il a choisi d'évoluer après une dure sélection intérieure.

Cancer en Maison XII

On l'appelle la Maison du destin, de la fatalité. Je préfère dire que c'est la Maison des événements sur lesquels la volonté humaine ne peut agir, les « grandes épreuves de la vie », comme le dit encore Lisa Morpurgo. C'est le lieu où le natif s'isole, prend de la distance pour se préparer à la mort. Le Cancer, en ce secteur, donne la faculté de s'abstraire totalement du réel, l'imaginaire empiète alors complètement sur la vie et si une planète lourde comme Saturne ne vient pas peser sur ce secteur, il donne une créativité inépuisable, un besoin de nier la fin des choses par une prolifération magique d'œuvres d'art, une production ininterrompue dans la solitude et l'isolement.

Le Lion dans les Maisons

Lion en Maison I

Cette Maison a trait au sujet dans ce qu'il a de plus représentatif et de plus évident. Elle concerne votre extériorité physique et la conscience que vous acquérez peu à peu de vous-même. Une Maison I fortement chargée signale un natif préoccupé avant tout de sa personne et faisant de celle-ci son principal centre d'intérêt : on voit tout de suite ce que ça peut donner dans le cas du Lion. Je crois bon, par ailleurs, de vous rappeler que la pointe de la Maison I s'appelle l'Ascendant. Toute planète située à proximité de l'Ascendant a de fortes chances d'être l'une des dominantes de votre thème.

Lion en Maison II

Cette Maison est censée renseigner sur votre attitude face à l'argent, sur vos aléas financiers, sur la nature de vos gains. Pour juger sainement de la question, l'astrologue peut bien se contenter de considérer vos planètes dominantes, ainsi que les aspects lunaires, jupitériens et vénusiens. Si, conformément à la tradition, l'argent occupe une place prépondérante dans votre existence, cherchez plutôt de ce côté-là et regardez aussi où se trouve votre Ascendant : il est peut-être dans le signe thésauriseur et engrangeur du Cancer. Pour l'astrologue qui s'obstine à déceler dans le thème des événements et des faits précis, une Maison II en Lion est un indice de fortune et de réussite financière, quoique certains auteurs vous jugent suprêmement désintéressé et attiré par des métiers plus honorifiques que lucratifs. Pour ce qui est de la source des gains, on mentionne habituellement l'enseignement, le spectacle et les commerces de luxe.

Lion en Maison III

Les attributions classiques de cette Maison sont multiples : rapports avec frères et sœurs, cousins et voisins, petits déplacements, correspondance, publications littéraires, intelligence pratique, enseignement primaire. Les compilateurs classiques parlent de prix littéraires, de frères haut placés, de déplacements profitables, se cantonnant surtout aux réunions mondaines et aux spectacles. Si vous avez vraiment la bougeotte et si vous êtes pris d'une frénésie de communication et d'énergie, voyez plutôt la force de votre Mercure, de votre Mars et de votre Lune. Quant à votre Ascendant, il pourrait se situer dans les derniers degrés des Gémeaux, ça expliquerait aussi bien des choses.

Lion en Maison IV

En analogie avec sa position au Fond-du-Ciel, la Tradition associe à cette Maison tout ce qui constitue la souche, les bases, les racines profondes. Elle concerne donc l'atavisme, l'hérédité, le terroir, le domicile, la famille. Pour faire bonne mesure, on y ajoute aussi la fin des choses, les trésors cachés, la sépulture et l'héritage des propriétés. Du Lion en Maison IV, nos élucubrateurs à chapeau étoilé s'accordent à déduire une prestigieuse galerie d'ancêtres ou tout au moins des parents haut placés. Ce qui ne laisse pas de rendre perplexe si l'on songe que les frères et sœurs d'une même famille ont très rarement la Maison IV dans le même signe.

Lion en Maison V

Cette Maison concerne vos amours, votre progéniture, vos œuvres, vos amusements et vos spéculations. Dans la logique de l'astrologie traditionnelle, avec l'aspect du Lion, vos amours ne sauraient être qu'ardentes et dignes, votre progéniture remarquable, vos œuvres brillantes, vos amusements fastueux et vos spéculations fructueuses. Si ça n'est pas tout à fait le cas, plutôt que de vous adresser à un bureau des réclamations, qui d'ailleurs n'existe pas, cherchez l'explication du côté de vos planètes et signes dominants, tenez compte de la position et des aspects de la Lune, de Vénus, de Neptune et de Jupiter.

Lion en Maison VI

Cette Maison met l'accent sur vos problèmes de santé, sur votre travail dans son côté terre à terre et astreignant, sur vos relations avec les subordonnés, les petites gens, les oncles et les tantes, les animaux domestiques. Quant aux oncles, tantes et menues bestioles, le Lion se sent à leur égard un peu amoindri.

Lion en Maison VII

Logiquement, le Lion en Maison VII devrait donc vous conduire, plus que jamais, à percevoir le conjoint, le partenaire, l'adversaire ou l'associé d'après votre propre image. Selon votre dominante planétaire, vous êtes incité à modeler de force vos vis-à-vis à ladite image, ou bien vous vous contentez de vivre vos aspirations léoniennes par délégation, par le biais d'un complémentaire en qui vous avez décelé de prometteuses potentialités.

Lion en Maison VIII

Si l'on en croit la Tradition, avec une Maison VIII fortement occupée, votre existence, d'une manière ou d'une autre, sera marquée par la mort et par ses conséquences. Les deuils, les testaments, les héritages sont censés prendre une importance toute particulière. Ou alors, vous vous contentez de brasser des idées morbides et suicidaires et de mettre la mort au centre de toutes vos théories. Moins macabrement, cette Maison et également en rapport avec l'argent du conjoint et des associés. L'astro-psychologie, d'une façon plus générale, en fait la Maison des crises, des transformations, des régénérations et de la sexualité. On devine ce que peut donner, dans l'otique du traditionaliste, le Lion en Maison VIII : la mort par accident cardiaque, le grandiose héritage, les honneurs posthumes et autres joyeusetés.

Lion en Maison IX

Pour la Tradition, c'est la Maison des grands élans vers le lointain et vers le spirituel : elle concerne aussi bien les longs voyages et les rapports avec l'étranger que l'intelligence spéculative, la religion, la philosophie, l'enseignement supérieur. L'interférence avec le Lion est censée apporter générosité et noblesse de pensée, hautes fonctions universitaires, diplomatiques ou ecclésiastiques, attrait pour les longs périples honorifiques et représentatifs. Cela peut se vérifier surtout, à mon humble avis, en cas de dominance plutôt harmonique de Mars, Jupiter, Saturne et Neptune. Mars met l'accent sur le goût de l'action, de l'entreprise et de l'aventure. Jupiter insiste sur le côté officiel et pontifiant. Saturne favorise la réflexion, la méditation et le détachement, tandis que Neptune sensibilise à l'inconnu, au collectif, à l'universel et à toute autre transcendance qu'il vous plaît d'imaginer.

Lion en Maison X

Cette Maison importante, qui valorise les planètes qui s'y trouvent, concerne la façon dont vous vivez votre carrière, votre engagement socioprofessionnel dans ce qu'il a de plus officiel et de plus formel. Pour les astrologues qui interprètent un thème en y cherchant des événements, elle renseigne sur les chances de succès, la célébrité éventuelle, les honneurs, le pouvoir que vous pouvez acquérir, et naturellement sur les éventualités contraires : les risques d'échec, de déshonneur, de chute. Comme on s'en doute, pour les manuels classiques, la présence du Lion dans ce secteur est éminemment prometteuse : autorité, vedettariat, brillante ascension, réussite magistrale dans les domaines de l'art, de l'éducation, de la politique, de la mode, de la joaillerie, du théâtre et j'en oublie certainement.

Lion en Maison XI

Cette sympathique Maison a trait aux amitiés, aux espérances et aux projets. Selon l'interprétation la plus traditionnelle, le Lion dans ce secteur devrait vous valoir des amis brillants, fidèles, enthousiastes et quelque peu dominateurs, des relations puissantes et ces protections en haut lieu. Vos projets, enfin, ne sauraient qu'être empreints de grandeur, de noblesse ou d'outrecuidance. En fait, pour que votre vie amicale soit euphorique, détendue et sans problème, il suffit bien d'une dominance harmonique des planètes, Jupiter, Vénus, Mercure et Lune.

Lion en Maison XII

Comme le chanterait Brassens, dans les thèmes sans prétention, elle n'a pas bonne réputation, cette fichue Maison XII... On lui attribue en effet les épreuves majeures et les grands chagrins. Maladies chroniques, hospitalisations, exils, emprisonnements sont de son triste ressort. Elle passe pour prédisposer à une existence marquée par le secret, les choses cachées, la vie occulte. Les ennemis sournois et les complots y élisent également domicile, en bonne compagnie avec les vices et les tendances au suicide. Le pauvre Lion prisonnier à perpétuité des barreaux de ses inhibitions. A ce propos, remarquons tout de même que le Lion en Maison XII correspond presque immédiatement à un Ascendant Vierge, ce qui peut expliquer bien des choses.

La Vierge dans les Maisons

Vierge en Maison I

La pointe de la Maison I étant délimitée par l'Ascendant, le sujet a donc l'Ascendant en Vierge, ce qui lui confère les principaux traits de caractère décrits au cours du chapitre consacré à la caractériologie. Il convient, bien sûr, de faire la synthèse entre les caractéristiques du signe ascendant et celle du signe de naissance.

D'autre part, si l'Ascendant se trouve dans les derniers degrés d'un signe, la Maison I repose presque totalement sur le signe suivant. Dans ce cas, l'influence de ce signe prend une importance accrue, dont il faut tenir compte dans l'interprétation.

Vierge en Maison II

Cette position indique une attitude parcimonieuse vis-à-vis des biens matériels. Une certaine avarice est probable, mais elle est limitée aux petites choses. Toutefois, le sujet n'ayant pas de besoins très importants, il doit réussir à s'accommoder d'une existence un peu chiche. La prudence naturelle du signe interdit les spéculations hasardeuses ou les risques excessifs. Le sujet gère son budget avec sagesse.

Vierge en Maison III

La timidité inhérente au signe freine quelque peu les contacts avec le milieu social. Le sujet demeure sur la défensive, et met un certain temps avant de se sentir détendu, en confiance avec de nouvelles connaissances. S'il ne fait pas un usage immodéré du téléphone, il se livre plus facilement par lettres. Sa correspondance sera soigneuse, méthodique et, dans l'ensemble, assez fournie.

Le sujet est plutôt sédentaire, il renonce souvent aux possibilités de petits voyages.

En revanche, l'intelligence pratique est très développée. Les réalisations à court terme sont favorisées, les occasions sont exploitées habilement. Goût pour les études et grande curiosité intellectuelle.

Vierge en Maison IV

Le sujet se plaît dans un cercle familial étroit. Peu attiré par les mondanités, il ne se sent bien qu'en petit comité. Sédentaire, il aime ses habitudes et peut se montrer tatillon au risque d'incommoder les membres de sa famille.

Le foyer domestique est surtout considéré sous l'angle le plus utilitaire. Le sujet aimera vivre dans un décor simple, avec un mobilier solide et fonctionnel. Il fera passer au second plan les critères d'ordre esthétique.

Les rapports avec les parents ne sont pas très chaleureux, ils sont plutôt fondés sur le respect et la déférence. Cependant, du fait d'un grand attachement aux traditions, les vertus « travail-famille-patrie » sont exaltées.

Vierge en Maison V

Le besoin de sécurité affective est important, toutefois le sujet ne fait sans doute pas passer sa vie sentimentale au premier plan (à moins, bien sûr, que des planètes d'affectivité ou de sensualité n'occupent ce secteur).

La pudeur freine la sensualité. Le sujet n'apprécie pas les aventures sans lendemain. Il préfère une liaison stable, durable, mais pas trop envahissante. Il ne sait pas vraiment se détendre ou se distraire, encore moins perdre du temps. Quoi qu'il en soit, le sujet préfère les plaisirs calmes (lectures, jeux de cartes) aux loisirs de groupe ou aux sports exigeant une grande dépense physique.

L'amour pour les enfants ne se traduit pas par des démonstrations débordantes, mais plutôt par un soin très attentif porté à leur hygiène, à la propreté de leurs vêtements.

Vierge en Maison VI

Il existe de grandes affinités entre le secteur et le signe. Le sujet est très consciencieux, très méticuleux dans son travail. Il accomplit à la perfection les tâches de routine. Ses principales qualités : l'ordre, la méthode, le sens de l'organisation.

Par contre, il risque de manquer d'envergure et de se contenter de postes sulbaternes sans réel rapport avec ses capacités. Il a facilement une mentalité de « rond-de-cuir ». Les rapports avec les collaborateurs sont généralement satisfaisants. Le sujet sait se montrer serviable et dévoué.

Les tendances hypocondriaques du signe sont renforcées dans ce secteur qui concerne également la santé.

Les servitudes de la vie quotidienne sont bien acceptées, et les corvées domestiques accomplies avec diligence et efficacité.

Vierge en Maison VII

D'une façon générale, les rapports avec les autres sont fondés sur la sélectivité. Le sujet ne se lance pas à l'aveuglette dans le mariage ou dans toute autre forme d'association. Il n'apprécie pas à proprement parler la solitude mais la choisira plutôt que de consentir à une union mal assortie.

Une autre tendance du signe (qui devra être renforcée par d'autres configurations du thème) inclinera au contraire le sujet à faire un mariage de raison ou d'intérêt, surtout si, à force de tergiverser, il a raté les « bonnes occasions ».

Le sujet peut choisir l'union libre (à condition qu'il n'y ait pas d'enfant). Mais s'il décide d'être uni à son partenaire par les liens du mariage, il s'opposera alors farouchement à un éventuel divorce.

Les associations peuvent être assez fructueuses, encore que le sujet risque d'avoir des « comptes à rendre ». Il s'efforcera de choisir ses associés sur la base d'affinités sélectives.

Vierge en Maison VIII

L'idée de la mort n'est pas une source d'angoisse insoutenable dans la mesure où le sujet accepte, au départ, son caractère inéluctable et implacable. Mais sa prévoyance et son réalisme l'incitent à prendre des dispositions d'ordre purement pratique et à s'assurer que sa famille ne manquera de rien après sa disparition.

Le sujet peut faire preuve d'exigences tatillonnes en ce qui concerne les problèmes d'héritages. S'il se sent (à tort ou à raison) floué, il peut révéler certaines tendances mesquines.

L'attitude vis-à-vis de la sexualité est assez ambiguë. Le sujet, dans son exigence de pureté, s'accommode mal d'avoir des besoins sexuels importants. D'où des risques de complexes, d'inhibitions débouchant sur des frustrations.

Vierge en Maison IX

La prudence restrictive du signe freine l'invitation au voyage, cependant la curiosité intellectuelle du sujet peut avoir raison de ses hésitations. Mais il a besoin d'organiser méthodiquement ses longs déplacements. Il ne laisse jamais rien au hasard. Ce n'est pas lui qui partira « le nez au vent », à l'aventure.

La prédominance de la fonction pensée chez la Vierge met toutefois l'accent sur le développement des connaissances. Le sujet est très soucieux d'élargir constamment son horizon intellectuel. Il a de grandes aptitudes pour les études, d'autant qu'il a un goût marqué pour les diplômes. L'acquisition des connaissances se fait « dans les règles ». Le sujet, très attentif et appliqué, aime s'entourer de professeurs susceptibles de le conseiller utilement. Quel que soit le domaine concerné, il aime prendre des leçons et se révèle un élève assidu.

Le sujet peut également, dans certains cas, se dévouer totalement à une cause qu'il estime juste, voire se sacrifier au nom d'un idéal.

Vierge en Maison X

La Maison X exprime les tendances à la lutte pour la réussite sociale, et le degré d'ambition. Or, le signe de la Vierge pécherait plutôt par excès de modestie. Loin de rechercher les honneurs, il s'en méfie. A tout prendre, il préfère servir que commander, et choisit la coulisse, abandonnant volontiers le devant de la scène aux ambitieux.

Le sujet peut avoir tendance à se sous-estimer, et l'essor de sa carrière risque de s'en ressentir. Néanmoins, dans les limites qu'il s'impose, il tient à réussir, et sa conscience professionnelle, son sens de l'organisation sont ses plus précieux atouts.

La conquête d'une position sociale élevée peut, en revanche, devenir un objectif majeur en cas d'angularité (au Milieu-du-Ciel, notamment, d'une planète de représentativité : Soleil, Jupiter ou Uranus). Dans ce cas, le professionnalisme et la compétence, caractéristiques du signe, deviendront des facteurs déterminants de réussite, en particulier dans les carrières administratives et publiques.

Vierge en Maison XI

Le sujet choisit ses amis en fonction d'affinités électives. Il en a très peu, mais ceux-là sont triés sur le volet. Il cherche surtout à s'entourer d'êtres intelligents ou très cultivés. Comme il fait rarement les premiers pas, ce sont les autres qui doivent venir à lui, mais une fois qu'il a accordé son amitié, c'est généralement pour la vie. Cependant, il peut arriver qu'une amitié de plusieurs années soit rompue brusquement du fait de la sévérité morale excessive du sujet. Celui-ci ne supporte pas d'être déçu.

Cette personne fuit les mondanités, préférant les ambiances intimes, tranquilles. Par extension, elle se refuse à cultiver les « relations utiles » et choisit, délibérément, de ne pas exploiter certaines occasions.

Vierge en Maison XII

Les grandes épreuves de la vie sont généralement acceptées avec fatalisme. Elles peuvent également être l'occasion, pour un sujet, de révéler sa grandeur d'âme ou son abnégation.

Cependant, les risques de renoncement *a priori* ne sont pas exclus, d'autant plus que la lucidité se double de pessimisme. C'est la déchéance physique ou intellectuelle que le sujet aura le plus de mal à assumer.

Il arrive que le détachement des objets matériels soit plus difficile à réaliser que le détachement moral de soi-même.

La Balance dans les Maisons

Balance en Maison I

L'Ascendant en Balance est l'un des plus chanceux du Zodiaque : douceur, diplomatie, charme, dons artistiques, volonté accorte et cependant tenace, mènent irrésistiblement le natif à la réussite de ce qu'il entreprend.

Balance en Maison II

Les dépenses ont un caractère vénusien. Ce sont celles qui sont liées, entre autres, aux réceptions que l'on donne, ou aux sorties faites avec des amis. D'autre part, la création d'un cadre de vie agréable et raffiné peut entraîner d'importantes dépenses susceptibles de déséquilibrer un budget.

L'équilibre est justement un mot clé de la Balance, mais c'est un équilibre bien souvent instable, et la situation financière risque d'être fluctuante. Cependant, malgré les hauts et les bas, on peut penser qu'en raison de la protection de Vénus la situation ne sera jamais vraiment désespérée.

Balance en Maison III

La Maison III concerne généralement l'intelligence concrète du sujet, ses dispositions et ses moyens d'expression, le langage et les écrits. Autrement dit, tout ce qui lui permet d'entrer en contact avec l'entourage.

Comme la Balance est un signe d'Air, l'intelligence sera mobile, souple, prompte, fantaisiste, sensible à la beauté, mais trop soumise aux influences changeantes venues de l'extérieur. Le sujet cherche à plaire et à faire partager ses opinions à son entourage. Le badinage est un mode d'expression qui le séduit et dont il use facilement.

Balance en Maison IV

Si rien ne vient modifier profondément les dispositions naturelles de la Balance, le sujet grandira dans un foyer harmonieux. Il est possible qu'on y cultive un art de vivre raffiné, de sorte que l'enfant baignera dans un climat favorable à l'éclosion de dispositions artistiques.

Il est fort probable que le sujet crée son propre foyer à l'image de celui de ses parents. La Balance, qui est un signe de fête, peut lui donner le goût des réceptions, et sa maison sera largement ouverte aux amis.

Balance en Maison V

La nature de la Balance semble particulièrement bien accordée à celle de la Maison V, de sorte que le signe renforce les manifestations propres à ce secteur. Ce qui revient à dire que le sujet est naturellement porté vers les distractions et l'art. Une femme sera peut-être encore plus sensible qu'un homme aux effets de cette configuration. Elle se montrera enjouée et coquette, raffinée et élégante et sa distinction naturelle la gardera de toute vulgarité. Les effets d'une Balance et d'une Maison V affligées mettent en jeu l'instabilité du signe.

Balance en Maison VI

Le travail ne devrait pas être trop pénible ; il peut s'exercer dans un cadre agréable et élégant, par exemple une parfumerie, un magasin de fleurs, une galerie de peinture. Parfois, des préoccupations artistiques ou juridiques sont liées au travail. Le sujet entretient de bons rapports avec ceux qui travaillent sous ses ordres. Il comprend leurs difficultés et s'efforce de faciliter leur tâche. En retour, il jouit de leur confiance et de leur attachement. C'est ainsi que se nouent parfois des idylles entre patrons et employés qui, dans certains cas, aboutissent au mariage.

Balance en Maison VII

Malgré la fougue que lui vaut un Ascendant Bélier, le sujet s'efforce d'avoir des relations harmonieuses avec autrui et il est ouvert à toutes les formes d'associations. La première, c'est évidemment le mariage. Il ne conçoit pas d'autre forme d'union et, dans sa vie, les relations conjugales tiennent une place importante. Il est même prêt à faire des concessions pour parvenir à l'équilibre intérieur qu'il attend du mariage.

Son besoin d'harmonie dans ses relations extérieures lui fait rechercher les associations et les collaborations. Il en retire le sentiment d'une insertion réussie dans la société dont il se veut un membre à part entière.

Balance en Maison VIII

La présence de la Balance en Maison VIII permet d'espérer que le caractère vénusien du signe favorisera une mort naturelle et douce.

La Balance faisant intervenir l'idée de mariage, on peut penser à un veuvage précoce et, éventuellement, à un héritage provenant du conjoint, du fait d'une donation entre époux. Mais des héritages venant des associés sont possibles.

Enfin, dans sa vie sexuelle, le sujet devrait faire preuve de mesure et de délicatesse, tout en s'efforçant de communier avec son partenaire car, pour lui, il n'est de vrai plaisir que partagé.

Balance en Maison IX

La présence de la Balance dans la Maison IX implique la possibilité d'un mariage dans un pays étranger où le sujet peut être amené à faire sa vie. Ou bien c'est le conjoint qui vient de l'étranger et qui a été connu à l'occasion d'un voyage lointain.

Ces voyages à l'étranger peuvent être de simples voyages d'agrément qui procurent de grandes satisfactions au sujet tout en enrichissant ses connaissances. A moins qu'ils n'aient été entrepris pour signer des contrats à l'étranger (éventuellement avec des éditeurs).

Balance en Maison X

Les qualités vénusiennes que la Balance apporte dans la Maison X sont de nature à favoriser la carrière du sujet en aplanissant son chemin. La sensibilité qu'il manifeste dans l'exercice de sa profession, son charme qui agit sur les gens avec lesquels son travail le met en contact, les relations que sa nature sociable le pousse à nouer avec ses collègues et ses chefs, sont autant d'atouts qui facilitent son évolution sociale. D'autant plus qu'ils se combinent de façon très heureuse avec la chance dispensée par Vénus.

Le mariage, ou une association, peut influer sur la carrière ; ils sont parfois l'occasion pour le sujet d'élargir le champ de ses activités ou même de changer de profession.

Balance en Maison XI

La Balance est aussi favorable en Maison XI qu'elle l'était en Maison V. En effet, comment ce signe, qui est éminemment sociable, ne créerait-il pas les meilleures conditions pour permettre au sujet de se faire des amis ? D'autre part, l'on sait que les contrats sont du ressort de la Balance. Enfin, la gentillesse, la délicatesse et le charme de ce signe contribuent efficacement à resserrer les liens d'amitié existants.

La Balance donne également une indication sur l'origine des amis. Ils pourraient venir d'un milieu où l'on cultive les arts. A moins qu'ils ne soient eux-mêmes artistes.

Balance en Maison XII

La Maison XII n'est pas une Maison de joie (comme la Maison V). Les seules joies qu'elle dispense sont les joies spirituelles. Mais nous venons de voir qu'on ne peut les atteindre qu'après avoir parcouru son « chemin de croix ». Il ne faut donc pas attendre de cette Maison beaucoup de bienfaits dans la vie ordinaire. Cependant, la présence de la Balance dans ce secteur peut atténuer les chocs du destin. Même ici, Vénus, la déesse compatissante, ne renonce pas à étendre sur les humains son manteau protecteur. Aussi les ennemis cachés seront-ils moins virulents.

Chapitre VI

D'autres influences à découvrir

Marie Curie, qui a illustré, par sa vie et ses recherches, la vocation du signe : une vocation de quête.

Les Images Degrés

Notre Zodiaque est un cercle divisé en 360 degrés, où chaque signe occupe 30 degrés. De très anciennes Traditions astrologiques accordaient une signification précise à chacun de ces degrés. Il est intéressant de les connaître, cela peut être d'une aide précieuse dans l'interprétation d'un thème.

On regarde, bien entendu, les degrés du signe occupés par une planète, ou par un angle du ciel, ou par une étoile fixe importante, et on voit quelle image correspond à ce degré.

Il existe plusieurs Traditions différentes concernant les degrés, et les images ne sont pas les mêmes suivant les sources.

L'astrologue romain Firmicus Maternus, au milieu du IVe siècle après Jésus-Christ, donne une liste d'images pour les degrés de l'Ascendant Scorpion (cité par L. Aurigemma [1]).

D'autre part, l'astrologue écossais Sepharial a traduit et vulgarisé dans les pays anglo-saxons une liste de degrés d'origine hindoue [2].

Enfin, on préfère utiliser en France les degrés de « l'Homme rouge des Tuileries ». Ce très étrange personnage aurait vécu à Paris à la fin du XVIIIe siècle, et serait l'auteur de la troisième liste de degrés que je donne plus loin. Son fantôme aurait hanté les Tuileries où il serait apparu à Napoléon 1er et à ses successeurs pour leur prédire les grands tournants de leur règne.

Les degrés de Firmicus Maternus

Ces degrés concernent l'Ascendant (que Firmicus appelle « horoscope ») qui, s'il tombe sur un degré précis du signe, apporte une qualité précise au natif (d'après la traduction de Luigi Aurigemma).

« Celui qui a l'horoscope au **1er degré du Scorpion** sera un enchanteur qui, par la puissance des mots, adoucira les douleurs secrètes.
Au 2e degré du Scorpion : le natif, sordidement corrompu, se prostituera de façon abjecte.
Au 3e degré du Scorpion : le natif sera nain, bossu et ridicule.
Au 4e degré du Scorpion : le natif sera nain, et "fou du roi", c'est-à-dire employé à la cour pour distraire les souverains.
Au 5e degré du Scorpion : si la Lune est en bon aspect, le natif sera noble, juste, religieux ; il aura des gens célèbres dans sa famille. Il aura beaucoup d'enfants, il gagnera sa vie par l'enseignement, il sera scribe d'un roi et s'occupera de ses affaires littéraires. La fidèle amitié du roi l'anoblira.
Au 6e degré du Scorpion : le natif sera un riche prêtre, il aura beaucoup d'enfants [3]. Mais il peut aussi arriver que la colère du souverain le condamne à la misère.

1. Luigi Aurigemma, *le Signe zodiacal du Scorpion,* éd. Mouton, page 35.
2. Hadès, *Manuel complet d'astrologie scientifique et traditionnelle,* éd. Bussière, page 115.
3. Texte écrit au IVe siècle de notre ère.

Au 7e degré du Scorpion : la mort du natif sera provoquée par un animal.
Au 8e degré du Scorpion : le natif sera un artisan. Il mourra à la suite d'une morsure de vipère ou d'aspic.
Au 9e degré du Scorpion : le natif sera jardinier toute la vie.
Au 10e degré du Scorpion :le natif mourra avant d'avoir atteint l'âge adulte.
Au 11e degré du Scorpion : le natif sera un prêtre, et un devin : on viendra le consulter sur l'avenir.
Au 12e degré du Scorpion : le natif sera gardien d'un temple, ou sacristain, ou voué au culte des objets sacrés.
Au 13e degré du Scorpion : si la Lune se trouve conjointe à un angle du ciel, le natif sera un juge, un magistrat très haut placé, qui disposera du droit de vie et de mort sur les accusés (mais cela, seulement à partir de sa trente ou trente-cinquième année). Il aura femme et enfants. Les années dangereuses pour lui seront : la vingt-septième, la quarante-deuxième, la cinquante-septième. Si les dangers surviennent pendant la soixante-sixième année, il en mourra : par l'épée ou par le fer ou par l'eau, ou subitement.
Au 14e degré du Scorpion : [on ne sait pas ce qui arrive au natif, le texte ancien comporte une lacune.]
Au 15e degré du Scorpion : [idem.]
Au 16e degré du Scorpion : le natif sera meunier. Si la Lune se trouve dans un signe où brille une étoile importante, le natif sera un juge très puissant. Mais si Mars se trouve en position faible, le natif deviendra espion ; on lui tranchera le cou avec l'épée.
Au 17e degré du Scorpion : le natif sera orfèvre, doreur, ou plaqueur.
Au 18e degré du Scorpion : le natif mourra déchiqueté par les fauves.
Au 19e degré du Scorpion : si la Lune est en bon aspect, le natif jouira d'une belle fortune, et aura le pouvoir de vie et de mort sur ses administrés. Et si Jupiter est en aspect avec l'Ascendant, son pouvoir sera si grand qu'il sera comparable à un pouvoir royal. Mais il sera négligent dans les affaires de l'Etat : et il sera exécuté parce qu'il aura offensé son souverain.
Au 20e degré du Scorpion : le natif sera un général puissant qui conduira ses troupes avec succès. Ses victoires seront innombrables, et sa gloire pourra être comparée à celle des rois. Mais l'accroissement de sa fortune lui donnera des idées de grandeur et de rébellion contre le gouvernement. Audacieux et téméraire, son coup d'Etat finira par sa mort dans les flammes — ou bien le souverain le fera exécuter. Il laissera des enfants derrière lui.
Au 21e degré du Scorpion : le natif, né ainsi sous la première patte droite du Scorpion, sera pêcheur d'éponges ; si le natif a l'Ascendant dans la deuxième patte (de la constellation du Scorpion), il sera tué par une bête, peut-être un quadrupède. Celui dont l'Ascendant sera dans la troisième patte sera jardinier ; et dans la quatrième patte, homosexuel ou, si c'est une native, prostituée.
Au 22e degré du Scorpion : le natif qui aura l'Ascendant dans la première patte de la constellation du Scorpion sera jardinier ; dans la deuxième patte, il mourra à cause d'un animal ; dans la troisième, il sera tondeur ; dans la quatrième, il sera tué par les pirates, ou mourra sous la dent d'un animal, dans un endroit humide.
Au 23e degré du Scorpion : si la Lune, Vénus et Mars sont conjoints à l'Ascendant, le natif sera riche et puissant, il vivra très vieux et de plus en plus riche. Il aura beaucoup d'enfants qui le rendront très heureux.
Au 24e degré du Scorpion : le natif tuera ses propres frères, poussé par une crise de jalousie ; ou bien au cours d'une attaque contre son propre père ; mais il mourra, lui aussi, de mort violente.
Au 25e degré du Scorpion : le natif mourra dans les flammes si Mars est conjoint à l'Ascendant, ou bien en carré ou en opposition avec celui-ci.
Au 26e degré du Scorpion : le natif sera un brillant orateur, un avocat ou un médecin, qui sera anobli grâce à son talent professionnel. Si les étoiles sont favorables, son pays le nommera ambassadeur. Mais il aura le malheur d'offenser un roi, qui le fera exécuter.
Au 27e degré du Scorpion : si Vénus et Jupiter sont conjoints à l'Ascendant, le natif sera riche, bon et honnête. Il vivra longtemps, et sera couvert de femmes. Sa fortune croîtra avec les années, et sa célébrité aussi, dans sa patrie.
Au 28e degré du Scorpion : le natif louchera ; pourtant, ce bigleux aura de beaux yeux. Il

sera d'un caractère négligent. Si Mars se trouve conjoint à l'Ascendant, le natif sera sujet aux hémorragies ; il risque de souffrir d'éléphantiasis ou de troubles nerveux.
Au 29ᵉ degré du Scorpion : le natif sera un avocat très savant. S'il a la chance d'avoir une étoile bénéfique conjointe à l'Ascendant, l'empereur le nommera ambassadeur. Celle-ci réussira, et le natif obtiendra des bénéfices. Mais il aura un défaut dans les parties vitales de son corps.
Au 30ᵉ degré du Scorpion : le natif sera sorcier, empoisonneur ; il vendra des philtres mortels et, ainsi tuera beaucoup de monde. Le natif qui a l'Ascendant sur ce dernier degré est menteur, malveillant et méchant. Si Mars se trouve conjoint à l'Ascendant, il sera chasseur, mais mourra de mort violente. »

Si j'ai donné ce texte ancien, c'est plus à titre de curiosité que pour aider pratiquement le lecteur. Les conditions de vie ayant considérablement changé depuis le IVᵉ siècle, il est évident qu'il y a une importante adaptation à effectuer.

Les degrés de « l'Homme rouge des Tuileries »

De 0° à 0°59 : un lièvre sortant d'un bois.
De 1° à 1°59' : un homme tenant un dard à la main.
De 2° à 2°59' : un homme monté sur un éléphant.
De 3° à 3°59' : un homme debout, immobile.
De 4° à 4°59' : une lyre.
De 5° à 5°59' : un homme sans jambes.
De 6° à 6°59' : un âne bridé.
De 7° à 7°59' : un homme tenant d'une main une bourse, de l'autre, une coupe d'or.
De 8° à 8°59' : un grand coq battant des ailes.
De 9° à 9°59' : un enfant assis sur un tas de pierres.
De 10° à 10°59' : une tête d'homme grimaçante.
De 11° à 11°59' : un homme prenant un Scorpion par la queue.
De 12° à 12°59' : un essaim de mouches assaillant un serpent.
De 13° à 13°59' : une tour.
De 14° à 14°59' : un puits dont l'eau déborde.
De 15° à 15°59' : une belle femme debout, immobile.
De 16° à 16°59' : une femme donnant l'aumône à un pauvre.
De 17° à 17°59' : un loup courant dans un champ.
De 18° à 18°59' : une femme à demi cachée derrière une porte.
De 19° à 19°59' : un chien à gueule béante et à larges oreilles.
De 20° à 20°59' : un homme assis sur un chameau.
De 21° à 21°59' : un cheval sans frein courant à travers champ.
De 22° à 22°59' : un torrent qui bondit de roche en roche.
De 23° à 23°59' : petits ruisseaux qui s'échappent d'une même source.
De 24° à 24°59' : une femme tenant à la main droite un fuseau.
De 25° à 25°59' : un loup portant une oie à sa gueule.
De 26° à 26°59' : un homme chargé d'une besace pleine, et courant.
De 27° à 27°59' : deux hommes debout et conversant.
De 28° à 28°59' : un temple.
De 29° à 29°59' : un homme assis, tenant un livre ouvert.

Les degrés de l'astrologie hindoue

Voici comment, selon Hadès, ces degrés sont formulés traditionnellement pour le signe du Scorpion.
De 0° à 1° : « Un guerrier nomade, portant un javelot et des armes à feu. » *Interprétation :* puissance et efficacité.
De 1° à 2° : « Un cap dominant la mer, sur lequel se lève le Soleil. » *Interprétation :* bel avenir et réussite.

De 2° à 3° : « Un vieil homme pensif, assis sous un arbre, tête penchée. » *Interprétation :* solitude, désillusion.
De 3° à 4° : « Une lyre et une couronne de lauriers. » *Interprétation :* dons pour la musique.
De 4° à 5° : « Un champ balayé par la tempête. » *Interprétation :* violence, destruction.
De 5° à 6° : « Un remblai de terre et de pierre sur lequel pousse la végétation. » *Interprétation :* efforts persévérants, travail utile.
De 6° à 7° : « Un homme sur une bêche, élève dans sa main un bijou reflétant le Soleil. » *Interprétation :* chance soudaine qui permettra au natif de s'élever.
De 7° à 8° : « Archer tirant ses flèches sur des oiseaux. » *Interprétation :* impulsivité.
De 8° à 9° : « Un nid d'oiseaux sans plumes, à terre. » *Interprétation :* enfance triste ou orpheline.
De 9° à 10° : « Homme masqué comme au théâtre. » *Interprétation :* diplomatie ou mensonge, ou goût du secret.
De 10° à 11° : « Un lièvre assis sur son terrier ; derrière lui, la Lune se lève. » *Interprétation :* insécurité et vigilance.
De 11° à 12° : « Une villa entourée par un petit bois. » *Interprétation :* le natif est prudent et sur sa défensive.
De 12° à 13° : « Une grande tour solitaire perchée en haut d'un roc. » *Interprétation :* indépendance et fermeté ; responsabilités importantes.
De 13° à 14° : « Plusieurs hommes assis devant une table, des coupes de vin devant eux. » *Interprétation :* camaraderie, mais futilité, légèreté.
De 14° à 15° : « Un ours dormant sous un arbre, entouré d'un essaim d'abeilles. » *Interprétation :* paresse, et force à l'âge mûr.
De 15° à 16° : « Un gobelet d'où naissent des rayons de lumière vermeille. » *Interprétation :* bonté, activités humanitaires.
De 16° à 17° : « Vieille carcasse de bateau, sur un rivage. » *Interprétation :* échec, naufrage de la vie.
De 17° à 18° : « Deux charmeuses de serpents enroulées autour de son cou. » *Interprétation :* vie affective très difficile, jalousie.
De 18° à 19° : « Un poignard. » *Interprétation :* promptitude à se défendre.
De 19° à 20° : « Soleil naissant au-dessus de la mer. » *Interprétation :* réussite et célébrité. Voyages.
De 20° à 21° : « Un buffle debout sur une colline, grattant le sol de ses sabots, et reniflant. » *Interprétation :* indépendance, ne supporte pas la contrainte.
De 21° à 22° : « Cascade tombant de rocher en rocher. » *Interprétation :* impulsivité et dynamisme.
De 22° à 23° : « Homme semant vent debout. » *Interprétation :* inefficacité et gaspillage.
De 23° à 24° : « Homme habillé de vêtements simples coupant du bois près de sa cabane. » *Interprétation :* natif travailleur et plein de bon sens.
De 24° à 25° : « Un loup debout sur le cadavre d'un cheval. » *Interprétation :* esprit conquérant et volonté de puissance.
De 25° à 26° : « Un homme nageant dans la mer déchaînée. » *Interprétation :* courage et audace.
De 26° à 27° : « Un guerrier orné de plumes, adressant un discours à des soldats en armes. » *Interprétation :* tempérament de leader.
De 27° à 28° : « Colline rocheuse dans laquelle est taillée une croix, se dressant contre le Soleil levant. » *Interprétation :* caractère mystique, mais fermeté et équilibre.
De 28° à 29° : « Homme assis, la plume à la main, devant un bureau. Devant lui sont posés des cailloux sur une feuille de papier. » *Interprétation :* gloire et argent par les écrits.
De 29° à 30° : « Une femme en robe à traîne, jouant avec une baguette autour de laquelle s'enroule un serpent. » *Interprétation :* séduction, puissant magnétisme sur l'entourage. (Ainsi, Charles de Gaulle avait le Soleil à 29°49' du Scorpion !).

Il existe aussi des listes de degrés pour chaque Maison du Zodiaque. Les degrés ci-dessus s'interprètent avec un *orbe* (c'est-à-dire une marge) très restreint, pas plus de 30 secondes. Lorsqu'on regarde un degré, il est conseillé de regarder le degré qui lui est opposé sur le Zodiaque, car il a souvent un sens identique ou complémentaire selon les travaux de Wemyss, cités par H. Gouchon.

Les décans du Scorpion

On fait grand cas des décans dans les horoscopes de la presse féminine, mais les astrologues actuels ne les utilisent guère parce qu'aucun travail statistique d'envergure n'a été entrepris pour vérifier leur importance.

Ils ne semblent pas avoir une influence essentielle. Cependant, ils peuvent aider parfois à préciser quelle est la dominante d'un thème ; c'est seulement une indication s'ajoutant à l'ensemble d'une carte du ciel.

Qu'est-ce qu'un décan ?

C'est une zone de 10 degrés, représentant le tiers d'un signe, et la trente-sixième partie du Zodiaque. Chaque signe est donc divisé en trois décans, dont la signification varie suivant les écoles et les traditions. Chaque décan est placé sous l'influence d'une planète. Voici, d'après H. Gouchon[1], comment on peut interpréter les trois décans du Scorpion.

Premier décan du Scorpion :

Placé sous l'influence de Mars, le natif est un « dur ». Très viril, énergique, créateur, il a une forte présence et dégage un magnétisme puissant. D'où des dons de guérisseur. En amour, il a de gros appétits. D'après H. Gouchon, c'est le décan de l'*abondance des ressources.*

Deuxième décan du Scorpion :

Il est placé sous l'influence du Soleil ; cela donne de très fortes personnalités soit admirablement constructrices, soit dramatiquement destructrices. Le natif fait tout avec passion, jusqu'au moment où il doit sacrifier une partie de lui-même. Décan *des responsabilités.*

Troisième décan du Scorpion :

Placé sous l'influence de Vénus. Et, de fait, j'ai toujours trouvé natifs et natives du troisième décan extrêmement séduisants... La forte polarisation sexuelle et vénusienne de ce décan adoucit beaucoup la dureté du Scorpion et tend à se sublimer dans un idéal mystique. Le natif du dernier décan est artiste, émotif, idéaliste... C'est le *décan du talent.*

Il semble aussi que les signes ne soient pas tranchés tout net d'un jour à l'autre, mais qu'il existe une transition entre eux. Ainsi, un natif du 19 février ne quitte pas brusquement le Verseau pour devenir un Poissons à part entière : il participe des deux à la fois.

Celui qui naît le 22 novembre, s'il est encore Scorpion (comme le général de Gaulle) est déjà très Sagittaire.

Dans la Nature, les transitions sont ménagées entre deux espèces voisines : il en va de même pour le zoo du Zodiaque. Le Scorpion du dernier décan est déjà vénusien et mystique comme le Sagittaire, et ceux que je connais ont un optimisme tout à fait sagittarien. Le premier décan du Sagittaire, qui le suit immédiatement, garde encore quelques caractères martiens et plutoniens du Scorpion.

Même chose pour la frontière avec la Balance : le dernier décan de ce signe paraît fortement influencé par le voisinage du Scorpion, puisqu'il s'appelle *décan d'expiation.* Quant au premier décan du Scorpion, il est encore très imprégné de valeurs de la Balance : dévouement à autrui, exigence de perfection... Seule l'étude approfondie du thème peut dire parfois « de quel signe » est quelqu'un ou, du moins, quelle est sa dominante. C'est pourquoi on ne peut accorder de valeur absolue aux décans ; il faut les voir dans un contexte global.

1. Henri Gouchon, *Dictionnaire astrologique,* éd. Dervy Livres.

La Lune Noire tendrait à faire sacrifier quelque chose au natif : parfois, c'est la lumière du jour, comme pour tous les archéologues du signe.

La Lune Noire

La Lune Noire n'est pas une planète, c'est un point vide : le deuxième foyer de l'orbite lunaire.

En effet, la Lune ne décrit pas un cercle autour de la Terre, mais une ellipse allongée. Cette ellipse a donc deux foyers, ou centres, dont l'un est la Terre et l'autre un point vide de l'espace, que l'on appelle la Lune Noire.

Quelle importance peut-on lui accorder en astrologie ? L'unanimité ne s'est pas encore faite chez les astrologues. Certains pensent que la Lune Noire est inutile, que l'on peut très bien interpréter un thème correctement sans aller chercher ce point mystérieux qui n'est même pas une planète. D'autres pensent que la Lune Noire donne des indications tellement précieuses qu'il serait impossible de s'en passer...

J'ai remarqué que l'étude de la Lune Noire suggère immédiatement, dans un thème, le problème de fond du natif. Bien entendu, ce problème est indiqué par ailleurs dans tout le reste du thème — mais la Lune Noire met le doigt dessus avec une intensité parfois frappante. C'est une grande aide dans le travail d'analyse d'un thème.

La Lune Noire est donc un vide, et un vide douloureux (puisque « la nature a horreur du vide »). Elle symbolise une épreuve, une traversée du désert, à l'issue de laquelle le natif trouve enfin sa voie.

La Lune Noire représente aussi la sexualité, dans ce qu'elle a de plus redoutable et de plus difficile à assumer. L'adjectif « noir » fait mieux comprendre qu'il s'agit de forces souterraines, invisibles, à la racine même de l'être. Aussi la Lune Noire a-t-elle beaucoup d'affinités avec Pluton, maître du Scorpion. Quand elle se trouve dans ce signe, elle libère d'énormes énergies.

La Lune Noire en Scorpion signe un être de passion, puissant et créateur, livré à des démons intérieurs, ravagé de luttes intimes dont l'entourage ne se doute pas.

Le natif ne peut devenir lui-même qu'au prix d'une destruction, d'une révolte radicale, d'un sacrifice douloureux. A la suite de quoi, il reconstruit, et retrouve son équilibre.

La très forte sexualité du natif s'exprime parfois dans des dons artistiques ou littéraires, par une intense créativité. Avec Pluton, la Lune Noire exprime les problèmes sexuels du thème. Lorsqu'elle forme de mauvais aspects avec Pluton, Mars, Uranus et Vénus, l'être peut devenir sadique, pervers, obsédé ; il risque d'être prisonnier d'une sexualité complètement déviante et destructrice.

Le Soleil en Scorpion avec la Lune Noire sur l'Ascendant prédispose parfois (mais parfois seulement) à l'homosexualité.

Le barrage du Sautet, en Isère : magnifique paysage plutonien, calme et cependant menaçant, avec sa lumière noire.

Les Étoiles Fixes

En astrologie, on distingue les *étoiles errantes* (ou planètes) et les *étoiles fixes*. Ces dernières se regroupent en quatre-vingt-neuf constellations, dont celle du Scorpion.

Les étoiles fixes sont classées par ordre de grandeur ; les plus brillantes portent des noms, quelquefois très anciens, arabes ou grecs. A l'intérieur de chaque constellation, l'étoile est désignée par une lettre de l'alphabet grec : par exemple, Antarès est l'alpha du Scorpion (*Scorpii*) ; cela veut dire qu'elle est l'étoile la plus brillante de cette constellation.

A la suite du phénomène appelé « précession des équinoxes » qu'il serait trop long d'expliquer ici, les constellations ne sont plus exactement à la même place que dans l'Antiquité gréco-romaine, ce qui ne dérange nullement l'astrologie. Simplement, beaucoup d'étoiles ne sont plus dans le signe zodiacal du même nom que la constellation dont elles font partie. Par exemple, Antarès, le « cœur du Scorpion », se trouve aujourd'hui dans le signe zodiacal du Sagittaire.

Les Anciens accordaient la plus grande attention aux étoiles fixes. Mais les données de la Tradition nous sont parvenues défigurées sous un fouillis de commentaires plus ou moins autorisés, et avec de grosses lacunes. Il faudrait entreprendre un gigantesque travail de vérification de ces données anciennes. Certains chercheurs actuels s'y sont attelés.

En attendant que l'astrologie stellaire soit au point, on s'en tient aux principales étoiles fixes, on prend en considération leurs aspects majeurs (conjonction ou opposition) avec les planètes ou les angles du thème.

Il est certain que les autres aspects (trigones, carrés, etc.) jouent aussi, pour les étoiles importantes au moins.

Quels sont les effets des étoiles fixes ? Il semble qu'elles jouent un rôle d'amplification du thème. Elles en accentuent à la fois les atouts positifs et les risques négatifs. Certains personnages célèbres présentent un thème si banal qu'on ne comprend pas pourquoi ils sont devenus célèbres. Mais lorsqu'on regarde les étoiles fixes, leur gloire (ou leur honte publique) s'explique mieux. Henri Gouchon [1] donne l'exemple du thème de Hindenburg, qui ne présente rien de remarquable à première vue. Mais si l'on regarde ses étoiles, on constate qu'elles sont particulièrement nombreuses, brillantes et bien placées : trois étoiles fixes conjointes à Jupiter, deux à la Lune, une au Soleil, une à Vénus, une à Saturne, une au Milieu-du-Ciel, sans oublier quelques astres.... Un joli morceau de ciel !

1. Henri Gouchon, *Dictionnaire astrologique,* Dervy-Livres, p. 254.

Pour ne pas risquer de s'engager dans de folles interprétations, les astrologues actuels ne retiennent qu'un orbe assez restreint, pas plus de deux degrés pour les étoiles de première grandeur, et un degré ou moins ensuite.

L'étoile ne contrarie pas les données générales du thème : elle ne fait que mettre l'accent sur telle ou telle disposition déjà indiquée par les aspects, les Maisons, etc. Il ne faut jamais l'interpréter toute seule. Chaque étoile a une affinité avec une, ou plusieurs, planètes (ce qui n'a rien d'étonnant, puisque beaucoup d'étoiles sont doubles, ou triples, dans la réalité astronomique).

Les étoiles se déplacent très peu : une minute pour vingt ans. Les positions données ci-dessous datent de 1930 [1].

Voici la liste des *principales étoiles du Scorpion zodiacal :*

Princeps δ du Bouvier.
Grandeur : 3,4. Longitude : 2°09'. Déclinaison : 33°34' Nord. Elle est de la nature de Mars, Saturne et Mercure. Esprit vif, profond, porté vers l'étude et la recherche.

Khamballa λ de la Vierge.
Grandeur : 4,6 (c'est une étoile modeste). Longitude : 5°59'. Déclinaison : 13°03' Sud. De la nature de Mars et de Mercure. Impulsivité, violence, provocation verbale.

Accrux α de la Croix.
C'est le joyau de la Croix du Sud ! Grandeur : 1,4. Longitude : 10°53'. Déclinaison 62°42' Sud. De la nature de Jupiter. Dons pour l'astrologie et l'occultisme, dons de médium, facultés paranormales. Foi et religion.

Alphecca α de la Couronne Boréale.
Grandeur : 2,2. La « Perle de la Couronne Boréale » (de l'arabe Al Naïr Al Faccah). Longitude : 11°17'. Déclinaison : 26°57' Nord. De la nature de Vénus et de Mercure. Dons artistiques, honneurs, réussite et fortune. Conjointe à la Lune, honneurs et célébrité. Conjointe au maître de la huitième Maison, si celui-ci est sur l'horizon, risque d'empoisonnement.

Kiffa Australis α de la Balance australe.
Grandeur : 2,8 (appelée aussi *South Scale* en anglais). Longitude : 14°06'. Déclinaison : 15°45' Sud. De la nature de Mercure, de Jupiter et de Vénus. Chance, fortune, grandes ambitions réalisées, richesses, honneurs. Mais aussi : risque d'empoisonnement, de mort violente, de malchance. Conjointe au Soleil, mauvaise pour la santé.

Kiffa Borealis β de la Balance boréale.
Grandeur : 2,6 (appelée en anglais *North Scale*). Longitude : 18°24'. Déclinaison : 9°07' Sud. De la nature de Jupiter, Mars et Mercure. Mauvais caractère, violence, entêtement, vol, crime, malheur et prison. Selon d'autres auteurs, réussite.

Unukalhaï α du Serpent.
« La Brillante du Serpent. » Grandeur : 2,7. Longitude : 21°05'. Déclinaison : 6°38' Nord. De la nature de Saturne et Mars. Ce n'est pas une bonne étoile : accidents, empoisonnements, violence, immoralité. Conjointe à la Lune, ruse et trahison. Conjointe à Mercure, intelligence subtile.

Agena β du Centaure.
Grandeur : 0,8. Longitude : 22°44'. Déclinaison : 60°01' Sud. De la nature de Vénus et Jupiter. Accorde santé, amitiés, moralité, bonne situation et honneurs.

Bungala α du Centaure.
Grandeur : 0,06. C'est la troisième étoile du ciel, après Sirius et Canopus, les deux plus brillantes. On l'appelle encore *Rigil Al Kentarus*. Longitude : 28°37'. Déclinaison : 60°33' Sud. De la nature de Vénus, Jupiter et Saturne. Etoile très bénéfique, donne bonté, amis, luxe et belle situation.

1. V. Robson, *The Fixed Stars and Constellations in Astrology,* Londres, Cecil Palmer.

Bibliographie succincte

ANDRE BARBAULT, *le Scorpion,* dans la petite collection « le Zodiaque », au Seuil. Ainsi que tous les autres livres d'André Barbault : *Connaissance de l'astrologie, Traité pratique d'astrologie,* etc.
LUIGI AURIGEMMA, *le Signe zodiacal du Scorpion,* éditions Mouton.
MARCELLE SENARD, *le Zodiaque,* éditions Traditionnelles.
MARGUERITE DE BIZEMONT, *les Bons Astromariages,* Mercure de France.
HADES, *Pluton et les Grands Mystères,* et tous ses autres livres, aux éditions Bussière.
ELIZABETH TEISSIER, *Ne brûlez pas la sorcière,* Jean-Jacques Pauvert.
JEAN-PIERRE NICOLA, *la Condition solaire,* éditions Traditionnelles.
FRANÇOIS-REGIS BASTIDE, *les Secrets du Zodiaque,* Julliard.
JOËLLE DE GRAVELAINE ET JACQUELINE AIMÉ, *l'Astrologie,* Jean-Claude Lattès.

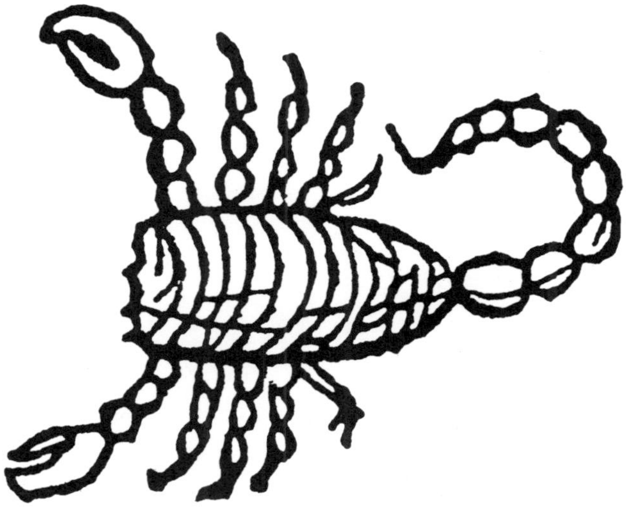

Couverture : Laurence Verrier
Iconographie : Christine Aubertin et Betty Jais
Maquette : Christine Gintz

ORIGINE DES ILLUSTRATIONS

Albin-Guillot-Viollet : 158 – Angeli : 60, 63, 64, 68, 78, 84, 89, 96, 144, 147, 154, 157, 162 – Bruno Barbey/Magnum : 152 – Christian Bossu-Picat/Fotogram : 300 – Giancarlo Botti/Sygma : 138 – P. Briolle/Rapho : 16 – Collection Cahiers du cinéma : 131 – Henri Cartier-Bresson/Magnum : 74, 155 – Michel Chapuis/Atlas Photo : 263 – Collection J.-L. Charmet : 292 – J. Combeau/Atlas Photo : 18 – Roland Dourdin/Rapho : 83 – J. Dragesco/Atlas Photo : 25 – François Ducasse/Rapho : 147 – Jean-Claude Francolon/Gamma : 135 – Burt Glinn/Magnum : 126 – Philippe Halsman/Magnum : 142 – Harlingue-Viollet : 151, 157 – Robert Horling/Rapho : 298 – Keystone : 146, 150 – Paolo Koch/Rapho : 39 – Le Cuziat/Rapho : 134 – Lipnitzki-Viollet : 54 – George Rodger/Magnum : 33 – Bernard Rouget/Rapho : 148 – Archives Snark : 90, 130, 144 (en haut à droite) – Sygma : 149 – Zalewski/Rapho : 49 – Zuher/Rapho : 19 – Goursat/Rapho : 218 – Eliot Press : 139. © Cheryl Himmelstein/Retna US/Starface : 59 – Bibliothèque nationale : 100, 101, 264 – Bulloz : 28 (Pinacothèque, Munich), 210 (© SPADEM), 228 (coll. Durand-Ruel © SPADEM) – Jean-Loup Charmet : 14, 30, 75, 164 – Giraudon : 20, 26 (Albertina, Vienne), 37 (musée du Louvre), 47 – Anderson-Giraudon : 212 (Rimini) – Lauros-Giraudon : 206 – Archives Snark : 42 (coll. Gérard Lévy © SPADEM) – Collection Viollet : 23 (Fondation Guggenheim, Venise © ADAGP), 34.

Imprimé en France
par ***Partenaires-Livres***®
(JL 08/02)